KB129065

우울증 재발 방지를 위한

마음챙김 기반 인지치료

Zindel Segal · Mark Williams · John Teasdale 공저

이우경 · 이미옥 공역

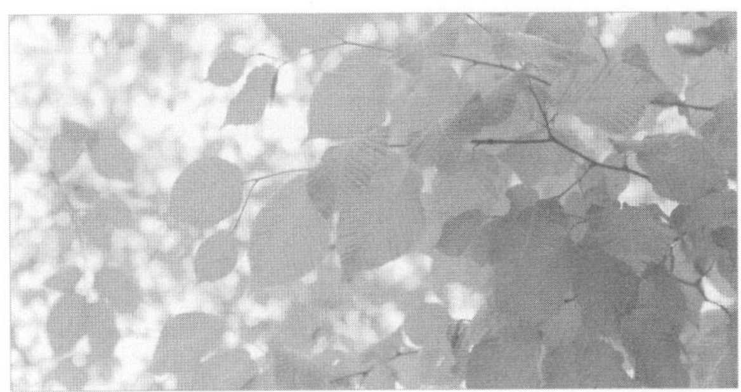

Mindfulness-Based Cognitive Therapy for Depression, 2nd ed.

학지사

Mindfulness-Based Cognitive Therapy for Depression, Second Edition
by Zindel Segal · Mark Williams · John Teasdale

역자 서문

2006년 『마음챙김 명상에 기초한 인지치료』를 출간하고 난 뒤 10여 년의 세월이 흘렀다. 그동안 임상심리전문가로서 임상 장면에서 조현병 환자들과 알코올 중독자들, 우울증 환자들에게 마음챙김 기반 인지치료(MBCT)를 적용해 왔고, 지역사회 정신건강센터 등에서 주부 우울증이나 불안을 보이는 일반인들에게도 꾸준히 적용하면서 이 치료법이 매우 효과적이라는 것을 경험하였다. 무엇보다도 이 책에서 강조하고 있듯이 MBCT를 실행하는 임상가들도 명상 실습이 일상에서 생활화되어야 하기 때문에 틈틈이 명상 수련도 하면서 내 개인의 삶에도 많은 변화가 있었다.

MBCT의 핵심 요인은 책에서도 강조하고 있듯이 '탈중심화'이다. 탈중심화는 기존의 인지행동치료에서 하듯이 역기능적 생각을 바꾸려고 애쓰기보다는 한 발짝 물러서서 마음속에 떠오르는 생각과 감정을 관찰하면서 그저 그 순간 떠오르는 마음속의 이벤트로 보게 하는 것이다. 마치 파도의 들어오고 나가는 것을 지켜보듯이 들쑥날쑥한 생각과 감정을 지켜보는 능력, 즉 '보는 힘'을 길러 주게 된다면 체력 훈련을 통해 근육이 길러지듯이 마음의 근육이 길러질 수 있다. 물론 이 치료 방법도 모든 심리적 문제의 만능 해결사는 아니다. 각 치료법이 강점과 제한점을 가지고 있듯이 MBCT 역시 제한점도 있다. 경험상 급성 스트레스 상태나 심각한 심리 증상이 있는 환자들에게는 이 치료가 적합하지 않다. 그런 경우에는 원래 이 치료법이 개발된 취지에 맞게 약물치료와 인지치료 등으로 급성 증상을 가라앉힌 다음에 재발 방지용으로 시행하는 것이 가장 효과적이다.

최근에 들어와서는 증상이 발현되기 전에 심리장애를 예방해야 한다는 관점이 널리 퍼지고 있고 이에 대한 사회적인 관심이 높아졌다. 그런 점에서 볼 때 MBCT

는 증상을 경험한 적이 없는 일반인들이 삶에서 겪을 수 있는 다양한 스트레스 상황을 잘 견딜 수 있게 도와주는 예방법으로 사용될 수 있다.

이미 마음챙김 관련 심리치료가 대세라고 할 정도로 지난 십수 년간 마음챙김 기반 치료법과 관련된 임상 적용, 연구, 저술서 등이 활기를 띠고 있다. 2006년에 출간한 MBCT 초판 번역서에 이어 이번에 2판을 번역하면서 명상과 관련된 미묘한 뉘앙스를 잘 살리려고 애를 썼고 독자들이 편하게 읽을 수 있도록 여러 번 문장을 수정하였으나 미흡한 부분이 있다면 독자 여러분의 피드백을 바란다. 2판 번역본 출간을 계기로 한국의 임상 및 상담 장면에서 MBCT가 더 유용하게 활용되기를 바란다. 이 책의 출간을 위해 애써 주신 학지사의 박나리 대리님과 김진환 사장님께 감사드린다.

2018년 8월

역자 대표 이우경

추천사

"MBCT는 중요한 업적이다. 일관된 실험 작업을 기반으로 하는 이 치료법은 우울증 재발을 줄이고, 우울증 상태에서 일어나는 반복적인 삽화로 인해 삶을 망치는 많은 사람의 미래 전망을 바꾸는 데 그 가치가 있음이 증명되었다. 이 두 번째 판은 전문가들에게 의해 널리 환영받을 것이다. 모든 장에 새로운 내용이 추가되었으며 내려받을 수 있는 실습 과제와 유인물을 포함하여 새롭고 실용적인 도구들이 많이 추가되었다. 이 책을 읽어 보기를 강력히 추천한다."

-David M. Clark 박사, 실험심리학과, 영국 옥스퍼드 대학교

"우울증에 대한 마음챙김 기반 인지치료라는 강력한 접근법을 배우고자 하는 모든 사람에게 가장 적합한 교재이다. 2판은 이전 판을 새롭게 개정한 것으로, 치료자와 학생 모두를 위한 최신 지침서가 될 것이다."

-Daniel Goleman 박사, 『감성 지능』의 저자

"이 책은 우울증 치료뿐만 아니라 심리치료 전 분야에 일대 혁명을 일으켜, 많은 심리 장애의 치료에 마음챙김 실습을 도입하게 했고 폭발적인 연구를 촉발시켰다. 이 두 번째 판은 10년간 경험을 살려 더욱 완성도가 높은 치료법을 시행하기 위한 상세한 지침을 제공하고 있다. 또한 마음챙김에 기초한 개입을 지지하는 방대한 양의 연구 증거를 기술하고 있다. 임상의와 연구자들이 '반드시 소장해야 할 책'으로 추천한다."

-Susan Nolen-Hoeksema 박사

“MBCT는 10년 전에 우울증 치료에 대한 신중하고 새로운 접근법으로 시작되어 그 후 인지치료의 얼굴을 바꾸어 놓았다. 제2판에서는 MBCT 프로그램을 가르치기 위한 명확한 지침을 제공하고 있다. 교육과정에서 자비심의 실현과 질문에 대한 실습까지 중요한 새로운 장들이 추가되었다. 저자는 MBCT에 대한 인상적인 연구를 검토하고 실제로 이 연구가 어떻게 효과가 있었는지에 대한 깊은 성찰을 제공하고 있다. 다양한 이론적 지향과 경험 수준을 갖춘 임상가들은 이 책을 통해 심리치료를 수행하는 방법에 중요한 영향을 줄 수 있는 통찰력과 실제 기술을 발견하게 될 것이다.”

–Christopher K. Germer 박사, 개인적 실습, 알링턴, 매사추세츠

“나는 이 책을 아주 좋아한다. 이것은 실제로 책이라기보다 신뢰할 수 있는 친구라고 할 수 있다. 취약한 사람들이 잘 지낼 수 있도록 돕고 미래의 우울증에서 자신을 보호하기 위해 전념한다면, 바로 이 책에서 필요한 것을 찾을 수 있을 것이다. 이 프로그램은 엄격한 임상 연구, 탄탄한 이론, 그리고 매 순간을 완전하고 현명하게 사는 법을 배울 수 있다는 가능성에 대한 확신에 바탕을 두고 있다.

각 회기에 대한 자세한 설명, 대화 내용, 유인물 및 풍부한 사례 설명을 포함하여 첫 번째 판의 핵심 구성요소는 그대로 남아 있다. 그러나 수많은 새로운 보물이 추가되어 있다. 많은 회기의 주제는 반복되는 우울증으로 고생하는 사람들의 생생한 경험에 훨씬 더 가까운 교육과정을 제공하는 방식으로 개선되었다. 이 책은 임상적 혁신, 과학 및 실천을 통합하는 방법의 모범을 보여 주고 있다.”

–Sona Dimidjian 박사, 심리학 및 신경과학부, 콜로라도 대학교, 볼더

“최고이다! 저자들은 어떻게 그들의 접근법을 개발하였는지 흥미로운(그리고 잘 참조된) 이야기를 하면서, 증거에 기초한 우울증 유지 치료법에 대해 자세히 설명하고 있다. 아주 매력적인 읽을거리이다.”

–Ricardo F. Muñoz 박사, 임상심리학과 교수, 팰로앨토 대학교

“마음챙김에 기초한 치료법이라는 새로운 분야에서 기념비적인 자료들이다. 두 번째 판은 만성 우울증에 대한 마음챙김 여정에 대한 이야기를 지속적으로 하면서

임상실험과 신경과학적 연구와 같은 새로운 증거를 통합하고 있다. 저자들과 그의 동료들, 그리고 MBCT 혜택을 입은 많은 사람의 경험과 지혜를 반영하여 최신 개념 및 임상 자료를 제시하였다. 주요 우울증 또는 심리치료 장면에서 명상을 사용하는 방법에 대한 대학원 교과서로서, 이 책은 마음챙김에 기초한 접근법의 이론 및 적용에 대해 우아하고 읽기 쉽게 설명하고 있다."

–Jean L. Kristeller 박사, 인디애나 주립 대학교 심리학과

"잘 쓰였으며, 접근하기 쉽고 뛰어난 통찰력을 갖고 있는 책이다. 이 획기적인 책은 마음챙김 명상을 임상에서 중심적인 관심사로 만드는 중요한 역할을 했다. 이 두 번째 판은 그동안의 방대한 연구 증거들을 잘 요약했을 뿐만 아니라 매우 실용적이고 임상적인 지식으로 가득 차 있다. 자비심을 강조하는 것 또한 중요하다. 마음챙김에 관심이 있는 모든 치료자를 위한 '필독서'이다."

–Paul Gilbert 박사, 영국 더비 대학교 정신건강 연구실 책임자

"'중요한 책'이다. Segal, Williams 및 Teasdale은 이 분야에 독특하고 지대한 공헌을 했으며 정서적 · 신체적 질병에 대해 마음챙김에 기초한 접근법을 하는 것에 있어 새로운 세대의 연구에 불을 붙였다. 이것은 우리 분야에서 일하는 모든 사람이 반드시 읽어야 할 책이다."

–『인지행동치료 도서 리뷰』(초판에 대하여)

"이 책에는 참가자를 위한 유인물을 비롯하여 MBCT 프로그램을 시작하는 데 유용한 많은 실용적인 도구가 포함되어 있다. 이 책에서 논의된 개념은 정말로 환상적이다."

–『정신 의학: 대인 관계 및 생물학적 과정』(초판에 대하여)

"우울증에 대한 일반적인 치료 매뉴얼이 아니다. 2,500년 된 정신과학과 21세기 인지심리학의 핵심 요소를 숙련되고 실용적인 방법으로 통합하고 있다."

–『인지심리치료 저널』(초판에 대하여)

"읽기 쉽고 실용적이다. 우울증 재발을 예방하기 위한 효과적이고 간단한 집단 치료로서 환자, 임상가 그리고 관리 의료 회사 모두에게 환영할 만한 소식이다."

–『정신과 서비스』(초판에 대하여)

저자는 간행 시 허용된 실무기준에 따라 완전하고 일치하는 정보를 제공하기 위해 신뢰할 만한 것으로 여겨지는 출처를 조사했다. 그러나 인간의 실수나 행동, 정신건강 또는 의학의 변화 가능성을 고려해 볼 때, 저자, 편집인 및 출판인 또는 이 저작물의 준비 또는 출판에 관여한 모든 당사자는 이 책에 포함된 정보가 정확하고 완전하다고 보증하지 않으며, 오류, 누락 또는 이러한 정보 사용으로 발생한 결과에 대해 책임을 지지 않는다. 이 책에 포함된 정보를 다른 출처와 함께 확인할 것을 독자들에게 권장한다.

서문

나는 이 책의 초판에 대한 서문에서 “우울증에 대한 마음챙김 명상에 기초한 인지치료는 매우 독창적인 책이다.”라는 말로 시작하였다. 이젠 더 이상 그렇게 말 할 수 없게 되었다. 10년 전에, 이 책은 독창적이었다. 이제 새롭게 개정된 증보판은 완전히 새로운 버전이라고 말하는 것이 더 적절하고 정확하다. 전문서적으로서, 특히 치료 안내서로서, 조직화 방식뿐만 아니라 더 중요하게는 표현 기법에서도, 다른 말로 하면 주제뿐만 아니라 독자와의 관계에서 진실성, 충실도, 관계성 면에서 새로운 기준을 세웠다.

이번 판은 그 자체가 뛰어나며, 물론 우울증 재발 위험이 높은 사람들에게 큰 변화를 주려는 근본적인 의도가 있었지만, 처음부터 모든 기대를 뛰어넘었다. 이 책의 출현은 전 세계에 걸친 관심과 임상실험 및 연구를 불러일으켰다. 뿐만 아니라, 15년 전에는 존재하지 않았던 심리학과 심리치료 분야에서 완전히 새롭고 정교하며, 증거에 기초한 분야를 세상에 내놓았다. 초판과 초판의 근거가 된 저자들의 연구, 과학 및 의학 연구 문헌에서 마음챙김 관련 연구 수가 증가하는 상향곡선을 이루는 데 중요한 기여를 했음은 의심할 여지가 없다([그림 1] 참조). 이 글을 쓰는 시점에서도 이 곡선은 하향될 조짐이 보이지 않는다.

초판을 발행한 지 10년 만에 나온 이 새로운 버전을 읽으면서, 두 가지 사실을 발견하였다. 하나는, 새로운 장들의 형태뿐만 아니라 책 자체의 창의적인 개정과 재구성에서 매우 훌륭하고 새로운 내용들이 추가되었다는 것이다. 10년간의 경험을 통해 명확하게 밝혀진 몇 가지 핵심 요소를 다듬고, 확장하고, 강화하는 것은 MBCT의 기초가 되는, 매우 명확하게 기술된 이론적 틀에 대한 이해뿐만 아니라 임상장면에

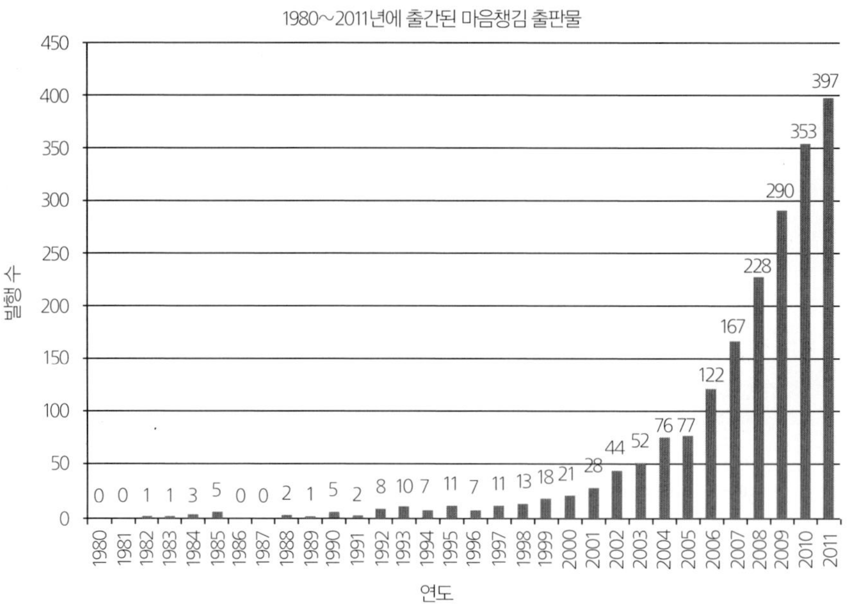

[그림 1] 2012년 3월 19일 ISI Web of Knowledge 데이터베이스의 초록 및 키워드에서 '마음챙김'이라는 단어를 검색하여 얻은 결과. 검색은 영어 초록이 있는 출판물로 제한되었다. 로스앤젤레스의 캘리포니아 대학교에 있는 정신신경면역학의 Cousins 센터, 신경과학과 인간 행동을 위한 Semel 연구소의 David Black, MPH, PhD가 작성한 그림이며, Williams와 Kabat-Zinn(2011)을 기반으로 한다.

서 마음챙김 기반 인지치료(MBCT)를 효과적으로 전달하는 데에도 중요하다. 다른 하나는, 초판과 이번 판 사이를 왔다 갔다 하면서 정확히 어떤 점이 어떤 면에서 달라졌는지 확인하는 과정을 통해 초판이 얼마나 아름답게 쓰여졌었는지, 동시에 얼마나 신중하고, 논리적이며, 절제되고, 온건한 어조로 기술되었는지 알고 다시 한 번 깊은 감명을 받았다. 나는 잊고 있었다. 그 모든 중요한 것은 그대로 있었다. MBCT를 가르치는 기본이론, 구조, 교육과정 및 과제는 바뀌지 않았고, 저자들은 책의 방대한 부분을 예전처럼 현명하게 보존했다. 그리고 저자들은 초판 당시에는 몇 가지 이유로 의도적으로 한쪽에 밀쳐 두었던 다른 필수 구성요소들을 이번 판에서는 매끄럽게 혼합했다. 지금 우리가 가지고 있는 것은 MBCT 2.0이라고 부를 수 있는 새롭고 잘 충전된 버전의 MBCT이다. 2판은 본질적으로 초판과 다르지 않지만, 이 접근법을 전달하는 데 필요한 것들을 완전히 업데이트하였고, 접근성을 더 높였으며, 더 완전하고, 더 지지적이고, 보다 명확하게 기술했다. 결국 이것이 치료매뉴얼의 목적이다.

초판에서와 마찬가지로 저자들은 자신들이 최고의 임상가라는 사실을 반복해서 보여 주고 있다. 예를 들어, 특히 취약한 사람들을 대상으로 자기-자비 명상을 사용하는 것에 대한 민감성과 신중함에서 쉽게 알 수 있다. 저자들은 모두 숙련된 마음챙김 지도자들이다. 질문하기와 같은 새로운 장은 많은 치료자가 불분명하거나 위협적이라고 여기는 마음챙김에 기초한 개입의 요소에 대한 정교하게 연마된 해석을 추가하고 있다. 그것은 아직도 위협적일지 모르지만 더 이상 불분명하다고 말할 수는 없다. 그들은 내가 이전에 해 본 적이 없었던 방법으로, 분석할 수 없는 것을 분석하였고, 쓸 수 없는 것을 썼으며, 정확하고, 민감하고 기술적으로 그 모든 것을 해냈다. 이런 점에서 나는 모든 마음챙김에 기초한 지도자들이 이 책에서 저자들이 보여 주고 있는 온화한 명료함과 격려의 수혜자가 될 것이라고 생각한다.

우리의 기본적인 작업 원리는 마음챙김 가르침은 지도자 자신의 실습에서 나와야 한다고 보기 때문에, 나는 이 프로그램을 실행하고 싶은 사람들에게 마음챙김에 기초한 개입의 모든 면을 대본 쓰듯이 '작성하는' 것에 대하여 항상 의문이 있었다. 따라서 교육과정의 핵심에는 자신의 실습경험에 대한 본질적인 지식과 경험이 추가되어야 한다. 이번 판에서 저자들도 같은 견해를 가지고 있었다. 다시 말해서, 이 교육과정을 위해서 깊고 다차원적이며 질감을 살린 지도자 자신만의 명상 실습을 하는 것은 단지 권장사항이 아니라 절대적으로 중요한 사항이라는 것이다. 물론 이 말은 만약 누군가 계속해서 마음챙김 실습을 하지 않고 전혀 기초가 없는 상태에서 이 프로그램의 요소를 사용할 수 없다는 것을 말하는 것은 아니다. 하지만 저자들은 실제로 지도자 자신의 개인적인 실습에 근거를 둔 경우에만 MBCT라고 불러야 한다고 분명하게 말하고 있다. 저자들은 이 점에서는 확고하고 자비심이 많다. 왜냐하면, 지도자 자신이 장기간에 걸쳐 이 프로그램에 정통해 있지 않으면서 이 실습을 타인에게 전달하고 진정성과 깊이 있는 경험에 관해 그들과 함께 나눌 수 있는 그런 방법은 없기 때문이다. 그렇지 않으면, 저자 자신이 말했듯이, 개입은 아마도 '마음챙김에 기초한' 것이 아닐 수 있으며, 이는 아마도 MBCT가 아닐 것이다.

다음의 말을 음미해 보자.

> MBCT 프로그램의 궁극적인 목적은 개인들이 우울증 재발에 기여하는 생각, 감정 및 신체감각과의 관계를 철저하게 바꾸도록 돕는 것이다. 지도자의 기본적인 이해와 방향 설정은 이 과정에 가장 큰 영향을 미치는 요소 중 하나이다. 지도자가 그것을 인

> 식하는지 여부와 상관없이, 이러한 이해도는 각 실습이 진행되는 방식과 각각의 상호작용이 처리되는 방식을 채색할 것이다. 실습지도 과정에서 지도자가 입히는 채색의 누적 효과는, 지도자가 말하고 있는 분명한 메시지가 무엇이든, 보다 강력한 영향력으로 작용하여 좋든 나쁘든 지도자가 가지고 있는 기본적인, 암묵적인 관점을 드러낼 것이다(p. 64).

그렇기 때문에 지도자들은('치료자'라고 말하는 것이 아니라는 점을 주목하라) 자신들이 가지고 있는 기본적이고 암묵적인 견해를 인식하고, 실습을 통해 그것들과의 관계를 정교화시키고 조정하는 것이 중요하다.

다른 곳에서는 다음과 같이 말하고 있다.

> MBCT 수업의 특징은 참가자들은 자신들이 수업에서 보여 주는 용기에 대해 따뜻한 환대와 존중을 받으며, 환자라기보다 손님으로 대접을 받고 있다(p. 137).

그리고 다시

> 연구 자료와 임상경험 모두 사람들이 생각과 감정의 '전쟁터'와 관련하여 다른 입장을 취하는 것을 배우는 경우에만 미래의 어려운 상황을 일찌감치 인식하고 능숙하게 다룰 수 있게 될 것이라는 것을 보여 주고 있다. 다른 입장을 취하는 것은 우리가 일반적으로 살고 있는 것과 다른, 또 많은 치료법이 표방하듯이 다른 마음의 양식을 취하는 것을 의미한다. 가장 잘 대응하기 위한 방법을 보다 명확하게 보기 위해서는, 문제를 고치고 손질하는 옛날 방식에서 있는 그대로 모든 것을 허용하는 새로운 방식으로 바꾸는 것을 말한다.

이와 같이 고치지 않고 아무것도 하지 않는 것을 지향하는 것은 언뜻 보았을 때에는 치료자에게 모호해 보일 수 있지만, 그것을 계발시키면 환자와 치료자 모두에게 심오한 변화와 깊은 만족감을 줄 수 있다. 반직관적인가? 아마도 그럴 것이다. 의심 없이 진정으로 받아들일 만한 가치가 있는가? 이 책은 모든 것과의 관계에서 이러한 존재 양식을 위한 조건이 어떻게 펼쳐지고 최적화될 수 있는지를 효과적으로 보여 준다.

이 책의 새로운 내용은, 질문 과정에 관한 것뿐만 아니라, 마음챙김 요가명상, 프로그램의 여섯 번째 주에 하는 마음챙김 실습의 날, 특정 회기의 영역을 정교화하기 위해 어떤 경우에는 제목을 다시 붙이기, 자비와 친절의 실천, 교육과정에서의 그들의 역할에 초점을 맞추고 더 강조하는 장, 추가적인 회기 유인물, MBCT를 뒷받침하고 주요 우울증에서 재발하는 경향에 지속적으로 영향을 미치는 방법에 대한 연구 결과를 살펴보기를 포함하고 있다. 또한 마음챙김 훈련이 신체 수준과 뇌의 수준에서 효과를 나타내어 '존재 양식'과 '행위 양식'의 생물학을 보여 주고 있으며, 마음챙김에 기초한 개입의 특징인 체계적인 방식으로 주의를 기울이고 알아차림을 계발할 수 있는 놀라운 잠재력을 강조한다.

내 생각에는 심리학 이론에 마음챙김을 도입하고, MBCT가 하고 있듯이 심리치료에 마음챙김 요소를 도입하는 것은 이 분야 자체뿐만 아니라 궁극적으로는 정신의 본질이며 우리가 '자아'라고 부르는 것에 대한 이해를 풍부하게 하고 변형시킬 잠재력이 있다. 놀랍게도, Zindel Segal의 연구팀(Farb et al., 2007)에서 한 최근의 뇌 연구는 서로 다른 자기-참조 방식을 보이는 두 개의 피질 네트워크를 설명하고 있다. 하나는 체험적이며, 몸에 기초하고, 현재 순간에 기반을 둔다. 다른 하나는 생각에 기초하고 과거와 미래의 이야기에 바탕을 두고 있으며, 어떤 의미에서는 잠재적으로 사물의 실제와는 관련이 없다. 마음챙김 훈련은 이들의 연결을 해제시켜 학습, 성장 및 치유의 새로운 가능성을 창출하는 것으로 나타났다. 이러한 연구 결과는 우울증적 반추와 그것이 주요 우울증에서 하는 중심 역할을 이해하는 데 있어서, 그리고 마음의 행위방식에서 존재방식으로의 전환을 촉진하는 마음챙김의 잠재적 가치에 대해 저자들이 제시하는 이론적 틀이 올바른 방향으로 가고 있다는 중요한 증거가 되고 있다.

마지막으로, 보기 드문 효과와 완전함을 보여 주면서 우울증 재발 위험과 고통을 다룰 수 있는 방법을 매우 유용하고 친근한 방식으로 세상 사람들에게 제공하고 있는 괄목할 만한 업적에 대해 저자들에게 축하를 보낸다. 이 접근법은 또한 우울증의 범위를 훨씬 뛰어넘어 무수한 잠재적 응용 가능성을 가지고 있다. 여전히 초기 단계에 있는 이 분야에서 앞으로 10년 동안 어떤 일이 벌어질지 지켜보는 것은 흥미로울 것이다.

Jon Kabat-Zinn, PhD

차례

13 허용하기/내버려 두기: 5회기 / 305

14 생각은 사실이 아니다: 6회기 / 337

15 마음챙김 실습의 날 / 373

16 어떻게 하면 나 자신을 잘 보살필 수 있을까: 7회기 / 379

이 안내서를 어떻게 사용할 것인가

이 안내서의 초판에는 독자가 MBCT 지도자용으로 사용할 수 있고 참가자들에게 배포할 수 있는 여러 가지 양식 및 활동 기록지가 포함되어 있다. 이번 판에서도, 그런 양식들을 찾아볼 수 있을 것이다. 저자들은 기꺼이 구매자들이 수업 참가자들과 개인적으로 사용할 수 있도록 이 자료들을 복사하는 것을 허락한다(저작권 페이지에서 이 권한의 세부 사항을 참조하라).

편의를 위해 복사해서 쓸 수 있는 양식과 활동지를 온라인으로 제공하고 있다(www.guilford.com/MBCT_materials). 그리므로 개별 도서구매자는 편리하게 $8\frac{1}{2}''\times 11''$ 크기로 필요한 만큼 다운로드하여 인쇄할 수 있다.

이 신판을 위해 우리는 이 책의 마음챙김 명상의 연습을 오디오 녹음으로 만들었다. 웹에서 직접 스트리밍하거나 MP3 형식으로 다운로드할 수 있다. 많은 참가자는 이 녹음 내용이 도움이 된다는 사실을 알고 있으며, 특히 마음챙김 연습을 시작할 때 유용하다. 오디오 트랙은 두 개의 서로 다른 위치에서 사용할 수 있다. (1) 강사 웹 페이지에서, 재현 가능한 양식 및 활동지를 사용할 수 있다(www.guilford.com/MBCT_materials). (2) 과정 참가자를 위해 특별히 개발 된 웹 페이지(www.guilford.com/MBCT_audio)에서도 이용할 수 있다. www.guilford.com/MBCT_audio에 수업 참가자가 직접 접속하도록 안내할 수 있다. 또는 오디오 트랙을 직접 다운로드하여 CD에 녹음하거나 USB 플래시 드라이브에 복사하여 첫 번째 회기에서 참가자에게 배포할 수 있다.

서론

우리는 일이 이렇게 될 것이라고 예상하지 못하였다. 여러분이 손에 쥐고 있는 것은 10년 전에 처음 출판된 책의 두 번째 판이며 여러 면에서 우리 각자에게 근본적으로 새로운 출발점이 되었다. 우리는 당시에는 우울증에서 재발 과정을 이해하려는 시도(그리고 예방을 위한 이러한 이해의 실질적인 영향을 파악하기 위한 시도)가 가지고 있는 영향력을 거의 알지 못했다. 지금 되돌아보면, Jon Kabat-Zinn이 쓴 첫 번째 판의 머리말에서 그의 선견지명을 알 수 있다. 그는 정신건강 분야에서 마음챙김의 응용이 이 분야를 변화시킬 것이라고 말했었다. 또한 이 고대의 지혜를 실천하는 것이 어떻게 우울증 취약성을 유지하는 핵심 과정을 해결할 수 있을지를 최신 심리학 맥락에서 이해하려고 노력하는 것이 모두에게 빛을 밝히게 될 것이라고 했다. 또한 이것은 만약 그렇지 않으면 거의 알아차리지 못했을 많은 사람으로 하여금 매순간 알아차림 능력을 길러 줄 거대한 변화의 잠재력을 깨닫게 할 것이라고 말했었다.

두 번째 판을 쓰면서 몇 가지 문제에 직면했다. 우리는 원래의 의도에 충실해야 했지만, 우리가 범한 모든 실수에 대해 솔직히 말해야 했다. 초판에서 분명하지 않았고 오해를 받았던 것들을 2판에서는 더 잘 설명하고 싶었다. 우리는 이론과 실천 모두에서 새로운 발견을 공유하고, 경험의 관점에서 버려진 부분과 새로운 요소를 설명하고자 했다. 두 번째 판에서는 무엇이 바뀌었는지, 그리고 무엇이 변하지 않았는지를 분명히 말하고자 한다.

초판에서는 1992년에 우리가 어떻게 인지치료의 유지 형태를 찾기 시작했는지 이야기했지만, 실험실과 임상소견, 그리고 우리 자신의 경험이 우리를 새로운 방향으로 인도했다. 10년의 연구와 임상시험을 거친 2002년까지, 우리는 그 초판에서 진행 중인 우울증 위험을 어떻게 이해할 수 있는지와 위험을 줄일 수 있는 8회기의 프로그램에 대한 최고의 통찰을 제공하였다.

2002년까지 프로그램을 뒷받침하는 몇 가지 아이디어에 대해 상당히 확고한 토대를 마련했으나 그 효과에 대한 증거는 비교적 적었다. 결국 우울증 치료에 대한 접근법으로서의 마음챙김은 우리 각자에게 새로운 것이었다. 게다가, 우리가 해결하려는 문제는 우울증 분야에서 상당히 최근에 등장한 것이다. 1980년대 후반에 이르러서야, 임상가들은 한 개인이 한 번 우울증을 겪으면 그것이 재발하기 쉽다는 사실을 완전하게 깨닫게 되었다. 이전의 우울증 치료법은 급성 삽화를 치료하는 것에 초점을 두었고 우울증의 격렬한 고통을 완화하는 방법에 중점을 두었었다. 우리는 지속적인 재발 위험을 줄이기 위해 사람들이 우울 삽화가 끝난 후에도 잘 지낼 수 있도록 해 주는 다른 것을 하고 싶었다. 처음에는 이것을 어떻게 해야 할지 몰랐다. 통찰(또는 '마음챙김') 명상이라는 접근방식이 해답을 제시할 수 있을 거라고 생각하지 못했다.

이 책은 학문적 연구와 연구 결과를 바탕으로, 우리가 어떻게 해서 우울증에 대한 이 접근법이 가치가 있다고 생각하게 되었는지부터 시작하여 이야기를 반복하고 있다. 첫 번째 단계는 재발성 우울증에 대한 보다 나은 이론적 이해가 필요했다. 두 번째 단계는 이러한 이해를 실행하는 것이었다. 진행이 순조롭지는 않았다. 나중에 MBCT(mindfulness-based cognitive therapy)로 알려진 접근법은 우리가 원래 의도한 것이 아니었으며, 마음챙김 명상을 시작했을 때조차 MBCT라고 부르지 않았다.

초판에서 우리는 우울증에 대한 도전부터 우울증 재발에 취약한 많은 사람에게 마음챙김이 대단한 영향력을 줄 수 있다는 잠정적 결론에 이르기까지 자세히 설명하였다. 우리는 이제 더 나아갈 필요가 있다. 왜냐하면 그동안 우울증의 특성을 밝히려는 더 많은 연구가 있었고, 항우울제와 다른 심리치료법의 장기 효과를 평가하는 더 많은 연구가 있었으며, 마음챙김 접근법이 효과적인지, 누구를 위해, 어떻게 작동하는지에 대한 더 많은 연구가 있었기 때문이다. 2002년에는 뇌 영상을 사용한 연구는 거의 없었다. 현재는 마음챙김 명상을 할 때 뇌에서 어떤 일이 일어나는지에 대한 몇 가지 중요한 연구들이 있다.

가장 눈에 띄는 것은 정신건강 상태에 대해 마음챙김을 적용하는 데 있어 전혀 예기치 못한 폭발적인 관심이 있었다는 점이다. 왜 이런 일이 일어났는지 이해하려면, 우리가 일하는 정신건강 분야에서, 협력이 시작되었던 지점으로 바로 돌아갈 필요가 있다. 그 당시 우리는 결코 이 방향으로 갈 의도가 전혀 없었다. 그러면 우리가 도대체 어떻게 여기까지 왔을까?

우리의 이야기는 1989년 여름에 시작된다. 그 당시 Mark Williams와 John Teasdale은 모두 영국 케임브리지의 의학연구소(Medical Research Council)의 응용심리 유닛(Applied Psychology Unit; 현 Cognition and Brain Sciences Unit)에서 근무했으며 Zindel Segal은 1989년에 인지치료(Cognitive Therapy)의 세계 대회가 있었던 옥스퍼드에서 만났다. 우리 셋은 심리적 모델과 우울증 치료에 대해 수년간 함께 일한 경험이 있다. 우리는 학술대회에서 각각 논문을 발표했다.

케임브리지에서 있었던 예비 학술대회 모임에서 우리는 인지와 감정에 대한 최신 연구에서 제기된 의문점과 이 분야의 발전이 어떤 식으로 부정적 사고와 감정이 그런 최악의 결과인 우울증과 결합되는지를 설명할 수 있을지 열띤 토론을 벌였다. 우리는 각각 조금씩 다른 접근방식을 취했지만 동일한 문제, 즉 우울증이 어떻게 처음 상황을 고착화하고 그다음 상황을 악화시키는 방식으로 사람들의 사고를 바꾸는지 검토하고 있었기 때문에 함께 논의할 좋은 합의점이 있었다.

그 당시 우리의 대화는 주로 우울증에 수반되는 사고와 느낌의 변화 뒤에 숨어 있는 메커니즘에 관한 것이었다. 1980년대 후반까지 항우울제 치료에서 발견된 것과 비슷한 수준의 심리치료법이 이미 존재했기 때문에, 우울증 치료에 집중하지 않았다. 현재 진행되고 있는 우울증 환자를 돕는 방법에 대한 더 많은 연구가 그 당시 그 분야에 많은 것을 추가할 것 같지는 않았다.

대신, 우리는 우울증 삽화로부터 회복된 사람들이 왜 다시 우울증을 겪게 되는지에 관심을 집중시켰다. 학술문헌은 불확실했다. 몇몇 초기 연구들에서는 회복 후에도 사람들이 특정 태도나 핵심 신념을 계속 지니게 되면 다시 우울증을 겪을 가능성이 가장 큰 것으로 나타났다. 예를 들면, '만약 내가 다른 사람들만큼 잘하지 못한다면, 그것은 내가 열등한 인간이라는 것을 의미한다.' 그리고 '사람으로서의 나의 가치는 다른 사람들이 나를 어떻게 생각하는지에 따라 결정된다.'라는 믿음이 그것이다. 그러한 태도나 신념은 종종 사람의 자기 가치감을 통제할 수 없는 크고 작은 사건으로 연결시켜 주기 때문에 우울증을 대체로 더 심하게 만든다고 생각했다. 사람들이 그러한 신념을 가지고 있는 정도를 측정하기 위해 역기능적 태도 척도(Dysfunctional Attitude Scale)라는 설문지가 개발되었다.

연구자들은 우울증 재발 시 이러한 태도의 인과적 역할에 점점 더 회의적이 되어 갔다. 그들은 치료가 끝날 때까지 이러한 종류의 신념을 지니고 있는 환자들이 완전히 회복되지 않았을 수 있으므로 그들의 재발가능성이 더 높다는 것은 놀라운 일이 아니라고 지적했다. 실제로, 치료 후의 잔류 증상의 정도가 가장 좋은 재발 예측 요인 중 하나라는 것은 여전히 사실이다.

그러나 우울증이 재발되는 이유에 대한 이 이론에는 다른 문제가 있었다. 진정으로 회복되어 우울한 기분이 일반 집단의 평균 수준으로 되돌아온 환자들은 이러한 유형의 사고 스타일에 대한 증거를 전혀 보여 주지 않는다는 여러 연구 결과가 있었다. 우리가 알고 있는 이 사람들이 다시 우울증에 빠질 가능성이 높았음에도 불구하고 그들의 핵심 신념과 태도의 점수는 정상이었다. 어떻게 하면 이 사람들이 취약하다는 것을 보여 줄 수 있을까? 우리는 그 당시 이 문제에 대해 계속 토론했고, 나중에 이 문제에 관해 더 말할 것이다. 어쨌든 옥스퍼드 학술대회에 참여했다 돌아가서, 연락을 취할 것을 약속하면서 각자 자신의 본연의 일로 돌아갔다.

2년 후, 1991년에 같은 문제에 집중하기 위해 다시 모일 수 있는 기회가 생겼다. John D.와 Catherine T. MacArthur Foundation의 우울증 연구 네트워크의 정신의학을 이끌었던 David Kupfer는 Zindel Segal에게 우울증 환자들이 일단 급성 삽화에서 회복되면 잘 지내도록 돕기 위해 사용할 '유지' 인지치료를 개발하도록 요청했다. 유지요법은 회복되었지만 재발 위험에 처한 환자들을 계속 치료할 수 있는 방법을 가르쳐 준다. 그것은 정기적인 치료보다 치료를 더 적게 제공하지만, 목표는 항상 동일하다. 이전에 우울증을 겪었던 환자들이 지나친다면 우울증 재발을 유발할 수 있는 문제를 확인하고 해결하는 기법을 사용하도록 지지하는 것이다. David Kupfer와 Ellen Frank는 대인관계치료(IPT)라고 불리는 구조화된 치료법에 대한 유지 관리 회기의 가치를 보여 주는 중대한 연구 결과를 발표했다. 이와 유사하게 유지인지치료를 개발할 수 있는가? 현재 Clarke Institute of Psychiatry(지금은 중독 및 정신건강 센터, Clarke Division)의 인지행동치료 부서의 책임자인 Zindel은 Mark Williams(케임브리지에서 웨일스의 뱅고어 대학교로 자리를 옮겼고, 현재 옥스퍼드 대학교에 있다)와 John Teasdale과 연락하여 이 프로젝트에 대해 함께 일할 가능성을 논의했다.

첫 번째 회의는 1992년 4월 토론토에서 개최되었다. 이때 회의록에는 그러한 유지인지치료 요법이 어떤 모습일지에 대해 개략적으로 적혀 있다. 그것은 우리가 궁극적으로 개발한 접근방식과 매우 달랐다. 앞으로 몇 년 동안 우리는 각자 훈련을 받았던 인지치료 형태에서 크게 벗어날 것이다.

이 책에서 설명한 대로, 우리는 먼저 인지치료에 주의집중 훈련 요소를 추가함으로써 한 발짝 물러났다. 우리는 이것이 충분하지 않다는 것을 알았다. 그때, 우리는 생각과 감정을 변화시키기보다는 그것들을 알아차리는 것을 강조하는 마음챙김 방식이 보다 완벽하게 작동하도록 '치료'의 틀을 버렸다. 우리는 마침내 핵심 인지치료 원칙을 지속적인 마음챙김 명상과 통합하는 방향으로 나아갔고, 2002년의 책에서 이 과정을 자세하게 설명하였다.

초판이 출판되었을 때, 치료계에 미친 영향은 우리를 놀라게 했다. MBCT를 개발하는 초기 과정에서 우리는 MBCT가 어떻게 받아들여질지 궁금해했다. 그것이 몇몇 사람들에게 도움이 된다고 해도 여러 치료법 중의 가장자리에 작은 구석을 차지할 것이라고 예상했다. 우리가 상황을 완전히 잘못 읽은 것으로 나타났다. 지금도 분명한 이유를 알 수는 없지만, 마음챙김 접근법은 그 당시 시대적 분위기를 사로잡았다. 마음챙김이 폭넓게 받아들여지면서 치료자들은 이제 이 새로운 접근법에 대해 중요한 질문을 하기 시작했다. 예를 들어, 'MBCT를 선택하는 이유는 무엇인가? 그리고 그것은 무엇인가? 효과가 있는가? 어떻게 작동하는가? 누가 그것을 가르칠 수 있는가?' 등이다.

MBCT를 선택하는 이유는 무엇인가? 그리고 그것은 무엇인가? 2002년 이 이야기가 펼쳐지기 시작했다. 10년이 지난 지금, 우리는 무슨 일이 일어났는지 알아야 한다. 그래서 이 책에서 우리는 반복적인 우울증에 대한 마음챙김 접근법의 사용에 동기를 부여하는 이론과 연구를 업데이트했다. 우리는 프로그램 자체에 어떤 변화가 있었는지, 지금 우리가 깨닫고 있는 것 중에서 어떤 것이 명확하게 표현되지 않았으며 어떤 오해가 있었는지를 표시하고, 더 명확하게 하려고 노력하였다. 이를 위해, 프로그램의 각 측면에서 마음챙김의 어떤 부분이 계발되고 있는지 숙고하였고 몇 가지 자주 묻는 질문에 답하려고 노력하였다.

MBCT가 효과가 있는가? 초판 발행 당시에는 이 개입이 재발 위험을 낮추는 데 효과적이었음을 보여 주는 단 하나의 연구 시행이 있었다. 우리가 이 시행의 결과를 알기까지 책을 쓰는 것을 미뤄 왔지만, 그 단계에서의 자료는 매우 예비적이었다. 그런 자료를 다시 얻을 수 있을까? 10년이 지난 지금, 우리는 그 질문에 대한 답을 알고 있다. 그래서 우리는 이 접근법이 그것을 평가한 다섯 가지 새로운 연구 실행에서 어떻게 수행되었는지 검토하였다. 이 중에서 두 가지는 MBCT와 재발을 줄이기 위해 가장 일반적으로 사용되는 치료법, 즉 그동안 지속되어 온 항우울제를 비교한 것이다. 결과는 매우 일관적이다. MBCT는 우울증 병력이 가장 길고 반복적인 환자들에게 우울증의 재발 위험을 줄이는 데 매우 효과적이다.

왜 MBCT가 효과적인가? 초판 당시 우리는 이론적 분석과 개입의 효과에 기초하여 가능한 변화 기제의 범위에 대해 많은 실험을 했다. 그러나 8주간의 프로그램에서 어떤 변수가 변하였는지, 또는 이러한 변화가 우울증의 악화 및 재발을 예방하는 데 정말 중요한지는 연구가 거의 이루어지지 않았다. 최근 이루어진 대답은 매우 흥미롭고 이 분야에 대한 우리의 지식을 높여 주었다.

임상가가 MBCT를 가르치기 위해 훈련하고 준비해야 하는 것은 무엇인가? 2002년에 우리는 이에 대해 그렇게 확신하지 못했다. 이제 10년 동안 전 세계에서 수백 명의 MBCT 교사들을 양성해 왔다. 이론적 배경과 실제적 경험이 지도자를 준비시키는 데 가장 적합한 것이라는 생각을 하게 되었다. 우리는 이러한 요인들의 결정적인 중요성을 점점 인식하고 있다. 첫 번째는 도움을 청하는 사람들에게 피해를 주지 않고 두 번째는 환자들에게 고통으로부터 깊고 영속적인 자유를 가져다줄 프로그램에 참여하도록 최대한으로 권유할 수 있다. 우리는 2002년, '마음챙김 명상에 기초한'이라는 용어를 사용할 때보다 훨씬 더 명확해졌다. 우리는 수업이나 임상실습에서 가르치고 있는 것이 '마음챙김 명상에 기초한'이라는 사실을 언급하고 있을 뿐만 아니라 또한 지도자로서의 '기본'은 자신의 일상생활 속에서 마음챙김 명상을 훈련하는 것이라는 것을 말하고 있다. 분명히 말하자면, 이 접근법을 사용하는 지도자는 자신의 분야에서 자격을 갖춘, 신뢰할 수 있는 전문가로서의 기법을 필요로 하지만, 내면에서부터 마음챙김 명상이 무엇인지 그리고 무엇이 아닌지를 알려면 실습의 깊이와 관점의 깊이가 필요하다. 이것은 마음챙김 지도자가 자신의 일상생활에서 마음챙김 명상의 실천가가 되어야 한다는 것을 의미한다. 지도자가 계속 마음챙김 명상을 하지 않는다면, 가르치고 있는 것이 무엇이든 그것은 MBCT가 아니다.

우리는 우울증 자체에 대한 배경 지식을 제공하는 것으로 이 책을 시작하였다. 이 프로젝트를 시작한 이래 20년 동안을 돌아보면 우울증은 여전히 정신건강 분야에서 가장 시급한 문제 중 하나임에 의심의 여지가 없다. 1980년대 후반에 상황은 어떤 모습이었을까? 어떤 새로운 관점이 등장하였는가? 우울증을 단일 삽화를 가진 문제로 보던 시각에서 만성, 재발성 장애로 보는 시각으로 변화하고 있다. 건강 플래너들은 우울증이 21세기의 주요 '질병들' 중 하나가 될 수 있다는 사실을 깨닫기 시작했고 새로운 대답을 요구하고 있다.

1부
우울증에 대한 도전

01

우울증은 긴 그림자를 드리운다

우울증은 명료하게 사고할 수 있는 개인의 능력에 영향을 미치는 기분장애이다. 우울감은 행동의 동기를 손상시키고, 수면 및 식사와 같은 익숙한 신체 기능을 변화시킨다. 또한 극심한 정신적 고통과 괴로움에 빠지게 해서 아무것도 할 수 없다는 느낌을 갖게 한다. 우울증에 빠진 사람은 각자 혼자서 고통을 경험하지만, 우울증으로 고통을 겪고 있는 많은 사람을 생각하면 그 수치가 주는 의미는 엄청나다. 병원이나 지역사회에서 나온 자료에서는, 우울증과 같은 기분장애는 유병률이 가장 높은 정신과적 장애임을 보고하고 있으며, 이 결과는 전 세계적으로 상당히 일관성 있게 나타난다. 최근 6개 유럽 국가에서 약 14,000명의 환자들을 대상으로 역학조사를 한 결과 조사 대상자의 17%가 지난 6개월 동안 우울증을 경험한 것으로 보고되었다. 이들 중 주요 우울증이 6.9%이고, 가벼운 우울증은 1.8%로 조사되었다.[1] 나머지 8.3%는 우울 증상을 겪고 있기는 하지만 직업적 기능이나 사회적 기능을 심하게 방해할 정도는 아니었다고 보고하였다. 이와 같은 수치들은 캐나다[2]나 미국의 통계에서 보고된 것[3]과 비교할 만하다. 이런 정도라면 가정의들은 임상장면에서 뚜렷한 우울증을 보이는 사람을 매일 적어도 한 명 정도는 볼 수 있다고 예상할 수 있다. 기간을 좀 더 길게 잡고 우울증 경험 여부에 대해 질문하면,

어느 때 조사하든지 간에, 미국 인구의 6.6%[4]가 지난해 한 번 정도는 임상적 우울을 경험한 적이 있다. 그리고 여자의 18~22%, 남자의 7~11%는 평생 동안 임상적 우울을 경험할 수 있다.[5]

그렇다면 우울증은 무엇인가? 흔히 이 용어는 '기분이 처지거나' 또는 '침울한' 것을 의미하지만, 이러한 개념화는 단일한 특징이 아닌 여러 가지 요소의 조합으로 이루어져 있는 우울증이라는 임상장애의 '증후군적인' 특성을 간과하고 있다. 임상적 우울증(또는 '주요 우울증')은 지속적으로 우울한 기분과 흥미감의 상실, 수면곤란, 식욕감퇴, 주의 집중력의 손상, 절망감, 무가치함 등과 같은 뚜렷한 신체적·정신적 증후들과 동반되어 나타난다. 우울증 진단은 이러한 특징들이 적어도 2주 이상 동시에 존재해야 하며, 그 사람의 일상적인 활동을 수행하는 능력을 방해할 때 내려진다. 우울증을 경험한 사람들은 이 장애의 전체의 모습을 설명해 줄 수 있는 단일한 양상이나 특징이 없다는 것을 알고 있다. 우울할 때 나타나는 저조한 기분과 주의 집중력의 부족과 같은 어떤 특징들은 고통을 받고 있는 사람들로 하여금 우울증을 겪고 있다는 것을 쉽게 알아차릴 수 있게 한다. 사랑하는 사람이나 다른 가족들과 상호작용하는 능력이 감소되고, 에너지 부족이나 부정적인 주제와 생각에 몰두하는 것과 같은 다른 증상들은 알아차리기가 훨씬 더 어려울 수 있다. 우울증의 가장 분명한 손실은 자살 위험이 높다는 것이다. 매번 새로운 삽화가 늘어나면서 자살률이 증가하고, 입원을 요할 정도의 심각한 우울증 재발의 고통을 겪고 있는 환자들의 15%가 결국 자살로 생을 마감한다.[6] 또한 우울증은 거의 단독으로 나타나지 않는다. 우울증에 가장 흔히 동반되는 문제는 바로 불안[7]이다. 예를 들면, 우울증이 걸린 사람이 공황장애를 겪을 가능성은 우울증이 없는 사람이 공황장애를 겪을 가능성보다 19배 더 높다.[8,9] 또한 단순 공포증에 걸릴 확률은 그렇지 않은 사람보다 9배가 더 높고, 강박장애의 경우에는 11배 이상 더 높다.

지역사회를 기초로 우울증과 다른 정신질환을 연구한 결과, 가장 놀랍고도 혼란스러운 부분은 우울증을 겪고 있는 사람들이 정신건강 서비스를 이용하는 비율이 낮다는 것이다. 유병률이 가장 높은 정신장애가 있는 사람들이 치료적 도움을 구하지 않는다는 사실이 참 아이러니하다. 치료가 필요한 사람들 가운데 자신의 문제를 해결하기 위해 전문가의 진료를 받고 적절한 치료를 받는 사람은 겨우 22%에 불과하다.[5] 특히 우울증의 경우에는 효과적인 치료법이 있는데도 치료를 받지 않음으로 인해 중요한 공공 보건 문제가 야기되고 있다. 이러한 문제를 해결할 수 있는 한 가지 대응책으로 우울증에 동반되는 증상과 가능한 치료적 방법을 대중들에게 교육하는 것이다. 현재 많은 병원에서는 우울증 검진의 날을 제정하여 잘 알려진 임상적 특징을 가진 의학적 · 심리학적 상태로 우울 증상을 묘사하면서 이 장애와 관련된 낙인을 줄이는 데 기여하고 있다.

지난 20년간 우울증에 대한 우리의 이해를 돕기 위해 일어났던 또 다른 변화는 우울증과 관련된 장애의 정도를 평가하는 것이다. 우울한 사람이 경험하는 정서적 고통과 괴로움 외에도 우울증 때문에 생기는 기능손상 정도는 암이나 관상동맥 질환을 비롯한 주요 의학적 질병에 버금간다고 볼 수 있다. 우리가 이 일을 시작했을 당시 Kenneth Wells와 그의 동료들의 연구 결과는 우울증에 따른 간접 비용과 사회적 부담의 특성을 잘 드러내고 있다. 예를 들어, 장애를 측정할 때 '침대에 누워 지내는 날'로 비교해 보면 우울한 사람들이 폐 질환 환자(한 달에 1.2일), 당뇨병 환자(한 달에 1.15일), 또는 관절염 환자(한 달에 0.75일)보다 침대에서 지내는 시간이 더 많다는 것을 알면 놀랄 것이다. 유일하게 심장병 환자들만이 우울증 환자들보다 침대에서 더 많은 시간을 보낸다(한 달에 2.1일).[10] 누구나 추측할 수 있듯이 '아무 일도 하지 않고 침대에 누워서 지내는 것'이 일의 생산성에 미치는 파급 효과는 상당하다. 우울증을 앓고 있는 노동자들은 건강한 동료들보다 일하지 않고 보내는 시간이 5배나 많았고,[11] 우울증은 사무직 직원들에게 있어 장기결근의 가장 흔한 원인 중의 하나가 되고 있다.[12]

이러한 결과들이 1980년대 후반기와 1990년대에 문헌에 나타나면서부터 많은 사람은 우울증 문제의 심각성에 대한 태도를 바꾸게 되었다. 세계보건기구(WHO)의 2020 프로젝트에서는 모든 질병 중에서 우울증이 세계적으로 두 번째로 큰 건강의 부담이 될 것이라고 내다보고 있다.[13] 우울증에 가장 효과적인 치료법이 무엇인지 검토해 보기 위해 함께 모였던 이 무렵에 우울증은 정신건강 분야 내에서 가장 큰 도전이 되고 있었다.

우울증 치료에 있어서 초기 낙관주의

우울증이 그렇게 문제가 된다면, 어디에서 그 해답을 찾아야 할까? 사실 1980년대 말쯤에 이르러 우울증을 퇴치할 수 있는 많은 방법이 쏟아져 나왔다. 항우울제는 1950년대에 처음으로 개발되어 상용화되었는데, 계속 발전을 거듭하여 그 효용성을 입증하는 결정적인 증거들이 많이 축적되었다. 대부분의 항우울제는 뇌의 신경전달물질(한 신경섬유에서 연접부위 혹은 시냅스에 있는 다른 섬유로 신경충격을 보내는 화학 물질)의 기능을 목표로 하고 있다. 항우울제는 뇌세포들 간에 연결의 효율성을 증가시키고 시냅스에서 가용한 노르에피네프린, 세로토닌과 같은 신경전달물질의 양이 더 많아지도록 작용하는 것이다.[14] 항우울제가 얼마나 정확히 작용하는지는 여전히 의문이지만 어떤 약물은 다른 세포에 의한 신경전달물질의 재흡수를 차단하고, 또 다른 약물은 실제로 신경세포가 신경전달물질을 더 방출하도록 자극한다는 증거가 있다. 1980년대 말쯤에 이르러 항우울제는 우울증 치료에서 최우선적인 치료법이 되었고 지금까지 변함없이 그 자리를 지키고 있다.[15] 그렇지만 경증부터 중등도의 우울증의 경우에는 비활성 위약보다 효과적이지 않고,[16] 설령 효과적일지라도, 어떤 사람들에게서는(아직 이해할 수 없는 이유로) 1년 혹은 2년간의 지속 치료 후에 약효가 떨어지기 시작한다는 놀라운 지표들이 있다.[17]

1980년대 후반에 이르러 우울증을 해결하기 위한 심리치료 역시 나름대로 개발되고 발전해 왔다. 우울증을 치료하기 위해 최소한 네 가지의 광범위한 심리치료법이 나타났는데, 이들 대부분이 구조화되고 시간 제한적인 특성을 지니고 있었다. 각 치료법은 어느 정도의 경험적 지지를 얻게 되었다. 행동주의적 접근은 우울한 사람들이 강화 또는 즐거움을 주는 활동에 참여하는 것을 증가시킬 필요가 있다는 것을 강조하였고,[18] 사회기술 훈련은 우울한 사람들의 사회적 고립과 거부를 증가시키는 행동 결함을 수정시켜 주었다.[19] 인지치료는 다양한 행동 및 인지 기법을 고안하여, 사람의 생각, 이미지 및 사건에 대한 해석이 우울증과 관련된 정서 및 행동장애의 발병과 유지에 기여하는 방식을 바꾸는 것을 목표로 하였다.[20] 마지막으로, 대인관계치료[21]에서는 대인간 문제해결 기술을 배우고 역할을 바꾸는 것이 우울증을 경감시킬 수 있다는 것을 강조하였다. 인지치료와 대인관계치료는 심리치료에서는 표준적인 치료법으로 받아들여지는데, 그 이유는 치료 효과가 다기관 임상 센터에서 연구를 통해 검증되었고, 우울증 진단 기준을 충족시키는 임상 환자들에게 적용되었으며, 항우울제와 비교해서 평가하였을 때 그 효과성이 동등하다는 세 가지 특징 때문이다.[22]

우울증을 해결하기 위해 개발된 이 모든 치료법은 분명히 우울증 문제를 해결할 수 있었다. 현재 개발되어 있는 우울증 관련 치료법들이 그 효용성을 보여 주고 있기는 하지만, 불행하게도 일부 연구들에 따르면, 전 세계적으로 유병률에 가장 기여하고 있는 요인은 이미 한 번의 우울증 삽화를 경험한 사람들에게서 다시 새로운 우울증 삽화가 재발한다는 것이다. 이와 같이 우울증과 관련된 문제 영역들은 계속 변화해 왔다.

만성, 재발성 상태인 우울증

우울증이 반복적으로 재발하는 특성이 있다는 것을 왜 이전에는 주목하지 않았을까? 첫째, 우울증에 대한 이해의 근거로 사용하는 많은 자료가 20세기 초반에 실시된 연구에서 나왔기 때문이다. 그 당시에는 심각한 임상적 우울증의 첫 발병이 중년 후반에 일어나는 경향이 있었다. 그래서 재발에 대한 장기적인 패턴을 살펴볼 기회가 없었다. 수십 년이 흘러 20세기 후반이 되자 다른 패턴이 나타나기 시작했다. 우울증 초기 발병이 점점 빨라져서 평균 발병 연령이 20대 중반으로 떨어진 것이다. 이제 더 많은 사람이 청소년기에 우울증의 삽화를 경험한다. 이처럼 발병 연령이 더 빨라지면서 나타난 매우 좋지 않은 현상은 이제 단일 삽화 후에 평생에 걸쳐 우울증 재발을 관찰해야 한다는 것이었다. 그래서 비교적 최근의 새로운 연구들은 우울증에 대해 지금까지와는 다르고 혼란스러운 이야기를 하기 시작하였다.

둘째, 우울증에서 회복된 환자들을 일정한 간격으로 추적하고 평가하는 연구가 없었기 때문에 우울증이 어떻게 재발하는지를 알지 못했다. 추적 연구를 해 봐야 우울증이 생활 주기에 따라 어떻게 나타났다 사라지는지를 완전하게 이해할 수 있게 된다. 우울증에서 회복된 환자들을 대상으로 추적 연구를 하게 되면 치료를 받지 않고도 좋아지는 자발적인 관해율이 얼마나 되는지, 우울증을 치료하지 않고 내버려 두었을 때에 비해 중대한 위험이나 부작용을 초래하는 치료를 했을 때 상대적인 비용이 얼마나 되는지 평가할 수 있을 것이다. 1980년대 중반까지 이러한 의문점을 입증한 자료가 없었다. 이제, 보다 최근의 연구들에서는 치료에 대한 반응으로 단순히 우울 증상이 변화하는 방식을 연구하기보다는 증상이 경감된 환자들을 1~2년 간격을 두고 추적 연구하고 있다.

이와 같은 목적을 띠고 진행한 첫 번째 연구는 Martin Keller와 그의 동료들이 1983년에 시행한 것이었다.[23] 이 연구 집단은 주요 우울장애를 가진 환자 141명을 13개월 동안 추적 연구를 한 결과, 43명(33%)이 적어도 8주 동안 잘 지낸 후에 재발되었다고 보고했다. 회복 중인 환자들은 분명히 자신의 정신건강과 치료 효과를 유지해야 하는 커다란 도전에 직면하고 있다. 그 이후의 모든 연구는 비슷한 이야기를 해 왔다. 첫 번째 우울증 삽화에서 회복된 환자들의 50%가 그 이후에 적어도 한 번의 우울증 삽화를 경험하고 있고,[24] 과거에 두 번 이상의 우울증 삽화를 가진 환자들은 이후 재발률이 70~80%에 달하는 것으로 알려졌다. 이때까지 정신건강 전문가들은 '급성' 상태(단기)와 '만성' 상태(장기: 2년 이상 지속)를 구별하면서, 어떤 우울증은 급성으로 나타나지만 회복되었던 우울증 환자들의 상당수가 시간이 경과됨에 따라 취약성이 증가된다는 점에서 '만성' 상태로 남아 있는 경우가 많다고 보고하고 있다. 널리 인용된 개관 논문에서 Judd는 "우울증은 만성적이고, 지속적인 질병이며, 반복적으로 삽화를 겪을 위험은 80% 이상이고, 우울증 환자들은 매번 20주 이상 지속되는 주요 우울증 삽화를 평생 네 번 정도 경험한다(p. 990)."[25]고 보고하였다. 이 결과들은 우울증이 성공적으로 치료된 후에도 재발이 매우 흔한 질병이라는 데 의견의 일치를 보게끔 해 주었다([그림 1-1] 참조[26]).

21세기 초기 관점에서 보면, 반복적인 재발을 이렇게 강조한 것은 당시로서는 꽤 새로운 일이었다는 사실을 간과하기가 쉬울 것이다. 1960년대 후반이나 1970년대 초반까지는 급성 우울증에 보다 효과적인 치료법을 개발하는 것에 초점을 두었다. 환자들이 지속적으로 겪는 위험에 대해서는 상대적으로 주의를 기울이지 않았다. 이 새로운 Keller의 연구는 환자에게 맞는 치료 유형을 결정할 때 회복기에 남아 있는 재발 위험을 고려할 필요가 있음을 알려 주는 신호가 되었다.

Keller의 연구 자료는 과거 우울증 삽화가 없는 환자와 적어도 이전에 세 번의 우울증 삽화가 있는 환자들의 예후 간에 커다란 차이가 있다는 것을 시사한다. 이 두

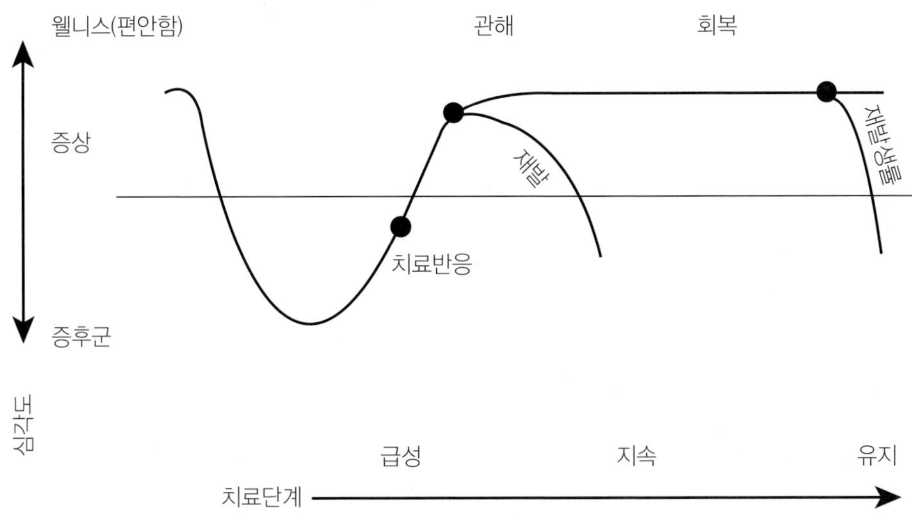

[그림 1-1] 만성, 재발성 상태인 우울증

집단의 재발률은 뚜렷하게 달랐는데, '처음 발병한' 우울증 환자는 22%의 재발률을 보였고 과거 세 번 이상의 삽화가 있는 환자는 67%의 재발률을 보였다. 첫 번째 우울증 삽화에서 회복된 환자들은 우울증의 과정에 있어서 중요한 시점에 있는 것으로 보인다. 이들은 "실제로 즉각적으로 재발할 가능성이 있고, 재발한다면 만성 우울증으로 진행할 가능성이 대략 20%가 되었다"(p. 3303).[23] 만성 정서장애와 급성 정서장애를 가진 환자들을 대상으로 5년간 추적 연구한 결과,[27] 회복 후에 즉시 재발한 사람들의 경우에는 우울증이 장기적으로 지속되었다.

과거에 있었던 삽화의 횟수를 기초로 환자들을 구분하는 것은 Keller의 초기 관찰을 반영하는 것으로, 향후 우울증 재발을 가장 신뢰롭게 예측해 주는 요인 중 하나이다. Keller의 연구에서는 역치를 세 번의 삽화로 제한하고 있지만, 현재 흔히 받아들여지고 있는 기준은 두 번의 삽화이다. 재발 위험을 근거로 이 두 집단을 구분하는 원칙이 지금도 널리 통용되고 있음을 주목할 필요가 있다. 사실 미국정신의학회의 『정신장애의 진단 및 통계 편람(Diagnostic and Statistical Manual of Mental Disorders: DSM-IV-TR)』은[28] 주요 우울장애 진단에서 적어도 두 번의 우울 삽화를 가진 환자들을 '재발성'이라는 용어를 사용하고 있다.

우울 증상의 재발과 재발생률을 어떻게 예방할 수 있는가

우울 증상을 보이는 사람들이 겪고 있는 부담감을 분명히 이해한다면 이들에게 적합한 치료법의 개발이 시급하다는 것을 알 수 있다. 주요 우울증은 현재 자주 재발하는 장애로 인식되고 있기 때문에 환자들에게 제공할 수 있는 치료의 유형을 확대하는 방법을 살펴보는 것이 절실히 필요하다.

여러 가지 연구 결과에 따르면 약물치료만 시행할 경우 좀 더 장기간의 접근이 필요하였다. 비록 약물을 장기 복용하는 것을 불편해하는 사람들에게는 이러한 결론이 환영할 만한 것은 아니겠지만 임상가들은 우울증 환자들이 처음 치료를 받은 후 삽화에서 회복된 다음에도 항우울제를 처방해야 한다고 제안하고 있다. 이와 같이 약물치료를 지속시킬 필요성을 검증하기 위해서는 어떤 종류의 연구가 이루어져야 하는가?

정답은 모든 환자가 회복될 때까지 같은 약물을 처방받은 다음, 약물 대신 위약(비활성 약물) 또는 지속적으로 약물을 받는 조건에 무선할당하는 것이다(환자들은 사전에 연구에 참여할 것을 동의하지만 자신이 어떤 집단에 할당되었는지 알지 못한다). 이러한 종류의 연구를 처음 실시한 사람들이 Glen과 그의 동료들이다. 연구에 참여한 환자들은 일단 적극적인 약물치료로 회복된 다음에 약물 혹은 위약을 받는 조건에 할당되었다. 결과는 분명하게 나타났다. 위약으로 바꾸었던 환자들의 50%가 다시 우울해졌고, 적극적인 약물치료를 받았던 환자들은 20%만이 재발하였다.[29]

이 연구 결과에서 나온 한 가지 특징은 특별히 주목할 만하다. Glen 등은 새로운 삽화일 경우 예상보다 우울 증상이 훨씬 더 빨리 다시 나타난다는 것을 발견하였다. 이러한 결과들은 환자들이 새로운 삽화('재발, recurrence')를 경험한 것은 아니며, 아직 우울증으로 크게 진전되지 않았지만 이전에 통제되었던 삽화가 다시 악화되는('재발생, relapse') 것을 의미한다. 이러한 연구 결과들이 일반적으로 가지고 있는 시사점은 우울증 삽화를 경험하는 사람들이 항우울제를 복용한 후에 증상이 개선되지만 삽화의 경과가 완전히 끝나기 전에, 즉 증상이 안정되기 전에 약물 복용을 중단한다면 즉각적으로 재발할 위험이 높다는 것이다.

1980년대 말에 많은 임상가는 항우울제를 예방약으로(예컨대, 기존의 삽화를 치료하는 것이 아니라 향후 삽화 발생률을 막기 위해) 처방하면 향후 우울증 삽화를 막을 수 있는 최선의 방법이 될 것이라는 견해를 지지했다. 임상가들은 항우울제를 우울증의 서로 다른 단계, 즉 급성, 지속, 유지 단계로 구분하여 사용하기 시작했다. 삽화가 나타나는 동안 현존하는 증상을 경감시킬 목적으로 항우울제를 처방하는 것을 급성치료(acute treatment)라고 한다. 우울증 삽화에서 회복 기간을 넘어서서 6개월 동안 처방하는 것을 지속치료(continuation treatment)라고 하며, 회복 후 3~5년 이상 약물을 복용하는 것을 유지치료(maintenance treatment)라고 한다. 미국 정신의학회의 현재 우울증 치료 지침은 이러한 틀을 따르고 있다.[30, 31]

하지만 이러한 지침의 이면에 있는 기본 가정, 즉 항우울제는 장기간의 효과를 나타내지 않는다는 것을 주목할 필요가 있다. 항우울제의 효과는 복용 기간을 넘어서서 지속되지는 않는다. 다른 말로 하면 항우울제는 증상을 억제하는 효과를 가지고 있으며, 삽화 그 자체의 원인을 치료 목표로 하지 않는다.[32, 33] 그럼에도 불구하고 각 삽화가 경험되면서 초기 재발 위험이 증가하고, 시간이 지나면서 재발 사이의 간격이 짧아지는 경향이 있는 것을 고려해 볼 때,[34] 가능한 한 어떤 방식으로든 증상이 재발하는 것을 막는 것이 중요하다. 이 연구와 이후에 진행된 비슷한 연구들이 보여 주는 메시지는 분명하다. 즉, 향후 우울증을 막기 위해서는 급성기 우울증 삽화를 경감시켜 주는 것과 유사한 효과가 있는 치료를 계속해야 한다는 것이다.

유지치료로서 심리치료

1980년대 후반에 들어오면서, 우울증에 대한 약물치료를 초기에 우울 증상이 회복된 이후로도 확대해서 적용하는 것이 효과적이라는 인식이 확산되었고 매우 중요하게 여겨졌다. 그러나 회복 단계에서 항우울제 치료를 지속적으로 사용하는 것에 대한 효과적인 대안이 여전히 필요하다고 볼 수 있다. 어느 때든, 상당수의 사람들은 장기간 약물 복용을 하는 것이 적합하지 않은 경우가 많다. 예를 들어, 임신한 여성은 항우울제를 복용하는 것에 부담을 느끼게 되며, 마찬가지로 주요한 수술을 받는 사람들도 항우울제를 복용하는 것을 꺼리게 된다. 어떤 사람들은 항우울제의 부작용을 견딜 수 없어 하며, 또 다른 사람들은 단순히 약을 계속 먹는 것을 싫어한다. 155명의 외래 우울증 환자 대상 연구에서 치료 첫 달 동안 28%가 항우울제를 복용하는 것을 중단하였고, 44%는 3개월째에 접어들면서 약물 복용을 중단하였다.[35] 대체로 처방된 항우울제를 복용하지 않는 사람들은 30~40% 정도나 된다.[36] 최근 미국의 우울 조울병 협회(National Depressive and Manic-Depressive Association)에서 1,400명의 환자를 대상으로 온라인 조사를 실시한 결과, 유지치료로 항우울제를 처방받은 환자들의 1/3만이 치료의 질에 만족하고 있었다.[37]

그렇다면 심리치료는 도움이 될 수 있을 것인가? 무엇보다도 부정적인 생활 사건이 우울증 삽화가 재발하기 전에 선행한다는 증거들이 있다. 그러한 사건들에는 상실, 싸움, 거부, 실망 등의 문제가 포함된다. 심리치료는 부정적인 생활 사건에서 발생한 환자들의 대인관계 문제를 관리해 줌으로써 재발 위험을 줄여 주는 데 중요한 역할을 할 수 있다. Ellen Frank와 그의 동료들이 했던 유지 대인관계심리치료와 같은 기초 연구는 바로 이러한 이론적 근거를 가지고 행해진 것이다.[38] 이 연구가 새로웠던 점은 우울증 삽화가 있을 때 처음에는 대인관계치료, 항우울제인 이미프라민으로 병합치료를 한 다음, 회복된 뒤에도 3년간 치료를 계속했다는 것이다. 환자들은 우울증 삽화에서 회복된 뒤 이 연구에 실험적으로 참여하게 되었다. Ellen Frank의 연구 결과 유지 대인관계치료가 '생존 기간'을 유의미하게 늘려 주었다. 유지 대인관계치료를 받은 환자들이 다음 우울증 삽화까지 재발하지 않고 지낸 기간은 1년 이상이었다. 이와 대조적으로 유지 단계에서 위약 집단은 우울증이 없는 기간이 21주밖에 되지 않았다.

이러한 연구 결과들은 우울증 분야의 중요한 관심사를 직접적으로 설명해 주고 있다. 심리치료가 항우울증 약물과 마찬가지로 우울증이 재발할 가능성을 줄여 준다는 것을 처음으로 증명한 것이다. 흥미롭게도 약물을 실제로 처방받은 환자들은 유지 대인관계치료만 받은 사람들보다 더 오래 견디었다. 그러나 유지 대인관계치료를 받은 사람들은 여전히 위약만 받은 사람들보다 훨씬 좋은 결과를 보여 주었다. 이러한 결과들은 우울증의 예방책으로 심리치료를 적용하는 것에 대한 문을 열어 주었을 뿐만 아니라 우울증 환자들의 재발을 막기 위해 어떤 기술을 가르쳐야 할지 명확하게 제시하는 이론적 모델의 개발이 시급하다는 것을 일깨워 주었다.

우울했던 사람들이 더 이상의 우울증 삽화 없이 잘 지내도록 하기 위한 유지치료 형태로 대인관계치료를 사용할 수 있다는 결과는 매우 중요했고, 곧 임상가들은 다른 형태의 심리치료 역시 이러한 방식으로 사용될 수 있는지 검토하기 시작했다. 그러나 여기에서 문제는 많은 심리치료 연구자가 급성 우울증에 더 효과적인 치료를 개발하는 데 주력하고 있는 반면, 자신들이 하고 있는 치료의 '유지용(maintenance version)'을 개발하는 것에는 그다지 관심을 두지 않고 있다는 것이다. 이 분야가 발전하려면 Ellen Frank와 동료들이 했던 작업을 반복할 필요가 있고, 일단 회복된 환자들이 우울하지 않고 잘 지낼 수 있도록 어떤 심리치료를 어떻게 하면 잘 제공할 수 있을지 검토할 필요가 있다.

우울증 재발을 막기 위해 유지를 위한 대인관계치료와 유사한 유지 인지치료를 개발할 가능성은 맥아더 기금(MacArthur Foundation)에서 최근 형성된 우울 및 정동장애의 정신생물학 연구 네트워크(Psychobiology of Depression and Affective Disorders Research Network) 회원들의 흥미를 불러일으켰다. 이 네트워크의 책임자인 David Kupfer는 Zindel Segal을 초대해서 유지 인지치료의 개발 가능성을 탐색하도록 하였다. 또한 이후 David Kupfer는 초기에 가졌던 짧은 식견에서 벗어나서 유지 인지치료가 너무 편협한 접근이라는 인상을 근거로 우리가 가졌던 아이디어를 더 발전시켜 나갈 수 있도록 지대한 기여를 했다. 이와 같이 우리는 유지 인지치료와 관련된 과정을 계속 진전시키고 있었다. 우리는 유지 인지치료를 개발하도록 허락을 받았고 여기서부터 출발하게 되었다.

02

우울증에서 회복된 사람들이 왜 재발하는 것일까

유지치료로서의 인지치료를 개발하기

1992년 4월, 세 명의 저자는 유지 인지치료를 개발할 수 있을지 그 가능성에 대해 토의하였다. 그 당시 우리는 현재 우울증 환자들에게 통용되고 있는 인지치료를 수정하면 회복 중에 있는 환자들에게 적용할 수 있을 것이라고 낙관하고 있었다. 즉, 급성치료 단계에서 환자들이 배웠던 기술을 기반으로 회복 중인 환자들에게 필요한 치료를 개발할 수 있을 것이라고 믿고 있었다. 왜 인지치료를 출발점으로 삼았는지에 대한 이해를 돕기 위해, 간략하게 그 배경을 살펴보는 것이 도움이 될 것이다.

인지치료는 우울증을 치료하기 위한 구조화되고, 시간제한적인(time-limited) 접근으로 1960년대에서부터 1970년대에 걸쳐 아론 벡(Aaron T. Beck)의 선구적인 작업에서 비롯되었다. Beck은 상실, 실패감, 무가치감, 거절과 같은 주제가 우울증 환자들의 생각에 얼마나 자주 특징적으로 나타나는지 주목하였다. 이때까지 대부분의 임상가는 부정적인 생각이란 단지 우울증의 표면적인 특징일 뿐이며 기저에 있는 생물학적인 장해 혹은 정신역동적인 갈등에 의해 우울증이 야기된다고 보았다. 이러한 관점이 우세하면서 우울증 기저에 있는 문제를 다루면 생각은 저절로 좋아질 것이라고 여겼다.

Beck은 이러한 인과적 순서가 반대로도 똑같이 작용할 수 있다는 것을 깨달았다. 즉, 부정적인 생각 자체가 우울증을 일으킬 수 있다는 것이다. 게다가 부정적인 생각이 우울 삽화의 첫 번째 원인이 아니라고 해도 일단 생각이 유발되면 우울증 삽화가 지속될 수 있다는 것이 그의 견해였다. 예를 들어, 어떤 사람이 '나는 친구가 없어.' 혹은 '아무도 나를 좋아하지도 않고 존중하지 않아.'라는 생각을 100% 믿고 있다면, 그 사람은 친구에게 도움을 청하는 전화를 걸지도 않을 것이고, 초대에 응하지도 않게 되어 더 고립될 것이다. 사건이 이러한 인과적 순서를 거치면서 그 사람은 저조한 기분에서 회복되는 것이 더욱 어려워질 것이다. 이와 같이 생각과 감정은 파괴적인 악순환을 그리며 서로 상호작용한다.

Beck의 치료는 이러한 개념들을 진지하게 받아들였다. 그는 환자들로 하여금 기분이 왔다 갔다 할 때 마음속에 일어나는 생각들은 무엇이든 '포착하도록' 했다. 환자들은 생각을 받아 적어 치료 회기에 가져오고, 그 생각을 입증하거나 반증하는 증거를 가지고 평가하였다. 더 많은 증거를 모을 수 있도록 환자들에게 숙제가 주어졌고, 환자들은 점차적으로 활동이 증가되면서 일상생활에서 숙달감과 즐거움을 되찾게 되었다. 치료 회기 동안에 환자들은 자신들이 겪고 있는 어려운 상황을 인지적으로 시연하고 그것들을 다룰 수 있는 대안적인 선택들을 알아보고 토의하게 된다. 환자들은 자신들이 지녀 온 오랜 신념, 태도, 가정을 면밀히 살펴보도록 교육을 받고 우울한 기분을 야기하는 상황을 살펴보게 된다.

인지치료가 왜 그렇게 성공을 했는지 살펴보는 것은 매우 흥미로운 일이다. Beck은 자신의 아이디어를 실질적으로 구체화하기 위해 진료실과 실험실 양쪽에서 나온 증거를 이용하여 임상가들과 학계로부터 지대한 관심을 이끌어 냈다. 그는 또한 불안과 관련된 문제를 다루기 위해 널리 사용되던 행동치료의 특징을 공유하는 많은 행동 기법을 통합하였다. 그러나 인지치료가 이렇게 성공한 이유는 창시자인 Beck이 타당하고 신뢰로운 측정치를 사용해서 그 과정과 결과를 면밀하게 평가하고, 그동안 구조화된 심리치료에서는 간과해 왔던 중요한 임상적 문제에 대해 인지치료를 적용하고, 기존의 표준적인 치료(항우울제)와 비교해서 인지치료만의 고

유한 효과를 평가할 것을 고수했기 때문이다. 이러한 요인들 중 어떤 것이라도 인지치료를 이 분야에서 단연 탁월한 치료로 자기매김할 수 있도록 했겠지만, 이 모든 요인을 결합시켜 우울증 환자들에게 적용한 효과는 엄청났고 저자들이 만났던 당시 인지치료는 약물치료에 대한 가장 중요한 심리치료 대안이 되었다.

우리가 유지치료로서 인지치료를 계획한다면, 향후 우울증을 예방하기 위해서는 기존의 인지치료와 똑같은 기법들, 예를 들어 활동 계획표, 숙달감과 즐거움 평정, 사고 감찰 및 도전, 인지적 시연, 대안적 선택을 하기, 역기능적 태도를 알아내고 다루기 등을 포함시키는 것이 분명히 중요할 것이다. 유지치료는 한 달에 한 번 만나서 이러한 기술을 새로이 하고, 심화시키고, 연습하는 것으로 구성될 수 있다. 또한 환자들에게 증상의 악화/재발의 초기 징후들을 알아차리도록 정보를 주고 훈련시키는 것이 필요할 것이다.

이 점에서 유지 인지치료의 매뉴얼이 어떤 주제를 포함해야 할지에 대해서는 논쟁의 여지가 별로 없었다. 우울 증상의 악화/재발을 방지하는 인지치료 접근은 주로 급성 삽화를 다룰 때 효과적이었던 인지 기법을 지속적으로 활용하는 것이라는 데에 의견의 일치가 이루어지고 있었다.

그러나 토론을 거듭하면서 우리는 다른 대안적 접근을 고려해야 하지 않을까 하는 의문을 갖게 되었다. 첫째, 이용 가능한 심리치료 자원이 부족한 것에 비해 우울증 문제가 너무 심각하다는 것을 인식하게 되었다(1장 참조). 우리가 우려했던 점은 훈련받은 인지치료자의 수에 비해 수요가 너무 많아서 이미 넘쳐나는 기존의 사례들로 바쁜 치료자들에게 유지치료를 요구하게 되면 새로 의뢰된 환자들을 보지 못할 수가 있다는 것이었다. 따라서 일대일 치료에 의존하기보다는 비용 면에서 더 효과적인 해결책을 모색하는 것이 필요했다. 유지 인지치료가 재발에 대한 해법이 될 수 있다고 확신할 수 있었던 두 번째 이유는 1992년에 들어와서 '표준적인' 인지치료를 가지고 급성 우울증을 치료할 경우 이미 많은 환자의 재발을 예방할 수 있다는 사실이 분명해졌기 때문이다.

인지치료의 장기 효과

지금까지 네 편의 연구가 급성 우울증에 대한 인지치료와 항우울제 치료를 비교하고 환자들이 초기에 회복한 후 12~24개월에 걸쳐 얼마나 잘 지내는지 검토하였다.[39-42] 회복하면서 약물을 끊었던 환자들은 예상한 대로 매우 높은 악화/재발률(50~78%)을 보였다([그림 2-1] 참조).[43]

그러나 [그림 2-1]에서 보여 주듯이 우울증을 치료하기 위해 인지치료만 받은 환자들의 경우 재발하거나 추가적인 치료를 받은 비율이 상당히 감소하였다. 이 경우 재발률은 20~36%였다. 이러한 연구들은 우울증의 급성 단계에서만 인지치료를 해도 향후 재발 위험률을 감소시킬 수 있다는 비교적 강력한 증거들을 제공하고 있다. 유지 대인관계치료가 악화/재발률을 감소시켜 준다는 연구 결과들과 함께 고려해 보면, 심리치료가 개인 및 사회가 직면하고 있는 우울증에 따르는 부담감을 다루는 데 중요한 역할을 할 수 있다는 것은 의심할 여지가 없는 것이다. 더구나 [그림 2-1]에서 제시해 주는 인지치료의 연구 결과들은 유지치료를 만들 수 있다는 가능성에 대해 중요한 의미를 가지고 있는데, 하나는 부정적이고 두 번째는 보다 긍정적이다.

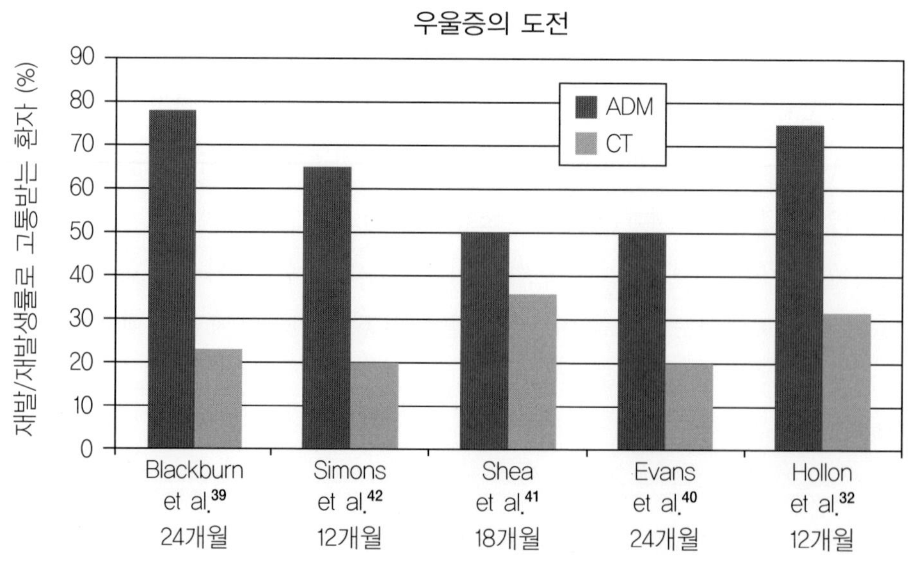

[그림 2-1] 인지치료(CT) 혹은 항우울 약물(ADM)을 받은 우울증 환자들의 재발 비교

첫째, 인지치료가 회복된 후의 재발률을 20~36% 정도로 뚜렷하게 떨어뜨린다면 왜 유지 인지치료를 개발하지 않고 있는가? 물론 이보다 더 좋은 수치가 나올 수 있을 것이고 몇 가지 세심한 주의를 기울인다면 재발률은 아마도 10~15% 정도로 더 낮아질 수 있을 것이다. 그러나 우리가 살펴보았듯이, 이것은 회복 중에 있는 우울증 환자를 대상으로 하는 치료적 개입을 실제로 새롭게 고안했다기보다는 잔류증상을 다루는 개입을 추가시켜 기존의 인지치료의 구성요소들을 수정하는 문제에 더 가깝다고 볼 수 있다.

그러나 둘째, 연구 자료들에 따르면, 인지치료는 일단 한번 배우게 되면 향후에 우울증 재발로부터 스스로를 보호해 줄 수 있는 무엇인가를 환자들에게 가르쳐 준다는 점을 분명히 시사해 준다. 이는 잠정적으로 중요한 의미가 있다. 이 시점까지 재발 위험을 다루는 데 가장 좋은 방법은 약물치료든 심리적 접근이든 두 가지 모두 기존에 받았던 치료를 단순히 확장하여 실시하는 것이었다. '지속' 그리고 '유지'라는 단어는 이러한 가정을 담고 있다. 그러나 치료법의 선택을 그렇게 제한시킬 필요가 있을까? 즉, 급성기의 우울증을 치료하기 위해 한 가지 접근을 사용하고, 일단 회복된 환자들이 잘 지낼 수 있게 하기 위해서는 다른 접근을 사용하는 것이 더 낫지 않을까?

이와 같은 방식으로 문제를 살펴보면서 우리는 처음으로 새로운 가능성을 내다보기 시작했다. 인지치료가 우울증에 얼마나 보호적인 효과가 있는지를 이해할 수 있다면 우울증에서 회복된 환자들에게 '어떤 것'을 가르쳐야 할지 아이디어를 얻을 수 있을 것이다. 우울했을 때 인지치료를 받지 않은 사람들도 이것이 가능하다. 특히 급성 우울증 기간 동안 항우울제(항우울제는 가장 흔히 사용되는 치료이기 때문에 이는 현명한 선택이다)를 복용하고 나서 잘 지내기 위해 유지 인지치료를 활용할 수 있다. 우울증에서 회복된 후 약물을 복용하고 있지 않은 사람들도 급성 우울증 환자들이 인지치료를 통해 습득한 것과 똑같은 원리와 실습을 배움으로써 회복된 후에 보호를 받을 수 있을 것이다.

이 접근법에는 또 다른 이점이 있다. 환자들은 항우울제를 무한정 복용하려고 하지 않는다는 점이다. 더구나 집단 형식으로 진행되는 유지 인지치료는 비용효과 면에서 상당한 이점이 있다. 집단 인지치료는 표준화된 개별 인지치료에 비해 훨씬 많은 환자가 도움을 얻을 수 있다.

그렇다면 유지치료는 어떤 치료여야 하는가? 개발 가능한가? 그리고 얼마나 효과적일까? 여기에 대한 해답을 얻으려면 다음의 두 가지 기본적인 질문에 답을 할 수 있어야 한다. 하나는 우울증 재발을 일으키는 중요한 심리 기제는 무엇인가? 두 번째는 급성 우울증 시기에 실시되는 인지치료에서 이러한 기제가 얼마나 수정될 수 있는가? 이 두 가지 질문이 해결된 다음에야 우리는 인지치료를 받아 본 적이 없는 환자들에게 같은 유형의 보호막을 제공하는 것에 대해 생각할 수 있었다. 나중에 알게 된 사실이지만, 연구 문헌에서는 첫 번째 질문에 대해서는 그 해결 방법을 제시하고 있다. 그러나 두 번째 질문은 여전히 해결되지 않은 상태이다. 즉, 그때까지 우리는 인지치료 효과가 재발 위험을 얼마나 감소시킬 수 있는지 잘 알지 못했다. 우리는 기본 원리로 돌아갈 필요성을 느꼈다.

악화/재발에 대한 인지적 취약성

우리가 살펴보았듯이 1970년대와 1980년대에 인지 모델이 가장 크게 기여한 것 중의 하나는 자신, 세상, 미래에 대한 개인의 생각이 그 사람의 정서와 행동에 중요한 영향을 미칠 수 있다는 것이었다.[44] 지금까지 기술했듯이 인지 모델은 우울증 삽화가 발생하고 일단 형성이 되면 얼마나 지속되는지만 설명해 왔다. 부정적인 생각은 우울증을 일으키고 지속시킬 수 있다. 그러나 계속 진행되는 취약성, 즉 삽화에서 회복된 이후 그 사람을 다시 우울하게 만드는 위험인자는 무엇일까? 그러한 취약성에 대해 Beck은 생애 초기에 취약성을 보였던 사람은 성인기까지 지속되는 특정 가정과 태도를 획득하는데, 이러한 가정과 태도는 전 생애에 걸쳐 지속되는 특질이 된다고 설명하고 있다.[45] 세상을 그런 관점으로 보게 되면 그 사람은 우울하게 될 위험이 높아지는데, 그 이유는 부정적인 생활 사건이 일어나면 기저에 있는 신념이라는 렌즈를 통해 바라보고 그 사건 자체와 상응하는 슬픈 감정이 초래된다는 것이다. 서론에서 우리는 Weissman과 Beck[46]이 이러한 역기능적 태도를 측정하기 위해 구성한 질문지에 대해 간단히 언급했었다. 이제 이 취약성 측정치가 얼마나 실망스러운 결과를 주고 있는지에서부터 우울증 재발의 특성에 대한 흥미롭고 중요한 새로운 통찰력을 주는 것에 이르기까지 상세히 설명하고자 한다.

지속적인 역기능적 태도가 재발의 원인이 되는가

역기능적 태도 척도(Dysfunctional Attitude Scale)에 들어 있는 문항은 그 자체가 자기 가치감을 유지하는 개인적 조건을 반영하는 태도나 가정을 기술하고 있다. 합의된 기준을 충족시키는 한 그 사람은 문제가 없다. 예를 들어, 어떤 사람이 '행복해지려면 내가 할 수 있는 모든 것에서 성공해야 해.'라고 믿고 있다면, 어느 것에도 실패하지 않는 한 기분은 괜찮을 것이다. 만일 대학 시험에 실패하거나 승진에서 탈락된다면, '나는 행복할 수 없어.' 혹은 '이렇게 실패하고서는 살 수가 없어.'라고 결론지을 것이다. 이러한 역기능적 태도가 어떻게 임상적 우울증에 취약하게 만드는 지속적인 특질이 되는지 알아보기란 어렵지 않다.

그렇다면 임상적인 인지 모델은 역기능적 태도 척도를 통해 이전에 우울했던 환자의 점수에 대해 무엇을 예측할 수 있을까? 이전에 우울증을 경험한 환자들은 의심할 여지가 없이 향후 우울증에 취약하고 이전에 우울하지 않았던 사람에 비해 확실히 우울해질 위험이 더 높기 때문에 명확하게 예측이 가능하다. 이전에 우울했던 환자들은 지금 현재는 우울하지 않다고 해도 이전에 우울감을 겪지 않았던 사람에 비해 역기능적 태도 질문지에서 더 높은 점수를 받을 것이다. 이전에 우울했던 환자와 우울하지 않은 참가자의 역기능적 태도 수준을 비교하는 연구를 상정하는 것은 비교적 쉽다. 최근 Rick Ingram과 동료들은 그 당시 이루어졌던 40여 종의 연구들을 검토한 뒤 거의 예외가 없이 분명하게 결론을 내릴 수 있었다. 우울 삽화 동안에는 환자들의 역기능적 태도 점수가 상승되어 있었지만 회복된 환자들은 정상적인 기분 상태에서 측정하면 우울하지 않은 사람들의 점수와 구분이 되지 않았다.[47] 임상심리학 연구에서 강력하게 예측했던 가설이 그렇게 분명하게 기각된 연구는 매우 드문 경우였다. 이와 같은 결과를 볼 때, 지속적인 역기능적 태도와 가정은 재발의 원인이 아니었다.

슬픈 기분이 부정적인 사고를 다시 일깨운다: 취약성을 이해할 수 있는 기초

지속적인 특성인 역기능적 태도가 기저에 있다는 증거가 없다면 어떻게 우울증 취약성을 인지적으로 설명할 수 있을까? 이 점에서 역기능적 태도 연구로 되돌아가서 다른 유사한 연구 노선을 간략하게 고찰해 볼 필요가 있다. 다른 연구 프로그램은 Teasdale과 동료들에 의해 시작되었는데, 이들은 생각이 기분에 미치는 영향을 이해하는 것에는 관심이 없었고 악순환의 다른 측면, 즉 기분이 생각에 미치는 효과를 검토하는 것에 관심이 있었다. 이들 연구자들은 참가자들로 하여금 슬픈 문장을 읽게 하거나 슬픈 음악을 5~10분 정도 듣게 하여 슬픈 기분을 유도하는 실험절차를 사용하였다. 이와 같은 기분 유도 효과는 5~10분 정도로 짧게 지속되고 가역적이지만, 경미한 수준의 우울한 기분 상태에서 야기되는 생각의 변화 유형을 들여다볼 수 있는 귀중한 창문이 되었다.

몇몇 연구들은 우울하지 않은 사람들에게 경미한 우울 기분을 실험적으로 유도하면 이들이 부정적인 기억 편향을 보여 준다는 것을 발견하였다. 우울 기분을 유도하면 참가자들은 자신들에게 일어났던 긍정적인 사건을 덜 회상하고 부정적인 사건을 더 많이 회상했다. 이전 연구들은 임상적 우울증 상태에서 인지 편향이 나타난다는 것을 관찰했지만, 이러한 인지 편향이 어떻게 유발되었는지 결론을 짓지 못했다.[48, 49] 우울한 사람들은 부정적인 사건을 더 많이 경험했거나 그들의 전체 삶을 더 부정적으로 평가했기 때문에 단순히 부정적인 기억을 더 많이 했을 수도 있다. 그렇지만 실험 결과들에 따르면, 우울감 때문에 생기는 기억 편향 효과가 단순히 우울한 사람들이 살아오면서 부정적인 사건을 더 많이 겪었기 때문에 발생하는 것은 아니라는 것이다. 부정적인 사건이 일어났었다는 사실은 의심할 여지가 없지만, 우울증에 걸린 사람들을 더욱 고통스럽게 하는 것은 기분-유도 편향(mood induced bias), 즉 자신의 삶에서 일어난 부정적인 사건에 더 초점을 맞추고 긍정적인 측면에는 주의를 덜 기울이게 만드는 경향성에 대처해야 된다는 것이다.

이것은 취약성을 다른 측면에서 보도록 해 주었다. 우울증에서 회복된 사람과 우울한 적이 없는 사람들 간에 중요한 차이는 아마도 이들의 기분이 좋았을 때 상황에 대해 어떻게 생각하느냐에 있는 것이 아니라 슬픈 기분이 들 때 마음속에 무엇이 떠오르는가일 것이다. '무엇이 사람들을 향후 우울증에 취약하게 만드는가?'라는 질문에 대해 이전에 우울한 경험과 연결되었던 부정적 사고패턴 때문이라고 답할 수 있을까? 우리는 우울증의 일부 핵심 증상, 즉 죄책감, 후회, 부정적이면서 자기 비난적인 사고 등에 대해 이미 잘 알고 있다. 우울증 삽화 동안에 사람들은 우울한 기분과 부정적인 생각을 경험한다. 우울증 삽화 동안 기분과 생각 간에 학습된 연합이 일어난다면 어떨까? 향후 기분이라는 한 가지 요소의 발생이 다른 요소, 즉 사고패턴의 변화를 초래할 수 있다. 과거에 우울했던 사람들에게는 심지어는 정상적이고 일상적인 슬픔이라도 심각한 결과를 유발할 수 있다.

John Teasdale은 이것을 '차별적 활성화 가설'[49]을 세워서 슬픈 기분이 이전에 슬픈 기분과 관련된 사고 양식을 재활성화시킬 수 있다는 개념을 만들어 냈다. 이러한 양식은 사람마다 다르며 개인의 과거 경험에 따라 다양하다. 대다수의 사람은 때때로 일어나는 슬픈 기분을 무시하지만 이전에 우울했던 사람들은 약간만 기분이 저조해도 사고패턴의 커다란 변화, 그리고 잠정적으로는 파괴적인 변화를 초래할 수 있다. 이러한 사고패턴은 '나는 무가치하다' '나는 어리석다'와 같이 전반적이면서, 부정적인 자기 판단과 관련이 있다.

이러한 개념을 검증하기 위한 실험이 행해졌다. 이 연구에서 지금 현재 더 이상 우울하지 않지만 과거에 우울했던 사람들을 기분 유도를 한 사람들과 하지 않은 사람들로 나누었다. 연구 질문은 다음과 같다. 즉, 이전에 우울증을 겪었던 사람들은 실험적으로 슬픈 기분을 유도했을 때 어떻게 반응하는가, 그리고 슬픈 기분이 이전에 우울하지 않았던 사람에 비해 이들의 사고에 어떤 영향을 미치는가? Segal과 Ingram[50]이 이 주제에 대해 수많은 연구를 검토한 결과, 실험으로 슬픈 기분을 유도하였을 때 이전에 우울했던 사람과 그런 적이 없는 사람들에게서 유사한 결과가 나타났지만 과거에 우울한 적이 있는 사람들에게 더 현저한 효과가 나타났다. 즉, 이전에 우울한 사람들은 과장된 인지적 편향을 보여 주었다.

회복된 환자들에게서 재활성화되는 부정적인 사고는 일련의 악순환 속에서 기분을 유지하고 강화시키는 효과가 있다. 이런 식으로 주요 우울력이 있는 개인들에게서 경미한 슬픈 상태는 더 강렬하고 지속적인 상태로 진행되고, 향후 주요 우울증 삽화 발생 위험을 높인다. 이와 같이 아주 간단하면서도 강력한 아이디어는 우울하지 않은 상태에서 역기능적이고 편향된 사고 수준을 측정하는 것에서 주의를 돌려 대신 기분이 얼마나 즉각적으로 이러한 사고를 재활성화시키는지에 초점을 옮기게 해 주었다.

슬픈 기분이 취약한 태도나 신념을 재활성화한다

1980년대 말에 Jeanne Miranda와 Jacqueline Person의 연구는 새롭고 중요한 증거를 더해 주었다. 몇몇 연구에서 이들은 John Teasdale이 했던 것과 마찬가지로 기억 측정치가 아니라 Teasdale이 실망스러운 결과를 얻었던 바로 그 역기능적 태도 측정치에 기분이 미치는 영향력을 살펴보았다. 이들은 과거에 우울한 적이 없는 사람들의 경우 슬픈 기분을 보고하더라도, 자신들의 태도에 대한 믿음은 상대적으로 거의 바뀌지 않았다는 것을 발견하였다. 이와 대조적으로 이전에 우울한 적이 있는 사람들은 슬픈 기분을 보고할 때 기분이 좋았을 때보다 역기능적 태도를 더 많이 보고하는 것으로 나타났다. 예를 들어, 슬픈 기분이 들 때 이 사람들은 자신이 행복해지려면 모든 것에서 성공해야 한다는 믿음이 더욱 강했다.[51, 52]

이러한 결과들은 Teasdale이 도달했던 결론과 동일한 결과를 시사하고 있다. 즉, 조금만 우울해도 이전에 우울했던 사람들은 우울했을 때 경험했던 사고패턴이 재활성화된다는 것이다. 컴퓨터에 비유해서 말하자면 회복 동안에도 '우울 사고' 프로그램이 하드디스크에서 실제로 지워지지 않은 것이다. 즉, 기분이 조금만 변해도 우울 사고 프로그램은 마치 전혀 사라지지 않았던 것처럼 재가동된다.

맥아더(MacArthur) 프로젝트에 착수할 때 우리가 가졌던 생각은 기분이 부정적 사고패턴을 활성화시키는 정도가 우울증 악화와 재발을 예측할 것이라는 점이었다. 두 개의 후속 연구는 이 가설을 확증시켜 주었다. Zindel Segal과 동료들은[53-54] 토론토의 중독 및 정신건강센터(Center for addiction and Mental Health)에서 치료를 막 끝낸(항우울제나 인지치료) 우울증 환자들에게 일시적으로 슬픈 기분을 유도하였다. 이들의 목표는 치료가 역기능적 신념에 어떤 영향을 미치는지 살펴보는 것이었다. 특히 이런 치료들이 슬픈 기분으로 빠질 때 신념을 변화시킬 수 있는지 여부에 관심을 가졌다. Segal과 동료들은 이 밖에도 역기능적 태도 척도(DAS)에서 우울증과 관련된 변화가 환자의 후속 재발을 얼마나 잘 예측해 주는지 살펴보고 싶어 했다.

이 두 연구 결과, '슬픈 기분 유도' 후에 역기능적 신념 점수가 가장 증가한 환자들이 30개월 후에 재발을 더 많이 경험하였다.[53-54] 더구나 인지치료를 받은 환자들은 인지적 반응성이 더 낮았다. 즉, 이들은 슬픈 기분을 유도했을 때 역기능적 태도의 변화가 적었다. 이러한 결과는 나아가 우울증 재발을 막기 위해서는 무엇보다도 '인지적 반응성', 즉 사소한 기분 변화에도 부정적인 사고가 크게 증가하는 경향성을 우선적으로 다루어야 할 문제라는 우리의 생각들을 확증시켜 주었다. 더구나 다른 연구 자료에서 도출된 결과들은 인지적 반응성이 누적 효과가 있어서 매번 생기는 우울 삽화가 다른 삽화를 유발할 가능성을 높여 준다는 것을 보여 주었다.

시간이 경과하면서 재발 경로가 더 쉽게 활성화된다

1992년 저명한 생물 정신의학자인 Robert Post[34]는 심리적 스트레스와 우울증 재발 간의 관계가 시간이 지나면서 변한다는 것을 제안하는 논문을 발간하였다. 그는 많은 양의 자료를 검토한 뒤 스트레스 사건과 우울증 발병 간의 관계에 대한 우리의 견해를 바꿀 필요가 있다고 하였다. 부정적 사건이 우울증에 미치는 영향에 대해 이전에 주로 논의되었던 내용은 부정적인 생활 사건이 우울증 발생의 원인이 될 정도로 충분한지 혹은 부정적인 생활 사건이 다른 취약성 요인과 상호작용해서 일어났는지에 국한되었다. 포스트가 검토한 자료를 살펴보면, 더 복잡한 그림이 그려진다. 사실 우울증 초기 삽화에는 중요한 부정적인 사건이 선행된다. 그러나 우울증 삽화가 더 많아질수록 스트레스 사건이 차지하는 비중은 점점 줄어든다. Kendler와 동료들은[55] 생활 사건이 없을 때와 비교해서 생활 사건이 있을 때 발생하는 우울증의 상대적 확률을 나타내는 통계인 승산비(odds ratios)를 계산하여 Post의 추론을 검토하였다. 그들은 우울증 위험은 삽화를 경험할 때마다 증가하지만 그 위험에 대한 생활 사건의 기여는 연속적인 삽화가 이어질수록 감소한다는 것을 보여 주었다. 포스트는 새로 나타나는 각 삽화는 우울증이 촉발되는 신경생물학적 역치(threshold)에 작은 변화를 일으켜, 시간이 지날수록 개인의 생활환경과는 무관하게 우울증 삽화가 자발적으로 일어날 정도로 역치 수준이 낮아진다고 제안하였다.

Kendler와 동료들의 연구 자료들은 심지어 40번의 이전 삽화 이후에도 우울증이 재발할 확률은 스트레스 사건이 있을 때 훨씬 높았지만, 전반적인 패턴은 삽화가 반복될수록 새로운 우울증 삽화 발생이 더 쉽게 촉발되었다. 비록 이러한 연구들은 우울증의 신경생물학적 이해를 기반으로 실시되었지만, 그의 아이디어는 반복적인 우울 삽화가 새로운 삽화의 시작과 관련된 심리적 과정을 보다 자동적으로 만들어 준다는 우리의 견해와 정확하게 일치하고 있다.[56]

반추하는 마음

잠시 동안 꼼꼼히 살펴보자. 우리는 지금껏 세상을 바라보는 지속적인 '역기능적' 방식이 향후 우울증에 취약해지는 이유를 설명할 수 없다는 것을 살펴보았다. 우울증에서 회복되면, 세상에 대한 관점은 표면적으로는 정상으로 회복된다. 어떤 경우든 우울증을 경험하지 않은 사람들이 가지고 있는 관점과 유사하다. 그러나 겉으로 보기에는 정상적이라 해도 우울은 흔적을 남긴다. 일단 우울증이 끝난 상태에서도 조그만 기분 변화에도 부정적 사고가 크게 활성화되는 경향성은 남아 있다.

지금까지 우리는 기분이 마음속에 어떤 유형의 생각, 기억, 신념 등을 가져오는지에 초점을 두었다. 말하자면 우리는 의식의 내용에 초점을 맞춘 것이다. 그러나 우울증에 취약한 사람들은 우울 기분 자체를 다루는 방식에 있어서 다른 사람들과 다르다는 증거들이 증가하고 있다.

Susan Nolen-Hoeksema는 많은 중요한 연구를 통해서 우울한 기분과 상황에 처했을 때 사람들이 반응하는 양식에는 현저한 차이가 있다고 주장하였다. 어떤 사람들은 기분이 저조할 때 자기 자신에 주의를 기울이는 방식으로 반응하고, 또 다른 사람들은 자신에게서 주의를 다른 데로 돌리는 방식으로 반응한다. Nolen-Hoeksema는 첫 번째 반응 양식을 '반추적 반응 양식'이라고 칭하고 반응 양식 질문지(Response Styles Questionnaire)에서 이런 식으로 반응하는 사람들의 경향성을 평가했는데, 이와 대조적으로 어떤 사람들은 반추를 덜 하고 저조한 기분으로부터 자신의 주의를 돌리게 해 주는 활동에 몰두한다. 이와 같이 주의 전환 기법을 사용하는 경향이 있는 사람들은 우울 기분을 더 짧게 경험한다.

Nolen-Hoeksema와 Morrow가 행한 연구들은 반추적 반응 양식의 중요성을 극적으로 잘 보여 준다.[57] 이 연구는 1989년 캘리포니아의 로마 프리에타 지진이 일어나기 직전에 반추적 반응 양식 측정치를 통해 사람들을 평가한 덕분에 이루어진 것이다. 연구자들은 지진이 일어나기 전에 반추하면서 우울에 반응하는 경향성을 보였던 사람들이 지진 후에 가장 높은 우울 점수를 보고하였음을 발견하였다. 후속 연구들도 유사한 결과를 보고하였다. 우울증에서 벗어나려고 시도하면서 특히 사고 양상이 곱씹고(brooding), 반복적인 양상을 띠면 실제로는 우울증이 더욱 지속되어 의도한 것과는 정반대의 결과를 낳는다는 것이다.

반추적 반응 양식과 같은 인지 특성이 우울증과 서로 관련성이 있다는 것을 발견한 연구들이 지니고 있는 하나의 문제점은 반추 경향성과 단순히 상관관계가 높은 다른 제3의 요인(예: 신경증과 같은 다른 성격 특성)이 작용해서 우울증이 발생하지 않았다는 것을 확신할 수 없다는 점이다. 그러나 이와 같이 대답하기 어려운 문제에서 빠져나올 수 있는 구멍이 있다. 실험실에서 다른 인지 양식의 효과를 가장하여 그것이 기분에 미치는 영향을 검토하는 것이 가능하다. 이 경우 Nolen-Hoeksema와 동료들은 우울증이 없는 대학생들에게 우울 기분 유도 절차를 제시한 후, 두 집단 중 하나에 무신 할당하였다. 첫 번째 조건에서 대학생들은 자신에 대해 생각하고 왜 그들이 그런지('반추' 조건) 생각하도록 지시하였다. 두 번째 조건에서는 대학생들에게 자신과 관련 없는 것을 생각하라고('주의 전환' 조건) 지시하였다. 실험 결과 기분-유도 절차가 반추 집단에서 더 지속적이고 강렬한 우울 기분을 유발하였다.

이러한 종류의 실험은 또한 반추의 중요한 다른 측면을 다루고 있다. 예를 들어, 반추가 그렇게 해로운데도 왜 지속되는 것일까? 질문을 받았을 때 왜 그들은 자신의 기분에 대해 이런 식으로 반추하는 것을 선택했을까? 많은 사람은 반추 양식이 자신의 기분을 더 잘 이해할 수 있고, 문제를 해결하는 데 도움이 될 것이라고 믿었다고 응답했다.[58] Lyubomirsky와 Nolen-Hoeksema는 실험 방법을 사용하여 오히려 반대의 결과를 얻었다.[59] 그들은 사람들에게 반추하거나 자신으로부터 주의를 전환하도록 요청을 하고 수단-목적 문제해결과제(means-ends problem solving task)를 사용하여 문제를 해결하는 능력을 평가하였다. 널리 사용되고 있는 이러한 과제에서 참가자들에게 관계가 깨지는 문제 상황으로 시작해서 '행복한 결말'로 끝나는 이야기를 제시하였다. 그러고 나서 문제가 어떻게 해결되었는지 참가자들이 이야기를 완성하게 하였다. 이 연구 결과는 신념과 현실 사이의 극적인 대조를 보여 주고 있다. 자신의 기분에 대해 반추하는 참가자들은 자신을 더 잘 이해할 수 있다고 믿었지만, 실제 문제해결능력은 향상되지 않았으며 오히려 감소하였다. 참가자들은 문제가 곧 해결될 거라는 느낌에 빠진 것처럼 보였고, 그래서 찾고 있던 그 문제해결에서 실제로는 멀어졌다는 알았을 때, 이 상황을 오히려 반추를 더 많이 해야 한다는 메시지로 받아들였다.

Nolen-Hoeksema의 연구 결과나 회복된 우울증 환자와 우울했던 적이 없는 사람들의 우울-유도 부정적인 사고를 비교한 연구 결과들로 미루어 볼 때, 우리는 심리적으로 우울증에 취약하게 만드는 데 있어서 두 가지 접근이 중요하다고 판단했다. 첫째는 기분이 저조할 때 상대적으로 쉽게 부정적인 자료(사고, 기억, 태도)에 접근할 수 있는 것과 둘째는 사람들이 반추하면서 부정적인 기분과 자료를 다루려고 하는 방식이다. 이 두 가지 중 어느 접근을 선택해야 할지, 아니면 두 가지 모두 중요한 역할을 할지 궁금하게 여겨졌다. 결국 이 두 가지는 대안이 될 수 없는 것으로 드러났다. 현실적으로 이 두 가지 접근은 우울증이 야기하는 변화의 전체 '꾸러미' 중의 두 가지 측면일 뿐이었다. 이에 대해 특별한 예를 들어 보자.

다음과 같은 상황을 상상해 보라. 메리(Mary)는 저녁에 TV를 보면서 쉴 수 있을 것이라고 기대를 하면서 일터에서 피곤한 상태로 방금 집으로 돌아왔다. 전화기의 응답 메시지에는 남편이 저녁 늦게 집에 올 것이라고 녹음되어 있었다. 메리는 실망하고, 화나고, 기분이 상했다. 메리는 그 달에 똑같은 일이 일어났던 다른 경우를 떠올렸다. 남편이 혹시 부정을 저지르지는 않을까 하는 생각이 떠올랐다. 메리는 그 생각을 일축하려고 했지만 녹음된 메시지의 배경에 웃는 목소리가 들렸다는 상상을 하자 그 생각이 더 생생해졌고 속이 메스꺼운 기분이 들었다. 그러나 문제는 거기에서 끝나지 않았다. 생각은 꼬리에 꼬리를 물고 남편과 헤어지고, 변호사를 만나고, 이혼을 하고, 다른 곳으로 이사 가서 경제적으로 궁핍하게 사는 것 등으로 이어졌다. 분노감이 우울감으로 바뀌면서 기분은 점점 더 나빠졌고 과거 거절당하고 혼자 남게 된 삽화가 생각이 났다. 메리는 남편과 함께 만나 왔던 친구들이 자신과 더 이상 교제하지 않으려고 할 것이라는 생각이 들었다. 메리의 눈에는 눈물이 흘러내렸고 어떻게 해야 할지 몰랐다. 식탁에 앉아서, 메리는 '왜 나에게 항상 이런 일이 일어나지?'라고 중얼거렸다. 메리는 왜 항상 그런 식으로 반응하는지 알아보려고 했다. 여기서 수많은 감정, 생각, 신체감각이 눈덩이처럼 불어나는 것에 주목해 보자. 그러나 기분이 상한 것은 단지 부정적인 자료 때문도 아니고 단순히 자료를 다루는 방식 때문도 아니라는 점을 주목하자. 오히려 메리의 기분이 상한 것은 전체 마음 상태, 부정적인 기분/생각/이미지/신체감각의 패턴 때문이다. 이러한 마음 상태는 부정적인 자료에 쉽게 접근하여 반추하면서 문제를 다루려고 하는 경향성을 촉발한다. 그러나 반추에 몰두하게 되면 감정이 몸에도 영향을 미치게 되는 피드백 고리가 생겨나게 된다. 이것은 메리를 더 힘들게 할 뿐이며 따라서 남편에 대한 걱정을 해결하기 위해 좀 더 다른 숙련된 행동을 취할 필요가 있다. 그러나 반추에 몰두하게 되면 이런 숙련된 행동을 하기가 점점 어려워진다.

메리처럼, 우울증에 취약한 사람들은 상당 시간 동안 자신이 왜 그런 감정을 느끼는지 끊임없이 반추하고 자신의 문제와 개인적인 부적절감을 이해하려고 애를 쓴다. 그들은 끊임없이 어떤 일들에 대해 골몰하는 것이 자신의 고통을 감소시켜 주는 방법을 찾도록 해 줄 것이라고 믿고 있지만 사실상 그러한 목표를 얻기 위해 이런 방법을 사용하는 것은 오히려 역효과를 낼 뿐이다. 사실 이러한 마음 상태는 자신 혹은 문제가 되는 상황의 부정적인 측면을 반복적으로 '생각하게' 함으로써 우울감을 해결하기보다는 오히려 지속시키는 경향이 있다.

우리는 1995년에 『행동 연구 및 치료(Behaviour Research and Therapy)』[60]에 실린 논문에서 우울증 취약성 요인에 대해 이와 같이 '가장 그럴 듯한 추론'을 했다. 우리는 우울증에 인지적으로 취약한 사람들에게는 다음과 같은 일이 일어난다고 믿었다. 즉, 기분이 저조할 때는 습관적인 인지 처리 패턴이 비교적 자동적으로 전환된다. 이는 두 가지 중요한 효과가 있다. 첫째, 생각이 우울증에서 벗어날 수 있는 효과적인 출구를 찾지 못하고 잘 짜여진 '정신적 홈(groove)'을 따라 반복적으로 돌아간다. 둘째, 이와 같은 생각 자체는 우울한 기분을 더 심화시키고 그에 따라 더 많은 생각이 일어난다. 그렇지 않았다면 경미하고 일시적일 수 있던 기분도 이런 식의 자기 영속적인 악순환을 거치면서 더욱 심각하고 무능력해지는 우울 상태로 점차 빠져들게 된다. 이 모델에 대해서는 4장에서 보다 자세히 다루겠지만 우리가 재발 위험을 감소시키기 위해 급진적으로 다른 접근을 쓰는 이유를 이해하는 데 도움이 될 것이다. 앞서 살펴보았듯이, 재발 방지에 있어서 과제는 환자들이 슬픈 기분,

혹은 재발 가능성이 있을 때에 반추적이고 자기 영속적인 기분 양식에서 벗어나도록 도와주는 것이다. 이 취약성 모델을 염두에 두고 우리는 인지치료가 왜 그렇게 효과를 얻었는지에 대한 질문으로 돌아가려고 한다.

인지치료가 우울증의 악화와 재발을 어떻게 감소시키는가

1980년대 후반에 인지치료가 재발 위험을 감소시켜 줄 수 있다고 보고하는 연구가 있었지만 얼마나 효과적인지 아무도 알지 못했다. 우리가 살펴본 것처럼 우울증에 관한 인지 모델의 기저에 있는 원래의 임상 모델에서 우울증 취약성은 기저의 역기능적 태도나 가정이 지속되는 것과 관련이 있다고 보았다. 이러한 관점에서 볼 때, 인지치료 후에 재발 위험이 감소되는 것은 그러한 역기능적 태도를 감소시켜 주는 인지치료의 특정 효과 때문일 것이라고 예측해 볼 수 있다. 이 가설은 경험적인 지지를 거의 얻지 못했다.[61] 인지치료가 약물치료보다 유의미하게 더 좋은 장기 효과를 보였다는 연구에서 두 치료 모두 역기능적 사고(DAS)의 사후 측정치에서 별반 차이가 없었다.[62] 이것은 사람들이 우울하지 않을 때는 역기능적 태도의 수준이 문제가 되지 않는다는 견해를 지지해 주는 중요한 연구 결과이다.

그렇다면 인지치료가 우울증 환자들의 재발을 감소시켜 주는 인지 과정은 무엇인가? 우리가 이러한 중요한 질문을 고려할 당시, 인지치료는 주로 우울증 관련 사고와 역기능적 태도를 바꿔 주는 것, 즉 우울증 관련 사고 내용을 바꾸어 주는 효과를 가진다고 인식되고 있었다. 우리는 좀 더 면밀하게 이론적으로 분석하고 나서 다른 가능성을 제시하였다.[60] 인지치료는 분명히 사고 내용을 바꾸는 것을 강조하고 있지만, 이러한 치료가 성공적이라면 환자의 부정적인 사고와 감정과의 관계를 바꾸는 것 역시 가능하다는 것을 우리는 깨달았다. 구체적으로 말하면 부정적인 생각이 올라올 때 그것을 반복적으로 확인하고 그 내용과 멀찍이 떨어져서 그 정확성을 평가하게 되면 환자들은 부정적인 생각과 감정에 대한 관점에서 보다 전반적인 변화를 만들어 낼 수 있다. 환자들은 생각을 사실이라고 생각하거나 자기의 한 측면으로 받아들이기보다 관점을 바꾸어 부정적인 생각과 감정이 반드시 현실을 타당하게 반영하는 것도 아니고 자기의 중요한 측면도 아닌 그저 마음속에 지나가는 사건으로 볼 수 있게 된다. 이와 같은 '거리 두기' 혹은 '탈중심화(decentering)'의 중요성은 인지치료와 관련된 논의에서 널리 인식되어 왔었지만,[20] 그 자체가 목적이기보다는 사고 내용을 바꾸려는 목적에 대한 수단으로 알려졌었다.

그러나 몇몇 다른 연구자들은 탈중심화가 더 중심적인 역할을 한다고 제안해 왔다. Rick Ingram과 Steve Hollon은 "인지치료는 내담자로 하여금 본질적으로 상위인지인 통제된 처리 양식으로 전환해서 우울증 관련 인지……, 주로 '거리 두기'라고 하는 것에 초점을 맞추도록 도와주는 것이며……, 인지치료의 장기 효과는 내담자가 향후 스트레스에 부딪쳤을 때 이러한 인지 과정을 시작할 수 있도록 가르치는 데 있다"(p. 272).[63]

인지치료의 효과에 대한 이러한 대안적인 관점은 우리의 이해를 근본적으로 바꾸어 주었다. 이전에 우리를 포함해서 여러 연구자는 탈중심화란 인지치료에서 일어나는 많은 변화 중의 하나로 보았다. 그러나 우리의 분석에 따르면 탈중심화는 중추적 역할을 한다. 이 당시 우리는 탈중심화란 생각을 좀 더 넓은 관점에서 바라보는 것으로 생각이 반드시 현실을 반영하기보다는 단순히 '생각'으로 바라보는 것을 의미한다고 생각했다. 이러한 인지치료의 근본적인 측면은 사람들이 이후 우울감에 빠지는 것으로부터 보호해 준다. 그러한 탈중심화가 일어나지 않는다면, 환자들은 부정적인 생각을 입증하는 혹은 반대하는 증거들을 늘어놓으면서 그들의 생각이 사실인지 아닌지 논쟁을 하게 되고 사고패턴에 갇히는 위험에 빠지게 될 것이다.

인지치료에 대해서 가지고 있던 관점이 변화되면서 재발 방지에 대해서도 대안적인 접근을 고려하게 되었다. 여기서 중요한 것은 사람들이 부정적인 생각에서 벗어나서 그렇지 않으면 반추적인 생각으로 골몰하게 될 마음에 인지적 '여유'를 갖게끔 도와줄 수 있는 방법을 찾는 것이었다(마음의 이러한 모델에 대해서는 이 책의 범위를 넘어서기 때문에 상세히 설명하지 않을 것이다. 마음에 대한 대부분의 이론적 모델에서는 의식적인 정보처리 형태는 '제한된 용량 채널'에서 일정한 공간을 차지한다고 가정하고 있다는 것쯤만 이야기해 두자. 제한된 채널이 반추적이지 않은 자료로 가득 차게 되면 그 기간에 개인은 쓸데없는 것을 반추할 수 없을 것이다. 사고의 이러한 측면에 대한 자세한 내용은 Teasdale 등[60]을 참조하라).

우리는 이런 정보 처리 과정에 직접 들어갈 수 있을까? 즉, 사고 내용을 바꾸는 것을 분명하게 목표로 하지 않으면서도 사람들이 자신의 부정적인 사고와 감정과의 관계를 변화시키도록 도와줄 수 있는 방법을 찾을 수 있을 것인가?

이러한 질문들을 고려했을 때, John Teasdale은 옥스퍼드 대학교 정신의학과에서 근무할 때인 거의 10년 전부터 고려하였던 새로운 가능성을 기억해 냈다. 당시에 그는 이미 명상에 관심을 가지고 있었다. 이 사실을 알고 있던 한 동료가 미국 출신의 불교승려 Ajahn Sumedho가 주체하는 토론에 그를 초청하였다. 토론을 해 나가면서 John은 Sumedho가 설명한 것에서 인간의 고통에 관해 불교에서 보는 핵심 개념과 인지치료의 기본적 가설들이 서로 유사한 점에 놀랐다. 두 가지 접근법 모두 우리를 불행하게 만드는 것은 경험 자체가 아니고 우리가 경험과 맺고 있는 관계(불교 분석에서) 또는 경험에 대한 해석(Beck의 분석에서)이라는 것을 강조한다. 또한 불교에서 하는 마음챙김 명상의 중심에는 생각을 그저 생각으로 보게 하는 배움의 과정이 있다(즉, 생각이 '진실' 혹은 '내'가 아니라 하나의 정신적 사건으로 보는)는 것이 분명해 보였다. 이렇게 해서 사람들은 자신의 행동을 통제하거나 불행한 마음 상태를 만들 수 있는 도움이 되지 않는 사고 패턴의 영향으로부터 벗어날 수 있다.

이 대화에서 영감을 얻은 John은 우울증 환자들이 자신의 부정적인 생각을 단지 하나의 생각으로 보도록 하는 것, 말하자면 부정적인 생각에서 벗어나게끔 가르쳐서 그들을 도와주는 것이 가능할지에 대해 궁금해하기 시작하였다. 동료들은 이러한 아이디어에 대해 진심 어린 관심을 가지고 환영하였다. 그러나 한편으로는 비판적이고 다소 곤란한 질문을 제기하였다. '어떻게 할 수 있을까?' 여기서 난관에 봉착했다. 당시에는 환자들에게 불교 통찰명상의 미묘한 부분을 간결하고 구조화된 심리치료 형태로 제공할 수 있는 명료한 방법이 없어보였기 때문이다.

그래서 John은 우울증 환자들(예: Teasdale[64])과 다른 형태의 명상을 계속 시도해 보면서도 환자들이 부정적인 생각에서 벗어나도록 돕기 위해서 명상을 활용하는 생각을 한 켠에 제쳐 두었다. 오랜 시간이 지난 후, 다행스럽게도, Marsha Linehan을 방문했을 때 행운이 찾아왔다.

Marsha는 1991년에 Medical Research Council's Applied Psychology에서 John Teasdale, Mark Williams와 안식년 휴가의 일부를 보내고 있었다. Marsha Linehan은 변증법적 행동치료(Dialectical behavior therapy)를 개발하면서 탈중심화 개념을 사용하였다.[65] Linehan은 그 당시 수년간 임상가들에게 가장 많은 도전적인 문제

를 주고 있는 경계선 성격장애 진단을 가진 환자를 위한 심리치료를 개발하고 있었다. Linehan이 개발한 치료 매뉴얼에는 어떤 사건이 일어났을 때 그것을 관찰하는 방식으로 경험에 주의를 기울이는 훈련을 시키는 많은 연습 과제가 들어갔다. Linehan은 환자들이 강렬한 생각과 감정으로부터 스스로를 돌보도록 도와줄 수 있는 '마음챙김'이라고 부르는 훈련 절차를 소개하면서, 환자들에게 강렬한 감정, 생각에 빠지지 말고 한 발자국 뒤로 물러서서 생각과 감정과 관계를 덜 맺도록 하는 방법을 보여 주었다.

케임브리지에서 Marsha는 자신의 임상시행의 결과를 보고하면서, Jon Kabat-Zinn의 이름을 언급하였다. 카밧진은 만성 통증으로 고통을 받고 있는 환자들의 건강을 관리하기 위한 교실에서 마음챙김을 가르치는 간략하고 체계적인 프로그램을 개발한 것으로 알려졌다. 그 안식년 휴가에서 만나 이야기를 나눈 지 1년쯤 지나, 우리는 회복된 우울증 환자들이 슬픈 기분에 의해 야기되는 우울한 생각에서 벗어날 수 있도록 훈련을 도와주는 방법을 찾다가, 안식년 휴가 때 이야기를 나누었던 기억과 Ajahn Sumedho와 대화를 하면서 촉발되었던 생각들이 떠올랐다. Jon Kabat-Zinn의 프로그램이 John Teasdale이 1984년경에 찾으려 했지만 찾을 수 없었던 방법을 이제 우리에게 제공해 줄 수 있을까? 우리는 Kabat-Zinn의 작업을 면밀하게 검토하기로 결정하였다.

마음챙김

Jon Kabat-Zinn은 마음챙김을 이렇게 정의하였다. "마음챙김은 의도를 가지고 특별한 방식으로 현재 순간에 그리고 비판단적으로 주의를 기울이는 것이다."(p. 4)[66] 이는 놀랄 정도로 직접적이고 단순했다. 그렇다면 실제로 마음챙김을 어떻게 이용할 수 있을 것인가? 매사추세츠 의과 대학교의 Jon Kabat-Zinn의 스트레스 감소 클리닉(Stress Reduction Clinic)에는 몇 가지 독특한 특징이 있다. Jon Kabat-Zinn은 영적인 수행으로 사용되던 고대의 마음챙김 명상을 다양한 만성 신체적 질병으로 고통을 겪고 있는 환자들에게 활용할 수 있도록 적절하게 수정하여 가르치고 있었다. 이 훈련에서 목표로 한 것은 환자들에게 삶에서 겪고 있는 스트레스에 대한 대응방식을 가르쳐서 스트레스를 가중시키고 효과적인 문제해결을 방해하는 정신적 반응에서 빠져나올 수 있도록 하는 것이었다.

우리는 Kabat-Zinn의 업적에 대해 많이 알지 못하였다. 마음챙김이 우울증 재발 프로그램과 관련이 있을지 여부를 고민하고 있을 때 우연히 토론토 회의에서 그를 만났다. 우리는 그가 스트레스 감소 프로그램인, 『재앙으로 가득 찬 삶(Full Catastrophe Living)』이라는 책을 저술하였다는 것을 알고 휴식 시간에 Clarke 근처의 Cavendish 서점으로 걸어가서 3권을 샀고 그리고 다음 몇 시간 몰두하며 읽어 보았다.

그의 환자들이 Kabat-Zinn이 가르치고 있는 프로그램에서 얻은 효과를 설명하는 것을 읽어 보니 우리가 인지치료에서 핵심적인 변화 과정으로 보고 있는 것과 놀라울 정도로 유사성을 지니고 있었다. 마음챙김에 기초한 스트레스 감소(MBSR)에 대해 배우기 시작하면서, 우리는 사람들이 마음챙김을 통해 좀 더 넓은 관점을 가지고 마음속에 떠오르는 정신적 내용과의 관계로부터 주의를 돌려 그러한 생각들을 관찰하도록 해 준다는 것을 즉각적이면서 분명하게 알게 되었다. 예를 들어, 그 책에는 방금 심장 발작에서 회복된 환자에 관한 이야기가 들어 있다.[67] 그는 밤 10시에 운전하다가 투광 조명등을 밝혀 놓고 세차를 하고 있는 자신을 발견했다. 갑자기 그는 이런 짓을 할 필요가 없다는 것을 깨달았다. 세차를 해야겠다는 생각은 단지 하나의 생각에 불과했다. 그 전에는 꼭 해야겠다고 생각했던 일에 대해 이와 같이 의문을 품으며 행동을 멈춘 적이 없었던 것이다. Kabat-Zinn이 이를 표현한 방식을 보면 인지치료의 탈중심화 효과에 대해 우리가 이해하면서 머릿속에 가지고 있던 생각을 일목요연하게 잘 요약해 주었다.

> "생각은 단지 생각일 뿐이고 그 생각들은 '당신 자신도' 그리고 '현실'도 아니라는 것을 알게 되면 얼마나 자유로운지 놀라울 뿐이다……. 생각을 그저 생각으로 인식하는 단순한 행위야말로 가끔씩 그러한 생각들이 만들어 내는 왜곡된 현실로부터 당신을 자유롭게 만들어 주며, 당신의 삶을 더 명확하게 볼 수 있게 해 주고, 더 잘 다룰 수 있다는 느낌을 갖게 해 줄 것이다."(pp. 69-70)[67]

이러한 내용이 그 당시 우리의 심금을 울렸다.

이러한 접근이 타당하다는 믿음을 주는 여러 가지 다른 이유가 있다. 우선 Jon Kabat-Zinn이 환자들에게 가르쳤던 마음챙김 명상에는 알아차림 연습이 들어 있다. 자기 영속적인 생각-감정 사이클을 만드는 요인들을 이해한 바에 따르면, 의도적으로 알아차리는 연습을 하게 되면 제한된 정보처리 채널에서 '용량을 차지'하는 이점이 있다. 이렇게 되면 생각-감정 사이클을 유지하는 데 필요했던 자원이 악순환되는 반추 사이클을 없앨 수 있다.

둘째, 생각, 감정, 신체감각을 자각하는 연습은 환자들이 우울한 쪽으로 기울기 시작하는 초기 단계에서 이를 인식하도록 도와줄 수 있다. 마음챙김 연습은 다가오는 눈사태의 초기 경고 체계를 알려 주어 바위가 기울어 떨어지기 전에 멈출 수 있게 해 준다.

세 번째, 매사추세츠 대학교의 MBSR 프로그램에서는 한 번에 30명 이상이 수업에 참가할 수 있다는 사실이 인상적이었다. 우울증을 겪고 있는 사람들이 점점 증가하고 있다는 것을 고려해 볼 때, 많은 환자의 수요를 충족시키는 접근이 될 수 있다는 계산도 하게 되었다. 이 모든 것이 개인이 가지고 있는 특정 사고 내용을 다루려고 하는 기존의 치료 방식과는 다른 것이었다.

더구나 우리가 인지치료의 재발 방지효과에 중요하다고 여기는 탈중심화와 같은 목적에 도달할 수 있는 다른 방식이 있다. MBSR은 경험적으로 지지되면서 완전하게 개발되었고 많은 환자가 이용 가능하고 비용 면에서 상당히 효과적인 치료법이다. 그렇다면 우리가 회복한 우울증 환자들을 대상으로 한 치료법을 개발할 때 MBSR을 기본 원판으로 사용할 수 있을 것인가? MBSR 기법이 임상적으로 우울한 환자들에게 적용 가능한 것으로 입증되지 않았지만 우울증과 함께 나타나는 관련 질환(예: 만성 통증,[68] 범불안장애[69])에 효과성이 입증된 증거들이 있다. 또한 대부분의 환자가 초기 훈련이 완결된 후 3년까지 마음챙김 훈련을 정규적으로 유지하고 있다는 증거들이 있었다.[70]

요약하면, 마음챙김은 우울증 재발 방지 프로그램을 개발하는 데 많은 가능성을 제시하는 것처럼 보였다. 우리는 마음챙김이 탈중심화 기술을 가르치는 대안적인 방법이라고 생각했고 이 훈련을 통해 환자들은 자신의 기분이 나빠질 때 인식할 수 있고 대개 반추적인 생각-감정 사이클을 유지시키는 정보처리 채널의 제한된 자원을 차지할 수 있는 기법을 이용할 수 있다는 것을 알게 되었다.

매사추세츠 대학교의 스트레스 감소 클리닉과의 접촉

그렇다면 왜 그때 우리는 매사추세츠로 달려가 이러한 개념을 받아들이지 않았을까? 우리는 Jon Kabat-Zinn 박사를 접촉할 수 있는지를 논의했지만 이것이 좋은 생각인지 쉽게 합의점에 도달하지 못했다. 조심스럽게 접근할 이유가 있었다. 한 가지 이유는 마음챙김과 자각 훈련을 탐색하는 것은 유지 인지치료를 고안하자는 우리의 단순한 목표에서 멀어질 수 있다는 것이었다. 더구나 우리 중의 한 명만이 명상 실습 경험을 하고 있었고, 우울한 환자들에게 전망이 있다는 그의 믿음을 바탕으로 하고 있다는 것이었다. 실제로, John Teasdale은 1985년 우울한 마음 상태를 치료하는 데 있어서 명상의 효과를 연구할 분명한 계획을 가지고 옥스퍼드에서 케임브리지로 자리를 옮겼다.

그러나 이밖에도 회의적일 수밖에 없는 이유가 있었다. 마음챙김 훈련이 이완 훈련보다 더 효과적이라는 증거가 있는가? 1979년의 Peter McLean의 연구는 인지치료가 이완 요법보다 명백하게 우수하다고 하지 않았는가?[71] 마음챙김이 인지치료의 원리 및 실제와 유사하기 때문에 마음이 끌렸다면 그냥 인지치료를 하면 되지 않을까? 마지막으로 우리는 이러한 움직임이 과학계의 우리 동료들에게 어떤 영향을 미칠지 확신할 수 없었다. 명상은 종교적 행위의 형태와 매우 유사해 보였고 우리는 각자 다른 종교적 취향을 가지고 있었지만 그러한 개인적 문제는 실험실과 클리닉 밖에 남겨 두는 것이 최선이라고 느꼈다.

마음챙김을 더 알아보고 싶은 많은 이유가 있었지만 유보적인 태도를 견지했다. 결국은 우리 세 사람 모두 적어도 마음챙김 접근을 더 탐색해 보자는 것에는 동의했다. 우리는 Jon Kabat-Zinn 박사를 만나서 한두 명의 환자들에게 예비 실험을 했다. 이 단계에서는 프로젝트의 방향을 어떤 쪽으로 잡아야 할지 확신이 서질 않았다. 서로의 입장 차이는 같은 날에 보낸 두 편지의 서로 다른 어조에서 드러나고 있다. 첫 번째는 Zindel Segal이 John Teasdale에게 보낸 것이고 두 번째는 Teasdale이 Jon Kabat-Zinn에게 보낸 것이다. 이 책을 준비하기 위해 그동안 쌓인 문서를 훑어보다가 우리의 태도가 흥미롭게도 대립적이었다는 것을 발견했다.

우연히, 같은 날에 보낸, Zindel Segal의 편지는 불편한 심기를 드러내고 있다.

> …… '그냥 당신의 호흡에 주의를 기울이십시오.'라는 기법을 우울증에서 회복된 지 6개월 지난 환자에게 시도할 기회가 있었는데 환자의 반응은 대체로 수용적이었고 한 달 동안 계속 일지를 작성하면서 '주의가 왔다 갔다 하는 것을 지켜보고 생각으로 되돌아오는 연습'을 하는 데 동의했습니다. 한편으로 저의 반응은 '내가 지금 환자에게 명상법을 가르치고 있구나!'였습니다. 이런 생각이 들자 다소 불편해지는 것을 느꼈습니다. 1월에……, 기록한 것을 비교해 보는 것은 흥미로울 것입니다.

John Teasdale의 편지는 매우 달랐다. 그의 편지에는 마음챙김과 같은 새로운 영역을 탐색하는 것에 대한 열정이 드러나고 있다.

> …… 임상적 우울증이 지속되는 데 있어서 부정적인 생각의 흐름이 중요하다는 점을 고려해 볼 때 명상 관련 절차를 사용하는 것이 가능할 수도 있다는 점에 점점 더 흥미를 느끼게 되었습니다.

그리고

> 불교의 마음챙김 명상에서 핵심적인 것을 끄집어내어 누구나 쉽게 접근할 수 있으면서도 평범한 미국 시민들에게 매우 효과적인 프로그램으로 전환시킨 당신의 능력에 깊은 인상을 받았습니다. 개인적이면서도 전문적인 이유로 당신의 작업을 우울증 치료에 적용할 수 있을지 여부에 대해 더 탐색하고 싶은 생각이 듭니다.

한편으로는 열정과 호기심이, 다른 한편으로는 주저함과 불안감이 뒤섞이는 것은 여타의 행동 및 인지 훈련을 받은 치료자들로서는 당연한 반응이다. 우리들 안에서 회의론적인 시각과 입장 차이에도 불구하고 자료를 읽고 테이프를 들으면서 MBSR은 여전히 우리가 개발하고 싶은 유지 인지치료에 매우 유용할 수 있는 몇 가지 요소를 포함하고 있다는 것이 분명해졌다. 우리는 MBSR의 이면에 있는 철학이 무엇이든 간에 환자들이 실제로 MBSR에서 어떤 실제적 기술을 배우고 있는지 우선 알고 싶었다.

우리는 지금 환자들의 부정적인 생각과 감정과의 관계를 바꾸는 것이 중요하다는 것을 강조하는 이론적 모델을 가지고 있다. 우리는 인지치료의 핵심 요소(그렇게 오래 지속되는 효과를 갖는 이유)가 사람들의 생각과 믿음의 정도를 바꾸는 것이라는 견해에서 물러났다. 대신 인지치료의 핵심은 사람들이 자신의 사고패턴에 대해 탈중심화 관점을 취하는 것을 배울 수 있는지 여부라고 믿게 되었다. 이것이 사실이라면 사람들이 가지고 있는 생각의 내용을 바꿀 필요는 줄어들겠지만 사고 내용과 어떤 관계를 맺고 있는가가 중요하게 된다. 우리는 MBSR 프로그램이 탈중심화를 강조하고 있다고 이해했고 우리가 배워야 할 것이 이 점이라는 것을 인식하게 되었다. 우리는 MBSR을 좀 더 알아보기 위해 1993년 10월에 Jon Kabat-Zinn을 방문하여 그의 수업에 참여하게 되었다.

마음챙김 기반 인지치료의 개발

Jon Kabat-Zinn은 1970년대에 매사추세츠의 우스터에 있는 매사추세츠 의료센터에서 스트레스 감소 클리닉(마음챙김에 기초한 스트레스 감소: MBSR)을 설립했다. 그 이후 그와 동료들은 심장병, 암, 에이즈, 만성 통증, 스트레스와 관련된 위장질환, 두통, 고혈압, 수면장애, 불안, 공황을 포함하여 다양한 상태에 있는 10,000명 이상의 환자들에게 도움을 주어 왔다. 1993년에 이 클리닉에서는 이미 불안장애[69]와 만성 통증[68]으로 고통받는 사람에게 MBSR 프로그램을 진행한 후에 그 효과에 대한 가치를 평가받고 있었다. 그 증거로는 대부분의 참가자가 오랫동안 호소해 오던 신체적 · 심리적 증상이 감소되었을 뿐만 아니라, 자기 자신과 타인 그리고 세상에 대한 태도, 행동과 지각에서 긍정적인 변화를 보여 준 것을 들 수 있다.

그렇다면 매사추세츠 스트레스 감소 클리닉에서는 실제로 어떤 일을 하고 있는가? 스트레스 감소 클리닉에서 진행하는 프로그램은 한 회기에 2시간 30분씩 8주 동안 진행되며, 30명 정도의 환자들이 지도자와 훈련하고 토의하는 시간을 갖는다. MBSR 프로그램에 참여하는 사람들은 여러 가지 서약을 하는데, 예컨대 회기 사이에 매일 가정에서 숙제로 해야 하는 실습 과제(하루에 한 시간 정도의 시간이 걸리는)는 이 프로그램의 중요한 요소이다. 처음에 참가자들은 스트레스 감소 프로그램에 참여하는 것이 스트레스가 될 수 있다는 말을 듣는다!

가장 먼저 해야 할 일은 마음챙김 명상이라는 심도 높은 수련을 받는 것이다. 마음챙김의 목표는 순간순간의 경험에 대해서 환자들의 자각을 증진시키는 것이다. 환자들은 생각의 흐름이나 걱정거리 또는 전반적인 자각의 부족으로 인해 주의가 산만해진 것을 알아차릴 때마다 마음을 고정시켜 주는 닻 역할을 하는 호흡에 집중하면서 현재로 주의를 되돌리기 위한 광범위한 연습을 하게 된다. 그다음에 가장 두려워하고 있는 경험의 양상을 포함해서 자신의 경험을 개방적으로 인식하고 명확히 볼 수 있는 주의집중 훈련을 받게 한다.

첫인상

스트레스 클리닉을 처음 방문했을 때 우리는 Jon Kabat-Zinn이 주도하는 MBSR 프로그램의 1회기에 초대받았다. 수업은 카펫이 깔린 널찍한 회의실에서 이루어지고 있었다. 우리가 처음 깨달은 사실은 프로그램에 참여한 환자가 구성이 흔히 보아 왔던 것들과는 사뭇 다르고, 많은 환자가 의학적으로 처치하기 어려울 정도로 매우 심각한 상태에 있는 것처럼 보였다는 것이다. 반면, 수업에 참가한 대부분의 사람은 심각한 정신건강 문제를 가지고 있지는 않았다. 이 참가자들은 수업에 참여하는 것이 행복해 보였고, 비교적 기꺼이 그들의 경험을 공유하고자 했다. 스트레스 감소 클리닉이 본질적으로 심각하고 만성적인 신체 질환과 장애를 다루기 위해 세워졌다는 것을 알고 있었지만, MBSR 참가 경험이 우리가 생각했던 것처럼 우울증 재발과 관련이 있을지 여부는 여전히 확실치 않아 보였다. 특히 우울증은 다른 정신건강 문제들과 마찬가지로, 어떤 '중압감', 즉 지속되는 트라우마와 절박한 위기에 처해 있다는 분명한 느낌을 동반한다. 여기에다가 우울증과 같은 정신건강 문제가 반복되다 보면 개인은 수치심과 자기 혐오감을 느낄 수 있지만, 덜 '수치스러운' 것으로 여겨지는 신체 문제와는 우울증은 여러 가지 면에서 다르다.

첫 번째 수업의 주제는 우리가 대부분의 시간을 자동조종(automatic pilot) 상태에 있을 수밖에 없는 경향성을 자각하는 것에 초점을 맞추었다. 즉, 일상생활 안에서 무엇을 하고 있는지 의식하지 않은 채 일상적인 것(예: 먹는 것)을 하고 있다는 것에 초점을 두었다. 나중에 지도자는 몸의 다른 부분을 교대로 자각하는 연습으로 수업을 이끌어 나갔다('바디스캔'). 지도자는 각 신체 부위의 감각에 대해서 어떤 식으로든 바꾸려고 하기보다는 그저 순간순간을 알아차리도록 가르쳤다.

비록 회기의 내용은 달랐지만, 그 어떤 것도 인지치료에서 우리가 사용하는 방법과 크게 다르지 않았다. 사실 자동적인 조종 상태에서 빠져나와 사물에 더 주의를 기울이게 하는 것은 우울한 사람들이 기분이 나빠지려고 할 때 나타나는 조기 경고 신호를 더 잘 알아차리도록 가르치는 우리의 접근법에서는 핵심적인 것이다. 사람들이 그렇게 하도록 도울 수 있는 몇 가지 훈련이 여기에 있다.

MBSR 프로그램은 처음에 바디스캔 실습으로 시작해서 나중 회기에서는 호흡, 몸, 보기 그리고 소리에 관한 명상을 소개하였다. 우울증을 치료하기 위한 대부분의 심리치료보다는 신체감각에 더 많은 주의가 주어졌고, 신체감각과 그 감각에 대한 반응을 자세히 탐색하기 위해 마음챙김 움직임을 사용하였다. 그러나 이외에도 참가자들은 어떤 순간에 주의를 두었던 생각이나, 감정, 감각이 무엇이든지 간에 마음속에 들어오고 나가는 것을 허용하도록 배운다. 이러한 지침을 통해서 사람들은 흔히 긍정적인 것으로 판단되는 경험에 집착을 가지고, 부정적인 것으로 판단되는 경험으로부터 도피하거나 탈출하려는 경향성이 있다는 것을 깨닫게 된다. 매일 연습을 통해 이런 경향성을 주시하는 것 외에도 프로그램 과정의 한 시점에서 참가자들에게 지난주에 있었던 기쁘고, 불쾌한 사건에 관해 일지를 기록하도록 숙제를 내준다. 참가자들은 각각의 사건과 연관된 신체감각, 생각, 감정에 특별히 주의를 기울이고 이를 기록해야 한다.

첫 수업이 끝난 다음에 그 다음 회기들의 교육과정은 항상 명상 실습을 우선적으로 하였다. 지도자는 호흡에 초점을 둔 정좌 명상과 바디스캔 명상으로 수업을 이끌었다. 각 회기의 나머지 부분에서는 대화, 실습, 시, 이야기 그리고 알아차림 실습을 혼합해서 사용하였고, 이 모든 것이 참가자들로 하여금 '지금-여기'를 더 잘 인식할 수 있도록 해 주려는 것이었다(자세한 내용은 Jon Kabat-Zinn의 『재앙으로 가득 찬 삶(Full Catastrophe Living)』을 참조[67]). 프로그램이 주는 기본적인 메시지는 우리 모두(임상가든지 환자이든지) 가끔 과거, 현재 또는 미래와 관련된 감정과 생각의 흐름에 휩쓸린다는 것을 스스로 발견할 수 있다는 것이다. 사람들은 가끔 '다른 곳에 정신이 팔려' 현재 순간의 생생함을 잃어버리는 경우가 많다. 우리가 현재 순간에 머물 수 있을 때 삶에 더 깨어 있게 되고, 매 순간을 더 잘 인식하고, 우리에게 열려진 선택을 더 잘 인식할 수 있게 된다.

비록 스트레스 감소 프로그램에서 사용하는 몇 가지 용어들이 인지치료에서 통상적으로 사용하는 것과는 다르지만 첫 번째 방문을 통해, 그리고 프로그램에 대한 내용을 읽고 테이프를 들으면서 우리가 기존에 환자들과 작업 했던 방식을 그리 많이 바꾸지 않고도 두 가지 접근을 병합할 수 있을 것이라는 생각이 들었다. 우리는 프로그램에 참가한 환자들이 주의 통제(attentional control)에 대한 일반적인 기술을 배운다는 사실에 특히 매력을 느꼈다. 왜냐하면 이런 기술은 보편적이어서 이를 배우기 위해서는 부정적인 사고와 감정의 존재 여부에 의존하지 않아도 되기 때문이다. 주의통제 기술은 일상생활에서 넓은 범위의 경험을 통해 연습할 수 있다. 환자들이 지금 현재 우울한 감정을 느끼지 않을 때에도 이용할 수 있는 절차를 원했기 때문에 이것은 우리의 의도와 매우 잘 맞는 것 같았다. 이런 점에서 환자들은 현재의 우울 증상을 줄이기 위해서라기보다 긍정적인 안녕감을 증진시키고 향후 우울증 위험을 줄일 수 있는 어떤 것을 찾을 수 있을 것이다.

우리가 의도한 목적과 부합하면서도 전통적인 치료법에 비해 MBSR 프로그램은 또 다른 이점이 있는 것처럼 보였다. 우리는 우울 삽화 사이에 있는 사람들을 위한 프로그램을 원하였기 때문에, 우울한 사람들이 실제로 치료를 찾지 않는 시점에도 적용 가능한 것이어야 했다. 호흡이나 요가를 기반으로 하는 마음챙김 움직임 같은 스트레스를 감소시키는 MBSR의 기법들은 많은 사람이 건강과 안녕감을 촉진하기 위한 방법으로서 여가 시간에 선택하는 것이다. 이것은 예방적 접근으로는 좋은 징조로 판단되었다.

이 외에도 MBSR에 참여한 사람들에게는 매일 일상에 기초한 마음챙김 기술을 실습하도록 과제가 주어지는데, 연구 증거들에 따르면 MBSR 프로그램을 완결한 후에도 오랫동안 실습을 계속적으로 유지한다는 것이 밝혀졌다(3년까지[70]). 새로운 학습을 적극적으로 유지하는 것은 수개월 혹은 수년까지도 일어나지 않을 수 있는 우울증 재발에 대비해야 하는 회복중인 우울증 환자들에게 절실히 필요한 것들이다. 만일 환자들이 어려움에 봉착하면, 매일매일의 연습은 마음챙김 기술을 쉽게 회상해 내고 수행할 수 있도록 해 줄 것이다. 게다가 순간적 경험을 자각하는 연습이 향상되면 환자들은 초기 재발 신호를 가능한 일찍 탐색할 수 있을 것이다. 이렇게 되면 환자들이 재발 시점에서 적절한 행동을 취하기 쉬워지고, 이때 치료적 개입을 하게 되면 성공 가능성이 더 커질 것이다. 우리는 인지치료와 MBSR을 통합하여 회복 중인 환자들이 잘 지낼 수 있도록 도와줄 수 있는 프로그램을 고안할 수 있는 방법을 모색하기 시작했다.

신중하게 접근해야 할 필요성: 마음챙김 개인 실습과 약속의 실현

첫 번째 방문에서 매사추세츠 대학교의 지도자들이 우리에게 당부했던 말은 만약 인지치료에 마음챙김을 통합하는 것을 진지하게 고려하고 있다면, 우리 역시 미래의 지도자로서 먼저 자신의 마음챙김 명상을 수련해야만 한다는 것이었다. 솔직히 당시 우리는 이 점에 대해서는 전적으로 확신이 서지 않았다. 결국 우리는 MBSR을 가르치려는 의도를 가진 것이 아니라 몇 가지 기법을 인지치료의 유지 형태에 통합하기를 원했던 것이다. 우리는 주로 인지적 접근과 마음챙김 접근 사이의 이론적이고 실제적인 접점에 관심이 있었다. 두 가지 접근이 공통적으로 관심을 가지고 있는 부분은 재발 경고 신호를 미리 알아차리는 것, 부정적인 사고로부터 주의를 분산시킬 필요성, 그리고 인지적인 자원 중에서 자기 영속적이고, 재발 관련 생각-감정 사이클을 없앨 수 있는 방법 등이다. 이 중에서 어떤 것도 우리가 직접 마음챙김 명상 실습을 해 볼 것을 요구하는 것 같지는 않았다. 그래서 우리는 그들의 제안을 단지 '적어 놓기만 하고' 나중에 생각해 보기로 했다.

첫 번째 방문에서 우리는 MBSR이 탈중심화의 원리와 실제적 측면에 대해 많은 부분을 가르쳐 주고 있으며 우울증 재발 위험을 감소시킬 수 있는 편리한 수단이 될 것이라는 견해를 충분히 확신할 수 있었다. 물론, 1회기만 참관했을 뿐이지만 과거에 우울했던 환자들에게서 어떤 변화를 끌어내야 하는지에 대해 그 당시 꽤 분명한 견해를 가지고 있었던 점을 고려해 볼 때, 참석할 수만 더 있다면 나머지 회기 역시 우리의 견해를 확신시켜 줄 것이라는 것을 쉽게 짐작할 수 있었다.

이렇게 해서 우리는 마음챙김을 '정규적인' 인지치료 양식과 통합하기로 결정하였는데, 이 양식은 우리에게 친숙한 문제해결 접근법을 통합한 것이다. 이것은 훌륭한 합의점이라고 여겨졌다. 이렇게 함으로써 명상과 관련된 가치와 수행을 대대적으로 채택하는 것을 피할 수 있었다. 그리고 MBSR에는 우리가 사용할 수 있는 많은 것들이 있었다.

그러나 신중하게 접근해야 할 또 다른 이유가 있었다. 아무리 유사하다고 해도 다른 접근과 인지치료를 결합하는 것은 우리가 지원받고 있는 연구 재단에서 원한 것은 아니었다. MBSR 기법 중 일부를 통합하는 것이 인지치료를 너무 많이 수정하는 것으로 받아들여져서 단순히 유지 인지치료로 인정되지 않을 수 있었다. 게다가 우리는 급성 단계에서 인지치료를 받지 않았던 우울증 환자들에게 뭔가를 가르칠 수 있는 접근이 필요하다고 느꼈다. 우리가 생각했던 것은 표준적인 유지치료(급성 단계의 치료를 유지 단계로 확대하는 치료)에서 벗어나서 더 넓게 적용할 수 있는 접근으로 나아가는 것이긴 했지만, 맥아더 재단에서 개발하도록 요구하는 것과는 달랐다.

어떻게 하면 이 계획을 잘 진행시켜 나갈 수 있을지 확신할 수 없어서 결국 우리는 새로운 계획에 대해 맥아더 재단에서 어떻게 생각하고 있는지 David Kupfer를 만나서 이 문제에 대해 부딪쳐 보기로 결심했다. Kupfer의 결정은 이 프로젝트의 중요한 전환점이 되었는데, 그는 우리가 가장 효율적이라고 생각했던 치료가 무엇이든지 개발할 수 있도록 격려해 주었다. 그의 머릿속에 들어 있는 성공에 대한 조작적 정의 중에 하나는 우리가 개발했던 예방치료의 형태가 무엇이든지 간에 매뉴얼화할 수 있어야 한다. 그리고 일단 맥아더 프로젝트가 끝났을 때 이론적으로 그리고 경험적으로 평가할 만큼 충분히 신뢰할 만하다고 판단되어야 한다. 그러한 매뉴얼 작업은 임상 시행 방법론의 중요한 측면이 되었다.[72] 매뉴얼이 없다면 다른 임상가가 신뢰성 있게 이 접근법을 가르칠 수 없기 때문에 필요한 환자들에게 더 광범위하게 프로그램을 적용하려면 매뉴얼이 필수적이다는 것이 그의 입장이었다. 그다음 몇 주와 몇 달이 지나서, 우리는 인지치료 전략과 MBSR 일부를 결합시킨 재발 방지 치료의 예비 매뉴얼을 작성했다.

주의 통제 훈련

우리가 계획하고 있는 예방적 개입에서 주의 통제 훈련이 중요하다는 것을 좀 더 잘 반영하기 위해 인지치료의 주의 통제 훈련 프로그램을 만들기로 결정했다. 주의 통제 훈련의 목표는 환자들의 알아차림을 증가시키기 위해서 마음챙김과 인지치료 접근을 병합하는 것이다. 이것은 다음 세 가지 중요한 장점을 가지고 있다. 첫째, 알아차림은 환자들이 위험한 기분 변화를 경험할 때 그것을 감지하게 해 준다. 둘째, 알아차림 그 자체는 환자들이 반추하는 데에 쏟고 있는 제한된 처리 자원을 끌어들여 반추를 약화시켜 줄 것이다. 셋째, 이렇게 되면 환자들은 습관적으로 떠오르는 부정적인 기분들에 의한 자동적인 우울-관련 사고패턴에서 주의를 돌리거나 빠져나가게 된다. 이때 인지치료 기법들은 슬픈 기분을 재활성화시킬 수 있는 부정적 사고를 다루게 해 줄 것이다.

이론상 훌륭해 보였지만 이러한 생각들을 점검해 볼 필요가 있었다. 우리 환자들에게 이 치료가 유용할 것인가, 그리고 이론적 근거가 학문적 동료들에게 흥미를 끌 수 있을 것인가? 첫 번째 문제에 관하여, 우리는 시험적인 집단을 구성하기로 결정했다. 두 번째 문제에 관해서, 우리는 맥아더 연구 네트워크에 치료 매뉴얼의 초안을 보내어 그들의 논평을 들어 보기로 하였다.

예비 수업을 위해 매사추세츠 대학교의 스트레스 감소 클리닉에서 개발한 8주짜리 집단 형식을 주의 통제 훈련을 위한 기초로 사용하였고 우울증 재발 방지에 대한 주제를 다루기 위해서 그것을 수정하였다(각 회기를 2시간으로 짧게 하였지만). 우리는 Jon Kabat-Zinn이 지도하는 마음챙김 오디오 테이프를 목적에 맞게 20분으로 줄여서 참가자들에게 집에서 하루에 한 번 테이프를 듣도록 과제로 내 주었다. 또한 그 시험적인 집단은 〈안으로부터의 치유(Healing from Within)〉(Public Broadcasting Service에서 제작한 Bill Moyers 시리즈물 중의 하나인 〈치유와 마음〉)라는 텔레비전 프로그램을 지켜보았는데, 이 프로그램은 스트레스 감소 클리닉에서 하고 있는 8주간의 MBSR 요소를 다루고 있었다.

이런 예비 집단을 운영한 후 우리가 받은 피드백은 분명했다. 각 집단에 있던 참가자들 중 일부는 아주 좋았다는 반응을 보였다. 그들은 기법을 배웠고 자신의 삶에서 일어나는 문제들에 효율적으로 사용하였다. 그러나 또 다른 참가자들은 감정이 급변할 때 관찰과 주의 통제 기법을 적용하는 것이 상당히 어려웠다고 말하였다. 솔직히 이러한 결과들은 프로그램 내용에 내재된 수많은 가정들이 반영된 것일지도 모른다. 이 집단을 어떻게 운영했는지에 대해 이제 와서 돌이켜보니 MBSR 접근이 부정적인 사고와 감정에는 어느 정도는 좋을 수 있지만 더 심각하고 오래된 문제에는 효과적이지 않을 것이라고 믿고 있었던 것 같다. 예비 수업시간에, 힘든 문제를 알아차리는 실습을 시키기 위해 우리가 참가자들에게 제시했던 것들은 정중히 거절되었다. 우리 역시 이 접근을 사용했을 때 환자들이 겪고 있는 심각한 문제를 해결할 수 있을 것이라는 확신이 없었기 때문에 그러한 제안들을 재빨리 철회했었다.

우리가 의도했던 것은 참가자들이 점진적으로 탈중심화 기법을 획득해서 후에 자신들의 통제에서 벗어나는 감정과 생각의 위험에 처했을 때 활용하도록 하는 것이었다. 그러나 참가자들의 경험과 행동은 우리가 심혈을 기울여서 구성한 계획과는 맞지 않았다. 그들은 우울증에서 회복되기는 했지만, 자신의 삶에서 나타나는 많은 희로애락의 상황에 대해서 토의하기를 원했다. 문제는 환자들이 프로그램 초반부터 우리가 중요하다고 여기고 있는 탈중심화와 부정적인 생각에 대한 대응 기술을 배우기 전에 원치 않는 감정을 다룰 수 있는 방법을 찾고 있었다는 것이다.

결과적으로 이런 상황에서 어떻게 반응해야 하는가? 주의 통제 훈련 뒤에 숨어 있는 중요한 의도는 환자들에게 주의를 분산하는 기법을 가르쳐서, 마음의 '자동조종' 상태에서 벗어나 우울한 생각의 자기-유지 패턴의 강화를 미연에 방지하기 위한 것이었음을 기억하자. 그러나 환자들이 생각으로부터 주의를 분산시키는 것만으로 해결할 수 없는 격렬한 감정을 가지고 있을 때 어떻게 할 것인가? 환자들이 주의를 분산시키려고 노력하지만 부정적인 감정이 여전히 거기에 있을 때 치료자는 어떻게 할 것인가? 우리는 이러한 문제를 해결하기 위해 자연스럽게 인지치료 양식으로 옮겨 가게 되었다.

그러나 집단 지도자가 10명 이상의 환자 집단을 대상으로 작업을 하게 되면 모든 사람의 문제를 다룰 만한 충분한 시간을 가질 수 없었다. 개인 인지치료와 마찬가지로 철저하게 이런 문제를 다루려면 원치 않는 감정을 만들어 내는 부정적인 사고를 확인하고, 그러한 사고와 반대되는 증거를 살펴보고, 대안적인 가능성들을 검토하며, 행동 실험을 해 보는 것과 같은 기법들이 필요할 것이다. 어떤 치료자들은 집단 형식으로 인지치료를 발달시켰지만, 우리는 MBCT를 통해 다른 기술을 가르치고 싶었다. 그러나 표준적인 인지 기법과 주의 통제 기법 모두를 적절하게 다룰 수 있는 시간이 충분하지 않았다. 주의 통제 기법은 우리가 참가자들에게 가르치고 싶었던 중요한 탈중심화 기법이었지만 우리가 염두에 두었던 형태로 전달하는 것이 쉽지 않았다.

이 과정에서 어떤 것은 제대로 되지 않았는데, 그것은 무엇 때문이었을까? 우리가 재발 문제에 대해 가졌던 이론적인 관점은 그럴듯해 보였다. 이론대로 MBSR의 여러 가지 요소와 주의 통제 훈련을 병합하면서 몇몇 요소를 수정한 것은 아주 좋았다. 예를 들어, 우리는 참가자들이 긴 테이프를 과연 들을지 확신할 수 없었기 때문에 20분짜리 오디오 테이프를 만들었다. 매사추세츠 대학교에서 만든 테이프는 40~50분 길이로 되어 있었다. 그러나 이러한 절차상의 변화는 우리가 겪은 모든 어려움을 다 설명해 줄 수는 없다. 더 기본적인 어떤 것들을 놓치고 있는 것 같았다. 주의 통제 훈련 프로그램을 수행하는 데 있어서 이런 어려움이 우리가 겪은 유일한 문제는 아니었다.

1994년 겨울에 우리는 David Kupfer에게 의견을 듣기 위해 매뉴얼 초안을 보냈다. 그는 우리의 초안을 검토한 뒤 답신을 보내 왔는데, 유감스럽게도 우리 프로그램의 기여도에 대해 회의적이었다. 그가 제기한 문제점은 이 프로그램이 환자들에게 실제로 필요한 인지치료 요소를 너무 많이 버리고 마음챙김 훈련에 주로 초점이 맞추어져 있다는 것이었다. 그는 "구체적인 연습과 숙제를 기초로 한 실습이 효율적인 학습 경험을 줄 것이라는 것을 강조하고 있기는 하지만 여전히 향후 우울증 재발을 통제하는 데 있어서 마음챙김 기법이 어떠한 기여를 할 수 있는지 명확하지는 않다."고 비판했다. 우리가 혁신적이라고 생각했던 바로 그것이 그들에게 좋은 인상을 주지는 못한 것이다.

이 시점에서, 우리는 스스로 중대한 갈림길에 있었다. 회복 중인 우울증 환자들이 당면하고 있는 문제를 정의하고 그것들을 좀 더 직접적으로 다룰 수 있는 개입의 유형이 어떤 것인지를 명확히 하기 위해 새로운 아이디어를 열심히 구상했다. 그럼에도 불구하고 우리는 새로운 어떤 것이 필요하다는 이러한 논평에 대해서 명확하게 확신이 서지 않았다. 프로그램의 초안을 검토한 사람들은 널리 수용되고 있는 인지행동치료의 원리와 실제가 많이 약화되어 있다는 것을 지적한 것이다. 돌이켜 보면 그 비평가의 말들이 옳았다. 매뉴얼 초안에는 인지치료와 행동 기법들이 너무 적게 들어가 있었다. 만약 환자들에게 인지행동 치료기법을 가르치지 않는다면, 환자들은 우울증 재발에 효과적이라고 입증된 치료와 검증이 안 된 새로운 원리와 실제 사이에서 외딴섬에 홀로 남겨지는 위험한 상황에 부딪히게 될 것이다. 환자들이 우울증에서 회복되었을 때 사용할 수 있는 유지 인지치료를 만들려는 원래의 계획으로 되돌아가든지, 아니면 마음챙김에 기초한 접근의 임상적 적용 가능성을 좀 더 명확히 하든지 두 가지 갈림길에서 우리는 결정을 내려야만 했다.

마음챙김에 기초한 스트레스 감소 훈련에서 지도자들이 실제로 하는 것은?

1995년 봄, 우리는 이전보다 확신감이 줄어든 채 두 번째로 매사추세츠 대학교의 의료센터에 도착했다. 그러나 다른 중요한 차이가 우리를 기다리고 있었다. 우리가 처음 클리닉을 방문하였을 때, 첫 번째 회기를 보았을 뿐이고 프로그램의 나머지 부분에 대해서는 얘기하거나 책을 읽었을 뿐이었다. 두 번째로 매사추세츠 클리닉을 방문했을 때, 우리는 프로그램의 중반부를 진행하고 있는 세 개의 다른 수업에 참여할 기회를 가지게 되었는데, 이때 참가자들은 자신의 정서적 문제와 신체적인 어려움에 대해서 이야기하는 시간을 가지고 있었다. 우리는 이전에는 한 번도 보지 못했던 주의 통제 훈련과 MBSR 마음챙김 접근 간의 차이점을 살펴보았다. Saki Santorelli, Ferris Urbanowski, 그리고 Elana Rosenbaum과 같은 경험이 많은 마음챙김 지도자들이 참가자들의 고통스러운 감정을 어떻게 다루고 있는지 지켜보았다. 그들은 참가자들의 문제에 대해서 어떤 해결책을 주거나 고치려고 애쓰지 않았다. 환자들이 슬픈 감정이나 두려운 감정을 이야기할 때나 지나치게 판단적이거나 절망적인 생각을 말할 때 지도자들은 단지 이러한 문제를 자각하고 그 문제들과 함께 호흡을 하도록 격려할 뿐이었다.

이 지도자들은 급진적으로 다른 접근방식을 가르치고 있었는데, 참가자들에게 힘든 생각이나 감정이 단순히 거기에 머물도록 '허락'하고, 그것들을 온화하게 알아차리고 그것들을 '해결할 필요가 있다'라는 입장보다는 문제를 '환영'하는 쪽으로 받아들이도록 격려하였다. 우리에게 이것은 주의 통제 훈련을 세심하게 조율하는 문제 이상이었다. 우리 계획을 앞으로 더 진행해 나가기 위해서 이러한 차이가 어떤 것인지 이해하는 것이 매우 중요했다. 이 점을 이해하지 않고서는 인지치료와 MBSR을 통합하려는 우리의 시도는 그 자리에 멈출 수밖에 없는 것이었다.

MBSR에서 경험한 것을 인지치료로 옮기면서 단지 우리가 갖고 있는 기존의 이론에 맞는 부분만 떼어 내기보다는 MBSR의 전체 측면을 다시 살펴보기로 결심했다. 우리는 MBSR의 지도자들 역시 스스로 마음챙김 명상을 실습하면서 환자들이 겪고 있는 문제들을 스스로 받아들이도록 격려하면서 부드럽게 접근하고 있다는 사실을 신중하게 고려하게 되었다. 지도자들이 보여 준 자세는 그 자체가 '초대하는 것'이었다. 게다가 항상 지도자의 경험과 참가자의 경험 사이에는 '연속성'이 있었다. 만약 수업에 참여한 구성원들이 얼마나 자신을 비난하고 있었는지를 알아차리게 되었다고 말한다면, 예를 들어 자기-비판적 사고를 다루는 경험은 지도자들이나 수업에 참여한 다른 사람이나 공통적으로 가지고 있는 어떤 것이었다. 여기서의 가정은 간단하다. 즉, 마음은 비슷한 방식으로 작동되는 경향이 있고, 도움을 찾는 사람과 도움을 주는 사람의 마음에는 별다른 차이가 없다는 것이다.

우리 자신의 마음챙김 실습?

이러한 변화에 대해 심사숙고했을 때 우리가 더 이상 미룰 수 없는 문제, 즉 우리 자신도 마음챙김 연습을 해야 한다는 것을 인식하게 되었다. 처음 스트레스 감소 클리닉을 방문했을 때를 떠올려 보면 우리는 MBSR이 기껏해야 기술 훈련 연습과 마찬가지로 참가자들에게 주의 통제 훈련을 시키는 도구쯤으로 생각했었다. 우리는 숙제를 통해 Jon Kabat-Zinn의 명상지침 오디오를 사용하면 기법을 충분히 전달할 수 있을 것이라고 생각했었다. 이러한 관점은 우리가 스트레스 감소 클리닉의 스태프로부터 얻은 기본 정신과는 반대되는 것이다.

스트레스 감소 클리닉의 직원은 우리를 처음 만나자마자 지도자 역시 스스로 명상 연습을 하는 것이 중요하다는 것을 일관성 있게 강조하면서 개인적으로 마음챙김 명상에 몰두할 것을 제안하였다. 우리는 수업에서 환자들이 구체적으로 자신들이 느끼는 강렬한 고통, 감정과 다른 관계를 가질 수 있도록 해 주는 괄목할 만한 방법을 지켜보았다. 그리고 이들 지도자들이 치료자로서 집단 맥락 안에서 우리가 할 수 있었던 것보다 부정적인 감정을 더 잘 다루면서 진행시켜 나가는 것을 살펴보았다. 우리는 지금 두 가지가 어떻게 연결되어 있는지 더욱 명확하게 깨달았다. 즉, 부정적인 감정과 다르게 관계를 맺는 능력은 지도자 자신의 지속적인 마음챙김 연습에서 나온 것이며, 이들은 자신의 마음챙김 경험에서 나온 마음챙김을 가르치고 있었던 것이다. 가장 중요한 부분은 MBSR 지도자들이 수업에 참여한 집단원들과 상호작용하면서 자신의 마음챙김을 구체적으로 표현하고 있다는 것이었다.

두 번째 방문에서의 이런 경험을 통해 첫 번째 방문에서 주의를 기울이지 못했던 현명한 충고를 궁극적으로 받아들이게 되었다. MBSR 프로그램에 참여하고 있는 사람들은 두 가지 방법으로 마음챙김에 대해서 배우게 된다. 한 가지는 참가자들이 처음 연습을 할 때고, 두 번째는 지도자가 수업에서 문제를 다룰 때 구체적으로 보여 주는 것에 의해서이다. 이는 치료자가 실제로 마음챙김 훈련을 받았든 그렇지 않든 간에 마음챙김을 환자들에게 가르칠 수 있다고 생각했던 우리의 초기 생각과는 다른 것이다. 만약 환자들을 가르칠 때, 치료자 자신이 마음챙김을 하지 않는다면 집단 구성원들이 마음챙김을 배울 수 있는 정도는 제한적일 수밖에 없다. 암벽을 오르는 것과 마찬가지로 배우는 사람들은 그들의 지도자가 예상되는 어려운 상황을 다룰 수 있는 기술과 경험을 가지고 있다는 것을 느낄 필요가 있다. 이와 마찬가지로 마음챙김 훈련은 지도자가 지침만 주는 것이 아니라 바닥에서부터 환자들과 함께 참여하는 것이다. 임상가로서, 그리고 과학자로서 마음챙김 명상 실습에 직접 참여해서 내면으로부터 그것을 경험해 보는 것은 우리에게 도전으로 여겨졌다. 결국 우리는 더 규칙적으로 명상 실습을 해 보기로 했다.

어떤 것을 하겠다고 서약하는 것과 그것을 실제로 행하는 것은 별개의 문제이다. 우리는 환자들에게 지시했던 '단순한' 것을 연습하기 위해서 많은 노력을 했다. 바쁜 스케줄 속에서 시간을 내고 평상시보다 45분 일찍 일어나는 것은 생각보다 어려웠다. 일상적으로 연습을 하지 못한 날에는 그럴듯한 변명을 늘어놓기도 했다. 그러고 나서 우리가 동료들에게 말하지 못했던 문제들이 이렇게 많았고 누구에게도 말하지 못했던 사소한 문제가 많이 있다는 것에 적잖이 놀랐다. 우리는 마음챙김 지도자들이 환자들에게 설명했던 것, 즉 스트레스 감소 클리닉에 참여하는 것 자체가 상당히 스트레스가 되고 힘들 것이라는 말을 기억해 냈다. 지금에서야 우리는 이 말의 의미를 알게 되었다. 무엇보다도 환자들을 존경하는 마음이 강하게 일어났다. 특히 계속 고군분투하면서 매주 수업에 참석하는 사람들은 아주 존경스러웠다.

시간이 지나면서, 마음챙김 실습을 통한 경험, 독서, 서로 간에 토의한 것 그리고 후속 방문 시 스트레스 감소 클리닉의 지도자들과 함께 논의했던 것을 통합할 수 있었다. 주의 통제 훈련을 하면서 겪은 어려움들은 우리에게 매우 중요한 것을 가르쳐 주었다. 이는 우리가 우울한 환자들의 재발을 위해 사용했던 접근들을 수정할 필요가 있음을 느끼게 해 주었고, 어떤 것을 수정해야 할지 알 수 있게 해 주었다. 환자들이 수업에서 그리고 숙제를 통해서 무엇을 배워야 하는지에 대한 우리의 관점은 급진적으로 바뀌었다. 우리는 환자들이 이미 스스로 자신의 문제를 다루는 데 필요한 자원이 내면에 있다는 것을 더 확신하게 되었다. 여기서 중요한 것은 어떻게 하면 환자들이 내면의 힘을 잘 끌어 쓸 수 있도록 도와줄 것인가에 초점이 모아졌고 이로써 우리가 생각했던 이론과 실제가 변화하게 되었다.

접근방식을 위한 시사점: 탈중심화의 본질

이제 우리는 그동안의 이론적 분석이 그 방식의 일부분만을 받아들인 것이었다는 사실을 알게 되었다. 우리는 인지치료에서 재발을 방지하려고 할 때 생각과의 관계를 변화시키는 것이 중요하다고 강조해 왔다. 이 말은 탈중심화를 의미하는데, 탈중심화에 대한 우리의 견해가 한때는 지나치게 구체적이었지만 그렇게 충분히 구체적이지는 못했던 것이다.

우선, 탈중심화가 주로 생각에만 국한된 것으로 지나치게 구체적으로 이해하고 있었다. 처음 시작할 때 인지치료에서 생각을 변화시킬 때 탈중심화가 어떤 역할을 하는지 이해하려고 했던 점을 고려해 보면 이는 꽤 수긍할 만하다. 그러나 MBSR 프로그램은 생각뿐만 아니라 감정과 신체감각, 그리고 행동하고자 하는 충동, 즉 전체적인 마음-몸 상태에 대해 어떻게 다른 관계를 가질지 탐색하도록 사람들에게 가르쳐 주고 있다.

두 번째로, 우리가 이해한 탈중심화는 충분히 구체적이지 않았다. '탈중심화'는 애매모호한 단어다. 다양한 방식과 다양한 태도를 통해 탈중심화가 이루어질 수 있다. 예를 들어, 탈중심화는 '한 발짝 물러서는(stepping away from)' 것으로 이해될 수 있지만, 문제를 무시하거나 사라지기를 바라는 것을 의미할지도 모른다. 또는 탈중심화는 생각이나 감정을 억제하고, 억압하고, 피하면서 그것들로부터 분리되려고 노력하는 것을 의미하기도 한다. 마음챙김 접근의 입장은 '환영하는 것(welcoming)'과 '허용하는 것(allowing)'을 의미한다. 마음챙김은 초대하는 것이고 자애심을 갖게 하는 것이다. 마음챙김은 어려움에 개방하고 모든 경험에 대해 관대한 태도를 취하도록 격려한다.

단순히 사고 영역을 넘어서서 탈중심화 개념을 확장시킨다는 것은 모든 경험을 허용하고 환영하는 태도로 받아들이는 것이다. 결국 우리는 사고에만 초점을 두고 오랜 기간을 보냈으며 참가자들의 부정적 감정과 신체감각을 다루는 것에는 그다지 신경을 쓰지 않았다. 영역을 확장시켜 부정적 사고와 관련된 패턴을 확인하거나 바꿈으로써 감정을 다루려고 하기보다는(주의 통제 훈련에서 계획했던 것처럼) 오히려 참가자들이 스스로 자신의 감정과 신체감각을 직접 다루는 방법을 배울 수 있다. 감정이나 신체감각으로 탈중심화를 확대하여 적용하게 되면 고통스러운 경험으로 들어갈 수 있게 된다.

이러한 대안적인 접근은 부정적 사고가 뚜렷하게 드러날 때에도, 참가자들이 생각-감정의 악순환에 의해 영향을 받는 신체 부분을 있는 그대로 '온화하게 자각'함으로써 그러한 부정적 사고를 다루도록 해 준다. 말로 이러한 과정을 다 설명하기가 어렵기 때문에 '내면으로부터', 즉 지속적인 마음챙김 수행 속에서 이해하는 것이 중요하다.

치료자부터 지도자까지: 경험과 새롭게 관계를 맺는 방식을 사람들에게 가르치기

지금 와서 우리의 출발점을 돌이켜 생각해 보니, 마음챙김이 인지치료 틀 안에 직접적으로 들어맞는 기법이라고 여기게 된 것은 이해할 만하다. 우리 스스로도 직접 훈련을 해 보면서 어려운 임상적 문제에 부딪혔을 때 어떤 생각과 해석, 그리고 가정들이 문제를 일으키고 악화시켰는지를 살펴봄으로써 문제해결을 위한 최선의 방법을 환자들과 함께 협력하여 찾아낼 수 있다는 것을 배웠다. 마음챙김 기법을 우리가 생각한 기본적인 치료 이론의 틀 안에 집어넣으면서 주의 통제 훈련을 개발할 때도 같은 접근을 취할 것이라고 예상했다. 그러나 나중에 스트레스 감소 클리닉을 방문하면서 만약 우리가 치료의 기본적인 구조를 바꾸지 않는다면 환자들이 가지고 오는 어려운 문제를 수정하기 위한 더 정교한 방법을 찾으려고 애쓰면서 계속 난관에 봉착할 것이라는 점이 명확해졌다. 대신에 현재 우리 프로그램에서 무엇보다도 중요한 구조는 치료자라는 양식에서 지도자라는 양식으로 변화할 필요가 있다는 것을 알게 되었다. 그러면 이 둘의 차이는 무엇인가? 치료자로서 우리는 인지행동치료 전통을 가지고 있기 때문에 문제를 해결하고 사고, 감정의 '매듭을 풀고', 고통을 감소시키도록 환자들을 도와주고, 문제가 해결될 때까지 문제와 함께 있어야 되는 책임을 느낀다. 이와 대조적으로 MBSR의 지도자는 환자 자신에게 분명하게 책임을 넘기고 환자들이 순간순간에 토대를 둔 자신만의 경험에 집중하도록 힘을 북돋아 주는 역할을 하고 있었다.

MBSR 지도자는 참가자들에게 충분한 노력을 들이면 문제가 '교정될' 것이라는 생각을 내려놓으라고 격려한다. 만일 제대로 교정이 이루어진다면 괜찮다. 그러나 마음챙김 접근에서는 생각을 교정하려는 시도는 자칫 사람들이 겪고 있는 문제가 적('enemy')이며, 일단 그 문제들이 제거되면 모든 것이 좋아질 것이라는 태도를 강화시킬 뿐이기 때문에 위험하다는 점을 분명히 하고 있다. 문제는 생각을 교정시키는 접근이 오히려 반추를 통해 문제를 해결하려는 시도를 부추길 수 있고, 이러한 시도들은 흔히 환자들이 도망치려고 하는 바로 그 상태에 발목을 잡히게 할 수도 있다는 점이다. 이것은 수년간 가족 치료자들이 강조해 온 문제이고[73] Marsha Linehan의 자기 비수용(self-invalidation)[74] 개념에서 핵심적인 것인데, 이 개념을 지지해 주는 좋은 실험적인 증거들이 있다.[75]

물론, 고통 속에 있는 사람들이 더 많은 고통을 피하고 싶어 한다는 것은 이해할 만하다. 그러나 MBSR 접근에서 가장 능숙한 반응은 문제를 서둘러 해결하려고 덤비면서 우리가 얼마나 빨리 반응하는지를 알아차리는 것이다. 따라서 MBSR 접근에서는 문제를 해결하려는 시도를 내려놓고, 대신에 의도적으로 한 발짝 뒤로 물러서서 '반응하지 않음(nonreactivity)'의 렌즈를 통해 문제를 바라보고 어려움을 온화하게 인식하는 것이 어떤 느낌인지 보게 한다. 이러한 접근은 흔히 마음챙김에 대해 오해하고 있는 것, 즉 원치 않는 생각과 감정을 피하거나 차단하는 방법으로 보는 것과는 완전히 반대가 된다. MBSR 지도자는 참가자들이 부정적인 경험을 제거하거나 차단하도록 돕지 않는다. 대신에 지도자들은 원하지 않는 사고와 감정에 맞서 싸우는 것이 얼마나 더 많은 긴장과 내적인 동요를 일으키는지 환자들이 자신의 경험을 통해서 보게 한다. 시간이 지남에 따라 긴장의 일부는 줄어들게 된다. 생각이나 감정이 요구하는 대로 긴장을 계속 만족시켜 주는 대신에 참가자들은 이러한 정신적 싸움에 가까이 다가서서 그것을 관찰하고 탐색할 수 있는 고요한 자리를 찾게 된다.[67]

우리는 요가와 걷기 명상, 스트레칭뿐만 아니라 신체의 각 부분을 교대로 알아차리도록 하는 바디스캔 실습을 포함해서, 왜 MBSR이 몸에 집중된 알아차림 연습을 사용하고 있는지 명확하게 이해할 수 있었다. 이런 방법들은 단지 여분으로 추가된 것이 아니라 참가자들이 자신의 경험과 다르게 관계를 맺는 것을 배우도록 해 주는 핵심적 기법이다. MBSR 접근은 참가자들에게 부정적인 사고와 감정이 가끔씩 몸을 통해 나타난다는 것을 볼 수 있게 한다. 신체감각은 자각하거나 관찰할 대상이지 밀쳐 내야 할 대상은 아니다. 부정적인 사고와 감정이 몸에 어떤 영향을 미치는지 알아차리게 되면 상황을 보는 관점이나 시각이 달라질 수 있다. 몸을 통하여 어려움을 다루는 것을 배우는 것이 중심 메시지가 되었다. 이 접근법은 고통이나 힘든 생각, 감정 그리고 신체감각을 피하는 것에 대한 대안을 제시하였다. 대신 이 방법은 경험을 들여다보고, 주의를 기울이게 하는 신뢰롭고 객관적인 방식을 제시하고 있다. 또한 이 방법은 만약 자신의 경험을 바라보는 일이 너무 압도적이라면, 호흡에 집중하거나 중립적으로 신체에 초점을 두는 방식이 스스로를 침착하게 할 수 있는 기초 혹은 중심으로 사용될 수 있다는 것을 제안하고 있다. 이러한 두 가지 생각은 '운동장을 평평하게 하는' 효과를 지니며 경험의 가치나 중요도에 상관없이 어떤 경험이라도 그 개인의 주의를 끌 만한 가치가 있는 것으로 여기게 한다.

우리가 살펴본 것을 기초로 수업에 참여한 구성원들이 스트레스의 첫 번째 징후에 익숙해지는 기술이나 기법에 단순히 노출되는 것은 아니라는 것을 깨달았다. 그들은 힘든 경험과 관계를 맺는 데 특별히 도움이 되는 일반적인 마음의 양식에 대해 배우고 있었다. 참가자들은 규칙적인 명상 연습을 통해 자신의 생각이 단지 생각일 뿐이라는 것을 이해하고 이러한 생각과의 관계를 관찰하는 것을 배우고 있었다. 여기에서 더 나아가, 이들이 하고 있는 명상은 감정과 신체감각, 행위 충동을 포함해서 모든 경험에 대해서 새로운 태도를 기를 수 있게 해 주었다.

마음챙김 기반 인지치료

요약하자면, MBSR 프로그램에서 실제로 무슨 일이 진행되는지 우리가 더 심층적으로 이해한 것은 초기에 주의 통제 훈련을 사용하려는 과정에서 경험했던 문제와 직접적인 관련이 있다. 처음에 우리는 주의를 분산시키는 것, 그리고 부정적인 생각과 다른 관계를 갖도록 하는 것이 재발을 예방하기 위한 인지치료의 비결이라는 신념을 가지고 MBSR에 참석하게 되었다. 수업에 참여하면서 우리는 탈중심화가 MBSR 프로그램에서 핵심이라는 것을 이해하게 되었고, 아주 약한 정도의 부정적 사고와 감정을 미연에 방지할 목적으로 이 탈중심화를 사용하려고 시도하였다. 그러나 보다 강렬한 감정에 대해서는 전통적인 인지치료 접근으로 되돌아갔지만 결과적으로 주의 통제 훈련 집단 맥락에서는 이 접근을 충분히 효과적으로 사용하기가 어렵다는 것을 알았다.

우리는 MBSR 지도자들이 가장 강렬한 부정적 경험에 대해서도 우리가 한 것보다 더 광범위하고 깊이 있게 탈중심화를 사용하고 있다는 것을 알게 되었다. 우리는 마지막으로 Jon Kabat-Zinn이 왜 그의 저서를 『재앙으로 가득 찬 삶(Full Catastrophe Living)』이라고 했는지 이해할 수 있었다. Jon Kabat-Zinn과 그의 동료들은 사람들의 삶에서 재앙을 피하도록 돕는 게 아니라, 재앙을 포용하고 재앙 한가운데서 어떻게 살아갈 수 있는지를 가르치고 있었던 것이다. 이와 같은 새로운 관점은 우리 프로그램을 진전시킬 수 있는 발판을 제공해 주었다.

발판을 마련하는 것과 이를 위한 자원을 사용하는 것은 별개이다. 프로그램을 개발하는 동안에, 우리는 두 개의 기구에 기금을 신청하였고, 두 기구 모두로부터 다기관 센터 연구 프로젝트를 진행할 수 있도록 허가를 받았다. 첫 번째 승인은 영국의 국립건강서비스(National Health Service) 건강 및 사회적 케어 연구개발을 위한 웨일즈 사무소로부터 받았고, 나머지는 워싱턴에 있는 국가정신건강연구소(Nation Institute for Mental Health)에서 받았다. 이들 자금 기구에서는 맥아더 재단을 위한 작업을 기초로 매뉴얼을 완성하고 예방적 개입을 평가하도록 허락하였다. 그들이 승인해 준 자료들은 마음챙김 접근과 기분이 저조할 때 이전에 우울했던 기간 동안 발생했던 패턴과 유사한 지속적인 생각-감정-신체 사이클의 패턴이 재활성화되는 것을 설명하는 우리의 이론적 모델 간의 연결점에 대한 관심사를 반영하는 것이었다. 우리는 우울증 재발에 있어서 이러한 사이클이 바뀌어야 하는 위험요인임을 분명히 설명하였다.

우리는 인지치료에서 중요한 요인이라 믿어 왔던 탈중심화 기법을 어떻게 잘 포착할 수 있을지에 관해 새롭게 이해한 것을 바탕으로 치료 지침서의 마지막 초안을 쓰고 있었다. 향후 우울증 재발을 방지하는 데 큰 도움이 될 수 있게끔 모든 경험을 자각하게 해 주는 마음챙김 접근법에서 시작하였다. 우리는 아직 몇 가지 중요한 차이가 있는 MBSR을 기본 모델로 하면서 인지치료 요소를 포함시켜 모두 8회기로 구성하였다. 그러한 차이점들은 재발성 우울증을 일으키고 환자와 그 가족들에게 많은 고통을 주는 특정한 취약성과 악화요인들을 다룰 수 있는—쉽게 빠뜨리지만 결정적으로 중요한—인지치료 및 이론들의 요소들에서 찾을 수 있다.

마침내 우리의 모델을 최초의 무작위 임상 시험의 형태로 과학적 검증계획서를 제출하는 마지막 단계에 와 있다. 프로그램의 임상 시행의 결과는 후속 시행과 함께 19장에 기술될 것이다. 간단히 말하자면, 8주 프로그램에 참가했던 사람들은 프로그램 종결 후 12개월 안에 우울증이 재발하는 경우가 더 적었다. 더구나, 놀라운 사실은 만성화된 우울증 환자들의 경우 보다 짧은 우울증 병력을 가진 사람들에 비해 MBCT 효과가 더 크게 나타났다. 이러한 결과는 과거 많은 우울증 삽화로 고통을 받아서 재발 위험이 높은 사람들이 우울증 삽화가 적고 재발 위험이 낮은 사람들보다 이 프로그램을 통해 더 많은 혜택을 받을 수 있다는 것을 보여 주었다.

임상 시행을 완수하고 나서 우리는 '주의 통제 훈련'이라는 제목이 이 접근의 핵심이라는 확신을 덜 하게 되었다. 우리는 인지치료 원리와 실제를 마음챙김의 틀 안으로 통합시켰다. 그것이 곧 마음챙김 기반 인지치료가 되었다.

2부
마음챙김 기반 인지치료

04

행위 양식과 존재 양식

새로운 지역을 여행하려면 가능한 한 사전에 그 지역의 지도를 명확하게 파악하는 것이 매우 중요하다. 앞 장에서 우리는 이 프로젝트가 갈팡질팡하는 과정을 설명했고, 초기 이론적 모델이 어떻게 형성되었는지, 연구나 임상적 결과 그리고 마음챙김 접근을 탐색하면서 우리의 경험에 의해서 이론적 모델이 어떻게 재구성되었는지 설명하였다. 처음에 그렸던 지도를 불가피하게 수정할 수밖에 없었다. 지도를 여러 번 다시 그리다 보니 상황이 다소 불명확해 보이고, 온통 휘갈겨 쓴 글씨와 수정된 것들이 많아서 어느 길이 어느 길로 통할지 알 수 없는 위험한 순간도 있었다. 우리가 편안하게 받아들일 수 있는 전반적인 모델, 즉 우울증을 예방하기 위해 마음챙김 접근을 사용할 때 안내해 줄 지도를 아직까지 그 어느 곳에도 기술하지 못했다. 따라서 이 장에서는 재발 위험과 관련된 심리적인 요소에 대해서 설명하고, 그다음으로 우울증 취약성을 가진 사람들을 도울 수 있으려면 마음챙김 기반 인지치료(MBCT)가 어떤 내용으로 구성되어야 하는지 우리가 이해한 바를 기술할 것이다.

치료를 이끌어 갈 전반적인 모델이 어떤 것인지 분명하게 해야 할 또 다른 중요한 이유가 있다. 7장에서 18장까지는 회기별 프로그램을 설명하고 있는데, 여기에는 실습과 기법, 연습이 포함되어 있다. 우리는 전체가 가지고 있는 효과는 여러 부분들을 합친 것 이상이라는 것을 믿고 있다. 우리는 마음챙김 훈련을 경험하면서, 또한 그 이전에 인지치료 경험을 통해서 치료자와 지도자들이 사용하는 기법만으로는 충분하지 않다는 것을 확신하게 되었다. 오히려 그러한 절차들은 프로그램에 참여한 사람들에게 얼마나 많은 변화가 나타날 것인지를 결정하는 전체 치료적 맥락에서 살펴보아야 한다. MBCT 프로그램의 지속적인 효과는 지도자가 우울증 재발 과정과 마음챙김이 환자들에게 어떤 영향을 미치는지 정확하고 효과적으로 이해할 수 있도록 구체화해서 가르칠 때 일어나는 것 같다. 특정 기술과 기법을 가르치는 것은 당연히 특정 문제 상황을 다루는 특별한 기법이나 기술을 단순히 모아놓은 새로운 '연장 가방'을 획득하는 기회뿐만 아니라, 깊은 이해 수준에서 변화를 이룰 수 있는 수단을 제공한다.

이것이 의미하는 바는 정확하게 무엇인가? 이 문제는 쉽게 대답할 수 있는 것은 아니다. 여기서 핵심적인 개념은 환자들이 가지고 있는 부정적인 생각과 감정과의 관계를 형성하고 있는 기본적 관점 혹은 정신적 모델(mental model)이 근본적으로 변화하는 것이다. 관점의 변화는 흔히 이러한 아이디어들에 대해 일반적인 토의를 하거나 기법을 맹목적으로 적용하는 것에서 비롯되기보다는 특별한 방식의 틀 속에서 반복적인 학습 경험이 축적된 결과로 생긴다. 이어지는 다음 장들에서 프로그램을 회기별로 기술할 때, 독자들은 어떻게 이러한 아이디어가 실험적이고 개념적인 정보로 짜여져서 변화를 이끌어 내는지, 그리고 이렇게 축적된 효과가 여러분 자신의 정신 모델에서 어떤 변화를 일으킬지 이해할 수 있게 되기를 바란다. 그러나 다른 사람들의 경험을 읽는 것은 직접 경험을 하는 것과는 다를 수밖에 없다. 따라서 우리는 앞으로 전개되는 각 장들에서 나오는 자료들을 마음속에 있는 기본적인 관점의 변화로 통합할 수 있는 개념적 발판을 제공해 줄 것이다. 이 과정에서 1~3장에서 논의한 것을 불가피하게 반복하게 될 것이다. 여기에서 목표로 하는 것은 각 장에서 나오는 자료를 통해 MBCT 프로그램에 내재되어 있는 통합된 모델을 이끌어 내는 것이다.

MBCT 프로그램의 궁극적인 목표는 환자들에게 더 깊은 수준에서 이해의 변화가 일어나서 우울증을 재발하게 하는 생각과 감정, 그리고 신체감각과의 관계가 근본적으로 변화될 수 있도록 도와주는 것이다. 지도자 자신이 기본적으로 어떻게 이해하고 있는지, 어떤 지향점을 가지고 있는지는 이 과정에서 가장 중요한 영향을 미치는 요소들 중 하나이다. 지도자가 깨닫고 있든 그렇지 않든 간에, 지도자가 이해하고 있는 바가 연습 방식과 각각의 상호작용을 다루는 방식에 어떤 식으로든 영향을 줄 것이다. 지도자가 전달하려는 분명한 메시지가 무엇이든지 간에, 이러한 영향력은 좋든 나쁘든, 본질적으로 지도자가 가지고 있는 기본적이면서도 함축적인 이해를 반영할 것이다. 따라서 우리는 가능한 MBCT를 효과적으로 사용하는 데 기초가 된다고 믿고 있는 개념을 기술할 것이다.

재발에 대한 이해: 작동 모델

재발은 기분이 처질 때, 이전의 우울증 삽화 동안에 작용했던 사고와 비슷한 부정적인 사고패턴이 재활성화되는 것을 말한다. 이러한 패턴은 우울 경험에 대한 특유의 '관점' 또는 '모델'로 설명이 가능하다. 우울한 사람들이 보이는 특유의 관점에서는 자기는 부적절하고, 가치가 없으며, 비난받을 만하다고 느껴지고, 부정적인 생각은 현실을 정확하게 반영하는 것으로 여겨진다.

부정적 사고패턴의 재활성화는 자동적으로 나타나고, 개인이 의도적으로 선택한 결과로 나타나기보다는 저절로 발생한다. 대개 사람들은 오랜 부정적 사고패턴이 재출현하는 것을 바라지 않는다. 또한 그러한 사고패턴은 오랜 정신적 습관이 나타났다가 없어지듯이, 마음이 아주 오랜 정신적 흔적이나 자국 위를 달린다는 의미에서 자동적이다. 여기서 생각은 의식적인 결정과 선택이라기보다는 '절로 움직이는' 마음의 문제에 가깝다.

부정적인 사고 패턴을 말하고 있지만, 사실 우울증 재발은 특징적인 생각, 감정, 신체감각이 전체적으로 통합되어 하나의 꾸러미로 활성화되는 것이다. 이 경험의 여러 측면들은 계속되는 마음의 상태를 만들고 순간순간 다시 만드는 피드백 고리를 통해 상호작용을 한다. 만약 점검하지 않고 그대로 둔다면 이러한 마음 상태는 재발이라고 하는 더 심각하고 지속적인 우울증으로 나타나게 된다.

이런 분석을 기반으로 MBCT의 핵심 과제는 환자들에게 이런 마음의 상태를 잘 인식하고 자신들을 자유롭게 할 수 있는 이해와 기술을 제공하는 것이라고 이해하게 되었다. 그리고 우울한 기분 때문에 재활성화되고 추가적인 우울증 삽화에 취약하게 만드는 마음과 몸의 습관적이고, 자동적인 패턴에서 벗어날 수 있게 해 주는 것이 이 프로그램의 핵심 과제이다.

반추하는 마음

만약 재발이 오래된 정신적인 습관의 재활성화와 관련된 것이라면 처음에 마음은 어떻게 해서 이러한 나쁜 습관들을 갖게 된 것일까? 그리고 좀 더 적절하게 표현한다면, 별로 도움이 되지 않는데도 마음은 왜 그런 나쁜 습관을 유지해야 했을까? 여기에 대한 가장 좋은 해답은 마음은 실제 가장 바라는 목표를 달성하도록 동기화되어 있다는 것이다. 아이러니하게도 이런 목표들 중의 하나는 바로 이런 마음 상태 자체를 막거나 약화시키는 것이라고 볼 수 있다. 그러나 우리가 이미 살펴보았듯이, 비극적이게도, 목표를 달성하기 위해서 사용된 마음의 전략들은 매우 비효율적이며 의도한 것과는 완전히 반대로 작용한다. 예를 들면, 가게 점원이 무례하게 굴었거나 아는 사람이 이틀 동안 전화 회신을 해 주지 않아서 며칠 동안 기분이 상해 있는 사람을 생각해 보자. 그 사람은 원래의 상황 때문이 아니라 우선 왜 자신이 속상한지 알기 위해 마음이 부질없이 계속 생각을 되풀이하기 때문에 더 속상할 수 있다. 이런 방식으로 문제가 생기면 걱정을 떨쳐 버리려고 했던 것이 가라앉고 있는 구멍에서 나오도록 도와주기보다는 오히려 빠져나오려고 애쓰고 있는 바로 그 구멍(오랜 정신적 습관으로 돌아가게 하는 것) 안으로 점점 지 깊숙이 빠져들게 만든다.

안타깝게도 이런 오랜 정신적 습관 안에 짜인 인지 전략과 자기 영속적인 마음 상태를 바꾸는 데 필요한 것 사이에는 불일치하는 것이 있다. 오래된 정신적 습관은 사람들이 자신의 문제에서 벗어나는 방법을 '생각하는 것처럼' 보이게 한다. 여기에는 현재의 정서 상태, 과거 부정적인 사건, 그리고 상황이 바뀌지 않을 때 야기될 수 있는 모든 문제를 반추하면서 몰두하는 것이 포함된다. 반추의 핵심에는 소위 '불일치 모니터(discrepancy monitor)'라고 부르는 것, 즉 원하고, 요구하고, 기대하고 혹은 두려워하는 것에 대한 정신적 모델이나 기준에 반하는 자기 상태와 현재 상황을 지속적으로 통제하고 평가하는 과정이 있다. 이러한 불일치 모니터가 가동

되기 시작하면 현재 상태와 바람직한 상태 간에 불일치를 찾게 된다. 불일치가 감지되면, 불일치를 감소시키려는 노력이 동기화되기도 하지만 이와 동시에 바람직하지 않은 부정적인 기분이 증폭되기도 한다. 이와 같이 자신이 원하는 상태와 현재 상태 사이의 불일치를 끊임없이 생각하면서 문제를 해결하려고 시도하게 되면 결국 자신이 빠져나오려고 하는 상태 안으로 스스로를 가두게 될 뿐이다.

만약 우리가 이전에 주요 우울증이 얼마나 끔찍할 수 있는지 경험했다면, 더 이상의 우울증상을 막기 위해 상당히 노력을 할 것이고, 이러한 노력이 반복적으로 실패해도 우울 증상을 없애기 위한 노력을 계속할 것이다. 실제로, 이보다 더 능숙한 대응은 우울증에서 벗어나려는 시도를 그냥 내려놓고 재발의 위험을 일으키고 있는 마음상태로부터 벗어나는 것이다.

그렇다면 어떻게 이런 일이 가능할까? 환자들이 프로그램에 참가하여 우울증에서 회복되고 비교적 자유로울 때, 우울증을 다시 겪게 되면서 일어나는 마음의 상태와 더욱 능숙하게 관계 맺는 법을 배우도록 어떻게 도와줄 수 있을까? 우리가 일상생활의 경험을 배움의 토대로 사용할 수 있는 방법이 있을까? 이런 질문에 대답하기 위해, 우선 마음이 어떻게 작용하는지에 대해 좀 더 전반적으로 이야기 할 필요가 있다.

마음의 양식

마음의 활동은 뇌 활동 패턴과 관련이 있다. 책을 읽거나 그림을 그리거나 사랑하는 사람과 대화하는 것과 같은 다양한 정신 활동은 각각 뇌에 있는 신경세포 네트워크 간의 서로 다른 상호작용의 패턴을 보여 준다. 하나의 활동에 관련된 네트워크는 종종 다른 활동에 관련된 네트워크와는 다르다. 네트워크는 또한 서로 다른 패턴으로 연결될 수도 있다. 우리가 뇌를 들여다본다면, 마음이 한 작업에서 다른 작업으로 움직일 때 네트워크의 활동과 서로의 연결에서 변화하는 패턴을 볼 수 있다. 잠시 동안 하나의 패턴이 지배하게 되고, 곧 다른 일이 일어난다. 그래서 이전에 하나의 패턴으로 상호작용했던 뇌의 네트워크가 이제 다른 형태로 상호작용한다. 시간이 지나면서, 우리는 뇌 네트워크 간의 지속적으로 변화하고 진화하는 상호작용 패턴에 따른 다양한 마음의 활동을 보게 될 것이다.

우리가 충분히 오래 살펴본다면, 제한된 뇌 활동과 상호작용의 핵심 패턴이 다양한 정신활동에서 반복적인 특징들로 나타나는 것을 볼 수 있을 것이다. 이러한 핵심 패턴은 몇 가지 기본적인 '마음의 양식'을 드러낸다.

우리는 대략 자동차 기어와 유사하게 이러한 마음의 양식을 생각할 수 있다. 자동차에 있는 기어들이 제각기 독특한 용도를 가지고 있는 것처럼(출발하는 것, 가속하는 것, 그대로 유지해서 나가는 것), 마음의 양식도 특별한 특성과 기능이 있다. 하루가 경과하는 동안, 마음이 하나의 활동에서 다른 활동으로 전환함에 따라, 기저에 있는 마음의 양식은 바뀐다. 마치 변속 기어의 순서를 계속적으로 바꾸면서 분주한 도시 한복판을 내달리는 한 대의 자동차와 같다. 그리고 자동차가 동시에 두 가지 기어 상태에 들어갈 수 없듯이, 마음은 동시에 두 가지 양식에 들어갈 수 없다. 특정 마음의 양식이 작동하게 되면 동시에 다른 마음의 양식에 있을 수가 없게 된다.

제한된 범위의 기본적인 마음의 양식이 광범위한 정신 활동을 뒷받침한다는 사실은 중요한 의미를 갖는다. 그것은 우리가 일상적인 생활 경험을 사용하여 환자들에게 반추를 하게 만들고 우울증 재발로 이끄는 마음 상태와 관계 맺는 새로운 방식을 가르칠 수 있는 길을 열어 준다. 마음챙김 훈련은 매 순간 마음의 양식(정신적 기어)을 더 잘 인식하고, 유용하지 못한 마음의 양식에서 벗어나 더 유용한 양식으로 들어가는 기술을 사람들에게 가르치는 것이다. 이 과정은 정신적 기어를 변화시키는 방법을 배우는 것에 비유할 수 있다. 사실상, 마음챙김 과제에는 흔히 마음이 작용하는 두 가지 주요 양식을 인식하고 한 가지 마음 양식에서 다른 마음 양식으로 움직이게 하는 기술을 배우는 것이 포함되어 있다. 전통적으로 이 두 가지 마음 양식은 '행위' 그리고 '존재'로 알려져 있다.

'추진-행위(driven-doing)' 양식

반추적인 마음상태는 사실상 '행위' 양식이라고 불리는 훨씬 더 일반적인 마음 양식이 변형된 것이다. 이 마음 양식에 놓이게 되면 마음은 정해 놓은 특정한 목표를 성취하기 위해 어떤 것을 끝내려고 한다. 이런 목표는 식사를 하거나, 집을 짓거나,

달을 여행하는 것과 같이 외부 세계와 관련된 것일 수도 있고 행복을 느끼고, 실수를 하지 않으려고 하고, 다시는 우울 증상에 빠지지 않으려고 하거나, 좋은 사람이 되려고 하는 내적 세계와 관련된 것일 수 있다. 이러한 목표를 달성하기 위한 기본 전략에는 앞서 언급한 불일치 모니터가 포함된다. 불일치 모니터가 가동하게 되면 먼저 상황이 어떻게 되기를 바라는지, 어떻게 되어야만 한다든지 하는 생각이 일어난다. 그런 다음에는 그것을 현재 상황에 대한 우리의 생각과 비교하게 된다. 현재 상황과 바라는 상황 사이에 차이가 있을 때, 우리는 그 격차를 좁히기 위한 생각과 행동을 하게 된다. 그 둘 간의 격차가 증가하고 있거나 감소하고 있는지를 확인하고, 이에 따라 행동을 조정하기 위해 진행 상황을 면밀하게 살펴보게 된다. 현재 상황에 대한 생각과 바라는 상황에 대한 생각이 일치할 때 목표에 도달했다는 것을 알게 된다.

이 행위 양식은 근본적으로 잘못된 것이 전혀 없다. 사실, 그 반대이다. 이 접근법은 주간 쇼핑목록에 있는 모든 물품을 사는 것과 같은 소소한 목표든지, 피라미드를 짓는 것과 같은 거대한 목표든지 간에 비개인적이고 외적인 문제를 해결하기 위한 일반적인 전략으로는 매우 효과가 있다. 개인적이고 내적인 세계, 즉 우리의 감정과 생각, 또는 우리가 되고 싶은 모습과 같이 개인적인, 내적인 세상에서 뭔가 제대로 되지 않은 느낌이 들 때, 이러한 행위 양식에 의존하는 것은 당연하다. 그리고 여기서 상황이 매우 잘못될 수도 있다.

그러나 어떻게 그렇게 되는지를 기술하기 전에 발생할 수 있는 오해를 사전에 방지하는 것이 중요하다. 행위 양식이 반드시 문제를 일으킨다고 이야기하는 것은 아니다. 그렇지는 않다. 행위 양식이 '할 수 없는 일을 자원'[76(p. 40)] 때에만 문제가 발생한다. 우리 삶의 많은 부분에서 행위 양식은 할 수 있는 일을 자원하고 이로 인해 오히려 삶이 더 나아진다. 보다 명확하게 구별하기 위해서 일반적인 행위 양식과는 반대로, 문제가 될 수 있는 행위 양식을 우리는 추진-행위(driven-doing)이라고 부르고자 한다. 이 문제는 매우 중요하므로 나중에 다시 다룰 것이다.

만약 불일치를 줄이기 위해서 즉각적으로 행동이 나오고, 이때 취한 행동이 성공적이라면, 아무런 문제가 없다. 그러나 어떤 효과적인 조치도 찾을 수 없고, 가능한 해결책을 생각해 내려는 시도도 소용이 없다면 어떨까? 외부적인 문제로 인해서, 우리는 그저 포기하고 우리의 삶의 다른 측면을 추구하게 될지도 모른다. 하지만 일단 그 상황에 들어가게 되면, 우리가 설정한 목표를 그냥 내려놓는 것이 훨씬 더 어렵다. 예를 들어, 만약 오래 유지해 오던 관계가 끊어져서 지금 속상해하고 있다면, 그것으로 인해 벌어진 현실과 당신의 바람 사이에는 많은 잠정적인 불일치가 있을 것이다. 당신은 관계가 회복되기를 바랄 수도 있고 아니면 또 다른 관계를 시작하고 싶을 수도 있고, 또한 너무 속상해하지 않았으면 하는 바람이 있을지도 모른다. 여기에 우리가 할 수 있는 많은 해결책이 있을 수 있다. 그러나 만일 관계가 소원해진 원인이 당신에게 어떤 인간적인 결함이 있어서라고 결론을 지으면서, 결국 혼자 있을 수밖에 없다고 느낀다면 어떻게 되겠는가? 이러한 결론은 어떠한 해결책도 주지 못하고, 불일치만을 남겨 두게 된다. 그럼에도 불구하고, 우리는 이런 사람이 되지 않으려는 강렬한 욕구를 가지고 있기 때문에 내려놓을 수 없다—우리 자신의 정체감 보다 더 중요한 것이 무엇이 있을까?

결과적으로 마음은 불일치 상태에서 계속해서 곱씹어 보고 불일치를 줄이기 위해 가능한 방법을 시연하면서 '행위' 양식 안에서 모든 정보를 처리할 것이다. 그리고 우리가 원하는 대로 되지 않은 것에 대해 지속적으로 곱씹게 되면 원하는 목표에서 더욱 멀어지게 되고 더 힘든 상황에 처하게 된다. 이렇게 되면 우리 자신이 결코 행복해지기 어려운 종류의 사람이라는 생각이 견고해진다.

불일치가 줄어들거나 좀 더 긴급한 과제가 마음을 앗아 갈 때까지, 마음은 이런 방식으로 초점을 계속 맞출 것이다. 그러나 긴급한 일을 처리하면 결국 다시 해결되지 않은 불일치로 돌아갈 것이다. 행위 양식이 이와 같이 내부의, 자기 관련 목표에 작동하고 있을 때, 우리는 이것을 보다 정확하게 '추진-행위' 양식이라고 부를 수 있다.

자세히 살펴보면, 우리는 삶의 많은 영역에서, 재발성 우울증 환자의 반추적 사고 패턴에 핵심적인 추진-행위 양식이 작용하는 것을 볼 수 있다. '해야만 한다.' '꼭 해야만 한다.' '반드시 해야만 한다.' '필히 해야만 한다.' 또는 '할 필요가 있다.' 등의 느낌이 있을 때마다, 우리는 이런 양식이 발동하는 것을 알 수 있다.

이 외에 어떻게 주관적으로 추진-행위 양식을 인식할 수 있을까? 추진-행위 양식의 가장 공통적인 특징은 우리가 일들이 어떻게 되기를 바라는 것과 실제 상태 간의 불일치를 처리하는 것에 마음이 빼앗긴다는 사실이며 이렇게 되면 불만족스러움이 반복적으로 발생한다는 것이다. 추진-행위 양식은 또한 이 두 상태 사이의

[자료 4-1]

마음의 행위 양식은 실제로 유용하지만 항상 그런 것은 아니다

회의에 참석하기 위해 도로를 가로질러 운전하고 있는 단순한 일을 생각해 보면 행위 양식의 적용이 도움이 될 것인가 안 될 것인가 그 차이를 명확히 할 수 있다. 도움이 되는 쪽에서 본다면, 여기서 목표는 단순히 '오후 2시까지 마샬 빌딩의 회의실에 있는 것'이다. 이때 행위 양식은 그 목표를 달성하기 위해 하위 목표와 행동의 순위를 검토하여 행동으로 옮기게 해 준다. 만약 행동 계획이 사고로 인한 예기치 않은 교통 정체와 같은 문제에 부딪힌다면 행위 양식은 대체 행동을 찾는다(다른 경로를 찾는다). 만일 아무런 대안이 없다면, 우리는 늦게 도착하는 것이 불가피하다는 것을 인정한다. 이때 우리는 회의에 모인 사람들에게 사과를 하고, 앞으로 유사한 문제를 피할 수 있는 방법을 잠깐 생각한다. 이 정도로 상황은 마무리되고 더 이상 그 일에 대해 골몰할 필요가 없다.

추진-행위 버전에서는, 자기(self)가 목표에 얽히게 된다. 즉, '양심적인 사람이라면 회의 시간을 엄수해야 해. 그러면 다른 사람들이 너를 존중하고 너의 헌신을 소중히 여길 거야.'(이것은 목표를 설정하는 습관적인 패턴이므로, 우리가 '추가로 덧붙이고 있는' 생각들을 의식적으로 인식할 필요가 없을지도 모른다.) 우리가 이 목표를 염두에 두고 교통 정체에 갇혀 늦게 도착할지 모르는 상황이 되면 더 많은 '이야기'를 덧붙인다. '이런 상황을 예상했어야 했어. 사람들이 나를 어떻게 생각할까? 이제 계약을 하지 못할지도 몰라.' 이와 같은 생각을 하다 보면 마음은 더 불안하고 동요된다. 결국, 우리의 마음은 회의장에 들어가서 상대를 설득할 수 있는 주장을 하기보다는 다른 사람들이 나를 어떻게 판단할까 하는 걱정과 염려에 사로잡히게 되고 회의장에 들어섰을 때는 후덥지근하고 신경이 쓰이는 상태가 될 것이다. 이렇게 되면 그날 회의는 엉망이 되고, 계약을 체결하지 못하고, 실패자가 된 기분에 골몰하면서 회의장을 떠나게 될 수 있다. 이런 상황에서는 '내가 회의에 늦게 도착했어.'라는 단순한 사실로 쉽게 받아들일 수 없게 되고 회의에 늦은 것의 의미를 곱씹고 그것이 우리의 삶과 더 나아가 우리의 미래에 어떤 의미가 있을 지 반추하면서 많은 시간을 보내게 된다.

간극을 줄이기 위해 진행 상황을 지속적으로 모니터링하고 점검하는 것을 의미한다('나는 얼마나 잘하고 있나?'). 왜 그럴까? 불일치를 줄이기 위해 즉각적인 행동을 취할 수 없기 때문에, 마음이 할 수 있는 유일한 일은 그것들 사이의 간극을 줄이는 방법을 찾으려고 일이 어떻게 되었는지, 어떻게 되어야 하는지에 관한 생각을 계속 하는 것이다. 마음은 계속해서 이렇게 돌아간다.

이런 상황에서 마음이 작동하고 있는 '수단'은 현재 상황과 바라는 상황에 대한 생각, 두 상황 간의 불일치에 대한 설명, 그러한 불일치를 줄일 수 있는 방법으로 구성되어 있기 때문에, 이러한 사고와 개념은 단순히 마음속의 사건이 아닌 정신적인 '실제'로 경험될 것이다. 이와 마찬가지로, 마음은 현재 경험의 실제에 완전히 맞추어지지 않을 것이다. 과거를 분석하거나 미래를 예견하는 일에 너무 정신이 팔려서 현재는 거의 생각하지 않게 된다. 이 경우에, 우리는 현재를 너무 좁은 의미로만 인식한다. 현재의 유일한 관심은 목표를 달성할 때 성공 또는 실패를 모니터하는 것이다. 이렇게 되면 '다차원적인 경이로움으로 가득 찬'이라고 부를 수 있는 현재의 더 넓은 의미는 놓치게 된다.

추진-행위 양식은 우울증 재발을 일으키는 반추적 사고 패턴의 기저에 있다. 또한 추진-행위 양식은 일상의 정서적 경험에 대해 우리가 하는 많은 반응의 기저에 있다. 우리는 원치 않는 많은 감정으로부터 자유로워지기 위해 습관적으로 이 양식으로 전환한다. 다음으로, 우리는 행위 양식을 알아차리고 벗어날 수 있는 새로운 기술을 배울 수 있는 훈련의 기회로, 일상적인 정서적 경험과 마음의 일반적인 추진-행위 양식을 반영하는 다른 것들을 사용할 수 있다. 어떻게 할 수 있을지 잠깐 토의를 해 보자. 그에 앞서 대안적인 마음의 양식인 '존재' 양식을 잠깐 살펴보자.

존재 양식

존재 양식('being' mode)을 말로 충분히 설명하기란 쉽지 않다. 존재 양식의 특성은 직접적이면서도 경험적인 방식을 통해 이해할 수 있다. 존재 양식은 여러 가지 면에서 행위 양식과는 대조적이다. 행위 양식은 목표 지향적이고 실제로 그러한 것과 우리가 그렇게 되기를 바라는 것과의 차이를 줄이기 위해서 동기화된다는 것을 기억해 보라. 여기서 우리의 주의는 원하는 상태와 실제 상태 간의 이러한 차이에 초점을 맞춘다. 이와 반대로 존재 양식은 특정한 목표를 성취하기 위해 전념하지는 않는다. 이런 양식에서는, 불일치에 기초한 처리를 강조하거나 끊임없이 모니터링하고 평가할 필요가 없다. 대신에 존재 양식에서 초점을 두는 것은 즉각적으로 바꾸려는 압박감을 느끼지 않고, 있는 것을 '수용(accepting)'하고 '허용(allowing)'하는 것이다.

'허용한다'는 것은 도달해야 할 목표나 기준이 없고 실제적인 상태와 바라는 상태 간에 불일치를 줄이기 위해서 경험을 평가할 필요가 없을 때 자연스럽게 생겨난다. 이것은 또한 목표 달성과 직접적으로 관련된 현재의 어느 측면에만 주의가 더 이상 편협하게 집중되지 않는다는 것을 의미한다. 존재 양식에서는, 어느 순간의 경험은 깊이 있고 폭넓고 풍부하게 처리될 수 있다.

행위 양식과 존재 양식은 초점을 두고 있는 시간에서도 차이가 있다. 행위 양식에서, 우리는 종종 다른 행동의 가능한 향후 결과를 찾아내고, 목표에 도달하면 어떤 일이 생길지 예측하거나, 지금 진행해야 할 상황에 대한 아이디어를 얻기 위해 유사한 상황을 다룰 때의 기억을 되돌아보는 것이 필요하다. 결국 행위 양식은 흔히 마음을 지나간 과거나 미래로 향하게 하고, 현재 하고 있는 경험을 실제 '여기에' 존재하지 못하게 만든다. 반면, 존재 양식에서 마음은 '아무것도 할 필요가 없고, 어떤 곳에도 갈 필요가 없다'. 따라서 순간순간의 경험을 처리하는 것에만 전념하면서 현재에 충분히 머물게 해 주며 여기, 지금 이 순간 일어나는 것은 무엇이든지 인식할 수 있게 해 준다. 행위 양식이 개념이라는 베일을 통해 현재, 미래, 과거에 대해 생각하면서 이것들을 서로 연결시키는 것이다. 반면, 존재 양식은 현재를 직접적으로, 즉각적으로 그리고 친밀하게 경험한다는 특징을 갖는다.

존재 양식은 생각과 감정과의 우리의 관계를 변화시키는 것을 포함한다. 행위 양식에서, 개념적인 생각은 마음의 행위 양식이 몰두하는 목표를 성취하기 위해 사용하는 핵심적인 수단이다. 이것은 우리가 살펴본 것처럼, 생각은 현실을 타당하고 정확하게 반영하는 것으로 보고 행위와 밀접하게 연결되어 있다는 것을 의미한다. 행위 양식에서 감정들과의 관계는 주로 유지하고 싶은 '좋은 것' 혹은 없애야 되는 '나쁜 것'으로 구분하여 평가하는 것들 중의 하나이다. 이런 식으로 감정을 목표 관련 대상으로 만들면서 그것들이 독립적이고 지속적인 실체를 갖는다는 개념으로 효율적으로 구체화시킨다.

이와 대조적으로 존재 양식에서는 생각과 감정과의 관계가 소리나 순간순간의 경험의 다른 측면들과 동일하다. 이러한 생각들과 감정은 그저 마음속에 일어나서 자각의 대상이 되었다가 사라지는 단순히 지나가는 사건으로 여겨진다. 우리는 여기에서 인지치료의 효과에 대해 분석하면서 우리가 그토록 중요하게 여겼던 '탈중심화' 관점을 알아차릴 수 있다. 존재 양식에서는 불쾌한 감정을 제거하고, 기쁜 감정을 붙잡아 두도록 되어 있는 몸과 마음이 오래된 행동 습관을 즉각적으로 유발하지 않는다. 오히려 불편한 감정 상태를 견디어 낼 수 있는 더 많은 능력이 발현된다. 이와 마찬가지로 '이것을 해라, 저것을 해라.'와 같은 생각은 반드시 관련된 행동과 자동적으로 연결되지 않고 단순히 마음에 일어나는 정신적 사건과 연관이 있다.

존재 양식에서는 경험이 새로운 방식으로 펼쳐질 때 자유로운 느낌과 신선함이 있다. 우리는 매 순간 나타나는 독특한 패턴의 풍부함과 복잡성에 반응할 수 있다. 이와 대조적으로 행위 양식에서는 이렇게 놀라울 정도의 다차원적인 경험의 복잡성이 편협하고 일차원적인 초점으로 요약된다. 이것이 목표에 달성하는 데 어느 정도 다가가고 있다는 것을 말하는가? 실제 상태와 목표한 상태 사이의 불일치는 다른 상황이라면 충분히 잘 작동할 수 있었던 아주 오래되고 고질적인 마음의 습관을 야기한다. 그러나 앞서 살펴보았듯이, 추진-행위 양식에서는 목표는 어떤 감정적 상태를 없애는 것이다. 이와 같은 마음의 습관은 원하지 않는 마음상태를 중단시키기보다는 오히려 원치 않은 마음 상태를 유발하고 지속시킬 수 있다.

분명히, 행위와 존재는 근본적으로 다른 마음의 양식이다. MBCT에서 행위 양식과 존재 양식을 구분하는 것에 대한 의미를 말하기 전에, 한 가지 점을 분명하게 할 필요가 있다. 존재 양식이 모든 활동을 중단해야 하는 특별한 상태라는 것을 의미하는 것은 아니다. 행위든 존재든 두 가지 모두 마음의 양식이며 둘 다 활동을 수반할 수도 있고 그렇지 않을 수도 있다. 또한 행위 양식은 대부분의 의미에서는 '추진 양식(driven mode)'이라고 불리는데, 이 말이 행위 양식을 더 분명하게 표현해 준다. 예를 들어, 깊게 이완된 상태로 들어가려고 집중하면서 명상을 하려고 하는데, 뭔가 방해를 하고 있다면 화나고 좌절감을 느낄 것이다. 이것은 존재 양식보다는 행위 양식에서 명상을 하는 것이라고 볼 수 있는데, 왜냐하면 이완하려는 욕구에 의해 명상이 이끌리기 때문이다. 또 다른 예로, 설거지를 해야 하는데 별다른 방도가 없다고 치자. 설거지와 같은 허드렛일에서 당신을 구해 줄 사람은 없다. 당신이 다음 일을 하기 위해서는 가능한 한 빨리 설거지를 마쳐야 하는데, 설거지를 빨리 끝내려는 목표가 방해를 받는다면 좌절하게 될 것이다. 그렇지만 설거지는 그 순간 해야 하는 일이라고 받아들이고 존재 양식으로 설거지하는 일에 접근한다면, 설거지하는 일은 나름대로 그 시간대에 할 수 있는 활동으로 존재하게 될 것이다. 존재 양식에서는 방해를 받는다면 그것이 좌절의 근원이 되기보다는 그 순간에 무엇을 해야 할지 선택할 수 있는 어떤 것이 될 수 있다.

핵심 기술

MBCT 프로그램에서 가르치려고 하는 핵심기법은 잠재적인 우울증 재발 시기에 반추적이고 부정적인 사고라는 자기 영속적 패턴을 지니는 마음 상태를 인식하고 거기에서 벗어나는 능력을 가르쳐 주는 것이다. 이러한 패턴을 잘 점검하지 않으면 기분이 하강 나선형을 따라 침체되면서 결국 재발을 일으킨다. 부정적 사고라는 자기 영속적 패턴을 잘 알아차리기 위해서 참가자들은 하나의 마음의 양식에서 나와서 재발을 덜 일으키는 방식으로 우울 관련 정보를 처리하게 해 주는, 양립할 수 없는 다른 마음의 양식으로 들어갈 수 있는 법을 배워야 한다. 이것은 내용보다는 과정에 초점을 두는 것으로 기존의 인지치료가 강조하는 부정적인 생각에 대한 내용을 바꾸는 것에서 벗어나 모든 경험이 처리되는 방식에 주의를 기울이는 것을 말한다.

정신적 양식의 변화 또는 정신적 기어의 변화에 영향을 주는 기본적인 도구는 특별한 방식으로 주의와 자각을 사용하는 것이다. 우리는 무엇에 주의를 기울여야 하는지 그리고 어떻게 그것에 주의를 기울여야 하는지를 선택함으로써, 정신적 기어를 바꿀 수 있는 레버에 손을 올려놓을 수 있게 된다.

회복 상태에서는 재발을 촉발하는 마음상태가 그렇게 자주 나타나지 않기 때문에 프로그램에서 뭔가를 배울 수 있는 여지가 많지 않다. 그렇다면 참가자들은 어떻게 이런 방법을 배울 수 있을까? 우리가 이미 주목했듯이, 재발과 관련된 마음상태는 실제로 더 일반적인 행위/추진 양식의 특별한 예들이다. 우리 문화에서, 이러한 행위/추진 양식은 매우 만연되어 있고 참가자들은 많은 상황에서 거의 대부분 마음이 '초기 설정(default)' 양식에 들어가게 된다. 행위 양식은 프로그램 도중에도 반복해서 생기며 회기 내에서 연습하고, 실습하고, 상호작용하는 가운데 그리고 집에서 과제를 하는 동안에도 분명하게 나타날 수도 있다. 여러 회기를 거치면서 참가자들이 가지고 있는 행위 양식은 그들 자신뿐만 아니라 바로 지도자 앞에서도 발생하게 된다. 지도자가 충분한 기술을 가지고 있다면, 프로그램의 많은 내용은 미리 계획되었든 그렇지 않든지 간에 행위 양식을 인식하고 거기서 벗어날 수 있는 기회를 제공해 줄 수 있다. 물론 참가자들이 회기를 통해서 전반적으로는 불쾌한 정서에 대해, 특별하게는 우울한 기분에 대해 이러한 작업을 할 수 있는 기회를 가진다면 더 도움이 될 것이다. 이런 이유 때문에 지도자는 불쾌한 기분 상태에 있을 때가 바로 프로그램의 핵심 기술을 가르칠 수 있는 이상적인 기회라고 환영하게 된다.

참가자들은 존재 양식을 배양할 수 있는 기회를 언제 찾을 수 있는가? 원칙적으로는 이런 마음의 양식은 모든 상황에서 연습될 수 있다. 사실상, 행위 양식에 들어가는 경향은 너무 만연되어 있어서(특히 사람이 '존재하는' 방법과 같은 새로운 기술을 배울 때) 아주 간단한 학습 상황이 먼저 설정되어야 하며 지도자는 존재 양식으로 편하게 들어갈 수 있도록 그러한 상황들 속에서 어느 정도 지속적으로 존재 양식을 구체화시켜야 한다.

추진-행위 양식은 스스로 유지되는 강한 경향을 가지고 있고, 마음이 또 다른 처리 양식으로 전환하면 그 자체를 거듭 되풀이하려는 경향이 있다. 그렇기 때문에 추진-행위 양식에서 벗어난 후에 생기는 마음의 양식은 기어를 동시에 앞과 뒤로 놓을 수 없는 것과 마찬가지로, 추진-행위 양식과 서로 양립 불가능해야 하고 불일치하는 것이어야 한다. 존재 양식은 행위 양식에서 벗어나 초기에 대안적인 양식으로 들어갈 수 있는 이상적인 후보자이다. 예컨대, 일단 초기에 전환이 일어나면 환자들은 지속적인 우울 기분을 경감시키기 위한 숙달되고 계획적인 행동으로 의도적으로 들어가는 것이 가능해진다.

마지막으로 우리의 삶 속에서 두 가지 양식의 균형을 맞추는 것이 필요하다. 우리가 살고 있는 문화가 행위를 부추기는 탓인지 아니면 행위 양식이 흔히 자동적이면서 오랜 틀에 박힌 방식에 의해 작동하기 때문인지 간에 일단 행위 양식에 들어가게 되면 사람들은 자신이 경험하는 것과 함께 존재할 수 있는 다른 방식들을 쉽게 밀어낸다. 우리는 현재의 순간을 자각함으로써 자동조종 상태에서 전환되는 것을 배울 수 있다. 이렇게 되면 자신의 행동에 대한 선택권을 가지게 되고 앞으로 슬픈 기분에 빠졌을 때 이전과는 다른 방식으로 자신을 돌볼 수 있는 첫 번째 단계가 된다.

핵심 기술로서 마음챙김

마음챙김은 '특별한 방식으로 주의를 기울이는 것'이라고 기술할 수 있다. 즉, 의도적으로 현재 순간에 판단을 하지 않고 머무르는 것이다.[76(p. 47)] 이처럼 마음챙김은 재발 예방 프로그램에서 배워야 할 핵심 기술로 우리가 밝힌 요구조건과 잘 들어맞는다. 재발 관련(그리고 보다 일반적으로는 마음의 행위 양식) 마음 상태를 특징짓는 사고패턴, 감정, 신체감각을 알아차리는 것은 교정 행위(corrective action)의 필요성을 인식하는 데 있어서 가장 중요한 첫 번째 단계이다. 의도적으로 주의 초점과 양식을 바꾸는 것은 '정신적 기어 레버' 역할을 해서 하나의 인지 양식에서 다른 인지 양식으로 전환되는 것을 도와준다. 그리고 판단하지 않고 현재 순간에 마음을 챙기는 것은 마음의 존재 양식과 매우 밀접하게 연관되어 있다. 다른 말로 하면, 마음챙김은 역기능적인 '행위와 관련된' 마음 상태에서 벗어날 때 정신적 기어를 바꿀 수 있는 수단을 제공해 주며, 대안적인 정신적 수단 혹은 양립 불가능한 정신 양식으로 전환될 수 있게 해 준다.

마음챙김 기반 인지치료 프로그램의 구조

다음 장에서 우리는 MBCT 프로그램을 회기별로 상세하게 설명할 것이다. 각 회기에서 설명하고 있는 세부적인 사항에 열중하다 보면, 프로그램의 전반적인 목표와 구조를 잊어버리기가 쉽다. 그러므로 초기 회기의 목표는 행위 양식이 표출되는 다양한 양상을 인식하게 하고 집중적이고 공식적인 마음챙김 수련을 통해 존재 양식을 기르기 위한 시작 단계라는 것을 참가자들에게 가르쳐 줄 필요가 있다. 당신은 많은 회기에서 이러한 주제가 반복되는 것을 알 수 있을 것이다. 이와 같이 반복하는 이유는 참가자들에게 핵심 주제를 상기시켜 주기 위한 것이며, 연습을 통해 만연되어 있는 행위 양식에서 벗어나서 마음챙김의 존재 양식으로 되돌아갈 기회를 주기 위함이다. 마음챙김 기법이 발전하게 되면, 일상의 생활과 부정적인 정서, 그리고 행위 양식을 유발시키는 반응을 알아차리는 데 더 특별한 주의를 기울이게 되고, 마음이 행위 양식에서 벗어나서 존재 양식으로 들어가는 방법을 배우게 되며, 힘들고 불편한 감정에 머무를 수 있는 방법을 배우는 데 훈련의 초점이 주어진다. 이어서 감정과 관련된 마음의 양식에서 벗어날 수 있는 단순한 기술을 추가적인 전략으로 제시함으로써 부정적인 감정에 보다 능숙하게 반응할 수 있는 많은 선택권을 환자들에게 제공해 줄 것이다. 마지막으로 회기에서 가르친 기술들은 프로그램의 궁극적 목표, 즉 우울한 기분 없이 잘 지내고 향후 재발을 막는 것으로 통합될 것이다.

8회기 프로그램: 방법과 이유

이 장에 이어 나오는 장들에서는 회기별로 MBCT에 대해 자세히 소개하고자 한다. 주로 MBCT를 맛보는 데 관심이 있는 사람들은 이 도입 부분을 읽은 뒤에 1회기 설명이 시작되는 7장으로 곧바로 가기 바란다. 이 장은 MBCT를 실제로 해 보려고 생각하고 있는 사람들을 위한 장이다. 이 장에서 우리는 MBCT를 적용할 때 회기를 진행하는 '방법과 이유'에 관해 자세하게 알아볼 예정이다. 어떤 사람들에게는 8회기 프로그램에 대한 설명을 모두 읽은 다음 다시 이 부분으로 되돌아오는 것도 도움이 될 것이다. 또 다른 사람들에게는 더 자세한 설명이 이어지는 다음 장으로 나아가기 전에 MBCT에 대한 이해를 다지는 기회로 이 장이 유용하게 사용될 수도 있을 것이다.

MBCT 접근에 관해 좀 더 심화된 정보를 원하는 사람들을 위해, 도입부에서 실제적인 세부사항을 제공하였고, 매 회기마다 참가자들에게 주었던 유인물을 그 회기 다음에 해야 할 과제와 함께 제시하였다. MBCT 지도자들과 환자들에게 도움이 될 만한 웹사이트 주소, 마음챙김 훈련과 관련된 자료들을 간략하게(21장) 포함시켰다.

자신의 마음챙김 실습

재발성 우울증에 대해 MBCT를 가르치고자 하는 사람들을 위한 출발점은 상담이나 심리치료 분야 또는 기분장애에 대한 경험이 있는 정신건강 전문가로서 공인된 훈련을 받았다는 것이다. 그 외에도, 우울증을 겪고 있는 집단 경험뿐만 아니라 우울증에 대한 행동치료 또는 인지치료법이나 이에 상응하는 증거 기반 접근법에 대한 훈련을 받아야 한다. 인지치료에 대한 완벽한 훈련을 받아야 한다고 주장하는 것은 아니지만, 인지이론의 관점에서 우울증의 취약성을 이해하는 것은 매우 중요한데, 그러한 이해를 통해 치료법들이 수년에 걸쳐 발전해 왔기 때문이다. 취약성을 유발하는 생각과 감정 패턴을 인식하는 것이 마음챙김의 실제적 가르침을 정교화시키고 프로그램 참가자들에게 그것의 관련성을 이해시킬 수 있다.

이러한 역량을 갖추게 되면 그다음으로 필수적인 것은 지도자도 마음챙김 실습을 지속해서 경험해야 한다는 것이다. 왜 그럴까? 첫째로, 일부 환자들은 마음챙김 실습을 하면서 지도자가 '지적인' 지식만으로는 대답할 수 없는 어려움을 경험하기도 한다. 수영의 비유가 요점을 설명하는 데 도움을 줄지 모르겠다. 수영 강사는 고체 덩어리가 액체 상태에서 어떻게 되는지 원리를 알지는 못하지만 어떻게 수영을 하는지는 알고 있다. 이것은 단순히 신용과 능력의 문제가 아니라 프로그램에 참여한 사람들이 계발하고 받아들였으면 하는 '내면으로부터의' 태도를 구현할 수 있는 지도자의 능력을 말한다. 우리가 이 작업을 처음 시작할 때에는 모든 지도자가 그런 마음챙김 수련을 경험하거나 미리 실습을 하도록 기대하는 것은 비합리적인 일이라고 생각했었다. 그러나 우리는 초기 생각을 바꾸게 되었다.

MBCT를 진행할 때 마음챙김 실습을 경험한 사람과 그렇지 않은 사람 간의 차이를 본 다음 우리는 지도자들이 집중적으로 개인적 수련을 하지 않고 MBCT를 가르치는 것은 현명하지 못하다는 결론을 내렸다. 따라서 최소한 앞으로 MBCT를 진행하려는 지도자라면 환자들에게 적용하기 전에 스스로 마음챙김을 일상생활에서 경험해 보기를 권한다. 이러한 경험이 없다면, 이 접근법은 마음챙김 기반 인지치료라고 부를 수 없다. 사실, 이것은 전혀 마음챙김에 기초한 것이 아니다. 왜냐하면 '마음챙김에 기초한'이란 실제로 당신 자신의 마음챙김 실습을 기초로 해서 가르치는 것을 의미하기 때문이다.

마음챙김 접근법을 새로 접한 사람들을 위해, 우리는 21장 '심화 학습'에 어떻게 접근할 수 있을지 요점을 적어 놓았다. 그리고 마음챙김 접근이 혹시 당신에게 맞지 않는다는 것을 발견하게 된다면, 우울증을 치료하는 데 매우 효과적인 방법이 많다는 것을 명심하라. 마음챙김 접근 외에도 치료자인 당신이 탐색할 수 있는 다른 대안적인 접근법이 많이 있기 때문에 당신의 임상 기술과 지혜를 통하여 많은 사람을 도울 수 있을 것이다.

회복된 우울증 환자와 작업하기

심각한 우울증 삽화를 겪은 사람들을 다루는 데 있어서 몇 가지 제한점들이 있다. 첫 번째로, 이들은 항우울제의 도움으로 우울증 삽화를 극복했기 때문에 자신의 병에 대해 '생물학적' 모델을 가지고 있을 수 있다. 이들의 경험에 비추어 볼 때 생물학적 모델은 충분히 이해할 수 있는 부분이며, 따라서 어떤 정신사회적 접근을 사용하더라도 고려해야 할 사항이다. 이 점을 염두에 두고, 우리는 초기 평가 인터뷰 동안(나중에 제시됨) 생물학적 그리고 정신사회적 요인들이 우울증 발병과 유지 그리고 재발에 어떻게 영향을 주는지에 대해 토의해 보는 시간을 갖도록 제안한다.

회복된 환자들과 작업할 때 두 번째 제한점은 회복기의 우울 증상은 개념상 '약한 정도'라는 점이다. 우울증 환자들을 위해 개발된 이전의 심리치료들에서는 내담자들이 비교적 '뚜렷한' 현상, 즉 지속적인 저조한 기분, 부정적 사고와 이미지, 기억과 판단에 있어서 심한 편향, 즐거움을 경험하고 활동할 수 있는 능력의 부재 그리고 자살 사고와 충동을 경험하고 있는 것으로 가정하고 있다. 그러므로 마음챙김에 기초한 접근에서 가장 중요한 목표는 내담자들에게 미묘한 기분 변화도 알아차리도록 가르치는 것이다. 증상이 '뚜렷'하지 않기 때문에 내담자들은 작은 소리에도 귀 기울이도록 가르침을 받는다.

세 번째 제한점은 재발(recurrence)인데, 평균적으로 재발은 1년이 지나기 전까지는 발생하지 않는다. 아직 일어나지 않은 미래의 상황이므로 우울증 재발을 막기 위해 어떻게 해야 할지 단순히 지식을 확장시키는 방법으로 교육을 시키는 것은 내담자들에게 그다지 효과적이지 못하다. 그러므로 재발 방지를 위해서는 내담자들에게 절차와 기술을 가르쳐야 한다. 정확하게 말하면 MBCT에서는 참가자들이 새로운 존재 양식과 더불어 삶 속에서 쉽게 잊히지 않는 기술을 배울 것이라는 기대감으로 프로그램의 실행 단계부터 일상적인 연습을 강조하고 있다. 19장에 기술되는 연구의 일환으로, 8주 프로그램 뒤에 2~4개의 사후 모임이 참가자들에게 제공되었다. 그런 사후 모임은 모든 상황에 다 적합하지 않을 수도 있다. 그러나 어떤 형태로든 지속적으로 접촉하는 것은 참가자들이 수업에서 배운 공식 실습(formal practice)과 다시 연결할 수 있는 기회이고, 언제나 가치 있는 일이다.

회기의 계획과 준비

매 회기마다 많은 양의 작업이 수행되어야 된다. 회기마다 해당 회기의 유인물이 제공되고, 오디오 자료와 읽을거리들, 각 회기 전에 방 세팅을 위해 필요한 것들, 칠판에 쓸 주요 토의 의제, 의자 배치 등이 필요하다. 다시 말하면, 각 회기마다 계획이 필요하다. 그러나 우리는 매 회기마다 가장 필요한 것은 우리 스스로를 준비시키는 것임을 알게 되었다(가끔 준비 시간이 충분하지 않는 경우가 문제이다). 연구가 끝나고 우리가 진행한 회기를 비디오테이프로 다시 살펴보았을 때 회의가 끝난 다음 급하게 들어간 회기와 안정된 시간을 갖고 충분히 준비를 한 후 들어간 회기를 쉽게 구분할 수 있었다. 이것을 염두에 두고 우리는 여러분도 각 회기마다 스스로를 잘 준비해서 실제 회기에서 좀 더 부드럽게 진행해 나가고 개방성과 '안정감'이라는 두 가지 요소를 적절하게 배합하여 참가자들 스스로 경험에 초대될 수 있게끔 이끌어 나가기를 바란다. 그러나 또 다른 요인, 즉 지도자로서 지속적으로 마음챙김 수련을 하는 것에서 오는 준비된 느낌이 매우 중요하다. 마음챙김 연습을 지속하게 되면 어느 정도 유연함을 가지고 수업을 진행할 수 있다. 즉, 순간에 머무르게 되고, 필요하다면, 당신이 계획했던 것을 내려놓고 MBCT 프로그램의 구성요소를 기초로 참가자들의 경험 중에서 가장 수긍이 갈 만한 것에 반응하는 자세가 필요할 것이다.

앞에서 설명한 것처럼 세심하게 회기를 준비해야 한다는 이야기가 마치 우리의 목표가 '성공하는 것'이라는 인상을 줄지도 모른다. 따라서 우리가 마지막으로 했던 말은 새겨들어야 한다. 처음에는 이 수업에 참여하여 명상 실습을 하는 것 자체가 오히려 스트레스가 될 수 있다. 매일 연습할 시간을 마련하는 것도 생활스타일에 많은 변화가 요구된다. 지도자나 참가자는 그런 희생을 통한 효과를 당연히 기대할 것이다. 마음속에서 변화에 대한 기대가 최우선이 되면 될수록 변화를 찾기가 더 어려워진다. 그러므로 되도록 판단을 미루어 두고 참가자들에게도 그렇게 할 수 있도록 격려하라. 경험적인 접근을 강조하라. 프로그램에서 사용되는 첫 공식 수행을 인용하자면 '지나치게 애쓰지 말라. 무엇이 떠오르든 수용하라. 왜냐하면 그것이 당신이 지금 느끼고 있는 것이기 때문이다.'

마음챙김 기반 인지치료의 개관

초기 평가 면접

이 초기 평가 면접은 각 참가자마다 1시간 정도 걸리는데 프로그램에 참여하기 전에 나누어 준 자료를 근거로 한다(6장 [유인물 6-1]과 [유인물 6-2] 참조). 이 자료는 우울증과 프로그램에 대해 설명해 주고 지도자와 참가자 간에 대화를 시작할 수 있는 기초로 쓰인다. 초기 면접의 목표는 다음과 같다.

1. 각 참가자들에게 우울증의 발병 및 유지와 관련 있는 요인에 대해 알도록 하는 것
2. MBCT의 배경에 대해 설명하고 그것이 어떻게 도움이 될 수 있는지를 각 참가자들과 탐색하는 것
3. MBCT 프로그램은 몇 가지 힘든 작업을 포함하고 있고 따라서 8주간의 과정은 인내심을 필요로 한다는 점을 강조하는 것
4. 프로그램을 통해 참가자들이 도움을 받을 수 있는지 여부를 결정하는 것. 매사추세츠 대학교의 스트레스 감소 클리닉에서 지도자들은 (a) 자살 위협이 있지만 다른 형태의 상담지원을 받고 있지 않거나(다른 지원을 받고 있다면 MBSR

을 받을 수 있다) (b) 현재 약물 또는 알코올을 남용하고 있고, 또는 (c) 예비 참가자 또는 지도자가 이 방법이 잘못된 접근이라고 생각되거나 그 사람의 상황에 맞지 않는 시간대라고 느껴진다면(예: 주요 생활 위기 한가운데 있는) 그 사람은 프로그램에 포함시키지 않는다.

수업

이 책에서 우리는 8개 수업 혹은 각 회기의 초반에 각각에 대한 주제와 교육과정의 개요를 제시하고 참가자 유인물은 매 회기 끝에 제시된다.

수업의 크기는 이용 가능한 시설에 따라 다르다. MBCT는, 특히 심각한 기분 문제에 매우 취약한 사람들을 위해 적용되기 때문에, 상대적으로 작은 규모의 수업이 적합할 것이다. 우리 연구에서는 12명 정도로 수업을 진행했지만, 너무 작은 수업은 문제가 될 수 있다는 점을 주의해야 한다. 지도자가 너무나 쉽게 '수업' 양식에서 '치료' 양식으로 들어갈 수 있기 때문이다.

〈표 5-1〉 녹음된 마음챙김 실습

회기		트랙
1	건포도 연습	2
	바디스캔	3
2	10분간 정좌 명상-호흡에 마음챙김	4
3	스트레칭과 호흡 명상	6
	움직임 명상 - 공식적인 실습	5
	3분 호흡 공간 - 정규 버전	8
4	정좌 명상	11
	마음챙김 걷기	7
	3분 호흡 공간-반응 버전	9
5	어려움과 작업하기 명상	12
6	10분 정좌 명상	4
	20분 정좌 명상	10
	5분, 10분, 15분, 20분, 30분 사이에 울리는 종	13

지도자는 또한 참가자들에게 회기들 사이에 가정실습 과제를 할 수 있는 녹음된 마음챙김 명상을 어떻게 제공할 것인가를 고려해야 한다(〈표 5-1〉 참조). 한 가지 선택은 지도자가 www.guilford.com/MBCT_materials에서 내려받을 수 있는 MP3 파일을 가지고 CD를 만들거나 USB 플래시 드라이브에 내려받는 것이다. 그리고 첫 번째 회기에서 이것들을 배포하는 것이다. 두 번째 선택은 과정 참가자를 위해 특별히 개발된 웹 페이지의 주소를 배포하는 것이다(www.guilford.com/MBCT_audio). 그들은 이 사이트에서 직접 녹음을 재생하거나 내려받을 수 있다.

핵심 목표

가장 중요한 목표는 과거에 우울증을 앓았던 사람들에게 우울증이 재발하는 것을 막을 수 있는 기술을 학습할 수 있도록 도와주는 것이다.

- 순간순간의 신체감각, 느낌 그리고 생각을 더 잘 알아차리도록 도와주기
- 참가자들에게 자신의 문제를 지속시키는 습관적이고 자동적이며, 프로그램화된 판에 박힌 일상보다는 감각, 생각, 느낌과 다르게 관계를 맺는 방식, 특별히 원치 않는 감정과 생각을 마음을 챙겨 수용하고 알아차리는 방법을 계발시키도록 도와주기
- 참가자들이 접하는 유쾌하지 않은 사고나 느낌 혹은 상황에 가장 능숙하게 대응할 수 있도록 도와주기

구조

MBCT는 판단하지 않고 매 순간에 의도적으로 주의를 집중하는 법을 배우는 것을 중시한다. 1회기에서 4회기까지는 주의 집중 방법을 배우는 데에 초점을 둔다. 우선, 참가자들은 우리가 일상생활에서 얼마나 적게 주의를 기울이고 사는지 알게 된다. 회기에 참여한 사람들은 자신의 마음이 얼마나 빨리 이곳저곳으로 옮겨 가는지를 알아차리는 방법을 배우게 된다. 둘째, 참가자들은 마음이 이리저리 떠돌아다니는 것을 주목하고 나서 그것을 다시 하나의 초점으로 되돌리는 방법에 대해 배우

게 된다. 우선 몸의 각 부분들에 주목하는 것을 배우게 되고, 두 번째는 호흡에 주목하는 것을 배우게 된다. 세 번째로, 참가자들은 떠돌아다니는 마음이 얼마나 부정적인 생각과 감정을 가져오게 되는지를 알아차리는 방법을 배우게 된다.

이러한 측면들을 자각하게 될 때 비로소 참가자들은 MBCT를 기분 변화에 민감하게 사용할 수 있고, 그러고 나서 그때그때 혹은 나중에 기분을 다룰 수 있게 된다. 기분 변화를 지금 다루거나 나중에 다루는 것은 MBCT의 두 번째 단계에 해당되는데, 이것은 회기 5~8회기에서 다루어진다. MBCT 지도자는 부정적인 생각과 감정이 떠오를 때마다 특별한 전략을 사용하여 능숙하게 대응하는 단계로 옮기기 전에 그냥 거기에 있게끔 허용하는 것을 강조한다. 어떻게 하면 이것이 가능할 수 있을까? 참가자들은 생각과 감정을 충분히 알아차리는 법을 배운다. 그리고 생각과 감정을 인식하고 나서 몇 분 동안 호흡에 주의를 집중한 다음 몸 전체로 확장시키도록 한다. 우리는 이것을 호흡 공간이라고 부른다. 호흡 공간은 3회기에서 처음 소개되고 프로그램의 나머지 부분에 걸쳐 공통적인 주제가 되는데, 참가자들은 점차로 공식 연습에서 배운 것을 일상생활에 점차적으로 적용하게 된다. 3회기에서부터 7회기까지 참가자들의 실습이 깊어지게 되면서 호흡 공간 연습을 사용한다. 참가자들은 처음에는 하루에 3번 정도 3분 호흡 공간을 하도록 배운다. 4회기부터 그들은 어려운 순간에 호흡 공간을 어떻게 사용할지 배우게 되고 어려운 순간을 다루는 것이 충분히 잘 되면 불쾌한 감정과 생각에서 자유롭게 된다. 점차적으로 우리는 참가자들에게 호흡 공간을 어려운 상황을 다루는 핵심적인 첫 단계로 분명하게 볼 수 있게 해 주어 그 이후 어떻게 반응하는 것이 최선인지 선택할 수 있게 해준다. 호흡 공간을 갖는 것만으로도 순간의 어려움을 다루고 불쾌한 생각과 감정을 해결하는 데 충분할 수도 있을 것이다. 어떤 사건이든지 이렇게 하는 것이 심리적 어려움을 다룰 수 있는 필수적인 첫 번째 단계이다.

우선, 참가자들은 삶이 제공하는 것은 무엇이든지 더 좋은 모습으로 관계 맺으며 좀 더 안정되고 넓은 현존을 가지고 삶의 흐름으로 '되돌아가는 것'을 선택할 수 있다. 혹은 (5회기 이후) 신체감각을 긴장시키기보다는 호흡을 이용하여 부드럽게 수용하면서 영향을 받고 있는 신체 부위에 주목하고 자각하면서 문제를 다룰 수 있다. 혹은 (6회기 이후) 부정적인 생각이 기분에 따라 어떻게 일어나고 사실로 여겨지는지, 그리고 이러한 생각들이 얼마나 집요한지, 그리고 이 생각들이 어떻게 '정신적 사건'으로 보여지고 자각되는지 등을 분명히 보면서 어려움을 다룰 수 있다. 혹은 (7회기 이후) 과거에 즐거움이나 숙달감을 주었던 특별한 능력을 사용하여 어떤 행동을 취함으로써 어려움을 다룰 수도 있다. 많은 상황에서 호흡 공간 연습을 다양하게 사용할 수 있기 때문에 유연성을 강조하는 것이 중요하다. 참가자들이 눈을 감고 정확히 3분 동안 호흡을 하는 것이 언제나 가능한 것이 아니기 때문에 잠시 정지하고 ① 무엇이 일어나고 있는지 알아차리고, ② 마음을 모아 호흡에 집중하고, ③ 지금 여기서의 더 넓은 조망으로 주의의 초점을 확장시켜 나가는 것 등 3단계로 구성된 '미니 명상'을 하게 하는 것이 중요한 첫 단계이다.

마지막으로 참가자들은 우울증이 재발하고 있다는 자신만의 독특한 경고 징후를 더 잘 알아차리게 되고 이러한 일이 일어날 때 구체적인 행동 계획을 개발시키게 된다. 우리는 MBCT에서 전반적인 마음챙김 접근 방식과 우울증이 야기하는 구체적인 문제점을 다루는 데 도움이 될 수 있는 것 모두를 종합시켜야 한다고 생각했다. 그러나 가장 힘들었던 것과의 관계를 변화시킨다는 전반적인 주제가 항상 그 배경에 깔려 있었다.

참가자들이 수업에 접근하는 방식에서의 차이점

참가자들마다 과거 경험이 다르기 때문에 수업에 접근하는 방식도 상당히 다르다. 어떤 사람들은 이 수업이 어떤 교육인지 상당히 잘 알고 있다. 하지만 대부분 무슨 말을 해야 하고 어떻게 해야 하는지에 대해 겁을 먹고 아무것도 모르고 있는 경우가 많다. 우리는 첫 수업을 시작할 때 비밀을 지키는 것을 강조할 뿐만 아니라 집단에서 서로를 소개한 후 수업 시간에 말하는 것에 대해 부담감을 느낄 필요가 없다고 참가자들에게 설명을 해 준다. 우리는 또한 그때그때 다른 사람의 말을 정말로 잘 듣는 기술에 대해서도 설명을 해 준다. 이와 대조적으로 우리는 다른 사람이 말을 할 때 참가자들을 어떻게 도울까 혹은 다음에 무엇을 이야기할까를 생각하면서 많은 시간을 보내기도 한다. 주의 집중하는 것을 배운다는 것은 그 사람이 말하고 있을 때 정말로 그것에 주의를 기울이는 것을 배우는 것을 말한다. 말을 거의 하지 않는 사람들 역시 수업 시간에 다른 사람의 말을 귀담아 듣는 재능을 이용해서 참여하고 있는 것만으로도(결국 그들은 거기에 있다) 많은 기여를 하고 있는 셈이다.

실습 지도

우리는 공식 실습을 지도하는 방식이 매 수업의 나머지 부분을 결정하게 된다는 것을 알게 되었다. 수업을 지도하는 동안 완전히 현재에 머무르는 것을 구체화하는 데 도움이 되었던 몇 가지 방법은 다음과 같다.

- 참가자들이 해야 할 행동을 묘사할 때에는 현재형으로 하기. 예를 들어, "당신의 마음이 떠돌아다니고 있는지를 알아차리십시오." 혹은 "주의가 호흡으로 되돌아오도록 하십시오."
  (주의: '진행형' 형식을 사용할 수 없는 언어에서는 '지시'를 받은 것처럼 느끼지 않게끔 실습을 안내하는 방법을 찾는 것이 중요하다.)
- 몇 분 동안 자신의 자세를 자각하도록 하면서 명상을 시작하기. 등을 곧게 세우되 너무 경직되지 않게 하는 것이 좋다. 의자에 앉아 있다면 의자의 앞부분에 앉아서 등이 의자 받침대에 닿지 않도록 하는 것이 중요하다. 물론 등에 통증이 있는 사람이라면 어떤 형태로든 등을 지지해 주는 것이 좋다. 그리고 필요하다면 쿠션을 사용하여 엉덩이가 무릎보다 높이 올라갈 수 있도록 하는 것이 중요하다. 참가자들에게 등과 목과 머리가 일렬로 되도록 점검하게 하라. 의도적으로 품위 있고 안정적이고 각성을 주는 자세를 하게 되면 앉는 것 자체에서 이러한 특성이 길러질 수 있다.
- 평상시와 같은 말투로 명상 지시를 하기. 이것은 긴장이완 훈련이 아니기 때문에 참가자들의 긴장을 이완시키기 위해 특별한 톤으로 말하거나 낮은 목소리로 말할 필요가 없다. 지시문을 축어문으로 읽지 말라. 지시문을 큰 목소리로 읽지 말라.
- '노력하라'는 말을 쓰기보다는 '가능한 한'이란 구를 사용하여 참가자들을 격려하기. 예를 들어, "호흡을 알아차리도록 노력하십시오."라고 하기보다는 "가능한 한 호흡에 주의를 기울이십시오."라고 말한다.
- 수업 중에 참가자들과 함께 실습하기. 실습을 지도할 때, 지도자는 '무엇을 하라고 사람들에게 말하기'보다는 지시를 하면서 같이 명상을 하는 것이 좋다. 이렇게 하면 명상 지도를 하는 동안 당신 자신의 순간순간 경험을 통해 명상

을 유도할 수 있다. 만약 여러분이 흔히 눈을 감거나 시선을 아래로 하고 명상을 한다면, 수업에서 명상을 지도할 때 눈을 감거나 시선을 아래로 낮추라. 가끔 참가자들을 전체적으로 잠깐 훑어보는 것도 도움이 될 수 있지만, '사람들이 어떻게 하고 있는지 점검하기 위해' 항상 눈을 뜨고 있을 필요는 없다.

- 지시문 사이에 침묵의 여지와 시간을 두기. 참가자들에게 그들 스스로 연습을 '하도록' 여지를 주라. 지도자인 당신이 계속 말을 하면서 공간을 채울 필요가 없다. 특히 짧은 실습에서는 지도자가 말을 많이 하게 되면 시간을 허비할 수 있지만 침묵은 시간을 벌어준다는 것을 알게 될 것이다.

참가자들에게 질문하기

우리는 명상 수업에서 했던 연습을 돌아볼 수 있는 가장 좋은 시간은 수업을 마친 바로 직후라는 것을 알았다. 실습이 끝난 뒤 한 회기에서 다른 회기로 넘어갈 때 참가자들에게 실습 경험에 대해 반응하거나 의견을 말하는 기회를 반드시 주는 것이 좋다. 수업 내에서 이루어지는 대화는 두 단계로 진행된다. 첫째로, 우리는 사람들에게 실습 동안에 일어났던 실제 경험에 대해 설명하도록 하였다. 어떤 감각, 생각 그리고 느낌이 떠올랐는가, 그리고 사람들이 생각이나 감정, 감각에 대해 무엇을 알아차렸는가? 둘째, 우리는 참가자들이 프로그램에서 했던 자신의 경험을 어떻게 보고 있는지 질문하였다.

수업에서 얻은 것을 환영하고 주의를 기울이는 것은 다른 집단원들로 하여금 자신이 경험한 것이 정당하다는 느낌을 갖게 하는 데 도움을 준다. 지도자가 참가자의 경험에 대해 궁금해하는 것 자체가 참가자들 스스로 자신의 경험에 대해 궁금증을 갖게 할 수 있다. 이렇게 대화를 나누면서 참가자들의 실제적 경험에 가까이 가는 것(그리고 다시 초점을 되돌리고)은 매우 중요하다.

수업에 참가한 집단원이 자신의 경험과 다른 사람들이 한 경험 간에 어떤 연결점을 발견하는 것은 매우 중요하다. 따라서 참가자들이 겪었던 어려움과 방해요인들에 대해 이야기하는 것이 좋다. 어떤 한 사람이 그런 생각을 하고 있었다면 다른 누군가도 비슷한 생각을 하고 있을 가능성이 높다.

마지막으로, 사람들마다 MBCT의 서로 다른 측면을 통해 도움을 받는다는 것을 명심하라. MBCT가 각자에게 어떤 도움을 줄지 미리 편견을 가질 필요는 없다. 지도자의 역할은 씨앗을 뿌리는 것이라고 생각하라. 발아하는 데 얼마나 오랜 시간이 걸릴지 아무도 모르는 일이며, 실제적인 의미에서 그것은 당신의 통제를 벗어난 일이다. 대신에 되도록이면 개방성과 발견의 느낌을 길러 주도록 하라. 호기심과 탐구심을 가지고 이제 MBCT의 핵심 주제로 옮겨 가 보자.

마음챙김 기반 인지치료의 핵심 주제

이 부분에서는 우리가 우울증에 접근하는 데 핵심 주제라고 생각하는 점들을 최대한 간략하게 요약해 놓았다.

부정적인 사고패턴의 확립과 공고화를 잘 막을 수 있는 방법을 탐색할 것

MBCT의 모든 내용은 부정적인 기분 상태에서 우울증 삽화의 재발로 이어지게 하는 자기 영속적인 부정적인 사고패턴이 공고화되는 것을 막기 위한 것이다. 부정적인 마음 상태를 통째로 마음에서 없애려 한다기보다는 그것들이 발생해서 굳어지는 것을 막기 위한 것이 목적이다.

무엇이 오래된 사고 습관을 일으키는가: 추진-행위의 일곱 가지 징조

부정적인 사고패턴은 오래되고, 반복적이고, 자동적인 인지적 습관에 기초하고 있다. (종종 반추적인) 부정적인 사고패턴은 우울증이나 문제가 되는 상황을 피하려는 목표에서(비효과인) 생겨난다. 이런 유용하지 못한 습관들은 다음과 같은 특징을 가진 인지 양식 속에서 지속된다.

1. '자동조종'에 살고 있는 것(알아차림과 의식적인 선택을 하지 않고)
2. 생각을 통하여 경험과 관계 맺기(직접적으로 감지하지 않고)
3. 과거와 미래에 몰두하기(현재의 순간에 충실하지 않고)

4. 불쾌한 경험을 피하고, 벗어나거나 없애려고 애쓰는 것(관심을 가지고 접근하지 않고)
5. 상황이 있는 그대로와 다르게 되기를 원하는 것(이미 있는 그대로 내버려 두지 않고)
6. 생각을 사실이고 실제라고 보는 것(현실과 일치하거나 그렇지 않을 수도 있는 정신적 사건이라고 보지 않고)
7. 자신을 가혹하고 불친절하게 대하는 것(친절과 자비심으로 자신을 돌보지 않고)

이들 각각은 추진-행위 양식의 다른 측면이다. 우리는 프로그램을 진행하면서 이런 현상들을 매 회기마다 중요하게 다룰 것이다.

핵심 기술은 무엇인가

핵심 기술은 부정적이며 자기-영속적인 인지 과정에서 빠져나가는 것을 배우는 것이다. 예컨대, 마음을 챙기고(자각하고) 내려놓는 것이다. 내려놓는 것은 틀에 박힌 오랜 습관에 말려들지 않고 부정적인 순환 고리를 이루면서 돌아가고 있는 사고 패턴, 즉 불행감을 느끼지 않으려고 도망가거나 회피하면서 행복감을 얻으려는 지속적인 시도를 부추기는 집착/혐오감으로부터 자신을 자유롭게 하는 것이다. 프로그램의 목적은 행복, 이완 등이 아니라 자유이다. 물론 이러한 것들이 부산물로 따라오게 될 수도 있다.

친절은 필수적인 역할을 한다

친절하고 돌보려는 전반적인 태도가 각 수업의 모든 부분에 스며들게 하는 것이 MBCT의 기초가 된다. 이러한 마음가짐은 참가자들에게 가벼운 호기심으로 원치 않는 경험에 접근할 수 있다는 것과, 그렇게 함으로써 그것들과 다른 관계를 맺을 수 있다는 것을 가르쳐 줌으로써, 낡은 사고습관으로 돌아가지 않도록 도움을 준다. 또한 마음챙김은 단지 주의를 기울이거나 바꾸는 것이 아니라 오히려 기울이고 있는 주의의 성질을 의미한다는 것을 배우게 된다. 처음에는 친절함이 지도자의 개인적인 따뜻함, 세심함과 환영하는 자세에 의해 전달되다가, 특히 부정적인 감정이 나타날 때 참가자들에 부드럽게 접근하면서 프로그램 전반에 걸쳐 강화된다. 이것은 처음에는 참가자들이 자신의 경험을 받아들이고 궁극적으로는 경험에 친절해지는 것을 연습하게 해 준다. 또한 마음의 낡은 습관이 위협할 때 그들 자신에게 친절하게 대하는 것을 연습하게 해 준다. 이 과정에 대한 자세한 내용은 8장에서 설명한다.

경험적 학습

여기서 요구되는 기술/지식은 직접적인 경험으로부터만 얻을 수 있다. 지적으로 아는 것은 도움이 될 수 있지만(기대를 불러일으키고 성취해야 할 목표를 세우게 해서 방해가 될 수도 있음) 그것만으로는 불충분하다. 기술을 습득하려면 반복되는 경험(아마도 수천 번의)이 필요하다.

충분한 경험을 하려면 ① 참가자들은 회기 밖에서 이루어지는 학습의 99.9%를 책임져야 한다. 또한 ② 모든 경험이 유익할 수가 있는데, 우울 관련 패턴을 다루기 위한 기술을 증대시키기 위해서는 중립적이고 뚜렷하게 해가 되지 않는 자동적 사고/감정/신체감각 등을 자각하고 내려놓는 것이 필요하다.

능력강화

마음챙김을 이용하여 필요한 만큼 경험을 얻으려면 참가자들의 능력 강화가 절대적으로 중요하다. 능력 강화를 위해서는 가능하다면 지도자의 가르침보다는 참가자 자신의 경험에 의한 학습이 바탕이 되어야 한다. 그리고 프로그램 참가자는 자기 자신이 이미 수많은 경험과 기술이 축적되어 있는 '전문가'라는 가정을 구체화시켜야 한다.

- 회기에서 실습이나 다른 과제 실행 후에 또는 과제를 한 다음에는 항상 피드백을 듣도록 한다. 피드백은 가르침을 위한 주요 수단이 되어야 한다.
- 개방형 질문을 사용하여 의심, 어려움 그리고 마음속에 가지고 있는 생각들을

표현하도록 하라.

- 참가자들이 표현한 피드백에 함축되어 있거나 분명하게 드러나 있는 중요한 가르침 요지를 강조하라.
- 가정실습 기록지를 통해 과제가 실제로 잘 수행되고 있는지를 확인해 보라.
- 참가자들의 분명한 의도(목표 지향이 아니라)를 자극하라. 개인적으로 가치를 두고 있는 미래 계획과 실습을 연결시킬 수 있도록 도움을 주라.
- 기대감을 '내려놓는 것'(너무 강조하면 동기가 상실될 수 있음)과 마음챙김 연습을 하면 중요한 변화가 오리라는 믿음을 갖는 것 사이에 균형을 맞추라.
- 경험이 지루하거나 부정적이더라도 이를 탐구할 수 있도록 호기심을 자극하도록 하라.

배워야 할 것

- 집중　특정한 초점에 주의를 집중하고 유지하는 능력은 MBCT의 다른 모든 요소 중에서 가장 핵심적이다. 이것은 분산되거나 단편적으로 쪼개지지 않고, 어느 한쪽으로 모아지고 초점 맞춰진 양질의 주의를 유지하는 것을 의미한다.
- 사고, 감정/느낌, 행위 충동, 신체감각을 알아차리기/마음챙김　알아차리지 못하면 도움이 안 되는 마음의 패턴을 의도적으로 내려놓을 수는 없기 때문에 마음챙김이 매우 중요하다. 마음챙김 그 자체는 유용하지 못한 자기-영속적인 패턴에 요구되는 처리 자원을 제거시켜 주며, 어려움(특히 몸에서)을 자각함으로써 우리가 가지고 있는 '최상의 마음'을 좀 더 창조적으로 펼칠 수 있게 해 준다.
- 현재에 머물기　지도자들은 무작정 '밀고 나가기'보다는 참가자들이 실제로 행동할 필요를 느끼기 전에는 미리 지시하지 않으면서 순간순간의 양식을 지원한다.
- 탈중심화　생각, 감정 그리고 신체감각을 실제로 자각할 수 있는 방법을 가르쳐 준다.
- 수용/혐오하지 않기, 집착하지 않기, 온화하게 알아차리기　자동적 인지 습관들을 부추기는 동기는 혐오나 욕구의 형태를 띠고 있다. 이런 이유로, '있는 그대로 수용하기'는 오랜 습관으로 돌아가려는 힘을 약화시킨다. 수용과 알아차림은

또한 우리가 '좋은 것'과 '나쁜 것'을 좀 더 명확하고 넓은 시각에서 볼 수 있게 해 주고 단편적인 것에 즉각적으로 주의를 기울이기보다는 전체적인 상황에 더 잘 대응할 수 있게 해 준다.

- 내려놓기 이것은 도움이 되지 않는 순환 과정으로 빠져들어가는 것을 막아 주고 그것으로부터 빠져나오게 하는 중요한 기술이다. 내려놓기는 바디스캔과 호흡 명상에서 중요한 부분이다. 사람들이 가장 어렵다고 여기는 바로 그것(마음이 떠돌아다니는 것)이 가장 유용한 것 중의 하나이다. 즉, 연습을 할 때에 마음은 반복적으로 호흡 또는 신체로부터 떠돌아다니게 되며 방황하는 이런 마음을 감지하고 호흡으로 다시 되돌아오는 것은 100% 호흡/신체에 머무는 것보다 더 중요하다. 날숨은 내려놓는 데 가장 자연스러운 수단이다.
- '행위'보다 '존재', 목표를 성취하지 않기, 특별한 어떤 상태도(이완, 행복, 평화 등) 만들지 않기 유익하지 못한 모든 패턴은 '행위/추진'양식의 변형들이다. 이들 패턴은 목표를 성취하고 현재 상태와 기대하고 바라고 혹은 '해야만 하는' 상태를 모니터하는 것과 관련이 있다. '존재' 양식을 맛보고 자유자재로 이 상태로 들어갈 수 있게 되면 우울증을 야기하는 '행위' 양식이 일어날 때 강력한 대안적 방향을 제시해 준다. 실습과 지도자 자신의 참여, 그리고 '존재' 양식은 이러한 양식을 직접적으로 '맛볼 수' 있는 기회를 가져다준다. 그러므로 어떤 수준이든지 간에 지도자가 계발하고자 하는 진면목을 보여 주고, 1회기 이후에 매 회기를 실습 시간으로 시작하는 것이 중요하다. 회기를 적당한 속도로 조정하고 끝마치며, 한 번에 하나씩 초점을 갖게 되면 존재 양식을 촉진시켜 준다.
- 문제가 몸으로 표현되는 것을 알아차리기 문제가 몸으로 표현된다는 것을 알아차리게 되면 혐오, 스트레스 등이 있다는 단서를 제공해 줄 뿐만 아니라 문제는 여전히 '처리 과정'에 두면서, 자동적이고 유용하지 못한(목표-지향적인) 방식에서 벗어날 수 있는 방법을 알려 준다. 기존의 처리 방식과 다른 자각을 하게 되면, 일을 지속 하고, 사건이 전개되고, 불일치를 해결하고, 목표를 위해 노력하거나 문제를 풀려고 하는 사고방식에 방해를 받지 않게 된다.

결론

많은 심리학자와 상담가 그리고 그 밖의 다른 정신건강 종사자는 사람들을 도와주기를 희망해 왔다. 이러한 도움을 주기 위해 많은 치료 형태가 개발되어 왔다. 대부분의 치료자는 과거에 잘못된 일이 무엇인지, 그리고 현재에 잘못되고 있는 일을 가능하면 명확하게 보고 개인이 더 잘 해결해 나갈 수 있도록 도와주는 데 치료 원칙을 두고 있다. 치료자들은 치료의 목표란 문제를 평가하고 그것을 없애는 것이라는 개념에 기초하고 있다. 기존의 심리치료 방법들은 사람들이 더 성공적으로 삶을 이끌어 나갈 수 있도록 힘을 주고 있고, 많은 사람들이 이러한 치료로 도움을 받고 있다.

우리가 분석한 바로는 사람들에게 안녕감을 향상시키고, 자신을 돌보며, 자신이 가지고 있는 문제와 다르게 관계를 맺을 수 있는 방법을 찾도록 해 주지 않는다면 이러한 방식들은 일시적인 위안만 줄 뿐이다. 연구 자료와 임상적 경험에 따르면, 사람들이 생각이나 감정이라는 '전쟁터'에 대해 다른 자세를 취하는 것을 배울 때만 앞으로 닥치게 될 어려운 상황을 빨리 인식하고 그것을 기술적으로 다룰 수 있다. 다른 자세를 취한다는 것은 흔히 우리가 잘 알고 있고 많은 치료 속에도 들어 있는 다른 상태의 마음의 양식을 통합해 보는 것을 의미한다. 이러한 마음 양식은 문제를 고치고 수선하기 위해서는 오랜 양식을 새로운 양식으로 대체하여 있는 그대로 사물을 보고 그 문제에 어떻게 잘 대응할 수 있을지 알게 해 준다. 7장에서 17장까지 기술되는 8회기는 경험과 관계를 맺는 다른 방식들을 소개하려는 데 목표를 두고 있다.

수업 전 참가자 인터뷰

이론적 근거

MBCT 실습과 참가자들의 첫 만남은, 본질적으로 경험적이기 때문에, 적어도 앞으로 이 수업이 어떻게 진행될지 대략적인 지도를 가지고 첫 번째 회기에 참가하는 것이 중요하다. 수업 전에 이루어지는 인터뷰에서 프로그램 개요를 알려 줄 수 있다. 60분간의 일대일 모임 또는 90분간의 집단 모임을 통해, 참가자들은 자신들의 우울증 경험에 대해 특별한 점이 무엇인지 공유하고, 나아가 MBCT가 어떻게 그들을 도울 수 있는지를 배운다. 또한 일단 수업이 시작되면 집단에서는 각 참가자가 하는 이야기의 세부 사항에 중점을 두지 않고, 공통적인 것(예: 부정적인 감정을 반추하거나 피하는 경향)에 더 많은 주의를 기울이기 때문에 어떤 참가자들은 지도자와 개별적으로 작업해야 할 경우도 있다. 참가자들에게 인터뷰 전에 [유인물 6-1]을 미리 보내고, 인터뷰 종료 시에 [유인물 6-2]를 배부한다.

수업 전 인터뷰 개요

인터뷰를 진행할 때, 참가자들이 우울증을 겪으며 어떻게 살아 왔는지 그리고 스스로 우울증 재발 취약성을 어떻게 보고 있는지 상세하게 설명할 수 있는 충분한 시간을 허용하라. 그들이 여전히 위험에 처해 있다고 느끼는 이유를 탐색하는 것도 중요하다. 그런 다음 참가자의 사례와 경험을 활용하여 재발성 우울증 취약성에 대해 인지적 관점을 개략적으로 설명하고 재발 위험을 줄이는 데 도움이 되는 마음챙김의 역할을 설명할 수 있다. 인터뷰가 끝날 무렵에는 이 프로그램 과정을 신청한 참가자들의 기대가 무엇인지 검토하고, 중요한 질문이 있다면 다루어 준다. 그리고 이 시점에서 과정을 시작하려고 하는 각 참가자의 프로그램 적합성에 대하여 공동의 결정을 내리고 끝마친다.

"왜 여기에 왔는가?"

인터뷰를 시작하는 한 가지 방식은 참가자들이 무엇 때문에 삶의 이 시점에서 프로그램에 들어왔는가를 말하게 하는 것이다. 이때 흔히 언급되는 내용은 우울증과 싸워 온 오랜 역사이다. 평생에 걸쳐 강도나 길이가 다양한 우울증 삽화들, 그것들이 누적되어 자신과 가족들에게 커다란 부담을 주었다는 것들이 이야기된다. 이런 설명 가운데, 특히 청소년기, 중년기나 은퇴기와 같은 민감한 발달전환기에 발생할 수 있는 한 가지 삽화를 상세하게 살펴보는 것이 유용하다. 특히 그 사람이 자신의 우울증에 어떻게 반응하였는가? 그 사람이 우울증을 어떻게 설명하고 있는가? 이러한 설명이 다른 사람들, 예를 들어 가족 구성원들이 말하는 것과 서로 일치하고 있는가? 이러한 관점들이 시간의 경과에 따라 바뀌었는가?

이제 가장 최근의 삽화에 초점을 맞춰보면, 참가자들은 발병 이전에 어떤 유발요인을 인지했고, 그들이 이 시기에 직면했던 특별한 증상 패턴은 무엇이었는가? 그들은 어떻게 그 모든 것을 다루려고 했는가? 그들은 자신의 감정을 철회하고, 회피하고, 반추하고, 억누르려는 경향을 알아차렸는가? 그들의 습관적인 대처 방식을 탐색할 수 있는지 알아보라.

'이 사람은 자신이 우울증 재발에 얼마나 취약하다고 생각하는가?'라는 질문을 염두에 두는 것이 도움이 된다. 일부 참가자들의 경우 자신의 우울증은 전적으로 외부 요인 탓이라고 하면서 재발 위험은 이러한 외부 요인에 달려 있다고 보는 경향이 있다. 다음과 같은 말에서 이런 특성을 알 수 있다. "저는 너무 열심히 일했고, 우울증을 겪었던 시간을 만회하기 위해 여러 날 밤을 새웠답니다. 이제 저는 더 이상 그 직장에 다니지 않으니까 괜찮을 거예요." 또는 "제 우울증은 제가 정말 좋지 못한 관계에 빠져 있을 때마다 발생했어요. 제 여자 친구는 매우 거만하고 항상 저를 비판하거나 이래라 저래라 명령했어요. 우리는 6개월 전에 헤어졌기 때문에 지금 별로 크게 걱정하지 않아요." 어떤 참가자들은 개인적인 취약성을 인정하기는 하지만 그것을 다루는 데 있어서는 소극적이면서 다른 관점을 표현하기도 한다. "저는 우울증이 신경전달물질의 불균형 때문에 야기된다는 것을 알고 있어요. 그러니 약을 복용하는 것 외에 다른 무엇을 할 수 있을까요?" 또는 "우울증은 우리 집안에서 대대로 나타났으니 제 인생에도 계속 나타날 것 같습니다."

인터뷰의 이 부분에서 유용한 것은 우울증 소인이 있는 사람들도 우울증 재발을 겪지 않도록 스스로를 보호할 수 있는 방법이 있다는 것을 연구 결과들에서 검증되었다는 것을 토의하는 것이다. 여러 가지 면에서, MBCT의 본질을 간결하게 설명할 수 있다. 제2형 당뇨병을 빗대어 설명할 수 있을 것이다. 당뇨병에 대해서 말하자면, 당뇨병에 잘 걸릴 수 있는 생리적 기질을 가진 사람이 있지만 식이요법과 운동을 통해 효과적으로 관리될 수 있다.

마지막으로, 동기 면담에 대한 연구들에 따르면 자신의 상태에 대해 느끼는 절박감이 치료 프로그램에 참여하고 몰두하는 것[77]을 강하게 예측해 주기 때문에 인터뷰를 할 때 이와 관련된 정보를 모으게 되면 지금 이 시점에 이 사람이 MBCT에 참가해도 되는 적절한 시기인지 아닌지를 가늠하는 데 도움을 얻을 수 있다.

재발성 우울증을 어떻게 이해할 수 있을까

참가자 자신의 과거 경험과 설명 그리고 우울증이 재발하지 않도록 자신을 보호하기 위해 할 수 있는 일에 대해 토의할 때, 때때로 우울증에 취약하게 만드는 요소에 관한 최신 과학지식을 끄집어내는 것은 가치가 있다. 이 모델을 제시할 때, 지도자는 또한 참가자들의 생각을 묻거나, 그들이 겪은 경험에 비추어 볼 때, 이 결과가 일리가 있는 것인지 질문해야 한다.

어떤 점에서는 다음 중 일부 또는 전부를 적당하게 전달하는 것이 유용할 수 있다.

> "새로운 연구에 따르면 우울증 삽화 동안에 부정적인 기분은 부정적인 생각(예: '나는 실패이다.')과 동작이 굼뜨고 피로한 느낌과 같은 신체감각과 함께 발생합니다. 우울증 삽화가 지나가고 기분이 정상으로 돌아왔을 때, 부정적인 생각과 피로도 사라지는 경향이 있습니다. 그렇지만 우울증 삽화 동안에 나타났던 감정과 부정적인 생각의 패턴 사이에는 연결고리가 형성됩니다. 이는 어떤 이유에서든 다시 슬픔을 느낄 때, 비교적 사소한 기분일지라도 오래된 사고 패턴을 활성화시킬 수 있다는 것을 의미합니다. 다시 한 번, 사람들은 현재 상황과 연결시켜 볼 때 맞지 않지만 자신이 실패했거나 부적절하다고 생각하기 시작합니다. 우울증에서 회복되었다고 믿는 사람들은 끊임없이 '무엇이 잘못 되었는가?' '왜 이 일이 내게 일어나는가?' 또는 '언제 완전히 끝날 것인가?' 등의 질문을 하면서, 스스로가 '원점으로 돌아가는' 느낌을 갖게 될 수 있습니다. 흔히 우울한 사람들은 이런 반추가 답을 찾는 데 도움이 되어야 한다고 느낍니다. 하지만 반추는 기분의 악순환을 연장시키고 심화시킬 뿐이지요. 이런 일이 발생하면, 과거의 부정적인 생각의 습관이 다시 시작되어 그 사람을 똑같은 습관에 빠지게 하고, 마치 모래늪에서 벗어나기 위해 몸부림치는 느낌을 줄 수 있습니다. 우울증에서 벗어나기 위해 안간 힘을 쓰는 것도 상황을 더욱 악화시킵니다. 시간이 지남에 따라 우울증 삽화가 본격화될 수 있습니다. MBCT의 주요 메시지 중 하나는 뒤로 한 발짝 물러서서, 이러한 사고패턴과 다른 방식으로 관계를 맺는 방법을 배울 수 있다는 것입니다. 그리고 이 프로그램은 당신이 그런 방법을 찾도록 도와주기 위해 고안되었습니다."

마음챙김 기반 인지치료가 어떻게 당신에게 도움이 될까

참가자들이 이미 MBCT에 대해 알고 있는지 혹은 MBCT를 처음 접하는지 여부를 묻는 것으로 시작하라. 참가자들은 MBCT에 관한 기사를 읽거나, 인터넷에서 자료를 찾았거나, 『우울증 극복을 위한 마음챙김의 길(The Mindful Way through Depression)』[76]이라는 책에 빠졌을 수도 있다. 또한 그들이 이 과정에서 무엇을 배우고 싶어 하는지, 인지행동치료(CBT)나 명상을 과거에 경험하였는지를 물어보는 것도 좋다. 일부 참가자들은 프로그램의 CBT 부분에는 별다른 걱정을 하지 않지만, 프로그램의 핵심 기법이 명상하는 방법을 배우는 것이라는 사실을 알고 나면 프로그램에 대해 회의적일 수 있다. 지도자로서 이 시점에서 참가자들에게 생각을 납득시킬 필요는 없다. 오히려 그들의 반응에 주목하고 특이해 보이는 무언가를 하는 것에 대해 호기심을 갖도록 격려하는 것이 좋다. 예를 들어, 많은 참가자는 정서적 고통의 한 가지 측면으로 후회, 걱정, 과잉몰두라는 다른 관심사에 의해 주의가 항상 '납치 당했다'고 말한다. 이때가 이 프로그램의 첫 번째 부분에서 어떻게 주의력 훈련에 초점을 맞출 것인지(근육을 훈련시키기 위해 체육관에 가는 것과 같은 방식으로), 앞으로 다양한 실습을 통해, 어떻게 주의 초점을 더 잘 선택할 수 있을지 말할 수 있는 좋은 기회가 된다.

다음과 같은 말을 계속해 볼 수 있다.

> "이 프로그램 자체에 대해서 말하자면 MBCT는 우울증 재발 위험을 뚜렷하게 감소시킨다는 사실이 여러 임상연구에서 밝혀져 왔습니다. MBCT는 당신이 마음이 어떻게 작동하는지 알아차리고, 그렇게 함으로써 당신의 마음이 예전의 패턴으로 되돌아가는 것을 막기 위해 어떤 선택을 할 수 있을지 알아차리도록 해 줄 것입니다. MBCT를 배우기 위한 주요 접근법 중 하나는 마음챙김 명상을 실습하는 것입니다. 8주 동안 다양한 실습이 제시되고, 이 중 당신에게 가장 유용한 방법을 발견하는 데 도움을 줄 것입니다. 우리는 수업 중에 또는 집에서 모든 명상을 시도해 보기를 권합니다. 또한 이 과정 동안 일어나는 새로운 배움과 함께 스스로에게 친절하고 부드럽게 대하면서 자신을 돌볼 수 있는 기회를 제공해 준다는 점을 강조할 것입니다."

가정에서 실습을 계속하기

마음챙김 능력을 계발하기 위한 주요 수단 중 하나는 다음 수업 때까지 집에서 실습을 하는 것이다. 가정실습 과제는 해당 수업을 마칠 때 나누어 주는데, 모두 합치면 하루에 한 시간 정도 소요될 수 있다. 집에서 하는 실습은 참가자들에게 상당한 시간을 요구하기도 하지만, 마음챙김 실습에 충분한 노출을 하게 해 주기 때문에 과정이 끝나도 자신을 돌볼 수 있는 최선의 방법이 무엇인지 결정하도록 도와준다는 점을 인식하는 것이 중요하다. 과정이 끝날 무렵, 참가자는 자신이 계속해서 어떤 실습을 할 수 있을지 확인해 보는 것이 좋다. 가정실습을 위한 준비를 하는 것이 실습 과제를 더 원활하게 진행할 수 있도록 해 준다. 예를 들어, 참가자들은 8주 과정 동안 하루 1시간씩 실습할 장소를 정하고, 가족들이나 집에 있는 다른 사람들에게 관련 사항을 알려 주고, 안내 명상을 듣기 위한 오디오 기기를 준비하는 것 등을 고려하여야 한다.

마음챙김 기반 인지치료를 시행할 때 나타날 수 있는 도전들

다양한 이유로 인해 MBCT 과정에 참여하는 것이 어려울 수 있다. 초기 단계에서 이 프로그램에 지속적으로 참가할 가치가 있다는 이전 참가자들의 피드백을 각 참가자와 공유하는 것이 도움이 될 수 있다. 지도자는 몇 분 정도 시간을 내어 가능한 도전들을 검토하고 자신의 과거 수업 경험을 토대로 이것에 대응할 수 있다. 도전 과제에는 다음이 포함될 수 있다. 모든 사람이 집단에 소속되는 것을 편하게 여기는 것은 아니다. 어떤 사람들은 말을 해야 하는 것을 부담스럽다고 느낄 수도 있다. 수업에 참여한 집단 구성원들은 서로 다른 배경을 가지고 있다. 그리고 실습이 도움이 될지가 항상 명확하지 않을 수도 있다. 프로그램이 계속되면서, 반추하거나 마음에서 밀어내면서 감정을 다루는 데 익숙한 사람들은 정서적인 문제가 수업 중에서나 실습 과제를 하는 동안에 일어나고 있다는 것을 알아차릴 수 있다. MBCT 프로그램에서 궁극적으로는 이러한 유형의 자료에 접하게 되지만, 어떤 참가자들은 포기하고 싶거나 수업에 참여하는 것을 그만두고 싶어 할 수 있다. 우리는 연구를 통해 어려운 경험을 반추하는 경향이 있거나 피하는 경향성이 높은 사람들이 가장 일찍 탈락하기 쉽다[78]는 것을 발견하였다. 그리고 이러한 경향성을 알아차렸을 때, 프로그램에 남아 있게 되면 예상되는 어려움이 무엇인지 그 어려움을 어떻게 탐색할 수 있을지, 포기하고자 하는 소망이 다양한 방식으로 일어나며, 이러한 소망을 초기에 탐지하는 것이 중요하다는 것을 토의한다. 그리고 프로그램을 시작할 때 예상되는 어려운 부분을 살펴보게 하는 것이 중요하기 때문에 사전 인터뷰에서 충분한 시간을 갖고 예비 참가자와 토의하는 것이 좋다.

비밀유지의 필요성

수업 구성원들이 개인적 정보를 공개하는 것을 안전하다고 느끼기 위해서는, 비밀유지가 수업에서 중요한 토대가 된다. 특히 취약한 몇몇 참가자들(예: 자살 행동의 위험이 있는 사람들)을 위해서, 지도자는 참가자 자신이나 타인에게 즉각적인 위험이 있는 경우와 참가자의 안전/안녕감에 대한 중대한 우려가 있다면 통보할 수 있는 일차 진료 의사나 정신과 의사와 같은 접촉 인물을 확인해야 하고, 연락에 대한 동의를 얻어야 한다.

실질적 준비사항

지도자들은 안내표지판 설치, 주차 이용, 시작 시간 및 장소 예약과 같이 집단을 운영하는 데 필요한 실제적인 세부 사항을 검토해야 한다. 참가자들이 설문지를 작성해야 하는 경우, 이를 위해 조금 일찍 도착해야 한다. 또한 지도자들은 집단 구성원들이 참석할 수 없을 때에는 전화를 하라고 요청한다. 통보를 하지 못할 경우 참가자가 어떻게 하고 있는지 알기 위해 전화를 해도 되는지 미리 허락을 구한다.

인터뷰 끝내기

인터뷰가 끝날 때 쯤 치료자와 당사자는 프로그램에 등록하는 것이 과연 최선인지를 결정하는 것이 중요하다. 많은 경우 참가자 스스로 결정할 수 있을 것이다. 그러나 어떤 때는 프로그램 내용에 대한 구체적 세부 사항과 규정으로 인해 일부 참가자들은 참여하는 것을 보류할 수 있다. 참가자들은 너무 바빠서 시간이 없거나, 시간을 투자할 만큼 충분히 위험을 느끼지 않을지도 모른다. 어떤 참가자들은 심지어 고통스러운 감정을 자극하기보다는 거기에서 벗어나기를 바랄 수도 있다. 지도자로서 어떤 참가자는 참여를 보류시킬 수 있다. 이는 참가자가 집단 과정에 방해가 될 수 있다는 우려, 즉 개인 치료에서 잘 치료되지 않은 외상의 개인력이 있거나, 주의집중이나 의사결정의 어려움과 같은 급성 우울증 증상을 여전히 경험하고 있다는 우려가 있을 때이다. 때로는 MBCT를 미래의 선택안으로 탐색해 보라는 권고 사항이 참가자에게 위안이 될 수 있다.

이 사람이 이 시점에 오기까지 취했던 용기와 수업을 고대하는 마음을 인정하고, 희망의 말을 하면서 인터뷰를 끝내라.

유인물 6-1

MBCT를 위한 예비 유인물

모임을 갖기 전에 다음을 읽어 보라.

★ 우울증

우울증은 매우 흔한 질병입니다. 성인의 약 20%는 삶의 어느 시점에 심하게 우울증을 겪습니다. 우울증은 뇌가 작용하는 방식에서의 생물학적 변화와 우리가 생각하고 느끼는 방식의 심리적 변화 모두와 관련이 있습니다. 이 때문에 우울증을 치료할 때에는 뇌에 작용하는 약물치료와 생각과 감정을 다루는 새로운 방식을 가르치는 심리적 접근법을 결합하는 것이 유용합니다.

★ 우울증 치료

당신이 과거 우울증을 앓은 적이 있다면 담당 의사는 항우울제를 처방했을 수도 있습니다. 항우울제는 당신의 뇌에 있는 신경전달물질에 영향을 주면서 작용합니다. 우울증이 있을 때에는 이러한 신경전달물질의 활동이 둔화되고, 기분과 에너지 수준이 낮아지며, 수면 부족과 식욕 감퇴가 일어납니다. 이와 같이 뇌의 신경전달물질을 교정하는 데는 시간이 걸릴 수 있지만 대부분의 사람은 6주에서 8주 사이에 호전을 경험합니다.

우울증을 감소시키는 데 있어서 항우울제가 일반적으로 효과적이지만, 영구적인 치료법은 아닙니다. 약을 복용하는 동안에만 약물의 효과가 지속될 수 있습니다. 향후 우울증을 예방하기 위해서는 항우울제 사용이 권고되는 방법이므로, 의사는 항우울제를 수개월 또는 수년 동안 계속해서 처방할 수 있습니다.

그러나 많은 사람은 앞으로 겪을지 모르는 우울증을 예방하기 위해 다른 방법을 선호합니다. 이것이 당신이 참여하게 될 본 수업의 목표입니다.

★ 우울증의 예방

처음 우울증을 일으킨 원인이 무엇이든지 간에 우울증을 경험하는 것 자체가 많은 후유증을 가져옵니다. 이로 인해 당신은 다시 우울증을 겪게 될 수 있습니다. 이 수업의 목적은 우

* Segal, Williams, and Teasdale(2013)에서 발췌. 저작권은 Guilford Press가 가지고 있음. 이 유인물의 복사본은 이 책을 산 사람만이 개인적인 목적으로 사용 가능하다(자세한 내용은 저작권 부분을 참조하라). 구매자는 이 유인물을 다음에서 확대하여 내려받을 수 있다. www.guilford.com/MBCT_materials

울증을 예방할 수 있는 가능성을 높이는 데 있습니다. 수업에 참여하면서 당신은 생각과 느낌을 다른 방식으로 다룰 수 있는 기법을 배우게 될 것입니다.

많은 사람이 우울증을 앓고 있고 추가적인 우울증 위험이 있기 때문에, 당신은 이 수업에서 우울증을 앓고 항우울제로 치료를 받은 최대 12명과 함께 이 기법을 배우게 될 것입니다. 매주 2시간씩 여덟 번의 회기를 통해 마음속에 일어나고 있는 것들을 다루는 새로운 방식을 배우게 되고, 다른 참가자들과 함께 경험을 공유하고 이야기하게 될 것입니다.

8주간의 회기가 끝난 다음, 몇 개월에 걸쳐 다시 4번 정도 만나서 상황이 어떻게 진행되고 있는지 살펴보는 시간을 가질 것입니다.

★ 가정실습 과제: 수업 사이에 실습하는 것의 중요성

우리는 오랫동안 몸에 밴 마음의 패턴을 바꾸기 위해 함께 작업 할 것입니다. 이러한 마음의 패턴은 습관이 되어 있습니다. 시간과 노력을 기울여서 기법을 습득할 경우에만 변화를 이루는 데 성공할 수 있을 것입니다.

이런 접근법은 전적으로 수업 사이에 내주는 과제들을 집에서 얼마나 열심히 하는가에 달려 있습니다. 이 과제는 8주 동안 적어도 하루에 1시간, 한 주에 6일 동안 녹음된 명상 지시문을 듣고 간단한 실습을 하는 것과 같은 내용으로 되어 있습니다. 우리는 매우 바쁘고 복잡한 삶 속에서 새로운 무언가를 위해 많은 시간을 보내는 것이 매우 어려운 일이라는 것을 잘 알고 있습니다. 그러나 과제를 수행하는 데 시간을 할애하는 것은 이 수업의 아주 중요한 부분입니다. 만약 당신이 과제를 할 수 없을 것 같다면 이 수업을 시작하지 않는 것이 가장 좋습니다.

★ 어려움에 직면하기

수업과 가정실습 과제를 통해 삶의 매 순간을 충분히 알아차리는 방법을 배울 수 있습니다. 좋은 소식은 이것이 삶을 더욱 흥미롭고 생생하고 충만하게 만들어 준다는 점입니다. 다른 한편으로 이것은 불쾌하고 힘들 때조차도 존재하는 것을 있는 그대로 바라본다는 것을 의미합니다. 실제로, 어려움을 직시하고 인정하는 것이 결국에는 불행을 줄이는 가장 효과적인 방법이라는 것을 알게 될 것입니다. 또한 향후 우울증을 예방하는 데에도 중요합니다. 불쾌한 감정, 생각 또는 경험이 일어날 때마다, 명확하게 보게 되면, 우울증을 지속시키거나 강화시키는 과정으로 넘어가기 전에 더 효과적으로 우울증상을 방지할 수 있게 될 것입니다.

수업에서 당신은 부드럽게 정서적 어려움에 직면하는 방법을 배울 것이고 지도자와 다른 수업 구성원들에게서 도움을 받게 될 것입니다.

★ 인내심과 지구력

이미 굳어진 마음의 습관을 바꾸기 위해서는 많은 시간과 노력을 들여야 할 것입니다. 노력의 효과는 나중에 분명해질 것입니다. 여러 면에서 정원 가꾸기와 매우 유사할 수 있습니다. 우리는 땅을 준비하고, 씨앗을 심고, 충분히 물과 영양분을 공급해야 하고 그런 다음에 참을성 있게 결과를 기다려야 합니다.

항우울제로 치료하면서 비슷한 패턴에 익숙해 있을 것입니다. 어느 정도의 기간 동안 꾸준히 약을 복용할 때까지 약물 효과가 거의 나타나지 않으며 따라서 우울증상이 호전되려면 즉각적인 효과를 느끼지 못하더라도 항우울제를 계속 복용하는 것이 좋습니다.

마찬가지로, 당신에게 요청되는 시간과 노력을 쏟아 붓고도 곧바로 노력의 결실이 보이지 않을 수도 있다는 것을 받아들이고 끈기있게 인내심을 가지고 수업과 과제에 접근하기를 바랍니다.

★ 초기의 개별 모임

초기 개별 모임에서는 수업이나 이 유인물에서 제시된 점과 관련된 문제들을 질문할 수 있는 기회를 가질 수 있습니다. 초기 인터뷰에 오기 전에 궁금한 점을 적어오면 도움이 될 것입니다.

행운을 빕니다!

유인물 6-2

마음챙김 기반 인지치료의 소개

★ 소개

프로그램을 소개하기 위한 면담에서 당신은 자신의 이야기를 들려주고, 과정에 대해 안내받고, 우울증 재발의 문제를 어떻게 이해하는지에 대해 논의하고, 회기에 참석하기 위한 실질적인 준비 사항을 알아보고 그 당시에 하지 못했던 질문을 하는 기회를 갖게 됩니다.

다음의 간략한 유인물에서 우리가 함께 이야기한 것들을 요약하고자 합니다.

★ 우울증 재발에 대한 이해

당신은 반복되는 우울증 삽화를 겪어 왔고, 우울증 재발을 예방하는 데 관심이 있기 때문에 다른 집단원들과 함께 여기에 와 있습니다. MBCT에서 수행하게 될 작업은 우울증에 취약하게 만들고 우울증을 유지시키는 요인들에 대한 최신 심리학 연구에 기반을 두고 있습니다.

첫째, 이런 요인들이 무엇인지에 대한 가장 적합한 최신 지견을 당신과 나누고자 합니다. 당신이 할 수 있는 최선을 다 해 왔고, 시도한 것들이 어느 정도는 효과가 있었을지 모르지만, 당신이 기대했던 만큼 도움이 되지 않았을 수도 있습니다. 다른 선택이 없기 때문에 습관적으로 하던 것을 그만두면 위험하다고 느꼈을 것입니다. 그러나 몇 가지 대처 방법은 구덩이에서 빠져나오기 위해서 땅을 파지만 오히려 구덩이를 더 크게 만드는 것과 같습니다. 우리는 이것을 다음과 같이 작동하는 악순환이라고 생각합니다.

- 사람들은 비교적 건강할 때보다 우울할 때 더 부정적으로 생각한다.
- 우울증의 첫 번째 삽화동안 이 부정적 반응이 실제로 축적되기까지는 시간이 걸린다.
- 우울증 삽화가 반복적으로 나타나면 강한 연관성이 형성된다. 심지어 기분이 살짝 변하는 것과 같은 사소한 유발요인도 우울증의 인화점이 될 수 있다.
- 부정적인 사고의 소용돌이가 절망에 이르게 할 수 있다.
- 이렇게 되면 철수되어 지내고 점점 더 많은 상황을 피하도록 유혹한다.
- 일단 오래된 믿음이 활성화되면, 이것에서 빠져나오는 것은 어려울 수 있다. 마치 모래늪에서 빠져나가기 위해 고군분투하고 있는 것처럼 느껴진다.

다시 우울증에 빠지지 않고, 한 발 뒤로 물러나 문제와 관련된 다른 곳을 찾는 것을 배울 수 있다는 것은 분명합니다. 이 일을 할 수 있도록 도와주고자 하는 것이 우리의 의도입니다.

★ 마음챙김 기반 인지치료가 어떻게 당신에게 도움이 될까?

수백 명의 환자들을 대상으로 한 임상연구에서 MBCT가 우울증 재발을 상당히 감소시킬 수 있다는 사실이 밝혀졌습니다. 과거 집단의 참가자들이 보고한 몇 가지 사항은 다음과 같습니다.

- 나는 내 마음의 움직임을 알아차리게 되었다.
- 나는 마음의 패턴을 인식하는 법을 배웠다.
- 나는 안정을 유지하는 법과 동시에 조금 뒤로 물러서는 법을 배웠다.
- 나는 오래된 패턴으로 되돌아가는 것 외에 다른 선택이 있다는 것을 알 수 있었다.
- 나는 자신에게 더 친절하고 부드럽게 대하는 법을 배웠다.
- 나는 경고 신호를 알아차리고 도움이 되는 행동을 하는 것을 배웠다.
- 나는 어떤 일을 '고쳐야 된다는' 생각에서 벗어나고 덜 애쓰는 방법을 배웠다.
- 나는 지금 여기에 집중하는 법을 배웠다.

이 과정 동안, 마음챙김 명상에는 유의해야 할 다양한 방식이 있다는 것을 알게 될 것입니다. 당신 스스로 모든 마음챙김 실습을 시도하면서 자신에게 가장 유용한 방식을 찾아낼 수 있습니다. 또한 주 단위 수업으로 자신에게 더 친절하고 더 부드럽게 되는 것을 실습할 수 있는 기회를 가질 수 있습니다.

★ 가정실습 과제

매주, 하루에 최대 1시간씩 집에서 해야 하는 실습 과제가 있습니다. 이 새로운 실습 작업을 위한 자신만의 생활 공간을 찾을 수 있도록, 다음 사항을 고려하는 것이 도움이 됩니다.

- 하루 중 언제 연습에 필요한 시간은 낼 수 있는가?
- 가족이나 어울리고 있는 다른 사람들에게 무엇을 하고 있는지 알려 주라.
- 명상 실습을 위한 안내 멘트를 들을 수 있는 기기에 접근할 수 있는가?
- 빨리 효과를 보고 싶은 갈망 대 8주 프로그램에 대한 기대를 내려놓는 것과 같이 자연스럽게 올라오는 여러 가지 다른 동기 간에 균형을 맞출 수 있는지 살펴보라.
- 이 기간 동안 내내 자신에게 친절하게 대하라. 특히 거친 난관들에 부딪힐 때조차도.

★ 프로그램 과정의 도전들

이미 토의한 바와 같이 MBCT 과정을 참석하는 것이 여러 가지 이유로 어려울 수 있습니다. 우리는 이러한 문제가 발생할 경우, 지도자가 당신과 잠재적 문제를 논의할 수 있다는 것을 알려 주고자 합니다. 사실, 과거 프로그램 참가자들이 방금 시작하는 사람들에게 전달하고자 하는 피드백은 그것이 힘든 일이어도 참고 지속할 가치가 있다는 것입니다. 당신이 습득한 지식과 이해는 우울증 위험을 감소시키는 데 영향을 미칠 것입니다.

★ 비밀유지와 안전

집단 내에서 신뢰와 나눔의 분위기를 조성하기 위해 몇 가지 기본 원칙을 세우고자 합니다.

- 비밀유지는 참가자들과 지도자들 모두가 준수합니다.
- 지도자가 당신 혹은 집단의 다른 사람에게 즉각적인 위험이 될 수 있고 안전이나 안녕감에 중대한 우려가 있는 경우 일반의사 또는 다른 전문가에게 연락할 것입니다. 물론 당신과 상의한 후에 진행할 것입니다.

★ 실질적 준비사항

- 집단은 ______시에 시작하고 ______시에 끝냅니다.
- 편안한 옷을 입는 것이 좋습니다. 가벼운 무릎 담요를 가져오는 것도 좋습니다.
- 매 회기에 참석하는 것이 중요합니다. 만일 해당 회기에 참석할 수 없다면 지도자에게 미리 알려 주시기 바랍니다.
- 수업이 도전적일 수 있기 때문에 오고 싶지 않을 때가 있을 수 있습니다. 이런 일이 발생하면 전화를 걸어 자신의 상황을 알려 주십시오. 우리는 당신과 관련된 어떤 문제라도 상의할 수 있습니다.

회기를 빠뜨리면 다시 돌아오기가 어려울 수 있습니다. 하지만 돌아올 만한 가치가 있습니다. 언제든지 돌아와도 좋습니다.

8회기의 장들을 읽는 방법

다음 장들부터 각 회기의 의도를 자세하게 설명하면서 몇 가지 목표를 기술할 것이다. 각 회기에 포함되는 것을 기술하고 관찰되는 내용을 설명할 것이다. 참가자들이 실습을 통해 발견한 것들에 관해서 이야기할 수 있을 것이다. 프로그램을 전달하는 선생님으로서 우리가 종종 겪게 되는 것을 솔직히 말할 것이며 그러한 어려움이 발생했을 때 어떤 일이 벌어지고 있는지 이해하기 위해 어떤 시도를 할지에 대해 알려 줄 것이다.

프로그램 회기를 기술하고 있는 각 장의 스타일은 우리가 지금까지 사용해 왔던 것과는 다소 다르다. 심리학 교과서의 세상과는 조금 동떨어진 시, 비유 및 이야기가 나올 것이다. 그리고 많은 내용이 반복된다. 논쟁의 흐름이 때로는 그 자체로 여러 번 앞뒤로 왔다 갔다 해서 마치 시냇물이 강에 도달하지 못하고 강이 바다에 도달하지 못하는 것처럼 느껴질 수도 있다. 프로그램 참가자들이 어쩌면 그 전에는 알아차리지 못했어도, 여러 회기에 걸쳐서 같은 이야기를 두세 번 반복해서 듣는다면 훨씬 이해가 쉬워지기 때문에 각각의 조각들에서 점차적으로 완성된 그림이 나오게 되기를 바란다.

각 장에는 많은 실제적인 세부 내용이 있지만, 각 장에서는 그 장의 주제를 소개하는 몇 가지 일반적인 설명으로 시작될 것이다. 이 내용은 독자들에게 학습 방향을 제시하기 위한 것으로 회기 자체를 소개하는 용도로 사용할 수 없지만(1회기 이후에는 실습으로 시작) 어떤 예제는 나중에 수업에서 일어나고 있는 것을 학습하는 데 도움이 되는 예로 유용하게 사용될 수 있다. 설명을 읽고 실습하고, 가르침에 이르는 여정을 시작하는 당신에게 행운을 빈다.

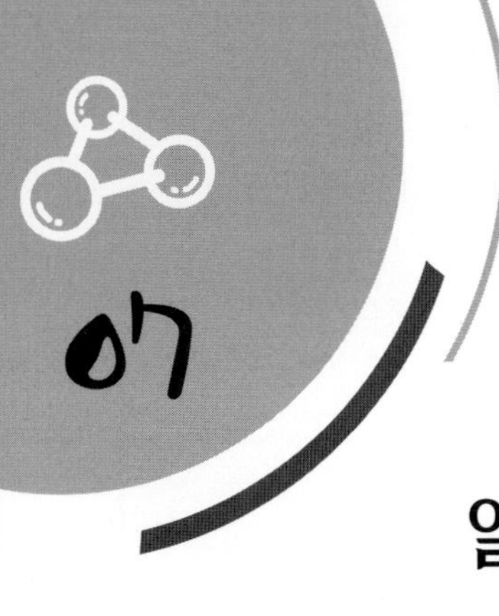

알아차림과 자동조종: 1회기

배경

과자 봉지를 뜯어서, 하나 맛보았을 뿐인데 어느 순간 봉지가 비어 있음을 알아차렸던 경험이 있는가? 누가 그 과자를 다 먹어 버렸나? 아니면 당신이 계속 먹고 있었다는 것을 알아채지 못했던 것뿐인가? 혹은 당신이 평소 다니던 길로 운전하고 집에 돌아와서는, 오는 길에 친구의 집에 들러서 뭔가를 가지고 오려고 했었다는 걸 알아차린 적이 있는가? 이러한 경우에, 우리는 주의가 어디로 가 버렸는지 알아차릴 수도 있고 그렇지 않을 수도 있다. 하지만 종국에는 의도하지 않은 어떤 일을 하고 있다. 이런 일들은 마치 아주 오래된 습관이 통제하고 있는 것처럼 보이게 한다.

많은 사람이 실제로 무슨 일이 일어나고 있는지 잘 알아차리지 못한 채 그저 기계적으로 어떤 행동을 하고 있는 것을 가리키는 말로 MBCT에서는 '자동조종(automatic pilot)'이라는 용어를 사용한다. 자동조종 상태에서는 마음과 몸이 서로 다른 일을 하는 것처럼 보인다. 흔히, 우리는 이것 혹은 저것에 어떤 의도를 가지고

[자료 7-1]

1회기 주제와 교육과정

주제

자동조종 상태에서는, 다시 우울하게 할 수 있는 '행위' 양식과 반추적 사고 패턴에 무심코 빠지기 쉽다. 습관적인 행위 양식은 또한 일상적인 생활을 영위해 나갈 수 있는 우리의 잠재력을 완전히 앗아 간다. 특정한 방식으로 의도적으로 경험에 주의를 기울임으로써 우리의 경험을 변형시킬 수 있다. 의도적으로, 마음을 챙겨서, 먹는 것, 신체감각 그리고 일상생활의 경험들에 주의를 기울임으로써 자동조종 상태에서 벗어나는 실습을 시작한다.

의제

- 수업에 대한 오리엔테이션을 하라.
- 비밀과 사생활 보장에 관한 기본 규칙을 정하라.
- 참가자들에게 짝을 지어서 서로를 상대방에게 소개한 뒤 집단원 전체에게 이름을 말하고, 원하는 경우 프로그램을 통해서 무엇을 얻고 싶은 지 말하도록 하라.
- 건포도 명상 실습
- 건포도 명상 실습에 대한 피드백과 토의
- 바디스캔 실습-짧은 호흡으로 시작하기
- 바디스캔에 대한 피드백과 토의
- 과제 부여:
  - 일주일 중에 6일의 바디스캔
  - 일상적인 활동에 대한 마음챙김
  - 오디오 파일(CD, 플래시 드라이브 또는 URL을 통해) 및 첫 번째 회기 참가자 유인물(가정실습 기록지 포함)을 나누어 주라.
- 짝을 지어 토의하기
  - 과제를 하는 시간
  - 발생 가능한 장애물
  - 그것들을 다루는 방법
- 2~3분 정도 짧게 호흡 명상을 한 다음 수업을 마무리하기

계획 및 준비물

수업 전에 개인적인 준비물 외에 바디스캔 오디오 파일의 복사본과 건포도가 든 그릇과 숟가락을 가져오도록 하라.

1회기 참가자 유인물

[1회기-유인물 1] 마음챙김의 정의

[1회기-유인물 2] 1회기 요약: 알아차림과 자동조종

[1회기-유인물 3] 1회기 이후 일주일간의 가정실습 과제

[1회기-유인물 4] 어떤 환자의 소감문

[1회기-유인물 5] 가정실습 기록지-1회기

몰두하는 것은 아니다. 그저 그런 일이 일어날 뿐이다. 그러므로 마음은 수동적인 상태에서 생각, 기억, 계획 혹은 느낌에 '사로잡히게' 된다. 우리의 주의가 다른 무언가에 의해 납치된 것처럼 보일 수 있다.

종종, 우리는 무슨 일이 일어나고 있는지 충분히 알아차리지 못할 수 있는데, 만약 과거에 우울증으로 고생을 했다면 이러한 마음의 상태는 특히 문제가 될 수 있다. 자동조종 상태에서는 부정적인 생각의 단편들을 알아차리는 것이 쉽지 않다. 만약 이런 상태를 점검하지 않는다면, 강한 슬픔의 감정 혹은 더 심각한 우울증 패턴으로 굳어질 수 있다. 원치 않은 사고나 감정이 표면으로 떠오를 때, 가끔 그것이 너무 강해서 쉽게 다룰 수 없을 때가 있다. 그런 사고나 느낌을 조절하는 다른 대안적인 방법들에 대해서는 나중에 더 이야기하도록 하겠다.

그러나 우선, 겉으로는 해가 없어 보이지만 정서 장애의 과거력을 가진 사람에게는 매우 해가 될 수 있는 일상의 '부주의함'을 다루어야 한다. 회복된 우울증 환자가 잘 지낼 수 있도록 돕는 데 있어서 가장 중요한 첫 번째 단계는 자동조종 양식을 알아차리고, 그다음에는 의도적으로 빠져나오는 방법을 찾도록 하는 것이다. 마음챙김 연습은 자동조종 상태에 있는 마음의 패턴을 더 잘 알아차리도록 하는 것을 포함해서, 더 의도적으로 주의를 기울이고 자각하는 방법을 배우는 것이다.

재발을 예방할 수 있는 한 가지 기본적인 원칙은 마음이 자동조종 상태로 돌아가고 있을 때를 알아차리고 의도적으로 그 밖의 다른 것으로 주의를 돌리도록 사람들

에게 가르치는 것이다. 첫 번째 회기에서 사람들의 이해를 돕기 위해 자동조종 상태를 간단하게 보여 줄 수 있는 방법을 찾는 것이 중요하다.

회기를 시작하기

매사추세츠 대학교 의료센터에 있는 스트레스 감소 클리닉을 처음 방문했을 때, 우리는 Jon Kabat-Zinn이 이끌고 있는 새로운 수업의 1회기에 참석하였다. 참가자들이 왜 여기에 오게 되었는지 상기시키는 짧은 소개의 말이 있은 후에, Jon Kabat-Zinn은 사람들에게 서로의 이름과, 왜 여기에 오게 되었는가 그리고 이 프로그램을 통해 무엇을 원하는지에 대해 처음에는 짝을 이루어서, 그리고 다음에는 수업에 참가한 집단원 앞에서 소개하도록 하였다. 그러고 나서 짧은 명상 연습을 소개하고 자동조종 주제의 핵심으로 진행해 나갔다.

첫 번째 실습 회기에서 건포도 명상과 같은 먹기 명상을 하는 것은 특히 유용한데, 왜냐하면 먹는다는 것은 전에 마음을 챙겨서 해 본 적이 없는 너무나 '자동적인 행동'이기 때문이다. 따라서 먹기 명상은 우리가 흔히 무슨 일이 일어나고 있는지 인식하지 못하는 정도를 잘 예시해 주며 또 이러한 단순한 행동에 천천히 집중을 하게 되면 어떤 변화가 일어날 수 있을지에 대한 좋은 실례가 된다. 이와 같이 간단한 먹기 명상은 참가자들로 하여금 마음챙김이 무엇인지를 깨닫게 하는 데 도움이 되는 첫 번째 단계가 된다.

건포도 명상

건포도 명상 실습을 시작할 때 얼마나 많은 설명이 필요할까? 설명은 간단하게 할수록 도움이 된다. 말을 너무 적게 하는 것보다 너무 많이 하는 것이 문제가 될 수 있다. 처음에 우리의 목표는 이 과정을 가급적 경험을 통해 가르치는 것이었다. 이 프로그램에 들어 있는 다른 실습과 마찬가지로 참가자들은 처음에는 경험을 한 다음에 그것이 의미하는 것이 무엇인지 알아차리면서 배우게 된다. 다음에 나오는 것들은 우리가 건포도 명상을 사람들에게 어떻게 가르치는지를 예시하고 있다.

이 실습은 우울증을 앓아 본 적이 있는 사람들에게 마음챙김을 소개하는 데 아주 탁월하다. 첫째로, 건포도 명상은 언어적 문제-해결에 기반을 두기보다는 경험적 방식에 의한 학습을 제공해 준다. 실습*과 실습에 대한 피드백을 통해 학습이 이루어진다. 이 과정에서 가장 중요하고 핵심적인 것은 실습이다. 건포도 명상은 실습이 끝난 후 참가자들이 보이는 반응에 지도자가 도움을 줄 수 있는 유익한 방법이자 좋은 도입부가 될 수 있다. 우리는 수업에서 제기되는 문제들과 참가자들에게 유용하다고 생각되는 문제들을 다루는 방법들을 구현할 필요가 있다. 우리가 사람들의 경험에 대해 순수한 호기심과 궁금증의 분위기를 구현하지 않는다면, 또는 진행되고 있는 것에 대해 미리 성급한 설명을 한다면 어떻게 참가자들이 그들이 하게 될 과제에 접근하는 방식을 바꾸도록 기대할 수 있겠는가? 우리가 바라는 것은 시간이 지나면서 사람들이 자신의 경험에 점진적으로 조율해나가고, 아무리 일상적이고 판에 박힌 일이라도 깨어 있는 모든 순간에 현존하면서 마음챙김을 실습할 수 있도록 하는 것이다.

이것을 촉진시키는 한 방법은 가능한 한 많은 질문을 개방형으로 하는 것이다(예: "우리가 방금 한 것에 대해 이야기할 분이 있나요?). 수업 중에 이런 방식으로 실습을 이용하는 것을 배우는 것이 쉽지 않다. 폐쇄형 질문이 너무나 자연스럽게 나오게 되는데("누구 피곤하신 분 있나요?" "마음이 떠돌아다녔나요?"), 이러한 폐쇄형 질문은 불가피하게 '예' 혹은 '아니요' 반응을 유발할 수 있다. 반면, 다음의 개방형 질문들에 대한 반응들을 살펴보라.

---

* 여기에서 '실습'이란 단어는 참가자들이 일상생활에서 배우게 될 공식 · 비공식적 마음챙김 명상 연습을 일컫는 용어로 사용한다. 이 용어는 어떤 기술을 배우려는, 즉 이 경우에는 마음의 양식을 더 잘 자각하기 위한 부드럽고 지속적인 시도를 한다는 개념을 지니고 있는 보다 일상적인 의미를 담고 있다.
역주) 여기서 Practice는 수련, 수행, 훈련, 연습 등 다양한 용어로 번역될 수 있으나 일상적인 의미에 가깝게 실습으로 통일하였음.

[자료 7-2]

건포도 명상

지금부터 교실을 돌아다니면서 건포도 몇 알을 나누어 주겠습니다.

이제, 이 건포도 중 하나에 집중하면서 이것을 전에는 한 번도 본 적이 없다고 상상해 보십시오. 당신은 다른 행성에서 잠시 들렀고 일생동안 한 번도 이와 같은 것을 본 적이 없다고 상상해 보십시오.

* 주의: 지시문 사이에는 적어도 10초간 멈추고 지시는 느리면서 침착하게 사실적인 방법으로 전달되어야 하며 집단원들에게 다음과 같이 하도록 지시하라.

- 건포도 한 알을 잡아서 손바닥 혹은 손가락과 엄지 사이에 잡아 보라. (잠시 멈춤)
- 건포도에 주의를 집중하라. (잠시 멈춤)
- 이것을 전에는 절대로 본 적이 없는 것처럼 주의 깊게 바라보라. (잠시 멈춤)
- 건포도를 손가락 사이로 뒤집어 보라. (잠시 멈춤)
- 건포도를 손가락 사이로 질감을 느껴 보라. (잠시 멈춤)
- 건포도를 빛에 비추어 보면서 밝은 부분과 어둡게 움푹 들어간 주름을 살펴보라. (잠시 멈춤)
- 건포도의 모든 부분을 마치 지금까지 한 번도 본 적이 없는 것처럼 탐색해 보라. (잠시 멈춤)
- 이때, '지금 무슨 희한한 일을 하고 있는 거지?' 혹은 '이걸 대체 왜 하는 거지?' 혹은 '이런 것은 하고 싶지 않아.'와 같은 생각이 든다면 그것을 단지 생각으로 알아차리고 주의를 건포도에 되돌려라. (잠시 멈춤)
- 이제 건포도 냄새를 맡아 보라. 건포도를 들어서 코 밑에 가져가 보라. 그리고 숨을 들이쉴 때마다 주의 깊게 건포도 냄새를 맡아 보라. (잠시 멈춤)
- 이제 다시 한 번 건포도를 바라보라. (잠시 멈춤)
- 당신의 손과 팔이 정확하게 어디에 건포도를 두는지 주목하면서, 당신의 입에서 침이 고이는지를 주목하면서 이제 천천히 건포도를 당신의 입으로 가져가라. (잠시 멈춤)
- 건포도를 부드럽게 입으로 가져가서 입 안에서 얼마나 건포도를 잘 '받아들였는지'를 주목하면서 입에 생기는 감각을 느껴 보라. 혀로 건포도를 탐색하고 입 안에서 움직일 때 감각을 알아차려라. (잠시 멈춤)

- 그리고 준비가 되었을 때 의식적으로 건포도를 씹어 보고 풍겨 나오는 맛에 주목해 보라. (잠시 멈춤)
- 입 안에 생기는 침에 주목하고, 건포도의 밀도가 어떻게 변화되는지 주목하면서 천천히 씹어 보라. (잠시 멈춤)
- 그러고 나서 건포도를 삼킬 준비가 되었다고 느끼면 실제로 건포도를 삼키기 전에 의식적으로 경험할 수 있도록 건포도를 삼키려는 의도를 먼저 감지했는지 살펴보라. (잠시 멈춤)
- 마지막으로, 건포도를 삼킬 때 느껴지는 감각을 따라가는지 살펴보라. 건포도가 당신의 위로 내려가는 것과 어떤 뒷맛이 나는지를 느껴 보고, 건포도를 완전히 다 삼키고 입안에 건포도가 남아 있지 않다는 것과 건포도가 사라졌을 때 혀는 무엇을 하는지 주목하라. (잠시 멈춤)

Jon Kabat-Zinn[67]을 기초로 하였음.

I: 건포도 명상을 해 보니 어떤 느낌이 드는지 이야기할 분이 계십니까?

P: 건포도를 보면서 여러 가지 생각이 스쳐 지나갔어요.

I: 어떤 생각이 지나갔는지 이야기하실 수 있겠습니까?

P: 그렇게 바짝 마르고 평범하게 보이는 것이 맛이 참 좋다는 것이 아주 이상하다는 생각을 했어요……. 마치 그전에는 어떤 맛인지 모르고 있었던 것처럼. 아마도 건포도 맛이 어떤지 알려고 하지 않았던 것 같아요.

I: 그래서 건포도와 관련된 생각들-그런 생각들이 어디까지 미쳤나요?

P: 여러 가지 일들—마른 사막, 뜨거운 모래…… 어렸을 때 부모님과 함께 갔던 휴가—과 다른 연상들이 일어났어요.

I: 흥미롭네요. 정말 좋습니다. 사실 우리의 과제는 건포도에 의식을 집중시키는 것이었는데 마음은 거기에 가 있지 않았군요!

P: 주의가 온갖 방향으로 가 버리더군요.

I: 주의가 건포도에서 시작되어 어떻게 그렇게 맛이 좋은지에 대한 궁금증으로 그리고 건포도가 말린 것이라는 것, 뜨거운 모래, 부모님과 함께 간 휴가까지……. 이것은 마음이 자신의 의제(agenda)를 가지고 있다는 것을 보여 주

는 아주 좋은 예입니다. 이 연습은 지금 여기에 주의를 집중시키려고 하는 것입니다. 마음은 모래가 있는 사막으로 가기도 하고 부모님한테도 가고 또 다른 곳으로도 갑니다. 마음은 제멋대로 사라지기도 합니다. 이것은 알아차려야 할 중요한 점입니다. 잠시 후에 그 주제로 돌아오기로 하겠습니다. 다른 할 말이 있으세요?

건포도 명상의 의도 요약

- 마음을 챙겨 알아차리는 것과 자동조종 간의 대비를 주목한다.
- 자세하게 주의를 기울이는 것이 우리가 알아차리지 못했거나 잊어버렸던 것을 어떻게 잘 드러내는지 알 수 있다.
- 이런 방식으로 주의를 기울이는 것이 경험을 변화시킬 수 있다.
- 마음이 방황하는 것은 정상적이라는 것을 알아차릴 수 있다.

대화가 이미 하나의 중요한 주제를 강조하고 있다는 점에 주목하라. 즉, 마음의 방황은 너무 쉽게 의도했던 초점에서 우리를 멀어지게 한다는 것이다. 나중에, 지도자는 참가자들의 경험을 프로그램의 주제와 연결시킬 수 있다. 즉, 우리는 자주 '자동조종' 상태에 있게 되고, 이 '자동조종' 상태에 있는 동안에 언제나 마음은 방황할 수 있고, 이렇게 방황하는 것이 마음의 본성이라는 것을 이해시킨다. 그러나 이것은 기분이 가라앉고 연상과 기억이 우울할 때는 특히 위험할 수 있다. 그러므로 이 연상의 흐름에서 무엇이 일어나고 있는지를 알아차리고 의도적으로 그것을 끊을 수 있게 되는 것이 필요하다.

이밖에도 건포도 명상 실습은 참가자들에게 일상적으로 자동조종 상태에서 하는 어떤 일들과 대비시키면서 자신의 경험과 연결시킬 수 있는 새로운 방법을 두 번째 기회로 직접적으로 예시하고 있다. 이러한 방식으로 주의를 집중하게 되면 건포도에 대해 기대하지 않았던 사소한 것들, 예를 들어 건포도 표면에 패인 주름들, 자그마한 흠집, 한때는 포도 넝쿨과 같이 건포도보다 더 큰 무엇과 연결되었던 적이 있다는 점들을 보게 해 준다. 어떤 사람들은 단지 그동안 건포도를 얼마나 좋아했는지 또는 싫어했는지 생각했다고 말한다. 또 다른 사람들은 건포도에 대해 더 생생하게, 즉 더 강하고 선명한 맛을 느낄 수 있었다고 말하기도 한다. 우리는 "평상시에 먹던 건포도 맛과 다른 점을 발견하셨습니까?"와 같은 질문을 하면서 이러한 측면을 탐색해 볼 수 있다. 참가자들은 평상시 건포도를 먹던 방식과 건포도 명상 실습에서 건포도를 먹었던 방식에는 차이점이 있다고 공통적으로 지적한다.

P2: 전에는 이렇게 잠깐 동안만이라도 멈추어서 건포도를 살펴보려고 하지도 않았었죠. 그냥 입 속으로 자동적으로 밀어 넣었지요. 건포도에서 이런 맛이 나는지 몰랐어요.

I: 더 빠르고 더 자동적으로 먹었나요? 그럼 이 실습이 평상시에 건포도를 입에 집어넣는 것과 근본적인 차이는 무엇이라고 생각합니까? 당신이 알아차린 것은 무엇이었나요?

P2: 맛이 좀 더…….

I: 맛을 좀 더 느꼈나요?

P2: 그리고 질감도. 겉은 말려져 있지만 안쪽에는 즙이 더 있었어요……. 전에는 한 번도 알아차리지 못했었죠.

또 다른 반응들을 살펴보면 이 경험과 일상생활 중에 보통으로 일어나는 경험 간의 차이점을 보다 더 잘 인식할 수 있다.

I: 건포도 명상을 경험해 보시니까 어떠세요? 그것에 대해 이야기할 것이 있으신가요?

P3: 보통 전 건포도를 먹지 않았어요. 그렇지만 우리 집 고양이는 건포도를 좋아해서 요리할 때 고양이에게 몇 알 던져 줍니다. 다음번에 고양이한테 던져 줄 때는 한번 먹어 봐야겠어요. 천천히 건포도를 먹어 보니 정말 좋았어요. 정말 좋았어요.

I: 보통 경험하고 어떻게 달랐나요?

P3: 글쎄, 전 보통 입속에 집어넣고 다른 것을 하려고 가능한 한 빨리…… 난로에 석탄을 퍼 넣는 것처럼 게걸스럽게 먹거든요.

I: 그래요. 평상시와는 어떻게 달랐는지 좀 더 말해 줄 수 있겠어요?

P3: 내가 먹고 있다는 것을 알았어요. 좀 이상하게 들릴지 모르겠지만.

I: 이상하지 않아요. 재미있네요. 당신이 무엇을 하고 있는지 알았다는 것이죠…….

P3: 네. 지금 먹고 있다는 것을 알았어요.

여기서 참가자가 '안다(know)'라는 단어를 지적이고 실제적인 지식 또는 좀 더 직접적인 감각적 경험의 의미로 사용하고 있는지 확실치 않다는 점을 주목하자. 프로그램의 주제가 반추에서 벗어나서 직접적인 경험 쪽으로 향하는 것이라는 것을 고려해 볼 때, 이것은 매우 흥미로운 점이다(지금 시점에서 반드시 더 심화시킬 필요는 없지만).

I: 거기에 대해 더 말씀해 주실 수 있나요?

P3: 글쎄요, 나는 내가 무언가를 먹고 있다는 그 사실을 정말로 알아차렸다고 생각해요.

I: 그래요. 사실로서 아니면 감각으로서요?

P3: 감각으로요, 예……. 확실히 그래요.

I: 맛에 대해서, 아니면……?

P3: 팔과 다른 모든 것에 대해서죠. 보통 물건을 잡을 때는 팔이 무엇을 하는지 신경을 쓰지 않아요. 무슨 말이냐면 내가 알긴 하지만 느끼지는 않는다는 말입니다.

I: 그건 대단히 중요한 구분입니다. 그래서 보통의 경험과 비교했을 때 직접적인 경험은 훨씬 더 많은 것을 알아차릴 수 있습니다.

P3: 예.

I: 팔에 느껴지는 신체감각의 직접적인 경험, 맛에 대한 직접적인 경험?

P3: 정확히 그렇습니다.

I: 그래요. 매우 도움이 되었습니다. 감사합니다. 건포도 먹기 경험에 대해 다른 할 말이 있으신가요?

P4: 제 생각에는 건포도 먹기가 감각적이었던 것 같아요. '감각적'인 것이 뭔지 기억할 수 있다면(웃음). 네, 이건 감각적이라고 묘사할 수 있다는 생각이 듭니다.

I: 그것이 무슨 의미인지 좀 더 말해 줄 수 있나요?

P4: 음……, 전 실제로 좀 더…… 뭐랄까…… 일상적인 자각보다 훨씬 더…… 더 강하게 경험을 했기 때문에 더 자주 해야 할 것 같아요. 제 생각에…… 예……, 일종의 감각적인 경험이었어요.

I: 맞아요. 그냥 지나가는 자동적 경험이라기보다는.

P4: 네.

I: 이것은 매우 중요한 점입니다. 의도적으로 찬찬히 무엇인가를 인식하게 되면 그 경험을 변화시킬 수 있습니다. 그건 확실히 경험을 풍부하게 할 수 있고, 그 경험의 본질을 변화시키고, 팔에 느낀 감각처럼 이전에 알아차리지 못한 것을 더 잘 알아차리게 해 줍니다. 다른 주제로 넘어가기 전에 더 할 말이 있습니까?

물론, 참가자들은 반드시 이 실습이 즐겁다고 생각하는 것은 아니다. 지도자는 이러한 의견들 역시 어떤 것이든 환영한다는 것을 분명히 알려 주고 이러한 반응을 알아차리는 것이 중요함을 강조한다.

P5: 전 좌절스럽다고 생각했어요. 여기 앉아서 생각하고…….

I: 매우 흥미롭네요. 그래서 당신의 마음속에서는 일종의 '견디어 보자.' '왜 이렇게 오래 질질 끌고 있는 거지?'와 같은 생각들이 돌아가고 있었다는 것이죠. 진짜 좌절감?

P5: 왜냐하면 전 배고플 때에만 먹거든요.

I: 그래요. 재미있네요. 그것을 주목하고 다시 건포도로 돌아올 수 있었나요?

P5: 돌아와서 건포도를 먹을 수 있었습니다.

I: 좋은 발견입니다. 또 이야기할 분이 있나요?

긍정적이든 부정적이든 모든 종류의 반응을 해도 괜찮다. 이러한 반응들에서 나온 모든 피드백은 재발 방지라는 목표를 더 잘 자각할 수 있도록 보다 일반적인 '모임'으로 엮일 수 있다.

실제로 이 실습은 우선 많은 시간 동안 여러분이 순간순간의 가치를 잘 모르고 있었다는 것을 보여 주는 간단한 연습이었습니다. 알다시피, 맛, 냄새, 질감의 시각적 패턴, 이런 모든 것은 순식간에 없어집니다. 우리는 대개 거기에 없는 거죠. 그리고 이 경험은 우리가 다른 방법으로 경험을 하면서 자각을 하게 되면 무엇이 일어나는지를 보여 줍니다. 오늘 우리가 한 것은 흔히 건포도를 먹던 방식과는 약간 다른 방법이었습니다. 이것은 건포도 먹기와 같은 연습을 할 때 짜증이 일어나고, 급한 마음이 들고, '도대체 이걸 왜 하는 거지.'와 같은 마음이 생기는 것을 알아차릴 수 있다는 점에서 흥미롭습니다. 이런 모든 것을 알아차리는 것이 좋습니다.

이 실습은 우리가 앞으로 하게 될 많은 것에 대한 예시가 됩니다. 우리는 일상적인 활동을 알아차릴 수 있는 명상 실습을 통해 무엇이 일어나고 있는지를 알고, 실제로 그 경험의 본질을 바꿀 수 있다는 것을 알게 될 것입니다. 우리가 건포도 명상에서 했던 것처럼 생각, 느낌, 신체감각을 충분히 알게 된다면, 사실상 경험을 변화시킬 수 있습니다. 더 많은 선택권을 갖게 되고 더 많은 자유를 얻게 될 것입니다. 지금은 단지 이론에 불과하지만 앞으로 많은 실습과 경험을 통해서 궁극적으로 도움이 될 수 있도록 하는 것이 필요합니다. 이 때문에 건포도 명상처럼 단순한 어떤 일을 할 때 무슨 일이 일어나는지 잠시 동안 관심을 갖도록 하는 것입니다. 지금 당장에는, 건포도를 천천히 먹는 것과 향후 우울증으로부터 여러분을 보호하는 것이 무슨 관련이 있는지 이해가 잘 안 될 것입니다. 그러나 첫 번째 단계로, 이 프로그램의 첫 부분에서 우리가 하고 있는 것은 실제로 알아차림을 훈련하는 것입니다.

이 작은 실습을 통해 집으로 가져갈 기본적인 메시지는 우리는 많은 시간 동안 무엇이 일어나고 있는지 잘 알아차리지 못한다는 점입니다. 순간순간을 잘 알아차리고 있으면 일상의 많은 측면을 더 잘 알게 되지만 그렇지 못할 경우 좋고 나쁜 많은 점들이 그냥 스쳐지나갈 뿐입니다. 좋은 점을 놓친다는 것은 인생이 그만큼 풍부해지지 못하다는 점이죠. 나쁜 점을 알아차리지 못한다는 것은 실제로 문제를 기술적으로 다룰 수 있는 기회를 놓치는 것을 의미합니다. 우울증은 마음이 다른 곳에 가 있을 때 살금살금 우리에게 다가옵니다.

"마음속에 들어오는 것들을 사실상 통제할 수 없지만 다음 단계에 우리가 무엇을 할 수 있을지는 통제할 수 있습니다. 그리고 이 프로그램은 오래된 마음의 습관으로 달려가기보다 다음 단계에 우리가 무엇을 선택할 수 있을지를 알아차릴 수 있는 상태로 옮겨 가기 위한 것입니다."

사실, 수업에 참가한 사람들은 이 건포도 명상을 통해 얻은 경험과 우울증적인 마음의 상태로 빠지는 경향성과의 관련성을 쉽게 이끌어 낸다. 첫째로, 참가자들은 이런 식으로 경험에 좀 더 자세히 집중을 하게 되면 자신들이 평소 얼마나 자동적으로 하는지 스스로 발견하게 된다. 그리고 얼마나 많은 시간 동안 마음이 현재보다 과거나 미래에 가 있는지, 매 순간 실제 일어나고 있는 일에 대해 부분적으로만 알고 있는지에 대해 깨닫게 된다. 많은 사람은 자동조종 상태(예: 대부분 마음이 어디 있었는지 깨닫지 못한 채 수 마일을 운전하는 것과 같은 예와 쉽게 연결)에 빠지는 것이 어떤 영향을 미치는지 알아차리는 한편, 일상생활의 많은 부분에서도 같은 경향성이 있다는 것을 알게 된다.

두 번째로, 이 명상은 특별한 방법으로(즉, 의도적으로 판단 없이 현재에 머무는 것) 주의를 집중하게 되면 경험의 본질을 바꿀 수 있다는 것을 보여 준다. 단순히 주의를 집중함으로써 사람들은 자동조종 상태로부터 자신을 깨우게 되고 현재와 더 충실히 연결될 수 있게 된다. 건포도에 마음을 챙겨 먹을 때 발견했던 것처럼, 우리가 상상하는 것보다 현재에 우리 자신을 기다리고 있는 것이 더 많다는 것을 알게 되는데, 특히 오랜 시간 동안 자동적으로 활동하고 있었다면 더욱 그렇다. 건포도 먹기와 같은 명상 실습을 통해, 참가자들은 지도자의 설명이 아닌 스스로의 발견에 의해 이러한 사실을 깨닫게 된다.

알아차림 훈련: 몸을 초점으로 해서

MBCT에서는 참가자들이 자신의 경험에 마음을 챙겨서 직접적으로 연결시킬 수 있는 기회를 갖는 것에 강조를 두고 있다. 건포도 연습으로 이루어진 1회기에 이어서, 참가자들은 '바디스캔'이라고 불리는 연습을 이용하여 신체적인 자각을 탐색하게 된다. 바디스캔 실습의 주요 목표는 신체의 각 부분을 세세하게 알아차리기 위한 것이다. 여기서 참가자들은 처음으로 일정한 기간 동안 주의를 집중할 수 있는 것을 배우게 되고, 또한 집중력과 평온함, 유연한 주의력 그리고 마음챙김을 발전시키게 된다. 이 실습은 몸에 대한 특별한 성질의 자각, 즉 부드러움과 호기심을 가지고 몸의 부분들을 자각하는 것이다.

몸을 왜 첫 번째 집중 대상으로 사용하는가? 첫째로, 몸을 잘 알아차리게 되면 감정을 다루는 법을 배우는 데 도움이 되기 때문이다. 슬픔 혹은 무기력과 같은 강한 감정은 생각이나 정신적 사건으로 표현될 뿐만 아니라 몸에 영향을 미칠 수 있다. 웅크린 자세, 가슴이 묵직한 느낌 혹은 어깨가 조이는 것과 같은 것은 강한 감정이 존재하고 있다는 신호가 될 수 있다. 몸에서 일어나는 것은 마음에서 일어나는 것에 지대한 영향을 준다. 몸이 어떻게 느끼고 있는가에 대한 피드백은 흔히 오래된 생각과 감정의 습관을 유지시키는 순환 고리에서 빠뜨릴 수 없는 부분이다.

둘째로, 우울증을 아주 자주 겪었던 사람들은 흔히 고통스러운 감정으로부터 벗어날 수 있는 방법을 생각해 내려고 애를 쓴다. 대안이 될 수 있는 것은 물리적 감각이나 몸에서 느껴지는 감각으로 감정이 표현되는 것에 주의를 두는 것이다. 시간이 지나면서, 이는 주의의 무게 중심을 '머릿속'에서 벗어나 몸에 대한 자각으로 바꾸도록 해 준다. 이것은 신선하면서도 새로운 관점에서 감정에 다다를 수 있는 가능성을 제시해 주고 있다. 즉, '이것을 내 몸은 어떻게 느끼고 있을까?'

우리는 바디스캔을 알아차림 연습이라고 소개한다. 여기에서 우리는 사람들에게 주의를 몸 주변으로 옮기도록 하고 그렇게 한 다음 무엇이 일어나는지를 발견하도록 한다. 바디스캔을 소개할 때 유용한 방법은 참가자들이 방금 했던 건포도 실습과 연결하여 MBSR 접근을 따르도록 하는 것이다. 단지 주의를 집중하는 것만으로도 직접적이고 새로운 방법으로 건포도 먹기 경험과 연결시켰듯이, 신체감각도 같은 식으로 접근할 수 있다. 바디스캔을 하는 데 있어서 중요한 문제는 건포도 명상과 마찬가지로 직접 자각을 하면서 몸의 신체감각을 알아차리는 것이다.

바디스캔을 준비하기 위해, 우리는 참가자들에게 등을 바닥에 대고 매트나 부드러운 곳에([자료 7-3]의 단계적 지시 참조) 눕도록 지시한다. 방이 충분히 크지 않거나 일부 참가자들이 원한다면 의자에 앉아서 바디스캔을 할 수도 있다. 대부분의 참가자가 눕는다면 지도자도 눕고, 대부분이 앉아 있다면 지도자도 의자에 앉는 것이 일반적이다. 다음 몇 분 동안은 호흡이 몸의 안과 밖으로 움직이는 것에 집중하도록 하는 데 시간을 보낸다. 그러고 나서, 우리는 바디스캔에 대한 지시문을 준다. 참가자들은 마음을 몸의 다른 영역으로 움직여 가도록 지시를 받는다. 여기서 목표는 의도적으로 몸의 각 부위에 번갈아 가며 주의를 기울이면서 그 순간 그 부위에서 일어나는 실제적인 신체감각을 탐색하는 것이다. 바디스캔을 하는 동안, 참가자들은 기본 지침을 연습할 기회를 갖는다. 몸의 특정 부위로 주의를 집중하고, 다른 부위로 주의를 돌리기 전에 잠깐 동안 의식을 유지하고 마침내 그 부위를 '놓아 버리도록' 한다.

여기서 주목할 것은 다른 실습과 마찬가지로 지도자가 눈을 뜨고 '지시문을 말하기보다는', 다른 사람들이 어떻게 하는지 체크하면서 지도자도 순간순간 바디스캔을 하면서 지도해야 한다는 것이다.

마음챙김에 기초한 공식 명상 훈련을 위한 환경 만들기: 일반적인 토의

공식적인 마음챙김 연습을 시작할 때에 몇 가지 일반적인 문제가 떠오른다. 이러한 문제는 바디스캔 시작부터 발생하기 때문에, 여기에서는 그것을 언급하고자 한다. 첫째, 성공과 실패에 대한 문제가 생긴다. 바디스캔을 할 때는 성공과 실패가 중요하지 않다고 언급하는 것이 필요하다. 문제는 사람들의 머릿속에 성공에 대한 생각을 집어넣지 않고 어떻게 바디스캔 실습을 할 수 있느냐는 것이다. 특히 우울증을 겪었던 사람들에게서 나타나는 이해할 만한 반응은 바디스캔 실습을 할 때 사회적 인정 그리고/혹은 '높은 점수'를 얻으려고 한다는 것이다. 우울한 사람들이 보이는 마음의 습관은 수행/성취 혹은 사회적 평가라는 주제와 연관이 있다. 따라서 우울했던 사람들은 자연적으로 어떤 과제에서나 이러한 태도를 몸에 지니고 있다. 바디스캔 작업뿐만 아니라 8주간의 수업에서 행하는 과제들은 우울증 환자들이 보이는 이러한 태도에 면역이 되어 있지 않다. 물론, 우리 역시 평가에 대한 예민성을 가지고 있다. 성공-실패('내가 잘하고 있나?')와 인정의 문제('사람들이 내가 맞다고 생각할까?')는 지속적으로 떠오르게 되어 있다. 여기서 과제는 평가/인정에 대한 생각이 떠오르는 것을 막으려고 하기보다는 그러한 생각이 떠오르면 그것을 인식하는 것을 배우도록 함으로써 기술적으로 잘 대응할 수 있게 하는 것이다.

그러므로 마음챙김 명상에서는 '지나치게 열심히 하려고 하지 않는 것이 중요하다'. 그리고 '어떤 특정한 상태에 도달하려고 시도하는 것이 아니며 심지어 긴장을 풀려고 노력하는 것조차 하지 말라'.와 같은 말들로 '잘하는 것'이 중요한 문제가 아니라는 것을 언급하는 것이 도움이 될 것이다. 나중에 가면 그 주제가 다시 불거져

[자료 7-3]

바디스캔 명상*

1. 바닥에 있는 매트나 천 또는 침대와 같이 따뜻하고 방해받지 않을 만한 곳에 등을 대고 편안하게 눕는다. 부드럽게 눈을 감으라.
2. 잠깐 동안 호흡의 움직임과 신체감각을 느끼는 시간을 갖는다. 준비가 되었으면 몸에 느껴지는 신체감각을 자각하도록 하고, 특히 몸이 바닥이나 침대와 닿을 때 느껴지는 감각과 압력을 느껴 보도록 하라. 숨을 내쉴 때마다 자신을 내려놓고 매트나 침대에 좀 더 깊숙이 가라앉도록 하라.
3. 이 실습 의도를 떠올려 보라. 바디스캔을 하는 목적은 뭔가 다르게 느끼고 이완이 되면서 편안해지는 것이 아니다. 그렇게 될 수도 있고 안 될 수도 있다. 대신, 이 실습 목적은, 몸의 각 부분에 번갈아 가며 주의를 집중시키면서 최대한도로 당신이 감지하는 어떤 감각에 자각을 하기 위함이다.
4. 이제 하복부의 신체감각으로 주의를 가져와서 숨을 들이쉬고 내쉴 때 하복부에 느껴지는 감각의 변화를 인식하라. 몇 분 동안 숨을 들이쉬고 내쉴 때의 감각을 느끼도록 하라.
5. 복부에서 느껴지는 감각과 연결되었으면, 의식의 초점을 왼쪽 다리에서 왼발로, 그리고 왼쪽 발가락으로 옮겨 가도록 하라. 왼쪽 발가락에 차례로 집중하고, 부드러운 호기심으로 발가락 사이가 맞닿는 느낌, 따끔거리는 느낌, 따뜻함 혹은 아무런 감각을 느끼지 못하는 것을 알아차리면서 감각의 특성을 탐색하라.
6. 준비가 되면, 숨을 들이쉴 때, 호흡이 폐로 들어가서 복부를 지나서 왼쪽 다리, 왼발 그리고 왼쪽 발가락으로 지나가는 것을 느끼거나 상상해 보도록 하라. 그러고 나서, 숨을 내쉴 때, 발에서 다리로, 복부로, 가슴으로 그리고 코를 통해 호흡이 나가는 것을 느끼거나 상상해 보라. 발가락으로 내려갔다가 발가락으로부터 되돌아오는 호흡을 몇 번 계속하라. 이런 호흡을 계속 하는 것이 어려울지 모르지만 가능한 한 이 '들이쉬기' 연습을 재미있게 하도록 하라.
7. 이제 준비가 되면, 숨을 내쉴 때 발가락에 대한 의식을 내려놓고 왼쪽 발바닥에 의식의 초점을 두고-부드럽게 발바닥, 발등, 발뒤꿈치 등으로(예: 뒤꿈치가 매트나 침대에 닿는 곳의 감각을 알아차리면서) 탐색하면서 알아차린다. 느껴지는 감각과

---

* 읽기를 쉽게 하기 위해, 지시문에서 '이렇게, 저렇게 하세요.'로 제시하지만 5장에서 강조한 바와 같이, 말로 하는 지시문은 그러한 '지시'를 피하고 녹음된 트랙에서처럼 현재 진행형을 사용해야 한다.

함께 '호흡하기'를 실습해 보라 – 배경으로는 호흡을 알아차리고, 전경으로는 발 아래쪽의 감각을 탐색하라.

8. 이제 의식의 초점을 발의 나머지 부분 – 발목, 발등 그리고 뼈와 관절로 확대하도록 하라. 그러고 나서 약간 더 깊은 숨을 쉬면서 왼발 전체로 직접적으로 내려가서 숨을 내쉬면서 왼발을 완전히 내려놓고, 의식의 초점을 왼쪽 다리 아래 부분 – 종아리, 정강이, 무릎 등으로 차례로 옮기도록 하라.
9. 부드러운 호기심으로 의식의 초점을 몸의 나머지 부분 – 왼쪽 다리 윗부분, 오른쪽 발가락, 오른발, 오른쪽 다리, 골반 부위, 등, 복부, 가슴, 손가락, 손, 팔, 어깨, 목, 머리 그리고 얼굴로 옮기도록 하라. 각 부위에 느껴지는 신체감각에 가능한 똑같이 세세한 자각과 부드러운 호기심을 느껴 보도록 하라. 주요 신체 부위의 감각을 호흡을 들이쉬면서 살펴본 후 숨을 내쉬면서 조용히 내려놓고 다른 부위로 주의의 초점을 옮긴다.
10. 특정 신체 부위에 긴장감이나 다른 강렬한 감각을 알아차리면, 숨을 부드럽게 들이쉬면서 그 감각에 의식의 초점을 가져오고 가능한 숨을 내쉬면서 그것들을 내려놓으라.
11. 마음은 때때로 호흡과 몸에서 벗어나 방황하기 마련이다. 이는 전적으로 정상적인 것이다. 마음은 원래 그렇다. 이러한 마음의 특성을 알아차리고 부드럽게 그것을 받아들이라. 그리고 천천히 주의를 당신이 집중하려고 의도했던 신체 부위로 다시 되돌리라.
12. 이런 방법으로 전체 몸을 '훑어본' 후, 잠시 신체를 하나로 느껴 본 다음 호흡이 신체의 안과 밖을 자유롭게 흐르는 것을 느껴 보라.
13. 잠에 빠져드는 것 같다면, 눕는 것보다는 베개로 머리를 받치고 앉아서 연습하는 것이 더 도움이 될 것이다.

---

* Jon Kabat-Zinn[67]에서 발췌. 1990년도 저작권은 Jon Kabat-Zinn이 가지고 있음. Random House의 지국인 Dell Publishing의 허락을 받아 인용.

나온다. "때때로 연습을 하다 보면 불편하고 지루하게 느껴질 수 있습니다. 그렇다고 그것이 실패했다는 것을 의미하지는 않습니다." 이때는 그러한 불편감이나 지루함이 몸에서 어떻게 느껴지는지 그리고 각 감정에 어떤 감각이 동반되었는지 등에 호기심을 가지도록 참가자들을 격려할 수 있다.

두 번째로, 주요한 일반적 문제는 어려움이 생겼을 때 어떻게 반응하느냐이다.

예를 들어, 바디스캔을 할 때, 어떤 참가자들은 자신이나 주변 사람들이 깨어 있기가 어렵다는 것을 알게 된다. 또 다른 사람들은 신체적 불편감과 같은 감각이 실습을 방해한다고 느낀다. 이 점에도 불구하고 마음챙김 지도자들이 구현하고 있는 '무엇이 일어나건 간에, 무엇이 떠오르건 간에 괜찮다.'라고 하는 분위기는 여전히 유효하다. 시간이 지나면서 사람들은 수행의 어려움이 나타나면 걱정을 하거나 그것을 통제하려고 하기보다는 수반되는 감정과 감각에 주의를 기울일 수 있는 기회로 바라볼 수 있게 된다. 이와 같은 반응들은 인생의 한 부분이기 때문에 어쨌든 떠오를 수 있다는 것을 참가자들에게 이해시키는 것이 중요하다. 그러한 문제들이 우리의 삶을 지나칠 정도로 지배하든 그렇지 않든지 간에 그것을 어떻게 다루느냐에는 차이가 있다.

지도자는 수업에서 떠오르는 문제를 다루는 방식에서 호기심과 모험심을 구체화할 수 있는 기회를 갖게 된다. MBCT 시작 단계부터, 우리는 참가자들이 잘 되기를 바라고, 문제를 고치도록 도와주고, 감정적 혼란에서 오는 고통을 줄여 주고 싶다는 소망을 자각하게 된다. 치료 배경을 가진 지도자들은 너무 쉽게 치료 양식으로 전환해서 참가자들의 호기심을 배양할 기회를 가로막을 수 있다. 시간이 지나면서 우리는 급하게 굴 필요가 없고, 이런 각각의 요소들은 제각기 자기 자리가 있다는 것을 알게 되었다. 물론, 때로는 실습에서 일어나는 어려움을 다루는 데 아주 실용적인 접근을 하는 것이 적합하고, 또 다른 때에는 우울증과 그 특성을 (간략하게) 설명해 줄 필요가 있다. 그러나 우리가 기본적으로 강조하는 것은 참가자들에게 호기심을 자극해서 매 순간에 느껴지는 감각을 의도적으로 알아차리도록 하는 것이다.

참가자들은 특정한 몸의 부위에서 느끼는 어떤 신체감각에는 부정적이고 판단적 사고 혹은 감정이 동반되는 것을 알 수 있다. 실습 동안의 지시에도 불구하고, 몇몇 참가자들은 그들이 얼마나 잘하는지를 자꾸 체크하는 버릇을 버리기 어려워한다. 이런 방식으로 몸에 집중하게 되면 자신이 어떻게 보일지, 어떤 신체 부위를 바꾸고 싶어 하는지에 대한 생각이라든지 혹은 당혹감이나 어색한 느낌이 들 수 있다. 한 가지 접근은 감정을 인정하고 그것에 대해 호기심과 관찰하려는 의지를 보이는 것이다. 이렇게 하면 생각과 감정은 '함께 있거나' 동일시해야 할 어떤 것이라기보다는 초기에 다른 마음 상태들과 연결시킬 수 있는 기회를 제공해 줄 수 있다. 그러한 경험은 MBCT의 주요한 메시지 중 하나, 즉 알아차림을 통해 생각, 느낌, 지각,

충동, 다른 말로 하면 살아 있는 우리의 경험과 아주 다른 방식으로 관계를 맺을 수 있는 방법을 배우는 것이 가능하고 자기 발견 과정에서 일종의 모험이 될 수도 있다는 것을 가르치는 데 사용될 수 있다.

반응과 대응

다음의 예를 살펴보면, 참가자들은 흔히 지도자의 지시를 반드시 따라야 할 규칙(그들 혹은 다른 사람들이 어기게 되는 것을 발견하게 되는 규칙)으로 해석하고 있다는 것을 알 수 있다. "움직이거나 안달하지 말라." "잠들지 말아라."(참가자 1), "눈을 뜨지 말아라. 혹은 마음이 떠돌아다니게 하지 말아라."(참가자 2), "긴장을 풀어라!"(참가자 3), 오디오 녹음 파일을 듣는 것을 빼먹지 말아라."(참가자 4)와 같은 규칙들이 있다. 각자 일어나고 있는 일을 자기 방식대로 관찰하는 것으로부터 부정적이고 자기-비판적인 판단으로 얼마나 재빨리 옮겨 가게 되는지 주목해 보라.

P: 시작할 때에는 다리가 정말 무겁게 느껴져서 다리를 가만히 둘 수가 없었습니다. 계속해서 다리를 움직이고 싶었습니다. 다른 사람들은 아무도 움직이는 소리를 들을 수 없었는데 발을 움직이고 싶은 생각이 간절했기 때문에 무언가 잘못되었다고 생각했습니다. 그러고 나서 누군가가 잔잔히 코를 골기 시작하는 것을 보고 생각했습니다. 세상에! 끔찍하군, 누군가 잠이 들었군.

I: 좋습니다. 예, 좋아요.

P: 사람들이 잠들어 버릴까 봐 정말로 걱정되었습니다. 저는 속으로 생각했어요. 제발 잠들지 말아라.

I: 대단합니다. 이런 말을 해 주어서 정말 기쁩니다. 훌륭합니다. 여기서 요점은 무엇이든지 간에 우리가 자각하고 있다는 점입니다. 일어나는 일 중에 나쁘거나 좋은 것은 없습니다. 이 실습의 목적은, 가능한 한 무엇이든지 간에 그 때에 느끼는 것을 알아차리는 것입니다. 그리고 당신이 안절부절못하고 움직이고 싶어 했다는 것도 괜찮습니다. 그건 그 순간에 일어나는 당신의 경험일 뿐입니다. 그건 잘못된 것이 아닙니다. 그리고 일어나서는 안 되는 일

도 아닌 거죠. 그것은 알아차려야 될 것입니다. 그리고 결국에는 자각을 통해 충동과 함께 있든 그렇지 않든 당신은 움직이고자 하는 충동을 알게 되는 것입니다.

P: 충동을 억누르려고 했어요. 움직이고 싶었어요.

지도자가 여기에서 하지 않은 것에 주목하라. 참가자가 왜 좌절했는지 묻지 않고, 좌절감을 이해하려고 하지 않는다. 지도자는 좌절감과 함께 일어난 세부 내용을(예: 신체감각) 묻지도 않는다. 대신에, 지도자는 경험에 대한 반응을 이끌어 내는 데 관심이 있다. 말하자면, 참가자가 자신의 순간순간 경험에 어떻게 관계를 맺고 있는지에 관심을 갖는다. 지도자가 말하는 또 다른 방식은 참가자들에게 마음의 날씨 패턴과 이러한 날씨 패턴에 대한 반응들을 알아차리도록 유도하는 것이다. 이것이 어떻게 실행되는지 주목해 보라. 우선, 안절부절못하고 있는 것에 초점을 두면서, 지도자는 그것을 '문제'로 보는 것과 정확하게 반대되는 말, 즉 '좋아요.'라고 말한다. 왜일까? 참가자가 바디스캔에 대한 자신의 반응을 훌륭하게 묘사하였기 때문이다("'확실히 뭔가 잘못된 것이 틀림없어.'라고 생각하며 무거운 다리를 움직이고 싶었어요."). 그런 다음 그녀는 누군가 코고는 소리를 듣고 '이건 끔찍해.'와 같은 반응을 보였다. 여기에 일련의 경험과 바로 뒤따라오는 연속적인 반응이 있다. 따라서 무거운 다리에 대해 안심시키는 말이나 행동을 하게 되면 그런 일은 마치 실제로 일어나서는 안 된다는 메시지를 너무 쉽게 무심코 강화시킬 수도 있다(연습하면 모두 괜찮을 것이라는 암시를 주면서). 대신에 지도자는 프로그램의 핵심 주제를 강조할 기회를 갖는다. 즉, 순간순간의 경험을 알아차리는 능력을 배양하는 것을 강조한다. '그것이 지금 이 순간 당신이 정말로 알아야 하는 것입니다.'라는 말은 다음에 나오는 이야기에서 매우 중요하다.

"그래요. 그런데 그런 일로 노력하거나 싸울 필요는 없어요. 특히 동요될 만큼 그런 충동이 강하다면 어렵습니다. 그러나 가능한 한 그것을 인정하도록 해 보세요. "맞아, 좋아, 정말 일어나서 주변을 뛰어다니고 싶어. 난 이런 것에 질렸어. 이건 너무 느리게 진행되잖아." 가능한 한 이 모든 것을 인정하십시오. 왜냐하면 그것이 그 순간에 일어나는 당신의 경험이고 그것이야말로 당신이 정말로 알 필요가 있는 것이기 때문입니다. 그것을 인정하고 밀어내지 마십시오. 그것을 인정하십시오. 그러고 나서 가능한 한, 지금 말하고 있는 신체 부위로 주의를 되돌리도록 하십시오."

흔히 한 참가자가 어떤 점을 부각시키면, 이것은 집단에 있는 다른 사람들이 용기를 내서 자신의 경험을 이야기하도록 촉진할 수 있다. 비슷한 일이 실제로 다음에 일어났다. 이때 지도자가 그들의 경험을 어떻게 동일한 주제로 엮어 내는지 보라.

P2: 팔이 너무 간지러웠어요. 작은 날벌레가 내 주변을 날아다니는 것을 느꼈어요. 테이블 위에 하나가 있었는데 두 번이나 내 팔에 앉았어요. 눈을 떠서 벌레를 봤어요. 나는 그렇게 해서는 안 된다고 생각했어요.

P3: 나는 여기서 긴장을 풀고 편히 있어야만 한다고 계속 생각했어요.

I: 그래요. 우리가 계속해서 극복해야 할 문제는 '일들이 어떻게 될 것인가' 혹은 '일이 어떻게 되어야만 하는 것'에 대한 이런 생각들입니다. 우리에게 고통을 일으키는 것은 이러한 긴장감입니다. 이런 것들은 종종 우리의 마음에 어린아이로 들어 있는 어떤 것입니다. 한때는 유용했을지 모르지만 지금은 더 이상 유용하지 않습니다. 우리가 이것을 알아차리게 되면, 내려놓고 그것을 다룰 수 있습니다. 어떻게 하면 내려놓고 다룰 수 있을까요? '똑바로 해야만 해.'라는 느낌을 알아차리고, 인정하십시오. 그리고 그냥 내려놓도록 하십시오. 그러고 나면 우리는 해야만 하는 것 혹은 바라고 있는 것에 대한 이미지보다는 이 순간의 실제적인 현실을 다루게 됩니다.

P4: 숨을 내쉬라는 이야기를 들을 때 숨을 내쉬기가 어렵다는 것을 느꼈어요. 계속 거꾸로 따라가고 있는 것 같았어요. 지도자가 지시하는 것과 내 호흡이 딱 맞게 가지 않았어요.

I: 그때는 자신에게 부드럽게 대하고 있는지 보세요. '잘못된 것 같아. 난 지금 거꾸로 따라하고 있어.'가 아니라, '오! 이게 이런 거구나…….'라는 태도를 기르고 있는지 살펴보십시오.

각 사례에서 지도자가 참가자들로 하여금 떠오르는 것을 어떻게 인정하고 호기심을 갖게 하는지 그리고 실패한 것에 대해 스스로를 비난하기보다 자신에게 너그럽게 대하게 하는지를 주목하라. 여기서 과제는 마치 지도 제작자가 탐험되지 않는 땅의 지도를 만드는 것과 같다. 지도 제작자가 찾는 것이 무엇이든지 간에, 앞에 펼쳐진 광경이 완만한 언덕이든 위험해 보이는 낭떠러지든 간에 과제는 마찬가지이다. 즉, 거기에 무엇이 있는지를 가능하면 정확하게 보는 것이다. 그리고 '거기에 무엇이 있는가'는 자기-판단, 움직이고 싶은 충동, 안절부절못함, 그리고 지루함을 모두 포함하고 있다. 또한 이 말은 우리가 실습을 제대로 하지 못하고 있음을 지속적으로 말해 주는 어떤 비판적인 말일 수 있다.

"가능한 한 그 모든 것을 인정하도록 하십시오. 왜냐하면 그것이 그 순간에 당신이 경험하는 것이고 당신이 정말로 알아야 할 것이기 때문입니다."

가정실습을 통한 학습

MBCT에서 가정실습은 일상적인 측면이다. 어떤 것에 대해 말하는 것만으로 얻을 수 있는 종류의 지식이란 우리가 의도하고 있는 것에 비하면 제한적이다. MBCT에서 진짜 관심사는 어떤 것을 하면서 배우는 것이고 배우기 위해서는 어떤 것을 할 필요가 있다. 이런 이유로 가정실습은 선택이 아니라 필수사항이다. 우리는 참가자들에게 매일 공식 명상 실습을 과제로 주는데 그것은 오디오 녹음 파일의 안내를 받는 명상 지시문으로 구성되어 있다. 이 테이프는 또한 매사추세츠 대학교의 MBSR 프로그램에서도 사용된다. 우리의 원래 연구에서 사이트들(Cambridge, Toronto, Bangor) 사이에 호환성을 보장하기 위해 Jon Kabat-Zinn이 녹화한 명상 지침서 CD/테이프 시리즈 I과 II를 사용하였다(21장 참조). 몇 년 동안의 가르침 끝에 우리 자신이 지도하는 명상 실습을 녹화하였다(www.guilford.com/MBCT/audio에서 다운로드 가능). 가정실습 또는 가정실습 기록지([1회기-유인물 5])에 매일 마음챙김 실습을 일지로 적어 기록하도록 하는 것이다.

처음부터 우리는 수업이 끝날 무렵 다음 주 가정실습에 대해 충분히 논의할 시간을 남겨 둠으로써 숙제가 얼마나 중요한지를 집단원들에게 알려 준다. 오디오 녹음 파일과 유인물을 나누어 주어야 하기 때문에 충분한 시간을 주어야 한다. 모든 가정실습 과제는 유인물에 각 회기에 대한 요약과 함께 제시된다. 1회기에서 모든 가정실습 과제를 다 내주기보다는 매 회기마다 거기에 맞는 유인물을 나누어 주는 것이 좋다. 그 이유는 앞으로 수업에서 무엇을 할 것인지 '미리 알게 되면' 현재 순간의 알아차림에 대한 주제를 방해할 수 있기 때문이다. 모든 참가자는 개인적으로 지도자와 수업 전에 면담 시간을 가졌던 것을 회상해 보라. 지도자는 "우리가 변화시키려고 하는 마음의 패턴이라는 것은 오랫동안 지속되었기 때문에 마음챙김 접근에서는 수업 사이사이에 내주는 가정실습 과제를 얼마나 잘하는지가 중요합니다."라고 강조한다. 각자 가정에서 실습 과제를 하는 데 일정 시간을 내겠다고 약속하는 것이 이 수업의 핵심적인 부분이라는 설명을 지금까지 들어 왔다. 가정실습 과제를 하는 데 전념할 수 없는 참가자들은, 그 시점에서 수업을 시작하지 않는 편이 더 낫다고 조언한다. 거의 예외 없이, 참가자들은 원칙적으로 가정실습 과제를 해야만 하는 것에 동의하지만 실제로는 어떻게 해야 할지 난관에 부닥치는 경우가 많다.

1회기가 거의 끝날 무렵 참가자들에게 짝을 짓게 한 다음 가정실습 과제를 하는 데 어떤 어려움을 발견할 것인지 예상하고, 그런 어려움을 어떻게 처리할지 생각해 보도록 하는 시간을 준다(이러한 점들은 2회기에서 가정실습 과제 평가시간에 그것이 예측된 장애물이었는지 또는 예기치 않은 새로운 장애물이었는지 검토할 수 있다). 예컨대, 어떤 참가자들은 하루 중 언제가 가장 좋은 시간인지, 그리고 어떤 장소가 좋은지, 어떤 종류의 장비를 사용하는 것이 가장 좋은지와 같은 실제적인 질문을 하기도 한다. 또 다른 사람들은 시간을 내는 것이 매우 어렵다고 말하거나 가정실습 과제를 하게 되면 가족과 보내는 중요한 시간을 놓치게 될 것 같다고 말하기도 한다. 가장 유용하고 일반적인 접근은 한 주에 6번씩 연습을 하도록 되어 있는 프로그램을 시작할 때 개개인이 했던 약속을 손상시키지 않는 범위 내에서 자신에게 가장 효과적인 방법을 발견하도록 장려하는 것이다. 우리는 참가자들에게 실습을 할 수 있는 조용한 장소가 있는지 질문하면서 실습 공간을 만들도록 도와줄 수 있다. 방해를 받지 않은 시간은 있는지 어떤 것이 가정실습 과제를 하는 데 걸림돌이 될 것인지—주말, 휴일 또는 누군가 방문했을 때 어떻게 가정실습 과제를 계속 할 것인가—에 관한 것을 명확히 하였다.

"가정실습 과제를 하다 보면, 어려움을 느낄 것입니다. 두 가지를 말하겠습니다. 우선, 당신은 유인물에서 '잘 안 되었어요. 오르락내리락 했지만 결국 뭔가 일어나더군요.'라고 누군가가 쓴 보고서를 볼 수 있을 것입니다. 그러니 거기에 계속 매달리십시오. 둘째, 8주간의 과정을 마치고 추후 모임에 참여한 집단원들에게 오늘 새로운 집단을 시작하는 사람들에게 한마디 조언을 한다면 어떤 말을 할지에 대해 물어보았습니다. 그들은 한결같이 '무슨 일이 일어나든 그것에 매달려라.'라고 말했습니다. 이 말은 지금 당장에는 여러분과 상관없어 보일지 모르지만 일리가 있습니다. 즐길 필요는 없고 단지 그것을 할 필요가 있다는 것을 기억하십시오."

일상생활에서 마음챙김

우리는 참가자들에게 매일 공식적인 실습을 과제로 주고 또한 과제물에 대한 정보도 준다. 이것은 참가자들로 하여금 공식 실습에서 배운 것을 일상생활에 일반화할 수 있게 하기 위한 것이다. 예컨대, 우리는 사람들에게 일상적인 활동을 할 때 마음을 챙겨서 하도록 지시하였다. 단순히 일상적인 활동을 하나 선택해서 건포도 명상에서 한 것처럼 그 활동을 순간순간 알아차릴 수 있도록 주의 깊게 노력하는 것이다. 이를 닦거나 샤워를 하거나 심지어 쓰레기를 버리러 나가는 것과 같은 어떤 활동도 좋다. 참가자들은 다음 수업까지 매일 해야 할 하나의 활동을 선택하였다. 우리는 충분히 현재를 느끼고, 치아에 칫솔의 감각을 느끼고 등에 튀기는 물을 느끼는 것과 같이 실제적으로 순간을 자각하도록 하는 것이 중요하다는 것을 강조했다. 이렇게 하는 것의 목적은 소소한 일들을 즐겁게 만들기 위한 것이 아니다(즐거울 수도 있지만), 단순히 어떤 일을 습관적으로 하지 않고 더 자주 실제적인 삶에 '깨어 있을' 기회를 주기 위한 것이다(그리고 그들이 하루이상 그것을 잊어버린 것으로 드러나면, 잊어버린 사실을 깨달았을 때, 어떤 반응이 있었는지를 알아차리고, 이런 '깨어 있음'을 그 순간에 무슨 일이 일어나는지 볼 수 있는 기회로 사용하게 한다).

이와 같이 순간순간의 알아차림은 자동조종 상태에 있는 것과 실제로 뭔가를 하고 있을 때 무엇을 하고 있는지 아는 것 사이에 차이가 있다는 것을 알게 해 준다. 일상적인 활동에서 알아차리는 연습을 하게 되면 마음챙김이 특별한 어떤 것이 아니라는 것을 알게 된다. 무엇을 하고 있든지 간에 그 사이에 단지 주의를 기울이는 것을 선택함으로써 그 활동에 다가갈 수 있는 것이다.

수업 마치기

첫 번째 수업이 끝날 무렵, 참가자들은 짧은 시간 동안에 새로운 많은 정보에 노출된다. 이러한 종류의 작업을 시작하면서, 참가자들은 소개된 많은 개념에 대해 여러 가지 다른 반응을 경험하게 된다. 이러한 반응 중 몇 가지는 표현되지만 많은 다른 반응은 표현되지 않는다. 이러 저러한 경험들이 다가오는 회기 중에 표면으로 떠오르게 되고, '긍정적' 혹은 '부정적'으로 판단되든지 상관없이, 배움이 일어날 수 있는 재료가 될 수 있다.

회기가 끝나는 시간은 회기에 대한 요약을 제공하는 중요한 시간이다. 우리는 '1회기 요약: 알아차림과 자동조종([1회기-유인물 2])'을 회기를 요약하기 위한 틀로 사용할 것이며, 요약을 할 때는 참가자들이 유인물에 주의를 돌리도록 한다.

마지막으로, 짧게 2~3분 정도 호흡에 집중하는 연습을 하고 수업을 끝낸다. 참가자들에게 등을 곧게 펴되 너무 경직되지 않은 자세로 앉도록 하고 잠시 후에, 호흡이 몸에 들어왔다 나가는 것에 집중하도록 하고 그것과 연합된 감각들에 집중하도록 한다. 이것은 토의에 이어서 수업을 '다지게 하는' 한 방법이 되며, 다음 회기를 미리 맛보게끔 해 준다.

1회기-유인물 1

마음챙김의 정의

마음챙김은

의도적으로,

현재 순간에

판단하지 않고,

있는 그대로

주의를 기울일 때 일어나는 알아차림이다.

- Jon Kabat-Zinn

1회기-유인물 2

1회기 요약: 알아차림과 자동조종

우리는 무엇을 하고 있는지 전혀 알지 못한 채 '자동조종'상태로 수 마일을 운전을 하기도 한다. 마찬가지로 우리는 삶의 많은 부분에서 실제로 순간순간 '존재하지 않고 있다'. 우리는 가끔 무엇을 하는지 알아차리지 못한 채 '수 마일을' 갈 수도 있다.

자동조종 상태에서, 우리는 너무나 쉽게 '버튼을 누른다'. 우리 주변의 사건들과 마음에 떠오르는 생각, 느낌과 감각들(그중에서 우리는 막연하게만 자각할 수 있다)은 도움이 되지 않고 기분을 나쁘게 만들 수 있는 오래된 사고 습관을 자극할 수 있다.

우리의 생각, 느낌 신체감각을 좀 더 자각하게 됨으로써, 순간순간 우리에게 더 많은 자유와 선택의 가능성을 부여하게 되고 과거에 문제를 일으켰던 오래된 '정신적 관례(mental ruts)'로 돌아갈 필요가 없게 된다.

이 프로그램의 목표는 알아차림을 증진시켜서 상황에서 자동적으로 반응하기보다는 선택의 여지를 가지고 대응할 수 있도록 하기 위함이다. 우리는 여기서 주의가 어디에 있는지 더 잘 알아차리는 것을 연습하고 주의의 초점을 반복해서 의도적으로 바꾸는 것을 연습하게 된다.

우선, 자동조종에서 어떻게 벗어날 것인가를 탐색하기 위해서 건포도를 먹는 것에 주의를 집중하였다. 그런 다음에 현재 순간을 알아차릴 수 있는 초점으로 신체 부위를 사용하여 주의 집중 훈련을 할 것이다. 또한 다른 장소에서도 자유자재로 주의를 집중하고 알아차리는 연습을 하게 될 것이다. 이것이 다음 주에 할 가정실습 과제인 바디스캔의 목표이다.

1회기-유인물 3

1회기 이후 일주일간의 가정실습 과제

1. 바디스캔 실습을 다음 회기 전까지 여섯 번을 반복하라. 실습을 하면서 특별한 어떤 것을 느끼려고 하지 말라. 사실, 그것에 대한 모든 기대를 버리고 그저 당신이 하는 경험이 순전히 당신의 경험이 되도록 하라. 판단하지 말고 계속 그것을 하라. 그리고 다음 주에 그것에 대해 이야기를 나눌 것이다.
2. 오디오 녹음 파일을 들을 때마다 가정실습 기록지에 기록을 하라. 또한 가정실습 과제 도중에 떠오른 것을 적어 놓아서 다음 번에 그것에 대해 이야기할 수 있도록 한다.
3. 일상생활에서 하나의 활동을 골라서 건포도 명상을 했던 것과 같이 그 행동을 할 때마다 순간순간을 알아차릴 수 있도록 의도적으로 노력하라. 아침에 일어날 때, 칫솔질을 할 때, 샤워할 때, 몸을 말릴 때, 옷을 입을 때, 식사할 때, 운전할 때, 쓰레기를 버릴 때, 쇼핑할 때 등에 적용할 수 있다. 실제로 뭔가 하고 있을 때 당신이 무엇을 하고 있는지 알아채는 것에 초점을 맞추라.
4. 당신이 건포도 명상을 할 때 알아챘던 것과 같은 방식으로 먹고 있는 것을 알아차릴 때마다 기록하라.
5. 하루에 한 끼 정도는 '마음을 챙기면서' 건포도를 먹었던 방법으로 하라.

1회기-유인물 4

어떤 환자의 소감문

이 환자는 4년 전에 남편과 이혼하고 아이들과 헤어진 이후 우울증으로 입원했었다. 변호사를 통해 만나는 것을 제외하고는 아이들과 더 이상의 접촉은 없었다. 그녀는 다시 병원에 입원한 적은 없었지만 매우 우울하고 외로웠다. 그녀는 가장 심한 우울 증상이 끝나고, 기분이 악화되는 것을 예방하기 위해 바디스캔 실습을 하기 시작했다. 이 글은 그녀가 8주가 지난 후 회고하면서 쓴 글이다.

> 처음 열흘 정도는 바디스캔을 하는 것이 부담스러웠어요. 계속 집중이 안 되었고 잘하고 있는지 걱정이 되었어요. 예를 들어, 공상이 계속적으로 떠올랐어요. 테이프에서 매사추세츠에 대해서 언급하면 5년 전에 가족들과 보스턴에 여행 갔던 것이 떠오르곤 했어요. 내 마음은 온통 그곳에 가 있었어요. 난 그걸 계속 막으려고 애썼지요.
>
> 처음에 시작할 때 또 다른 문제는 오디오 녹음 파일에서 '그냥 있는 그대로를 수용하십시오.'라고 말하는 것이었어요. 난 그것이 정말 말이 되지 않는다고 생각했어요. 나는 스스로 '난 그럴 수 없어.'라고 생각했어요. 결국, 나는 테이프를 틀어 놓고 생각의 왕국으로 빠져들 심사였던 거죠. 근심이 올라와도 걱정하지 않았어요. 점차적으로, 40분 동안 녹음 파일에 나오는 것을 놓치지 않고 지나가게 되었고, 그때부터는 점점 더 효과적이 되었어요.
>
> 10일이 지난 후에, 더 긴장을 풀 수 있게 되었고 딴생각을 하고 있는지 걱정하는 것을 그만두게 되었어요. 걱정하는 것을 그만두자 사실상 공상이 계속 떠오르는 것을 멈추게 되었어요. 점차적으로, 공상이 떠오르던 것이 줄어들었어요. 나는 녹음 파일에서 나오는 말을 듣는 것이 행복했고 그것으로부터 어떤 가치들을 얻기 시작했어요.
>
> 얼마 되지 않아 실제로 호흡이 나의 발밑으로 나가는 것을 느낄 정도로 발전이 되었어요. 때로는 아무것도 느끼지 못했지만 그때마다 '느낌이 없다면, 아무런 느낌이 없다는 사실에 만족할 수 있다.'라고 생각했어요.
>
> 이건 여섯 번 만에 할 수 있는 것이 아니에요. 일상적인 훈련이 되어야 해요. 노력하면 할수록 실제적인 것이 됩니다. 난 그렇게 되기를 바라고 기다리기 시작했어요.
>
> 45분 동안 시간을 설정하고 녹음 파일을 따라 하다 보면, 살면서 다른 일도 구조화시키는 것이 수월해질 거예요. 녹음 파일은 그 자체가 추진력이 될 수 있습니다.

1회기-유인물 5

가정실습 기록지-1회기

성명: ____________________

연습을 할 때마다 가정실습 기록지에 기록하십시오. 또한 가정실습을 할 때 떠오른 것을 기록해서 다음 회기에서 이야기할 수 있도록 하십시오.

일자	실습 (예/아니요)	비고
수요일 날짜 ______	바디스캔: 매일 마음챙김:	
목요일 날짜 ______	바디스캔: 매일 마음챙김:	
금요일 날짜 ______	바디스캔: 매일 마음챙김:	
토요일 날짜 ______	바디스캔: 매일 마음챙김:	
일요일 날짜 ______	바디스캔: 매일 마음챙김:	
월요일 날짜 ______	바디스캔: 매일 마음챙김:	
화요일 날짜 ______	바디스캔: 매일 마음챙김:	
수요일 날짜 ______	바디스캔: 매일 마음챙김:	

08

마음챙김 기반 인지치료에서 친절과 자기-자비

2002년에 이 책의 초판을 쓰면서, 우리는 교육적이고 경험적인 모든 실습, 질문과 가르침이 친절과 자비심의 분위기에서 제공되어야 한다고 생각하였다. 사실, MBCT 수업의 전형적인 특징은 참가자들이 보여 주는 용기에 대해 따뜻하게 환대하고 존중하면서 환자가 아닌 손님으로 대한다는 것이다. 19장에서 설명할 연구 결과에서도 참가자들이 MBCT 프로그램에서 배운 가장 중요한 것들 중의 하나가 친절과 자기-자비(self-compassion)라는 것을 보여 주고 있다. 우리는 이것을 기본원칙으로 하고 있다. 이런 분위기에서 수업이 진행되지 않는다면 MBCT 프로그램은 그 기본 특징들 중 하나를 잃게 되는 것이다.

사실, 마음챙김을 단지 알아차림이나 주의력이라고 말할 수는 없다. 주의 깊은 알아차림을 통해 외부나 내부 세계에서 일어나는 일들과 관계를 맺는 방법을 근본적으로 변화시킬 수 있는지 여부는 친근감과 자비심이 우리가 주의를 기울이고 있는 현재 경험의 요소에 스며들 수 있는지 여부에 달려 있다. 사실, 친절이 없이 참여하는 것은 효과가 없거나 오히려 해로울 수 있다. Christina Feldman은 다음과 같이 표현하였다.

> 마음챙김의 본질은 중립적이거나 텅 빈 현존이 아니다. 진정한 마음챙김은 따뜻함, 자비심 그리고 관심으로 가득 차 있다. 이런 적극적인 관여와 주의의 관점에 비추어 본다면 우리는 어떤 것도 싫어하거나 두려워하는 것이 불가능하다는 것을 알게 되고……, 진정으로 이해할 수 있게 된다. 마음챙김의 특성은 관여하는 것이다. 관심이 있는 곳에, 자연스럽고 강요되지 않는 주의가 따른다(p.173).[79]

MBCT에서는 친절이 기본이라고 생각하기 때문에, 지도자 개인이 갖고 있는 따뜻한 성품이 이 접근법의 특징을 잘 구현할 수 있는 필수 요건이다. 이러한 성품을 계발하기 위한 전통적인 명상법들은 종종 자신과 다른 사람들[80]에게 무조건적인 호의를 확장하는 것에 초점을 둔 특정 명상 수행을 시킨다. 예를 들어, 자애나 메타 수행에서는 모든 사람이 잘되도록 '마음을 기울이는' 방법으로 다음과 같은 구절을 반복한다. '내가(당신, 우리, 그들) 안전하고 보호받을 수 있기를.' '내가(당신, 우리, 그들) 평화롭고 행복해질 수 있기를.' '내가(당신, 우리, 그들) 건강하고 강할 수 있기를.' '내가(당신, 우리, 그들) 편안해지기를.' 이러한 자애 문구들과 이것이 구현하고 있는 근본적인 의도는 먼저 자신을 향하고 그다음에 다른 사람들에게로 향하게 한다. 자애 명상에서는 감사를 느끼고 이해할 수 있는 사람, 좋은 친구, 좋아하지도 싫어하지도 않는 중립적인 사람, 미움을 유발하는 까다로운 사람으로 이어지고, 마침내 인간과 인간이 아닌 세상의 모든 존재로 연속적으로 주의가 확장된다. Sharon Salzberg가 지적했듯이 이런 수행과 가혹하고 비판적인 마음이 일어날 때 자기에 대한 자비심을 함양하는 능력 사이의 연결고리는 '자애를 경험할 때, 우리 모두 행복해지고 싶다는 같은 소망을 공유하게 되고 종종 그 행복을 얻는 방법에 관해서도 비슷한 혼란을 겪고 있다는 것을 인정하는 것에 있다. 또한 변화와 괴로움에 대한 비슷한 취약성을 가지고 있음을 나누면서 돌보는 마음을 이끌어 낸다.'(p. 178)[80]는 사실을 인식하는 데 있다. 이렇게 자기 자신을 돌볼 수 있다면 실패나 좌절의 순간에 나타나는 습관적인 자기 비난과 거절받는 느낌을 다스릴 수 있다.

몇몇 마음챙김 프로그램에서는 이 전통을 따르고 있고 또한 8주 과정에 자비심, 자애 수행을 공식 명상에 포함시킨다. 처음에는 우리도 이것을 고려하였지만, 재발성 우울증에 취약한 사람들을 위한 MBCT를 개발할 때는 그렇게 하지 않기로 결정하였다. 그 이유는, 첫째, 참가자들의 친절 경험은 주로 지도자들이 이런 자질을 프로그램 안에서 보여 줌으로써, 즉 지도자가 갖고 있는 환대하는 태도와 명상 실습 지도, 참가자들의 질문이나 의견에 대응하는 방식을 통해 주로 이루어져야 한다고 생각하였다. 둘째, 임상 장애를 가진 사람들에게 자애 명상은 오히려 그들의 취약성을 유발할 수 있다는 위험이 있다. 예컨대, 매우 반추적인 사람에게는 '행복한' 또는 '해가 없는'과 같은 단어는 이러한 자질을 갖추기 위해 노력해야 하는 것으로 너무 쉽게, 그리고 너무 좁게 이해될 수도 있다. 그래서 과거에 그렇게 하지 못했다는 실패감 혹은 미래에 그렇게 하는 것이 불가능할 것이라는 사실에 이들의 마음속에 고통스러운 감정의 폭포수가 일어날 수도 있다. 셋째, 자비명상을 실습하는 목적이 자애심을 계발하는 것이라고 여긴다면(의도라기보다는), 자신이 그렇게 할 수 없다는 것을 깨닫고 실제로는 누군가를 사랑하거나 사랑받을 수 없다는 기존의 무능력감을 강화시킬 수 있다.

우울증 프로그램을 위한 MBCT에서는 자애와 자비심 명상에 대한 분명한 실습이 제공되지 않지만, 그럼에도 불구하고, 8주 이상의 훈련이 누적되고 실습 자료들이 이끄는 특정 방향을 따라가다 보면 참가자들이 이러한 역량을 갖게 되는 것은 자명한 사실이다(20장 참조).

자기-자비 실천을 위한 간접 경로

친절과 자기-자비가 MBCT에서 정확히 어떻게 표현되는가? Feldman과 Kuyken[81]은 MBCT가 비록 전통적인 접근법과 다른 형식으로 구성되더라도 자비심을 함양하기 위한 기본 구성요소를 내포하고 있다고 강조하고 있다. 그들은 초기에 마음챙김을 함양시키는 것을 강조하는 것이 자기-자비로 들어가는 중요한 관문이라는 것을 지적하였다. 이들은 '적'이 아니라 '친구'와 같은 마음을 기르는 첫 번째 단계는 두려워하지 않고 마음의 풍경을 탐구할 수 있도록 해 주는 마음챙김 기술을 계발하는 것이라고 보았다. 마음과 마음이 작용하는 방식을 아는 것이 마음을 편안하게 하기 위한 시작이다. 이와 같이 마음이 편해지는 과정에서 호기심, 친절함, 평온함, 안정감이 강화되기 시작한다. 이것들은 고통과 탈동일시(disidentification)를 하게 만드는 자비심이라는 바탕을 이루는 구성요소들이다. MBCT프로그램에서 참가자들은 이 모든 단계를 실행한다.

Jon Kabat-Zinn은 스트레스 감소 클리닉에 관한 글에서 이런 지향점을 설명하고 있다. '클리닉에서 전체적인 인상은 늘 자애심을 구현하려고 시도해 왔습니다. 그래서 제 생각에는, 그것에 관하여 분명하게 말할 필요가 없었다고 봅니다. 과거 우리가 어땠는지, 그리고 어떤 것을 했든지 간에 가급적 모든 것에 대해 사랑하는 마음과 친절하게 대하는 것이 좋습니다.'(p. 285)[82] 현재 순간으로 부드럽게 돌려서 주의를 기울이는 바로 그 행위가 친절과 자기-보살핌의 강력한 태도라면, MBSR 및 MBCT에서 모든 마음챙김 명상은 자기-자비의 행위이기 때문에 오직 자기-자비 능력을 훈련하는 것에만 몰두하는 한 실습만을 할 필요성이 적어진다.

지도자의 자세와 참가자들의 자기-자비의 계발

MBCT에서 자기-자비가 대체로 간접적 · 암묵적 가르침에 의해서 함양된다면, 자기-자비를 구현하는 많은 책임은 지도자에게 달려 있다. 처음에 지도자 개인의 따뜻함, 세심함, 환대하는 태도로 전달되는 친절함은 참가자들과 함께하는 부드러운 접근을 통하여 프로그램 전반에 걸쳐서 강화된다. 특히 슬픔이나 분노와 같은 부정적인 영향이 있을 때 더욱 그렇다. 이런 식으로, 마음챙김과 자비심은 수업에서 포착될 수 있는 것이지 가르쳐 지는 것은 아니다. 이것은 각 MBCT 회기의 내용이 중요한 한편, 친절에 대한 가장 중요한 '가르침'은 지도자가 직접 수업에 함께하면서 전달된다는 것을 의미한다. 때때로, 참가자들은 지도자의 말보다 그가 하는 행동으로 더 많은 것을 알아차릴 수 있다. 지도자가 수업의 실습에서 지도하고 있든, 참가자들이 표현하는 의심, 분노 또는 실망에 대응하든, 지도자의 실제 행동에서 친절감을 맛보는 것이 가장 강력한 가르침이 된다. 지도자로서 우리 자신 역시 개인적으로 마음챙김 명상을 하다 보면 우리가 살면서 겪은 경험에 대해 친절과 자비심을 가지고 대응했거나 그렇지 않았던 때를 인식함으로써 이 영역을 알아차리도록 해 줄 수 있다.

어려운 가르침 순간에 일어나는 자기-자비

대부분의 지도자는 실습을 이끌면서 의도했던 것과 다른 말을 하는 경험이 있다. 예컨대, 바디스캔을 할 때, '왼쪽 무릎'을 의도하고서는 '오른쪽 무릎'이라고 말하기도 하고 4회기에서 몸에 대한 알아차림에서 곧바로 생각에 대한 알아차림으로 이동하고 소리에 대한 마음챙김을 전부 빠뜨리기도 한다. 우리는 질문을 다루는 데 능숙하지 못하다는 것을 자각하게 되거나, 교육과정이 한 부분에서 다른 부분으로 너무 갑작스럽게 넘어간다고 느낄 수 있다. MBCT에서 친절과 자비심을 갖고 수업을 가르치면서도 도전적이고 자기비판적인 우리 자신의 생각을 알아차릴 수 있다.

어떻게 하면 지도자는 수업에서 요구되는 것을 잘 살피면서 자신을 돌보는 이중 작업을 해낼 수 있을까? 실수처럼 느껴지는 부분을 곰곰이 되씹으면서 마치 사기를 치고 있는 것 같은 기분이 들고 자신에 대해 비판적이 되는가? 수업에 참여한 사람들의 욕구는 대체 어떤 것인가? 추가적인 지시를 해서 신속하게 수정해야 할까 아니면 다음 지도를 할 때까지 그냥 두어야 할까?

이런 경우에, 지도자로서 자신에 대한 자기-자비는 숙련된 선택을 위한 여지를 준다. 우리는 다른 선택이 더 좋았을 것이라고 느끼는 지점을 무시하지 않는다. 우리는 그런 것들을 통해 배울 수 있다. 자기 비난에 빠져 다음에 무엇을 해야 할지 시야가 흐릿해지면서 우리가 할 수 있는 다른 선택사항들을 놓쳐서는 안 된다. 아무리 숙련된 지도자라도 정답을 모두 알 수는 없고 의도한 핵심에서 벗어날 수도 있다는 것을 깨닫는 것이 도움이 될 수 있다. 마음이 여전히 비난에 휩싸여 있는 동안에 자신에게 부드럽게 대하면서 다음에 무슨 일이 일어나는지 지켜보는 것이 그 순간 지도자가 할 수 있는 가장 친절한 일일 수도 있다.

때때로 어려움은 우리가 하는 것 때문이 아니라 다른 사람들이 우리에게 하는 말 때문에 일어난다. "이것은 쓸데없는 것 같아요." 또는 "이것은 나에게 전혀 도움이 안 돼요. 더 악화시키는 것 같아요."라고 말하는 참가자에게 대답할 때 우리가 어떻게 친절을 구현할 수 있을까? 사실, 이런 상황은 중요한 가르침의 순간이다. 우리 자신의 마음챙김 연습의 성과에 기초해서 그리고 우울증이라는 고통의 영역을 잘 알고 있는 데다가 마음챙김 실습이 때때로 얼마나 힘든지를 잘 알고 있기 때문에, MBCT 지도자는 수업 시간에 표현된 그러한 어려움을 잘 다루어 줄 수 있을 때 마음이 편안해진다. 물론, 지도자 역시 자신의 '위축'된 반응을 즉각적으로 지각하고, "이제 뭐라고 말하지?" 하면서 두려움이 생기는 것은 흔히 있을 수 있는 일이다.

경험이 많은 지도자 역시 그런 기분을 느낄 수 있고 그러한 '위축'은 하나의 신호로 간주할 수 있다. 그것은 능숙하게 반응할 준비를 하면서 스스로를 안심시켜야 할 순간이 필요하다는 것을 의미한다. 그 순간에 (분명하게 언급할 필요는 없지만) 실습과 관련된 우리 자신의 노력을 상기해 보라. 종종 우리의 삶에서 주의 깊은 자비심의 공간을 만들기 위한 노력에 대해 얼마나 판단적일 수 있는지 기억해 보라. 그러면, 우리는 참가자가 좌절을 표현하는 것에 대해 더 마음이 놓일 것이다. 우리는 그러한 분노와 좌절 뒤에 놓인 고통을 보다 기꺼이 볼 수 있을 것이고, 그것을 표현하기 위해 필요했을 용기를 분명히 볼 수 있을 것이다. 그러고 나면, 지도자와 참가자 사이에 자비심과 '분리되지 않는' 느낌이 생겨나고, 대응할 때 균형감이 생기고, 참가자들의 '고통스러운 절규'를 향해 기꺼이 마음을 움직이게 하는 호기심이 일어나며, 위축, 혐오감, 예민함 대신에 보다 큰 의미의 넉넉한 마음과 가능성이 되살아난다.

취약한 사람들에 대한 자기-자비의 의도하지 않은 결과에 관한 주의사항

수업시간에 명시적으로 자애 명상 실습을 하든 안하든 간에, 수업 중에 자비심어린 태도와 마음을 챙기는 자세로 친절감이 암시적으로 표현되는 경우에도, 이 친절감은 한결같이 긍정적이지 않은 참가자들에게 영향을 미칠 수 있다. 이런 현상이 실제로 임상 집단을 다룰 때 자주 일어난다. 왜냐하면 자애나 자기-자비로 자신을 바라보도록 하는 가벼운 권유에도 자신에 대해 가치 없고, 사랑스럽지 않고, 불완전한 존재로 보는 오래되고 지속적인 마음의 습관이 즉시 재활성화되기 때문이다. 전통적인 인지치료를 보면, 핵심 신념에는 두 가지 뚜렷한 특성이 있다는 것을 알 수 있다. 즉, 그것들은 변화에 저항적이며, 입증되지 않은 정보를 걸러 내는 데 매우 효율적이다. 이는 심지어 친절한 말이나 호의적인 발언조차도 괴로운 감정을 불러일으킬 수 있다는 것을 의미한다.

우리는 연구를 통해 반추하고 어떤 문제를 골똘히 생각하는 사람들에게는 자애 실습을 초기에 시도하는 것이 어려울 수 있으며,[83] 습관적으로 반추하고 회피하는 사람들은 MBCT[78]를 더 빨리 중단할 가능성이 높다는 것을 알았다. 따라서 우리는 이러한 패턴을 스스로 인식하거나 초기 평가에서 그런 패턴을 드러낸 참가자를 대상으로 사전 인터뷰에 더 많은 시간을 할애한다. 프로그램에서 생길 수 있는 어려움들과 그것이 어떻게 도전적일 수 있는지, 그리고 발생할 수 있는 도전들 중의 하나가 완전히 포기하고 싶은 것인지에 대해 더 자세히 이야기하도록 추가적인 시간을 할애한다. 우리는 참가자들에게 이 시간이 삶에서 중요한 것을 배울 수 있는 중요한 기회라는 것을 말하며, 참가자들은 추가 시간에 어려움이 발생하거나 만일 발생한다면 어떻게 해야 하는지 지도자와 자유롭게 이야기를 나눈다.

Christopher Germer는 이것에 대해 많은 가치 있는 이야기를 하고 있다.[84] 그는 우리 중 그 누구도 자신을 친절하게 대하려고 할 때 부정적인 감정으로 되돌아가는 것을 알아차릴 수 있어서 그런 좋지 못한 감정이 발생할 수 있는 순간을 대비하여 참가자들을 준비시키는 것이 유용하다고 말한다. 이럴 때 지도자가 능숙하게 해야 할 것은 참가자들에게 과도한 비관주의를 유발하지 않으면서도 자신에 대해 친절해지는 것과 그런 경험에 대한 반동(rebound)의 강도 간에 균형을 찾을 수 있는지 여부를 보게 하는 것이다. 때로는 우리 자신 역시 실습을 통해서 너무나 잘 알고 있듯이, 불쾌한 감정과 싸우기 위한 수단으로 내적으로 더 친절하게 대하라고 할 수 있고 혹은 충분히 열심히 노력하면 친절감이 효과적일 것으로 기대한다. 이런 경우에 호흡을 닻으로 삼거나 다른 사람들과 교제를 즐기거나 자신을 위한 특별한 일을 통해서 자기-자비를 좀 더 행동적으로 표현하도록 할 수 있다. 이것은 공식 명상 실습에서 그것과 '싸우는 것'보다 더 효율적일 수 있다.

결국 가장 중요한 것은 친절과 자기 연민이 의도적으로 행해질 수 있다는 것을 인식하는 것이다. 심지어 실제로 이 방향으로 마음을 기울이는 것이 어려울 때도 말이다. 힘든 마음 상태에서도, 자신을 돌볼 의도를 가지는 것은 그 자체가 치유가 된다. 친절이 의도에 관한 것이라는 것, 친절한 감정을 만들어 내기보다는 마음을 친절 쪽으로 기울이는 실습이라는 것을 이해하게 되면, 우리 자신이 스스로를 가혹하게 대하고 비난하려는 마음이 들 때 스스로를 더 용서하고 싶은 기분이 들 것이다.

요약하면, 우리가 말하고자 하는 것은 이것이다. 우리가 마음챙김을 배우거나 가르칠 때, 친절과 자비심이라는 추가적인 요소를 필요로 하는 '차가운' 주의 통제를 배우고 있거나 가르치는 것이 아니다. 마음챙김의 순간에 비록 잠깐 동안일지라도 자연스럽게 친절과 자비심, 균형감각, 심지어 우리를 놀라게 할 수 있는 기쁨까지 함께 찾아온다. 친절과 자비심은 우리가 실습하는 토대가 되고 우리가 가르치는 토대가 되며, 참가자들이 자신의 수행을 연마하는 데 사용할 수 있는 토대가 된다.

머릿속에서 살기: 2회기

첫 일주일 동안의 실습에 대한 반응은 사람들마다 상당한 차이가 있다. 어떤 사람들에게는 이런 도전이 지나치게 강렬한 경험이었을 수도 있다. 이들은 '끔찍한 한 주일'을 보냈다고 하는데, 이 끔찍함이란 말에는 실습이 별다른 도움이 되지 않았거나 심지어 상황을 더 악화시킨 것에 대한 실망도 포함되어 있다. 어떤 사람들은 실습이 상당히 잘 이루어졌다고 말한다. 이들은 아마도 바디스캔에서 이완이 잘 되었다고 느꼈던 것 같다. 그렇다면 집단을 이끌어 가는 지도자는 다양한 반응에 대해 어떻게 마음을 열고 공정함을 유지할 수 있을까?

마음챙김이 인지치료와 결합될 수 있을지 의구심을 품은 채 프로그램을 시작했을 당시인 1992년도에 우리는 마음챙김에 대한 다큐멘터리 방송을 통해 매사추세츠 의료센터의 스트레스 감소 클리닉에서 실시하는 프로그램의 특징을 가미하는 데 도움을 받았다. 그 방송은 프로그램에 새로 참가한 사람들이 8회기 동안 마음챙김 접근법을 배우는 과정을 추적해서 보여 주는 것이었다. 1회기에서 우리는 지도자가 건포도 먹기 명상과 바디스캔에 대해 설명하는 것을 보았다. 방송에서는 참가자들 중 몇 명의 집을 매일 방문하여 바디스캔 실습을 하는 것을 보여 주었다. 그 다음 회 TV 프로그램에서는 바로 참가자들이 집에서 실습을 하는 모습을 방송하였고, 2회기에 참가하여 지난주 가정실습 과제를 어떻게 하였는지 대하여 피드백을 하는 모습을 보여 주었다. 우리는 지도자가 첫 번째 과제로 내주었던 녹음 파일에 대한 참가자들의 다양한 반응을 어떻게 다루는지에 흥미를 느꼈다. 직접 참가해 우리 자신의 프로그램 견본을 만들어 본 후에야 8주라는 시간을 40분짜리 프로그램으로 압축해야 하는 압박감 때문에 중요한 부분, 즉 회기 도입부분의 첫 실습 부분이 편집과정에서 폐기되었다는 것을 알게 되었다.

그렇지만 TV 프로그램이라는 제한만이 이런 식으로 속도를 밀어붙인 것은 아니었다. 이 프로그램의 두 번째 수업이 시작되었을 때 참가자와 지도자 모두 한 주 동안의 경험을 나누고자 하는 강렬한 바람을 느낄 수도 있다. 수업이 시작되기 전 방안에는 서로 이야기하는 소리와 노트를 비교하는 소리로 가득 찬다. 물론 참가자들은 서로에 대해 조금 더 잘 알고 있고 지금 막 새롭고 낯선 경험에 몰두하며 한 주를 보냈다. 이들 역시 TV 편집자처럼 각자 일주일을 어떻게 보내고 있는지 토의하는 부분을 직접 편집해서 보여 주고 싶은 유혹을 느끼고 있다. 실제로 그 회기의 의제를 정하고 실습 과제를 어떻게 했는지, 가정실습 과제로부터 무엇을 배웠는지 점검하는 것은 인지치료에서 중요한 영역이다. 만일 과제가 문제해결이라면 문제를 정확하게 파악하고 가능한 협력하여 해답을 찾아나가는 것이 자연스러운 진행이 될 것이다.

우리는 마음챙김 접근방식이 이전에 사용했던 접근법과는 근본적으로 다르다는 것을 알게 되었다. 마음챙김 방식은 우울증을 포함해 누구의 문제에 대해서도 해결책을 주지는 않는다. 우리는 실제로 처음에 토론으로 시작하지 않고 실습부터 하는 것이 더 낫다는 것을 알게 되었다. 그래서 2회기부터는 각 수업마다 지도자가 실습을 시키도록 하였다. 공식 실습은 집단에 참가한 사람들을 훈련시키는 토대가 된다. 2회기의 경우 공식 실습은 바디스캔이다. 참가자들에게 다른 양식, 즉 '행위(doing)' 양식이 아닌 '존재(being)' 양식을 더 잘 알아차리도록 하는 것의 중요성을 감안할 때, 실습을 시작하는 목적은 참가자가 자신이 속한 마음의 양식을 인식하고, 행위 양식의 '추진적인' 측면이 일어날 때를 알아차리고, 그것을 좀 더 명확하게 보고, 거기에서 벗어나서, 다른 양식으로 전환하도록 도와주는 것이다.

수업이 목표를 달성하기 위한 대안을 모색하고 있지만, 이것이 각 회기마다 정해진 주제가 없다는 의미로 받아들여서는 안 된다. 각 회기마다 해야 할 작업이 있고 참가자들로 하여금 두 시간 동안 매 순간을 충분히 사용할 수 있도록 하고 마음챙김이라는 것이 그들의 생활과 얼마나 관련이 있는지 경험할 수 있는 기회를 주는 데 초점을 맞추기 위해 어느 정도 노력을 해야 한다. [자료 9-1]은 이번 주 수업의 토의 의제를 보여 준다. 먼저, 바디스캔 실습을 시행한다. 둘째, 방금 시행한 실습의 경험을 검토한 다음 주중에 한 공식 및 비공식 실습에 대한 참가자의 경험을 검토한다.

[자료 9-1]

2회기 주제와 교육과정

주제

행위 양식에서 우리는 경험에 대해 생각을 통해서 오직 간접적으로, 개념적으로 '알게 된다'. 이는 우리가 반추와 걱정에 의해 쉽게 길을 잃을 수 있다는 것을 의미한다. 몸에 대한 마음챙김은 직접적으로, 직관적으로, '경험적으로' 아는 새로운 방법을 탐구하는 기회를 준다. 경험적으로 안다는 것은 반추적인 사고에 빠져 길을 잃지 않으면서도 불쾌한 경험을 잘 알아차리는 방식이다. 이미 대부분의 참가자는 실습을 하면서 몇 가지 어려움을 경험하고 있을 것이다. 이러한 어려움은 생각을 내려놓는 연습을 하고, 몸에 대한 직접적인 알아차림과 연결할 수 있는 소중한 기회를 준다.

의제

- 바디스캔 실습
- 실습에 대한 검토
- 가정실습 과제 검토-가정실습의 어려움을 포함
- 생각과 감정에 대한 연습('거리를 걷기')
- 즐거운 경험 기록지 검토
- 10~15분 정도의 정좌 명상
- 2회기 유인물 배포
- 가정실습 과제 내주기:
  바디스캔 테이프, 7일 중 6번
  10분 정도의 호흡 명상, 7일 중 6번

즐거운 경험 기록지 기록(매일)
일상적인 활동에서 마음챙김

계획 및 준비물

개인적인 준비물과 함께 생각과 감정에 대한 연습을 하기 위해 화이트보드/플립차트와 수성 펜 준비하기

2회기 참가자 유인물

[2회기-유인물 1] 2회기 요약: 머릿속에서 살기
[2회기-유인물 2] 바디스캔의 비결
[2회기-유인물 3] 호흡 명상
[2회기-유인물 4] 2회기 이후 일주일간의 가정실습 과제
[2회기-유인물 5] 가정실습 기록지-2회기
[2회기-유인물 6] 즐거운 경험 기록지

수업의 기초가 되는 실습의 탐구

실습에 대한 반응은 항상 다양하다. 어떤 사람들은 방금 끝낸 실습에서의 새로운 경험을 자신의 견해와 함께 말하기도 하고, 또 어떤 사람들은 지난 한 주 동안 집에서 바디스캔을 했던 경험에 대해서 말하기도 하였다. 우리는 처음에는 가급적 그 회기에서 방금 마친 실습에 대한 피드백에 제한해서 토론하는 것이 낫다는 것을 알게 되었다. 따라서 가정실습 과제에 대한 토론은 회기의 후반부로 미루어졌다.

회기 중에 했던 실습경험에 대한 이야기는 보통 참가자들이 그 주 동안 했던 경험과 유사하다. 회기 중 실습에서 가장 공통적으로 나오는 주제는 '내가 제대로 하고 있는 걸까?' '실습을 할 때 불편해진다.' '상황이 좋지 않다.' '마음이 계속해서 오락가락한다.'와 같은 것들이다.

특히 실습을 하면서 경미한 우울증적 생각이나 감정이 서로 작용해서 어떻게 우울증 재발이라는 악순환을 일으키는지 그 예를 찾아본다. 우울증적인 해석이 이런 악순환을 쉽게 유발하기 때문에 실습 중에 문제를 다루는 데 어려움이 생긴다. 이

들에게 줄 수 있는 도움은 생각이 진행되는 과정이 어떻게 일어나는지 스스로 분명히 볼 수 있도록 요점을 제시하는 것도 포함된다. 우리는 회기 초반에 이런 문제의 초점을 알기 위해 노력을 기울인다. 그 이유는 우울증 재발을 예방하는 핵심이 여기에 있기도 하고, 부분적으로는 참가자들로 하여금 실습을 지속하도록 동기수준을 높여 줄 수도 있기 때문이다. 이런 정신적 반추습관은 오래 지속되었고 친숙하기 때문에 실습을 할 때도 흔히 떠오르며, 우리의 주의를 끌면서 그 힘을 드러낸다.

수업 시간에 일어난 일과 가정실습 과제를 연결하는 경험에 초점을 두기 전에, 수업 시간에 수행된 실습을 검토하는 몇 가지 예를 살펴보겠다.

'상황이 좋지 않다.'

MBCT를 진행하는 데 있어서 가장 강력한 방해요인은 현재 상황이 좋아야 한다는 생각이다. 즉, 우리가 이성적으로 차분하거나 시간이 있을 때 혹은 주의산만하지 않은 상태에서는 이런 방식으로 문제를 다룰 수 있지만 그렇지 않은 상태에서는 제대로 하기 어렵다는 것이다.

MBCT를 개발하는 동안 케임브리지에서 가졌던 어떤 집단에서 있었던 일인데, 첫 수업 시간에 한 청소부가 밖에서 일을 하고 있었다. 진공청소기 스위치를 켰는지 소리가 들리더니 곧이어 한 사람이 다른 사람을 부르는 소리가 들렸고, 복도를 청소하면서 윙윙거리는 소리가 들렸다.

나중에 그 회기를 다시 검토할 때 많은 사람이 그때 들렸던 소리에 대해 언급하였다. 어떤 참가자들은 자신이 청소기 소리를 통해 소리자극을 자각할 수 있다는 것을 발견하였다. 그러나 또 다른 사람들에게는 바깥에서 들려오는 소리가 조용히 앉아 있으려고 하는 데 주의를 분산시키는 자극이 되었다. 이들은 자신이 불필요하게 방해받는다는 생각 때문에 화가 났고 참기 어려웠다.

여기에 대한 또 다른 시각이 있는지 계속 탐색하면서 회기가 진행되는 동안에 한 가지 중요한 사실이 떠올랐다. 청소부 소리를 들은 사람들 모두가 어떤 부정적인 생각이나 반응들을 자각하였다. 무엇보다도 '저 사람들은 이 방에서 뭔가를 한다고 문에 붙여 놓은 표시를 보지도 못했나?'라는 생각을 하였다. 어떤 사람들은 이런 생각이 떠오른 것을 알아차리고 그것들을 그냥 둔 채 하고 있던 실습으로 돌아왔다.

이것은 마치 청소부의 소음이 실습의 일부임을 알아차릴 수 있게 되어 상황의 필요에 따라 그런 소음들을 그냥 흘러가게 내버려 둘 수 있게 되었음을 의미하는 것 같았다. 다른 집단원들의 반응에 불을 붙인 것은 이렇게 앉아 있는 것이 어떤 방식으로 이루어져야 하는데, 그때 상황이 자신들의 기대와는 다르게 전개되었다는 점이다. 따라서 그 다음에 화가 나는 것은 아주 당연한 결과였다. 마치 이런 반응이 실습에서 적절치 못한 것처럼 상황은 즉각적으로 좋아지지 않았다. 이런 종류의 좌절은 몇 년 동안 실습을 해 온 사람들에게도 일어난다. 청소부의 소음은 사람들에게 상황이 자신의 계획대로 진행되지 않을 때 어떤 일이 생기는지를 알 수 있는 중요한 기회를 제공해 주었다. 우리는 소음이나 초기의 불편함, 좌절 반응에 대해 통제력을 갖지 못할 수도 있다. 이 다음에는 무슨 일이 일어날까? 우리의 반응을 좀 더 명확하게 보고 그것을 있는 그대로 인정하고, 우리가 의도했던 곳으로 주의를 되돌릴 수 있을까?

어떤 치료나 치유방법도 일상생활에서 불쾌한 일들이 발생하는 것을 막을 수 없으며, 여기에 수반되는 감정변화는 다른 경우에도 실습 때만큼 뚜렷하게 드러난다. 앞에서 언급했듯이 과거에 우울했던 사람에게 있어서 이런 경우는 기분이 자기-영속적인 패턴과 맞물리기 시작하는 순간이 된다. 반추가 시작되면 반복적인 생각은 실습 중에 겪었던 진공청소기보다 훨씬 더 문제가 되는 곳까지 뻗어 나간다. 외부 요인에 의한 주의산만과 마음의 방황은 항상 나타나는 주제이다. 마음의 방황은 마음먹은 대로 진행되지 않는 실습에 대한 실망감에서 시작되어 다른 실망스러웠던 기대로 이어진다. 많은 참가자는 만약 마음이 그렇게 자주 실습의 초점에서 벗어나지 않는다면 불편감이나 실습의 어려움을 쉽게 다룰 수 있을 것이라고 믿는다. 이런 생각은 많은 사람이 반복적으로 제기해 온 의문을 야기시킨다. 마음이 방황할 때 어떻게 해야 하는가?

방황하는 마음의 반복적인 습관들

우리 자신이나 다른 사람의 경험으로 미루어 볼 때 사람들은 마음의 방황을 교정해야 하는 '실수'처럼 생각하는 경우가 많다. 그러나 '방황'은 그냥 마음이 원래 그런 것이다. 방황하는 것은 마음의 본질이기 때문에 어쩔 수가 없다. 문제는 우리가 어떤 방식으로 마음의 방황과 관계를 맺는가 하는 것이다. 마음을 비우는 것을 과제로 삼거나 마음을 비우려고 할 때 다른 생각이 떠오르면 우리는 이것을 잘못되어 가는 일로 생각해서 이를 교정하는 치유책을 필요로 한다. 여기에서 다시 반복해서 말할 만한 가치가 있는 것은 마음챙김 명상은 마음을 비우는 것에 대한 것이 아니라는 점이다. 오랫동안 명상 수련을 해 온 뛰어난 명상 지도자라 하더라도 많은 시간, 생각이 마음을 지나다니도록 그대로 둔다. 그러나 이들은 이런 현상을 단지 어떤 배경에서 라디오 방송을 듣는 것처럼 묘사한다. 이들은 생각이 거기에 있다는 것을 알고 주파수를 맞추고 싶은 프로그램이 무엇인지도 알고 있지만, 삶의 나머지 부분과도 잘 지낼 수 있다. 따라서 문제는 어떻게 생각을 중단하는 방법을 터득하느냐가 아니라 어떻게 생각들과 관계 맺는 방식을 잘 바꿀 수 있는가 하는 것이다. 생각들 속에서 길을 잃었다고 생각하는 대신 그저 있는 그대로의 생각의 흐름과 마음속에서 일어난 사건으로 보면 된다. 따라서 마음이 방황을 하기 시작할 때의 지침은 마음이 방황하고 있음과 어디로 갔는지 알아차린 후 조용히 호흡이나 몸으로 주의를 돌리면 된다는 것이다. 이런 실습의 긍정적인 점은 마음이 어디에 가 있든지 간에 당신은 항상 그 다음 순간에서 다시 시작할 수 있다는 점이다.

> 마음챙김의 본질은 기꺼이 다시 시작하고 또 다시 시작하는 것이다.

마음챙김 명상의 핵심 기술은 마음의 오래된 습관에서 자유로워지는 것이다. 바디스캔은 이 과정을 품위 있고 조용히 할 수 있는 기회를 준다. 바디스캔은 순간의 경험을 자각하고 내려놓는 연습이다. 이것은 말로는 쉽지만 실제로는 그리 쉽지 않다. 이 실습은 신중한 결정을 필요로 한다. 의도적으로 몸의 특정 부위에 주의를 두고 잠시 동안 그곳을 통해 호흡을 들이쉬고 내쉰 후 다시 의도적으로 몸의 다른 부위로 주의를 옮기는 것이다.

바디스캔을 하는 의도에 대한 요약

- 의도적으로 주의를 집중하거나 벗어나는 것을 실습한다.
- 정신적 상태와 마음의 방황을 다르게 알아차리고 관계를 갖는 것: 집중하려고 의도 했던 것을 알아차리고 그것으로 돌아간다.
- 호흡을 '수단'으로 사용해서 주의 초점을 돌리고 유지한다.
- 사물을 있는 그대로 허용한다.
- 직접적이고 경험적인 알아차림 능력을 기른다.

가정실습 과제: 현실에서 마음챙김을 계발하기

첫 시간에 참가자들이 과제에 대해 보고하는 내용은 상당히 다양하다. 이런 내용들은 토론과 매일의 실습에 대해 써 온 일지의 내용을 검토할 때 나타난다. 바디스캔 실습을 할 때 자주 보고하는 내용들은 다음과 같다. 우리는 루이즈(Louise)라는 한 참가자의 경험으로부터 시작하려고 하는데, 다음은 맥락을 이해하기 위한 배경이다.

MBCT 프로그램에 의뢰되었을 때 루이즈의 나이는 38세였다. 그녀는 여러 해 동안 우울증을 앓다가 회복하곤 하였으며, 가장 최근의 에피소드는 9개월가량 지속되었다. 루이즈는 자신의 우울증이 더 심각해질까 봐 두려워 프로그램에 참석하였다. MBCT에 의뢰되었을 때 루이즈는 기분이 나아지는 것을 느꼈다(당시에는 MBCT가 현재 우울증 상태는 아니지만 나중에 우울해질 취약성이 높은 사람들을 대상으로 만들어졌다는 것을 상기하라). 루이즈는 남편과 세 아이가 있었고 학교에서 접수를 맡아 보고 있었다. 어린아이였을 때 완벽주의자이며 로마 가톨릭교도인 부모는 루이즈를 수녀원 부속학교에 보냈다. 루이즈는 자신이 엄마로서 아내로서 부족한 사람이라는 느낌을 자주 가졌다. 우울한 상태에서 활력이 저하되면 이런 생각은 사실로 여겨졌고 끊임없이 되풀이되었다.

수업 전 면담에서 지도자는 프로그램의 핵심적인 몇 가지 주제를 루이즈의 경험과 연관 지을 수 있었다. 예를 들어, 그녀는 스스로를 상당히 가혹하게 평가하고 있었다. 루이즈는 이런 사실을 '머리로는' 알고 있었지만 어떻게 해 본 적은 없었다.

마찬가지로 자신의 기분이 얼마나 쉽게 촉발되는지도 알고 있었다. 이런 사실을 안다는 것이 그 패턴을 바꾸는 데는 전혀 도움이 되지 않았다. 루이즈는 '눈사태' 효과…… '미끄러운 경사' 현상에 대해 이야기하였고, 지도자는 그것을 '재발 신호'로 받아들이는 것이 얼마나 어려운지에 대해 말했다.

또한 이 면담에서 지도자는 MBCT 프로그램이 매주 2시간씩, 8주로 이루어져 있다는 것을 설명하였고 과제에 대해서 특히 강조하였다. 과제는 매우 중요하기 때문에 만일 루이즈가 숙제할 시간을 낼 수 있을지 확신할 수 없다면 수업을 시작하지 않는 것이 나을 것이다. 그렇다고 해서 이것이 그녀를 배제한다는 의미는 아니다(실제로 MBCT에서 누군가를 배제하는 경우는 거의 없다. 대부분의 사람은 어느 정도의 노력이 필수적이라는 것을 알지만 일단 작업이 시작되면 상당히 다른 반응을 보이기도 한다).

실습에 대한 태도: '내가 제대로 하고 있는 걸까?'

루이즈는 바디스캔을 주중에 과제로 하는 것보다 회기 중에 할 때 훨씬 더 집중이 잘 되었다고 말하였다. 회기가 진행됨에 따라 이런 차이점이 왜 생기는지 그 본질에 대해 이해할 수 있었다. 주중에 루이즈는 '세심하게' 실습 과제를 하였다. 루이즈는 이완하려고 노력했으나 주의가 산만해지면서 화가 나고 마음이 동요되었고, 이런 결과는 그녀가 '이렇게 해야만 한다고 생각하는 방식'과는 달랐다. 더욱 좋지 않았던 것은 그녀가 몸으로 주의를 돌리자 몹시 긴장되어 있다는 것을 알았다는 것이다. 가슴은 답답하고 허리는 뻣뻣해졌으며 어깨에는 긴장감을 느꼈다. 이런 불편감은 '실습을 하는데도 이렇게 기분이 좋지 않은 것은 내가 제대로 하지 못했기 때문이야.'라는 기분과 뒤섞였다.

'내가 제대로 하고 있는 걸까?'라는 주제는 실습에 참여한 많은 사람이 어떤 시점에서라도 겪을 수 있는 경험이다. 어떤 사람은 통증을 느낄 때 이런 생각을 하고, 또 어떤 사람은 잠들어 버리거나 집중력이 떨어질 때, 다른 일에 대한 생각이 떠오르거나 몸의 다른 부위에 집중하게 될 때, 아무리 해도 어떤 감각도 느끼지 못할 때 이런 생각을 하게 된다. 이 밖에도 사람들이 제대로 못하고 있다고 느끼는 경우는 무수히 많다. 마음챙김 접근방식에서는 이런 감정들이 떠올랐을 때 이것을 그냥 경험하도록 하고 마음에 떠오른 하나의 사건으로 인정하고 받아들이고 실습을 계속하도록 한다. 첫 번째 회기의 마지막에 나온 지시문을 기억해 보자. 당신은 그것을 반드시 즐길 필요는 없고 그냥 하기만 하면 된다! 루이즈의 경우에는 통증과 불편감에 대한 문제도 있었는데 이제는 이 문제에 주의를 돌리고자 한다.

고통스러운 감각

통증에 대한 루이즈의 반응은 평범한 것이었지만 새로운 것을 학습할 수 있는 중요한 기회를 주었다. 바디스캔을 하는 목적은 몸의 물리적 감각에 주의를 기울이는 것이다. 만일 강한 감각이 느껴지면 그때는 단순히 감각을 유지하면서 신체 부위에 의식이 머물도록 해야 하며, 이때 우리가 할 수 있는 최선은 감각이 유발되는 것을 조심스럽게 알아차리는 것이다. 이것은 습관적으로 해 오던 것과는 다른 태도를 취해야 함을 의미한다. 통증이 생겼을 경우 전형적인 반응은 통증에 대하여 생각하는 것이다. 루이즈 역시 그렇게 하였다. 강렬한 감각을 알아차렸을 때 그녀의 마음에 어떤 일들이 스치고 지나갔는지 묻자 "상당히 불쾌했어요. 내가 왜 이렇게 긴장하고 왜 이것을 제대로 못하고 있을까요?"라고 하였다. 내면의 독백을 계속하고 불편을 줄이기 위한 방법을 찾으면서 루이즈는 자신의 경험에 여러 가지 생각을 덧붙이고 있었던 것이다. 문제는 이렇게 하는 과정에서 현재에 초점 맞추기가 흐트러졌고, 그러면서 뭔가 다른 것들을 경험했다는 것이다. 불편한 감각에서부터 시작해서 직장에서의 스트레스, 남편과 아이들에 대해 느끼는 긴장감에 대한 내면의 독백이 이어졌고, 루이즈는 왜 자신이 그런 모든 문제에 잘 대처할 수 없었는지 혼란스러워했던 것이다.

그런 감정이 얼마나 계속되었는지, 시간이 지나면서 떠오른 생각들이 같은 방식으로 지속되었는지 아니면 변화했는지 물은 후에 지도자는 앞으로 바디스캔을 연습할 때 마음이 이런 식으로 방황하기 시작하면 그것을 알아차리고 최선을 다해 초점이 되었던 신체 부위로 자각을 되돌리도록 권유하였다. 이런 방식으로 해서 루이즈는 부정적인 독백이 바쁘게 만들어 내고 있는 매듭을 없애려고 애쓰기보다는 전심을 다해 신체감각을 직접적으로 알아차리는 연습을 반복하면서 그 매듭으로부터 자신을 풀어낼 수 있는 기회로 활용할 수 있었다.

'과제를 할 시간이 없다.'

각 회기마다 어떤 참가자들은 숙제를 할 수 없었다고 하거나 드문드문 했다고 말한다. 이런 문제를 그냥 지나쳐야 하는 것일까? 집에서의 과제가 프로그램에서 중심적인 역할을 한다는 점을 고려해 볼 때 이들을 비난하지 않고 과제가 프로그램으로부터 얻을 수 있는 것에 얼마나 영향을 미치는지 분명히 알려 주는 것이 훨씬 도움이 된다. 문제는 참가자들이 어떤 일이 일어나는지 호기심을 갖게 하는 기회로 가정실습 과제를 활용하는 게 어려운 경우이다. 여기서 1회기에 했던 토의를 다시 되돌아보게 한다. "이것은 당신이 예상했던 어려운 문제였는가? 또는 새로운 것이었는가? 무엇을 발견했는가? 그것을 어떻게 처리했는가?" 이때 참가자들은 가정실습 과제를 할 시간을 내는 게 어렵다는 자신의 마음을 탐색하는 것을 과제로 받는다. 우리는 이런 접근방식이 문제를 바라보고 과제를 하는 데 장애가 되는 생각이나 감정을 자각할 수 있도록 마음의 문을 열게 해 준다는 것을 알게 되었다.

'너무 피곤해진다.' '목소리를 들으면 너무 초조해진다.'

이런 식의 반응은 실습을 하려는 동기를 손상시키기 때문에 가장 중요한 문제 중 하나다. 지도자는 대부분 이런 피드백을 실제적으로 공감을 표시하며 수용적인 방식으로 다루어야 한다. 그렇지만 이런 경험은 부정적인 감정을 다룰 기회를 제공한다. 지도자는 이와 같은 방법을 통해 참가자에게는 새롭고 평상시에 이런 감정을 다루어 왔던 방법과는 아주 다른 방식으로 문제를 구체화한다. 부정적인 생각이나 감정에 대해 순수한 호기심으로 반응하고, 그것들을 순간의 경험으로 받아들이는 것은 MBCT에서 반복되는 주제인 부정적인 감정에 대한 태도를 잘 보여 주는 예가 될 수 있다. 이때의 감정에 대해 질문하는 것은('어떤 순간에 이런 감정이 일어났는가? 감정이 계속 유지되었는가, 아니면 기복을 보이는가? 얼마나 오래 지속되는가? 다른 생각이나 감정, 신체반응이 일어났는지를 알아차렸는가?' 등등) 더 좋은 '지형도(map of the terrain)'를 얻는 데 도움이 된다. 이런 식의 질문은 '문제를 진단하기'보다는 비판단적인 탐색의 자세를 갖는 것을 의미한다.

만일 참가자가 "이런 감정을 느낄 때 저는 어떻게 하면 될까요?"라고 물으면 지도자는 지금까지 무엇을 했는지, 그리고 그다음에 어떤 일이 일어났는지 질문하면서 계속 탐색하도록 할 수 있다. 이처럼 호기심을 유지하는 것은 지도자가 갖고 있는 '최상의 방법'에 근거한 '해답'을 제시하는 것보다 더욱 기술적인 접근방법이다. 참가자들은 그동안 좋지 않은 감정을 통제하기 위해 상당히 노력해 왔기 때문에 지도자가 다시 제안(심지어 아주 현명한 제안일지라도)을 하게 되면 제대로 된 방법을 발견하기만 하면 모든 감정문제가 해결될 수 있을 것이라는 태도를 갖게 된다.

그렇다고 어떤 제안도 해서는 안 되는 것일까? 그렇지는 않다. 오히려 처음에는 묻고 질문을 던지는 것에서 시작한다. 만일 어떤 제안을 하게 된다면 그것은 이런 질문에서 비롯된 것이다. 예를 들어, 참가자에게 초조함이나 지루함이 느껴지면 마음 상태 그대로 기록해 보도록 제안할 수 있다. 경험한 바를 기록하는 것은 그들이 초점을 맞추려고 했던 신체 부위로 다시 자각을 돌리게끔 할 수 있다. 이런 권유는 바디스캔을 하는 도중 이 전략을 사용했을 때 어떤 일이 일어나는지 알 수 있게 하는 데 사용될 수 있다. 또한 참가자들로 하여금 마음이 '자동적으로' 감정에 의해 제어당하는 과정에서 의도적으로 주의를 돌리고 알아차리려고 했을 때 어떤 일이 일어나는지에 대한 예를 보여 준다. 물론 이런 노력은 공식 명상 수행기간 동안 반복적으로 이루어져야 한다. 실습 중에 지도자가 호기심의 맥락에서 제안을 하게 되면 참가자들은 문제를 고치려는 시도보다는 자신의 마음과 몸을 좀 더 알 수 있는 계기로 활용하게 된다.

'아주 좋았습니다. 저는 잠이 들었어요.'
'결국은 이완할 수 있어서 좋았습니다.'
'어떤 일도 일어나지 않았고 그냥 잠들어 버렸어요.'

바디스캔을 하면서 긴장감이 줄어들고 차분해지거나 잠들어 버리면 어떤 사람들은 이런 결과가 즐거운 상태를 초래하기 때문에 바디스캔을 '제대로 했다.'고 생각하기도 하고, 또 어떤 사람은 깨어서 각성상태를 유지하라는 지시에 따르지 못했기 때문에 '제대로 하지 못했다.'고 생각할 수도 있다. 부정적인 견해는 이전에 언급한 지루함을 다루는 방식과 마찬가지로 다루어질 수 있지만 어떤 경우에는 긍정적인 감정을 다루는 것이 더 어려울 수 있다. 이완되고 실습을 즐기게 되면 마치 이것이 수업의 목표라는 느낌과 섞일 수 있다. 이런 결과는 참가자들이 이 수업에 들이는 시간과 에너지를 통해 무언가를 얻고자 한다는 관점에서 이해할 수 있다. 그럼에도 불구하고 이런 감정을 단순한 이완의 맥락보다 더 폭넓은 맥락에 두는 것이 중요하다.

"좋아요. 자, 흥미롭죠? 바디스캔이 결과적으로 어떻게 자각상태에서 이완하는지를 배울 수 있는 방법이 되었으면 합니다. 그러나 바디스캔의 목적은 단순히 이완하는 게 아니라 알아차림을 증진시키는 데 목적이 있다는 것을 명심하십시오. 그래서 우리는 어떤 목표도 정해 놓지 않는 것입니다. 바디스캔은 단순히 지금 일어나고 있는 일에 주의를 가져가는 단순한 방법입니다. 몸과 마음은 계속해서 움직이고 있고, 만일 방해받지 않는다면 때로는 평화롭게 집중력을 잘 유지하며 이완된 상태에 도달할 수 있다는 것을 알게 될 것입니다. 그것은 여기에서 일어나고 있는 것과 마찬가지입니다. 마음과 몸이 하는 대로 그냥 두기만 하면 우리는 이완된 상태에 이를 수도 있고 그렇지 않을 수도 있습니다.

그러나 기억할 것은 어떤 목표나 기대도 갖지 말아야 한다는 것입니다. 반드시 이완될 것이다, 혹은 그렇게 되는지 안 되는지 알아보겠다는 의지를 갖고 이 자리에 앉아 있으면 안 됩니다. 만일 여러분이 매사에 긴장되어 있다면 의식을 몸의 물리적 감각에 돌리고 계속해서 몸에 주의를 기울이도록 하십시오. 그것이 여러분이 해야 할 일입니다."

바디스캔을 하는 이유는 그것이 유쾌하건 불쾌하건 간에 몸과 다시 접촉하는 방법을 찾는 데 더욱 의의가 있다. 바디스캔을 하면서 긍정적인 효과나 이득을 기대하는 것은 이 실습을 통해 나타날 수 있는 폭넓은 범주의 반응을 인정하거나 함께하는 데 방해가 될 수 있다. 게다가 바디스캔 실습은 잠드는 것보다 깨어 있는 것에 목적이 있다. 누군가가 잠들어 버린다면 그것도 괜찮다. 그러나 지도자는 참가자로 하여금 그 날 다른 시간에 다시 도전해 보고 몸에 어떤 일이 일어나는지 깨어 있도록 권유할 수 있다.

어느 시점에서 지도자는 앉아 있거나 눈을 뜨고 있을 때와 같이 깨어 있는 것에 관해 몇 가지 실질적인 힌트를 줄 수 있지만, 참가자의 경험과 졸음에 대한 그들의 반응을 탐구한 후에 하는 것이 좋다. 지도자가 너무 일찍 또는 이게 유일한 대응방식이라는 식으로 '조언'을 하게 되면 참가자들은 자꾸 뭔가 잘못된 것을 고쳐야 한다는 방향으로 쉽게 빠져들게 되고 이렇게 하는 것이 좋은 것이고, 이렇게 느끼는 것이 옳다는 느낌("근데 나는 잘 안 되는 것 같아")을 가질 수 있다. 따라서 지도자가 실습에 대한 힌트를 줄 때에는 참가자들이 자신의 경험과 그 경험에 대한 반응에 관해 호기심을 갖도록 하는 방식으로 하는 것이 좋다.

'최선을 다했지만 아직도 제대로 못하는 것 같다.' '좀 더 열심히 할 필요가 있는 것 같다.'

대부분의 사람에게 우울증은 다시는 그런 감정을 느끼고 싶지 않아 방법을 찾게 할 정도로 상당히 혐오스러운 경험이다. 우리는 진심으로 MBCT 참가자들이 특별한 목적을 갖고 오기를 바라며 목적을 달성하기 위해 열심히 노력하기를 기대한다. 그렇지만 역설적으로 바디스캔과 실습에서 강조하는 많은 것은 지나치게 목표를 위해 애쓰지 말라는 것이다. 이런 점은 상당히 명확하지만 우리가 강조하는 것이 무엇인지 말로 하는 것은 훨씬 더 어렵다. 목적을 위해 지나치게 애쓰는 대신 우리는 사람들에게 '단순히 존재하고' '그 순간의 경험에 빠져 보거나' '비판단적인 자각의 상태에서 매사를 바로 그 순간에 있는 그대로 두는 것'을 강조한다. 어떤 명상 지도자들은 각 순간에 '침잠하기'로 표현하기도 한다. 이런 표현은 일련의 의미와 암시들을 말로 표현한 것이다. 바디스캔 명상에서는 충동이 고착되거나 변화하거나 도망가거나 좋아지거나 혹은 어떤 위치에 있거나 간에 그냥 놓아두는 것이라는 깨달음을 갖게 한다. 이것을 이해하는 한 가지 방법은 지나치게 애쓰거나 목표지향적인 태도를 갖는 것이 삶의 어떤 영역에서는 효과적임을 인식하는 것이다. 그러나 때로는 감정을 바꾸는 최선의 방법은 감정을 억지로 바꾸려고 애쓰기보다 감정을 더 명확하게 보기 위해 경험하고 있는 현재 감정을 알아차리게 하는 것이다. 여기서 강조하고 싶은 점은 우리가 이렇게 하는 것이 참가자들에게 뭔가를 고쳐야 된다는 것을 미묘하게 암시하는 것이 되어서는 안 된다는 것이다.

참가자들은 '바디스캔 실습을 할 때 어떠한 목표에도 도달할 필요가 없다.'는 사실을 혼란스럽게 느낄 수 있다. 무엇보다도 아무것도 얻을 게 없다면 왜 하루 45분, 일주일에 여섯 번씩 괴롭게 이런 실습을 해야 하는가? 목표를 추구하려고 할 때 쉽게 잊어버리는 것은 바디스캔을 하면서 매 순간 전적으로 신체감각에 머물도록 해야 한다는 점이다. 이런 방식으로 바라보면 가야 할 곳이 없어지고 어딘가에 머물고자 하는 노력은 방향을 잃게 되며, 심오한 방식으로 배우고 바꾸려고 하는 힘을 잃게 된다.

마음에서 일어나는 경쟁적인 요구들(요구 자체는 정상적이고 이해 가능한 것이다) 사이에서 균형을 이루는 방법 중 하나는 규칙적으로 실습을 하는 것이지만 특별한 목적이나 결과를 기대해서는 안 된다. 이런 실습을 하게 되면 마음챙김 수련에서 '향상'이 가능하고 바디스캔에는 '특별한' 종류의 노력이 필요하다는 것을 알게 되지만 그렇다고 해서 특정한 상태에 도달하려고 애쓰는 것은 아니다.

'너무도 혼란스럽다.': 회피하던 감정과 다시 연결되기

우울했던 적이 있는 사람들은 몸보다 머리로 사는 경우가 많다. 그 이유는 감정(혹은 중요한 다른 것)에 대해 생각하는 것이 몸으로 감정을 경험하는 것보다 '더 안전하다'는 것을 알기 때문이다. 많은 환자는 이런 전략을 감정에 대응하는 일반적인 스타일로 발전시킨다. 또 다른 사람들의 경우, 몸에서 마음으로 주의를 돌리는 것은 특정한 외상적 신체감각과 연관된 강렬한 감정을 피하기 위해 시작된다. 신체적인 학대나 성적 학대는 명백한 예지만 의학적인 응급상태 역시 신체감각과 밀접하게 연관된 강렬한 정서를 야기한다. 이런 방식으로 감정을 처리하는 것은 충분히 이해할 만하지만 몸에서부터 주의를 돌리는 전략은 '처리 중인' 감정경험을 미완의 상태로 남아 있게 한다. 결과적으로 감정과 연관된 신체감각이 의식 속으로 들어오는 것을 막기 위해 지속적인 노력이 요구된다.

> 습관적으로 몸에서 주의를 딴 데로 돌리는 것은 감정적인 경험을 '처리하는' 것이 아직 완료되지 않았다는 것을 의미한다.

어떤 환자들은 바디스캔 실습에서 요구하는 것처럼 의도적으로 신체감각을 자각하는 것이 매우 어렵다고 느끼기도 하고, 이전에 회피했던 경험에 압도되는 경험을 하기도 한다. 바디스캔 실습을 할 때 지도자는 환자가 이런 어려움을 경험한다는 것을 기민하게 알아차려야 한다. 이때 지도자는 환자에게 아주 부드럽고 민감한 태도로 한편으로는 신체감각으로부터 물러서고, 다른 한편으로는 강렬한 경험에 '압도되는 것' 사이의 미세한 틈으로 들어가도록 격려하면서 굉장히 두려울 수 있는 감정과 어떻게 기술적으로 관계를 맺을 것인지 알려 줄 수 있다. 바디스캔 지시에 따라 의도적으로 신체감각으로 자각을 되돌리고, 최선을 다해 몸의 특정 부위에 초점을 맞추게 하면 환자들이 신체경험과 연결되면서 '차분하게' 견딜 수 있게 된다. 이런 식으로 '물에 발가락'을 담그게 하는 전략이 유용하다.

어려운 일이기는 하지만 이런 방법으로 몸과 다시 관계를 맺는 것은 미해결된 감정처리 과정을 완성시키면서 극적인 치유효과를 보여 주기도 한다. 한 환자가 7회기를 회상하면서 이런 경험을 어떻게 묘사하는지 살펴보자.

> "바디스캔을 시작할 때 처음 두 주 동안은 아주 공포스러웠어요. 마치 모든 과거가 다시 출몰하는 것 같았어요. 아주 혼란스러웠어요."
>
> "지금은 전에 비하면 힘든 게 반도 안 되는 것 같아요. 동요되는 느낌이 별로 없어요. 어디론지는 모르겠지만 이제는 모두 사라져 버렸고 모든 게 훨씬 더 산뜻해졌어요. 지금 알고 있는 것을 그때 알았으면, 준비가 더 잘 되어 있었더라면 얼마나 좋았을까 하는 생각이 들어요. 처음 두 주 동안 일어난 일 때문에 너무 걱정이 되어서 '큰일 났네, 점점 더 나빠지겠군.' 하고 생각했어요. 그렇지만 실제로는 점점 더 좋아졌습니다."

'마음이 조용히 머물러 있지 않아요.'

많은 참가자는 공식 혹은 비공식 명상 실습을 하려고 할 때 어떤 생각이나 감정 때문에 방해를 받는다. 내면의 독백이 꼬리에 꼬리를 물고 이어지는 경험을 할 수도 있다.

> "이렇게 하는 목적이 뭐지?"
> "이렇게 한다고 해서 어제보다 나아지는 게 없어."
> "너무 어려워."
> "이게 내 문제와 어떤 관계가 있는지 모르겠어."
> "나에게는 시간이 좀 더 필요한데 이건 시간낭비야."

이에 대한 한 가지 대답은 이전에 이런 생각들을 수없이 해 왔던 많은 사람이 초심자에게 주는 메시지를 반복하는 것이다. '그냥 해 보라!' 이 메시지가 중요하기는 하지만 참가자들에게 감정과 행동을 형성하는 데 있어서 생각과 해석의 힘을 인식하는 경험을 하게 하는 것도 중요하다.

메리(Mary)와 밥(Bob)이라는 두 참가자의 예를 들어 보자. 메리는 예상치 못했던 자유 시간 45분을 낸다는 것이 어렵다며 방해요인을 제기하였다. 이런 생각이 일련의 생각들을 촉발시켰다. 메리는 이런 생각이 자신에게 무엇을 의미하는지 의아하게 생각했다. 단지 너무 바쁘다는 것인가, 아니면 스스로를 위한 시간을 남기지 않고 다른 일을 하는 데 지나치게 몰두한다는 것인가? 우리는 수업에서 메리가 본래 의도했던 바가 무엇인지에 대해 이야기하였다. 무엇이 방해요인이었는가? 그리고 어떤 다른 대안이 있었는가? 대안은 다음 주 동안 실험적으로 탐색해 보기로 하였다.

밥은 연습할 시간을 낼 수는 있었으나 조용하고 혼자만의 공간을 찾기 어렵다고 하였다. 이 문제에 대해 토론하면서 우리는 '제대로 된' 장소가 필요하다는 그의 기대가 방해요인이 아니었는지 이야기하였다. 우리는 아주 조용하고 혼자 있을 수 있는 공간을 찾는 것이 불가능한 경우에라도 어떤 장소이건 실습을 할 수 있을 만큼의 크기만 되면 할 수 있다는 것을 강조하였다. 밥 역시 실험을 해 보기로 결심하였다. 그는 아이들이 아래층에서 소리를 내면서 뛰어놀고 있음에도 불구하고 위층에서 명상을 하기로 하였고, 이런 소리를 주의를 산만하게 하는 자극으로 보기보다는 어떻게 소음과 더불어 실습을 할 수 있는지 탐색하기로 하였다.

메리와 밥이 제기한 문제는 모두 기회로 활용될 수 있다. 이런 방해요인은 참가자들로 하여금 자신에게 촉발되는 생각과 감정을 관찰할 수 있는 기회를 주며, 자연스럽게 생각이 감정과 행동에 미치는 영향력에 대해서도 탐색하게 해 준다. 이런 마음으로 우리는 표준 인지치료에 근거를 둔 다음 회기로 넘어갔다.

생각과 감정

어떤 사건에 대한 해석은 기분을 결정하는 데 큰 역할을 한다. 그 영향력을 이해하는 것은 연습을 하거나 일상생활에서 부딪히는 장애를 극복하는 데 상당한 도움이 될 수 있다. 생각과 감정이 연결되어 있다는 것은 정서장애 인지모형의 기본 전제라는 것을 참가자들에게 강조하면서 이 프로그램에서 요구하는 노력은 이와 같은 이론에 근거한 것임을 알려 주었다. 물론 이런 사실을 그냥 설명할 수도 있지만 실제 예를 들어 주는 것이 더욱 강하게 일상생활 경험과 연관된 학습기회를 주며, 결국 일상생활에 적용할 기회는 더욱 커지게 된다.

한번은 사람들이 편한 자세로 자리 잡고 있을 때 눈을 감고 다음과 같은 시나리오를 상상하라고 하였다.

> "당신이 거리를 걷고 있는데 거리 반대쪽에서 아는 사람을 보았습니다. 당신은 웃으면서 손을 흔들었습니다. 그 사람은 알아차리지 못하고 가 버렸습니다. 기분이 어떻습니까? 지금 당신의 마음에는 무엇이 스치고 지나갔나요? 무엇을 하고 싶은가요? 어떤 신체감각이 느껴집니까?"

참가자들이 눈을 떴을 때 우리는 그들이 경험한 감정이나 신체감각, 마음속에 스쳐간 생각, 이미지를 묘사해 보도록 하였다. 그리고 반응을 칠판 위에 기록하였다.

전형적인 반응은 〈표 9-1〉에 나와 있다. 어떤 경우에는 시나리오가 실제로 그들

〈표 9-1〉 생각 및 감정의 시나리오: 수업에서 나온 반응과 대응

상황	생각	감정
당신이 아는 사람이 길을 지나가면서 아는 체를 하지 않았다.	그는 심지어 나를 알아보지 못했다.	매우 화가 남
	내가 뭘 어떻게 했었지? 그를 화나게 한 행동을 했음에 틀림없어.	걱정됨
	아무도 나를 좋아하지 않아.	고립감, 혼자라는 느낌
	나를 봤음에 틀림없어. 만약 못 본 척하고 싶었다면, 좋아. 네 맘대로 해.	화가 남
	그녀는 아마도 뭔가 걱정거리가 있나보다. 그녀가 괜찮았으면 좋겠다.	걱정

의 경험과 잘 공명된다. '몇 번이고 머릿속에서 반복해서 생각할 것 같다.' '정말로 부정적인 생각이 들고, 하나씩 가지를 칠 때마다 거기서 떨어져 나온 부정적인 생각이 세 개에서 다섯 개는 되는 것 같다.'

동일한 상황이 얼마나 다른 생각과 해석, 거기에 따른 다양한 감정을 불러일으키는지 살펴보자. 이런 관찰을 통해 우리는 감정반응이 어떤 사건에 대한 해석에서 비롯되었다는 근거를 제시할 수 있다.

우울증의 인지모형과 사고 및 감정과의 연결훈련

이 실습에서 알 수 있는 중요한 메시지는 감정이 상황 및 상황에 대한 해석의 결과라는 것이다. 이는 정서적 고통에 대한 ABC 모형이다. 우리는 어떤 상황(A)에 처해 있는 자신을 발견한 후 감정(C)으로 끝나는 경우를 자주 겪는다. 보통 상황과 감정은 대부분 알아차릴 수 있다. 그렇지만 그런 상황과 연계된 생각(B)은 잘 알아차리지 못한다. 그것은 마치 우리가 알아차리지 못하는 표면 아래로 생각이 계속 흘러가는 것 같다. 이렇게 흘러가는 생각들은 특별히 심각하게 우울하지 않을 때에는 분명하지는 않지만 실제로는 감정과 그 감정의 강도를 결정한다.

MBCT에서 취하는 접근방식에 따르면 제때 발견하기만 하면 이런 유형의 내적 독백을 기술적으로 다루고 반응하는 것이 좀 더 수월해진다. 내적 독백이 우리 경험에 대한 해석을 제공하기 때문에, 이것은 우리가 깨닫지 못한 사이에 내면에서 무슨 일이 일어나고 있는지에 대한 전체 이야기를 촉발할 수 있다.

우리를 미처 알아보지 못한 친구에 대해 1분 정도 생각한 후에 어떤 일이 일어났는가? 다음 순간 우리는 외로움을 느꼈다. 따라서 그 순간 어떤 자동적인 생각이 떠올랐는지 알아차리는 것을 배우는 것은 매우 중요하다. 이것들을 알아차림의 영역으로 데려옴으로써 우리는 감정의 폭포에 휘말리지 않을 수 있다.

> 그러나 이런 생각들은 너무 자동적으로 발생하고 무슨 생각이 일어나는지 미처 알지 못한 상태에서 우리를 압도하기 때문에 일찍 감지하는 것이 어렵다.

건포도 먹기 명상에서처럼 전에 알지 못했던 생각과 감정을 알아차릴 수 있다. 지도자가 (너무 빠른) 해석을 하고 있다는 사실을 더 많이 알아차리게 되면 더 많은 자유와 선택이 가능해져서 우리가 부정적인 자동적 사고의 희생자가 될 가능성이 더 적어진다. 다시 한 번 말하지만, 지금까지의 과정에서 우리가 탐색한 것들이 문제해결보다는 호기심에서 비롯되었음을 명심하라.

생각과 감정 연습의 의도에 대한 요약

- 일어나는 일 자체가 아니라 그것에 대해 우리가 만드는 해석, 의미가 우리의 반응을 결정한다.
- 이것은 다른 시스템(몸 상태, 행동)에 영향을 미친다.
- 반응은 오래되고 친숙한 패턴을 반영할 수 있다.
- '맞는' 해석은 없다.–모두 다른 시각을 가졌다. 이러한 다양성 때문에 생각이 사실이 아님을 더 쉽게 알 수 있다.
- 같은 사람이 다른 시간에 다른 반응을 보일 수도 있다.
  (예: 좋은 날 대 나쁜 날)
- 사건에 대한 우리의 해석과 다음 순간 우리의 반응은 우울증 유지에 핵심적인 역할을 한다.

2회기의 초점은 주로 [그림 9-1]의 위쪽 화살표이다. 나중에 4회기 및 6회기에서 기분과 생각 간의 더 낮은(역) 관계를 보다 명확하게 할 기회가 있을 것이지만 여기서 기분이 생각과 해석에 미치는 영향을 알아보는 것이 필요하다.

이 실습에 대한 토론에서는 적어도 두 개의 주제가 도출될 수 있다. 첫 번째, 수업에서 나온 다양한 주제를 살펴볼 때 사건에 대한 우리의 해석(이때 유발된 감정)이 '객관적인 상황'만큼이나 우리가 떠올린 생각을 반영한다는 것을 쉽게 알 수 있다.

"한 가지 주목할 것은 같은 사건에 대해 다른 해석을 하기 때문에 이처럼 서로 다른 감정들이 유발된다는 것입니다. 만일 그 사람이 자기문제나 생각에 빠져 당신을 보지 못했던 것으로 해석했다면 그 사람이 안됐다고 느꼈을 것입니다. 만일 같은 행동을 거절이나 적대감의 표현으로 해석했다면 당신은 화가 날 것입니다.

만일 우울했을 때 이런 일이 일어난다면 어떤 방식으로 생각할 가능성이 높은지 스스로에게 질문해 보십시오. 여전히 우울하다면 어떤 생각이 가장 많이 떠오를까요?

이 실습은 우리의 생각이 현재 감정에 의해 상당히 영향을 받는다는 것을 보여 줍니다. 이 상황에서 사건 자체는 중립적인 것이었습니다. 모든 행동은 당신이 그 상황을 어떻게 해석하느냐에 달려 있습니다. 그리고 우리가 하고자 하는 것은 이런 중재적인 생각을 더욱 잘 자각하도록 하는 것입니다."

같은 상황에 대한 해석이 시간(혹은 기분) 또는 사람에 따라 다를 수 있다는 점은 생각이 사실이 아니라는 것을 우리에게 알려 준다.

두 번째로, 부정적인 생각은 현재 우울하다는 경고 표시일 수 있다. 예를 들어, 수업에서 기록한 반응목록을 보았을 때 우리는 우울한 사람의 반응을 쉽게 찾아낼 수 있었다. 대부분의 사람은 목록에 있는 해석의 유형과 그 사람이 얼마나 우울한지 사이에 뚜렷한 관련성이 있다는 데 동의하였다. 우울한 사람의 생각과 그렇지 않은 사람의 생각을 비교함으로써 우울감이 얼마나 강력하게 왜곡을 일으키는지 알 수 있었다. 이런 점을 알게 되면 그다음에 이런 반응이 마음속에 떠올랐을 때 자신의 생각을 '검토할 수 있고' 자신의 생각과 해석이 우울감에 의해 얼마나 왜곡되었는지를 알 수 있다. 이것은 4회기와 6회기에서 더 자세히 살펴볼 것이다. 생각을 정신적 사건으로 인식하지 못하는 이유와 그 결과 생각이 떨어지지 않고 '들러붙는' 이유를 더 깊이 탐구할 기회가 있을 것이다.

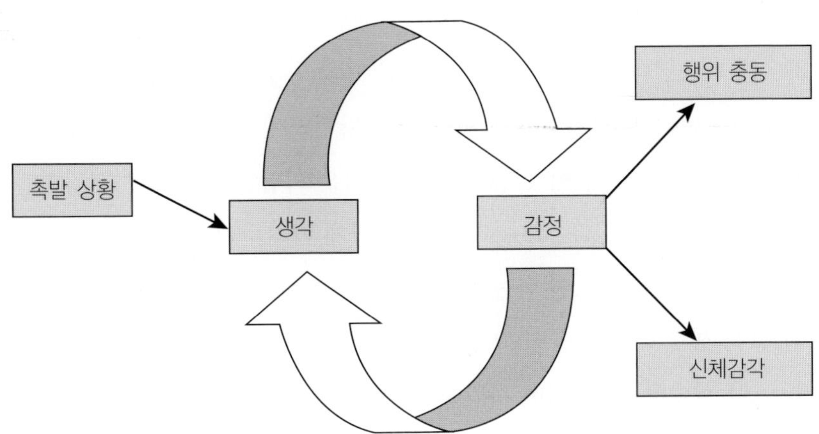

[그림 9-1] 상황, 생각, 감정의 ABC 모형

즐거운 활동의 자각

마음속에서 어떤 상황이 '유쾌하거나' 혹은 '불쾌한' 것으로 분류되는 방식에 대해 충분히 자각하고 우리의 생각과 기분이 해석에 미치는 영향의 정도를 인식하기 위해서는 연습이 필요할 수 있다. 또한 서로 다른 상황이나 사건(크거나 작은)이 신체감각과 감정, 생각에 미치는 영향 전체를 자각하는 것은 쉽지 않다. 이런 점을 염두에 두고 한 주일 동안의 과제를 완성하기 위해 우리는 MBSR 연습을 이용한다. 참가자들은 적어도 하루에 한 가지 이상 즐거운 일(되도록이면 그 일이 일어나는 동안 그것을 충분히 자각하면서)을 알아차리는 과제를 해야 한다. 배포되는 유인물에는 그 당시의 즐거운 사건과 그때 수반되는 생각, 감정, 신체감각을 자세히 적을 수 있는 일지가 포함되어 있다(2회기, [유인물 6]을 참조). 참가자들에게는 어떤 생각이든 소리 내어 말하듯이 쓰도록 격려하는 데(실제로 일어난 일들을 사실적으로) 따옴표를 사용하는 것이 도움이 될 수도 있다. 마지막으로 당시의 감정과 신체감각을 가급적 자세하게 묘사하도록 한다.

왜 우울한 사람들에게 이런 방식의 실습을 함께 시키는 것이 중요한가? 첫 번째 이유는 반추—어떤 일이 즐거운 일인지, 아니면 불쾌한 일인지, 중립적인지 초기에 감지되는 반응—를 촉발시키는 중요한 요인이 무엇인지에 대하여 주의 깊은 알아차림을 촉진하기 때문이다. 암묵적인 정서 단서[85]에 대한 연구에 따르면 우리는 많은 시간 동안 들어오는 자극이 즐거운지, 불쾌한지, 중립적인지와 같은 느낌을 기초로 자극에 반응한다. 이런 자극은 일이 뭔가 달라져야 할 필요가 있다고 느끼게 하거나 마음이 여러 가지 생각의 흐름에 빠져 방황하게 만들거나 반추에 빠지게 하는 촉발점이 되며, 따라서 이 실습을 하는 목적은 사람들로 하여금 결정적인 순간을 자각하도록 하는 것이다. 이 순간을 주의 깊게 자각하게 되면 사람들은 어떤 생각, 즉 그 일이 계속되었으면 하는 바람이나 '왜 이런 일이 더 자주 일어나지 않는 거지?'와 같은 생각 대신 단순히 그 순간을 있는 그대로 경험하고 평가하게 된다.

둘째, 이런 실습을 하게 되면 사람들은 매일매일의 생활 속에서 (작은 것이라도) 어떤 긍정적인 일이 일어날 수 있다는 것을 알게 된다. 비록 이런 과제가 급성 우울증의 구조화된 치료 중 하나인 즐거운 활동 기록하기와 유사해 보이지만 이 시점에서 MBCT의 목표는 단순히 즐거운 일을 증가시키는 것이 아니라 이미 일어난 일들을 좀 더 잘 알아차리도록 하는 것이다. 어떤 사람들에게 이것은 새로운 통찰 능력을 줄 수 있다.

즐거운 경험 기록지를 쓰는 의도의 요약

- 반추나 회피를 유발하는 가장 중요한 요인인 즐겁거나 불쾌하거나 중립적인 순간의 경험에 대한 가장 초기 반응을 잘 알아차리도록 도와준다.
- 사람들이 일상생활에서 어떤 긍정적인 일이 일어나고 있는지 알아차리게 도와준다.
- 즐거운 경험에 수반되는 생각, 감정, 신체감각을 더 잘 알아차리게 한다.
- 위협적이지 않는 방식으로 경험에서 '느껴지는' 차원을 조율할 수 있도록 돕는다.
- 순간적이지만 강력한 경험을 해체해서 사고, 감정, 신체감각과 같은 구성요소로 분리하도록 돕는다.

셋째, 이 실습은 사람들로 하여금 즐거운 경험에 수반되는 생각과 감정, 신체감각을 보다 잘 자각하도록 도와준다. 어떤 경험을 단일한 '어떤 것'으로 보기보다는 사고, 감정, 감각이라는 개별적인 요소로 이루어진 집합체로 알아차리게 되면 '해체' 과정이 일어나 자동적으로 습관적인 패턴으로 반응하기 보단 다르게 반응하고 더 능숙하게 대응하게 해 준다. 인지치료에서는 신체감각에 대한 자각을 크게 강조하지 않지만 MBCT에서는 강조하는데 그 이유는 즐거운 일이나 불쾌한 일에 수반되는 신체감각이 사람들의 감정 상태를 알려 주는 민감한 바로미터가 될 수 있기 때문이다. 그러한 감각들이 신체 내에서 사람들이 매 순간마다 어떤 감정을 느끼는지에 대해 어떤 신호나 정보를 제공해 준다.

넷째, '느껴진' 경험의 차원에 조율하는 것은 위협적이지 않은 방식이다. 참가자들은 잠정적으로 압도적인 감정으로부터 자신을 방어하기 위한 수단으로 가끔 '경험적인 회피' 또는 감정에서 주의를 돌리는 보호적인 습관을 사용해 왔다. 이런 회피적 습관은 단기적으로는 도움이 되지만 장기적으로는 실제 원치 않는 감정을 피하기보다는 오히려 지속시킬 수 있다. 즐거운 경험을 적어보는 연습을 통해 위협적이지 않은 방식으로 경험을 구성하는 모든 요소를 만날 수 있다.

다음 주를 위해 내준 과제와 함께(바디스캔, 짧은 호흡 명상과 같은 마음챙김 공식 명상을 해서 매일 일어나는 여러 가지 활동에 대한 주의 깊은 자각을 하는 것; 세부적인 내용은 유인물을 보라) 이 훈련의 목표는 매일 일어나는 일들에 대한 신체반응과 대응방식을 자각하고 연결시키는 것이다.

호흡과 함께 앉아 있기

이 시점에서 참가자들은 매일매일 바디스캔을 하면서 주간 실습을 더 많이 하게 되며 주의를 단일한 초점에 맞추는 명상의 형태로 나아갈 수 있는 기초를 마련한다. 따라서 우리는 2회기 마지막에 호흡을 알아차리는 데 일차적인 주의를 두면서 10분 정도의 정좌 명상으로 끝마친다. 이 경우 호흡이라는 단일한 초점에 집중하는 것은 오래된 정신적 습관이 일어날 때 그것을 잘 알아차리도록 참가자들을 훈련시킬 수 있는 다음 단계에 해당된다.

생각, 감정, 충동 및 감각이 마음에 일어났다가 사라지는 주의산만한 상태를 허용하도록 배우게 되면, 뭔가에 고착되고 달라붙어 있는 마음의 상태에서 벗어날 수 있는 방법을 길러 줄 수 있다. 주의산만함은 마음에 단 한 가지 할 일만 주면 가장 분명하게 보인다. 호흡에 주의를 기울이는 것은 마음을 닻처럼 고정시킬 수 있는 숙련된 방식이며 이렇게 하다 보면 닻의 '밧줄'이 느껴질 수 있다.

> 단 하나의 초점, 호흡에 주의를 기울이는 것은 참가자들이 오래되고 낡은 정신적 습관이 일어날 때 그것을 알아차리도록 훈련할 수 있는 다음 단계가 된다.

참가자들이 앉아서 명상을 연습하는 것은 처음인 경우가 많으므로 앉아서 할 때의 요령을 알려 준다. 우리는 가능한 선택에 대해 알려 주고, 정좌 명상을 하기 위해 '올바른' 또는 '적절한' 방식으로 앉기 위한 목표를 세우는 위험(종종 명상하는 사람들에 대한 미디어 이미지를 기반으로 함)에 대해서도 설명해 준다. 이런 지침들에는 다리, 엉덩이, 척추의 위치를 어떻게 해야 할지 몇 가지 기법이 들어간다(2회기 유인물 3. 예를 들어, 어디에 앉든지 간에, 무릎이 엉덩이의 위치보다 아래로 가도록 앉는 것이 도움이 된다).

[자료 9-2]

호흡

호흡은 생명이다. 호흡은 삶의 시작인 출생부터 마지막인 죽음까지 생활에서 일어나는 모든 사건을 연결하는 실이나 일련의 사슬로 생각할 수 있다. 호흡은 강물처럼 저절로 흘러가며 모든 순간 항상 거기에 있다.

지금까지 호흡이 우리의 기분에 따라 어떻게 변화하는지 자각한 적이 있는가? 긴장하거나 화가 난 순간에 호흡은 짧아지고 얕아지며, 흥분했을 때는 더 빨라지고, 행복할 때는 느리고 깊어지며, 두려움에 사로잡혔을 때는 숨쉬기가 어려워진다. 호흡은 항상 우리와 함께 있다. 호흡은 우리가 의도적으로 몸과 마음을 자각하고자 할 때 닻처럼 안정감을 가져다주는 도구로 사용될 수 있다. 일상생활에서 우리는 언제든지 호흡에 조율할 수 있다.

대체로, 우리는 호흡과 접촉하지 않는다. 호흡이 거기에 있지만 잊어버린다. 그래서 우리가 할 첫 번째 일들 중의 하나가 호흡과 접촉하는 것이다. 우리는 호흡이 우리의 기분, 생각, 몸의 움직임에 따라 어떻게 변하는지 인지한다. 호흡을 통제할 필요는 없다. 단지 친구처럼 그것을 자각하고, 알아차리면 된다. 흥미를 가지고 이완된 상태로 호흡을 관찰하고, 지켜보고 느끼기만 하면 된다.

실습을 통해, 우리는 호흡을 더욱 잘 자각하게 될 수 있고, 삶의 다른 측면도 알아차릴 수 있도록 호흡을 사용할 수 있다. 예를 들면, 긴장된 근육을 이완시키거나 주의력을 요구하는 상황에 집중하기 위해서 호흡을 사용할 수 있다. 호흡은 또한 통증이나 분노, 대인관계, 일상생활의 스트레스를 처리하도록 돕기 위해서 사용될 수 있다. 이 프로그램을 하는 동안 이런 점을 매우 자세히 탐구해 나갈 것이다.

* 매사추세츠 대학교 의료센터 스트레스 감소 클리닉의 명상 교사인 Karen Rider로부터(개인적인 연락을 통해) 인쇄 허락을 받았음.

먼저, 앉는 자세를 자세히 설명하고 나면, 참가자들은 단순하게 자신의 호흡에 집중하는 것으로 시작하여 초점을 유지하려고 애쓰는 동안 어떤 일이 일어나는지 살펴본다. 참가자들에게 위엄 있고 기민함을 유지할 수 있도록, 허리는 곧게 그러나 뻣뻣하지 않게, 머리가 균형을 이루도록, 머리와 목, 척추를 곧게 세우고, 어깨는 이완하여 편안한 자세를 취하도록 하고 잠시 후 호흡에 집중하도록 지시한다.

여기에서 주의 초점은 호흡할 때의 신체감각에 두도록 한다. 숨을 들이쉬는 동안 이것을 충분히 자각하고 또 내쉬는 숨도 마찬가지이다. 이렇게 하는 동안 마음은 결국 다른 곳으로 떠돌아다닐 것이다. 자신의 마음이 호흡에서 벗어나 떠돌아다닌다는 것을 알게 되는 순간마다 무엇이 마음을 떠돌아다니게 했는지 알아차리고 조용히 호흡이 들어오고 나오는 감각으로 주의를 돌리면 된다. 호흡으로부터 마음이 떠날 때마다 같은 일을 반복한다. 마음이 무엇에 사로잡히든지 단지 의식을 호흡으로 되돌린다.

수업 마치기

2회기를 마치면서 호흡으로 돌아가는 것에 함축된 메시지가 무엇인지 반복해서 알려 준다. 호흡에 집중하는 것만큼이나 마음이 이리 저리 떠돌아다니다가 다시 돌아오는 것을 알아차리는 것은 가치 있는 일이다. 여기에서 배워야 할 것은 새로운 방식으로 주의를 기울이는 것이다. 즉, 의도적으로 판단하지 않으면서 매 순간 주의를 집중하는 것이다.

2회기-유인물 1

2회기 요약: 머릿속에서 살기

이 프로그램의 목적은 좀 더 잘 알아차리고, 자주 알아차리고자 하는 것이다. 매 순간에 '충분히 존재하지' 못하도록 강력한 영향력을 미치는 것은 우리가 경험한 것을 어떤 식으로든 올바르지 않다고 판단하는 자동적인 경향성이다. 즉, 그 일은 일어나지 말았어야 된다거나 좋지 않은 일이라고 생각하거나 기대하고 원했던 것이 아니라는 식으로 판단하는 것이다. 이런 판단은 어떤 부분을 바꿨어야 했다거나 어떻게 달리 그 일을 처리했어야 했을까 하는 비난조의 생각을 유도한다. 이런 생각들은 자주, 그리고 자동적으로 우리의 마음을 오래된 방식으로 이끌어 간다. 이런 방식으로 우리는 순간에 대한 자각을 놓치고 어떤 행동을 취할 것인지 선택할 자유를 놓치게 된다.

첫 단계로 즉각적으로 판단하고 고치려고 하고 혹은 다른 방식으로 되었으면 하고 바라는 것 같은 자동적인 경향성에 말려들지 않고 현재 상황을 있는 그대로 인정한다면 우리는 다시 자유를 얻을 수 있다. 바디스캔 실습은 매 순간에 일어난 일을 어느 것도 변화시키지 않으면서 단순히 사물이 존재하는 방식을 흥미롭고 친근하게 자각하는 것을 연습할 기회를 준다. 이 실습에서 지시에 따라 자각하는 것 이상의 목표는 없다. 특별히 어떤 이완상태에 도달하는 것이 목표가 아니다.

* Segal, Williams, and Teasdale(2013)에서 발췌. 저작권은 Guilford Press가 가지고 있음. 이 유인물의 복사본은 이 책을 산 사람만이 개인적인 목적으로 사용 가능하다(자세한 내용은 저작권 부분을 참조하라). 구매자는 이 유인물을 다음에서 확대하여 내려받을 수 있다. www.guilford.com/MBCT_materials

2회기-유인물 2

바디스캔의 비결

1. 어떤 일이 일어나든 간에(즉, 잠들어 버리거나, 집중력이 떨어지거나, 다른 일에 대해 생각하거나 몸의 다른 부위에 집중하거나, 아무것도 느끼지 못하는 등) 계속 하라! 이것이 그 순간에 당신이 경험하는 것이다. 그것들을 자각하라.

2. 만일 당신의 마음이 계속해서 방황한다면 단지 그 생각들을 알아차리고(지나가는 일처럼) 부드럽게 바디스캔으로 되돌아가라.

3. '성공' '실패' '정말 잘하는 것' 또는 '몸을 정화시키려고 노력하는 것'과 같은 생각들을 내려놓으라. 이것은 경쟁이 아니며 애써 노력하는 기술이 아니다. 이 실습은 규칙적으로 자주 해야 한다. 열린 마음과 호기심을 갖고 하라.

4. 바디스캔이 당신에게 어떤 영향을 미칠 것인가 하는 기대를 하지 말라. 마치 씨앗을 뿌린다고 생각하라. 꼬치꼬치 캐고 간섭하면 할수록 발전은 더딜 것이다. 따라서 바디스캔을 할 때는 적당한 조건에서 하라. 평화롭고 조용하고 규칙적으로 하되 자주 하라. 그것이 전부이다. 바디스캔이 당신에게 영향력을 미치도록 애쓰면 애쓸수록 얻어지는 것은 더 적을 것이다.

5. 매 순간 다음과 같은 태도로 당신의 경험에 가까이 다가가도록 노력하라. '좋아, 지금 이런 일들이 일어나고 있구나.' 만일 불쾌한 생각, 느낌, 신체감각과 싸우려고 한다면 혼란스러운 감정은 지금 어떤 일을 하고 있든 주의를 산만하게 할 뿐이다. 알아차리고, 지나치게 애쓰지 말고, 이 순간에 머물고, 모든 것을 있는 그대로 수용하라. 단지 이렇게 하라.

2회기-유인물 3

호흡 명상

1. 등이 곧은 의자나 부드러운 마룻바닥에서 엉덩이 밑에 쿠션이나 낮은 의자를 대고 편안한 자세로 앉으라. 만일 의자를 사용한다면 척추가 자력으로 지탱할 수 있도록 의자에 등을 대지 않는 것이 도움이 된다. 마룻바닥에 앉는다면 무릎을 바닥에 대는 것이 좋다. 쿠션이나 의자의 높이를 편안하고 잘 고정되도록 조정하라.

2. 등을 똑바로 세우고 위엄 있고 편안한 자세를 취하라. 의자에 앉았다면 발을 바닥에 대고 다리는 교차시키지 않는다. 부드럽게 눈을 감는다.

3. 바닥이나 앉아 있는 곳과 접촉하는 몸에 닿는 촉감이나 압력에 집중시킴으로써 신체감각을 자각하라. 바디스캔에서 하듯이 1~2분 정도 이 감각을 탐색하라.

4. 호흡을 들이쉬고 내쉬면서 아랫배에 느껴지는 신체감각의 변화 패턴에 주의를 기울이라(처음 이 연습을 할 때 아랫배에 손을 대고 손이 배와 접촉한 곳의 감각 변화를 자각하는 것이 도움이 될 수 있다. 이런 방식으로 배의 신체감각을 의식하게 되면 손을 떼고 계속해서 배의 감각에 초점을 맞춘다).

5. 숨을 들이쉴 때 복벽이 약간 늘어나고 숨을 내쉴 때 복벽이 부드럽게 줄어드는 감각에 초점을 맞추어라. 가능한 한 최선을 다해 아랫배에서 숨을 들이쉬는 전 과정과 내쉬는 전 과정, 그리고 한 번 들이쉬고 내쉬는 사이의 잠깐 멈추는 순간과 내쉬고 들이쉬는 사이 호흡이 멈추는 순간의 신체감각의 변화를 자각하라.

6. 어떤 방식으로든 호흡을 통제할 필요는 없다. 단지 숨 쉬는 대로 호흡을 그냥 두라. 가능한 한 다른 경험에 대해서도 그대로 두라. 교정해야 하거나 특별히 도달해야 할 필요가 있는 상태도 없다. 가능한 한 경험한 것을 바꾸려 하지 말고 그대로 두라.

7. 조만간 당신의 마음은 아랫배의 호흡에서 벗어나 생각이나 계획, 백일몽 같은 것으로 떠돌아다닐 것이다. 이런 것은 모두 다 괜찮다—그것은 단지 마음이 그렇게 하는 것이며 실수나 실패한 것이 아니다. 주의가 더 이상 호흡에 있지 않다는 것을 알게 되었을 때 조용히 자신에게 축하를 보내라—당신은 이제 돌아왔고 경험을 다시 한 번 알아차리게 된 것이다! 그리고 아랫배의 신체감각이 변화하는 패턴을 부드럽게 알아차리고 계속되는 들숨과 날숨에 주의를 기울이려는 의도를 새로이 하라.

8. 그러나 당신은 자주 마음이 돌아다니는 것을(그리고 이런 일은 반복적으로 일어난다) 알게 될 것이다. 가능한 매 순간 주의를 부드럽게 호흡으로 되돌리면서 순간의 경험과 재연결시킬 때마다 자축하고, 들숨과 날숨 때 변화하는 신체감각의 패턴을 자각하라.

9. 반복적으로 마음이 돌아다니는 것을 당신의 경험에 인내와 호기심을 가져다주는 기회로 보고 온정적으로 받아들이라.

10. 매 순간을 알아차리려는 의도를 때때로 환기시키면서, 그리고 마음이 더 이상 배나 호흡에 머물지 않고 돌아다니는 것을 알아차리는 순간마다 호흡을 지금, 여기에 연결시키는 닻으로 사용하면서 15분 혹은 그 이상 연습을 계속하라.

* Segal, Williams, and Teasdale(2013)에서 발췌. 저작권은 Guilford Press가 가지고 있음. 이 유인물의 복사본은 이 책을 산 사람만이 개인적인 목적으로 사용 가능하다(자세한 내용은 저작권 부분을 참조하라). 구매자는 이 유인물을 다음에서 확대하여 내려받을 수 있다. www.guilford.com/MBCT_materials

2회기-유인물 4

2회기 이후 일주일간의 가정실습 과제

1. 2회기가 끝난 후 6일 동안 바디스캔을 하고 가정실습 기록지에 당신의 반응을 기록하라 (2회기-유인물 5).

2. 7일 중 6일 동안 10분 정도 호흡명상을 따로 연습하라. (www.guilford.com/MBCT_audio, track 4). 매일 이런 방식으로 호흡과 함께 머무는 것은 아무것도 하지 않으면서 그 순간과 연결되고 존재하는 것이 어떤 느낌인지 알아차리는 기회를 제공한다.

3. [2회기-유인물 6]에 있는 즐거운 경험 기록지를 기록한다(하루에 한 가지씩). 이것을 매일의 즐거운 활동에서 경험하는 생각과 기분, 신체감각을 자각하는 기회로 활용한다. 가능한 한 세부적으로 신체감각이 촉발된 위치와 정확한 특징을 알아차리고 가능한 한 상세하게 기록하라(즉, 생각이 떠올랐을 때의 실제 단어나 이미지를 활용한다).

4. 특별히 마음을 챙겨서 할 만한 새로운 일상 활동을 찾아본다(즉, 이 닦기, 설거지하기, 샤워하기, 쓰레기 버리기, 아이에게 책 읽어 주기, 물건 사기, 식사 등).

2회기-유인물 5

가정실습 기록지-2회기

성명: ____

연습을 할 때마다 가정실습 기록지에 기록하십시오. 또한 가정실습을 할 때 떠오른 것을 기록해서 다음 회기에서 이야기할 수 있도록 하십시오.

일자	실습 (예/아니요)	비고
수요일 날짜 _____	바디스캔: 호흡: 매일 마음챙김:	
목요일 날짜 _____	바디스캔: 호흡: 매일 마음챙김:	
금요일 날짜 _____	바디스캔: 호흡: 매일 마음챙김:	
토요일 날짜 _____	바디스캔: 호흡: 매일 마음챙김:	
일요일 날짜 _____	바디스캔: 호흡: 매일 마음챙김:	
월요일 날짜 _____	바디스캔: 호흡: 매일 마음챙김:	
화요일 날짜 _____	바디스캔: 호흡: 매일 마음챙김:	
수요일 날짜 _____	바디스캔: 호흡: 매일 마음챙김:	

2회기-유인물 6

즐거운 경험 기록지

이름: ____________________

즐거운 일이 일어났을 때 이를 자각하라. 일어난 일의 세부적인 것에 초점을 맞추어 알아차리기 위해 다음의 질문을 활용하라. 아래에 기록하라.

요일	어떤 경험을 했는가?	당시 신체적으로 어떻게 느꼈는가?	이 사건에 수반된 기분, 감정, 생각은 무엇인가?	그 일이 일어나는 동안 무슨 생각이 들었는가?	이 글을 쓸 때 마음에 떠오른 생각은 무엇인가?
	예: 교대근무를 마치고 집으로 가는 길에 멈춰서서 새소리를 들음	표정이 밝아지고 어깨가 내려가고 입꼬리가 올라감	안도감, 즐거움	"좋아." "참 사랑스럽네." "밖에 있는 게 참 좋네."	"정말 사소한 일인데 알아차리니 즐겁다."
월요일					
화요일					
수요일					
목요일					
금요일					
토요일					
일요일					

10 흩어진 마음을 모으기: 3회기

문제를 해결하고자 하는 마음의 행위 양식은 특별한 진화의 산물이다. 컵들로 가득 차 있는 선반에서 좋아하는 커피 잔을 손으로 잡는 상상을 해 보라. 어떻게 그것이 내가 좋아하는 커피 잔인지 인식하고 여러 개의 커피 잔 중에서 성공적으로 '조종해서' 다른 것들을 건드리지 않고 그 커피 잔만 집어 들 수 있을까? 물건을 집는 행동 이면의 인지처리과정에 대한 연구에 따르면 뇌는 선택된 목표의 활성화와 선택되지 않은 목표의 억제(또는 약화시킴) 사이에서 미묘하게 균형을 잡는다. 이런 방식의 균형 잡는 행위는 우리의 진화 역사를 통해 섬세하게 조정되어 왔다. 이 과정을 수행하지 못하는 뇌를 가진 동물은 얼마 안 되어서 죽었을 것이다. 아마도 이런 동물들은 뛰어오르려고 했던 나뭇가지나 달려들어 잡으려고 했던 먹이를 놓쳤을 것이다. 진화과정에서 인간은 더 높은 인지기능이 발달하기 오래 전부터 뭔가를 잡으려 할 때 균형을 잡는 이러한 기술을 가질 수 있었다.

커피 잔을 집어 드는 것처럼 어린애라도 별 생각 없이 금방 할 수 있는 단순한 행위를 하는 데 요구되는 뇌의 수리적 조작은 엄청나다. 인간의 뇌는 현재 손의 위치와 원하는 물건이 있는 위치 사이의 간격을 계산한다. 그리고 손놀림의 궤적은 물건이 있는 위치로 점점 좁혀 간다. 물건을 성공적으로 잡을 때까지 점점 좁혀지는 그 간격을 모니터링하면서, 물건에 닿기 위해 손을 뻗는 행동을 하고 드디어 '잡으려는 행위' 멈추게 된다. 목표가 달성되었고 그 일은 완료된다.

시행착오뿐만 아니라 '머리에서' 복잡한 문제를 해결할 수 있는 능력을 진화시킬 때 무슨 일이 일어났는가? 진화는 일반적으로 다음과 같이 진행된다. 이전에 작동했던 것과 동일한 과정을 사용한다. 따라서 복잡한 문제해결을 할 때에도 마음은 '물건을 향해 손을 뻗는' 더 오래된 문제와 동일한 기본 형식을 사용한다. 이것을 불일치에 기초한 처리(discrepancy-based processing)라고 한다. 현재 상황(A)과 원하는 상태(B)를 비교하면서 A로부터 B를 얻어 낼 수 있는 다양한 가능성을 고려해 볼 수 있다.

그러나 이러한 문제가 기분과 관련된 것이라면 어떤 일이 발생하는가? 이 경우 메워야 할 '간격'은 손과 물건 사이의 간격이 아니라, 지금 느끼는 기분과 원하는 기분 사이의 간격이다. 불일치에 기초한 문제해결방식이 우리의 정서문제를 해결하는 데 도움이 될 것이라고 믿는 것은 당연하고, 꽤 그럴듯해 보인다. 목표는 명백하다. 불행으로부터 도피하거나 회피하고 다른 한편으로는 행복을 성취하면 된다. 우리가 이런 일을 얼마나 성공적으로 하고 있는지 살펴보기 위해서 지금 어떻게 하고 있는지 모니터할 필요가 있다.

스스로 설정한 행복의 기준에 얼마나 맞지 않게 살고 있는지 정기적으로 살펴보는 것은 도움이 되지 않는 것으로 알려졌다. 예를 들면, 아침에 깨어났을 때 기분이 좋지 않다면 이에 대처하기는 어렵다. 그러나 더 좋은 기분이라는 어떤 기준과 연결시키면 없애려는 바로 그 기분은 더 나빠진다. 이런 '대비' 과정의 결과는 새로운 사고방식을 만들어 낸다. '아침에 이렇게 기분이 나쁘지 않았으면 좋겠어. 왜 내가 이런 기분을 느끼고 있지? 왜 나는 항상 이런 식으로 느끼는 걸까?' 이어서 언어적 문제해결방식이라는 올가미에 걸리게 된다. 다른 문제해결 상황과 마찬가지로, 목표를 달성하기 위한 올바른 방법을 찾을 수 있다면, 우리는 결국 해결할 수 있을 것이라고 생각한다.

행복에 대한 본능적 욕구가 어떻게 우울과 반추를 촉발하는지 여기에서 알 수 있다. 사고나 감정, 행동방식은 어떤 해답을 주지 않은 채 그 자리에서 맴돌고 더 힘들게 느끼도록 하기 때문에 도움이 되지 않는다. 문제에 대한 반추는 마치 해결책을 주는 것처럼 느껴지지만 Nolen-Hoeksema과 Morrow가 발견한 것처럼(2장 참

조) 이러한 반추적 몰두는 종종 상황을 더 악화시킬 수 있다.[57]

우리가 가진 영리한 문제해결능력으로 모든 문제를 식별해야 한다는 느낌은 너무 강력해서 쉽게 사라지지 않는다.

지금 이런 사실을 언급하는 이유는 초기의 열의에 이어 3회기에서는 2회기에서 암시한 문제에 자주 부딪힌다는 것을 알게 되었기 때문이다. 첫 두 회기에서 우리는 마음챙김이 어떻게 우울감을 증폭시키는 습관적인 사고방식을 멈추게 하는 데 도움이 되는지 탐색하였다. 참가자들은 이제 문제와의 관련성을 보게 되든 아니든 간에 판단을 잠깐 중단할 준비가 되어 있다. 3회기에서는 이 실습이 문제에 대한 자동적인 해답을 주지는 않으며 좌절이 생길 수도 있다는 것이 더욱 뚜렷해진다. 좌절의 원인은 여러 가지가 될 수 있지만 그중에 흔한 것은 우리가 갖고 있는 현명한 문제해결능력이 모든 문제를 잘 구별하고 해결해야 된다는 느낌이다. 이런 느낌은 상당히 강력하고 쉽게 없어지지 않는다. 사실상 사람들은 어떤 대안적인 방법이 없다면 문제를 다루는 오래된 습관인 문제에 대한 반추를 자발적으로 포기하지 않는다.

마음챙김에 기초한 접근방식은 더욱 현명한 문제해결 기법을 제시하지 않으며 오히려 다른 방식의 해결책을 제시한다. 즉시 문제를 풀어야 한다는 욕구를 내려놓고 문제와 '함께 머무는' 방법을 제시한다. 즉, 즉각적인 문제해결을 원하는 경향성에서 물러나서 불행을 피하고 행복을 추구하기 위해 얼마나 많은 행동이 이루어지는지 단지 보도록 한다. 단순히 문제를 알아차리는 것과 알아차림을 유지하는 것만으로 오래된 정신적 습관에 사로잡히는 것에서 벗어날 수 있다. 마음챙김 수련은 일상적인 목표 지향적 경향성을 내려놓고 '존재' 양식의 본보기를 제시한다.

역설적으로 내려놓는 과정에서 문제가 일어났을 때 어떻게 하는 것이 좀 더 능숙한 해결방식인지 보다 명확하게 볼 수 있게 된다. 수업 중에 배운 모든 실습과 집에서의 연습은 이런 새로운 접근방식의 본보기가 된다.

마음챙김 실습에서 발생하는 많은 문제는 애쓰고 목표를 지향하던 평소의 모습을 내려놓는 새로운 방식이 충분히 괜찮다는 사실을 잘 믿지 못하는 데서 나온다.

따라서 프로그램의 다음 단계에서는 마음챙김 호흡을 배우게 되며, 호흡을 닻으로 해서 마음을 집중하고 차분하게 유지하는 한편, 어떤 경험이든 간에 경험에 보다 개방적이 되도록 한다. 다시 한 번 말하지만 실습을 통해 본보기가 되는 다른 방법을 찾도록 도전해야 한다.

현재는 우울하지 않은 사람들의 우울증 재발률을 감소시키는 데 있어서 마음챙김 접근방식이 갖는 매력 중 하나는 경험이 긍정적이든 부정적이든, 중요하든 사소하든 모두 적용될 수 있다는 점이다. 이것이 바로 우리가 공식명상(바디스캔과 같은)과 비공식명상(먹기 명상과 같이 일상적인 활동을 자각하는 것)을 함께 사용하는 것을 강조하는 이유이다. 만일 우리가 하는 과제가 사람들로 하여금 '분석적'이거나 '지적인' 것과는 다른 방식으로 세상을 보는 방식을 예시하는 것이라면 무언가를 보는 것과 같은 가장 단순한 감각도 이용 가능하다.

보는 것으로 시작하기

지금 읽고 있는 이 페이지를 생각해 보라. 책을 읽기 위해 당신은 각 페이지에 있는 기호를 보고 그것들을 단어와 문장으로 분석하고 전체 본문을 이해하기 위해 문장들을 함께 겹쳐 놓고 보아야 한다. '보는 것'은 우리의 일상생활에서 이런 분석이 이루어지기 전에 일어나는 단순한 과정이다. 본문의 '문법적 관계를 분석하는' 방법은 너무나 자동적으로 일어나서 그 과정을 풀어내는 것은 어렵다. 이 세상에 있는 사물과 소리에 대해서도 마찬가지 일들이 일어난다. 우리의 주의는 지적 능력에 의해 준비되어 있다가 자연스럽고도 자발적으로 세상을 분류하고 세밀하게 구획지어 '분석한다'. 그러므로 다른 방식으로 존재하기 위한 한 가지 방법은 그 상황에서 가장 자동적인 반응을 취한 후 경험의 원천을 구성하는 감각에 대한 우리의 지식을 새롭게 하는 것이다.

이렇게 하는 방법 중 하나는 5분 정도 단순히 '보기' 혹은 '듣기' 실습으로 3회기를 시작하는 것이다. 방에 창문이 있다면 우리는 사람들로 하여금 가급적 주의 깊게 밖을 응시하되 평상시 하던 것처럼 자신이 본 것을 분류하지 않도록 지시한다. 나무나 차와 같은 것을 보면서 장면의 요소를 보는 대신 그것들을 단순한 색이나

[자료 10-1]

3회기 주제와 교육과정

주제

마음은 미완성 과제를 완료하고 미래의 목표를 위해 애쓰면서 배경에서 작용하기 때문에 우리는 자주 생각 속에서 길을 잃는다. 지금까지와는 달리 의도적으로 지금 여기로 '돌아올' 방법을 찾아야 한다. 호흡과 몸은 늘 현재에 초점을 유지하게 해 주고 마음챙김 현존과 다시 연결되게 해 주며, 마음을 한데 모으고 차분하게 해 주며, 행위 양식에서 존재 양식으로 편안하게 들어가게 해 준다.

의제

- 5분간의 '보기' 혹은 '듣기' 실습
- 30~40분 정도의 정좌 명상(호흡과 신체 자각하기, 강렬한 신체감각에 대응하는 방법)
- 실습 검토
- 과제 검토(바디스캔, 호흡과 일상 활동에 마음챙김, 즐거운 경험 기록하기)
- 3분 호흡 공간과 검토
- 마음챙김 스트레칭과 검토
- 불쾌한 경험 기록지 실습하기
- 3회기 유인물 배포
- 가정실습 과제 내주기:
  - 1, 3, 5일에 스트레칭과 호흡 명상(오디오 6번 트랙)
  - 2, 4, 6일에 40분간 마음챙김 움직임(오디오 5번 트랙)
  - 불쾌한 경험 기록지 기록(매일 다른 경험)
  - 하루에 세 번 3분간 호흡하기(오디오 8번 트랙)

개인적인 준비물 및 계획

개인적인 준비물과 함께 ① 마음챙김 스트레칭과 정좌 명상을 함께 수록하고 ② 마음챙김 움직임을 지도하는 오디오 파일을 가져오는 것을 기억하라.

3회기 유인물

[3회기-유인물 1] 3회기 요약: 흩어진 마음을 모으기
[3회기-유인물 2] 3분 호흡 공간-기본 지침
[3회기-유인물 3] 3회기 이후 일주일간의 가정실습 과제
[3회기-유인물 4] 가정실습 기록지-3회기
[3회기-유인물 5] 불쾌한 경험 기록지

* 우울증에 시달릴 때 반복적인 자살 충동을 경험한 사람들을 위한 Oxford의 MBCT 수업에서는, 지금 여기에서 (눕기, 하타 요가를 기반으로) 마음챙김 움직임을 가르친다. 그 후에 회기에서 서있는 동작을 가르치고, 정좌 명상(호흡과 신체에 초점을 맞추는 것)을 가르친다.

형태, 움직임의 패턴으로 보도록 요청한다. 참가자들이 자신이 보고 있는 것에 대해 다른 생각을 하기 시작한 순간에 주어지는 지시는 단지 '보는 것'으로 부드럽게 주의를 돌리라는 것이다. 만일 유리창이 없다면 대신 방안에나 밖에서 나는 소리에 주의를 기울이는 '듣기' 명상을 할 수도 있다. 다시 말하면 수업에 참가한 사람들에게 가능한 한 최선을 다해 소리에 주의를 기울이되 보통 때 하던 것처럼 무엇을 듣고 있는지 판단하지 않도록 지시한다. 의자가 바닥을 긁는 소리나 사람들이 기침하는 소리를 듣는 것이 아니라 음의 고저와 톤, 크기의 패턴을 듣는 것이다. 마음이 방황하는 것을 알아차리는 순간마다 다시 주의를 듣기로 돌리면 된다. 우리는 이런 방법을 통해 사람들이 수업에서 자주 도달하는 '행위' 양식으로부터 보는 것과 듣는 것에 초점을 맞추게 하고 뒤이어 호흡명상을 통해 탐색되는 '존재' 양식으로의 이행을 추구한다. 4~5분 동안 '보는 것'을 실습하고 나서 '정좌 명상'으로 들어가게 한다.

마음챙김 수련으로서 정좌 명상

몇 세기 동안 사람들은 호흡을 명상의 수단으로 삼았다. 과거에 우울했던 사람들이 다시 우울해질 취약성이 높은 것은 무엇 때문일까? 경미하게 부정적인 감정상태에서 부정적인 사고가 확산되면서 우울증 재발에 영향을 미친다는 분석결과를 상기해 보라. 재발 가능성이 있을 때 어떤 일이 부정적인지 혹은 긍정적인지에 대한

평가는 특히 우울한 기분상태의 반추를 촉발할 수 있다('왜 나는 더 행복할 수 없는가? 왜 나는 항상 이런 기분일까? 무엇이 잘못 되었는가?'). 이런 마음은 곧바로 과거에 대한 생각이나 미래에 대한 걱정 사이에서 길을 잃게 만든다. 이제, 호흡이 무엇이며 무엇을 하는지 생각해 보자.

첫 번째, 호흡은 현재에서 일어나는 일이며 따라서 호흡에 주의를 두는 것은 사람들로 하여금 과거와 미래를 내려놓고 현재 순간에 자신을 안정시키도록 도움을 줄 수 있다. 두 번째, 호흡은 항상 여기에 있으므로 감정상태를 나타내는 지표로 삼아 집중하는 게 가능하다. 세 번째, 의도적으로 호흡을 자각하는 것은 반추적인 생각으로 채워져 있던 동일한 용량의 제한적인 '공간을 차지한다'. 따라서 호흡에 집중하면 이것이 궁극적인 목적은 아니지만 일시적으로는 반추적인 생각을 대체할(또는 주의를 돌리게) 수 있다. 대안적으로 호흡에 주의 초점을 두게 될 때, 호흡은 끊임 없는 변화와 흐름 속에 있고, 시시각각 밀려갔다 밀려오며, 주의를 유지하기 위한 어느 정도의 노력을 필요로 하기 때문에 매우 유용하다. 네 번째, 호흡에 주의를 집중하는 것은 목표로 하는 것과는 반대되는 어떤 것에 주의를 집중하는 것이다. 호흡 그 자체는 우리의 일이 아니다. 호흡은 단순히 그것을 하고 있는 것이다. 호흡을 향한 이 같은 태도는 자기 자신과 세상에 대한 일반적인 태도를 구체적으로 표현하는 것이다. 우리의 감정을 다루는 데 있어서 단순한 것에 주의 집중하는 것은 복잡한 것을 분석하는 것보다 효과적일 수 있다. 그리고 우리들 각자는 평생 동안 숨을 쉬기 때문에 호흡은 여러 가지 다른 상황과 연결될 수 있고 상황들을 변환시킬 잠재력을 준다.

마지막으로, 마음이 어디로 갔는지 알 수 없도록 방황한다는 것을 알아차리고 호흡으로 되돌아가는 단순한 행동은 부정적인 사고－재발가능성과 같은 악순환을 조장하는－가 일어나는 것을 방지하는 데 필요한 탈중심화 기술을 촉진시키는 메타인지적인 알아차림－생각을 생각으로 보는 것－이다. 가장 중요한 것은 의도적으로 반복적인 실습을 하게 되면 한 가지 마음의 양식에서 의도적으로 멀어지게 하고 또 다른 양식으로 들어가게 하는, 즉 반추를 증가시킬 수 있는 양식에서 직접적인 경험을 강조하는 양식으로 정신적 기어를 변경시켜 준다는 것이다.

우리는 2회기에서 소개된 10분 동안의 정좌 명상 지침을 설명하면서 시작한다. 참가자들이 정좌 명상을 시작하기 전에 편안하고 안정적으로 그리고 차분하고 위엄 있는 자세를 찾게 하는 것이 중요하다. 쿠션이나 지지대를 사용해 마룻바닥에 앉거나 무릎 꿇는 자세로 앉거나 의자에 앉는다면 별 무리가 없다. 그래서 처음에는 자세에 주의를 기울이도록 하고 어떻게 경직되지 않은 채 등을 똑바로 펴는지 알려 주었고 목과 머리를 일직선으로 하고 어깨는 이완시키고 턱은 약간 안으로 당기도록 지시하였다. 만약 의자에 앉는다면, 참가자들은 엉덩이를 무릎보다 약간 더 높게 할 수 있도록 의자 위에 쿠션을 사용하는 것이 유용하다는 것을 알 수 있다.

그리고 몇 분 후 지도자는 호흡에 집중하도록 지시한다. 이제 호흡이 실습의 전반부에서 자각의 첫 번째 초점이 되는 것이다. 이 실습의 지도는 명료하고 단순하다. 복부 호흡(또는 코끝이나 가슴, 호흡이 이 장소에서 더 생생한 경우)에 주의를 기울이도록 하라. 어떤 일이 일어날 것이라는 기대 없이, 들이마시고 내쉬면서 각각의 호흡 감각을 느껴 보라. 만일 마음이 방황한다면 잠깐 동안 마음이 어디로 갔는지 알아채고 너무 애쓰지 말고 부드럽게 호흡으로 돌아오면 된다. 이 지시문은 매 순간 주의가 호흡에 있는지를 보도록 상기시켜 주는 다른 지시와 함께 30분간의 정좌 명상에서 끊임없이 반복된다. 실습의 끝부분에서는 참가자에게 전 신체에 자각을 확장하도록 지시한다([자료 10-2] 참조).

이 실습의 단순성은 중요한 의미를 갖는다. 언뜻 보기에 너무나 단순해 보여서 평상시에 우리가 하던 마음의 방식을 제쳐 두지 못하게 하는 어려움을 쉽게 드러내준다. 전에 우울증을 겪었던 사람에게 떠오르는 생각과 감정은 이들을 흔히 취약하게 만드는 반추와 유사한 주제를 떠올리게 한다.

실습 점검하기

다른 회기와 마찬가지로, 방금 끝마친 실습에 우선 초점을 맞추고 난 뒤 주간 가정실습 과제를 하는 동안 일어난 일들을 탐색한다. 보기 명상과 정좌 명상에서 참가자의 실제 경험에 대해 토의할 때 자주 거론되는 주제가 몇 가지 있다. 지금 여기에서는 프로그램의 주제를 다시 상기하면서 이런 주제들을 제시하고 있지만 그렇다고 해서 MBCT 수업이 질의응답으로 이루어진다는 것은 아니다. 오히려 지도자는 참가자들과 함께 경험의 각 측면들이 '내면의 지도'에서 어떤 점을 알려 주는지 탐색하

[자료 10-2]

정좌 명상: 호흡과 몸에 마음 챙기기

1. 10~15분 정도 전에 배운 대로 호흡 명상을 연습하라.

2. 호흡을 제대로 자각한다고 느꼈을 때, 의도적으로 호흡뿐 아니라 온몸의 물리적 감각으로 알아차림을 확장하라. 호흡할 때 아랫배의 움직임을 자각하면서 초점대상을 옮겨 온몸의 감각과 몸을 통해 감각이 변화하는 양상을 자각하라. 온몸이 호흡을 하는 것처럼 몸을 통해 호흡의 움직임을 느껴 보라.

3. 몸 전체로 감각을 확장하고 호흡이 들어왔다 나갔다 하는 것을 알아차림과 동시에 몸의 각 부위에 주의를 집중하라. 특히 신체가 마룻바닥이나 의자, 쿠션에 닿는 부분의 신체감각, 즉 촉감, 압박감 혹은 다리나 무릎이 마룻바닥과 닿는 느낌, 엉덩이를 지탱하는 것, 허벅지에 놓인 손이나 그 밖의 다른 곳 등에 주의를 집중하라. 가능한 한 최선을 다해 호흡을 자각하고 신체감각에 대한 자각을 확장하면서 몸을 전체로 느껴 보라.

4. 마음은 반복적으로 호흡과 신체감각을 떠나 방황할 것이다. 이것은 자연스럽고 당연한 일이며 결코 실패나 실수가 아니다. 신체감각으로부터 자각이 표류한다는 것을 알게 될 때마다 당신은 스스로를 축복할 수 있다. 당신은 '깨어 있었던' 것이다. 당신의 마음이 어디에 있는지 알아보고 호흡과 온몸의 감각에 부드럽게 주의를 돌리라.

5. 가능한 한 매사를 단순하게 하고 매 순간 몸을 통해 느껴지는 감각의 실제에 주의를 기울이라.

6. 앉아 있을 때 허리나 무릎, 어깨 통증과 같은 어떤 감각은 특별히 강렬할 수 있다. 그리고 반복해서 이런 감각들에 주의를 빼앗겨 호흡으로부터 멀어질 수 있다. 이런 순간들을 활용해서 의도적으로 자세를 바꾸거나 그대로 유지할 것인지 선택해서 강렬한 감각을 느끼는 부위에 주의를 가져간다. 자세를 그대로 계속 유지한다면 다음에는 가능한 한 그곳의 세밀한 감각패턴을 부드럽고 지혜롭게 탐색해 보는 기회로 이용할 수 있다. 그 감각은 정확하게 어떤 느낌인가? 정확하게 어디에서 느껴지는가? 시간에 따라 달라지거나 부위가 옮겨 가는가? 감정의 경우와 마찬가지로 너무 많이 생각하지 말고 바디스캔에서 했던 것처럼 강렬한 감각을 느끼는 부위를 알

아차리는 도구로 '호흡'을 사용하라. 감각을 느끼는 부위로부터 숨을 들이쉬고 내쉴 때 부드럽고 열려 있는 느낌으로 하라.

7. 신체감각의 강도를 자각하다가 주의가 표류하는 것을 발견할 경우 호흡과 전 신체감각에 다시 초점을 돌리고 지금, 그리고 여기로 항상 되돌아올 수 있다는 것을 기억하라. 일단 주의집중을 하게 되면 다시 한 번 주의를 확장시켜 온몸의 감각을 자각하도록 한다.

8. 그리고 지금 이렇게 앉아 있는 마지막 몇 분 동안에, 복부 호흡에 집중할 수 있도록 주의를 다시 되돌아오게 하면서 들이마시는 호흡과 내쉬는 호흡을 할 때 모든 감각을 느껴 보라. 그리고 여기 앉아서 호흡을 할 때 순간순간을 알아차리는 능력을 키울 수 있도록 허용하고, 하루 중 어느 때라도 호흡을 통해 안전감을 느끼고, 매 순간 자신을 있는 그대로 받아들이고 균형감을 가질 수 있다는 것을 기억하라.

려고 노력한다. 그들의 생각과 감정, 신체감각과 행동 사이의 연관성을 보면서 '지도 읽는 법'을 어떻게 배우는지를 탐색한다. 수업을 할 때 나타나는 어려움은 대개 어떤 감정이 야기되어 기분이 저조해지는지 혹은 주의집중을 방해하는 것이 무엇인지 알아차릴 수 있는 가능한 길잡이로 환영을 받는다. '지금 느끼는 기분에 대해 무엇을 알아차렸습니까?'라는 질문을 하면서 토의는 순간순간의 경험에 토대를 둔다.

호흡 명상의 의도 요약

- 지금 여기-바로 이 순간으로 당신을 데려온다.
- 당신이 어디에 있든 항상 닻과 안식처로 이용할 수 있다.
- 당신을 더 넓은 공간과 연결시키고, 사물을 조금 더 넓은 관점에서 볼 수 있게 하면서 경험을 실제로 변화시킬 수 있다.

방황하는 마음

"가끔씩 나는 정말 화가 납니다. 마음이 한곳에 머물러 있었으면 하는데 사라져 버려서 아무렇게나 하고 싶은 대로 하는 것 같습니다."

정좌 명상을 단순히 30~40분 동안 호흡에 주의를 집중하는 것으로 생각한다면 이것은 잘못된 것이다. 프로그램을 할 때 이 상황에서 대부분의 사람은 상당히 많은 시간을 생각이나 감정, 신체감각 혹은 외부의 자극으로부터 벗어나 호흡에 집중하기 위해 고군분투하면서 보낸다.

이 실습의 중요한 점은 실습의 목적이 마음의 방황을 막기 위한 것이 아니라 마음의 패턴과 좀 더 친숙해지는 데 있다는 것이다. 초반부에서 중요한 실습은 마음이 명상의 일차적인 대상에서 방황할 때마다 체계적이고 반복적으로 주의를 되돌리는 것이다. 이런 방법으로 그 순간에 우리는 다시 호흡과 함께 시작할 기회를 갖게 된다. 공통적인 지시는 "마음이 수백 번 방황하면 수백 번이라도 단지 그것을 되돌리십시오." 이것이 마음의 방황에 대해 할 수 있는 전부이다. 마음이 방황할 때마다 이것을 수용하고 호흡과 다시 연결하는 것이 과제이다. 이렇게 함으로써 실패했다거나 호흡에 주의를 집중하지 못했다거나 하는 믿음에서 비롯될 수 있는 판단과 비난으로부터 한 걸음 비켜날 수 있다. '호흡에 주의를 유지하기 위해 애쓰고 있다.'는 느낌을 알아차리는 것은 그 자체로서 상당히 도움이 된다. 프로그램의 이 단계에서 이런 노력은 단순히 호흡으로 주의를 돌리기 전해 알아차려야 하는 또 다른 감정일 뿐이다. 이것은 또한 지도자들을 위한 조언이다. 프로그램 전반부에서 핵심 목표 중 하나는 의도적인 주의 초점 기술을 훈련시키는 것이다. 이렇게 하는 한 가지 이유는 무엇이 일어나든지 간에, 주의가 방황한 것을 (이 경험에 대한 모든 반응을 포함하여) 알아차리고 인정한 다음, 그때 의도한 초점(보기 또는 소리, 호흡 또는 몸)이 무엇이든지 간에 마음을 되돌아오게 하는 것이다.

마음이 방황하는 곳에 대해 호기심* 갖기

앞에 인용한 것에서 특정한 결과에 대한 강한 바람의 표현이 있음에 주목하자. 이 사람은 마음이 어떤 방식으로 움직이기를 바랐고 그 바람은 이루어지지 않았다. 그러기는커녕 생각은 마치 원숭이처럼 나무 사이를 뛰어다닌다. 생각은 '어디에나'

* '호기심'이라는 단어는 기민한 관심 또는 현명하게 주의 집중하는 태도를 의미한다. 이것은 문제를 더 강박적으로 '끄집어내거나' 지적으로 그 문제에 대해 '생각하는' 것과는 다른 것이다. 호기심이란 단어는 '큐레이터'에서와 같이 '돌보다'라는 용어에서 비롯된 것이다.

있다. 우리는 마음이 어떻게 '한 나무에서 다른 나무로 뛰어다닐 수 있는지' 가능한 한 최선을 다해 자각하고 주의를 부드럽게 돌리면 된다. 이것이 마음상태와 친밀감을 맺는 방법이다. 또한 이렇게 하는 것이 어떤 방식으로 되기를 바라는 것보다 유연한 방법이다. 우리는 마음이 움직이는 대로 바라보아야 한다. 생각이 여기저기 떠돌아다니면 금방 참기 어려워지고 좌절감을 주기 때문에 부드러운 관심이나 호기심을 갖고 무슨 일이 일어나는지 지켜보는 것이 도움이 된다.

통제하려는 노력을 통해 생각 다루기

"다른 사람들도 이런 문제를 가지고 있는지 모르겠지만 마음이 완전히 다른 곳으로 가 버리면 수천 가지 이상의 생각이 떠오릅니다. 내 마음이 미래로 가서 여러 가지 생각을 하는데 이것을 멈추는 게 너무나 어렵습니다. 생각을 통제하려고 애를 썼고 아마도 2분 정도는 가능했던 것 같지만 생각은 또다시 달아나 버렸습니다."

참가자들이 실습에 대한 지시를 얼마나 쉽게 오해하는지 살펴보라. 무슨 말을 했는지 다시 한 번 살펴보자. "나 자신을 멈추는 것이 너무 어렵습니다……. 나는 통제하려고 애썼고…… 아마도 2분쯤은 가능했던 것 같지만 그때……." 이 방법은 생각을 억압하거나 통제하는 노력에 대한 것이 아니다. 생각을 밀어내거나 억누르려고 한다면 더욱 강하게 다시 튀어 오르는 것을 알 수 있을 것이다. 이 실습은 부드럽고 기술적으로 '생각이 떠오르는' 것을 인식하고 자각할 수 있도록 하는 것이고, 최선을 다해 생각을 놓아 보내고 호흡에 주의를 되돌리는 것이다. 즉, 우리의 생각을 통제하려고 애쓰는 것이 아니라 생각을 그대로 놓아두면서 편하게 느끼고 호흡으로 돌아가는 것이다.

신체적 불편함에 대한 감각

"너무 오래 앉아 있으면 다리가 마비되고 등이 아파 옵니다. 집중을 방해할 것 같아 움직이고 싶지 않지만 너무 아파서 참기가 어려워요."

신체적인 불편감은 알아차림의 장에 쉽게 나타나고 주의를 끄는 강렬한 자극이기 때문에 마음챙김 기술을 발전시키는 실습에서 좋은 표적이다. 신체적 불편감에 대한 자연스러운 반응은 긴장하거나 버티거나 밀어내는 것이다. 그러나 긴장되는 느낌을 자각하고, 가급적 호흡을 되돌리면서 흥미를 가지고 부드럽게 탐색하는 것은 상당히 유용하다. 마음이 강렬한 감각으로 끌려가는 경우, 이를 알아차리고, 주의를 다시 호흡으로 되돌려 이 호흡을 반복적으로 되돌아오는 닻으로 사용한다.

또 다른 방법은 불편한 감각, 그 자체에 주의를 집중하는 것이다. 불편감에 반응하지 않으면서 주의를 유지하는 데는 어느 정도 기술이 필요하기 때문에 이 단계에 있는 참가자들이 모두 하기는 어렵다. 우리는 참가자들에게 움직이고 싶은 의도, 움직임 자체 혹은 그 결과를 알아차리면서, 불편함을 줄이기 위해 언제든 자세를 바꿀 수 있다는 것을 주지시킨다. 강렬하게 통증을 알아차리고 싶은 사람에게는 불편함과 통증에 직접 주의를 기울이라는 지시를 한다([자료 10-2]의 6과 7). 프로그램의 후반부에서 어려운 일이나 원치 않은 경우가 발생했을 때 어떻게 주의를 기울이는지 배울 기회가 다시 있을 것이다.

가정실습

회기 내에서 하는 실습을 살펴본 후, 지도자는 가정실습에 대해 묻는다. 많은 참가자는 이런저런 이유로 자신이 하고자 의도했던 것을 하지 못했다고 느낀다. 참가자들은 7일 중 6일 동안 실습을 하지 않았거나, 혹은 했다고 해도 그들의 경험은 바랐던 모습과는 거리가 멀었다. 참가자들은 가정실습 과제가 기분을 더 좋게 할 수 있을 것이라고 희망했지만, 더 나빠졌다고 느낄 수 있다. 실습을 하는 것이 참가자들의 기분을 더 나쁘게 한다면, 도대체 어떻게 그들을 도울 수 있을까?

마음챙김 지도자는 이러한 어려움들이 마음챙김 실습을 하면 우울증 재발 위험이 줄어들 것이라는 기대에서 나온다는 것을 인식하는 것이 중요하다. 이 어려움들은 우리가 다루고자 하는 바로 그 취약성을 부지불식간에 만들어 내고 유지시켜 온 것이며 실습을 하는 도중에도 흔히 발생하는 마음상태이다. 문제는 이 어려움을 알아차리고, 다른 자세로 마음상태를 만나는 것이다. 그러면 참가자들은 더 넓고 자비로운 알아차림을 지속할 수 있을 것이다.

"나는 시간이 없어요.": 판단하는 마음을 인식하기

이것은 가장 일반적인 주제 중의 하나이므로 좀 더 자세히 탐구할 가치가 있다. 여기 한 참가자가 내놓은 의견이 있다.

P1: 무엇이 잘못되었지요? 왜 명상을 할 시간이 나지 않을까요?

명상 실습 시간을 내기가 어려운 것과 '내가 무슨 잘못을 했는가?' 하고 즉각적으로 '판단하는 마음' 사이의 연관성을 살펴본다. 여기서 지도자로서 해야 할 일은 '뭐가 잘못됐는가?'라는 질문에 즉각적으로 대답하거나 안심시키려고 하지 않는 것이다. 오히려 참가자의 경험을 탐구하면서 '무엇이 잘못되었는가?'를 알고 싶어 하는 것은 마음이 최선을 다하고 있지만 이 상황에서는 별로 효과가 없는 문제해결 접근을 사용하고 있는 것임을 이해시킨다. 이 문제는 다음 대화에서 더 깊이 탐색할 수 있다.

P2: 나는 정말 매 순간 그것을 하려고 했어요. 그렇지만 단지 소리가 났을 뿐인데 순식간에 주의가 산만해졌어요.

이 사람은 '뭔가 있었고' 그러자 주의가 산만해졌다고 믿고 있음을 주목해 보자. 지도자는 보다 세부적인 정보를 물었다.

I: 소리가 났을 때 무슨 일이 생겼나요?

개방형 질문이 중요하다. 지도자는 소음 때문에 주의가 산만하게 된다는 초기에 제기된 문제에는 응답하지 않았다. 참가자에게 주의산만함을 어떻게 다룰지 지침을 알려 주고, 그들이 소리 명상으로 되돌아가게 하는 것이 가능했을 수도 있고 때로는 이것이 적합할 수 있다. 대신 개방형 질문을 하게 하면 참가자가 조금 더 자기 생각을 말할 수 있게 된다. 그리고 이것은 소리 때문에 산만해졌다는 좌절의 이면에 어떤 다른 생각이 있는지를 드러낸다.

P2: 내 생각에는 선생님을 실망시킬 것 같았어요. 그리고 이런 말이 바보같이 들린다는 것도 알아요. 그렇지만…… 내가 해야 하는 만큼 제대로 못하는 것 같은 느낌이 들었어요.

우리는 여기에서 행동과 맞물려 돌아가는 반추기계를 볼 수 있다. 소리가 났고 주의가 산만해졌다. '그것을 놓쳤다.'는 좌절감이 있고 제대로 하지 못해 지도자를 실망시켰다는 생각이 빠르게 뒤따라온다. 그녀는 이런 부정적인 생각을 어떻게 다루었나? 바보 같은 소리를 한다고 스스로에게 말했다. 여기서 반추가 적나라하게 드러나고 있다. 즉, 부정적인 생각을 다루려고 하지만 스스로를 비난함으로써 생각-감정의 악순환을 가중시킨 것이다. 지도자는 잠깐 동안 그 문제를 좀 더 다루기로 하였다.

I: 이 문제는 상당히 중요하기 때문에 괜찮다면 계속 생각해 봅시다. 방금 말한 나를 실망시킨다는 것과 제대로 하지 못했다는 것, 이 정도는 해야 한다는 어떤 기대를 갖는 것에 대해서 생각해 봅시다. 지금 우리의 목표는 할 수 있는 한 최선을 다해 지금 일어나는 일과 관계를 맺는 것이기 때문에 이 문제에 대해 자세히 살펴보는 게 필요합니다. 여러분이 해야 할 것은 어떤 기준에 도달하는 것이 아니라 그런 상태에서 '잘해야만 해.' '선생님을 실망시켰어.' 같은 생각을 알아차리는 것입니다. 당신이 할 수 있는 한 최선을 다해 "아! 저기 또 그 '기준들'이 있구나."라고 말하십시오. 또 가능한 한 그것들을 '판단'으로 보십시오. 이런 판단에 쉽게 빠져들어서 있는 그대로 보지 않는 경향이 있는데 그것들은 단지 마음에 있는 것입니다.

P2: 자신에게 이렇게 말합니다. "자, 다시 시작하는 거야." 아시겠죠?

I: 그래서 그런 판단에 아주 쉽게 빠져드는 것입니다.

한 사람의 경험을 나누다 보면 다른 참가자들 역시 자기 경험과의 관련성을 살펴볼 수 있다. 다음에 나오는 대화 내용은 이 사람의 경험에 대해 참가자들이 계속해서 어떤 반응을 했는지 보여 준다.

P3: 나도 같은 걱정을 했는데 그런 말을 들으니 기쁩니다.

P1: 아주 평화롭고 조용하지 않으면 실습을 할 수 없었습니다. 그래서 겨우 한 번밖에 못했어요.

다시 한 번 이면에 숨어 있던 부정적인 생각이 밝혀졌다. 이것은 단순한 어려움이 아니라 그 어려움과 함께 사람의 기분을 정말로 저조하게 만드는 자기 비난이 동반된다. 이것은 마음챙김을 가르칠 때 중요한 원칙을 보여 주고 있다. 흔히 우리에게 부가적인 문제를 일으키는 것은 경험 자체보다는 경험에 대한 반응들이다.

처음 말한 참가자가 다시 자기의 의견을 덧붙였다.

P1: 제대로 못한 것이 부끄러웠고 오늘밤 오고 싶지 않았습니다. 이번 주는 실패했습니다.

일단 반추가 시작되면 실습을 잘하지 못한 것에 대한 약간의 자기 비난에서 멈추지 않고 급격하게 상승작용을 하면서 과거 언젠가 그 사람에게 익숙했던 주제로까지 연결된다는 것을 여기에서 명확하게 볼 수 있다.

P1: 내 자신에 대해 '일만 열심히 했어. 그런데 아직 가족도 없고 제대로 된 삶을 살지 못하고 있어. 뭐가 잘못된 것일까? 왜 제대로 해내지 못할까?'

한번은 이 시점에서 표준적인 인지치료기법을 사용해야겠다고 느꼈다. 이 방법을 통해 이런 생각들이 감정에 어떤 영향을 미치는지, 어떤 다른 상황에서 이런 생각들이 일어나는지 질문해야 했다. 그때 우리는 어떤 생각에 대해 대답하도록 할 수도 있었다. 제대로 해내지 못했다는 것이 사실인지 아닌지를 탐색하도록 할 수 있었다. 제대로 못했다는 생각이 맞다는 사실과 맞지 않다는 증거를 찾도록 과제를 내줄 수도 있었다.

그러나 이와는 달리 참가자들에게 생각이 '판단'이라고 알려 주고, 그들이 할 수 있는 한 최선을 다해 호흡으로 되돌아가도록 하였다면 어땠을까? 다음은 지도자가 그 사례에서 어떻게 했는가를 보여 준다.

> "좋아요. 자, 가능한 한 이것이 판단이라는 것을 알아차리고, 그것을 내려놓으십시오. 그런 판단은 어딘가에서 나타나지만 당신의 친구가 아닙니다. 가능하면 부드럽게 다루어야 한다는 점을 알아차리십시오. '아! 안녕하세요. 판단 씨. 다시 왔군요. 좋은 하루 보내세요!' 그리고 가급적 최선을 다해 처음 의도한 곳으로 마음을 되돌리십시오."

실습을 활용하여 서로 다른 부정적인 생각들이 어떻게 연관되는지 배우는 것은 MBCT의 가장 유용한 측면 중 하나라는 것이 밝혀졌다.

지금 하는 모든 작업에서의 도전은 경험을 분류하거나 저항하거나 거부하지 않고 도움이 되는 방식으로 관찰하는 방법을 어떻게 배우는가 하는 것이다. 앞에서 보았던 것과 같이 부정적인 자동사고에 대한 접근방식 중 하나는 가급적 그것들이 '판단'임을 인식하고 단지 내려놓는 것이다. 정말로 어려운 일은 이런 생각이 떠오른 것에 대해 스스로를 비난하지 않고 단지 그것을 알아차리는 것이다. '무엇 무엇에 대해 이런 생각들이 떠오르지 않았으면 좋을 텐데.'와 같은 생각은 아주 쉽게 '나는 지금 이것을 멈춰야만 해. 나는 유약하고 미숙한 인간이야.'와 같은 생각으로 바뀐다. 여기에서의 목표는 이런 생각을 막아 버리는 것이 아니다. 대신 우리는 그런 생각에 속박되거나 응수하려고 하거나 그 타당성을 부정하면서 재확인하고 싶은 욕구를 내려놓고 다른 방식으로 이런 생각들과 함께하는 것을 실습한다. 우리는 여기 있을 수 있고 우리 생각도 여기 있을 수 있지만 그렇다고 해서 늘 그래 왔듯이 생각과 함께 묶여 있어야 하는 것은 아니다. 주의가 떠돌아다닌다는 것을 자각하는 것은 이 과정에서 중요한 협력자이다.

강렬한 감정이 일어났을 때

"나는 내 감정과 나를 자주 동일시하고, 그것들이 내 경험이라고 믿게 됩니다. 그렇게 되면 덫에 걸린 것 같고 무력감을 느낍니다. 이런 감정들을 어떻게 해야 할까요?"

어떻게 하면 강렬한 감정에 압도되지 않으면서도 이 감정을 알아차릴 수 있을까? 한 가지 방법은 그 감정의 존재와 힘을 인정하는 것이고, '그녀가 나한테 그런 식으로 말하다니 정말 넌더리가 나.' 대신에 '아, 분노의 감정이 있구나.' '발표를 엉망으로 해서 정말 끔찍해.' 대신에 '아, 두려움의 감정이 있구나.'라고 스스로에게 말하면서 감정을 알아차리는 것이다. 여기서 사용된 언어를 주목하라. 내적으로 '분노의 정서'와 '두려움의 정서'를 알아차리는 것은 탈동일시(disidentification)의 기초가 되며 단순히 '내가 화가 난 것을 알아채는 것'이 아니라는 것이 깔려 있다.

이것은 감정과 전적으로 하나가 되지 않으면서도 함께 머물 수 있게 한다. 이때 우리는 감정의 외양은 부단히 변화할 수 있다는 것을 배우게 된다. 감정은 짧은 시간 안에 더욱 강력해질 수도 있고 강도가 약해질 수도 있다. 마음을 텅 빈 맑은 하늘에 비유하기도 한다. 모든 감정과 생각, 감각은 하늘을 지나가지만 하늘 그 자체에는 영향을 미치지 않는 날씨와 같다. 구름, 바람, 눈, 비는 왔다가 가지만 하늘은 항상 그 자체로 이런 지나가는 현상을 담는 '그릇'일 뿐이다. 우리는 마음이 하늘이 되도록 실습하고, 날씨가 변화하는 것처럼 일어났다 사라지는 모든 정신적 · 신체적 현상을 그냥 놓아두면 된다. 이런 방식으로 하면 마음은 지나가는 모든 폭풍우의 각본에 휩쓸리지 않고 균형과 중심을 유지할 수 있다.

즐거운 경험 기록지에서 나온 피드백

앞에서 언급했던 내용의 공통적인 주제는 부정적인 생각과 감정, 신체감각을 다루는 것이 어렵다는 점이다. 물론 사람들이 마음-몸 현상에 있어서 이 세 가지 측면을 구별하는 경우는 드물다. 세 가지 측면을 구별하기 위해서는 즐거운 경험 기록지의 피드백을 사용하는 것이 유용한데 이 기록지는 즐거웠던 순간을 기록할 때 어떤 일이 일어났는지 돌아보면서 참가자들에게 그때의 생각과 감정과 신체감각을 정확하게 기술할 수 있는 기회를 준다. 우리는 이런 실습을 할 때 어떤 것이 떠오르는지 각각의 요소들을 구별하여 따로 적는 것이 유용하다는 것을 알게 되었다. 이것은 생각인가? 아니면 신체감각인가? 감정인가?

여기에서 의도하는 바는 무엇인가? 생각과 신체감각, 감정을 구별하는 데 있어서 가장 문제가 되는 것은 일상적인 순간에서 우리가 알아차리지 못하는 각 요소와 차원들이 얼마나 분명하게 포함되어 있는가이다. 그리고 이것들은 우리가 상상했던 것보다 더 긍정적일 수 있다. 날마다 그리고 순간순간, 우리는 자신이 경험하고 있는 것들을 당연한 것으로 여기면서 우리 자신을 과소평가한다. 한 참가자가 말했다.

> "어제 저녁에 저는 두 어린 딸과 함께 있었어요. 일 때문에 필사적으로 서류를 읽으려고 애쓰면서 앉아 있는 동안 딸들은 장난스럽게 내 머리에 소파 쿠션을 쌓아 올리고 있었어요. 나는 아이들의 집요한 행동에 억지로 미소를 내보이기는 했지만 서류에 집중하지 못하게 되자 마음이 계속해서 이리저리 날뛰고 있다는 것을 깨달았습니다. 이 순간 마음챙김을 해야겠다는 생각이 일어났고, 저는 다시 집중을 하면서 두 딸과 온전히 함께하는 시간을 보낼 수 있었습니다. 그다음 5분은 몇 주 동안 떠올려 봐도 부모로서 가장 보람이 있고 의미 있는 5분이었어요."

즐거운 경험 연습의 두 번째 의도는 생각, 감정, 신체감각의 차이를 직접 경험하는 것이다. 이것은 많은 사람에게 새로운 통찰로 다가오는 경험이다. 생각과 감정, 신체감각을 구별하는 것은 심리학자나 다른 정신건강 관련 전문가들에게는 너무나 분명한 것이라서 일상생활에서 이런 것들을 구별하는 게 얼마나 어려운지를 쉽게 간과하곤 한다. 그러나 일단 경험이 이런 요소들로 '분해될' 수 있다는 인식이 생기면, 생각을 생각으로, 감정을 감정으로, 신체감각을 신체감각으로 보는 것이 더 쉬워진다. 왜 이것이 중요한가? 평소에는 구별할 수 없는 '덩어리'로 함께 묶여 있는 것들이 분리 가능한 요소들의 묶음으로 보일 때 마음 상태에서 벗어나는 것이 더 쉽기 때문이다.

세 번째로, 어떤 사람들에게는 연습을 통해 미묘한 신체감각을 자각하는 게 상당히 힘들다는 사실이 밝혀졌다. 몸은 항상 뇌에 신호를 보내고 있는데, 대부분의 시간 동안 이런 신호가 무시된다는 사실은 대단히 중요한 발견이다. 그 이유는 무엇일까? 첫째, 이런 신체감각이 미묘한 감정의 변화를 감지하는 데 사용될 수 있기 때문이다. 둘째, 사람들이 '머릿속에서' 길을 잃어버리는 것에 대한 대안이 있다는 것을 알도록 해 준다는 점이다. 신체감각은 언어라는 베일을 통하지 않고 일어나는 일들을 직접적으로 알아챌 수 있게 해 주는 곳이다. 이런 이유로 '신체감각'은 첫 번째 칸에 기록된다.

실습을 생활화하기: 3분 호흡 공간

공식명상 실습을 개발하려는 사람들은 이런 실습이 일상생활과 통합되어야 한다는 점을 종종 잊어버린다. '실습의 일반화'는 서로 다른 광범위한 상황에서 배운 것들을 연관시키는 데 중요한 역할을 한다. 공식명상에서 배운 것들을 생활화시키는 것은 쉽지 않다. 물론 우리는 이미 일상 활동에서 마음을 챙기는 방법에 대해 지침을 주었다(즉, 이 닦기, 고양이 먹이 주기, 쓰레기 버리기 등). 그러나 좀 더 나아가 공식명상의 일부를 일상생활에 적용해야 할 필요가 있다. 우리는 이런 목적을 위해 '짧은 명상'을 개발하였다. 그것은 3분 호흡 공간이다.

이 연습은 구체적으로 명시되고 구조화된 인지치료에서 나온 것으로 어떻게 일상사에 마음챙김을 할 수 있는지에 초점을 두고 있다. 첫 번째, 우리는 정해진 시간에 하루 세 번, 3분 호흡 공간을 하도록 프로그램을 짰다. 우리는 사람들에게 프로그램 이전 시간뿐만 아니라 필요할 때는 언제나, 예를 들어 스트레스를 받을 때 사용하도록 하였다(4회기에서 소개된 대로). 많은 참가자에게, 3분 호흡 공간은 공식명상을 일상생활에 옮기는 데 중요한 매체가 될 것이다. 이 과정을 끝마칠 때쯤이면 참가자들은 이 방법을 습득함에 따라 문제를 직접 다루는 데 사용할 수 있게 될 것이다. 심지어 아주 흥분한 날에도 3분 호흡 공간이 여유를 찾고 현재 순간과 다시 접촉하게끔 해 주는 방법이 된다는 것을 알게 된다. 여기 3회기에서 우리는 중요한 '기준점(anchor point)'의 기초를 마련하게 된다.

이 연습에는 세 가지 기본 단계가 있다. 첫 번째 단계는 '내가 어디에 있지?'라고 물음으로써 자동조종으로부터 벗어나는 것이다. 이렇게 질문을 하는 이유는 그 순간 그 사람의 경험을 인식하고 수용하기 위한 것이다. 두 번째 단계는 주의를 호흡에 돌리고 한 가지 대상, 즉 호흡에 흩어진 마음을 모으는 것이다. 세 번째 단계는 호흡을 포함해 온몸으로 주의를 확장하는 것이다([자료 10-3] 참조).

실습 후에 참가자들은 피드백을 한다. 그런 피드백 중에는 수업 초반부에 제기되었던 주제가 다시 나오기도 하고, 다른 주제가 제시되기도 한다. 다음은 실습시간이 길고 짧음에 대한 주제를 다룬 사례이다.

P: 처음에는 괜찮았는데 시작한 지 15초쯤 지나자 주의가 흐트러졌습니다. 그러고 나서 다시 주의를 집중할 수 있었는데 이 훈련이 짧다는 것을 자각했기 때문일까요?

I: 그럴 수 있습니다. 한 번의 호흡을 자각하는 것은 쉬운 것처럼 생각되지만 30분간 호흡을 자각한다는 것은 터무니없는 일처럼 보입니다. 그러나 알다시피 당신은 한 번에 하나씩 숨을 쉽니다. 전체를 보면 거대한 통나무 더미를 한꺼번에 옮겨야 하는 것처럼 보일 수 있습니다. 그래서 기분이 가라앉고 활력이 떨어지는 것이지요. 그러나 현재 하고 있는 하나에만 초점을 맞추고 전적으로 주의집중을 한 다음에 그다음 것에 집중한다면 훨씬 수월하게 할 수 있습니다.

많은 사람이 그 날 당장 해야 일이 아니라 그 다음 주나 다음 달에 해야 할 일 전체를 예상함으로써 자주 기운이 소진되어 버리는 느낌을 경험하는 것과 앞의 사례를 연관시켜 주목해 보자. 그들은 옮기지 않아도 될 짐을 옮기는 것이다. 이 순간과 바로 이전 순간에 주의를 돌리게 되면 에너지가 생기고 바로 이 순간의 숙제를 완성할 수 있게 된다.

한 번에 3분 정도의 짧은 공식명상을 추가로 더 하는 것은 자동적으로 되지 않는다. 따라서 모임의 구성원들은 어떻게 다음 주 동안 하루에 3번씩 3분 동안 호흡 공간 실습을 할 수 있는 기회를 만들지에 대해 시간을 내서 둘이 한 조가 되어 토론한다.

[자료 10-3]

호흡 공간-수업에서 어떻게 소개할지를 보여 주는 예시

우리는 지금 3분 호흡 공간이라고 부르는 간단한 명상을 하려고 합니다. 이 연습을 할 때 첫 번째로 해야 하는 것은 정확한 자세를 취하는 것인데 그 이유는 호흡 실습은 시간이 짧아 빨리 자세를 취해야 하기 때문입니다……. 편안하고 위엄 있게, 등을 꼿꼿이 세우되 너무 경직되지 않게 해서 신체로 하여금 현재의 느낌을 알아차리고 깨어 있도록 해야 합니다.

자, 지금 자세가 편하다면 눈을 감으세요. 첫 번째 단계는 지금 현재 당신에게 어떤 일이 일어나고 있는지 알아차리는 것입니다. 당신의 마음에 무엇이 지나가는지 알아차리도록 하십시오. 어떤 생각이 떠올랐습니까? 자, 다시 가능한 한 최선을 다해 떠오른 생각을 마음의 사건으로 알아차리십시오……. 그것들을 알아차리고 그 순간에 떠오른 감정에 주목하십시오. 특히 불편감이나 불쾌한 감정이 일어났다면 이것에 주목하십시오. 이것들을 밀쳐 버리거나 내쫓아 버리지 말고 인정하고 "아! 거기 있구나. 이게 바로 지금 드는 느낌이야."라고 말하십시오. 그리고 신체감각과 비슷하게…… 긴장감, 뭔가 지탱하고 있는 느낌 혹은 다른 느낌이 있습니까? 그리고 다시 그것들을 자각하고 주목하십시오. 좋습니다. 그게 지금의 느낌입니다.

우리는 지금 어떤 일이 일어나는지 느껴 보았고, 자동조종으로부터 벗어났습니다. 두 번째 단계는 한 가지 대상, 즉 호흡의 움직임에 초점을 맞추면서 알아차리도록 하는 것입니다. 지금 아랫배의 움직임에 주의를 기울이고 호흡에 따라 부풀어 올랐다 내려가는 것을 느껴 보십시오……. 몇 분 동안 복부가 움직이는 것에 집중하고…… 매 순간 매 호흡마다 최선을 다해 보십시오. 그러면 호흡이 언제 들어오는지 언제 나가는지를 알게 됩니다. 아랫배가 어떻게 움직이는지 그 패턴을 자각하면서…… 호흡을 현재 순간의 닻으로 이용해 집중하십시오.

세 번째 단계로, 어느 정도 집중을 유지하면서 알아차림을 확장시키십시오. 호흡을 자각하는 것과 아울러 몸 전체의 감각을 알아차립시오. 그러면 보다 넓은 영역을 자각하게 될 것입니다……. 답답한 느낌이나 몸을 지탱하면서 어깨, 목, 허리, 얼굴에서 느껴지는 느낌을 포함하는 온몸의 감각…… 호흡에 따라 마치 온몸이 호흡하는 것 같이 느낄 수 있습니다. 좀 더 부드럽게 유지하면서……. 감각을 더욱 확장하십시오.

그러고 나서 준비가 되면 눈을 뜨십시오.

지금까지 한 것에 대해 의견이나 질문이 있습니까?

몸은 마음의 창

많은 참가자는 때때로 실습을 하면서 부정적인 반추에 맞서서 균형을 유지하려고 애쓰게 된다고 보고한다. 물론 조만간에 우리의 목표는 이렇게 다른 방향을 향하는 반추와 다른 방식으로 관계 맺는 방법을 찾는 것이 될 것이다. 단순히 억압하거나 쫓아버리지 않으면서 이런 습관적인 마음의 패턴으로부터 주의를 떼어놓는 것은 미묘한 일이며 많은 실습을 필요로 한다. 하나의 생각('그녀는 왜 그렇게 말했을까?')과 다른 생각('그건 어리석은 생각이야.')이 서로 경합을 벌이는 경향이 있다는 것을 알아차린다면 생각과 감정이 어떻게 몸에 영향을 미치는지 주의를 기울일 수 있다. 몸을 자각하는 것은 존재의 다른 '양식'이 어떤 것인지 알게 해 주는 예이다. 변화하는 신체감각을 자각하는 것은 감정경험의 본질을 변화시키며 지금 여기에서 어떻게 반응해야 할지 더 많은 선택을 할 수 있도록 해 준다. 만일 어떤 일에 대해 감정적으로 반응하는 것을 자각할 수 있다면 몸은 이런 감정과 우리가 어떤 방식으로 관계를 맺는지 알려 줄 수도 있다.

몸에 주의를 기울이는 것은 사물을 보는 데 있어서 지금과는 다르게 생각과 관계를 맺도록 해 주는 유리한 '관점'을 제공한다. 만일 우리의 생각과 감정에 대해 조망을 갖고 실제로 몸 안에 '존재할 수' 있다면 생각과 감정을 바라보는 입장과 시각에 있어서 머릿속에 있는 것과는 다른 입장을 갖게 될 것이다. 마지막으로, 1회기에서 관찰하였듯이 우리의 몸은 자주 우울감을 유지시키는 피드백 회로의 일부가 된다(즉, 근육 긴장은 우리를 불안 회로 안에 갇히게 한다. 풀 죽은 자세는 우리를 우울 회로에 머물게 한다). 의도적으로 몸에 주의를 집중하는 것은 다음과 같은 두 가지 부가적 효과를 준다. 첫 번째는 알아차리기 어려울 수 있는 감각에 주의를 집중하게 되면 1회기에서 마음 챙겨 건포도를 먹을 때처럼 감각 자체의 경험을 변화시킬 수 있다. 두 번째로 몸에 대한 자각은 사람들로 하여금 의도적으로 자세나 표정을 바꿈으로써 감정상태에 갇혀 있는 '마음상태'의 구성요소 중 하나를 변화시키도록 할 수 있다.

마음챙김 움직임

바디스캔은 첫 두 주일 동안 사람들이 신체감각을 좀 더 잘 자각하도록 하는 데 사용된다. 정좌 명상 역시 몸 상태에 대한 자각을 수반한다. 그러나 많은 사람은 이완이나 걷기 등 무언가를 할 때 몸에 집중하는 것이 더 쉽다는 것을 알게 된다. 그래서 우리는 3회기 이후에 호흡과 몸에 기반을 둔 마음챙김 연습을 과제로 내주고, 하루는 마음을 챙겨서 몸을 스트레칭하는 연습(10분)과 이후 공식적인 정좌 명상(30분)을, 그 다음 날은 요가(40분)를 공식 명상 수련으로 조합시켜 매일매일의 과제를 다르게 하였다.

수업에서는 10분간의 스트레칭을 실습하였다.** 이처럼 짧은 실습 속에서도 여러 가지 토의할 만한 점이 생겼다. 첫 번째, 참가자들은 이런 실습을 통해 서로 대조되는 것이 무엇인지 쉽게 알 수 있었다. 예를 들어, 자세를 유지하는 것과 원래 자세로 돌아가기 위해 자세를 푸는 것은 모두 상당한 노력이 필요했다. 비슷한 예는 팔을 드는 데 사용되는 근육의 긴장과 팔을 반대쪽으로 되돌리는 나머지 근육은 모두 중요하다는 것이다. 이와 같이 대비되는 행동에 주의를 집중하면서 앞서 언급한 각 상태에서의 감각에 주목하는 것이 과제이다. 수업에서 이런 연습을 하게 되면 우리에게 연습할 때의 태도를 모니터해야 한다는 점을 상기시켜 준다. 어떤 사람에게는 이것이 그 자체로서 하나의 큰 발견이었다.

P: 그러니까 우리가 이 실습을 할 때 근육과 감정에 초점을 맞추어야 한다는 것이지요?

I: 예. 이 실습의 핵심은 몸을 강화시키는 것이 아니기 때문에 아주 좋은 점을 지적해 주셨습니다. 이 실습은 우리의 몸이 움직이기 때문에 더 쉽게 할 수 있다는 것뿐이지 몸을 자각하는 하나의 기회입니다……. 이 실습을 할 때 당

** 자살성향 환자를 위해 옥스퍼드에서 개발된 MBCT 프로그램의 경우, 요가를 기본으로 한 30~40분의 긴 움직임 명상이 3회기의 첫 번째 공식 실습으로 사용된다. 그리고 짧게 서서 하는 스트레칭과 그다음의 짧은 정좌 명상을 이후 회기에서 사용한다. 회기의 주제는 몸과 호흡을 동반자로 사용하면서 현재 순간에 마음을 고정시키는 것이다.

신의 마음이 중요합니다. 녹음 파일에서 천천히, 초점 맞추고 있는 특정 감각에 주의를 기울이라고 말하는 이유도 바로 이것 때문입니다……. 그리고 45분 동안 요가를 하면서 허리에 문제가 있는지 조심스럽게 살펴보십시오. 아주 부드럽게 하십시오. 말 그대로 몸에서 나오는 메시지를 존중하십시오……. 판단기준을 내려놓을 수 있는 좋은 기회입니다. 스스로에게 어떤 기준을 부과한 채 시작하면 그것은 고문처럼 힘들어질 수 있습니다. 수행을 한다기보다 가볍게 해 본다는 마음을 가지십시오.

이런 반응은 스트레칭을 하는 데 얼마나 노력해야 하는지와 자신을 힘들게 하지 않는 범위 내에서 얼마나 참을 수 있는지 사이의 올바른 균형을 깨는 주제를 예시해 준다. 우리는 고통스러울 때까지 자세를 유지할 필요가 없다는 것을 강조한다. 오히려 강렬한 감각이 느껴지면 가능한 한 감각 그 자체에 주의를 유지하고, 왔다 갔다 하면서 그 감각을 느껴 보도록 한다. 그러고 나서 불일치에 기초한 처리가 일어날 때 어떤 목표를 달성하기 위해 노력하는 자신을 알아차리고, 현재를 있는 그대로 허용하기보다는 원하는 미래를 만들려고 필사적으로 애쓰는 것을 멈추도록 하는 이 회기의 주요 주제와 다시 연결시킨다.

화끈거림이나 떨림, 흔들림과 같은 감각을 주목하고 자각되었다 사라지는 이 느낌이 무슨 의미인지 하는 생각을 내려놓고 그 감각과 함께 호흡하는 것이 과제이다. 정좌 명상과는 달리 이 실습에서는 주의를 호흡에 돌릴 때 감각에 초점을 맞추고, 거기에 있는 다른 것은 그냥 내려놓는다. 이렇게 신체감각을 통해 습득된 기술은 프로그램의 후반부에서 고통스러운 감정에 마음챙김을 적용할 때와 비슷한 접근법으로 활용된다.

참가자들은 이런 실습이 많은 이점을 갖고 있음을 알게 되었다. 첫 번째로, 스트레칭하고, 끌어당기고, 지탱하고, 균형을 잡을 때의 신체감각을 통해 자신의 몸에 대해 보다 많이 알게 되었다. 두 번째로, 많은 참가자는 목표로 했던 것은 아니지만 자신의 몸이 좀 더 유연해지고 몸에 부과되는 매일매일의 요구에 더 잘 반응하게 된다는 것을 알게 되었다. 세 번째로, 이 실습을 통해 어떤 사람들은 몸의 한 부위의 감각과 다른 부위의 감각을 구별하는 것을 배우게 되었다. 결과적으로 참가자들은 긴장감을 느낄 때라도 이런 감각이 온몸에 퍼져 있는 것이 아니라 단일 부위에

[자료 10-4]

마음챙김 스트레칭

1. 먼저, 맨발이나 양말을 신고 엉덩이 너비 정도로 두발을 벌리고, 다리를 살짝 구부리고, 두발을 평행하게 하고 일어서라(사실 이런 자세로 서는 것은 드문 일이며, 이 자세만으로도 조금 색다른 신체감각을 느낄 수 있을 것이다).

2. 다음은 이 실습의 의도를 상기시켜라. 여러 가지 부드러운 스트레칭을 하면서 매 순간마다 몸의 한계를 받아들이고, 한계를 넘어서서 자신을 밀어붙이거나 자신 또는 다른 사람들과 경쟁하려는 모든 경향성을 최대한 놓아 버리고, 최선을 다해 온몸에서 느껴지는 신체감각과 감정을 알아차려 보라.

3. 이제, 숨을 들이쉬면서 천천히 그리고 조심스럽게 팔을 옆으로 들어 올려 바닥과 평행이 되게 하라. 숨을 내쉰 후, 두 손이 머리 위에서 만날 때까지, 다음 숨을 들이쉬면서 천천히 그리고 조심스럽게 팔을 들어 올리고 나서 뻗은 상태로 유지하라. 팔을 위로 올리고 머리위에 들고 있는 동안 계속해서 근육의 긴장감을 알아차리고 느껴 보라.

4. 자연스럽게 숨을 들이쉬고 내쉬면서, 손가락 끝은 부드럽게 하늘을 향해 밀고, 발은 단단히 바닥에 닿게 하고서, 위쪽으로 계속해서 스트레칭을 하라. 발과 다리에서부터 등, 어깨를 지나서 팔과 손과 손가락으로 통하는 모든 근육과 관절이 팽팽하게 당겨지는 느낌에 주목하라.

5. 자유롭게 숨을 들이쉬고 내쉬면서, 신체감각과 감정에 변화가 있음을 알아차리면서 스트레칭 자세를 유지하라. 물론, 여기에는 긴장감이나 불편감이 증가할 수도 있다. 긴장감이나 불편감이 증가한다면 그 감각을 받아들여 보라.

6. 준비가 되면 천천히, 아주 천천히, 숨을 내쉬면서 팔을 아래로 내리도록 하라. 손가락이 위를 향하고 손바닥이 바깥 쪽(매우 특이한 자세이다)을 향하게 손목이 구부린 상태에서 팔을 천천히 내려라.

7. 눈을 부드럽게 감고 호흡의 움직임과 서 있는 상태에서 온몸의 감각과 느낌에 주의를 집중하라. 아마도 중립적인 자세로 돌아오면서 신체적인 해방감(안도감)과 대비되는 감각을 알아차리게 될 것이다.

8. 마치 손이 닿지 않는 나무 열매를 따는 것처럼, 손을 교대로 한쪽씩 들어 올려 스트레칭하면서 몸과 호흡의 감각을 완전히 알아차려라. 팔을 쭉 뻗어 올릴 때 반대 쪽 발꿈치를 바닥에서 살짝 들어 올리며 호흡과 쭉 뻗은 손에 어떤 일이 일어나는지 살펴보라.

9. 이제, 천천히 그리고 조심스럽게 두 팔을 높이 올려 서로 평행을 유지하라. 오른쪽 발, 몸통, 양팔 그리고 손과 손가락을 쭉 펴고 그대로 큰 원을 그리듯이 몸을 왼쪽으로 구부러지게 하라. 그런 다음 숨을 들이마시고 다시 바로 서라. 그런 다음, 숨을 내쉬고, 오른쪽 방향으로 둥근 곡선을 그리면서 천천히 구부려라.

10. 이제 편안한 자세로 팔을 늘어뜨리고 바로 서라. 먼저, 어깨를 최대한 귀를 향해 위쪽으로 들어 올린다. 다음에 양쪽 어깨뼈가 서로 끌어당기는 것처럼 뒤로 당겨라. 그런 다음 어깨를 아래도 툭 떨어뜨려라. 그다음에 팔에 힘을 빼고 늘어뜨린 채로 마치 양쪽어깨를 서로 닿게 하려는 것처럼 최대한 몸 앞쪽으로 양쪽 어깨를 모아라. 팔을 늘어뜨린 채로, 먼저 앞에서 뒤로, 그다음에는 뒤에서 앞으로, '노를 젓는 것'처럼 회전시켜라. 가능한 한 부드럽고 신중하게 이러한 다양한 동작으로 '회전하기'를 계속 하라.

11. 잠시 편안한 자세로 휴식을 취하라. 이제 천천히 코로 공중에 동그라미로 그리는 것처럼, 편안하고 매우 부드럽게 머리를 한 쪽에서 다른 쪽으로 번갈아 가며 부드럽게 움직이도록 하라.

12. 그리고 마지막으로, 이러한 연속적인 움직임이 끝나도, 여전히 잠시 동안 서 있는 자세로 머물러 있어라. 정좌 명상으로 이동하기 전에 몸에서 느끼는 감각을 조율하라.

국한되어 있음을 알게 되었다.

마지막으로, 마음챙김 움직임을 통해 우리는 스트레칭과 애쓰는 것의 차이를 깨닫게 된다. 마음챙김 움직임을 하면서 어디까지가 가능한지 그 한계를 존중하게 되면 일상생활에서도 그렇게 할 수 있다. 즉, 일상생활을 하면서 마감 일정을 맞추고 목표를 달성하기 위해 서두르다가 우리 자신을 해칠 수 있다는 것을 알아차릴 수 있다. 알아차리지 못하고 부지불식간에 지나치게 애를 쓰게 되면 한계를 지나쳐서 건강하지 못한 상태가 된다.

마음챙김 움직임의 의도 요약

- 몸의 경험/감각을 알아차리고 그 감각에 '머무를' 수 있는 방법을 배우면서 몸의 기초를 세운다.
- 마음의 낡은 습관적 패턴, 특히 힘겨루기를 강조하는 패턴을 알아본다.
- 신체적인 경계와 강도를 느끼면서 움직이고 한계를 수용하는 법을 배운다.
- 우리 자신을 돌보는 새로운 방식을 배운다.

불쾌한 경험 기록하기

현재 순간에 존재한다는 주제는 3회기가 끝난 후 한 주일 동안 가정실습 과제로 했던 불쾌한 경험 기록을 끝마쳤을 때 찾을 수 있을 것이다. 기록하는 방법은 즐거운 일을 알아차리는 지난 주 작업과 유사하다. 그렇지만, 여기서 참가자들은 불쾌함과 연관된 생각과 감정, 신체감각을 최대한 분명하게 자각한다.

MBCT 수업을 가르치면서, 우리는 점점 더 이 가정실습 과제가 얼마나 중요한지 알게 되었다. 왜냐면 문제가 되는 경험이 얼마나 덧없거나 순간적이었는지와 상관없이 불쾌한 경험에 대한 사람의 반응은 다음에 기술된 선택을 하게 해 준다. 즉, 기분이 정서적 반응의 폭포 안에서 더 악화될 수도 있고 아니면 불쾌한 순간이 그것이 무엇이든 상관없이 마음에 추가적인 어떤 것을 보태지 않고도 더 분명하게 보이게 해 주고 자각을 하게 해 줄 수 있다. 물론 어떤 상황은 긴 시간 동안 지속되고 강렬할 수 있지만, 여기서 과제는 펼쳐지고 있는 다양한 경험의 측면을 지속적으로 알아차리는 것이다. 이것은 참가자들이 나중에 자세하게 그런 경험을 기록할 수 있다면 도움이 된다.

2회기에서 즐거운 경험 기록지에 대해 논의할 때 우리는 신체감각에 주목함으로써 감정의 중요한 신호를 구별할 수 있다는 것을 보았다. 불쾌한 경험 기록지(3회기-유인물 5)에서 우리는 불쾌한 감정 그 자체와 불쾌함에 따른 반응의 두 요소를 인식하는 데 중점을 두었다. 이것은 중요한 것이다. 왜냐하면 '혐오감'이 그 자체를 드러내기 시작하기 때문이다. 우리는 싫어하는 것을 피하거나 없애려는 경향성의 시작점을 더 자세히 살펴보면서(그것은 4회기와 5회기로 돌아가는 것이다), 우울증을 반복적으로 재발하게 하는 원인의 핵심을 탐구한다. 그러나 이러한 경향성을 분명히 알기 위해서는, 그러한 반응이 일어나는 조건과 (때로는 매우 미묘한) '불쾌감'을 확인해야 한다. 그래서 불쾌한 사건에 초점을 맞추는 문제는 '불쾌감이 생길 때 몸과 마음의 날씨 패턴이 어떤지, 그리고 이 날씨에 대한 어떤 반응을 내가 알아차릴 수 있는가?'와 같은 질문을 촉발시킨다.

점차로 다양한 방법으로 실습하면서 좀 더 심층적인 메시지가 교류되었다. 각 상황을 알아차리는 것, 특히 우리가 좋은 일 혹은 나쁜 일이라고 명명한 일을 알아차리는 것은 이런 일들을 다른 방식으로 연관 지어 설명하는 방법을 배우는 단계이다. 여기에는 상당한 용기와 노력이 필요하다. 어떤 변화도 일어나지 않는 것처럼 보이면 사람들은 실망할 수 있다. 그러나 이런 접근방식을 처음 사용할 때 느꼈던 회의감에도 불구하고 우리는 수업을 통해서 성급하게 문제를 해결하려고 하기보다는 계속 실습하는 것이 효과적이라는 것을 알게 되었다. 전통적으로 사용된 그림은 천천히 물이 떨어지는 수도꼭지 밑에 놓인 양동이다. 양동이를 계속 응시할 경우 물이 얼마나 찼는지 변화를 알아차리는 것은 불가능하지만 그럼에도 불구하고 물은 채워진다. 우리가 경험한 바에 의하면 사람들이 목표를 세우고 매일매일 연습할 때 기대하지 않았던 변화가 시작된다. 사람들은 점차로 반추에 의해 자신의 감정이 사로잡혔던 예전의 방식이 유일한 방식이 아닐 수 있으며, 반추하는 삶의 오래된 방식이 좀 더 온화한 방식으로 대치될 수 있음을 조금씩 깨닫게 된다.

3회기-유인물 1

3회기 요약: 흩어진 마음을 모으기

이번 주에 우리는 호흡과 몸의 움직임에 대한 알아차림을 실습했다. 마음은 과거에 미완성된 일을 끝내고 미래의 목표를 달성하기 위해 애쓰다 보니 현재 상황에서 멀어지고 그로 인해 자주 흩어지고 생각 속에서 길을 잃어버린다. 우리는 지금 여기로 '되돌아올' 수 있는 확실한 방법을 의도적으로 찾아야 한다. 호흡과 몸은 마음챙김 현존과 다시 연결시켜 주고, 마음을 모으고 진정시켜 주며 우리를 행위모드에서 존재모드로 조금씩 움직이게 해 준다.

호흡에 초점 맞추기:

- 바로 이 순간으로 돌아오라-지금 그리고 여기
- 어느 곳에 있든 간에 닻과 안식처로 호흡을 이용할 수 있는가?
- 광대한 우주와 사물을 볼 수 있는 관대한 관점과 연결됨으로써 실제로 당신의 경험을 변화시킬 수 있는가?

★ 정좌 명상: 기본원리

머리와 목, 등을 일직선이 되게 세우고 위엄 있고 바른 자세를 취하는 것이 도움이 된다. 우리가 계발하고 있는 자기-신뢰, 자기-수용, 인내심, 주의각성과 같은 내적 태도와 대응되는 신체적 자세가 바로 이것이다.

의자나 마룻바닥에서 연습하라. 만일 의자를 사용한다면 등이 곧은 의자를 사용하고, 발은 바닥에 닿도록 한다. 일단 의자의 등받이에서 떨어져 등을 똑바로 세운다.

만일 바닥에 앉아서 한다면 3~6인치 정도 엉덩이를 받쳐 줄 수 있는 두꺼운 쿠션을 고정시킨다(베개를 접어서 사용해도 가능하다). 앉아 있는 것이 무엇이든 간에, 반드시 엉덩이가 무릎보다 약간 더 높이 앉을 수 있도록 하라.

마음챙김 움직임은 다음을 가능하게 한다

- 바디스캔을 기초로 신체 경험/감각을 알아차리고 거기에 '머무를' 수 있는 방법을 배우게 해 준다.
- 마음의 낡은 습관적 패턴, 특히 힘겨루기를 강조하는 패턴을 관찰하게 해 준다.
- 신체적인 경계와 강도를 느끼면서 한계를 수용하는 법을 알려 준다.
- 자신을 돌보는 새로운 방식을 배우게 해 준다.

움직임은 신체자각과 연결되는 직접적인 방법을 제공한다. 몸은 종종 자각되지 않은 채 그 이면에 있는 감정이 표현되는 장소이다. 마찬가지로 몸은 우리의 생각을 드러내고 보게 해 주는 부가적인 장소이다.

3회기-유인물 2

3분 호흡 공간-기본 지침

★ 1단계. 알아차리기

앉거나 서서, 의도적으로 곧고 위엄 있는 자세를 취함으로써 이 순간의 상황을 더 잘 알아차리게 된다. 가능하면 눈을 감으라. 그런 다음 내면의 경험을 알아차리고 그것을 인정하면서 '바로 지금 나는 무엇을 경험하고 있는가?'라고 스스로에게 묻는다.

- 어떤 생각들이 떠오르는가? 가급적, 생각을 언어로 표현할 수 있는 정신적 사건으로 알아차리라.
- 여기에 어떤 느낌이 있는가? 불편함이나 불쾌감을 느끼고, 그것들을 알아차리라.
- 지금 여기에 어떤 신체감각이 있는가? 신체를 빠르게 스캔하여, 당기거나 힘이 들어간 것이 감지된다면, 그 감각들을 알아차리라.

★ 2단계. 모으기

그런 다음 호흡을 하면서 느껴지는 신체감각에 집중하는 것으로 주의를 다시 돌리라. 복부로 숨을 들이쉴 때 복부벽이 팽창하는 감각을 느끼면서…… 복부에서 호흡 감각을 가까이 느껴 본다. 숨을 내쉴 때 배를 뒤로 끌어당기라. 호흡을 통해 현재로 자신을 고정시키면서 들이쉬고 내쉬는 모든 호흡을 따라가라.

★ 3단계. 확장하기

이제 호흡에서부터 자각의 장을 확장시켜 자세나 표정 등 온몸의 감각을 포함시키라.

불편함, 긴장 또는 저항감의 어떤 것이라도 알아차리게 되면, 숨을 들이쉴 때 그 부위로 숨을 들이쉬면서 일어나는 감각을 알아차리라. 다음에 숨을 내쉬면서 그 감각을 받아들이고 부드럽게 숨을 내쉰다.

가능한 한 하루 중 어느 때라도 이 확장된 알아차림을 계속 지속한다.

3회기-유인물 3

3회기 이후 일주일간의 가정실습 과제

이번 주에는 세 개의 다른 공식 실습을 할 것이다.

1. 1, 3, 5일째 되는 날에는 스트레칭과 호흡 명상을(오디오 6번 트랙) 사용하고, 가정실습 기록지에 당신의 반응을 기록하라. 이 명상은 몇 분 동안의 스트레칭 연습과 마음 챙겨 호흡과 신체에 집중하기에 대한 지침이 들어 있다.

2. 2, 4, 6일째 되는 날에는 오디오 5번 트랙에 있는 마음챙김 움직임을 사용하고 가정실습 기록지에 반응을 기록하라. 스트레칭과 요가의 중요한 핵심은 신체자각과 연결되는 직접적인 방법을 제공하는 데 있다. 몸은 종종 자각되지 않은 채 그 이면에 있는 감정이 표현되는 장소이다. 마찬가지로 몸은 우리의 생각을 드러내고 보게 해 주는 부가적인 장소이다. 만일 요통이 있거나 다른 건강상의 문제가 있다면 이 중 어떤 실습을 할지 스스로 결정하라.

3. 매일, 미리 하기로 결정한 시간대에 하루에 세 번 3분 호흡 공간(오디오 8번 트랙을 사용)을 실습하고, 그때마다 가정실습 기록지의 R에 동그라미를 친다.

4. 매일, 불쾌한 경험 기록지에 불쾌했던 사건을 기록(하루에 한 가지씩)하고 매일 불쾌한 일이 있을 때마다 바로 그 순간의 생각과 감정, 신체감각을 자각하는 기회로 활용하라. 가능한 한 자세하게 알아차리고 기록하라(즉, 생각이 떠올랐을 때 실제로 떠오른 낱말이나 심상, 신체감각이 느껴지는 부위와 정확한 특성을 기록하라). '균형을 잃게 만드는' 불쾌한 사건이나 '당신을 낙담시키는' 것은 무엇인가?(크건 작건 간에)

3회기-유인물 4

가정실습 기록지-3회기

성명: ______________________________

실습을 할 때마다 가정실습 기록지에 기록하십시오. 또한 과제를 할 때 떠오른 것을 기록해서 다음 회기에서 이야기할 수 있도록 하십시오.

일자	실습 (예/아니요)	비고
수요일 날짜 ______	스트레칭과 호흡 마음챙김 움직임 R R R	
목요일 날짜 ______	스트레칭과 호흡 마음챙김 움직임 R R R	
금요일 날짜 ______	스트레칭과 호흡 마음챙김 움직임 R R R	
토요일 날짜 ______	스트레칭과 호흡 마음챙김 움직임 R R R	
일요일 날짜 ______	스트레칭과 호흡 마음챙김 움직임 R R R	
월요일 날짜 ______	스트레칭과 호흡 마음챙김 움직임 R R R	
화요일 날짜 ______	스트레칭과 호흡 마음챙김 움직임 R R R	
수요일 날짜 ______	스트레칭과 호흡 마음챙김 움직임 R R R	

3회기-유인물 5

불쾌한 경험 기록지

이름: ______________________________

불쾌한 일이 일어났을 때 이를 알아차리라. 일어난 일에서 세부적인 점에 초점을 맞추어 자각하기 위해 다음의 질문을 활용하고, 아래에 기록하라.

요일	어떤 경험을 했는가?	당시 신체적으로 어떻게 느꼈는가?	이 사건에 수반된 기분, 감정, 생각은 무엇인가?	그 일이 일어나는 동안 무슨 생각이 들었는가?	이 글을 쓸 때 마음에 떠오른 생각은 무엇인가?
	예: 유선방송사에서 와서 우리집 전선을 고쳐 주기를 기다리다가, 직장의 중요한 모임을 놓치게 되었다.	관자놀이에 맥박이 뛰고, 어깨와 목이 죄어들었으며, 앞뒤로 서성거렸다.	화, 무력감	'이게 그들이 말하는 서비스라는 거야?' '이 사람들은 책임감도 없으면서 시장을 독점하고 있다.' '이건 놓치고 싶지 않은 모임이었는데…….'	이런 느낌을 다시는 경험하지 않았으면 좋겠어.
월요일					
화요일					
수요일					
목요일					
금요일					
토요일					
일요일					

11

혐오를 알아차리기: 4회기

과거에 우울했던 사람들은 비교하는 데 많은 시간과 에너지를 소모한다. 오늘은 내가 어제보다 기분이 조금 좋을 수도 있지만 지난주에 비하면 여전히 나쁜 건 아닌가? 이 사람들이 얼굴을 찡그리는 것은 나를 전과 다르게 느끼기 때문일까? 그가 나에 대해 인내심을 잃은 것은 아닐까? 이런 사람들은 여러 가지 일에서 거절당했다는 느낌, 무가치감과 함께 많은 상실, 실망감으로 괴로움을 겪는다. 오랜 시간이 지난 후에도 좋지 않았던 시기를 생각나게 하는 자극 때문에 쉽게 기분이 상한다. 심지어 우울증이 없어진 후에도 우울증이 자기 삶을 파괴했다는 기만당한 듯한 느낌을 몇 년씩 느낄 수 있다. '왜 내 주치의는 좀 더 빨리 진단하지 못했을까?' '내 인생 최고의 시간들을 잃어버렸어!' 이들은 과거로 돌아가 '그때 그렇게 했더라면 얼마나 좋았을까?'라는 식으로 한탄하는 경향이 있다.

마음챙김 접근법은 생각을 통제하거나 과거, 현재 혹은 미래의 부정적인 심상을 긍정적으로 바꾸는 것이 아니다. 오히려 이 접근법은 사람들이 지금 여기서 느끼는 실망이나 후회의 감정을 받아들이는 법을 알게 해 준다. 이것은 어떤 경험이 어렵거나 고통스러워서 어떻게든 그 감정들을 없애려는 평소 방식과는 아주 다른 것이다. 우리는 흔히 고통스러운 감정을 몰아내기 위해 주의산만(distraction)과 부정

[자료 11-1]

4회기 주제와 교육과정

주제

'되돌아오기' 기법은 행동, 반추, 마음의 방황과 걱정으로 '우리를 휩쓸어 가는' 것을 더 분명하게 관찰하는 기법을 통해 길러질 수 있다. 우리는 '혐오'에 대한 경험을 탐색하기 시작한다. 혐오는 불쾌한 감정과 감각에 대한 마음의 습관적 반응이고, 혐오스러운 경험을 하지 않으려는 욕구에서 생겨나며 정서적 고통의 뿌리가 된다. 마음챙김은 그 일을 보는 다른 관점을 제공함으로써 현재에 머물 수 있는 방법을 제공하는 것이다. 보다 넓은 조망을 갖게 하고 경험에 대해 다른 방식으로 관계 맺도록 도와준다.

의제

- 5분 동안 '보기' 혹은 '듣기' 연습
- 30~40분 동안 정좌 명상-호흡과 신체, 소리, 생각 자각하기 그리고 선택하지 않고 자각하기(시 〈기러기〉 읽기)
- 연습에 대한 검토
- 가정실습 과제 검토(정좌 명상/요가, 불쾌한 경험 기록하기, 3분 호흡 공간에 대한 내용 포함)
- 우울증 '영역' 정의하기: 자동사고 질문지와 우울증의 진단 준거
- 3분 호흡 공간+검토
- 마음챙김 걷기
- 4회기 유인물 나누어 주기
- 가정실습 과제 내 주기:
  정좌 명상 테이프, 7일 중 6번
  3분 호흡 공간-정규적으로 하루에 세 번
  3분 호흡 공간-불쾌한 감정을 느낄 때마다 대응하기

계획 및 준비물

개인적인 준비물과 함께 시 〈기러기〉 읽기

4회기 유인물

[4회기-유인물 1] 4회기 요약: 현재에 머물기
[4회기-유인물 2] 걷기 명상
[4회기-유인물 3] 4회기 이후 일주일간의 가정실습 과제
[4회기-유인물 4] 가정실습 기록지-4회기
[4회기-유인물 5] 현재에 머물기

(denial)을 사용한다. 한편, 우리가 문제에 대해 걱정하고 반추하면 마치 문제를 중점적으로 다루는 것처럼 보일수도 있지만 이런 식의 반추는 오히려 무엇이 문제인지 알 수 없게 만든다. 이런 일이 생기는 이유는 반추에는 '나는 이런 감정을 느끼고 싶지 않아.'와 같이 경험에 대한 판단이 포함되기 때문이다. 이런 '원치 않는' 것은 개념에 기초한 생각, 즉 감정을 직접 경험하는 것이 아닌, 감정에 대해 생각하게 만드는 마음의 양식을 지탱하는 보조 너트와 같다. 이런 식의 반추는 부정적인 생각들을 가중시키면서 점차 감정의 정도를 강하게 만든다. '부모님은 나에게 그것에 대해서 전혀 말하지 않았어. 누구도 나에게 그것에 대해 말한 적이 없어.' 이런 생각들은 결과적으로 '원치 않는 것'들이다. 머지않아 원래 경험과 그 경험에 대한 판단, 자기 자신의 가장 친근한 부분까지도 '속까지 썩어 버렸다.'는 느낌과 분리되기 어려워진다.

회피와 과잉 몰두가 함께 묶여 있는 이러한 반응들은, 상황이 이 순간 실제로 존재하는 것과는 다르게 되기를 바라는 자연스러운 욕망에서 나온다. 실제로 일어난 일 때문에 겪는 불쾌감이나 실망감을 직면하지 않으려고 현재 상황을 자신이 '원하는 방향으로' 바꾸려고 애쓰게 만든다. 이런 전략은 때로는 긍정적인 강화를 받기 때문에 언뜻 보기에는 성공적인 것처럼 보인다. 그래서 시간이 지나면 문제를 다룰 때 자동적으로 이런 방식에 의존하게 된다. 이와 같은 방식은 어떤 변화의 여지도 남기지 않은 채 불쾌한 경험을 다루는 특정 방식에 얽매이게 한다. 성공하지 못했을 경우 전략을 바꾸기보다는 회피나 반추와 같은 방법을 이전보다 더 많이 사용하게 만든다.

집착과 혐오

어떤 일의 상태를 바꾸려는 압박을 느낄 때마다 우리는 그 욕구가 마음과 가슴의 매우 기본적인 습관을 반영한다는 것을 알게 된다. 이 습관을 더 자세히 살펴보자. 우리가 경험하는 모든 것—소리, 시각, 냄새, 맛, 신체감각이나 생각—은 즐겁거나 불쾌하거나 중립적인 감정을 자동적으로 불러일으킨다. 압력을 측정하는 기압계처럼, 마음-몸은 감각과 생각의 사건들을 끊임없이 기록하고, 즐거움이나 불쾌감을 순간순간 자동적으로 '판독'하고, 모든 사건-순간에 대해 미묘하지만 중요한 '감정 톤'을 덧붙이고 있다. 이러한 감정 톤은 대개는 미묘해서 잘 알아차리지 못한다. 즐겁고 불쾌한 경험 기록지를 가정실습 과제로 내주는 이유는 그동안 간과했던 이러한 경험 차원에 대한 인식을 높이고 그것에 대한 우리의 반응을 탐색하기 위해서이다. 감정 톤은 피할 수 없는 경험 차원이다. 그런 감정 톤을 인지하고 나면 어떤 일이 즉각적으로 일어난다는 것을 알 수 있다. 비록 이런 반응이 빠르게 일어나고 자동적인 것처럼 보이지만, 이런 습관적인 '다음 순간'의 반응은 연습을 통해 약화될 수 있다.

즐거운 느낌에 대한 습관적인 반응은 '집착'이다.—즐거운 감정이 유발하는 경험에 매달리게 되고, 점점 더 즐거운 경험을 하려는 욕구가 생긴다. 불쾌한 느낌에 대한 습관적인 반응은 '혐오'이다.—불쾌한 느낌을 만들어 낸 경험을 없애고, 그러한 경험이 앞으로 다시 일어나는 것을 막기 위해 최선을 다하고 싶어 한다. 그리고 느낌이 즐겁지도 불쾌하지도 않은 중립적일 때, 습관적인 반응은 흥미를 잃고, 그 순간의 경험에서 떨어져 나와 연결이 끊어지며 우리는 지루하고 불안해진다.

이번 회기에는 특히 혐오 반응에 관심을 둔다.

> 혐오감에 대한 습관적인 반응은 우울증 재발의 근본 원인이 되는 모든 마음상태의 뿌리에 있다. 비록 혐오감이 진화의 과정에서 인류에게 도움을 주고 행복을 위협하는 외부 자극을 피하고, 방지하고, 제거하게 해 주었지만, 깊이 뿌리내린 이러한 습관은 달갑지 않은 내부경험으로부터 우리를 구하려고 할 때는 오히려 해가 될 정도로 역효과를 낼 수 있다. 반추에 몰두할 때 이러한 혐오 습관은 불행한 감정을 없애기 위한 문제해결방법을 생각하는 마음의 능력을 교란시킨다. 그 결과 완전히 역효과가 발생한다.

혐오를 인식하고 그것에 능숙하게 대처하는 방법을 배우는 것이 MBCT 프로그램의 핵심 부분이다. 이번 회기에서는 이러한 혐오를 인식하는 것에 주로 초점을 맞춘다. 5회기에서는 능숙하게 대처하는 방법을 보다 자세하게 살펴볼 것이다. 혐오는 모든 경험의 일반적인 측면이다. 참가자들이 프로그램 과정에서 실제로 우울증에 직면하지 않더라도, 혐오적인 반응을 볼 수 있는 많은 학습 기회가 있을 것이다. 회기 안에서, 실습을 하면서, 일상의 경험에서 불쾌한 감정이 촉발되는 이 마음의 습관을 인식함으로써, 참가자들은 혐오를 인식하고 그것과 관련된 숙련된 방식을 개발할 수 있는 많은 기회를 가질 것이다. 이 기법들은 우울한 느낌이 일어날 때 사용될 수 있다.

능숙한 접촉

이 프로그램의 핵심적인 주제는 어떤 불쾌한 경험과 함께 현재에 머무는 것이 재발을 막는 가장 좋은 방법이라는 것이다. 마음을 챙겨 현재에 머물 수 있다면, 우리 마음에 내재되어 있는 '지혜'가 드러나 문제를 다룰 수 있게 하고, 보다 효과적인 해결법을 제시하기 때문이다. 그러므로 이런 과정은 어려운 문제에 대한 답을 찾기 위해 고군분투를 벌이다가 거기에 대한 생각을 멈추는 순간 마치 어디에서도 찾지 못했던 답이 나타나는 수학자의 경험과 유사하다. 사람들은 마음챙김을 연습할 때 어떤 '과정'이 펼쳐지는 것처럼 느낀다고 말한다. 마치 마음의 어려움을 다루는 좀 더 현명한 방법을 발견한 것처럼 느끼는 것 같다. 특히 마음챙김 실습은 사람들로 하여금 부정적인 경험과 관계를 맺는 습관적인 방식을 그만두게 하고, 상황을 좀 더 분명하게 보고, 판단과 기대에서 탈중심화하여 습관적인 반응들이 다음 순간의 고유한 특성을 파괴할 수 있는 잠재력을 잃게 해 준다. 오래된 습관이 힘을 잃는다면 어려운 상황이나 기분에 대해 자동적으로 반응하는 대신 능숙하게 대처하는 것이 점차로 쉬워질 수 있다. 어떤 사건에 의해 촉발되는 생각과 감정, 신체감각을 자각할 때 '능숙하게 접촉'한다면 우리는 습관적이고 자동적으로 반응하지 않는 것이 가능해진다.

그렇지만 부정적인 일을 다루는 것은 결코 쉽지 않다. 참가자들은 1주일 동안 집에서 정좌 명상 실습을 하고, 4회기에서 다시 연습하게 되는데, 이 과정에서 부정적인 생각과 감정을 자각할 수 있다. 호흡으로 돌아가는 것은 상당히 어렵다. 왜 그렇게 어려울까? 우리는 습관적으로 그런 불쾌함에 대해 혐오감을 경험하고 그것에 대해 무언가를 할 필요를 느끼기 때문이다. 이 시점에서 우리는 혐오의 징후를 알아차리기 위해, 자동적으로 대응하기보다는 오히려 그 내용에 상관없이, 의식적으로 반응하는 경험을 더 많이 알아차리게 하는(어려운 연습이지만 간단한!) 지시를 계속한다.

이 책의 초판을 쓸 때, Tate Modern 미술관이 런던에서 문을 열었다. 방문객들은 미술관의 공간이 너무 넓어서 미술 작품이 멀리서도 보인다고 하였다. 이것은 보통 좁은 장소에 사람이 너무 많이 몰려 한 각도에서만 그림을 볼 수 있거나 너무 가까이서 봐야 되는 전통적인 미술관을 방문했을 때 하는 경험과는 다른 것이다. 전통적인 미술관과는 달리 새로운 현대 미술관은 관객들에게 넓이감을 제공해 주었다.

매 순간 일어나는 경험을 좀 더 잘 자각하게 된다는 것도 마찬가지로 넓이감을 줄 수 있다. 즉, 경험의 한 측면에만 주의가 집중될 때 자신이 보고 있는 넓은 장 안에서 주의가 협소하다는 느낌을 알아차리면서 보다 융통성 있게 주의를 돌리는 것이 여기에 해당한다. 호흡과 몸, 소리, 생각을 자각하면서 '현존'하는 것은 마음과 몸의 연속적인 반응을 보다 명확하게 볼 수 있게끔 넓은 조망을 갖게 해 주는 훈련의 하나이다.

회기가 진행됨에 따라 이런 주제를 다른 방식으로 조망해 볼 수 있을 것이다. 보고 듣기로 시작하는 명상을 지도하고, 그다음에 호흡, 몸, 소리, 생각 및 감정 그리고 마침내, 선택하지 않고 알아차리기를 지도한다. 사람들의 경험, 특히 혐오감과 집착에 대해 토의하게 될 것이다. 우울증 질문지와 체크리스트를 제시해서 우울한 참가자들이 보다 넓은 조망을 갖도록 할 것이다. 또한 어려운 상황을 다루는 방법으로 숨을 돌릴 여유를 활용하는 방법을 소개할 것이다.

주의 초점을 축소하기와 확장하기

참가자들은 3회기처럼, 다시 한 번 현재에 '돌아오기' 위해 짧은 '보기' 명상과 '듣기' 명상을 시작한다. 시야에 보이는 것이나 소리의 한 측면(이를테면 나뭇잎이나 차 엔진 소리 등)에만 주의를 기울이고, 거기서부터 주의를 확장하는 것은 현재에 머무는 강력한 방법이 될 수 있다. 즉, 마음의 양식을 '행위'에서 '존재'로, '문제를 해결하는 것'에서 '놓아두는 것'으로 바꾸는 것이다. 만일 생각이 떠오르면 가급적 그것을 내려놓고 보이는 것이나 들리는 것으로 마음을 되돌리라는 지시는 이런 생각과 고군분투를 벌이려는 경향성을 내려놓을 수 있게 해 준다.

같은 방식으로 우리는 더 긴 시간 동안 하는 정좌 명상이 또 다른 배움의 기회를 준다는 것을 알고 있다. 다시 한 번 현재 자세를 자각하는 것에서부터 시작한다. 이렇게 하는 이유는 안정감을 느끼면서 매 순간의 경험에 주의를 집중하기 위한 것이다. 정좌 명상은 호흡에 주의를 집중하라는 지시로 시작된다. 자신의 마음이 방황하는 것을 알게 되는 참가자들은 단순히 마음이 어디에 있는지를 알아차리고, 마음이 초점을 벗어났다는 사실을 받아들이고, 온화하게 주의를 호흡으로 되돌리면 된다.

오래 앉아 있으면 있을수록 사람들은 혐오와 집착으로 경험에 반응하는 모습을 발견한다. 그다음 매사를 내려놓는 가장 쉬운 방법은 상황을 바꾸려는 노력을 중단하기만 하면 된다는 것을 기억하라. 어떤 생각이나 감정이 떠오르는지 알아차리고 호흡으로 되돌아가는 것을 지속해야 한다. 이런 방법으로 호흡과 함께하는 실습은 참가자들에게 주의집중력을 훈련시키고 마음의 움직임과 패턴을 관찰할 수 있도록 해 준다. 시간이 지남에 따라 마음과 몸에 무슨 일이 일어나건 이를 자각하고 이것을 초점으로 사용하는 것을 배우게 될 것이다.

실습과정에서 어떤 시점이 되면 온몸으로 자각을 확장하도록 격려한다. 만일 마음이 방황한다면 이때의 과제도 마찬가지이다. 단지 마음이 어디로 갔는지 알아차리고 현재로 주의 초점을 되돌린다. 이때 주의 초점은 온몸이 된다. 온몸의 감각, 특히 강렬한 감각을 느끼거나 불편을 느끼는 부위를 알아차리면서 감각을 자각할 수 있다. 3회기에서 하였던 것처럼 의도적으로 강렬한 감각을 느끼는 부위에 주의를 옮길 수 있고, 그곳을 통해 숨을 들이쉬고 숨을 내쉴 수 있다(10장의 [자료 10-2] 참조).

이때 알아차림은 몸을 넘어 소리로 확장될 수 있다. 여기서 지침은 참가자들이 분명하든 미묘하든 주변의 모든 소리를 단순히 '감각'으로 알아차리도록 하는 것이

[자료 11-2]

정좌 명상: 소리와 생각에 마음 챙기기

1. 어느 정도 안정적이라고 느껴질 때까지 전에 설명한 호흡과 몸에 마음챙김을 연습하라.

2. 자각의 초점을 신체감각에서 듣는 것으로 옮기라. 주의 초점을 귀에 두고 주의를 열고 확장하여 어떤 것이든 간에 소리가 나는 그대로 받아들일 수 있도록 하라.

3. 일부러 소리를 찾거나 특정 소리에 귀를 기울일 필요는 없다. 대신 가능한 한 마음을 열고 모든 방향에서 오는 소리를 있는 그대로 알아차리면서 받아들이도록 하라. 가까운 곳의 소리, 먼 곳의 소리, 정면, 뒤 혹은 옆에서 나는 소리, 위 혹은 아래에서 나는 소리를 알아차려 보라. 분명한 소리와 미묘한 소리, 소리 사이의 공백을 알아차리고, 침묵을 알아차리라.

4. 소리를 가급적 단순한 감각으로 자각하라. 만일 소리에 대하여 생각하고 있다는 것을 알아차리게 되면 그 의미나 암시보다는 가급적 소리의 감각적 특성(소리의 고저의 패턴, 크기, 지속시간 등)을 직접 자각하도록 하라.

5. 자각의 초점이 그 순간의 소리에 머물지 않는다는 것을 알아차릴 때마다 마음이 어디에 가 있는지 온화하게 받아들이고, 매 순간 나타났다 사라지는 소리에 주의를 돌리라.

6. 소리 마음챙김은 여기서와 같이 신체감각을 자각하고 나서 하든 아니면 생각에 대한 자각에 앞서서 하든지 간에 알아차림을 점점 확장시키고, 보다 열려 있고 넓은 느낌을 갖게 해 주어 그 자체가 매우 가치 있는 훈련이다.

7. 준비가 되면 소리에 대한 자각을 그대로 놓아두고 주의를 다시 마음에 일어나는 현재 사건으로 되돌리도록 한다. 소리와 함께하면서 어떤 소리가 나든 소리가 나서 퍼지고 사라지는 것을 알아차리면서 주의를 옮겼던 것처럼 마음의 공간 내에 어떤 생각이 지나가고 결국 사라지는지에 주의 초점을 맞추라. 일부러 생각을 떠오르게 하거나 사라지게 할 필요는 없다. 소리가 나고 사라질 때와 같은 방식으로 생각을 그냥 두면 된다.

8. 어떤 사람들은 마치 스크린에 투사된 것과 마찬가지 방법으로 마음에 떠오르는 생

각을 자각하는 것이 도움이 된다고 한다. 앉아서 생각이 떠오르면 저쪽 '스크린'에 그 생각이 있는 것처럼 주의를 기울이고, 그것이 지나가도록 두면 된다. 또는 광대한 하늘을 유유히 움직이는 구름이나 개울을 따라 움직이는 나뭇잎처럼 생각을 보는 것이 도움이 될 수 있다.

9. 어떤 생각이 즐겁거나 불쾌한, 강렬한 느낌이나 감정을 일으킨다면, 가능한 한, '감정적인 부하'와 강도를 주목하고 감정을 거기 있는 그대로 내버려 두라.

10. 마음이 흐려지고 산만하다고 느끼거나, 생각과 상상의 드라마에 반복해서 빠져들면, 이것이 당신의 몸 어디에 영향을 미치는지 알고 싶을 수 있다. 종종 우리는 일어나고 있는 일이 마음에 들지 않을 때, 얼굴, 어깨 또는 몸통에 위축이나 긴장감을 느끼고, 생각과 감정을 '밀어내고 싶은' 욕망을 느낀다. 어떤 강렬한 감정이 일어날 때, 당신에게 이런 일이 일어나고 있는 것을 알아차릴 수 있는지 살펴보라. 그러고 나서, 일단 이것을 알아차리면, 정좌 명상과 호흡 명상을 하면서 호흡과 몸 전체의 감각으로 돌아갈 수 있는지 살펴보라. 그리고 집중하면서 마음을 고정시키고 자각을 안정시키라.

11. 어느 시점에서, 호흡과 같은 특별한 주의 대상 혹은 소리, 생각과 같은 주의 대상 종류들을 내려놓고 마음과 몸 그리고 세상의 풍경 속에서 일어나는 일은 무엇이든지 알아차림의 장을 열어 놓으라. 순간마다 일어나는 모든 것을 알려고 애쓰지 않고, 단순히 알아차리면서 그 상태에서 머무는 것이 가능한지 보라. 그것들은 호흡, 신체감각, 소리, 생각 또는 감정을 포함할 수 있다. 가능한 한 아무것도 붙잡지 않고, 아무것도 찾지 않고, 깨어 있음을 구현하는 것 이외는 어떤 다른 목표도 없이, 그냥 앉아서 완전히 깨어 있으라.

12. 그리고 준비가 되면, 몇 분 동안 호흡을 알아차리는 단순한 연습으로 돌아가서 정좌 명상을 끝내라.

다. 보기, 듣기 명상에서 탐구되는 주제는 1회기 때 건포도 명상 실습에서 소개했던 것과 같은 주제로, 그 의미나 함축성보다는 순간순간 경험의 감각적 특성을 계속해서 직접 알아차리는 것이다.

명상의 다음 단계에서는 소리에 대한 알아차림을 놓아 버리고, 생각으로 주의를 다시 돌려서 생각과 이미지를 마음속의 하나의 이벤트로 보게 한다. 참가자들에게 소리를 그저 일어나고, 머물다가, 멈추는 '이벤트'로 알아차리도록 요청했듯이, 이제는 마음속의 '공간'에 머무르다 결국에는 없어지는 생각을 알아차리도록 한다.

어떤 사람들은 마치 영화를 볼 때 화면에 투사된 것처럼 마음에서 생각을 자각하는 것이 도움이 된다는 것을 알았다. 당신은 화면을 보고, 생각이나 이미지 그리고 그것과 함께하는 느낌이 생길 때까지 앉아서 기다린다. 그럴 때, 그것이 '화면에' 있는 한 주의를 기울이고, 그다음에 지나가도록 두면 된다. 또 다른 사람들은 구름이 하늘을 가로질러 움직이는 것처럼 생각을 살펴보는 것이 도움이 된다고 하였다. 세 번째 비유는 마치 물살이 과거를 실어 나르듯이, 생각을 흐르는 강물 위의 나뭇잎처럼 관찰하는 것이다. 이러한 유추와 은유의 일부 또는 전부가 도움이 될 수 있다.

때때로 참가자들은 마음이 반복적으로 그들의 생각과 상상의 드라마에 끌려 들어가는 것을 알 수 있다. 이것은 특히 생각이나 이미지가 그들에게 즐겁거나 불쾌한 강렬한 느낌이나 감정을 가져오는 경우이다. 이런 일이 일어나고 있다면, 지도자들은 참가자들에게 그 시점에 자신의 몸에서 진행되고 있는 일들을 주목하게 하고 집중하면서 마음을 고정하고 자각을 안정시키면서 정좌 명상과 호흡 명상을 통해 호흡과 신체감각으로 되돌아오도록 요청한다. 그런 다음 원한다면 현재 자신에게 일어나고 있는 생각과 감정을 관찰하게 한다.

마지막으로, 참가자들은 때때로 '선택하지 않는 알아차림'이라 불리는 것, 즉 특별한 주의와 의도적인 집중을 놓아 버리고, 대신에 알아차림의 장을 마음, 몸, 주변 세상에서 일어나는 모든 것에게 개방하도록 한다. 그런 다음 몇 분 동안 호흡 명상으로 돌아가 실습을 마친다([자료 11-2] 참조).

실습 초기에는 한곳에 주의를 집중하다가 나중 단계에 더 넓은 알아차림을 경험하는 것으로 주의를 확장해 가면서 느껴지는 변화를 감지하라. 마음챙김 접근의 의도는 궁극적으로 자각의 장 안에 생각, 감정과 감각을 담을 수 있는 '보다 넓은 공간'이 있다는 것을 인식하게 하는 것이다. 어떤 한 순간에 보다 많은 경험의 요소를 수용할 수 있게 되면 좀 더 넓은 맥락에서 그런 요소들을 자각하게 되고 이는 처음에 마음을 모으기 위해 좁은 범위에 초점을 두게 하는 것과는 대비가 된다. 지도자는 풍부한 느낌을 탐구할 수 있는 Mary Oliver의 시 〈기러기〉[87]를 정좌 명상의 마지막 부분이나 회기 후반에서 읽을 수 있다([자료 11-3] 참조).

[자료 11-3]

 **기러기**

당신은 좋은 사람일 필요가 없습니다.
당신은 후회하면서 지친 모습으로
100마일이나 되는 사막을 걸어갈 필요는 없습니다.
단지 당신을 감싸고 있는 연약한 동물의 몸이
사랑하는 것을 사랑하십시오.
당신의 절망에 대해 내게 말해 주십시오.
나도 당신에게 내 절망을 이야기하겠습니다.
세상이 흘러가는 동안
태양과 빗물에 씻긴 깨끗한 조약돌이
대지를 가로질러 움직이고 있는 동안
대초원과 깊은 숲, 산과 강 너머로
맑고 푸른 하늘 높이 나는 기러기들이 집으로 돌아가는 동안
당신이 누구든 간에, 얼마나 외롭든 간에,
당신의 상상에 비춰진 세상은
야생기러기처럼 당신을 부릅니다. 거칠고 자극적인 소리로
그 무리 안에서 당신의 자리가 어디인지 되풀이하여 알려 주면서.

* Mary Oliver의 『꿈 작업(Dream Work)』[87] 1986년도 저작권. Grove Atlantic, Inc.로부터 허락을 받아 인용.

실습 검토

명상 후 질문 과정에서는 일어나고 있는 것뿐만 아니라 참가자가 자신의 경험에 반응하였던 것에도 초점을 두어 이야기를 나눈다. 예를 들어, 한 참가자는 다음과 같이 말했다.

"내 마음이 다시 방황하였어요. 나는 세상에서 최악의 명상가임에 틀림없어요. 대체 왜 나는 여태껏 이 실습이 나를 위해 무엇을 할 것이라고 생각했던 것이죠?"

호흡과 함께 머물라는 단순한 지침이 성공과 실패의 드라마로 바뀌는 데는 많은 시간이 걸리지 않는다. 호흡과 함께 있을 때 성공한 것이고, 마음이 방황할 때는 실패한 것이라는 생각이 너무나 쉽게 일어난다. 사실, 명상은 호흡과 함께 머무르고, 움직이고, 더 이상 호흡에 있지 않는 것을 알아차리고, 다시 부드럽게 호흡으로 돌아오는 전체 과정을 의미한다.

지도자로서, 우리는 자신과 참가자들에게 마음이 방황할 때, 그리고 호흡으로 다시 주의를 가져올 때 온화하게 하라고 몇 번이고 상기시킨다. 이런 온화함은 우리 자신과 순간순간 일어나는 모든 경험에 돌봄의 태도를 가져다주기 때문에 중요하다. 명상은 마음을 갑자기 잡아당기기보다 알아차리고, 인정하고, 친절하고, 온화하게 다시 호흡으로 되돌아가도록 안내하는 일이다.

중요한 것은 자신을 비난하거나 판단하지 않고 또는 실패했다고 느끼지 않고 되돌아오는 것이다. 그리고 자신을 판단했다는 것을 알게 되면, 그다음 지침도 여전히 동일하다. 단지 일어나는 판단을 주시하고 호흡이나 초점이 되는 모든 것에 주의를 되돌리라는 것이다.

명상은 마음을 비우는 것이 아니다. 명상은 호흡을 하고, 마음이 떠돌아다니고, 더 이상 마음이 호흡에 있지 않다는 것을 알아차리고, 부드럽게 호흡으로 되돌리는 전체 과정이다.

여기서 우리는 마음을 통제하는 방법을 가르치는 것이 아니라는 것을 기억하는 것이 중요하다. 이 작업은 단순히 호흡을 호흡 자체에 맡기면서, 호흡이 몸 안팎으로 움직이는 것과 같은 실제의 신체감각에 대해 각별히 살피고 주의를 기울이는 것이다. 마음이 방황할 때마다 호흡을 현재와 다시 연결하는 닻으로 사용한다.

실습에 대한 반응: 혐오를 바라보기

"처음에 생각에 집중하라고 말했을 때는 전혀 아무것도 떠오르지 않았어요. 그때 '내가 틀림없이 잘못하고 있다.'고 생각했어요. 그리고 예전에 아파서 학교를 결석했던 때가 생각이 났고 그때 다른 모든 아이는 교과 내용을 잘 알고 있는 것 같았지만 나만 몰랐었다는 기억이 떠올랐어요."

이 참가자는 매우 흔히 일어날 수 있는 상황을 보여 준다. 실제로 우리가 생각에 집중하려고 하면, 그 시점까지 아무리 마음이 방황하고 산란해졌다고 해도, 생각을 관찰하는 연습을 시작함과 동시에 마음이 백지처럼 된다. 그러나 그다음에 또 다른 일이 일어날 수 있다. 우리는 몇 가지 기준(이 경우에는 '나는 생각을 해야 한다.')으로 경험을 평가하고, 자신이 잘하지 못하고 있다고('나는 틀림없이 잘못하고 있다.') 판단한다. 그리고 우리가 그것을 알아채기도 전에, 실패감을 되살리는 과거 기억에 휘말리게 된다.

I: 그럼 제가 잘 이해했는지 봅시다. 생각을 관찰하라고 했을 때 마음이 백지상태가 되었고, 그때 '틀림없이 잘못하고 있다.'는 생각이 떠올랐다는 것이지요.

P: 네. 그렇게 하고 나서 다른 사람들은 할 수 있는데 나는 할 수 없을 것 같은 일종의 실패감을 느꼈습니다.

I: 그때 무슨 기억이 떠올랐다는 건가요?

P: 네. 한 번은 열두 살쯤인가 학교에 가지 않았어요. 나는 결석하면 뒤처질 거라 느꼈기 때문에 결석하는 것을 싫어했어요. 지리 수업시간이었는데, 다른 애들은 모두 '코츠월즈(Cotswolds)'라는 것에 대해 배우고 있었고, 나는 애들이 무슨 말을 하는지 알 수 없었어요.

I: 당신의 마음이 그런 기억으로 가득 차 있군요. 그때 무슨 일이 일어났지요?

P: 슬픔을 느꼈어요. 정말 이유를 알 수 없었어요.

I: 지금, 당신의 몸에서 무슨 일이 일어났나요? 알아차렸나요?

P: (멈추고) 여기 근처가 '꽉 조이는' 느낌 같은 것이요(흉곽 아래 가슴의 중심을 가

리킨다). (한숨) 피곤한 느낌이 들었어요.

I: 그다음 무슨 일이 일어났지요?

P: 실제로 그때 그랬던 것처럼 뭔가 놓친 느낌. 그래요. 뭔가 잃어버린 그런 느낌이었어요. 그때, 선생님께서 길을 잃으면 호흡으로 다시 돌아가는 것에 대해 말씀하셨고 그것이 다시 호흡으로 돌아오게 했어요.

이 이야기는 명상을 하면서 우리가 어떻게 먼 과거로 빠져들어가서 뭔가에 사로잡히게 되는지를 잘 알려 주는 예시임을 주목하라. 지도자는 이것에 초점을 맞춘다.

I: 어떤 일이 일어났고—이 경우는, 생각이 잘 나지 않았군요. 그런 다음 모든 것이 잘못되었다는 다른 생각이 들었네요. 그런 다음 다른 사람들은 뭔가를 알고 있는데 당신만 그것을 모른다고 느꼈을 때의 기억이 생각났고, 뭔가를 잃어버린 느낌이 들었다는 거군요. 마음이 얼마나 빨리 우리를 데려갈 수 있는지 놀랍지 않은가요? 그리고 여기서 정말 흥미로운 점은, 알아차렸는지 모르겠지만 그런 불쾌감이 들 때 몸이 어떻게 반응했고, 그때 기억이 어떻게 떠올랐는가 하는 것입니다. 싫어하는 일이 생길 때, 몸은 매우 민감한 지표가 되고 긴장하거나 싸우거나 도망갈 준비를 하는 것처럼 반응하게 됩니다. 또는 급작스럽게 지치고 소진되는 느낌이 들고, 일종의 '포기'를 하게 되지요. 이 모든 것이 정말로 빨리 일어날 수 있습니다.

P: 예, 매우 강력하군요.

I: 이러한 신체적 변화는 종종 마음-몸이 좋아하지 않는 것, 없애고 싶어 하는 것을 보았다는 신호이기 때문에 이것을 알아차리는 것은 매우 중요합니다. 이것을 '혐오'라고 하는데, 바로 다음 순간에 모든 종류의 다른 반응을 일으킬 수 있습니다. 종종 이러한 반응은 처음에 반응을 일으킨 감정을 제대로 인식하거나 대처하지 못하도록 방해하지요. 몸-마음은 우리 자신의 생각과 기억을 근절시키거나 피해야 할 적으로 취급합니다. 그러나 우리 중 누구도 우리 자신의 생각에서 벗어날 수 있을 만큼 빨리 달릴 수는 없습니다. 그래서 우리는 길을 잃고, 혼자인 것처럼, 무기력한 느낌으로 옴짝달싹하지 못하

게 되는 것입니다. 그리고 이것은 마치 반복해서 일어나고 있는 것처럼, 마음의 오랜 패턴을 되돌려 놓고 몸에 더 많은 긴장을, 더 많은 '적들'을 불러오게 됩니다. 다른 분 중에서 자신의 몸이 이런 식으로 반응하는 것을 알아차린 사람이 있나요?

이런 저런 방식으로, 참가자에게 혐오 반응이 몸에서 어떻게 일어나는지 관찰하도록 격려한다(예: 얼굴, 어깨 또는 몸통의 위축이나 긴장감, '밀쳐 내는 것' 또는 '원치 않는 것'과 같은 독특한 느낌). 이러한 혐오 반응이 주의집중을 방해하는 강력한 경쟁자임을 알아차리도록 참가자들에게 요청한다. 종종 혐오는 주의 초점을 두려고 했던 모든 것을 알아차리지 못하게 하고, 대신 이처럼 언뜻 보기에 중요한 생각이나 감정만을 보는 터널 비전을 만들어 준다. 마음챙김 명상은 강력한 협력자가 될 수 있다. 마음챙김 명상은 이러한 혐오감이 발생했을 때 알아차리게 하고, 이 순간에 주의를 기울이고 싶은 곳을 선택할 수 있는 능력을 회복시켜 주며, 다시 주의력을 넓혀 준다. 몸에서 일어나는 혐오의 신호를 알아차리는 것은 마음의 반응성을 들여다볼 수 있는 창문이 된다. 그리고 일련의 반응에서 첫 번째 순간을 알아차리도록 자신을 훈련시키게 되면 즐겁고 불쾌한 생각, 감정 및 사건에 자동적인 반응으로 끌려가는 경향에서 벗어나게 해 준다.

마음챙김 실습이 장담할 수 있는 것은 혐오 반응이 반드시 없어진다는 것이 아니라 그런 반응이 일어났을 때 비판단적인 방식으로 그런 반응들에서 자신을 구하는 법을 배울 수 있다는 것이다. 그러한 자유는 혐오에 직면했을 때 '현재에 머무르는 것'을 의미한다. 사람들은 이 '현재에 머무는 방법'을 잘 표현하기 위해 여러 가지 비유를 사용했다. 일부는 균형 감각을 회복하는 것이라고 표현했다. 또 다른 사람들은 주변의 기상 조건이 변함에도 불구하고 대지에 단단히 뿌리내린 산의 은유를 사용한다. 이렇게 미묘하지만 깊은 의미를 표현할 수 있는 적합한 단어를 찾는 것은 쉽지 않다. 그러나 이러한 것들을 배우기 위한 수단으로 명상 실습 자체의 중요성은 과장될 수 없다.

실습 검토: 밀월기간과 어려운 작업

지도자는 매주 가정실습을 검토하면서 연습 때 일어나는 문제의 핵심에 접근할 수 있어야 한다. 더 중요한 점은 과제 검토가 문제를 야기하는 집착과 혐오의 습관의 핵심에 근접할 수 있게 해 준다는 점이다. 어떤 사람들에게는 프로그램에서의 '밀월기간'이 끝나고 어려운 시기가 시작될 수 있다.

여기 연습하는 것에 대해 상당히 집착하게 되면서 어려움을 겪고 있는 참가자가 있다.

> "나는 지금에 와서야 정말 실습을 할 수 있다는 것을 알게 되었습니다. 정좌 명상을 할 때 다른 세계에 와 있는 것처럼 느꼈습니다. 이런 경험이 너무나 좋아서 무언가 방해를 했을 때 정말 화가 났습니다. 마치 손에 있던 아이스크림을 빼앗긴 아이가 된 기분이었습니다."

이 사람은 마음이 편안해지면서 일어날 수 있는 즐거운 경험에 강하게 집착하고 있다. 이런 집착은 좌절의 시작이다. 그 순간 멈추어서 우리가 '특별한 상태'에 도달하려고 애쓰고 집착하고 있는지 여부를 탐색하고, 이런 실습 이면에 있는 동기를 명확하게 보게 하는 것이 가치 있는 일이다. 지도자는 이런 주제에 대해 가급적 명확하게 하는 것이 중요하다고 느꼈다.

> "당신이 실습하면서 무언가를 얻었다는 말을 들으니 정말 기쁩니다. 즐거운 경험을 할 때 그 경험은 우리에게 어떤 일이 일어났는지 보여 줄 수 있습니다. 그렇지만 제가 말하고 싶은 것은 신중해야 한다는 것입니다. 즐거운 경험을 하는 동안은 정말 굉장한 것이지만 이런 경험은 왔다가 지나갈 수 있습니다. 바로 이 점을 주의해야 합니다. 때로는 즐거운 경험이 생기지 않을 수도 있습니다. 혹은 정좌 명상을 할 때 불쾌한 일을 경험할 수도 있습니다. 그렇지만 이런 것이 제대로 못하고 있다는 것을 뜻하지는 않습니다. 명상을 하면서 기분이 나쁘거나 지루하거나 좌절을 느껴도 어쨌든 그것은 명상입니다. 이때의 과제는 역시 마찬가지입니다. 가급적 현재 순간의 감정을 알아차리고 호흡으로 되돌아가십시오. 명상이 잘 돼서 정말 기분이 좋을 때라도 항상 이런

느낌이 들도록 해야겠다고 스스로에게 고리를 채운다면 우리의 삶은 올라갔다 내려가는 기복의 연속이 될 것입니다. 굉장한 성공의 순간을 경험했더라도 그 순간은 지나갈 것입니다. 그러면 다음에는 무엇을 해야 할까요?

이런 실습을 하는 것은 기분이 올라가고 내려갈 때, 그리고 일이 마음먹은 대로 될 때와 그렇지 않을 때의 이면에 무엇이 있는지 발견할 수 있는 기회를 줍니다."

이 사례에서 지도자는 참가자들에게 어떤 생각이나 감정에 '집착'한다고 느낄 때와 유사한 상황을 찾아보도록 하였고 그 상황이 나타났다 사라지면서 어떤 감정이 생기는지 알아보도록 하였다. 특히 좋은 경험이라고 판단되는 것에 매달릴수록 즐거운 일이 어떻게 좌절(이후의 부정적인 감정까지)로 변화하는지에 관심을 기울였다.

흔히 가정실습 과제와 관련된 혐오 반응이 나타난다.

P: 정직하게 다 털어놓고 이야기하겠습니다. 나는 가정실습 과제에 손도 대지 못했습니다. 내 자신이 너무 끔찍합니다. 아시겠지만 노력조차 하지 않았고 이 일은 사소해 보이지만 중요한 일입니다. 정말로 선생님을 실망시켰습니다.

I: 이 일에는 두 가지 측면이 있습니다. 하나는 숙제에 대한 책임을 받아들이는 것입니다. 숙제를 얼마나 많이 했는가와 훈련의 진행 정도 사이에는 관계가 있습니다—아주 밀접한 관계가 있습니다. 만일 과제를 하지 않았다면 어떤 일을 경험할 기회는 줄어들 것이고, 이 부분은 당신의 책임입니다. 그다음에 내가 정말로 관심을 갖는 것은 당신이 느꼈던 불안과 이 모임에 오는 게 얼마나 끔찍했을까라는 생각입니다. 당신이 과제를 하지 않을 때 이런 모든 생각이 떠올랐을 것입니다. 제대로 해내지 못했다는 것, 나를 실망시켰다는 것, 기대를 만족시키지 못했다는 것 등. 이런 것들에 대해 좀 더 말씀해 주시겠습니까?

P: 그래요. 지금은 여기 이렇게 앉아 있고, 선생님은 차분한 목소리로 이야기를 하고 있고, 좋네요. 여기에 오기를 잘했어요. 그렇지만 선생님께서 내가 실

패했다고 생각할 거라고 생각하니 기분이 안 좋고 가슴이 답답합니다.

I: 그건 정말 중요한 일입니다. 당신이 사실이라고 생각하는 것과 현실 사이에는 현저한 차이가 있습니다. 나는 당신에게 현실이 무엇인지 알려 줄 수 있습니다. 나는 당신 때문에 실망하지 않았습니다. 그럴 만한 기준이 없습니다. 무언가를 해야 하는 것은 아닙니다. 그저 있는 그대로 경험을 받아들이고 이런 모든 비교를 그냥 내버려 두는 것입니다. 이런 생각들이 그저 마음에 일어난 일일 뿐이라고 인식하기 시작한 시점으로 가 봅시다. '자기비판적인 생각이 떠오르는구나. 죄의식이 드는구나. 같은 감정을 유발하는 오래된 테이프가 다시 돌아가는구나.' 이런 사고방식은 분명히 어딘가에서 비롯된 것입니다. 과거에 언젠가 당신이 누군가로부터 무언가를 제대로 하지 않았다고 심각하게 비난받았을 수도 있습니다. 그러나 이것은 오래된 습관입니다. 어디에서 비롯되었는지는 별로 중요하지 않습니다. 우리가 하려는 것은 가능한 한 이런 것들로부터 자유로워지도록 노력하는 것입니다. 긴 간격을 두고 호흡에 초점을 두는 이유는 단지 당신에게 떠오르는 생각들을 알아차릴 기회를 많이 주기 위한 것입니다. '아! 거기에 있군.'이라고 말하고 다시 부드럽게 호흡으로 돌아올 기회를 많이 주고자 하는 것입니다.

실습을 할 때 느끼는 혐오반응과 집착은 즐겁고 불쾌한 경험에 대한 우리의 습관적인, 기본 반응으로 상당히 흔한 주제이기 때문에 그리 놀랄 만한 일은 아니다. 우리 모두는 기본적으로 삶의 보탬이 되거나 손해가 되는 것에 대해 전체적으로 균형을 유지할 필요가 있지만, 도움이 되지 않는 방식으로 위험을 피하거나 보상을 추구하는 데 사로잡혀 있다는 것을 알 수 있다. 이런 방식은 원치 않는 목표나 사건에 대한 부정적인 마음 혹은 원하는 것을 얻지 못했다는 좌절감을 더해 준다.

많은 사람이 불쾌한 경험에 부정적인 특성을 가중시키는 태도를 설명하고 있는 두 개의 화살 비유를 잘 알고 있다. 만약 우리가 화살에 맞는다면 신체적 고통과 불편함을 경험한다. 하지만 대부분의 경우, 첫 번째 화살에서 단순한 불편감을 경험한 뒤에 분노, 두려움, 슬픔, 또는 걱정과 같은 반응들에서 초래되는 괴로움으로 인해 두 번째 화살에 맞게 된다. 대개 더 많은 불행감을 초래하는 것은 바로 이 두 번째 화살이다. 이 이미지의 중요한 교훈은 우리가 두 번째 화살의 괴로움으로부터 자유롭게 되는 법을 배울 수 있다는 것이다. 왜냐하면 우리가 자신에게 화살을 쏘아 대는 바로 그 사람이기 때문이다!

검토하기: 불쾌한 경험 기록지

참가자들이 불쾌한 경험 기록지(3회기-유인물 5)를 가지고 어떻게 해야 되는지 이야기할 때, 혐오반응을 자각하는 주제에 집중하는 것이 특히 도움이 된다. 많은 사람은 즐거운 경험 기록지(2회기-유인물 6)보다 작성하기 더 쉽다는 사실을 주목한다. 참가자들은 매일 더 많은 불쾌한 순간을 자각하였다. 다시 한 번, 생각, 감각과 감정을 구분하면서, 우리는 반응을 기록할 수 있는 칠판을 사용하였다. 우리는 이러한 불쾌한 경험의 각 측면에 대한 혐오 반응을 강조한다. 특히 혐오와 관련된 신체적 수축의 패턴을 확인하는 것이 가능한지 본다. 그런 다음 참가자들이 다음에 일어날 수 있는 습관적인 반응에 대해 자신을 경계시키기 위해서 이런 패턴을 알아차리도록 강조한다. 우리는 또한 이 기회를 통해 부정적인 생각과 감정에 대해 속상해하면서 악순환의 형태로 나타나는 혐오를 탐색한다(예: '이런 감정이 느껴져서는 안 돼. 나는 왜 이렇게 어리석고 약한 거야?').

집착과 혐오의 중심적인 주제는 '현재 상황과 다른 상황이 필요하다.'는 것이다. 이와 대조적으로, 즐겁고 불쾌한 경험, 특히 반추를 일으킬 수 있는 불쾌한 마음 상태에 능숙하게 대응하기 위한 첫 번째 단계는 단순히 집착과 혐오와 함께 있는 것이다. 혐오와 집착을 알아차리게 되면 마음의 여유가 생기고 더 좋은 행동을 취할 수 있다. 그리고 '현재에 머무르는 것'을 도와주려면 몸에서 일어나고 있는 것을 관찰하고 호기심을 갖게 해야 한다. 몸이 반응하고 있는 방식에 대해 더 큰 호기심과 자비심을 갖게 되면 마음은 좀 더 안정화된다. 우리가 애쓰지 않고 현재에 있을 수 있음을 발견한다. 그리고 이것은 더 명확하고 직접적으로 상황을 보고 관계를 맺을 수 있는 기회를 우리에게 줄 수 있다. 우리는 압도당하지 않고 불쾌한 경험과 함께하며, 곧 적합한 때에 이러한 감정들이 지나갈 것임을 알게 되면서 힘을 얻는다. 이에 대해 통찰력이 생기게 되면 두려움이나 오래된 정신적 습관에 의해 자동적으로 반응하지 않고 우리 앞에 놓인 상황에 더 능숙하게 대처하는 행동을 선택할 가능성이 높아진다.

불쾌한 경험 기록지를 검토하는 것은 일어나는 사건이 본질적으로 긍정적이거나 부정적이지 않을 수도 있다는 주제를 탐구할 수 있는 기회를 제공해 준다. 종종 일어나는 사건들에 색깔을 입히는 기분 상태가 만들어지는데, 이는 다음 회기에서 더 다루어 볼 것이다.

자동화된 부정적 사고와 우울 증상: 질병의 영역 알아보기

1960년대에 행동치료와 함께 발전해서 1970년대에 인지치료로 연결된 구조화된 정신치료의 가장 가치 있는 부분은 치료자의 협력적인 접근방식이다. 이들 치료자들은 개방적이고 사실적인 방식으로 어떻게 정신건강 문제가 발생할 수 있으며 치료 계획이 문제를 어떻게 도와줄 수 있는지에 대해 환자들과 기꺼이 이야기하였다. 이런 방식에 있어서 중요한 점은 치료자가 환자와 진단 및 사례개념화 문제 그리고 무엇이 증상을 야기하고 유지하는지에 대해 이야기를 나누는 것이다. MBCT에서는 특정 참가자가 겪고 있는 문제의 원인에 대해 토론하지는 않지만 진단 및 사례개념화 문제, 증상을 유지하는 요인 등을 다룬다. 이런 문제를 보다 능숙하게 다루는 방법을 배우고자 하는 과정에서 우울증에 대한 교육은 필수적이다.

따라서 우리는 이 시점에서 일반적으로 우울증으로 고통받는 사람들이 보고하는 생각의 유형으로 초점을 옮기고자 한다. 이런 작업을 돕기 위해 자동사고 질문지[88] ([자료 11-4]를 사용하였다. 이 질문지는 여러 가지 부정적 진술문으로 구성되어 있다. 즉, '나는 일을 제대로 정리할 수 없다.' '내 인생은 내가 원하는 방식대로 되지 않고 있다.' '무엇이 잘못됐을까?' '나는 내 자신이 밉다.').

지도자는 각 항목을 소리 내어 읽어 주며, 참가자들이 지금과 가장 우울하였을 때의 생각을 얼마나 믿었는지 곰곰이 생각해 보라고 요청한다. 이것은 참가자들로 하여금 우울해진 이후 신념이 얼마나 바뀌었는지를 자각할 기회를 준다. 지도자는 또한 누가 이 목록에 있는 항목과 같은 생각을 갖고 있는지 질문한다. "예, 저는 대부분 100% 믿었습니다. 그러나 지금은 거의 믿지 않아요."라고 돌아가며 대답하는 것이 보통이다. 거기에 앉아 있는 각 참가자들에게 우울할 때 개인적으로 자신에

[자료 11-4]

자동적 사고 질문지

아래에는 사람들이 자주 떠올리는 생각들의 목록이 있습니다.

그 목록을 읽고 그럴 때 어떤 일이 일어나는지 알아차리십시오.

그 생각들을 알아차릴 수 있습니까? 어떤 생각이 당신에게 가장 익숙하게 느껴집니까?

당신이 매우 침울할 때, 얼마나 자주 이런 생각들이 일어납니까? 그리고 얼마나 그것들을 믿습니까? 그것들이 얼마나 납득이 가는 것 같습니까?

그리고 기분이 좋으면 어떨까요? 얼마나 자주 그 생각들이 일어납니까? 그리고 얼마나 그것들을 믿습니까? 그것들이 얼마나 납득이 갑니까?

1. 세상이 나를 힘들게 하는 것처럼 느껴진다.
2. 나는 쓸모없는 사람이다.
3. 도대체 왜 나는 성공할 수 없는 것인가?
4. 아무도 나를 이해해 주지 않는다.
5. 나는 종종 사람들을 실망시켜 왔다.
6. 일을 계속할 수 없을 것 같다.
7. 내가 더 괜찮은 사람이었으면 좋았을 텐데…….
8. 나는 너무 나약하다.
9. 내 인생은 내가 원하는 대로 흘러가지 않는다.
10. 내 자신에 대해 매우 실망하고 있다.
11. 어떤 것에도 더 이상 즐거움을 느낄 수 없다.
12. 나는 이제 더 이상 참을 수가 없다.
13. 나는 새로운 일에 착수할 수 없다.
14. 나에게 무엇이 잘못된 것일까?
15. 나는 다른 곳에서 살았으면 좋았을 텐데…….
16. 왜 나에겐 모든 것이 뒤죽박죽일까?
17. 나는 내 자신을 싫어한다.
18. 나는 가치 없는 인간이다.
19. 나는 어디론가 사라지고 싶다.
20. 도대체 나에겐 무엇이 문제란 말인가?

21. 나는 인생의 패배자이다.
22. 내 인생은 엉망진창이다.
23. 나는 실패자이다.
24. 나는 결코 성공하지 못할 것이다.
25. 나는 무기력하다.
26. 무언가 변화되어야 한다.
27. 나에겐 틀림없이 뭔가 잘못되어 있다.
28. 나는 미래에 대한 희망이 없다.
29. 가치 있게 느껴지는 것이 하나도 없다.
30. 나는 어떤 일도 끝까지 해낼 수 없다.

침울할 때 이런 생각은 종종 우리에 관한 '진실'처럼 느낍니다. 그러나 사실 고열이 독감의 증상인 것처럼 이것들은 우울증의 증상입니다. 마음챙김을 통해서, 이런 생각들이 단지 '우울증의 목소리'라는 것을 알아차리게 되면, 그것들로부터 한 발짝 벗어나서 심각하게 받아들일지 아닐지를 선택하기 시작합니다. 사실, 우리는 단순히 그 사실을 알아차리고, 그 존재를 인정하며, 그것들을 놓아 주는 것을 배울 수 있습니다.

대한 타당한 진실로 받아들여지는 이러한 생각들이 실제로는 임상적 우울증 상태의 보편적인 특징, 즉 식욕과 수면장애와 같은 '신체' 증상만큼이나 우울증의 한 증상이라는 강력한 증거를 제공할 수 있다.* 참가자의 경험을 이해하는 이 대안적인 방법은 지도자가 MBCT 프로그램의 핵심 메시지를 강화할 수 있는 또 다른 기회를

* 때때로, 우울증의 '질병' 증상을 이렇게 설명하는 것은 정신의학 치료에 대한 나쁜 경험을 했을 수도 있는 사람들에게 상처를 줄 수 있다. 그중 일부는 사람의 경험을 설명하기 위해 '진단'을 사용하는 것처럼 보였을 수도 있다. 지도자는 이 가능성에 민감해야 한다. 이것은 단순히 의사가 주요 우울증을 진단할 때 의미하는 것일 수도 있다는 것을 여기에서 말하는 것이 목표이다. 그러나 대부분의 참가자는 이런 식으로 우울증을 바라보는 것이 그들의 상황을 이해하기 어렵게 만든다는 것을 알게 된다. 그것은 또한 부정적인 생각에서 벗어나 그것을 우울증의 보편적인 특징으로 보게 해 주며, 다른 수업 참가자들이 자신들과 비슷한 경험을 하고 있다는 사실에 감사한다.

제공한다. 즉, 생각은 사실이 아니다.

> 우울할 때, 우리는 의심할 여지없이 부정적인 생각을 우리 자신에 대한 타당한 진실로 받아들인다. 그러나 식욕 장해와 수면 장해가 우울증의 증상이듯이 그것들도 우울증의 보편적인 특징이다.

이 연습에서 어떤 사람은 왜 자신을 진찰한 의사가 우울증을 좀 더 빨리 알아차리지 못했는지 의아해했다. 그녀는 지도자에게 말했다. "선생님은 이런 것을 알았는데 그 일반의는 왜 몰랐을까요? 우울증이 수년간 계속됐기 때문이겠죠." 그녀는 만일 그녀가 우울했을 때 이런 질문지를 사용했다면 최소한 누군가 자신을 이해했을 거라고 생각했다. "만일 진료가 이런 식으로 이루어졌다면 누군가 선생님처럼 생각했을 것입니다. 이것이 우울증이라는 것을 아는 데 시간이 걸렸습니다. 나는 단지 피곤했고, 일 때문에 낙심했다고 생각했습니다……. 나 같은 사람은 우울증에 걸리지 않는다고 생각했습니다."

지도자는 이 사고 목록을 보는 여러 다른 방식을 알려 줄 수 있다.

이런 부정적 사고를 바라보는 한 가지 방식이 있습니다. 당신이 실습 동안 긍정적인 생각의 목록을 끌어내는 데 유머를 사용할 수 있는지 봅시다. 이런 것들이 단순히 생각일 뿐 절대적인 진실이 아니라는 것을 상기하는 게 도움이 됩니다. 또한 시간을 들여 당신이 우울할 때 이런 생각들이 얼마나 사실처럼 느껴지는지의 정도를 알아볼 수 있습니다. 그러나 이 시점에서는 같은 정도로 느껴지지 않을 것입니다.

이것을 보는 다른 방법도 있습니다. 당신이 우울했을 때 가졌던 '나는 절대로 우울증을 이겨 내지 못할 거야.'라는 생각에 대해 이야기해 봅시다. 자, 우리에게는 이미 당신이 보여 주었던 생생한 증거가 있습니다. 이런 생각들은 상당히 설득력이 있지만—이런 생각들이 지금 막 당신의 마음속에 떠올랐습니다.—사실이 아닙니다. 이것들은 당신에게 감정을 야기하는 것들입니다. 이런 감정들은 어떤 행동을 취하게 하는데, 만일 당신이 그것을 극복할 수 없고 당신이 쓸모없는 존재이며, 상황을 다르게 해 볼 어떤 방도도 없다고 생각하고 그래서 포기한다면 아주 치명적일 수 있습니다.

그래서 우리는 이런 생각들을 반복적으로 인식할 수 있게 되어 그것에 휩쓸리지 않도록 할 필요가 있습니다. 지금 우리의 과제는 그것들을 인식하는 방법을 배우는 것입니다. '1부터 29까지 공동의 적이 있군.' 하고 이렇게 말하십시오. "자, 봐라. 내가 지금 거기에 휩쓸려 들어갈 필요는 없어."

자동적 사고 질문지는 '우울증의 영역', 즉 우울증에 대한 전체적인 그림을 갖게 해 준다. 이것은 정신과 의사와 심리학자가 주요 우울장애를 진단할 때 찾는 실제 증상을 검토하여 진단적 인상을 갖게 해 준다(『정신장애의 진단 및 통계 편람: DSM-IV-TR』[28]의 기준에 따름, [자료 11-5] 참조). 우울증 진단 준거를 알아보는 이유는 이렇게 함으로써 개인의 실패라고 생각했던 것들이 사실은 우울증 증후군의 핵심적인 특징이라는 것을 인식하기 위함이다. 진단 준거를 살펴보는 것은 참가자들에게 다시 한 번 증상에 대해 다른 견해를 제공한다. 즉, 우울증은 일련의 증상으로서 발생한다는 것이다. 따라서 어떻게 전체 묶음을 서로 다르게 연관시켜 설명할지를 배우는 것이 과제이다. 이런 대안적인 관점을 받아들이게 되면 사람들은 증상이 무엇을 의미하는지에 대한 오래되고 우울한 사고방식의 덫에 빠지는 것을 예방할 수 있게 된다.

[자료 11-5]

주요 우울증의 진단 준거

독감이나 중이염을 진단할 때와 마찬가지로 정신과 의사 또는 우울증을 평가하는 심리학자는 대략 같은 시간대에 발생하고 스스로 해결할 수 없는 많은 증상을 찾는다. 주요 우울증의 경우, 진단을 내리기 위한 기간은 하루의 대부분 슬프다거나 전에 즐겼던 활동에 흥미를 잃은 기간이 최소 2주에서 한 달이다. 이러한 변화가 일할 능력이나 정상적인 기능을 저해한다는 것도 중요하다.

앞의 모든 증상이 있는 경우, 다음 증상 중 다섯 가지가 있으면 진단을 내릴 수 있다. 상당한 체중 감소 또는 증가, 식욕 증가 또는 감소, 수면의 어려움, 일찍 일어나거나 낮에 계속 자기, 하루 종일 느려지거나 흥분한 느낌, 소진된 느낌, 무가치하게 느끼거나 과거 행동에 대한 지나친 죄책감, 집중하기가 힘들거나 우유부단한 상태가 지속, 죽는 것과 자살에 대해 반복적으로 생각하는 것

* DSM-IV-TR에서 발췌.[28]

멈춰 설 수 있는 다른 어떤 곳

여기에서 무슨 일이 일어났는지 주목해 보자. 네 번째 회기의 목표는 즐거움을 추구하고 불쾌함을 피하고자 하는 경향성에 직면해서 혐오를 알아차리고 '현재에 머무는' 방법을 탐색하는 것이다. '현재에 머문다'는 것은 힘든 것들이 마음에서 오갈 수 있도록 오래된 습관을 포기하는 것을 의미한다. 그렇지만 여기에서는 자동사고 질문지와 우울증에 대한 증상 체크리스트를 소개하였다. 이런 것들이 어떻게 현재에 함께 머물 수 있겠는가? 그 대답은 우울증의 징후와 증상이 우울증이 변화할 때 어떻게 달라지는지, 우울증과 더불어 오는 부정적인 생각(우울증 상태에서 너무나 강력하게 믿게 되고, 압도적인 생각들)이 우울증이 변화할 때 어떻게 달라지는지 관찰하게 되면 참가자들은 그들의 마음이 스스로에게 하고 있는 것을 더욱 명확하게 볼 수 있는 '다른 어떤 곳'을 발견하게 된다는 점이다. 체크리스트와 진단 준거를 활용하게 되면 프로그램의 시초부터 해 온 연습과 연결될 수도 있다. 그 연습은 신체감각을 보다 잘 자각하는 훈련이다. 신체 내에서 '현재에 머물기'를 배우게 되면 멈춰 설 수 있는 또 다른 곳을 발견할 수 있다. '현재에 머물기'는 쉽지 않지만 만일 감정기복이 시작될 때 이런 기분이 지속되지 않을 것이고, 알아챌 수 있는 증후군의 일부라는 것을 알게 되면 훨씬 쉬워진다. 이때 자신의 경험으로부터 대안적인 조망을 얻을 수 있다. 즉, 상황을 그렇게 개인적으로 받아들이지 않게 된다.

수업에서 3분 호흡 공간하기

이전 회기 동안에 3분 호흡 공간을 소개하였고 일반화를 위해 다른 훈련을 하기 전에 정규적으로 매일 3분 호흡 공간을 연습하도록 하였다. 이번에는 그 주일 동안 불쾌한 감정을 느낀다거나 '가슴이 죄거나' 몸이 '꽉 죄는' 것 같거나 압도되는 느낌이 있을 때 신중하게 3분 호흡 공간을 사용하도록 해서 이 실습을 확장한다. 이 순간에 호흡 공간은 '공식' 명상의 3분이 될 수도 있고, 바쁜 시간 중에 순간적으로 호흡과 함께 마음과 몸에 어떤 일이 있는지 자각하는 훈련이 될 수도 있다.

후자의 경우 참가자가 눈을 감고 자세를 취하는 것이 항상 가능하지 않을 수 있지만 의도적으로 자동조종에서 벗어나는 것이 중요하다. 훈련의 목표는 능숙하게 상황을 다루는 것과 자동화된 반응 사이의 차이를 탐색하는 기회로 이런 순간을 활용하는 것이다.

호흡하기를 새롭게 활용하면서 수업에서도 적당한 시간에 훈련을 하면 존재의 다른 양식 혹은 다른 조망을 갖는 데 도움이 된다. 집단원들이 긴 토의에 빠지거나 강한 감정이나 반응이 나타날 때가 바로 이때이다.

예를 들어, 수업에서 다양한 주제를 놓고 토의하고 분석하면서, 모든 사람의 마음이(지도자까지 포함해서) 현재로부터 멀어져 다른 생각이나 일상적인 정신활동과 긴 설명에 몰두하는 것은 흔히 있는 일이다. 이런 일상적인 정신활동은 참가자들에게 우울했을 때의 사고방식과 같은 오래된 습관을 촉발할 수 있다. 특히 4회기 동안 우리는 참가자들에게 갑작스러운 슬픔을 느끼게 하는 우울증적 사고와 증상에 대해 토론하였다. 우울증에 대해 생각하는 것은 여러 가지 부정적 생각을 활성화시키는 힘을 갖는다. 이런 때 호흡하기는 '정신의 기어를 바꾸어' 줄 수 있고, 현재 순간의 경험과 연결되도록 해 준다.

다음은 자동사고 질문지의 부정적 생각을 읽은 후 슬픔을 느꼈던 어떤 참가자의 사례이다.

P: 나는 지금 너무 슬픕니다. 정말로 슬퍼요.

I: 무엇에 대해서요? 지금 읽은 모든 것에 대해서 그런가요?

P: 나를 슬프게 하는 것은……. 시간을 너무 낭비했기 때문이에요. 우울증은 내 삶의 몇 년을 빼앗아 버렸어요. 그게 지금 내 느낌이에요……. 우울에 다시 빠지기는 쉬워요. 이 목록을 매일 보기만 해도 금방 우울해질 것 같아요.

I: 지금 우리가 배우는 것은 반복적인 연습을 통해 이런 생각과 감정에 빠지지 않고 어떻게 다른 방식으로 경험과 관계를 맺는가 하는 것입니다. 전에 우울했을 때의 생각 때문에 지금 슬픔을 느낀다니 호흡 공간을 한번 해 보면 어떨까요? 자, 호흡 공간은 현 순간으로 돌아가는 방법 중 하나니까 호흡하기를 해 보세요. 시작하기 위해 자세를 바로 잡겠습니다…… 똑바로 앉아서…… (지도자는 3분 호흡 공간을 시행한다.)

호흡 공간은 회피하지 않고 경험하는 감정을 잘 알아차릴 수 있는 방법으로 사용되는데, 단지 호흡에 주의를 돌리고 전체 몸을 자각하도록 하는 것이 핵심이다. 이 과제에는 미묘한 점이 있다. 우리는 3분 호흡 공간을 나중에 기분이 좋아지는 데 도움이 될 것이라는 식의 어떤 목표를 도달하는 방법으로 사용하지 않았다. 판단하거나 무엇을 추구하거나 문제를 풀려고 하지 않고 단지 거기에 머물러 있음으로써 ① 강렬한 감정 주변에 무엇이 있는지 알아차리고, ② 그것을 자각하면 무슨 일이 일어나는지 보기 위한 것이었다. 이런 방식으로 사용하면 '근본적인 부분과 접촉' 할 수 있으며, 어디에 있던 호흡이라는 닻으로 돌아갈 수 있고, 정신의 기어를 바꿔서 이 순간 바로 무슨 일이 일어나는지 다른 방식으로 탐색할 수 있게 된다. 결과적으로 다른 가능성이 나타나기 시작하고 다양한 마음상태에 대해 다른 방식으로 반응할 수 있게 된다. 이 모임 이후 일주일 동안 참가자들에게 하루 중 정해진 시간뿐 아니라 어려움에 대처할 필요가 있을 때마다 우리가 '반응적 호흡 공간'이라고 부르는 것을 사용하도록 격려하였다.

마음챙김 걷기

3회기에서 우리는 몸의 움직임을 더 잘 알아차리는 능력을 계발할 수 있는 공식 실습을 소개하였다. 공식명상인 정좌 명상과 마찬가지로, 신체감각을 잘 알아차려서 일상생활에서 어떻게 일반화할 수 있을지가 중요하다. 한 가지 가능성은 우리가 일상적으로 하는 신체 활동을 천천히 마음을 챙겨서 실행하는 것이다. 그래서 행동 자체가 실습과 일상생활 사이의 가교 역할을 할 수 있도록 하는 것이다. 이것이 마음챙김 걷기에서 목표로 하는 것이다.

걷기 명상은 신체감각을 보다 잘 자각하기 위한 명상 연습으로 일상적인 걷기 활동을 활용하는 것이다(4회기-유인물 2 참조). 우리는 걷고 있다는 것을 알고, 걷는 것을 느끼면서 걷는다.

이것은 '움직이면서 하는 명상'으로 기술되었다. 어떤 목적지 없이 한 발자국씩 움직이면서 걷는 그 자체를 목적으로 하는 것이다. 이 명상은 다른 마음챙김 수련과 마찬가지로 우리 자신을 현재에 머물 수 있도록 걸을 때의 움직임과 감각을 사용한다. 움직임에 수반되는 매 순간의 감각에 자각을 유지하고, 감각에 대한 생각이나 느낌을 그냥 내려놓는 것이 초점이 된다. 우리의 마음은 과거와 현재 사이를 뛰면서 날아다니지만 마음에 비하면 몸은 지금, 현재에 닻을 내리고 있기 때문에 단순해 보이는 이러한 실습이 MBCT 핵심 메시지를 가르치는 강력한 스승이 될 수 있다. 닻을 내리는 것은 현재 순간에 존재한다는 감각을 더욱 강하게 느끼게 해 준다. 공식 가정실습으로 마음챙김 걷기를 일정에 넣지는 않았지만, 한 주 동안 걷기 명상을 탐색해 보고 싶은 참가자들은 그렇게 하도록 한다.

걷기 명상은 쉽게 초조감을 느끼고 안정감을 느끼기 어려운 사람들에게 특히 유용한 것으로 밝혀졌다. 걸을 때 느껴지는 신체감각은 그들로 하여금 '땅에 발을 딛고 있다.'는 느낌을 갖게 해 준다고 사람들은 묘사한다. 이런 느낌은 다른 모든 명상연습에 일반화될 수 있다. 마음이 동요되거나 압박감을 느낄 때는 신체 움직임이 들어가 있는 실습을 하면서 마음챙김을 하는 것이 그렇지 않은 실습에 비해 더 수월하다.

수업 마치기

4회기의 마지막은 중대한 분수령이다. 우리는 지금 전체 과정의 중간점에 왔기 때문에 끝으로 짧은 정좌 명상을 하기 전에 다 같이 MBCT 모델을 재검토하는 것도 좋은 생각이다. 이 회기의 주제인 '혐오감을 알아차리기'와 함께 우리의 마음과 몸에 대해 다른 자세를 취할 수 있도록 도와주는 호흡의 역할을 강조할 기회이다.

수업에 참석한 사람들은 전과 다른 방식으로 자신의 전체 경험과 관련을 맺는 방식을 배웠다. 예를 들면, 자신을 실망시키는 생각이 떠오르거나 누군가에 대해 화가 날 때 모임에서 배웠던 새로운 접근법을 사용할 수 있다. MBCT 회기에 대한 기록은 비슷한 변화가 일어났음을 보여 준다.

> "예를 들어, 할머니가 많이 편찮으셔서 슬퍼졌을 때 '점점 우울해지고 있어.'라는 생각을 계속 했어요……. 그러나…… 어느 날 누군가에게 이렇게 말하고 있었어요. '슬프고 지쳤지만 우울하지는 않아.' 그러고 나니 슬픔이나 피로감을 부정할 필요가 없었어요."

> "나는 오늘 곤란한 전화를 받았는데 전화를 끊은 이후에도 마음속에 계속 그 내용이 맴돌았어요. 나중에 다시 전화를 해서 문제를 잘 처리했지만 이런 일이 있을 때는 대부분 끊임없이 걱정을 했어요. 그런데 나중에는 정말 좋았어요. 호흡 공간은 정말 대단해요. 오후 내내 마음을 들끓게 만들었던 걱정거리를 사라지게 했어요."

이 참가자들은 스스로 멈추어 질문하는 것을 배웠다. '지금 일이 어떻게 되어 가고 있나?' '지금 내 마음에 무엇이 지나갔나?' '내 몸은 어떤 상태인가?' '지금 가장 효과적인 반응이 무엇인가?' 이처럼 탐색적인 자세를 취하면 한 걸음 물러서서 지금 무슨 일이 일어나는지 더욱 조심스럽게 살펴볼 수 있다.

이런 작은 발걸음이 전체를 바꿀 수 있다. 실습을 한 결과 사람들은 그냥 '나쁜 기분'에 빠져들지 않게 되었고 또 부정적인 생각으로 되돌아가지도 않았다. 대신 보다 넓은 관점을 가지고 자신의 생각과 감정을 볼 수 있게 되었다. 생각과 감정으로부터 자신을 전적으로 분리할 수는 없지만 그것들을 어찌 해 볼 수 있는 여유가 생겼다. 그리고 이런 여유와 함께 그들 마음에 무엇이 들어오건 보다 현재에 잘 머물 수 있게 되었고, 최선으로 삼았던 목표가 실패로 돌아갔을 때조차도 스스로를 더 잘 용서하게 되었다.

4회기-유인물 1

4회기 요약: 현재에 머물기

고통은 어쩔 수 없는 삶의 일부이다. 이런 일들을 어떻게 다루느냐에 따라 고통이 우리 삶을 통제할 수도 있고 아니면 보다 온화한 방식으로 고통과 관련을 맺을 수도 있다. 고통스러운 일이 유발시키는 생각과 감정, 신체감각을 보다 잘 자각하게 되면 습관적이고 자동적인 반응방식에서 벗어날 가능성이 커지고 우리는 보다 능숙하게 마음을 챙겨 반응할 수 있게 된다.

사람들은 보통 다음과 같은 세 가지 방식 중에 한 가지 방식을 사용해서 경험에 반응한다.

1. 멍해지거나 지루해져서 현재 순간으로부터 벗어나고 '머릿속' 어딘가로 달아난다.
2. 그 일에 계속 매달린다. 그 순간의 경험을 그냥 놓아두지 않거나 그 일이 일어나지 않았으면 얼마나 좋을까 하고 바란다.
3. 그 일에 대해 화를 내면서 멀리하려고 한다. 그 순간의 경험을 없애 버리려 하거나 원치 않는 미래로부터 회피하려고 한다.

수업에서 좀 더 토의하겠지만 이런 반응방식, 특히 불쾌한 기분에 대해 혐오를 표현하는 반응은 문제를 야기할 수 있다. 여기에서 중요한 점은 우리의 경험을 더욱 잘 자각해서 자동적으로 반응하지 않고 좀 더 마음을 챙겨 반응할 수 있게 되는 것이다.

규칙적인 정좌 명상 훈련은 순간을 자각하지 못하고 표류할 때 주의를 흩트리는 것이 무엇이든 부드럽게 주의를 기울이면서 알아차릴 기회를 주고, 매 순간을 자각하면서 초점을 맞춘 곳으로 주의를 되돌릴 수 있게 해 준다. 하루에도 여러 번, 불쾌한 일이 있거나 심장이 죄어들거나 몸이 긴장될 때 신중하게 호흡 공간을 활용함으로써 자동적으로 반응하지 않고 능숙한 방식으로 반응할 수 있다.

4회기-유인물 2

걷기 명상

1. 사람들이 볼까 봐 염려할 필요가 없고 걷기에 좋은 장소를 찾으십시오. 실내도 괜찮고 실외도 좋습니다. 그리고 '걷기'의 길이는 아마도 7~10걸음으로 다를 수 있습니다.

2. 걸으려고 하는 길의 한쪽 끝에 서서 두 발을 4~6인치 정도 벌려 평행하게 두고 다리를 천천히 구부릴 수 있도록 무릎을 '벌리십시오'. 팔은 양쪽에 편하게 늘어뜨리거나 손은 몸 앞쪽에 편하게 모으십시오. 시선은 부드럽게 정면을 향하도록 하십시오.

3. 발이 땅과 접촉하는 부위의 직접적인 감각과 땅으로부터 다리와 발을 통해 전해지는 몸의 무게를 유념하면서 발바닥에 의식의 초점을 맞추십시오. 발과 다리에 느껴지는 감각을 보다 선명하게 느끼기 위해서는 무릎을 약간 구부리는 것이 도움이 될 것입니다.

4. 준비가 되었을 때 왼쪽 다리는 '아무런 힘을 주지 않고' 오른쪽 다리로 몸의 나머지 부분을 지탱하면서 다리와 발에 느껴지는 변화하는 신체감각의 패턴에 주목하면서 몸의 무게를 오른쪽 다리에 옮기십시오.

5. '힘을 주지 않은' 왼쪽 다리와 종아리 근육의 감각에 주목하면서 왼쪽 발꿈치를 바닥으로부터 천천히 들어 올리고, 계속해서 왼쪽 다리 전체를 왼발 앞꿈치가 바닥에 닿을 때까지 천천히 들어 올리십시오. 발과 다리가 마치 공기 속을 움직이는 것을 느끼면서, 왼쪽 다리를 천천히 들어 올리고 조심스럽게 앞으로 내딛으면서 발과 다리의 감각을 자각하고, 발꿈치를 바닥에 놓으십시오. 몸의 무게를 왼쪽 발과 다리로 옮김에 따라 왼쪽 발바닥의 나머지 부분을 바닥에 닿도록 하고, 왼쪽 다리와 발에 증가하는 신체감각, 오른쪽 다리에 '힘을 주지 않은 것'과 오른쪽 발꿈치가 바닥에서 떨어지는 것을 자각하십시오.

6. 왼쪽 발에 몸무게를 모두 싣고, 오른발의 나머지 부분을 들어 올린 다음, 천천히 앞으로 내딛고, 그렇게 하면서 발과 다리의 신체감각이 변화하는 패턴을 자각하십시오. 오른쪽 발꿈치가 땅에 닿는 것에 주의를 집중하고 부드럽게 땅에 놓으면서 몸무게를 오른쪽 발에 옮기고 두 다리와 발의 신체감각이 변화하는 패턴을 자각하십시오.

7. 이런 방식으로 발바닥과 발꿈치가 땅바닥에 닿으면서 생기는 느낌과 발을 앞으로 옮길 때 발에 느껴지는 감각에 특별히 주목하면서 한쪽 끝에서 다른 쪽 끝으로 천천히 움직이십시오.

8. 길 끝에서 부드럽게 돌고, 몸이 방향을 바꾸고 계속해서 걸을 때 움직임의 복잡한 패턴을 자각하고 주목하십시오.

9. 이런 방식으로 걸으면서 가능한 한 다리와 발의 느낌과 발이 바닥에 닿는 느낌을 자각하십시오. 시선은 부드럽게 앞쪽을 응시하십시오.

10. 걸을 때 감각을 자각하는 것으로부터 마음이 벗어나는 것을 알아차렸을 때 정좌 명상에서 호흡을 사용했듯이 발이 바닥에 닿는 느낌을 현재 순간과 다시 연결시키는 닻으로 사용하면서 부드럽게 주의를 발과 다리로 되돌리십시오. 마음이 방황한다는 것을 알게 되면, 잠시 멈추고 주의 집중을 모은 후 걷기를 다시 시작하는 것이 도움이 될 수 있습니다.

11. 10~15분 정도 하되 원한다면 걷기를 계속하십시오.

12. 처음에는 보통 때보다 느리게 걸으면서 걸을 때의 느낌을 충분히 자각하는 기회를 가지십시오. 자각하면서 느리게 걷는 것을 편하게 느끼게 되면 보통 속도나 그 이상 빠른 속도로 실험해 볼 수도 있습니다. 만일 심적 동요를 느낀다면 그런 느낌을 자각하면서 빠르게 걷는 것으로 시작하는 것이 도움이 되고, 안정됨에 따라 속도를 줄이면 됩니다.

13. 할 수 있는 한 자주, 걷기 명상에서 계발된 것과 같은 종류의 자각을 정상적인 매일의 걷기 경험에서도 하도록 하십시오.

4회기-유인물 3

4회기 이후 일주일간의 가정실습 과제

1. 지침에 있는 대로 정좌 명상(오디오 11번 트랙)을 다음 일주일 동안 6번 연습하고 당신의 반응을 가정실습 기록지에 기록하라. 지침에 있는 대로 정좌 명상을 마음챙김 걷기나 움직임과 함께 선택하라. 반응을 가정실습 기록지에 나타내라.

2. 3분 호흡 공간-정규적인 연습(오디오 8번 트랙): 하루에 3번, 미리 정한 시간에 연습하라. 연습을 할 때마다 가정실습 기록지의 해당 날짜의 R에 동그라미를 친다. 자신의 견해나 어려움이 있었다면 이것도 기록하라.

3. 3분 호흡 공간-반응적인 연습(오디오 9번 트랙): 불쾌한 기분이 들 때마다 연습하라. 연습할 때마다 가정실습 기록지의 해당 날짜의 ×에 동그라미를 친다. 자신의 견해나 어려움이 있었다면 이것도 기록하라.

4회기-유인물 4

가정실습 기록지-4회기

이름: ____________________

연습을 할 때마다 가정실습 기록지에 기록하라. 또한 다음 수업에서 이야기할 수 있도록 숙제를 하는 중에 떠오른 생각도 기록하라.

일자/요일	실습 (예/아니요)	의견
수요일 날짜 _____	정좌 명상 R R R X X X X X X X X X X X X	
목요일 날짜 _____	정좌 명상 R R R X X X X X X X X X X X X	
금요일 날짜 _____	정좌 명상 R R R X X X X X X X X X X X X	
토요일 날짜 _____	정좌 명상 R R R X X X X X X X X X X X X	
일요일 날짜 _____	정좌 명상 R R R X X X X X X X X X X X X	

월요일 날짜 _____	정좌 명상 R R R X X X X X X X X X X X X	
화요일 날짜 _____	정좌 명상 R R R X X X X X X X X X X X X	
수요일 날짜 _____	정좌 명상 R R R X X X X X X X X X X X X	

4회기-유인물 5

현재에 머물기

당신의 몸을 알아차림의 수단으로 사용한다는 것을 기억하라. 이것은 마음을 챙겨 자세를 취하는 것만큼이나 단순하다. 당신은 이 책을 읽으면서 앉아 있을 수도 있다. 이 순간 몸에 어떤 감각을 느끼고 있는가? 이 책을 다 읽고 일어섰을 때 일어서는 움직임과 그다음에 걷는 걸음, 하루가 끝났을 때 어떻게 눕는지 느껴 보라. 당신이 움직이는 대로, 무언가를 잡을 때, 돌아설 때마다 몸 전체로 느껴 보라. 이것은 상당히 단순하다.

끈기 있게 거기에 무엇이 있는지 느껴 보는 연습을 하라.—그리고 신체는 항상 거기에 있다.—조금이라도 움직여 또 다른 속성이 신체감각을 알아차릴 때까지 주목하라. 당신이 무엇인가를 잡기 위해 손을 뻗치고 있다면 어떤 방식으로든 그것을 하고 있는 것이다. 당신이 해야 할 다른 어떤 것도 없다. 단지 뻗치고 있다는 것만 알아차리면 된다. 당신은 움직이고 있다. 거기에 머물러 그것을 느끼도록 스스로를 훈련시킬 수 있는가?

이것은 상당히 단순하다. 반복적으로 당신의 몸으로 주의를 되돌린다. 그 순간 몸으로 돌아가 이완하는 이런 기본적인 노력은 역설적으로 공식 명상 시간에서 우리의 알아차림을 확장하여 세상에서 마음챙김을 하면서 살 수 있는 계기를 줄 수 있다. 매일매일 단순한 몸의 움직임을 느끼는 데서 오는 힘을 과소평가하지 말라.

* Joseph Goldstein[89]의 통찰 명상에서 발췌. 1994년도 저작권은 Joseph Goldstein이 가지고 있음. Shambhala Publications, Inc. Boston, www.shambhala.com과 상의하여 재인용. Segal, Williams, and Teasdale(2013)에서 재인용. 저작권은 Guilford Press가 가지고 있음. 이 유인물의 복사본은 이 책을 산 사람만이 개인적인 목적으로 사용 가능하다(자세한 내용은 저작권 부분을 참조하라). 구매자는 이 유인물을 다음에서 확대하여 내려받을 수 있다. www.guilford.com/MBCT_materials

12

실습에서 질문하기와 질문 연습

이 책의 초판이 출판된 이후로 MBCT를 가장 잘 가르치는 방법에 대해 많은 질문을 받았다. 회기에서 실습이 끝난 직후 혹은 가정실습 과제를 검토하는 시간에 지도자는 참가자들에게 경험을 이야기하고 의견을 말해 달라고 요청할 수 있는데, 바로 이 '질문' 시간에 마음을 울리고 시급한 질문들에 초점이 주어진다. 이 질문 시간은 프로그램 참가자들과 경험이 많은 지도자가 MBCT 프로그램을 실행할 때 자신들의 기술에 대한 관심사를 가장 잘 표현할 수 있는 하나의 배움의 영역이다. 그러나 한편으로 이 시간은 잠정적으로는 참가자의 배움을 가장 풍요롭게 할 수 있는 영역이기도 하다. 이러한 이유 때문에 이 시점에서 잠깐 멈추고 회기의 이 부분을 자세하게 검토할 필요가 있다.

첫째로, 질의에 대해 약간 궁금증을 풀어 주기 위해, 이미 이 책 전반에 걸쳐 나온 질문 사례들을 살펴보는 것이 도움이 될 수 있다. 지도자와 참가자들 사이에 주고받는 말을 그대로 인용한 부분은 모두 실제 회기에서 진행되는 질의 과정이다. 이런 대화는 다음의 세 개의 동심원과 질문의 층을 통해 진행될 수 있다.[90]

① 첫 번째 층에서, 주요 초점은 참가자들이 실제로 직접적인 실습 경험에서 알

아차린 것, 즉 이들이 실습을 하면서 알아차린 생각, 감정, 신체감각에 대한 설명들이다.

② 두 번째 층에서, 초점을 두는 것은 알아차린 경험에 대해 지속적인 대화를 하는 것이다. 숙련된 질문과 숙고를 통해 이러한 경험이 개인적인 이해의 맥락에서 다루어진다.

③ 세 번째 층에서, 경험에서 새롭게 일어나는 특성들을 폭넓은 맥락에서의 이해를 통해(우울증 재발방지와 마음의 평안을 높이는) MBCT의 궁극적인 목표와 관련시킨다. 배운 것을 보다 넓은 맥락으로 일반화하여, 집단의 모든 참가자와 관련성을 맺게 하고 이후의 행동에 대한 시사점을 탐구할 수 있다.

Kolb[91]의 성인 학습 모델, '학습 곡선'([그림 12-1] 참조)은 질문 과정에서 경험적 학습이 전개되는 것에 대해 유사하면서도 더욱 역동적인 견해를 제시한다. 질문은 계속 순환되는 것으로, 원을 중심으로 한 움직임이 다음 움직임의 토대를 형성

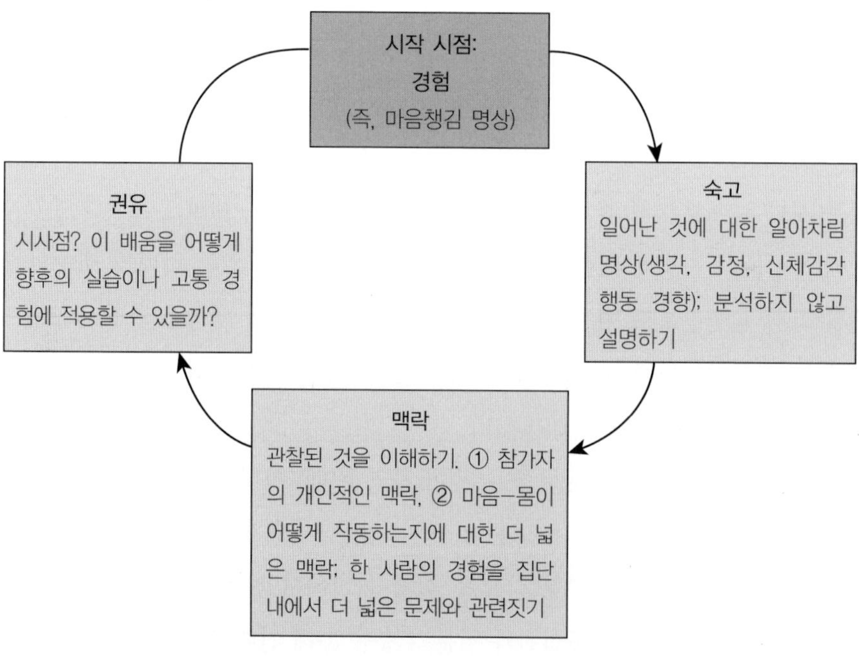

[그림 12-1] Kolb의 성인 학습 모델: 학습곡선

출처: Kolb, David A.『경험적 학습: 학습 및 개발의 원천으로서의 경험』제1판. ©1984. Pearson Education, Inc., Upper Saddle River, NJ의 허락을 받아 재인용.

한다.

질문 과정에 대해 이처럼 일반적이지만 다소 추상적인 설명이 MBCT 프로그램에서 이 부분의 전반적인 '모습'을 이해하는 데 도움이 될 수 있다. 그러나 가장 진취적인 지도자들의 실제적이고 중요한 관심사가 되는 질문, 즉 '실제로는 어떻게 질문을 해야 합니까?'에 대해서는 직접적으로 말해 주지 않는다. 우리는 이 중요한 '어떻게?'라는 질문으로 곧 들어갈 것이다. 우선, 우리는 '왜?'라는 질문을 고려하면서 토의 과정에 대해 알려줄 필요가 있다. 질문의 목적과 의도는 무엇인가?

질문: 목적 및 의도

숙련된 질문은 MBCT 프로그램 안에서 놀라울 정도로 광범위한 범위의 목적에 부합한다. 첫째, 참가자들이 그들의 경험에 대해 마음챙김 자각을 할 수 있는 방식을 조율하게 해 준다. 지도자가 질문을 통해 경험의 세부 사항에 관심을 보이는 단순한 사실 그 자체만으로 많은 핵심 메시지를 전달한다('몸에서 가장 수축되는 감각이 느껴졌던 곳이 어디입니까?' '시간이 지남에 따라 어떻게 바뀌었습니까?' '그때 어떤 생각과 감정이 수반되었습니까?' '당신은 어떻게 그것에 대응했습니까?' 기타 등등).

① 경험에 대한 알아차림이 중요하다.
② 마음챙김은 단순히 특정한 곳에 주의를 머물게 하기보다는 순간순간의 경험에서 일어나고 있는 것을 자세하게 알아차리는 능력을 계발하는 것이다.
③ 마음챙김은 특정한 주의 초점(예: 호흡)을 넘어 마음과 몸에서 일어나는 것(예: 정서적으로 반응하는 방식)을 더 폭넓게 이해하는 것이다.

지도자가 질문을 제기하는 방식과 대응할 때 사용하는 단어는 참가자들의 경험에 대한 인식을 미묘하게 재구성할 수 있다. 예를 들어, 경험의 다양한 양상에 별도로 초점을 맞춤으로써("어떤 신체감각을 알아차렸습니까? 어떤 감정을 알아차렸습니까? 어떤 생각을 알아차렸습니까?") 지도자는 경험을 별도의 구성요소들로 '해체(deconstruction)' 또는 '어구 분석(parsing)'을 할 수 있다. 이것은 즐거운 그리고 불쾌한 경험 기록지(2회기-유인물 6과 3회기-유인물 5 각기) 토의에서 언급하였다. 마찬가지로, '나는 매우 화가 났어요.'와 같은 참가자의 말을 '그래서 강렬한 분노의 느낌이 들었군요.'와 같이 다른 말로 반영해 주면서, 지도자는 개인적으로 명확하게 확인되지 않은 정서 경험과 관계를 맺을 수 있도록 암시적으로 지지할 수 있다.

여기서 중요한 것은 지도자가 질문하고 대화하는 과정에서 구현하고 있는 경험에 대한 전반적인 입장 혹은 관계가 참가자들로 하여금 자신의 경험과 관계하는 새로운 방식을 구체화시킬 수 있게 해 준다는 점이다. 불쾌하고, 무섭고, 어렵거나, 압도적인 경험이 질의의 초점이 되는 경우에는 특히 중요하다. 질문 과정에서 발생하는 모든 것에 대해 진정으로 호기심을 보이고, 개방적이고, 함께하며, 안정감을 주고, 당황하지 않고 지도자는 다음의 암묵적 메시지를 전달할 수 있다. '이 또한 충분히 경험하고, 견뎌 낼 수 있고, 함께 다룰 수 있습니다. 거기서 도망가거나 철수하거나 감정을 마비시킬 필요가 없습니다.' 더 일반적으로는 질문하고 대화하는 과정에서 지도자는 프로그램을 넘어서 삶의 모든 면에서 경험과 함께할 수 있는 완전히 새로운 방식에 대한 잠재 능력을 구체화시켜 줄 수 있다.

참가자들이 경험과 어떻게 관계를 맺을지에 중요한 영향을 미칠 뿐만 아니라, 질문 과정에서 지도자가 구현할 수 있는 자질은 두 번째 영역, 즉 참가자들이 그들 자신과 관계를 맺는 방식에서 중요한 치료적 영향을 미칠 수 있다. 8장에서 논의했듯이, 8주 기간의 프로그램에 참여하게 되면 자신에 대한 친절과 자비심이 증가되고 이러한 변화는 MBCT의 유익한 효과를 매개해 준다고 믿을 만한 충분한 이유가 있다. 이러한 변화가 친절을 함양하는 분명한 실습이 포함되어 있지 않는 경우에도 나타날 수 있다는 사실은 MBCT 프로그램 전체의 암묵적, 누적효과를 효과를 반영한다. 이들 중 가장 핵심은 지도자가 프로그램에서 구체화하는 친절과 자비심이다. 참가자들이 자기 자신에 대해 가혹한 자기 판단과 자기 비판을 불러 일으키는 실패, 약점, 또는 실수로 여겨질 만한 경험을 말하고 질문하는 과정에서 프로그램 지도자는 이런 자질을 구체적으로 표현할 수 있는 기회를 갖는다. 지도자가 질의 시간에 참가자에 대해 존중하는 마음, 따뜻함, 보살핌, 자비심과 같은 자질을 내보이게 되면 참가자들 역시 이런 유익한 자질을 지도자로부터 배워서 자신을 향하여 체화할 수 있게 된다.

어디서부터 시작해야 할까

아마도 질문 과정의 가장 분명한 목표는 참가자들이 각 실습에서 경험한 것과 더 일반적으로는 삶의 경험에 대한 정보를 더 끌어내고 향후 우울증 위험을 줄이고 더 충만하고 자유롭게 살 수 있는 능력을 키울 수 있도록 보다 새로운 관점에서 자신의 경험의 중요성을 이해하고 알도록 돕는 것이다.

초보 지도자는 참가자들이 수업이나 과제 중에 알아차린 내용을 설명하는 첫 번째 질의 부분 그 자체가 과정의 중요한 한 부분임을 안다면 도움이 될 수 있다. 질의 대화 과정에서 경험의 중요성이 명확하게 이해되기 전이라도 그냥 경험을 큰 목소리로 이야기하는 것만으로도 그 참가자뿐만 아니라 나머지 집단 구성원 모두에게도 큰 도움이 될 수 있다. 이 질의 시간은 참가자들에게는 직접적인 경험과 접촉을 불명확하게 만드는 습관이나, 지나치게 익숙한 의견, 판단 같은 것에 방해받지 않고 경험의 실체를 '듣는' 기회가 된다.

다른 구성원의 경우에도 집단의 누군가가 '나만의 약점'이라고 생각하면서 자신이 겪었던 것과 똑같은 어려움과 고통스러운 경험을 설명하는 것을 듣는 것만으로도 커다란 위안이 될 수 있다. 이러한 방식으로 보다 보편적으로 공감할 수 있는 경험의 성질을 이해하는 것이 자기 자신과 다른 사람들 모두 더 큰 자비심을 키우는 중요한 요소가 된다. 집단 내에서 이루어지는 질문과 대화는 참가자들로 하여금 모든 인간이 경험하는 보편적인 취약성, 즉 좋은 의미로는 불쾌한 경험을 없애려고 시도하는 것이지만 궁극적으로는 괴로움을 한층 배가시키는 마음의 경향성을 이해하게 해 준다. 마찬가지로, 실습에서 다른 사람들의 긍정적인 경험을 듣는 것 역시 현재 겪고 있는 어려움으로 인해 낙담한 사람들에게 영감을 줄 수 있다. 특히 이러한 즐거운 경험을 말하는 사람들이 프로그램의 초기 단계에서 어려움을 겪었다고 설명한 경우에는 더 효과적일 수 있다.

참가자가 자신의 경험을 설명하고 있을 때 무엇을 해야 하는가? 질의 과정의 핵심 목표는 새로운 방식의 이해와 경험을 살펴볼 수 있는 직접적인 경험적 학습, 즉 우리가 고통을 일으키고 그 고통으로부터 스스로를 자유롭게 할 수 있는 방식을 제공하는 기회를 가질 수 있다는 것을 기억하라.

지도자는 어떻게 해야 하는가? 질의 대화의 과정에서, 지도자는 참가자가 자신의 경험에서 나온 이해를 바탕으로 프로그램의 핵심 주제와 메시지를 충분히 소화하고 깨달을 수 있도록 도와준다. 묻고 답하는 과정은 잘만 이루어진다면 잘 알지 못하고 놓친 채로 지나가 버릴 수 있는 경험의 중요성을 밝힐 수 있다. 예를 들어, 어떤 수준에서 우리 대부분은 불쾌한 경험이 영원히 지속되지 않는다는 명백한 '사실'을 알고 있다. 그러나 이 사실을 알고 있다고 해도 부정적인 마음상태에 있을 때는 이 불쾌한 경험이 미래에도 계속될 것이라는 확신을 멈추게 하지는 못한다. 한편, 마치 영원히 계속될 것처럼 느껴졌지만 실제로는 실습 기간이 끝날 때는 사라져 버린 어려운 경험을 참가자들과 함께 섬세하게 탐구하는 것은 신선한 경험적 학습의 기회를 제공할 수 있다. 체험 기반의 통찰력과 경험의 무상함에 대한 이런 이해는 '모든 불쾌한 경험은 지나간다.'라는 말에 상응하는 사실적 지식보다 미래를 자유롭게 할 잠재력이 훨씬 더 크다. 마찬가지로, 호흡에 주의를 다시 집중시키는 것이 불행감을 감소시키는 반면, 참가자가 실제로 특정한 경험에서 불쾌한 감정을 반추하는 것은 불행을 가중시켰던 방식을 '보게' 하면 반추가 지속적인 우울증의 원인이라는 사실적 · 개념적 지식보다 향후 반추의 통제력을 약화시킬 가능성이 더 높다. 참가자가 놓칠 수 있는 것을 알아차린다는 것은 지도자가 한 쪽으로는 판단적이 되는 경향성과 같은 주제를 '잘 들으면서도' 그것을 마음 뒤편에 남겨 두면서 즉각적으로 '해결해야 할 점'으로 보기보다는 그것을 활용해서 질문으로 유도할 수 있다는 것을 의미한다. 예를 들어, 어떤 참가자들이 과제를 하지 않았다고 이야기하는 2회기의 질의를 다시 살펴보라(189쪽 참조). 여기서 우리는 바쁜 일상생활에서 시간을 내어 실습하는 것이 어렵다는 것을 탐색하는 것이 더 쉬웠을 수도 있다. 그러나 지도자는 대신 과제를 하지 않은 경험이 불러일으키는 부정적인 생각 패턴에 초점을 맞춘다. 여기에는 처방전이 아니라 탐색이 있다. 먼저, 탐색을 하고 지도자는 그다음에 경험을 맥락에 맞게 보편화할 수 있는 몇 가지 이야기를 추가한다. 그러나 무엇이 맥락에 맞게 보편화되는지를 주목하라. 과제를 미완성한 경험 자체가 아니라 스스로를 '부족하다'고 자신을 비난하는 모든 기회를 포착하게 하는 경험의 방식을 주목하라.

질문을 어떻게 끌어낼 것인가: 구체적인 자질

우리가 살펴보았듯이, 참가자들이 묘사하는 경험과 참가자 자신을 연결시킬 수 있는 지도자의 자질이 다른 집단원들 안에서도 유사한 특성을 끄집어내는 데 강력한 영향을 미친다. 그 이상으로, 이러한 자질들은 효과적인 질문 과정에 필수적인 기초가 된다. 시간이 거듭되면서, 우리는 효과적이거나 효과적이지 않은 질문의 차이란 질문을 하는 기술적 기법에 달려 있다기보다는 지도자들이 이러한 자질을 가지고 '참가자들과 함께 있는' 것에 달려 있다는 것을 알았다. 이것은 종종 지도자의 개인적인 마음챙김 명상의 깊이와 직접적으로 관련이 있다. 이러한 자질이 무엇보다 중요한 특성임을 감안하면서 질문의 세부사항을 살펴보기 전에, 먼저 그것들을 고려해 보자.

진실하고 따뜻한 호기심과 관심

이 자질을 갖춘 지도자와 함께하면, 참가자들은 경험의 깊은 층에 훨씬 더 많이 접촉하고 자신의 경험을 드러낼 가능성이 높으며 지도자는 표현되고 있는 경험의 좀 더 미묘한 측면을 잘 인지하고, 분별하고, 탐색할 수 있다. 중요한 것은 호기심이 진실하고 따뜻해야 된다는 것이다. 그래서 슈퍼비전과 공동슈퍼비전을 받으면서 지도자의 진정성을 퇴색시킬 수 있는 대응을 살펴보는 것이 좋겠다. 예를 들어, 참가자가 '매우 흥미롭군요.'라는 말을 기계적으로 너무 자주 하고, 그런 다음 더 이상 설명하지 않고 다른 주제로 이동한다면(방금 참가자가 설명한 내용에 대한 관심 부족을 무심코 전달하는 것이다) 참가자들은 자신의 경험을 더 공유하거나 탐구하는 것에 즐거움을 느끼지 못할 것이다. 마찬가지로, 관심이 진실되기는 하지만 따뜻하고 공감적이라기보다는 차갑고 탐색적으로 인식된다면, 참가자들은 자기가 한 경험의 더 민감하거나 고통스러운 측면을 노출시키는 위험을 꺼릴 것이며 이들의 반응은 두루뭉술하고, 애매모호하며 혹은 회피적이 될 수 있다.

알지 못함

인지치료에서 숙련된 소크라테스식 질문처럼,[92] MBCT에서 질의 과정은 마음을 바꾸기보다는 뭔가를 발견하도록 안내하는 것이다. 즉, 지도자의 질문은 그것이 무엇이 될 것인지, 또는 어떻게 질의 과정의 흐름이 전개될 것인지 미리 알지 못한 채, 참가자와 함께 탐구하면서 경험의 세부 사항, 중요성 및 관련성을 개방적으로 발견할 수 있게 한다. 이것은 지도자가 미리 설정되어 있는 의제를 가지고 참가자에게 '조종'하는 질문을 해서 마음을 변화시키는 접근법과는 대조를 이룬다.

그렇기 때문에 숙련된 질문은 기대치와 특정한 결과를 위한 질문 과정을 유도할 필요성을 버리도록 하고 있다. 유일한 의제는 그 순간에 참가자의 경험을 탐구하고 이해하는 것이다. 이는 질문을 성급하게 끝내려는 욕구를 기꺼이 내려놓고, 과정을 신뢰하고, 마음을 챙기고, 진심을 다해 질문 과정에 참여하면 어떤 유용한 것, 때로는 놀라운 것이 나타날 것이라는 점을 믿는 것을 의미한다. 지도자로서 우리는 참가자들의 또는 참가자들을 위한 통찰력을 얻기 위해 노력할 필요가 없다. 이 과정에서, 우리는 인내와 겸손이 중요한 협력자임을 거듭 알게 된다. 인내는 지금 당장 있는 그대로의 경험을 활용할 수 있다는 것을 상기시켜 준다. 우리가 바라는 대로가 아니라 단지 시간이 지나야 비로소 모든 것이 드러날 수 있다. 겸손은 참가자들 자신이 각자 자신의 경험에 근거한 전문가라는 점을 우리에게 일깨워 준다. 이를 위해, 지도자는 때때로 질문을 계속해도 될지 참가자에게 허락을 구하는 경우가 있다. 명시적으로 허락을 요청하지 않는 경우에도 지도자는 특정한 주제에 대해 참가자가 탐색해도 괜찮다고 느끼는 한에서만 참가자와 그 특정 주제에 대해 탐색할 수 있다는 예리한 감각을 유지할 수 있어야 한다.

질문 시 지도자들에게 요구되는 자질은 [자료 12-1]에 요약되어 있다. 초보 지도자가 질의 과정에서 이러한 자질을 계발하는 것이 왜 어려운가? 질의 과정의 가장 중요한 목적은 참가자들이 우울증에서 벗어나 자신의 안녕감을 향상시키는 새로운 방식으로서 경험의 중요성을 이해하고 알도록 돕는 것이기 때문에, 몹시 '메시지를 이해하고' 싶을 수 있다. 그러므로 우리가 "이 경험이 우울증 재발을 예방하는 것과 관련 있다는 것을 당신이 이해할 수 있는지 궁금합니다."와 같은 질문을 하고 싶은 유혹을 느끼는 것은 전적으로 이해할 수 있다. 문제는 이러한 질문들 중 몇 가지는

[자료 12-1]

질문을 촉진시키는 지도자의 자질과 태도

1. 알지 못함-질문에 대해 당신이 모든 대답을 갖고 있지 않다는 것을 인식하고 심지어 집단에서 이것을 말할 수 있다.

2. 호기심-감정가, 특히 생각, 신체감각, 정서에 대한 알아차림이라는 세 가지 요소와 상관없이 표현되고 있는 모든 것에 흥미를 갖고 질문을 한다.

3. 친절과 환대-질문 과정은 현존하는 모든 것에 대해, 예를 들어, '예'라고 말하면서, 주의 깊고 긍정적인 비언어적 신호를 사용하여 환영하는 태도를 갖는 것이다.

4. 실습을 구체화-질의는 현재-순간의 경험을 자각하게 하고 단순히 모델링하지 않는 것을 의미한다.

5. 고치지 않기-질문의 의도는 어떤 발견을 촉진하기 위한 것이기 때문에 해결책이 반드시 필요한 것은 아니라는 것을 인식한다.

6. 대화의 공간을 열기-질문은 가능성을 인식하고 뭔가 나타나는 것을 신뢰하는 것이다. 예를 들어, "그것에 대해 더 많이 말해보십시오."라는 말을 하면서.

7. 허락 요청-질문을 할 때 경계나 강한 감정이 나타나는지 확인하고, 진행하기 전에 참가자와 함께 그것을 검토한다(예: "그것에 대해 물어봐도 될까요?" 또는 "이것은 당신에게 어떻습니까?").

8. 내려놓기-질문은 처리해야 할 필요가 있는 정해진 의제가 없이 자유롭게 하는 것이다.

9. 개방형 질문하기-질문은 참가자의 경험에 초점을 유지하는 것이다. 예를 들어, "그것에 대해 더 말하십시오." 또는 "그리고 다음에 어떤 일이 일어났습니까?"

10. 겸손-질문은 다른 사람이 자신의 경험에 대한 전문가임을 인식하는 것이다. 예를 들면, "내가 당신을 잘 이해했나요?" 또는 "당신이 이런 말을 하는 것을 들었는데 맞나요?"

11. 통찰력에 대한 집착을 피하기-질문은 심리치료를 할 때 더 적합한 질문인 "왜 이런 일이 일어나고 있다고 생각합니까?"와 같은 질문보다는 대신 "어떻게 이런 일이 일어났나요?" 또는 "이것에 대해 무엇을 알아차렸습니까?"와 같은 질문과 더 관련이 있다.

12. 유연성과 내려놓기-질문은 때로는 후속 질문을 하게 해 주고 다른 때에는 "고맙습니다."라고 말하고 다음 단계로 넘어가게 해 준다.

자연스럽게 이해하고 경험과 직관적으로 연결시키는 것에서 벗어나 마치 학교 공부를 하듯이 지도자가 염두에 두고 있는 정답을 '찾게' 하는 개념적인 마음이 '나타나도록' 즉시 양식의 전환을 촉발할 수 있다. 후자의 방식은 지적인 지식을 얻게 할 수는 있지만 진정으로 마음을 변화시키는 힘은 없다. 이러한 접근법과 자신만의 독특한 경험으로 참가자들을 자연스럽게 이끌어 주는 질문을 하는 것 사이의 미묘하지만 결정적인 차이점은 지도자가 직접적인 경험과 밀접하게 관련 있는 유용하고 일반적 설명을 원활하게 해낼 수 있느냐는 점이다.

어떻게 질문을 해야 할까: 실제적인 문제

여기서 질문과정에서 발생할 수 있는 몇 가지 실제적인 문제를 살펴보자.

모든 것을 다룰 필요는 없음

MBCT 2시간 회기 맥락에서는 더 길고 공식적인 실습 뒤에 오는 질의는 10~15분이 걸릴 수 있고, 가정실습 과제에 대한 질문 역시 비슷한 길이로 할 수 있다. 한 질의에서 더 많은 시간이 걸리면, 다른 질의는 더 짧아진다. 이것은 참가자의 경험에 대해서 지도자가 세부적인 것까지는 탐색하지 않는다는 것을 의미한다. 경험한 것을 분명하게 표현하는 것은 이미 모든 개인에게 중요한 과정이며 수업 구성원들에게도 도움이 된다는 것을 명심하라. 지도자가 참가자에게 감사하고 다른 사람이 말할 수 있게 수업을 편안한 상태로 되돌리는 것이 좋다. 모두 또는 심지어 대다수가 말할 것이라고 기대할 필요는 없다. 이것은 개인과 집단의 요구를 균형 있게 유지할 것을 요구한다. 지도자는 개인의 특수한 경험보다는 보편적인 측면을 끌어내어 개인 및 집단 과정 사이의 균형을 유지해야 한다.

다양한 경험의 표현을 격려하기

때로는 어려움에만 집중하기 쉽기 때문에 즐거운 경험을 한 사람들은 집단에서 말하기가 쉽지 않다. 또 어떤 때에는, 수업에서 다른 사람들이 공감할 수 없는 즐거운 경험이 질의 시간을 압도한다. 지도자는 이 가능성을 기민하게 알아차리고 실습하면서 긍정적이거나 부정적인 다른 반응을 한 사람이 있는지 물어본다. 이런 식으로 지도자는 모든 경험에 대한 열린 관심과 흥미를 표현한다.

교육과정을 진행하는 것과 집단에서 일어나는 모든 것에 대한 반응 사이의 균형 유지

각 회기를 준비하는 과정에서 지도자는 교육과정의 각 구성요소에 대한 목표와 의도를 다시 확인하는 것이 중요하다. MBSR 및 MBCT 프로그램은 특정 회기에서 특정 명상의 실습 및 연습을 의도적으로 배치한다. 그래서 참가자들에게 경험적으로 똑 같은 근본적인 진리, 즉 우리가 고통을 만드는 방식과 그 고통에서 벗어날 수 있는 방식을 배울 수 있는 다양한 관문(gateways)을 제공한다. 이것들은 의도적으로 특정 순서대로 회기별로 진행된다. 우리는 질의를 통해서 이 수업의 참가자가 지금 어디에 있는지 탐색해야 한다. 각 회기를 잘 준비하기 위해서 목표와 의도를 상기시켜 주어야 하므로, 수업을 특정한 방식으로 방향을 설정할 수 있도록 화이트보드에 회기 제목을 쓰는 것이 도움이 될 수 있다. 그러나 지도자는 준비된 주제를 '닻'으로 사용하여 어떤 일이 일어나더라도 적절하게 대응할 수 있어야 한다.

프로그램에서 초점 변경

프로그램 전반에 걸쳐 질문의 영역이 불가피하게 변화된다는 것을 인지하고 초기 수업에서는 프로그램 초점을 ① 신체감각, 생각, 충동(행동 경향) 및 감정을 직접 관찰하고, 이것들이 연결되어 있는 것처럼 경험되었는지 또는 그렇지 않은지를 직접 관찰하는 것, ② 경험의 이러한 측면과 일반적으로 관계를 맺는 습관적인 방식을 보다 분명하게 보는 것, ③ 경험에 대해 마음챙김 자각을 할 때 무엇이 일어나는지를 인식하는 것에 둔다. 후반부 수업에서는 공식 명상에서 배운 것을 일상생활의 어려움으로 일반화하고, 호흡을 사용하여 경험을 탐색하고 현명하게 대응하는 데 더욱 중점을 둔다.

일어나고 있는 것을 신뢰하기

마음챙김 자각에 들어가는 여러 관문이 있기 때문에 지도자는 강요하지 않고 회기 중에 자연스럽게 일어나는 참가자의 실제 경험을 토대로 참가자가 허용하는 한 그들의 경험에서 학습 주제를 이끌어 낼 수 있다. 회기에 대한 계획이 명확할수록 지도자가 더 확신을 가지고 계획을 내려놓고, 일어날 필요가 있는 학습이 일어날 것이라고 신뢰할 수 있다. Jon Kabat-Zinn이 말한 것처럼 "마음과 몸에서 지금 일어나고 있는 것은 무엇이든 교육과정이다". 이것은 일상생활의 어려움을 맞닥뜨리는 우리 자신이나 마음챙김 수업의 도전과 즐거움을 만나는 지도자들에게도 적용될 수 있다.

어떻게 배우는가

신참 지도자들에게는 경험이 많은 MBCT 지도자와 함께 수업에 참여할 수 있는 것을 대체할 수 있는 더 좋은 방법은 없다. 앉아 있는 동안, 우리가 언급한 일반적인 특성들이 수업 시간에 순간순간의 가르침으로 구현되는 방식에 특별히 주의를 기울이는 것이 좋다.

질문 유형

지도자는 자신이 묻는 질문 유형에 대해 균형을 유지한다. 숙련된 지도자의 특징은 다음과 같다.

- '예' 또는 '아니요'로 답변만 하는 닫힌 질문보다는(예: "신체에서 긴장을 느꼈습니까?") 열린 질문을 사용한다(예: "그 시점에서 무엇을 알았습니까?").
- '예' 또는 '아니요'와 같은 질문이나, 뭔가 고치려고 하거나, 해결에 초점을 둔 진술이나 질문처럼 여지를 없애는 질문이나 진술보다는(예: 앉아서 정좌 명상을 하는 것이 불편하다는 것에 대해 "많은 사람이 앉아 있을 때 불편함을 느끼지요."라고 말하면 이것이 '원래 그런 것이다.'라는 느낌을 주어 더 이상의 탐색을 막을 수 있

다) 발견의 여지를 줄 수 있는 질문 및 진술을 사용한다(예: "더 많은 것을 말해 주시겠어요?" "그것에 대해 더 많이 말할 수 있나요?").

- 적절한 때에 질문을 계속해도 되는지 허락을 구하고 참가자는 안전하게 느끼고 과정이 언제 끝나는지 통제할 수 있다(예: 지도자는 한두 가지 질문을 한 후에 "그것에 대해 좀 더 질문해도 괜찮습니까?"라고 질문할 수 있다).
- 질문의 각 '층'에 대해 시간을 준다(학습 곡선의 각 부분).

'단계별' 도움이 될 수 있는 질문*

1단계. 직접 경험하기

공식 실습을 마친 직후, 또는 가정실습 과제를 논의할 때, 첫 번째 질문 영역은 실습의 직접적인 경험에 초점을 맞춘다. 신체감각을 탐구하는 것에 강조점이 주어진다. 생각 및 감정은 어떻게 서로 연결되어 있는지 그리고/혹은 어떻게 감각으로 표현하는지 연결해서 탐색할 수 있다. 이 시점에서 자주 할 수 있는 몇 가지 질문이 있다(그러나 질문의 특정한 순서를 계획하거나 그들에게 모두 물어볼 필요는 없다는 점을 유의하라).

- "무엇을 알아챘습니까?"
  - "당신의 몸에서는?"
    - "신체감각들은?"
    - "감정/느낌, 감각이 그것들과 관련이 있습니까?"
  - "당신의 마음에서는?"
    - "생각이나 이미지는?"
    - "지금, 과거, 미래에 대해서는?"

* Catherine Crane에서 가져오고, 이 회기를 알려 준 토론 및 2007년 출판 사본에 대해 감사드립니다. (질의 과정: 목표, 의도 및 강의 고려 사항, J. Mark G. Williams, Catherine Crane, Judith M. Soulsby, Melissa Blacker, Florence Meleo-Meyer, Robert Stahl 공저, 1970)

"이것들은 당신을 어디로 데려갔습니까?"

"당신 몸 바깥에서는?"

"소리가 납니까?"

- "마음이 방황할 때, 어디로 갔습니까?"
  - "생각(기억, 걱정, 계획, 시간, 음식)?"
  - "신체감각(안절부절못함, 통증, 지루함)?"
  - "감정(슬픔, 화난, 두려운, 행복한, 안전한, 사랑하는)?"
- "이 경험에 대한 당신의 반응은 무엇입니까? 어떻게 그것들과 관계를 맺었습니까?"

2a단계. 개인적인 이해 맥락에서 직접적인 '알아차림' 탐색

- "마음이 방황할 때 어떻게 느꼈습니까?"
- "마음이 방황할 때 무엇을 했습니까?"(방황하게 내버려 두기, 생각에 빠져들기, 다시 되돌아오기-부드러움, 확고함, 죄책감, 성가심, 즐거움, 판단 등과 함께 되돌렸습니까? 그리고 부드러움/확고함/죄책감/성가심이 느껴질 때 몸에서는 어떤 감각을 느꼈습니까?)
- "이 경험을 알아차리는 것은 그것에 어떤 영향을 미칩니까?"
- "이것이 당신이 익숙하게 표현하는 경험 패턴입니까? 그렇다면 어떤 식으로?"

2b단계. 1단계와 2단계에 배운 것을 좀 더 넓은 이해의 맥락으로 탐구

이런 대화에는 개인이 경험하고 있는 것들에 대한 잠재적인 관계를 이해하는 것, 즉 마음의 과정을 주의 깊게 알아차렸을 때의 효과라든지, '우울증 마음 상태'를 유발하고 그것을 지속시키는 방식을 이해하는 것 등으로 짜여 있다. 때로는 참가자들에게 경험한 것들이 서로 연결되는 지점을 찾아보게 하고 또 어떤 때는 통합할 수 있게 하는 가르침을 줄 수 있다. 질문과정에서 어떻게 이런 일이 일어나는지 다음에 나오는 내용들에서 살펴보라.

3단계. 더 탐색할 수 있도록 권유하기

질문을 하다 보면 항상은 아니지만, 과제나 일상생활에서 한층 더 경험을 탐색하라는 권유로 끝날 수도 있다. 이것은 상대적으로 공식적인, 전체 수업 맥락에서 일어난다(예를 들어, 1회기에서 건포도 연습 후에 주의 깊게 한 끼를 먹어 보라는 권유와 보통 자동조종으로 했던 하나의 일상적인 활동을 선택하여 자동조종의 순간을 알아차리고 경험에 주의를 기울였을 때 알아차린 점을 확인해 보라는 권유). 또는 마음챙김 명상 실습의 특정 부분을 이야기한 참가자에게 요청할 수 있다. 예를 들어, 자신의 마음이 방황하는 것을 알아차렸을 때, 항상 실패했다고 생각하는 사람은, 질의를 하는 중에 그 시점에서 자신의 몸이 어떤 느낌인지 모른다는 것을 깨달았을 수도 있다. 참가자들은 가정실습 과제를 하면서 자신의 마음이 방황하고 실패했다고 느낀다는 것을 알았을 때 몸이 어떻게 반응하는지를 알아차리도록 요청받을 수 있다. 마음을 고요하게 유지하려고 노력하는 것에서부터 마음이 혼란스러울 때의 경험을 탐색하기 위해 열려 있는 자세까지, 이러한 요구 자체가 실습의 정신을 어떻게 변화시킬 수 있는지 알아볼 수 있다. 여기서 '문제'가 기회로 변화된다. 정신은 방황하는 마음이든 다른 무엇이든 일어나는 것을 알아차릴 수 있는 기회로 방향을 돌린다. 그리고 이 '기회를 찾는 것' 자체는 실습에 대해 매우 다른 태도를 나타낸다.

여기에서 작동하고 있는 원리를 잘 살펴보라. 마음챙김에 기초한 배움의 효력은 참가자들 각자에게 맞는 때에 일어나는 직접적이고 경험적인 지식에 달려 있다. 이 배움을 이해의 맥락과 연결하는 과정은 이 경험을 통합하고 검증하거나 끝낼 수 있다. 그러므로 능숙하고 민감하게 수행할 필요가 있다. 지도자로서, 우리는 이 과정을 위한 자료가 참가자 혹은 지도자에 의해 어떻게 잘 만들어지는지 잘 알고 있다. 경험이 많은 교사는 '학습' 요소를 도입하기 전에, 경험의 실제 및 탐구될 경험과의 관계에 충분한 시간을 허락한다.

마지막으로, 건포도 연습과 바디스캔 이후에 좀 더 일반적인 원칙을 설명하기 위한 예시로서 질의로 돌아가 보겠다.

지도자는 "이 경험에 대해 무엇을 알았습니까?" 또는 "이 연습 중에 무엇을 알아차리게 되었습니까?" 그리고 "누가 자신의 경험에 대해 의견을 말하실 수 있나요?"라고 묻는 것으로, 첫 번째 질문을 집단원에게 할 수 있다. 여기서 의도는 참가자들이 건포도를 먹는 직접적인 경험, 즉 몸의 반응, 생각 및/또는 감정에 머무는 데 도움을 주기 위한 것이다. 참가자들이 자신의 경험을 분명히 보게 하고 마음과 몸에서 나타나는 경험의 연속적인 모습을 분명히 볼 수 있도록 도와주며, 그 다음에 바로 다음 순간에 일어난 일, 즉 우리가 일어난 일과 어떻게 관련을 맺고 있는지를 말해 주는 반응성을 알아차리도록 도와준다.

건포도를 씹을 때 달콤함의 감각을 인지하고, 이것이 얼마나 즐거운지 생각하고, 건포도를 간식으로 사 먹어야겠다는 생각을 하고, 자녀가 건포도를 좋아하지 않는다고 실망하는 이야기가 예가 될 수 있다. 지도자는 참가자가 말한 것을 되짚어보면서, 그때 마음이 더 방황했는지 물어볼 수도 있고(감각을 느끼기보다는 어떤 것에 대해 생각으로 빠져들었다면) 그 사람이 어떤 시점에서 마음이 '떠나는' 것을 알아차렸는지 물어볼 수 있다. 어떤 시점에서, 지도자는 다른 유사한 경험을 모아서, 그 다음에 가벼운 기분으로, 마음이 '충분히 보았다고 생각될 때' 얼마나 쉽게 '다른 할 일을 찾는지', 또는 우리가 얼마나 쉽게 지루해하는지, 그리고 '서두르는 마음'이 어떻게 바뀔 수 있는지, 마음이 어떻게 그 자체의 마음을 가지고 있는 것처럼 보이는지 여러 가지 견해를 말할 수 있다. 여기서 지도자가 단순한 경험에서 어떻게 마음이 그 자체의 마음을 가지고 있는 것처럼 보이는지를 언급하면서 그 경험을 맥락에 맞게 바꾸고 보편적인 것으로 능숙하게 초점을 변화시키는지 주목해 보라. 여기에서 참가자들에게 일상생활에서도 이런 것을 알아차리라고 암묵적으로 유도할 수도 있고, 자신의 경험에 대해 가혹한 판단을 하기보다는 친근하고 호기심 어린 태도로 이런 정신을 체화하도록 할 수 있다.

마찬가지로 건포도 명상처럼 일상적인 방식과 대비되는 먹기 경험과 발견이 자연스럽게 우리가 자동조종에 소비하는 시간에 대한 논의로 이어지게 한다. 이어서 누군가는 "건포도를 이런 방식으로 먹는 것은 평소에 건포도를 먹는 방법과는 다릅니다." 하고 의견을 말할 것이다. "어떻게 다르지요?" 또는 "그것에 대해 더 많이 말할 수 있습니까?"라는 질문은 마음을 챙겨서 어떤 일을 하는 것과 우리가 흔히 세상사에 대해 일상적으로 하는 습관적인 방식 간의 차이를 생각해 보게 한다.

건포도에서 나는 냄새, 겉모습, 질감의 풍부함을 말하다 보면 어떤 것을 다소 느리게 하게 되면 긍정적이든 부정적이든 경험의 성질을 놀라울 정도로 변화시킬 수 있을 것이라는 이야기로 풀어 나갈 수 있다.

여기서 무슨 일이 일어났는지 알아차려 보라. 지도자는 참가자들의 경험으로 시작하였다. 말하자면, 경험이 여전히 '생생하게' 진행되는 동안 수업에 참가한 구성원들이 곰곰이 생각하도록 요청하였다. 그다음에 1회기의 주제인 자동조종과 관련하여 실습을 맥락화하기 위한 발견을 최대한 활용하였다. 마음이 흔히 돌아다니는 것과, 한 번에 한 가지 일을 하는, 주의를 기울이는 방식은 미묘하면서 별로 미묘하지 않은 방식으로 경험을 변형시킬 수 있다.

여기서 좀 더 일반적인 학습이 비교적 쉽게, 그리고 간결하게 언급될 수 있다. 우리가 자동조종 상태에 빠져 있을 경우 우리의 기분은 무엇이 일어나는지 알아차리지 못한 채 더 나빠질 수 있다. 혹은 우리가 무언가에 골몰할 때, 인생은 우리를 지나친다.

MBCT에 비교적 익숙하지 않은 지도자들은 질문이 다소 혼란스럽거나 위협적이라고 생각하더라도, 건포도 실습에 따른 질문에는 별다른 문제가 없다고 말한다. 어떤 질문에 대해 생각할 수 있는 한 가지 방법은 건포도 명상을 하나의 원형, 즉 경험-반영-맥락-초대로 사용하는 것이다.

다른 예를 들어 보겠다. 2회기에서 참가자들이 호흡이 얕게 느껴졌다고 알아차렸다면 그때 지도자는 처음에 그 사실을 알아차렸을 때와 그것에 어떤 반응을 알아차렸는지 질문할 수 있다. 그 시점에서 일부 참가자들은 단순히 참가자가 그것을 알아차렸다고 보고한 다음 감각의 초점으로 되돌아갈 수 있다. 그 시점에서 어떤 사람들은 자신의 마음이 흩어진 것을 발견했다고 보고할 수 있다. 두 경우 모두 선택 지점이 여기에 있다. 지도자는 이 단계에서의 목표는 마음이 '사라져 가는' 것을 알아차리고, 마음이 사라지면 주의를 호흡에 다시 기울이는 것이라고 말하면서, 경험을 더 많이 떠올리게 하면서 산만함이 얼마나 지속되었는지, 그리고 그때 무슨 일이 일어났는지 추가로 질문할 수 있다. 이런 경우에 지도자는 이것이 방황하는 마음의 속성이라는 것을 말하면서 거기에 머물게 할 수 있다. 말하자면, 그것은 실수가 아니며, 이 마음이 방황하는 것을 깨울 수 있으므로, 순간순간 마음이 어디에 있는지에 대해 더 많은 선택을 할 수 있다는 것을 깨닫게 해 준다. 다음 주 공식 및 비공식 실습에 의해서 마음이 있고자 의도하였던 곳에서 어떻게 방황하는지 알아차리는 것이 가능한지 알아보자.

또는 지도자가 선택하고 회기에 충분한 시간이 있는 경우, 지도자는 참가자들이 호흡, 생각이나 감정에서 무엇을 알아차렸는지 질문할 수 있다(예: 경험에 대한 회상을 더 많이 요구할 수 있다). 참가자들이 자신들의 호흡이 너무 얕다고 생각했다는 의견을 말하는 경우를 살펴보자. 지도자는 암묵적인 비교가 여기에서 일어나고 있다는 것을 알아차릴 수 있다("이것은 뭔가 일이 제대로 되지 않는 것 같아요."). 그러나 이것을 알아차린 지도자가 이 시점에서 어떤 것을 말할 필요는 없다. "……그러고 나서 무슨 일이 일어났나요?"라고 질문하는 것이 차라리 더 도움이 될 수 있다. 참가자들은 이것이 무슨 의미인지 궁금했다고 말할 수 있다. "저는 그냥 긴장했다고 생각했고, 그러고 나서 오래된 문제가 되돌아왔다고 생각했어요."

여기에 또 다른 선택점이 있다. '오래된 문제'가 무엇인지 질문하고픈 유혹을 느낄 수 있다. 그러나 이것은 마음의 실제 경험이 과거의 생각/이미지 혹은 미래에 대한 걱정으로 의해 산만해지는 것을 탐색하기 위해 수업에서 진행 중인 작업에서 벗어나게 할 수 있음을 상기하라. 따라서 이 질문의 의도가 마음의 패턴에 집중하는 것이라면, 여기서 가능한 학습은 그 내용이 아닌 마음의 과정에 관한 것이다. 말하자면, 마음이 ① 감각에서 ② 일이 어떻게 되어야 한다와 같은 비교로 넘어가고, ③ '왜?'라는 질문을 하고, ④ 과거와 미래의 생각으로 얼마나 빠르게 폭포처럼 흘러가는지에 관한 것이다. 내용(예: '오래된 문제')은 개인마다 다를 것이기 때문에 지도자는 내용보다는 과정에 초점을 맞춘다. 많은 다른 의제가 다양한 참가자를 그들의 의도된 초점에서 멀어지도록 한다. 하지만 내용면에서는 이처럼 다양한 차이점을 보이지만 과정 면에서는 공통된 특징이 있다. 이런 특징들 중 하나는 암묵적인 비교('이것은 내가 원했던 것이 아니야.')인데, 매우 강력하지만 종종 우리를 능숙하지 않는 것으로 드러나는 길로 빠지게 해서 '문제 해결사' 모듈을 시작하게 만들고 오히려 고통과 고난을 가중시킬 수도 있다.

각각의 경우에 참가자들은 자신의 경험에 의해 촉발되는 이야기를 제공하며, 각 과정마다 부드럽게 머무를 수 있도록 방향을 바꾸어야 할 수도 있다는 것에 주목하라. 어떤 감각, 생각, 감정이 있었나? 곧 참가자들은 자신의 반응과 내적 경험이 실제로는 신체감각, 사고, 감정 및 행동 경향의 개별 요소로 구성되어 있음을 알게 된다. 참가자들은 자신의 자동적인 경향과 습관을 보다 분명하게 보게 되고, 마음의 행위 양식의 보편적인 패턴에 관해 다른 사람들의 이야기를 듣고서 도움을 받을 것이다. 수업에서 이루어지는 각종 토의는 우리 모두 현존하고 있는 문제에 어려움의 층들을 덧붙이는 경향이 있고, 미래를 예측하거나, 과거에 머무르는 경향이 있음을 드러낸다.

함께 토론을 이끌어 낼 때, 지도자는 개인적인 경험을 관찰한 다음 '반추적인 마음'이 일어나고 지속되는 방식에 대한 이해와 연결시킬 수 있다. 때때로 지도자는 집단 자체가 이러한 연결을 만들어 내도록 촉진하기도 하고 또 어떤 때에는 이러한 통합을 뒷받침하는 가르침을 제공할 필요가 있다.

끝맺는 말

훈련과 초기 가르침 시절에는 대부분의 지도자는 질문거리를 찾는 것이 도전적이라는 것을 인식하는 것이 중요하다. 단순히 이 사실을 아는 것만으로도, MBCT 프로그램의 이러한 측면이 개인적인 결함이나 실패를 반영하기 보다는 '누구에게나 그럴 수 있는' 것으로 바라보게 함으로써 어렵다는 느낌을 받아들이고 허용하는 데 도움이 될 수 있다.

다른 한편으로는 연습을 하게 되면 그것이 점차로 더 수월해질 수 있다는 것을 강조하는 것 역시 중요하다. 물론 이것이 실습을 더 자주 할수록 질문이 더 숙련된다는 의미는 아니다. 그보다는 지도자의 지속적이고 깊이 있는 개인적인 마음챙김 명상 실습이 MBCT 프로그램의 이러한 측면을 가르칠 수 있는 중요한 자원이 될 수 있다. 지도자가 실습을 함으로써 문자 그대로, 한 순간부터 다음 순간까지 어떤 일이 일어날지 모를 수도 있는 상황에서도, 존재의 중요한 특성인 개방성, 존재감, 꾸준함, 호기심, 인내, 친절, 연민을 구현할 수 있게 해 준다. 교실에서 일어나는 상황은 우리 일상생활의 실습을 모방한 것이다. 우리는 다음 순간에 어떤 일이 일어나는지 알지 못한다. 지도자가 질문을 하는 분위기는 실제로 상황이 어떻게 전개되었는지 알고 싶어 하는 것이다. 이것은 '속임수' 혹은 거짓 호기심이 아니라 대화에 참가하는 사람들, 즉 지도자와 참가자 모두가 그것으로부터 배울 수 있기 때문에 모두에게 중요한 주제들을 진정으로 탐색할 수 있게 해 준다.

13

허용하기/내버려 두기: 5회기

세 아들을 둔 왕에 대한 이야기가 있다. 첫째 아들은 잘생기고 인기가 있었다. 첫째 아들이 스물한 살이 되었을 때 왕은 그를 위해 도시 안에 궁전을 지었다. 둘째 아들 역시 지적이고, 인기가 있었다. 그가 스물한 살이 되었을 때 왕은 마찬가지로 둘째 아들을 위해 도시 안에 궁전을 지어 주었다. 셋째 아들은 잘생기지도 지적이지도 않았으며, 사교적이지도 않았고 인기도 없었다. 셋째 아들이 스물한 살이 되었을 때 왕의 신하가 말했다. "도시 안에는 더 이상 공간이 없습니다. 셋째 왕자님을 위해 도시 바깥쪽에 궁전을 지어야 합니다. 호위병을 보내면 도시 성벽 바깥에 살고 있는 악당들의 공격을 막을 수 있습니다." 그래서 왕은 도시 밖에 궁전을 지었고 그 궁전을 지키기 위해 호위병들을 보냈다.

1년 후에 셋째 아들이 아버지에게 전갈을 보내 왔다. "저는 여기서 살 수 없습니다. 악당들이 너무 강합니다." 그래서 신하는 다시 "성과 악당들로부터 20마일 떨어진 곳에 더 크고 강한 다른 궁전을 지어야 합니다. 호위병을 더 많이 보내면 그 길을 지나가는 악당들의 공격으로부터 궁전을 지키기가 쉬울 것입니다." 그래서 왕은 신하의 충고대로 궁전을 지었고, 궁전을 지키기 위해 100명의 군사를 보냈다.

1년 후에 막내아들로부터 다시 전갈이 왔다. "저는 여기서 살 수가 없습니다. 이웃 악당들이 너무 강합니다." 그러자 고문은 다시 말했다. "100마일 밖에 아주 큰 성을 지으십시오. 500명의 군사가 머물 정도로 크고 국경 저쪽에 살고 있는 악당으로부터 견딜 만큼 강해야 합니다." 그래서 왕은 성을 지었고, 성을 지키기 위해 500명의 군사를 보냈다.

그러나 1년 후에 왕자는 다시 왕에게 전갈을 보냈다. "아버지, 이웃 악당들의 공격이 너무 강합니다. 그들은 이곳을 두 번이나 공격했고, 세 번째 공격을 한다면 저와 군사들의 목숨이 위태롭습니다."

그래서 왕이 신하에게 말했다, "왕자를 집으로 오도록 해서 나와 함께 머물도록 해라. 멀리 있는 왕자를 지키기 위해 내 왕국의 에너지와 자원을 모두 쓰는 것보다 아들을 곁에 두고 사랑하는 법을 배우는 게 더 좋겠다."

과거에 우울했던 사람들은 부정적인 기억과 감정, 경험을 피하거나 떼어내기 위해 상당한 노력을 한다. 불쾌감을 피하고 불편감을 최소화하기 위해 애쓰는 것은 (이야기 속의 왕이 깨닫게 된 것처럼) 상당히 많은 노력이 든다. 이런 노력이 소모적일지라도 많은 사람은 그 전략이 과거에 효과가 있었고 그렇게 하는 데 에너지를 쓸 만하다고 느낀다. 그런데 왜 새로운 전략을 채택하는 모험을 해야 하는가?

이 회기의 주제는 원치 않는 경험과 근본적으로 다른 관계를 맺을 수 있는 가능성을 소개하고 계발하는 것이다. 즉, 허용하고 그대로 두고 내려놓는 것이다. 프로그램 전반부에서는 참가자들로 하여금 주의가 방황하는 것을 좀 더 잘 자각하고 이런 자각을 이용해 현재로 되돌아가며, 이런 식으로 주의를 움직이는 수단으로 호흡에 의지하도록 하는 것이다. 이런 노력은 프로그램 후반부에서 요구되는 작업의 발판을 마련해 준다. 즉, 이런 기술들을 이용해 재발을 방지하고 삶과 다른 관계를 갖는 것이 생활에서 일반화될 수 있도록 한다. 경험과 다른 관계를 맺는 것이 이런 시도에 있어서 핵심적인 측면이다.

경험에 대해 다른 방식으로 관계 맺기

허용하기/내버려 두기로 특징지을 수 있는 경험과 관계를 맺는 방식은 말로 설명하거나 계발하는 것이 쉽지 않다. 이런 과제를 할 때 다음과 같은 세 가지 질문을

[자료 13-1]

5회기 주제와 교육과정

주제

불쾌한 감정 혹은 감각과 다르게 관계 맺는 것, 즉 이미 있는 것처럼 상황을 허용하는 것. 경험을 판단하거나 다른 것으로 만들려고 애쓰지 않고 있는 그대로 '놓아두는' 것은 의도적으로 혐오감을 풀 수 있다. 그러한 수용의 태도는 경험에 대한 친절함이라는 기본 태도를 실현한다. 분명한 관찰을 통해 우리는 무엇이 바뀌어야 하는지를 선택할 수 있다.

의제

- 40분 동안 정좌 명상-호흡과 몸, 소리, 생각 자각하기: 어떤 생각이나 감정, 신체 감각이 촉발되든 간에 우리가 한 반응을 통해 어떻게 경험과 관계를 맺는지 알아차린다.
- 실습 검토
- 가정실습 과제 점검
- 호흡하기와 검토
- 루미의 시 〈여인숙〉 읽기
- 5회기 유인물 나누어 주기
- 가정실습 과제 내 주기:
  1, 3, 5 일차에 어려움을 다루기 위한 명상을 가지고 작업하기; 대신 2, 4, 6 일에는 안내가 들어있는 실습을 하지 말고 동일한 명상을 자기 스스로 해 보라.
  3분 호흡 공간-정규적으로 하루에 세 번
  3분 호흡 공간-지침 추가(불쾌한 감정을 느낄 때마다)

계획 및 준비물

- 개인적인 준비물과 함께 시 〈여인숙〉의 유인물 가져오기

5회기 유인물

[5회기-유인물 1] 5회기 요약: 허용하기와 내버려 두기
[5회기-유인물 2] 호흡 공간 활용-추가적인 지도
[5회기-유인물 3] 5회기 이후 일주일간의 가정실습 과제

[5회기-유인물 4] 가정실습 기록지-5회기
[5회기-유인물 5] 여인숙

* 다른 형식은 4회기에서처럼 30~40분 정도 정좌 명상으로 시작하고, 그다음에 실습 및 과제 검토를 진행하고, 이러한 대화에서 어려움을 다루는 방법에 대한 토론을 허용하며, 어려운 것을 탐구하는 데 초점을 맞추기 위해 더 짧은 연습으로 이동하라([자료 13-3] 참조).

염두에 두는 것이 도움이 된다. 허용하기/내버려 두기의 묘미는 무엇인가? 재발을 막는 데 왜 이것이 중요한가? 어떻게 해야 허용하기/내버려 두기를 계발하고 사용할 수 있을까?

수용의 묘미는 무엇인가

어려운 감정을 알아차림의 장 안에 그대로 두는 것은 어떻게 반응할지 선택을 하기 전에 자신의 현존을 마음에 새기는 것을 의미한다. 이렇게 하려면 의식적으로 몰입하고 신중하게 에너지를 분배시켜야 한다. 반면, 체념은 수동성과 무력감을 내포한다. 수용의 묘미를 이해시키기 어려운 이유는 특별한 태도나 경험과 관계 맺기의 진수를 한마디로 전달하는 데 한계가 있기 때문이다.

경험과 다른 방식으로 관계 맺는 것의 의미를 전달하는 수단으로 시를 사용할 수도 있다. 예를 들어, 13세기 수피의 시인 루미의 시 〈여인숙(The Guest House)〉에서 단순하고 심오하게 표현된 적극적 수용의 자세를 생각해 볼 수 있다.

우리가 추구하는 변화가 얼마나 급진적인 것인지 보여 주기 위해 5회기에서 〈여인숙〉을 자세히 읽었다. 여기에서는 원치 않는 감정과 긍정적인 관계를 맺는 것을 '환영한다' '손님을 정중하게 대접하라' '그들을 안으로 초대하라' '감사하라'와 같은 말로 표현하였다. 이런 태도가 과연 가능할까? 우리가 실제로 어려움, 두려움을 포함한 모든 경험에 대해 근본적으로 우호적인 태도를 보일 수 있을까?

이런 태도를 취하는 것은 상상조차 하기 어렵다 할지라도 이 방향으로 시험적인 한 걸음을 내딛는 것은 매우 소중한 것이며 변화시킬 힘이 있음을 의미한다. 이것은 내쫓으려는 어떤 시도도 하지 않은 채 강렬한 감정을 포함해서 상황을 있는 그

[자료 13-2]

여인숙

인간이라는 존재는 여인숙이다.
매일 아침 새로운 손님을 맞는다.

기쁨, 낙담, 비열함
약간의 순간적인 깨달음들이
예기치 않은 방문객처럼 찾아온다.

그 모두를 환영하고 안으로 맞아들이라.
설령 그들이 슬픔의 무리여서
그대의 집을 난폭하게 쓸어가 버리고
아무것도 남겨 두지 않더라도

그렇다 해도 이들 손님을 존중하라.
그들은 어떤 새로운 기쁨을 주기 위해
그대를 말끔하게 비워 버릴지 모르니까

어두운 생각, 부끄러움, 악의가 찾아오거든
문간에서 그들을 웃으면서 맞으라.
그리고 안으로 들어오게 하라.

누가 오든지, 감사히 여기라.
어쩌면 그들은 저 너머에서 보내 온 안내자인지도 모르니까

* Barks and Moyne에서 발췌. 1995년도 저작권은 Coleman Barks와 John Moyne가 가지고 있음. Threshold Books에 의해 출간됨. Threshold Books의 허락을 받아 재인용.

대로 만나는 것이다.

다음 단계에 착수하면 더욱 급진적으로 각각의 모든 생각, 감정, 신체감각을 '문에서 웃으면서' 만나는 자세를 취한다. 생각과 감정, 신체감각을 수용하는 것은 이

것들을 구별하고 다른 방식으로 반응하는 경향성과는 반대되는 것이며, 한편으로는 이것들을 즐기지만 다른 한편으로는 두려워하는 것들에 대해 다른 방식으로 반응하는 것이다. Saki Santorelli는 "이 시는 우리로 하여금 슬픔과 고통을 만날 가능성에 대해 충분히 고려하도록 격려하면서 직면하는 것들에 대해 어떤 내적 태도를 지녀야 하는지를 알려 주고 있다. 이런 방식은 평소에 우리가 불행을 대했던 방식과는 다르다(p. 151)."[93]는 글로 이를 표현하고 있다. 우리는 많은 시간을 저항하고 회피하거나 위축되려는 충동에 노력을 들이기 때문에 다른 대안이 가능하다는 사실을 보지 못한다. 이 인상적인 대안의 출현은 이 시에서처럼 대단히 값진 일이다.

허용하기/내버려 두기를 계발시키는 것이 왜 중요한가

허용하기의 개념은 대단히 중요한데, 그 이유는 우선 허용하기와 반대되는 것이 너무나 위험하기 때문이다. 부정적인 감정, 신체감각, 생각들을(혐오감 때문에) 기꺼이 허용하지 않는 것은 오래되고, 습관적이며, 재발-관련 마음의 패턴을 재빨리 되돌릴 수 있는 마음의 사슬로 들어가는 첫 단계가 된다. 우리는 항상 '이렇게 생각하다니 나는 바보야.' 또는 '이런 일에 대응할 수 있을 만큼 충분히 강하면 좋을 텐데.'라고 스스로에게 말하는 것을 보게 된다.

이와 대조적으로, 원치 않는 경험을 의도적으로 허용하고/내버려 두는 것은 큰 효과가 있다. 첫째, 보다 의도적으로 주의를 기울이는 것은 주의가 자동적으로 생각이나 감정에 '빼앗기는' 것에서 벗어나게 해 준다. 둘째, 경험에 대한 기본적 태도를 '원치 않는' 것으로 보는 대신 '수용적'인 것으로 바꾸어 준다. 여기서 도전은 일련의 자동적인 반응의 사슬이 초기 연결 과정에서 깨지게 하는 것이다.

> '원치 않는' 어떤 것에서 '개방적인' 어떤 것으로 경험의 기본 태도를 바꾸면 조건화되고 습관적인 반응의 사슬을 초기 연결 과정에서 끊을 수 있게 해 준다.

셋째, 우리가 감정과 함께해도 여전히 괜찮을 수 있다는 것, 즉 억지로 밀어내지 않는다면 모든 감정은 그 나름대로 지나가게 되어 있다는 것을 볼 수 있는 기회를 준다. '만일 이런 일이 계속된다면 울어 버릴 것 같아.'라는 생각이 있다고 하자. 이런 생각이 몸에 미치는 효과를 알아차리고 매 순간 어떻게 변화하는지를 살펴보면서 가급적 단순하게 이런 생각이 있다는 것을 받아들이면 그 생각과 감정이 점차 사라지는 것을 알 수 있는 기회가 생긴다. 예상했던 비참한 미래는 오지 않는다. 6회기에서는 이와 같은 생각을 다루는 방법에 대해 좀 더 토의할 것이다.

허용하기/내버려 두는 방법을 어떻게 계발시킬 것인가

이전에 했던 많은 토의는 사람들이 갖고 있는 기본적인 태도나 경험과 관련을 맺는 방식을 바꾸기 위해서는 완전히 '개념적'이거나 과도한 노력만 해서는 안 된다는 것을 보여 준다. 환자들은 좀 더 자주 자신을 사랑하고 보살피고 수용하라는 충고를 듣지만 그것을 어떻게 할 것인가가 문제이다. 이런 속성들은 단순히 의지를 갖고 노력한다고 생기는 것 같지 않다. 따라서 이 회기에서 우리는 경험과 다른 방식으로 관계를 맺는 대안을 시험해 볼 것이다. 이런 시도는 어려운 경험에 직면해서 몸에 주의를 기울이고 철저히 자각하는 방식을 통해서 이루어질 것이다.

> 몸을 자각하게 되면 힘든 경험과 다르게 관계를 맺는 법을 배울 수 있는 대안적인 방법을 알 수 있다.

'어려움에 대해 마음 열기'는 다음과 같은 두 단계로 시작할 수 있다. 기본적인 접근방법은 여전히 그것이 무엇이든 간에 매 순간의 경험 중 가장 두드러진 것에 마음을 챙겨 알아채는 것이다. 그래서 만일 마음이 특정한 곳이나 특정한 생각, 감정, 신체감각에 끌려간다면, 같은 곳을 반복적으로 끌어당기는 감각을 주목하면서 주의를 끌고 있는 모든 것을 신중하고 의도적으로 알아차린다. 이것이 첫 단계이다.

두 번째 단계는 거기에서 어떤 일이 일어나건 간에 몸 안에서 그것과 어떤 방식으로 관련을 맺는지 알아차리는 것이다. 우리는 마음이 반복적으로 끌리는 것과 관계를 맺는 다른 방법을 알 수 있다. 우리는 비수용적이고 반응적인 방식으로 떠오르는 생각이나 감정, 신체감각과 함께 '머물 수' 있다. 만일 이런 생각이나 감정, 신체감각이 좋게 느껴진다면 이것을 지속시키려고 할 것이며 거기에 머물고 싶어 하고, 그것에 집착하게 될 것이다. 어떤 생각이나 감정, 감각이 고통스럽거나 불쾌하거나 불편하기 때문에 싫어한다면 위축되기 쉽고, 공포나 초조감, 분노를 몰아내려고 할 것이며 그것이 없어지기를 바랄 것이다. 이런 두 가지 반응은 모두 다 허용과는 반대되는 것이다.

허용하기는 다양하고 더 능숙한 접근법을 제공한다. 즉, 그 순간 경험이 여기 있다는 것을 알고, 있는 그대로 내버려 두고, 단순히 그것들을 알아차리도록 하는 것이다. '허용하기' '내버려 두기'와 같은 방식으로 반응하는 것은 어려운 감정 상태를 '기꺼이 경험하기'의 핵심 주제이다. 이런 방식은 생각이나 감정에 대해 자동적으로 반응하는 것과는 대조적인 것이다.

어려움과 문제를 신중하게 마음속에 가져오기

우리는 이 시점에서 프로그램 도중에 자연스럽게 야기되는 문제를 이용해 내적 경험을 전과 다른 방식으로 관련짓는 방식을 배울 기회로 삼았다. 이런 문제는 상당히 '도움이 되는 쪽'으로 활용도가 높으며, 프로그램 초기에 참가자들이 보이는 지루함이나 초조감의 표현을 환영하는 것도 이 때문이다. 지루함이나 초조감을 환영하는 태도를 갖는 것 자체가 어려움에 대한 관계를 바꾸도록 하는 실마리를 줄 수 있다.

그러나 어떤 경험도 생기지 않는다면 참가자들로 하여금 경험과 다르게 관계 맺는 법을 연습하기 위해 의도적으로 '마음의 작업대'에 문제를 불러일으키도록 해야 한다. 의도적으로 이렇게 하는 것에는 어떤 메시지가 내포되어 있다. 즉, 훈련의 목적이 어려움을 제거하는 것이 아니라는 점이다.

경험을 수용한다는 것은 다른 상태로 만들기 위해 노력하는 것이 아니라 무엇이 지나가건 그대로 두는 것을 의미한다. 수용을 통해서 우리는 자연스럽게 현재로 자각을 되돌릴 수 있다. 그냥 내버려 두는 것이다. 즉, 거기에 무엇이 있는지 단순하게 알아차리고 관찰하는 것이다. 이것은 우리의 주의를 강력하게 끌어당기는 경험을 다루는 새로운 방식이다.

경험을 허용하는 것은 다른 상태를 만들려고 하기보다는 일어나고 있는 일에 대해 단순히 공간을 허용한다는 것이다.

이 회기의 목적은 '어려움 탐색' 명상을 통하여 힘든 경험에 대한 새로운 접근법을 단계별로 안내하는 것이다([자료 13-3] 참조). 이 명상은 참가자들의 알아차림이 반복적으로 같은 방향, 특정한 사고의 흐름, 감정 또는 일련의 신체감각으로 끌어당겨질 때 어떻게 반응해야 할지 가르쳐 준다. 여기에서 목표는 반추적으로 곱씹는 상태에서 주의를 강하게 끌어당기고 마음이 같은 곳으로 계속 되돌아가려고 할 때, 근본적으로 새롭고 반직관적으로 대응하는 방식을 취하게 하는 것이다.

이 회기에서는 참가자들이 이전 회기의 실습을 확장할 수 있도록 분명한 지침을 주는데, 참가자들은 심리적 어려움에 반응하는 신체감각을 알아차릴 수 있도록 주의를 몸으로 옮겨 갈 때 마음에 남아 있는 생각이나 감정을 허용할 가능성을 탐색한다.

여기서 무슨 일이 일어나고 있는 거야? 신체감각이 가장 강렬한 몸의 부위가 어디인지 확인할 수 있을 때, 우리가 현재 느끼고 있는 혐오감을 더 잘 알 수 있다. 긴장감, 통증, 긴장성 수축 같은 신체감각은 심리적 고통에 대한 혐오감의 징후이며 그러한 혐오감에 대한 신체적인 표현이다. 그래서 이런 방식으로, 우리는 저항감, 압박감, 밀어내는 느낌, 또는 긴장감과 죄는 느낌 등을 보다 분명하게 볼 수 있다. 일단 이런 신체감각을 자각한 후 마음을 열고 부드러운 느낌으로 숨을 들이쉬고 내쉬면서 두 번째 단계에서 혐오감을 내려놓을 수 있다.

이러한 이유 때문에 주의가 신체감각으로 옮겨지고, 우리는 알아차림의 장에서 참가자들이 스스로에게 '괜찮아. 그것이 무엇이든, 괜찮아. 마음을 열어 보자.'고 속으로 말하도록 권유한다. 여기서 지침은 사람들이 이 신체감각을 자각하고, 그것과의 관계를 알아채고, 신체감각과 함께 호흡하고, 수용하고, 그대로 놓아두도록 한다. 우리는 그들이 호흡을 내쉴 때마다 '부드럽게' '마음을 열고'라고 말하면서, 자각하고 있는 감각을 부드럽게 만들고, 마음을 여는 실험을 하도록 제안한다. 여기서 의도는 감각을 바꾸는 것이 아니라는 점을 유의하라. 감각 자체를 '부드럽게' 하려고 노력하는 것이 아니라, 그들이 자각하고 있는 방식, 즉 감각과 관계를 맺는 방식을 부드럽게 하려고 노력한다.

[자료 13-3]

어려움을 받아들이고 몸을 통해 그것을 다루기

호흡 감각에 초점을 맞추고 몇 분 동안 앉은 다음 몸을 전체로 들여다보도록 알아차림을 확장한다(자료 10-2 참조, 10장 정좌 명상: 호흡과 몸에 마음 챙기기).

앉아 있는 동안 주의가 고통스러운 생각이나 감정으로 계속 끌어당겨지는 것을 알아차리게 되면, 지금까지 실습했던 것과 다른 것을 탐색할 수 있다.

앉아서 마음이 방황했다는 것을 알아차렸을 때, 지금까지 지침은 마음이 어디로 갔는지 간단히 알아차리고, 부드럽게 그리고 단단히 호흡이나 몸으로 주의를 되돌려 보내거나 무엇이든지 집중하려고 했던 곳으로 돌아가는 것이었다.

이제는 다른 반응을 해 볼 수 있다. 생각이나 느낌으로 부터 주의를 되돌리는 대신에, 생각이나 느낌을 마음속에 남아 있게 한다. 그런 다음, 주의를 몸으로 옮기고 생각이나 감정과 함께 오는 신체감각을 알아차릴 수 있는지 알아보라.

그런 다음, 이런 감각을 알아챘을 때, 신중하게 감각이 가장 강렬한 신체 부위로 주의 초점을 옮긴다. 숨을 들이쉴 때 그 부위로 '들이쉴 수 있다.'고 생각하고, 숨을 내쉴 때 그 부위로 '내쉴 수 있다.'고 상상해 보라. 바디스캔에서 실습하였듯이, 감각을 바꾸지 말고 감각을 탐색하고, 분명하게 살펴보라.

지금 당장 어려움이나 걱정이 없지만 이 새로운 접근 방식을 탐구하고 싶다면, 이 순간 당신의 인생에서 일어나고 있지만 별로 생각하고 싶지 않은 어떤 것을 의도적으로 생각해 낼 수 있다. 그것이 매우 중요하거나 민감할 필요는 없지만, 다소 불쾌한 것, 해결되지 않은 것, 아마도 오해나 논쟁, 다소 화가 나는 상황, 유감스럽거나, 죄책감을 느끼는 상황일 수 있다. 만일 아무것도 떠오르지 않는다면, 아마도 불쾌감을 느꼈던 최근 혹은 먼 과거의 어떤 것을 선택할 수도 있다.

이제, 일단 곤란한 생각이나 상황, 즉 걱정이나 강렬한 느낌에 집중하면, 어려움이 불러일으키는 몸의 어떤 감각에 조율할 시간을 갖도록 해 보라.

신체감각에 마음을 챙기고, 감각이 가장 강렬하게 일어나는 몸 부위로 신중하게 주의 초점을 옮기면서, 자신의 몸에 어떤 느낌이 발생하는지를 주목하고, 다가가고, 탐색해 보라.

숨을 들이마실 때 그 부위로 들이쉬고, 숨을 내쉴 때 그 부위 밖으로 내쉬고 그때 느껴지는 감각을 탐색하고 한 순간에서 다음 순간으로 강도가 어떻게 바뀌는지 탐색한다.

신체감각에 주의가 집중되고 알아차림의 장에서 그 감각이 생생하게 느껴지면, 불쾌할지라도, 수시로 자신에게 '지금 여기 있어. 마음을 열어도 괜찮아. 그것이 무엇이든, 그것은 이미 여기 있어. 마음을 열어서 그것이 무엇인지 살펴봐야겠어.'라고 말하면서 경험하고 있는 감각을 수용하고 개방적인 태도를 가지려고 노력해 본다. 의도적으로 긴장과 조임을 놓아 버리고, 자각하고 있는 감각을 부드럽게 하고 마음을 열어 본다. 호흡을 내쉴 때마다 '부드럽게, 열린 마음으로'라고 자신에게 말하라.

그런 다음 자각과 함께 머물고, 신체감각과 이것과의 관계를 탐구하고, 신체감각과 함께 호흡하고, 수용하고, 그대로 놓아주고, 있는 그대로 허용하는 것이 가능한지 확인하라.

'이미 여기 있어.' 또는 '괜찮아.'라고 말하는 것은 원래 상황을 판단하지 않거나 모든 것이 좋다고 말하지 않고, 단순히 신체감각에 마음을 여는 것만으로 곧바로 알아차릴 수 있게 해 준다는 것을 기억하라.

이러한 감정을 좋아할 필요는 없다. 갖고 싶지 않는 것이 당연하다. 자신에게, 내적으로, '이 감정을 원치 않을 수 있어. 감정은 이미 여기 있어. 내가 느끼는 감정에 마음을 열겠어.'라고 말하는 것이 유용하다는 것을 알게 될 것이다.

할 수 있다면, 신체감각을 계속 자각하면서 호흡이 들어가고 나감을 느끼고, 순간순간의 감각과 함께 숨이 들어가고 나감을 느끼는 연습을 계속하라.

그리고 신체감각이 더 이상 같은 정도로 주의를 끌지 않는다는 것을 알게 되면, 일차 주의 대상으로서 몸의 호흡과 함께하는 정좌 명상으로 되돌아가라.

만일 몇 분 동안 강력한 신체감각이 일어나지 않는다면, 특별한 정서적인 부담이 없이 어떤 신체감각이든 알아차리면서 이 연습을 자유롭게 해 보라.

이런 방식으로 참가자들은 고통에서 벗어나려는 습관적인 마음의 반응 경향성을 바꾸는 방식을 탐색하기 위해 노력한다. 이것은 혐오감과 관련된 신체반응을 포함하여 마음의 어려움이 신체에 어떻게 느껴지는지 의도적으로 집중함(부드럽고 온화하고 친밀한 방식의 자각)으로써 가능하다. 점차로 실습을 해 나가면서 우리가 어려운 일이나 불쾌한 일에 대해 보였던 습관적인 거부반응을 바꿀 수 있는 방법과, 수용과 친근감을 계발시킬 수 있는 방법을 가르쳐 준다. 무언가에 대해 부드럽게 호기심을 갖는 것도 수용의 일종이다. 무언가를 알아차린다는 것은 그것에 직면하고, 이름을 붙이고, 함께하는 것을 의미한다. 또한 몸에서 느껴지는 혐오감을 내려놓는 것은 생각에 근거한 접근방식의 대안이 될 수도 있기 때문에 이전에 우울했던 적이 있는 참가자들의 욕구와 특별히 관련이 높다. 몸에 초점을 맞추는 것은 참가자들로 하여금 반추적인 생각에 사로잡히는 것을 피할 수 있도록 해 준다.

> 혐오감과 관련된 신체반응을 포함하여 마음의 어려움이 몸으로는 어떻게 느껴지는지 의도적으로 집중하면(부드럽고 온화하고 친밀한 방식의 자각) 어려운 일이나 불쾌한 일에 대한 습관적인 거부반응을 바꿀 수 있고 수용과 친근감을 계발할 수 있다.

우리는 세부적인 지침과 함께 위기를 탐색하고, 강렬한 감각이 오르내리는 것을 관찰하고, 호흡을 하면서 자각의 초점을 변화시키는 것 같은 내적 작업을 지원하고, '괜찮아'라는 말로 스스로를 지지하고 그것을 느끼도록 격려하는 것이 도움이 된다는 것을 알게 되었다. 이런 모든 시도는 경험에 대해 적개심이 아닌 친근함을 더해 준다. 만일 수업에서 이런 일들이 일어나려면 지도자가 취하는 자세가 결정적으로 중요하다.

그러나 허용하기/내버려 두기는 어렵다

수업에서 이것을 실습하였을 때 한 참가자가 말한 어려움을 살펴보자.

P: 나는 어떤 일에 대해 '괜찮아.'라고 말하는 것이 어려웠어요. '괜찮아.'라고 말하지만 결코 괜찮지 않았거든요. 옆집에서 개가 짖는 소리 때문에 정말 힘들었습니다. 그 개는 사실 이웃집 개가 아니에요. 이웃집 사람의 시부모님 개인데 그 사람들에게 개를 맡기고 어디로 간 거예요. 오늘도 개들이 계속해서 짖어 댔어요. 이웃집 사람들은 외출할 때마다 개를 바깥에 묶어 놓기도 하고, 어떤 때는 집에 있을 때도 그렇게 하루 종일 짖도록 내버려 두곤 합니다. 나는 호흡을 하려고 애썼지만 결국은 집 밖으로 나왔어요. 그래도 아무 소용없었어요. 그 집 벨을 계속해서 누르고 자동 응답기에 대고 말을 했어요. 큰 소리로 문을 두들겼지만 아무 대답이 없었어요. 그래서 나는 어떤 일에 대해 '괜찮아.'라고 말하는 것이 정말로 어렵다는 것을 알게 되었어요. 오늘 그 일은 전혀 어떻게 해 볼 수가 없었어요.

I: 지금 그 말은 단순히 특정 순간에 균형을 유지할 수 있도록 해 주는 방법을 말하는 것 같습니다. 사실 세상일이라는 것이 최종적인 결정을 내릴 만한 것은 없습니다. 미국의 유명한 명상 교사가 쓴 이야기가 있습니다. 인도 사람인데 많은 노력 끝에 산속의 작은 집에서 사는 것이 이상적이라고 판단해서 몇 달 동안 절대적인 평화와 침묵 가운데 은둔하기 위해 그 집을 예약하였습니다. 거기에 머물기 시작한 다음 날, 언덕에서부터 200마일 아래에 한 무리의 소녀단 단원들이 도착해서 사방으로 큰 소리를 내는 스피커를 설치해 오전 6시부터 밤 10시까지 대중음악을 틀어 댔습니다.

P: 틀림없이 개도 데려왔을 거예요!

I: 개들과 대중음악, 내내 음악을 틀어 대는 스피커. 그 사람 역시 당신이 겪은 것과 비슷한 경험 때문에 고통받았습니다. 그 명상 교사가 '상황이 단지 이렇게 돌아가고 있을 뿐이야.'라고 말할 수 있게 될 때까지 여러 날과 여러 주가 걸렸습니다. 수용이란 지금 당신이 무언가를 작동시킬 수 있는 것과는 다릅니다. 그것은 실제로 즉각적인 자동반응을 촉발시키지 않는 쪽으로 어떤 자세를 취하는 것입니다.

이 참가자는 분명히 이웃 때문에 어려움을 겪었을 뿐 아니라 수업에 오는 것이 얼마나 도움이 될지 확신할 수도 없었다. 그러나 화가 난 것이 단지 소음 때문이 아니라 거기에 대한 자신의 반응 때문이라는 것에 주목해 보자. 어떤 면에서 보면 명상 수업이 그 참가자로 하여금 자신의 문제를 잘 다루지 못했다는 느낌을 갖도록 만든 위험요소를 갖고 있다.

P: 그 문제를 제대로 다루지 못했기 때문에 실패했다고 느꼈습니다. 호흡을 하고, 그 밖의 다른 모든 것을 했지만 어떤 것도 제대로 하기가 어려워 결국은 밖에 나간 겁니다. 그때 '이 일로부터 도망가는 것은 실패야.'라고 생각했습니다. 그러나 그때 내가 할 수 있는 것은 오로지 그것뿐이었습니다.

우리는 여기에서 소음 문제에 더해 이 참가자가 자신의 반응이 무엇인지 알아차리고 그 일에 대해 스스로를 엄격하게 판단했다는 것을 알 수 있다. 참가자는 그 일에서 도망감으로써 '실패했다'. 지도자는 이 점을 지적했다.

I: 이 점은 상당히 중요합니다. 그것이 당신이 할 수 있는 유일한 일이었을 수 있지만 그게 과연 실패일까요? 이게 바로 갈고닦아야 하는 부분입니다. 아까 인도사람 이야기를 한 이유는 그 역시 그 일에 즉각적으로 대처하지 못했기 때문입니다. 그런 일은 때때로 일어날 수 있는 일이고, 그 일에 대해 '이건 실패야.'라고 하는 것은 다른 차원의 일입니다. 이것이야말로 당신에게 문제를 초래하는 것입니다.

P: 예, 그때 떠오른 생각은 해야 할 일이 있기 때문에 계속 집에 있어야 한다는 사실이었습니다. 전화를 해서 자동응납기에 메시지를 남길 때마다 분노가 치솟았어요.

I: 당신은 그 소음을 어찌 해 볼 수 없었을 것입니다. 그러니까 내 말은 당신은 그때 할 수 있는 최선을 다했다는 것입니다. 전화하고 문을 두드리고 그랬지만 아무것도 해결되지 않았지요. 그러나 그 순간에도 내적 상태에 대해 무언가를 할 수 있는 가능성은 여전히 갖고 있었습니다.

P: 맞아요. 지금 내가 정직하게 말하는 이유가 바로 그것입니다. 호흡연습을 한다는 것은 선생님 말대로 혼란감이 그렇게 오래가지 않게 해 준다는 것을 알게 되었기 때문입니다. 이게 내가 발견한 것입니다. 방으로 돌아오자 주변이 조용해졌고 '도대체 언제쯤 다시 시작할까?'라고 생각하면서 조바심을 내지 않았습니다. 이게 핵심입니다.

I: 당신도 알다시피 우리가 여기에서 말하고 있는 게임의 이름, 즉 수용의 태도는 계발시키기가 몹시 어려운 것입니다. 그러나 만일 우리가 어떤 순간, 가급적 이것을 계발시켜야 한다는 사실을 기억하는 것만으로도 상당한 도움을 받을 수 있습니다.

몸을 통한 연습

괴로운 상황을 신중하게 마음으로 옮기라는 지시가 유익하지 못하고 해로운 것인가? 요가 실습이 사람들로 하여금 스트레칭을 할 때 일어나는 신체감각을 다룰 수 있는 기회를 주듯이 참가자들은 조심스럽게 부정적인 생각이나 감정 그리고 몸에 나타나는 결과적인 반응으로 마음을 옮겨 이를 다루어 보는 경험을 필요로 한다. 참가자들의 피드백을 들어 보면 이렇게 하는 것이 매우 도움이 되었던 것 같다. 참가자들에게(애를 쓴 다음에) 어떻게 마음에 어려움이 초래되는지, 그리고 그것을(몸을 자각하고, 그곳을 통해 호흡하고, 그 안에 존재하는 보다 넓은 공간을 발견함으로써) 어떻게 다룰 수 있는지 동료 Morgan이 진행했던 모임에서 나온 이야기를 들어보자. 다음은 한 참가자가 힘든 생각을 마음에 가져오라는 지시에 대한 반응을 말하는 부분을 발췌한 것이다.

P: 선생님이 그런 이야기를 할 때 나는 '이것을 해낼 수 있을지 자신이 없어. 어떤 것도 생각할 수 없을 거야.'라고 생각했어요. 그리고 연습에서 실패할까 봐 걱정하였습니다. 그때, 갑자기 무언가가 내 마음에 떠올랐습니다. 최근에 나를 정말로 힘들게 했던 아들에 대한 생각이었습니다. 아들은 내내 밖에서 지내면서 믿음이 가지 않는 사람들과 돌아다녔습니다. 두 달 전에는 경찰까지 출동한 끔찍한 일이 있었습니다. 이 생각이 내 마음에 떠오르자마자 마음에서 떨쳐 내기가 정말 힘들었습니다. 많은 시간 그 생각을 하지 않으려고 애쓰지만 그럴 때마다 '도대체 어디서부터 잘못됐지?'라는 생각이 듭니다.

몸에서 일어나는 일을 자각하라는 그 다음 지시는 참가자로 하여금 더욱더 원치 않는 곳에 깊숙이 들어가게끔 하였다.

P: 그러고 나서 선생님은 "몸은 어떻게 느낍니까?"라고 물었는데 그것은 아주 끔찍했습니다. 그리고 이런 느낌이 우리 가족에게 일어난 일을 생각할 때마다 경험하는 것이라는 것을 알아차렸습니다. 그리고 선생님은 "지금 당신의

몸은 무엇을 하고 있습니까?"라고 물었습니다. 그때 내 몸은 숨을 전혀 쉬지 않는 것 같았습니다. 그리고 선생님이 "어느 곳이 긴장하고 있는지 살펴보세요."라고 하였습니다. '예, 내 몸 전체가 긴장하고 있습니다.'라고 생각하였습니다.

그리고 변화가 생겼다. 지도자는 몸 상태를 자각하고 가장 긴장하는 곳을 통해 호흡을 하도록 하였다. 이것이 바로 그녀를 변화하게끔 만든 것이었다.

P: 그리고 나서 선생님이 그곳을 통해 호흡하도록 했을 때 거기에 공간이 생기는 것 같아 정말 좋았어요. 그 전에는 내 몸 전체가 꽉 죄서 매듭을 지어 놓은 것 같았습니다. 그리고 선생님이 "그곳으로 숨을 들이마셔 보십시오."라고 했고, 갑자기 아주 큰 공간이 생기고…… 공기가 그 안으로 들어오고 나가면서……. 그러니까, 휴가에서 돌아와서 먼지가 가득한 집안의 문과 창문을 모두 열고 공기가 들어오게 했을 때…… 마치 그런 느낌이었어요……. 문과 창문을 모두 열어젖혀서 커튼이 흔들리면서 공기가 들어왔다 나가는 거요. 그건 정말 놀라운 경험이었습니다. 아들 때문에 느끼는 긴장감은 여전히 있었습니다. 나는 '아, 거기에 여전히 있구나. 그러나 신경 쓰지 않아. 바람이 불어왔고 그걸로 됐어.'라고 생각했습니다.

I: 비록 긴장감이 계속됐지만 더 큰 공간이 있었다는 거지요?

P: 음, 예. 나는 그것을 본다는 게 무언지 알게 되었어요. 몸의 긴장감은 여전했지만 훨씬 줄어들었고 그 주변에 공기가 통하고 있었어요. 처음에는 온통 긴장감뿐이었어요. 알다시피 긴장감이 너무 심해서 다른 어떤 것도 끼어들 여지가 없었어요.

지도자는 참가자의 이런 경험을 마음챙김 접근방법의 핵심주제의 하나로 제시할 수 있다. 참가자는 문제가 줄어든 정도를 그래프로 표시할 수 있으며, 미래에는 어려운 문제를 밀어내는 대안을 탐색하는 데 좀 더 기꺼이 노력을 기울이도록 지도할 수 있다.

I: 우리가 여기에서 하고 있는 것이 바로 이것입니다. 지금 말씀하신 내용은 이러한 상태를 없애기 위해 애쓴 것에 대한 것이 아니기 때문에 아주 좋은 예입니다. 항상 무언가가 일어나고 있습니다. 또 우리를 힘들게 하거나 어렵게 하는 일도 항상 있습니다. 지금 우리가 하고자 하는 것은 그런 괴로운 상태에 수반되는 감정을 느끼지 않게 하는 것이 아니라 지금 당신이 설명했듯이 그 감정 주변에 좀 더 넓은 공간을 두어 불편감, 고통, 당신이 느끼는 다른 것과 호흡을 거기에 두려고 하는 것입니다.

P: 처음에는 그것이 단단한 바위 같았어요. 아주 거대한 바위요. 너무나 단단해서 선생님조차 어찌해 볼 수 없을 것 같았는데 그 바위가 작은 돌로 줄어들었어요. 여전히 돌이기는 했지만……, 작아졌어요. 정말로 좋았어요. 아마도 나는 그것이 표면에 떠오를 수 있게 내버려 두지 않고 그 위에 앉아서 그것을 밀쳐내고 가리고 있었던 것 같아요. 전에는 절대로 그것을 있는 그대로 두어 본 적이 없어요. 그게 나를 압도하는 것 같다고 생각했어요.

I: 마치 당신을 집어삼키는 것 같았는지, 아니면……?

P: 예, 그런 것 같아요. 나를 집어삼킬 것 같은 느낌이었어요. 이 프로그램을 하기 전까지는 이런 감정에 너무나 깊숙이 들어와서 직면조차 하지 못하고 단지 긴장하고 밀어내려고만 했어요.

I: 그리고 지금은…….

P: 지금은 거기에 공기가 통하게 되었어요.

I: 대단한 일이지요? 이런 의미에서 볼 때 당신이 겪은 일들은 그렇게 끔찍한 일은 아닙니다. 그렇다고 유쾌한 일은 결코 아닙니다. 모든 부정적인 생각을 없앨 수 있다면 좋겠지요. 그러나 그런 일은 가능하지 않습니다. 그렇지만 지금은 그런 부정적인 생각들을 여기에 그대로 놔두어도 그것에 의해 짓눌리지 않을 수 있습니다.

P: 예, 전에는 한 번도 '이런 느낌을 다시 느끼게 될 거야.'라는 생각을 해 본 적이 없었지만 지금은 놀랍게도 '아! 다시 노력해서 그걸 또 해 보고 싶어.'라는 생각을 하게 되었어요.

I: 음. 그러니까 달라졌군요. 모든 손님을 문지방에서 환영하라는 시를 기억하십니까? 그 시가 뜻하는 것은 서로 다른 모든 상태를 더욱 환영하도록 하라

는 것입니다.

P: 예.

이것이 허용하기인가, 문제를 고치는 영리한 방법인가

무언가에 대해 그것을 '고치려는' 숨은 의제(agenda)를 갖지 않고 어떻게 허용하기의 태도를 가질 수 있는가 하는 것은 상당히 미묘하고 어려운 문제이다. 사람들은 보통 무언가를 허용한다고 말할 때 결과라고 알려진 것을 긍정적인 변화로 묘사하기 때문에 고치는 것과 허용하는 것을 구별하는 것이 어렵다. 이때 허용하기는 긍정적 결과와 연결되며, 따라서 이런 긍정적 결과를 다시 얻기 위해 노력하고 이완이나 행복을 추구하는 방법으로, 또 '행위' 양식의 일부로서 '허용'을 바라보는 것은 당연하다. 다음의 기록에서 우리는 전문 자금 조달자 케티(Katie)의 사례를 볼 수 있는데 그녀는 업무 스트레스를 다루는 데 있어서 어떤 진전이 있다고 스스로 생각하고 있었다. 그녀에게는 주의를 분산시키고 밀어내는 것처럼 보이는 오래된 대처 방식이 처음에는 상황을 더 쉽게 해 주는 것처럼 보였다. 그렇지만 이 회기의 주제를 염두에 두고 다시 기록을 읽어 보니 어떤 수준에서 그녀는 실제로 수용의 관계로 이행하지 않고 어려운 상황을 고치기 위해 호흡에 초점을 맞춘 것이 명백했다.

> "직장에 일을 제대로 못하는 사람이 있습니다. 저는 자금 조달 부서에서 일하고 있습니다. 이 사람은 우리 부서의 새로운 직위에 대한 직무 내용을 기안하고 있었는데, 인사담당 파트에 검토를 요청하는 서류를 보내지 않는 거예요. 저는 그 서류를 보내야 하는 절차상의 이유를 설명하려고 했습니다. 그렇지 않으면 우리는 새 직위에 대한 채용 광고 권한을 가질 수 없게 되는 거였어요. 하지만 그는 이 점을 이해하지 못했습니다. 저는 점점 더 흥분했지만 '아니야, 그냥 집중을 하려고 애쓰면서 마음으로부터 그 일을 몰아내고 호흡에 집중해야 돼.'라고 스스로 생각했습니다. 말한 대로 하였더니 마음이 다시 호흡으로 돌아갔고, 다시 '자, 되돌아가자.'라고 하여 원래대로 돌아갔습니다. 그것은 왕복 운행 같았어요! 이것을 알게 되자 기분이 좋아졌어요. 한 시간 동안 긴장한 채로 지내는 대신 이렇게 했고, 그러자 긴장감이 없어졌어요. 그렇게 할 수 있어서 정말 좋았어요. 시간은 좀 걸렸지만(기분이 나쁘지는 않았고) '아니야,

그것에 대해 더 이상 생각하지 않고 있어. 그 생각이 계속되지는 않을 거야.'라고 속으로 생각했습니다."

문제에서 도망가거나 문제를 고치거나 피하기 위해 호흡을 사용할 경우 변화는 지속되지 않는다. 다음의 사례를 살펴보자.

"다시 호흡에 집중하면서 나쁜 감정은 사라져 버렸고, 나는 다시 '나를 우울하게 하는 것이 정말 많구나.'라고 생각하기 시작했어요. 그러자 마음이 빠르게 그런 생각들로 흘러갔고 다시 끔찍한 느낌이 들기 시작했어요."

그렇지만 다른 경우에는 연습이 어려운 경험과 관계를 맺는 방식에 대해 기본적인 측면을 바꾸어 주는 것이 분명하다. 마이클(Michael)은 수술 후에 아버지를 방문하는 과정에서 다음과 같은 일을 겪었다고 말했다.

"지난 월요일 병원으로 아버지를 방문하려고 했습니다. 거기 가면 무슨 일이 생길지 전혀 알지 못했습니다…….

여기에는 여러 가지 복잡한 의미가 있습니다. 일요일 아침에 너무나 걱정스럽고 공황에 빠진 상태에서 일찍 잠을 깼습니다. 그래서 '불쾌한 일, 불쾌한 일, 불쾌한 일'이라고 생각했는데, 바로 이 순간 전에는 해 본 적이 없는 생각이 떠올랐습니다. 나는 호흡을 하면서 긴장을 풀자.'라고 생각했습니다."

이 시점까지 마이클은 이완하고 스트레스를 풀기 위해 호흡을 사용한 것 같다. 그러고는 변화가 생겼다.

"…… 그렇지만 사실 나는 '진짜 감정은 무엇이지?'라는 생각을 했습니다. '뱃속이 부글거리고, 주먹을 꽉 쥐고 있고, 숨 쉬는 게 어렵군.'이라는 생각이 들자 기분이 좋았습니다."

호흡 공간의 '인정' 단계를 이용해서 의도적으로 신체감각에 주의를 집중하면서 마이클은 그때 진행되는 일에 더욱 부드럽고 호의적으로 주의를 돌렸다.

"……그러고 나서 나는 호흡을 하기 시작했습니다……. 제대로 진행되지 않았습니다……. 진전이 없었지요. 되고 있는 것이라고는 모든 것이 제대로 되지 않는다는 느낌밖에 없다는 것을 알고는 정말 기분이 좋았습니다. 결국 모든 일을 직접 해결할 수는 없었습니다. 문제가 여전히 거기에 있었지만 도움이 되었습니다. 정말 도움이 되었어요."

호흡 공간

앞의 사례를 보면 어떤 사람들은 문제 상황에서 생각을 중단하고 집중하기 위한 방법으로 3분 호흡 공간을 시작하였음을 알 수 있다. 호흡 공간을 통하여 문제를 보는 오래되고 우울한 방식에 사로잡히는 대신 문제를 더욱 명확하게 볼 기회가 갖는다(그리고 그 일에 대해 무엇이 최선인지 살펴볼 수 있다). 호흡 공간을 하는 의도는 가능하면 좀 더 여유를 갖기 위한 것이다. 자동조종에서 벗어나 호흡과 몸의 '지금, 여기'를 보다 잘 자각하게 되면 감정이나 생각에 대한 알아차림의 질에 변화가 초래될 수 있다. 즉, 사람들로 하여금 경험에 사로잡히는 대신 보다 넓은 관점을 취하도록 함으로써 새로운 견해를 갖도록 해 준다.

다시 한 번 의식해야 할 점은 강렬한 생각이나 감정에 수반되는 신체감각에 초점을 맞추는 것이다. 이렇게 함으로써 생각이나 감정이 압도적인 상황에서도 몸이 어려운 일을 어떻게 느끼는지 있는 그대로 알아차릴 수 있게 될 것이다. 여기에 더해 우리는 참가자들에게 호흡 공간과 함께 '어려움에 마음을 열도록' 격려하였다. 다음과 같은 3단계의 지침이 주어지고 그 다음 지시문이 제시된다.

"몸 전체로 주의를 확장하십시오. 특히 불편감이나 긴장, 저항감에 집중하십시오. 만일 이런 감각들이 거기 있다면 거기를 통해 숨을 들이쉬면서 알아차리십시오. 그런 다음 이런 감각으로부터 숨을 내쉬고, 숨을 들이쉬면서 부드럽게 하고 개방하십시오. 숨을 내쉴 때 '이런 느낌이 좋아.' '좋아. 그게 무엇이든 괜찮아. 그냥 느껴 보자.'라고 스스로에게 말하십시오."

5회기-유인물 2는 참가자들이 5회기 이후에 해 볼 수 있는 추가 지침이 들어가 있는 호흡 공간을 제시한다. 1단계와 2단계에서 추가 지침을 제공한다는 점을 유의하라. 이런 자료들은 참가자가 자신에게 일어나는 일들에 압도당하는 느낌이 들 때 호흡 공간을 통해서 자신을 안심시키고 싶어 할 때 유용하게 사용될 수 있다.

주의할 점

참가자들은 대처방식으로 다양한 패턴의 호흡을 연습하였다. 어떤 사람들은 호흡하기를 일상생활에 다시 나서기 전에 잠깐 후퇴해서 이완할 수 있는 '도피처'로 생각한다. 또 어떤 사람들은 그 순간에 어떤 일이 일어나는지 알아차리고 이전에 붙잡혀 있던 일상에서 벗어나서 자신을 기다리는 문제와 다르게 관계를 맺는 기회로 생각한다. 첫 번째 전략으로 사용할 경우 그 효과는 단기적이라 오래 도움이 되지 않는다는 증거가 있다. 아마도 그 이유는 사람들에게 스트레스와 압박감을 주는 견해를 바꾸어 놓지 못하기 때문인 것 같다. 또한 두 번째 방법은 호흡 공간을 사용하는 데 있어서 더욱 효과적인 전략임이 밝혀졌다. 이 과정에서 무슨 일이 일어나는가?

예를 드는 게 도움이 될 것이다. 대부분의 사람은 때로 심하게 퍼붓는 소나기 때문에 피할 곳을 찾아 달리다가 공중전화 부스나 가게 문간에 피하는 경험을 해 보았을 것이다. 때로는 단순히 비를 피하는 것만으로도 만족할 것이다. 거기 잠깐 서서 비가 멈추기를 기다릴 것이다. 잠깐은 비를 피하고 있지만 비가 계속 오면 조만간 그 비를 맞아야 할 것이라는 것을 알게 된다. 비를 피하려면 계속 거기에 머물러 있어야 한다. 불평하면서 흠뻑 젖게 만드는 빗속으로 들어갈 수도 있다. 다른 방식으로 피난처를 찾을 수도 있다. 잠깐 빗속에 서서 비를 맞는 것과 그것을 좋아하지 않음을 자각하는 것이다. 비가 멈추기를 바라고 있음을 알아차리지만 멈출 기미가 없음을 보고 비에 젖을 것이라는 점을 인식한다. 비에 젖으면 단지 불편하기 때문에 기분이 나빠질 것이라는 것을 알아차린다. 비가 멈추었으면 하는 바람을 그만둔다. 이런 방식으로 우리는 비, 그 자체를 더욱 세밀하게 볼 수 있게 된다. 좀 더 세심하게 본다면 빗물은 그것이 닿는 모든 것에 흙탕물을 튀긴다. 빗속으로 다시 나간다. 비는 멈추지 않았지만 전체 경험에 대한 우리의 관계는 변화할 수 있다.

그렇다면 첫 번째 접근방식을 취하면서 비에 대해 불평을 하게 되면 '시험에 실패한' 것일까? 전혀 그렇지 않다. 왜냐면 아무도 이런 감정에 면역이 되어 있지 않기 때문이다. 이런 일은 어떻게 하면 경험과 최선의 관계를 맺을 수 있는지를 알려 주는 기회이다. 여인숙 문에서 어려움을 환영하는 것처럼 실패의 감정에 대해서도 붉은 융단을 깔아서 맞아 줄 수 있다. 심지어 실패는 마지막 손님으로 환영할 수 있다. 이것이 수치심을 모르는 붉은 융단이다! 그렇지만 이런 식으로 다르게 관계 맺는 방식을 배우려면 많은 연습이 필요하다.

호흡 공간과 같은 명상 실습이 단순히 어떤 것을 고치려는 미묘한 방법이라는 생각이 지속적으로 나타날 수 있다. 한 참가자가 자신의 경험에 대해 다음과 같이 설명하고 있다.

P: 지난주 괴로움을 느끼는 곳에 집중해서 숨을 들이쉬는 것에 대해 이야기를 나누었을 때 나는 그것을 고치려고 애썼습니다. 그게 내가 애쓴 것이었어요. 어떤 면에서 그것은 신체적인 것이었고, 정신적인 면에서는 '좋아, 통증이군. 좋아, 이런 일이 일어나고 있군.'이라고 했어요. 이것을 우울이나 불안 같은 것에까지 확장하고 부드럽게 흥미를 갖게 되면 우울이나 불안과 싸워서 더 악화시키기보다는 있는 그대로 인정하는 것과 우울이나 불안을 없애려는 의도를 가지지 않고 숨을 들이쉬는 방법을 찾는 것 사이에 미세한 차이를 알 수 있게 됩니다.

이 사례를 보면 이 사람이 MBCT가 제시하는 가장 급진적인 도전 중의 한 주제를 핵심적으로 파악하고 있음을 알 수 있다.

I: 당신은 중요한 점을 지적했습니다. 지금 당신이 말한 것은 정확하게 그것이 무엇에 대한 것인지 어려움이 무엇인지를 알려 주는 것입니다. 마치 그런 일이 일어난 것처럼 가장하는 것은 매우 자연스러운 일입니다. '내가 이렇게 했다고 말하지 않을 거야. 단지 부드럽게 관심을 보일 거야. 그것을 정말 고칠 수 없을 거야.' 그러나…… 우리는 어쨌거나 고치려는 노력으로 끝을 냅니다.

그녀의 말은 전체 프로그램의 버팀목이 되는 중요한 주제 중 하나를 떠오르게 해 주었다. 우리는 스스로의 문제를 고치려고 노력하는 경향성이 있기 때문에(아무리 미묘한 것이라도) 스스로를 어떤 이상적인 기준에 맞추려는 일련의 사슬에 사로잡히게 되고 결국 스스로가 부족하다고 생각하게 된다(문제를 고치려는 시도를 통해). 이런 일이 일어나면 우리는 다시 '행위/추진' 양식으로 돌아가고, 명상을 '제대로 하지' 않으면 어떻게 그 길의 끝에 이를 수 있는지, 아니면 모든 것을 포기하는 게 더 나을지 반추하는 것으로 명상을 끝맺기 쉽다. MBCT는 '어딘가에 도달하는' 가장 좋은 방법은 노력해서 어딘가에 도달하는 것이 아니라 그 순간 있는 그대로에 개방하는 것이라는 급진적인 개념을 기초로 하고 있다. 직접 인식하고 관찰함으로써 매사에 반응하고, 보고, 생각하는 습관의 '틀'에서 벗어나 새로운 항해 방법을 알게 될 것이다.

마음챙김과 만성 통증

MBSR이 매사추세츠 대학교에서 개발되었을 때, 프로그램의 대부분은 만성적이고 끈질긴 통증으로 병원에 의뢰된 사람들의 필요를 충족시키도록 설계되었다. 아마도 이런 점들이 왜 이 프로그램을 재발성 우울증에 쉽게 채택했는지를 설명해 준다. 마음챙김을 신체적 고통에 적용할 때 환자들에게 나타난 중요한 변화는 통증이 실제로 감소했다는 것이 아니라 통증에서부터 오는 괴로움이 감소되었다는 것이다. 마찬가지로, 재발성 우울증에 시달리는 사람들에게는 '허용하기'와 '내버려 두기'라는 주제는 매우 중요하다. 이 모든 일에서 핵심적인 말은 순간순간 일어나는 것과 다른 방식으로 관계를 맺으라는 것이다. "좋아, 여기 있군. 나를 놀라게 할지라도 피하지 않고 네가 있는 쪽으로 고개를 돌릴 거야."라고 말하는 것이다. 그러고 나서 우리는 가까이 다가간다. 두려워하는 것을 피하지 않고 여인숙 문을 활짝 열고, 붉은 융단을 깔아 놓고 들어오기를 기다린다.

그렇다면 어떻게 할 수 있을까? 첫 번째 단계는 항상 정신적 괴로움을 명확하게 바라보고, 또한 그 경험에 대한 우리의 반응을 보는 것이다. 우리는 고통 자체뿐만 아니라, 배경에는 그것이 여기에 없었으면 하는, 즉 괴로움이 주변에 없었으면 하는 (아주 자연스러운) 소원이 있다는 것을 알아차린다. '원하지 않음'과 '좋아하지 않음' 상태에서 괴로움은 더 악화된다.

그래서 대신 우리는 무슨 일이 일어나고 있는지 명확하게 보고, 우리가 이러한 감정을 좋아하거나 원할 필요가 없다고 상기시켜 준다. 사실, 우리는 스스로에게 '이 감정을 좋아하지 않는 것은 괜찮아. 이런 감정이 있다는 것을 원치 않는 것도 괜찮아.'라고 말할 수도 있다. 우리가 '원치 않는' 것에서 벗어나려고 고군분투하는 단계에서 벗어나서 어떤 일이 일어나는지 탐색할 때, 조금씩 우리는 수용을 배우게 되고, 어떻게 정신적 고통, 괴로움과 다르게 관계를 맺는지를 배울 수 있다. 그리고 또한 매우 중요한 이 첫걸음을 발견하게 될 것이다. 본질적으로 불쾌한 것을 좋아하거나 좋아하도록 자신에게 강요하려고 애쓰는 것을 그만두게 되면 신체감각을 그냥 신체감각으로, 반추를 반추로 분명하고 완전하게 볼 수 있게 된다. 이와 같이 새로운 관점에서는 고통을 능숙하게 다룰 수 있는 다음 단계에서 취하면 가장 도움이 될 만한 행동이 더 분명하게 드러나면서 정신적 고통이 저절로 변화되거나 해소되는 것을 볼 수 있다.

주석

이번 장의 첫머리에 나온 왕과 그의 세 아들에 대한 이야기는 어떻게 결말이 나는지 알려 주지 않았다. 왕은 멀리 있는 아들을 지키기 위해 그가 가진 것을 너무 많이 썼다는 것을 알게 되었다. 이것이 첫 단계이다. 그러나 우리는 그가 단순히 아들을 견뎌 내기 위해 체념한 것인지 혹은 그의 삶에 고통과 어려움을 주는 이런 일들과의 관계를 급진적으로 변화시킴으로써 고통을 '환영하는' 방향으로 근본적인 전환을 했는지 여전히 의문스럽다. 이처럼 모호한 결말은 질문을 야기한다. 이런 여러 가지 태도 중에서 어떤 방법이 왕에게 가장 지속적으로 평화를 줄 것 같은가?

5회기-유인물 1

5회기 요약: 허용하기와 내버려 두기

★ 어려운 쪽을 바라보기

5회기에서 우리는 의도적으로 공식 실습을 시작하여 친절한 마음으로 고통스러운 경험을 바라보고 다가가기 시작하였다. 이 연습의 기본적인 지침은 매 순간의 경험에서 무엇이든지 가장 두드러진 것에 마음을 챙겨 자각하라는 것이다.

그래서 첫 번째 단계로, 만일 마음이 반복적으로 특정한 다른 곳이나 생각, 감정이나 신체 감각에 끌려간다면, 같은 장소로 계속해서 끌어당기는 감각을 알아차리면서 우리의 주의를 끌고 있는 모든 것에 신중하고 의도적으로 부드럽고 친밀하게 주의를 기울인다. 이것이 첫 번째 단계이다.

두 번째 단계는 몸과 마음에서 일어나는 것이 무엇이든 가급적 최선을 다해 어떻게 관계를 맺고 있는지 알아차리는 것이다. 생각과 감정에 대한 우리의 반응이 그것들을 단순히 지나가는 이벤트로 볼지 아니면 지속되는 어떤 것으로 볼지를 결정할 것이다. 우리는 비수용적이고 반응적인 방식으로 떠오르는 생각이나 감정, 신체감각과 함께 있을 수 있다. 만일 좋아하는 것이라면 우리는 집착하게 될 수도 있다. 계속 거기에 머물려고 노력할 수도 있다. 한편, 만일 그것이 고통스럽고 불쾌감이나 불편감을 주고 좋아하지 않는 것이라면 우리는 두려움이나 분노를 느끼거나 긴장을 일으키거나 위축되거나 멀리 밀어내려고 시도하는 경험을 할 수도 있다. 이런 반응들은 모두 수용과는 반대되는 것이다.

★ 놓아 버리기와 내버려 두기

첫 번째로 가장 쉽게 이완하는 방법은 상황을 바꾸려는 노력을 멈추는 것이다. 경험을 허용한다는 것은 무엇이 지나가건 간에 다른 상태로 바꾸려 하지 말고 공간을 두는 것이다. 기꺼이 경험하기를 계발하는 것을 통하여 우리는 현재 일어나는 일을 다시 자각할 수 있게 된다. 내버려 둘 수도 있다. 단지 무슨 일이 일어나는지 알아차리고 관찰한다. 이런 방식이 그것들이 아무리 강력해 보이더라도 우리의 주의를 강하게 끄는 경험과 관계 맺는 방식이다. 우리가 그것들을 분명하게 볼 때, 우리를 우울하게 만들고, 반박하거나, 억압하고 피하려는 시도를 막을 수 있다. 우리는 그것들로부터 자유롭게 되는 과정을 시작한다. 우리는 오래된(대체로 도움이 되지 않는) 전략과 함께 무릎반사처럼 자동적으로 반응하는 것보다는 능숙하게 그리고 자비심을 가지고 대응할 수 있는 가능성을 열어 준다.

★ 새로운 실습

수업에서 우리는 어려움에 접근하는 새로운 방법을 탐구하였다. 만일 주의가 호흡(혹은 초점을 두는 다른 곳)에서부터 고통스러운 생각이나 감정, 정서에 뺏기고 있음을 알아차리게 되면, 첫 번째 단계는 생각이나 감정과 함께 발생하는 신체감각에 마음을 챙겨 알아차리고 조심스럽게 주의 초점을 가장 강렬한 감각을 느끼는 신체 부위로 옮긴다. 이때 우리는 호흡이 어떻게 유용한 매개체가 될 수 있는지를 탐구한다. 바디스캔에서 연습한 대로 그 부위를 통해 숨을 들이쉬고, 그곳을 통해 내쉬면서 특정 부위를 부드럽고 친밀하게 알아차린다.

일단 주의가 신체감각으로 옮겨지고 자각의 장 안에 있게 되면, 지침은 스스로에게 '좋아, 무엇이 있든 간에 마음을 열고 허용하자.'라고 말하는 것이다. 그러고 나서 그 감각들과 함께 호흡하고, 수용하고, 내버려 두면서 이 신체감각들과 그것에 대한 관계를 단지 알아차리면서 그 순간에 머무른다. 숨을 내쉴 때마다 자각하고 있는 감각을 부드럽게 그리고 열린 마음으로 느끼면서 반복적으로 '좋아, 무엇이 있든 간에 괜찮아. 그냥 그것을 느껴 보자. 마음을 열어 보자.'라고 하는 것이 도움이 된다. 허용하기는 후퇴가 아니다. 허용하기는 생동감 있는 첫 단계로 어려움을 충분히 자각하게 하고 그것에 능숙하게 대응하도록 해 준다.

5회기-유인물 2

호흡 공간 활용-추가적인 지도

당신은 하루에 3번, 그리고 필요할 때마다 정기적으로 호흡 공간을 연습해 왔다. 이제 우리는 몸이나 마음에 문제가 있다고 느낄 때마다, 첫 번째 단계로 항상 호흡 공간을 실행한다. 이 시간에 도움이 될 수 있는 몇 가지 추가 지침이 있다.

1. 알아차리기

우리는 이미 알아차림의 초점을 내적 경험에 맞추고, 생각이나 감정, 신체감각에 어떤 일이 일어나는지 주목하는 것을 실습하였다. 이제 당신은 일어나는 것을 표현하고, 확인하는 것, 경험을 말로 옮기는 것(예를 들어, 마음속으로 '분노가 생겼어.' '자기비판적인 생각이 있어.')이 도움이 된다는 것을 알 수 있을 것이다.

2. 주의를 되돌리기

우리는 이미 모든 들숨과 모든 날숨을 따라가면서, 부드럽게 주의를 호흡에 되돌리는 것을 실습하였다. 이에 더하여 당신의 마음속에서 '숨을 들이쉬고…… 숨을 내쉬고'를 알아차리도록 노력하거나 또는 ' 들이쉬고 1…… 내쉬고 1, 들이쉬고 2…… 등' 1에서 5까지 호흡을 헤아리고 그다음에는 다시 반복하라.

3. 주의 확장

우리는 이미 온몸으로 주의를 확장하는 것을 실습하였다. 그래서 이제 자세와 표정을 자각하게 되었다. 우리는 지금 있는 그대로, 우리 몸에서 일어나는 모든 감각을 알아차리고 있다. 특히 불편감이나 긴장, 저항감을 느낀다면 이제 이 단계를 확장하라. 만일 이런 감각들이 있다면 숨을 들이쉴 때 그곳을 통해 '숨을 들이마시면서' 자각하도록 하라. 그리고 이런 감각을 부드럽게 하고 개방하면서 숨을 내쉬도록 하라. 숨을 내쉴 때 스스로에게 '좋아, 무엇이 있든 간에, 그것은 이미 여기에 있다. 그냥 그것을 느껴 보자.'라고 말하라.

최선을 다해 하루의 매 순간으로 자각을 확장하라.

5회기-유인물 3

5회기 이후 일주일간의 가정실습 과제

1. 1, 3, 5일에 어려움을 다루는 명상을(실습 오디오트랙 12의 안내를 받음) 2, 4, 6일에 30~40분 동안 침묵으로 정좌 명상을 연습하라. 그리고 당신의 반응을 가정실습 기록지에 기록하라.

2. 3분 호흡하기-정규적인 연습(오디오트랙 8): 하루에 3번, 미리 정한 시간에 연습하라. 연습을 할 때마다 가정실습 기록지의 해당 날짜의 R에 동그라미를 친다. 어떤 생각이나 어려운 점이 있었다면 이것도 기록하라.

3. 3분 호흡하기-반응적인 연습(오디오트랙 9): 만약 선택한다면(5회기-유인물 2 참조), 불쾌한 기분이 들 때마다 연습하라. 연습할 때마다 가정실습 기록지의 해당 날짜의 ×에 동그라미를 친다. 어떤 생각이나 어려운 점이 있었다면 이것도 기록하라.

5회기-유인물 4

가정실습 기록지-5회기

이름: ______________________________

연습을 할 때마다 가정실습 기록지에 기록하라. 또한 다음 수업에서 이야기할 수 있도록 과제를 하는 중에 떠오른 생각도 기록하라.

일자	실습 (예/아니요)	의견
수요일 날짜 _____	어려움 다루기 명상-안내된 R R R X X X X X X X X X X X X	
목요일 날짜 _____	어려움 다루기 명상-스스로 하기 R R R X X X X X X X X X X X X	
금요일 날짜 _____	어려움 다루기 명상-안내된 R R R X X X X X X X X X X X X	
토요일 날짜 _____	어려움 다루기 명상-스스로 하기 R R R X X X X X X X X X X X X	
일요일 날짜 _____	어려움 다루기 명상-안내된 R R R X X X X X X X X X X X X	

월요일 날짜 _____	어려움 다루기 명상-스스로 하기 R R R X X X X X X X X X X X X	
화요일 날짜 _____	어려움 다루기 명상-안내된 R R R X X X X X X X X X X X X	
수요일 날짜 _____	어려움 다루기 명상-스스로 하기 R R R X X X X X X X X X X X X	

5회기-유인물 5

여인숙

인간이라는 존재는 여인숙이다.
매일 아침 새로운 손님을 맞는다.

기쁨, 낙담, 비열함
약간의 순간적인 깨달음들이
예기치 않은 방문객처럼 찾아온다.

그 모두를 환영하고 안으로 맞아들이라.
설령 그들이 슬픔의 무리여서
그대의 집을 난폭하게 쓸어가 버리고
아무것도 남겨 두지 않더라도

그렇다 해도 이들 손님을 존중하라.
그들은 어떤 새로운 기쁨을 주기 위해
그대를 말끔하게 비워 버릴지 모르니까

어두운 생각, 부끄러움, 악의가 찾아오거든
문간에서 그들을 웃으면서 맞으라.
그리고 안으로 들어오게 하라.

누가 오든지, 감사히 여기라.
어쩌면 그들은 저 너머에서 보내 온 안내자인지도 모르니까

* Barks and Moyne[94]에서 발췌. 1995년도 저작권은 Coleman Barks와 John Moyne가 가지고 있음. Threshold Books에 의해 출간됨. Threshold Books의 허락을 받아 재인용.

14

생각은 사실이 아니다: 6회기

존은 학교에 가는 길이었다.
걸어가면서 오늘 있을 수학 시간에 대해 걱정을 하고 있었다.
존은 오늘 또다시 그 수업을 통제할 수 있을지 확신이 서질 않았다.
그 일이 학교 수위의 업무에 해당되지는 않았다.

여러분은 이 문장을 읽으면서 무엇을 알아차렸는가? 대부분의 사람은 한 문장에서 다음 문장으로 넘어갈 때 마음의 눈으로 '새로운 장면을 추가'시키고 있는 자신을 발견했을 것이다. 우선 대부분의 사람에게 처음 떠오른 장면은 학교에 가는 어린 학생이었을 것이고, 그다음 문장을 읽은 후에는 그 학생이 '수학 시간에 대해 걱정을 하고 있구나.'라고 생각했을 것이다. 그러다가 갑자기 장면은 바뀐다. '마음속으로 그렸던 모델'이 선생님으로 바뀌었다가, 결국엔 학생도, 선생님도 아닌 학교 수위라는 걸 알게 된다. 이러한 예에서 확연히 드러나듯이 우리는 얼마 되지 않는 불충분한 사실만을 가지고 자신도 모르게 추론을 하는 경향이 있다. 우리는 항상 받아들이는 감각 정보로부터 적극적으로 '의미를 만들어 내는데', 이 글의 서두에서처럼 누군가 우리에게 다가와서 시험하지 않는 이상 자신이 그렇게 하고 있다는 사실조차 의식하지 못하고 있다.

우리 마음속에 일어나는 추론, 즉 이러한 '논평'이 어떻게 정서적인 반응을 이끌어 내고 유지시키는지 쉽게 알아차릴 수 있다. 일단 어떤 추론을 하고 나면 뒤이어 감정이 수반된다. 친구로부터 전화가 걸려 왔다고 치자. 이 경우 '얘가 나를 필요로 하나 봐.' 또는 '얘는 나를 이용하고 있어.'와 같이 해석될 수도 있는데, 여기에 대한 우리의 반응은 어떻게 해석하느냐에 따라 완전히 다르게 된다. 또는 가정에서 흔히 일어날 수 있는 다음의 장면을 상상해 보라. 남편과 아내가 부엌에 있다. "저녁식사로 수프를 드실래요? 고기를 드실래요?"라고 한 사람이 말한다. "아무거나 상관없어."라고 또 다른 사람이 말한다. 우리는 누가 질문을 하고 누가 대답을 하는지 추론을 한다. 그러나 그들이 결혼생활에 어떤 문제가 있어서 상담을 받으러 간다고 상상해 보자. 부인은 '남편에게 저녁식사로 수프를 먹을 것인지, 고기를 먹을 것인지를 물었는데도, 남편은 관심이 없다고 말했어요.'와 같이 사건을 기억하고 있다. 남편 쪽에서는 '아내는 나에게 저녁식사로 무엇을 원하는지를 물었고, 나는 아무거나 상관없다고 대답을 했어요.' '나는 아내를 도와주려고 했을 뿐이에요.'와 같이 그 일을 회상한다. 동일한 사건이 얼마나 쉽게 다른 식으로 해석되고 있는지 다시 주목해 보라.

사건과 사건에 대한 해석을 분리시키는 문제는 많은 사람에게 커다란 문제를 야기한다. 우울증에 취약한 사람들은 종종 자기-비하적인 방법으로 사건을 해석한다. 그들의 생각은 스스로를 비난하는 선전구호처럼 되어 버린다. 매우 파괴적인 방식으로 사실이 자기-비난적인 생각과 뒤섞이게 되고, '나는 쓸모없는 사람이야.' 또는 '나는 실패할 거야.' 또는 '만약 실제로 내가 어떤 사람인지 사람들이 알게 되면, 아무도 나에 대해 알고 싶어 하지 않을 거야.'와 같은 결론을 만들어 낸다. 일단 이런 식으로 내부에서 자신을 비난하는 선전구호가 물꼬를 트기 시작하면, 그것을 약화시키기가 매우 어렵고 이후 벌어지는 사건들은 그러한 생각을 강화시키는 경향이 있다. 즉, 믿음에 반대되는 정보는 무시되고 믿음을 공고화시키는 정보에만 더욱 주의가 쏠리게 되는 것이다.

인지치료와 마음챙김 기반 인지치료에서 생각 다루기

1970년대에 우울증에 대한 인지치료가 출현하기까지, 많은 치료자는 자기를 향한 부정적인 진술이 우울증을 일으키고 유지하는 데 어떤 역할을 하는가에 대해서 별다른 관심이 없었다. 우울한 사람이 부정적인 사고를 가지고 있다는 사실은 명백했다. 그러나 임상가들은 부정적인 사고가 우울증의 기저에 있는 생물학적 · 정신역동적 또는 행동 과정의 결과로 발생되는 것으로 보았다. 하지만 인지치료자들은 다르게 생각했다. 즉, 끊임없이 일어나는 부정적인 생각이 우울증을 야기한다는 것이다. 가장 비관적이고 무기력한 방법으로 사건을 해석하는 것은 상당한 심리적 영향을 초래한다. 즉, 자기존중감을 떨어뜨리고, 죄책감을 증가시키고, 집중력을 방해하며, 사회적 상호작용을 손상시킨다. 게다가 식욕부진, 불면증, 흥분 또는 지체 등의 생물학적인 결과들을 동반한다. 일단 이러한 증상들이 한 번 일어나면 증상 자체는 부정적인 자기 진술에 대한 증거, 나아가서는 자신이 어리석고 나약하며 무가치하다는 생각에 대한 증거를 더해 준다.

인지치료는 우울증 치료에 일대 혁명을 불러일으켰다. 인지치료의 핵심적인 특징은 환자들이 자신의 생각과 해석을 진지하게 고려할 수 있도록 도와주는 데 있다. 즉, 머릿속에 떠다니는 생각들을 '잡아내서' 직접 써서 정리해 보고 거기 쓰인 내용을 뒷받침해 주는 증거나 반대되는 증거들을 모아 보도록 하는 것이다. 대처 기술을 연습할 수 있는 숙제와 이를 확장해서 적용시키는 체계적인 절차를 사용함으로써 인지치료는 1950년대와 1960년대에 임상가들이 놀랄 정도로 우울 증상을 감소시키는 효과가 있었다.

이론적으로나 실제 적용하는 측면에서나 인지치료는 사고 내용을 매우 중요하게 다룬다. 예를 들어, '친구들은 나에게 싫증이 났나 봐.'라고 100% 확신하고 있는 우울한 여성이 있다고 생각해 보자. 치료자는 이 여성에게 자신의 믿음이 참일 수도 있고 거짓일 수도 있는 하나의 가설로 생각해 보도록 설득한다. 그러고 나서 최근에 일어난 일이나 앞으로의 숙제를 통해 수집된 증거를 가지고 검증을 하게 한다. 결국 이 여성은 부정적인 사고에 대해 반론을 제기할 수 있었다. 이 경우 "나와 친구들 모두 너무 바빴기 때문에 서로 만나지 못한 것이지, 친구들이 나에 대해 싫증을 느꼈기 때문은 아닐 거야." 또는 "지난 주말에 니키(Nicky)를 만나고 싶었지만, 내가 시골에 가 있었기 때문에 만날 수 없었어."라고 말할지도 모른다.

현실에 대한 검증(reality testing)이 효과가 있었는지를 알 수 있는 중요한 테스트는 증거 수집 전과 후에 환자가 가지고 있는 믿음의 정도가 어느 정도 달라졌는지를 보는 것이다. 인지치료 효과가 얼마나 지속되는지에 관한 분석 결과에 따르면, 환자가 치료과정에서 자신의 생각과의 관계를 근본적으로 바꾸어야 우울증이 재발하지 않을 것이라는 결론을 끌어낼 수 있다. 즉, 반박하고, 반론을 제시하고, 증거를 수집하는 과정을 통해 사고 내용을 바꾸는 것을 강조하긴 하지만, 변화는 다른 수준, 즉 내재적인(implicit) 차원에서 함께 일어나야 한다. 우리의 분석이 보여 주듯이, 인지치료에서 인지 및 행동 기법을 통해서 환자가 생각과의 관계를 바꾸어 생각은 단지 생각일 뿐이라고 깨닫지 않는다면 우울증의 악화와 재발에 취약한 상태로 계속 남아 있을 것이다.

생각을 생각으로 보면서 앉아 있기

인지치료에서 암시적이었던 것이 MBCT에서는 뚜렷해졌다. 즉, 생각과 전체 사고 과정과의 관계 변화가 필요한 것이다. 6회기의 핵심 목표는 참가자들이 자신들이 생각하고 있는 것이 진짜라고 확고히 믿는 정도를 완화시키는 방법을 찾도록 도와주고, 생각을 단순히 생각으로만 바라보게끔 격려하는 데 있다. 우리의 목표는 환자들이 생각과의 관계를 바꾸어 더 이상 자신의 생각에 휘말려들지 않고, 관찰 또는 자각의 대상으로서 생각을 보도록 하는 것이다. 여기서 우리가 의도하는 것은 참가자들로 하여금 생각이 우울한 기분에서 비롯되고 거기에서 자극을 받지만 개인적으로 받아들일 필요는 없는 '정신적 사건'으로 보도록 하는 것이다. 향후 우울증 예방을 위해서, 이러한 변화가 매우 중요하지만, 생각은 너무 까다롭고, 딱 들러붙어 있고, 자신의 진실을 말하는 것처럼 보이기 때문에 실제로 일어나기가 매우 어렵다.

MBCT 프로그램 과정에서 이 시점이 되면, 이러한 메시지는 함축적으로 수없이 많이 전달되었다. 참가자들은 마음속에 들어오는 것을 '생각'이라고 이름을 붙이면서 종잡을 수 없는 마음을 알아차리기 위해 많은 연습을 했다. 그들은 여러 차례 주의 초점을 부드럽게 호흡, 몸으로 가져왔고 의도된 초점이 무엇이든지 간에 주의를 되돌리는 연습을 했다. 때론 그 생각이 사소한 것이기도 하고 때론 그렇게 사소한 것이 아니었다. 이제는 생각과의 관계를 좀 더 분명히 다루어야 할 때이다. 특히 우리는 '생각을 정신적 사건으로 보라.'는 메시지를 왜 그렇게 이해하기 어려운지 고려해야 한다. 왜 우리는 생각에 휩싸여 그것들이 우리의 삶을 지배하는 것을 보지 못할까? 왜 우리의 생각은 그렇게 집요하게 들러붙는 것일까? 이것이 6회기의 핵심 목표이다.

수업 안에서 그리고 집에서 실습을 하는 동안 알아차리게 된 많은 생각들은 매우 압도적일 수 있다. 왜냐하면 생각들이 일어나면 다음과 같이 즉각적인 행동개시를 요구하는 듯하기 때문이다. '잊어버리기 전에 메리에게 전화를 해야만 해.' '문 옆에 있는 저 사람은?' '내일 봅에게 그 보고서를 줘야 하는데 잊어버리면 어떡하지?'

접착제처럼 '들러붙는' 생각이 만연되어 있는 부정적인 기분과 맞물리기 때문에 압도적으로 보이며, 그 결과 절대적인 진실로 여겨진다. '이것을 할 수 없어. 포기하는 것이 나을지 몰라.' '그 사람이 그 말을 했을 때는 그 이상의 뭔가 다른 의미가 있는 것 같아.' '해야 할 일이 많아서 결코 이 일을 마칠 수 없을 것 같아.' 프로그램의 첫 4회기 전체에서도 지침은 마찬가지이다. 마음이 어디로 갔는지 알아차리라. 그리고 다시 마음을 호흡으로 가져오라. 이때 메시지는 함축적이다. 즉, 이것은 단지 하나의 생각일 뿐이다. 이런 식으로 참가자들은 한 발짝 물러나서 사고 내용에서 주의를 분산시키고 단지 생각을 알아차리는 방법을 배운다. 생각 자체는 수업 시간에 마음이 산만해지는 것에 관한 대화에서뿐만 아니라 2회기 생각과 감정 연습([그림 9-1])에서, 그리고 4회기 '우울증의 영역'에 관한 자동적 사고 질문지([자료 11-4])에서 다시 한 번 논의되었다. 5회기에서는 다른 차원이 추가되었다. 의도적으로 신체에 주의를 기울임으로써 어떻게 생각이 (그리고 생각에 대한 반응이) 신체적 감각으로 표현되는지 보게 하여 강력하고 반추적인 생각을 다루게 하였다.

이제 6회기에서 우리는 생각 자체와 생각과의 관계에 대해 분명하게 집중하고자 한다. 그러기 위해서 생각을 실습의 전면에 두었다. 정좌 명상으로 회기를 시작하면서 특히 생각을 단지 마음 안의 하나의 생각으로 관찰하고 자각하는 것에 주의를 기울이고, 그것들을 분리된 정신적 사건으로 알아차리며, 생각을 단순히 하나의 생

[자료 14-1]

6회기 주제와 교육과정

주제

생각과 다르게 관계를 맺기. 부정적인 기분을 지나가는 마음의 상태로 분명히 바라보고, 부정적인 생각을 그 마음 상태의 왜곡된 산물로 볼 때 반추적인 행위 양식에서 벗어나서 자유로울 수 있다. 우리가 가지고 있는 생각이 설령 그렇지 않다고 해도 그저 생각에 불과하다는 것을 깨닫게 되고 생각이 생겨난 맥락을 인식하면 엄청나게 자유로움을 느낄 수 있다.

의제

- 30~40분 정좌 명상-호흡, 신체, 소리, 생각/감정에 대한 알아차림, 특히 일어나는 생각에 대해 어떻게 관계를 맺는지를 알아차린다.
- 실습 검토
- 가정실습 과제 점검(녹음된 지시문이 없이 하는 정좌 명상과 호흡 명상 포함)
- 과정의 종결에 대한 준비를 언급한다.
- 기분, 생각 그리고 대안적인 사고 훈련
- 호흡하기와 검토
- 생각에 대해 더 넓은 관점을 취하기 위한 '첫 단계'로서 호흡 명상에 대해 토의한다.
- 우울증 재발 징후를 토의
- 6회기의 유인물을 나누어 주고 10분, 20분의 오디오 명상과 침묵의 종소리
- 과제 내주기:
  - 하루에 최소한 40분 동안 안내된 명상을 선택해서 연습하라.
  - 3분 호흡 공간-규칙적으로(하루에 3번)
  - 3분 동안 공간-반응적(당신이 불쾌한 감정을 느낄 때마다)

계획 및 준비물

개인적으로 준비해야 할 것 이외에 대안적인 사고 훈련 자료와, 10분 및 20분 명상과 종소리와 침묵이 들어 있는 오디오자료를 수업에 가져오는 것을 기억하라.

6회기 유인물

[6회기-유인물 1] 6회기 요약: 생각이 사실은 아니다
[6회기-유인물 2] 생각을 달리 볼 수 있는 방법
[6회기-유인물 3] 우울증 재발 방지
[6회기-유인물 4] 불행감과 우울감을 현명하게 다루기- I
[6회기-유인물 5] 6회기 이후 일주일간의 가정실습 과제
[6회기-유인물 6] 가정실습 기록지-6회기
[6회기-유인물 7] 생각에서 뒤로 물러서기
[6회기-유인물 8] 연상의 기차

각, 마음속에 떠 오른 사건으로 볼 수 있는 기회를 갖게 된다. '생각이 사실은 아니다.'라는 말은 우리가 생각하는 모든 것을 믿고 그것을 절대 진리로 여기는 것을 경계하라는 의미이다. 이 말은 생각이 본질적으로 진실성이 없거나 믿을 수 없다는 의미는 아니다. 우리가 이렇게 생각에 의존하는 이유는 그 생각들이 흔히 일들이 어떻게 되어야 하는지를 신뢰롭게 안내해 주기 때문이다. 그래서 우리는 생각의 타당성에 이의를 제기하지 않는다. 그러나 모든 생각은 추론의 껍질에 둘러싸인 현실의 씨앗을 품고 있는 정신적 사건이라는 것은 여전히 사실이다.

이 개념을 잘 전달해 주면서 생각을 오직 생각으로 보도록 도와주는 많은 이미지가 있다. 예를 들어, 우리는 지금 몇 분 동안 당신의 마음속에 일어나는 생각을 알아차리기 위해 혼자 영화관에 앉아 있다고 상상해 볼 수 있다. 우리가 빈 스크린을 보고 있고 단지 어떤 생각이 떠오르기만을 기다린다. 생각이 떠올랐을 때, 그것이 정확히 무엇인지 그리고 어떤 일이 벌어지고 있는지 알 수 있는가? 생각들의 일부는 우리가 알아차리게 되면 바로 사라지게 될 것이다.

Joseph Goldstein의 다음과 같은 비유는 도움이 될 것이다.

> 우리가 생각 속에서 헤매고 있을 때, 생각은 우리의 마음을 휩쓸고 멀리 떠내려가게 한다. 생각은 순식간에 우리를 매우 멀리 옮겨 놓는다. 우리는 자신도 모르게 연상(association)이라는 기차에 폴짝 올라탄다. 물론 어디로 가는지도 모른다. 어느 지점

에선가 불현듯 우리가 생각에 빠져 있었음을 깨닫고 기차에 타고 있었음도 깨닫는다. 기차에서 내렸을 때 우리 마음은 기차에 올라탔을 때와는 다른 마음 상태일 것이다 (pp. 59-60).[89]

5회기에서 했던 것처럼, 이 회기에서도 마지막 명상 실습의 일환으로 프로그램 참가자들에게 의도적으로 어떤 걱정이나 어려움 또는 불쾌한 기억을 마음속에 떠올려 보도록 하고, 잠시 동안 그에 동반하는 생각들을 마음속에 떠올리며 알아차리도록 격려한다. 극장 스크린 비유가 도움이 된다고 느끼는 사람도 있을 것이고 다른 은유가 더 도움이 된다는 사람들도 있을 것이다. 어떤 사람들은 '생각'이 마치 빈 무대 안으로 들어와서 반대쪽으로 나가는 것처럼 그려 볼 수 있다. 또 다른 참가자들은 자신의 마음이 마치 하늘의 구름이 다양한 속도로 움직이는 것처럼 상상하는 것이 도움이 되었다고 한다. 때때로 구름은 작아지기도 하고, 어두워지거나 흐려지기도 하고, 하늘 전체를 덮어 버리기도 할 것이다. 그러나 하늘은 그대로 남아 있다. 일단 어려운 상황이 떠오르고 그와 관련된 생각이 떠오르면, 참가자들이 5회기에서 했던 것처럼 생각이 몸에 영향을 미치는 것을 관찰하기 위해 몸에 주의를 기울인다.

폭포수 뒤에 서 있기

지금까지 강조한 점은 생각을 정신적 사건으로 보는 것이었다. 이것은 누구에게나 충분히 도전적이다. 그러나 때때로 참가자들은 생각이 감정적인 부하와 함께 일어나서 강렬한 감정에 의해 야기되는 이야기의 소용돌이에 빠지지 않는 것이 어렵다는 것을 알게 된다. 이런 일이 반복되면, 지침은 5회기에서 실습한 것처럼, 몸에 관심을 집중하는 것이다. 신체감각을 통해 생각을 탐색함으로써 어려움(강렬하고, 들러붙고, '해결하기 어려운' 성질을 지닌)과 함께 머문다. 실제로 MBCT가 몸으로 주의를 돌리게 하는 것을 핵심 전략으로 쓴다고 해도 과언이 아니다. 이제부터는 항상 그것이 반추적인 생각과 그 생각을 만들어 내고 유지시키는 감정에서 벗어나는 것을 배우기 위한 첫 번째 단계에 들어간다.

만약 몸에 강한 감각을 경험하는 부분이 있다면 그 부분을 자각하라. 친근하게 관심을 가지고 신체감각을 살펴보라.

숨을 내뱉으면서, '괜찮아.'라고 말해 보라. 그것이 무엇이든 간에 '괜찮아.'라고 말해 본다. 당신이 경험하는 감각을 부드럽게 하고 또 열어 놓으라. 어떤 저항감이 생긴다면 긴장감을 느끼기보다는 가급적 마음을 열고 부드럽게 하면서 숨을 내쉬면서 그것을 부드럽게 알아차린다. 편안하게 느껴지면 주의를 호흡으로 되돌리거나 몸 전체에 다시 집중하라.

회기 내에서 안내 명상의 일부로 제공되는 이 지침서들은, 참가자들에게 그들의 생각 및 감정과 관계를 맺는 두 가지 방식을 구별하는 방법을 배울 수 있다는 것을 상기시킨다. 하나는 조망능력을 상실한 채 생각, 감정과 '마음 상태 안'에서 관계를 맺는 법이고, 다른 하나는 '폭포수 뒤에서' 있는 그대로 보고, 조금 더 폭넓게 알아차리면서 생각과 감정과 관계를 맺는 법이다.

이 새로운 관점을 회기 내에서, 예를 들어 실습 후의 대화나 가정실습에 관한 토론에서 어떻게 배울 수 있을까? 질문 시간에는 상황이 나빠질 때, 즉 어떤 감정과 밀접하게 엮여 있는 생각이 강렬하게 밀려오는 것에 대한 많은 이야기가 나올 것이다. 2회기에서 생각과 해석이 사건에 대한 감정에 직접적인 영향을 미치는 방식에 중점을 두었던 것을 상기하라(예: 거리에서 아는 사람에게 무시당하는 것). 이 회기의 주된 목적은 [그림 14-1]의 위쪽 화살표에 초점을 맞추는 것이었다. 이제는 아

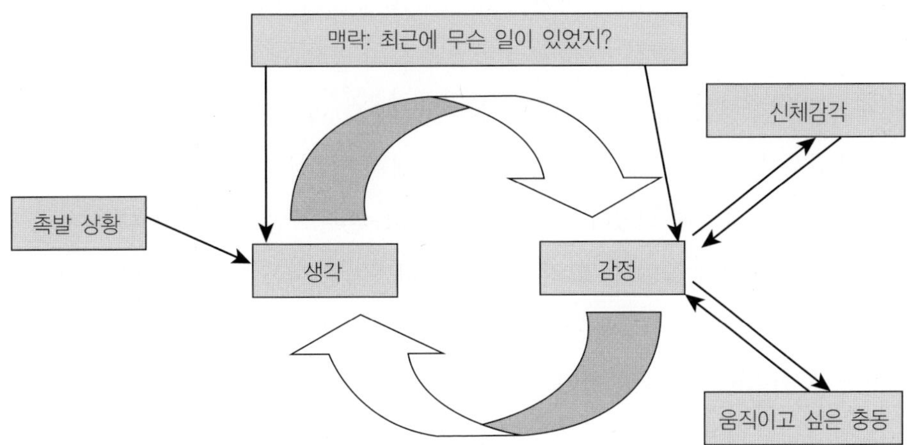

[그림 14-1] 생각과 감정, 6회기에서는 특히 감정이 어떻게 생각을 만들어 내는지에 대해 아래쪽 화살표에 초점을 둔다.

래에 있는 반대 화살표, 즉 감정과 생각 사이의 연결에 집중해 보는 것이 도움이 될 것이다.

> 이러한 생각을 일으키는 느낌에 직접 집중하라. 생각에 빠지는 대신에, "특히 이 순간에, 지금 내가 느끼는 이 감정은 무엇인가?"라고 물을 수 있다. 이렇게 할 때 우리는 이전보다 더 많은 감정을 발견할 수 있다.

예를 들어, 만약에 그런 생각이 '나는 아무짝에도 쓸모가 없어. 나는 어떤 것도 제대로 끝마치지 못할 거야.'라며 우리를 그런 인간으로 만들어 버리는 실패에 너무 집중한 나머지 강력한 폭포수에 끌려가는 위험에 빠지게 된다. 부분적으로 생각의 악순환을 불러일으키는 감정에 집중하게 되면 우리를 또 다른 장소에 가도록 할지도 모른다. 우리는 부정적인 생각과 감정이라는 떨어지는 폭포수 뒤에 서 있다는 것을 스스로 발견하고, 생각에 끌려가지 않고 보다 분명하게 그 힘들을 알아차릴 수 있게 된다.

이러한 방법이 도움이 되었던 예는 루이즈(2회기에서 언급했던 참가자)의 경험에서 찾아볼 수 있다. 루이즈는 매우 저조한 기분으로 힘든 주말을 보냈다. 평소대로 기분이 점차로 처지는 하향식 나선형을 그리고 있다는 것을 알았다. 일례로 루이즈는 아이를 데리고 진료실에 가서는, '사장님이 뭐라고 할까?'와 같은 생각뿐만 아니라 '왜 내가 여기에 있으면 안 되는 거야? 난 그럴 자격이 있는데.' 등과 같은 생각을 계속해서 하면서 일을 못하고 거기에 와 있는 것에 대해 심한 압박감을 느꼈다.

그러나 이번에 루이즈는 '그렇게 어리석게 굴지 말아.'라고 스스로에게 말하면서 이 상황을 다루려고 했고, 이전과는 다른 방식으로 자신에게 무슨 일이 일어나고 있는지 알아차렸다. 이전과는 달리 루이즈는 잠시 시간을 갖고 자신이 느끼는 감정이 무엇인지 인식하게 되었다. 화나고 피곤하고, 혼란스럽고, 아들에 대해 매우 걱정하고 있다는 것을 알았다. 그러고 나서 루이즈는 시야가 더 넓어졌다는 것을 느꼈고, '이런 느낌이 드는 것은 괜찮아, 괜찮아.'라고 스스로 말할 수 있다는 것을 발견했다. 루이즈는 감정들을 멀리 쫓아버리기 위해 안간힘을 쓰지 않고 감정이 그냥 거기에 있도록 허용했다. 그러자 그런 감정들은 루이즈가 나중에 '기적'이라고 말했던 것처럼 사라졌다. 루이즈는 이전에는 자신의 삶에서 이런 경험을 결코 해 본 적이 없었다고 했다.

따라서 인지치료와 MBCT에서는 생각이란 마음속에 일어나는 사건들, 즉 우리와 너무 가까이 있어서 그냥 '단순한 생각들'이라고 지각하기에는 어려운 사건들이라는 것을 강조하고 있다. 마음챙김은 이와 같이 생각에 대한 다양한 관계를 더 명확하게 볼 수 있게 해 준다. 마음챙김은 생각과 거리를 유지하기 위한 첫 단계로 그 생각을 입증한다든지 혹은 그 생각에 반하는 증거를 모으는 것을 강조하지도 않고, 그 생각에 반론을 제기하는 것을 강조하지도 않는다. 대신 마음챙김은 그 생각들에 대해서 다른 마음, 즉 질적으로 다른 주의를 두게 하며, 생각들이 어디서 온 것인지 알 수 없지만 부드럽고 수용적인 태도로 알아차리고 다룰 필요가 있음을 강조하면서 생각을 전체적인 꾸러미의 한 부분으로 보도록 한다.

여기에서 '꾸러미'의 일부로서 생각에 중점을 둔 것에 주목하기 바란다. [그림 14-1]을 다시 보면, 우리는 생각과 감정이 어떤 방식으로 신체감각과 충동을 일으키는지를 볼 수 있다. 그러나 ① 최근에 일어나서 우리의 기분에 영향을 미친 어떤 것, 상황에 대한 맥락이 있다는 것과(나중에 논의함) ② 우리의 감정에 다시 작용하는 신체감각과 충동으로부터 나오는 중요한 피드백 고리가 있다는 것을 깨닫지 못하면 그림은 불완전할 수밖에 없다.

이 관점에 따르면, 우리가 '감정'으로 경험하는 것은 생각, 느낌, 신체감각 및 충동의 꾸러미이다. 꾸러미의 구성요소들은 매우 밀접하게 얽혀 있어 때때로 구별하기가 매우 어렵다. 그러나 그것들에 접근하고, 탐구하는 방법을 배워서 분리된 여러 요소가 고통을 확대하고 악화시키면서, 어떻게 서로 강화하는지 볼 수 있고, 그리고 심리적 고통이 일으키고 있는 손상을 회복하기 위한 우리의 노력을 알 수 있다. 이것을 분명히 알게 되면, 우리는 마치 생각들이 세상에 대해서 혹은 우리 자신, 과거 또는 미래에 대한 진실을 말해 주는 것으로 받아들이는 소모적인 노력을 더 쉽게 줄일 수 있다. 또한 우리 자신이 생각에 통제받지 않도록 하고 적어도 지금 이 순간에 생각이 나타나는 것을 볼 수 있게 해 준다. 이러한 관점에서, 즉 떨어지는 폭포수 뒤에서 부정적인 생각들을 보게 되면 그러한 생각들에 대한 우리의 감정적인 반응은 미묘하지만 중요한 방식으로 달라지게 될 것이다.

마음챙김 훈련은 사람들로 하여금, 비록 생각이 어디에서 왔는지 알지 못하더라도, 이제는 부드럽고 수용하는 태도로 인식하고 다루어질 필요가 있는 전체 꾸러미의 일부로 생각을 관찰하도록 해 준다.

'마음속에 돌아가고 있는 테이프'를 있는 그대로 보기

명상 지도자인 Larry Rosenberg[95]는 우리가 자신의 마음을 들여다보고 반복적으로 떠오르는 구태의연한 생각들을 알아차리게 되는 단계에 이르렀을 때 더 이상 그 생각에 끌려 다니지 않게 된다고 하였다. "그것은 마치 〈바람과 함께 사라지다(Gone with the Wind)〉를 다섯 번이고 열두 번이고 반복해서 보는 것과 같다. 처음 열한 번은 훌륭했지만, 열두 번째는 더 이상 그렇지 않다. 당신은 그 영화에 더 이상 개의치 않게 된다. 당신이 그것을 진정으로 보기 시작한다면, 이런 동일한 현상이 당신의 마음속 영화에도 일어나는 것을 알 수 있다."(p. 142)

우리에게 익숙한 생각 패턴에 이름을 붙여 보는 것도 마음속에 생각이 떠오르는 것을 알아차리는 데 도움이 되는 방법이다. 그것은 우리에게 "아, 나는 이 테이프를 알고 있어. 이것은 '내 직장상사를 참을 수 없어.'에 대한 테이프이거나 '내가 얼마나 열심히 일하는지 아무도 알아주지 않아.'라는 테이프야."라고 말하게 해 준다. 이렇게 이름 붙이기를 할 때 테이프를 반드시 끌 필요는 없는데, 공휴일이면 재방송되는 어린이 영화와 마찬가지로 이런 생각들은 한 번 떠오르면 분명 되풀이해서 또 다시 떠오르기 마련이다. 차이점이 있다면 우리가 그것과 관계를 맺는 방식에 있다. 그런 테이프가 돌아가면 어떻게든 해결해야 할 '사실'로 받아들이게 되는데, 예컨대 상사에게 전화를 걸어 불평을 늘어놓거나 다른 한편으로는 배터리가 다 되어서 저절로 끝날 때까지 테이프를 머릿속에서 계속 돌아가게 해서 마음속에 작은 불편거리로 만들어 버리는 것이다. 익숙한 패턴과 그것이 일으키는 상처를 인정하게 되면 이러한 마음 상태를 좋아하지 않아도 되고 원치 않아도 괜찮다는 것을 깨닫게 해 준다. 그렇게 인정하게 되면 아이러니하게도 들러붙어 좀처럼 떨어지지 않던 혐오스러운 마음에서 벗어나서 자유롭게 될 수 있다.

우리가 갖고 있는 생각에 대해 그러한 태도를 취하는 것이 자연스럽게 되지 않고, 우울한 사람들의 경우 부정적인 생각들이 너무 강력해서 그것들을 단순한 생각으로 바라보는 것은 상당한 도전일 수도 있다. 게다가, 많은 사람은 자신의 마음이 그러한 '생각들'을 가지는 것으로 경험하지 않는다. 그들은 이미지나 그림의 형태로 '생각할지도' 모른다. 예를 들어, 만약 어떤 사람이 친구들로부터 거절당하는 느낌을 받았다면, 아마 '내 친구들이 나에게 싫증났나 봐.'라는 생각을 하는 대신에 그저 마음의 눈으로 웃고 떠들며 무리 지어 다니는 친구들의 모습을 그려 볼 수도 있다.

많은 참가자는 신체감각이 종종 생각을 끌어당기는 자석과 같다고 느낀다. 신체감각을 자각하면서 그에 대한 반응으로 생각이 일어나기도 한다. '왜 나는 이런 기분이 드는 거지?' '지금 내 나이에는 예전과 같은 활력을 가질 수 없을 거야.' '만약 이 두통이 가시지 않는다면, 오늘 계획을 취소해야 할 거야.' 이러한 생각에 마음을 챙겨 다가가는 것은 지금까지 감각과 감정에 대해 해 왔던 것과는 다른 어떤 것을 필요로 하지는 않는다. 우리는 영화를 보거나 영화관에 있다고 상상하고, 단지 생각들이 영화나 연극무대에 올랐을 때 그것을 보기로 결심하면 되는 것이다. 우리는 극장 뒷자리에서 마치 귀에 속삭이는 것처럼 '뒤에서 일어나는' 생각을 찾아볼 수도 있다(예를 들어, '이것은 잘 안 되고 있어.' '이 일에 아무런 요점이 없군.' '소용없을 텐데, 어째서 귀찮게 하는 거지?' '이 통증 때문에 죽을 지경이야.' '이 실습이 끝났으면 좋겠어.' '이건 너무 힘들어. 나는 절대로 잘 하지 못할 거야. 상황은 변하지 않을 거야.') 이것들은 정신적 사건으로 보기 어렵다. 왜냐하면, 우리가 지켜보고 있는 '무대 위에' 나타나는 게 아니기 때문이다.

그래서 지도자는 어떤 생각은 다른 '곳'에서 나오며, 게다가 이런 생각들은 (비유를 바꾸자면) '생각 관찰하기' 실습에서 '레이더 아래에' 있다는 것을 강조할 수 있다. 우리는 참가자들에게 입체형 사운드를 가진 극장을 생각하도록 하거나 뒤로 강물이 흐르고 강물 위로 잎사귀 몇 개가 떠내려가는 것을 지켜보면서 강둑에 앉아 있는 것을 상상하도록 할 수도 있다. 하지만 이렇게 하는 것이 쉽지는 않고, 초기 단계에서는 한 번에 3, 4분 동안만 연습을 해야 한다.

가정실습에 대한 보고

이 회기 전 주에, 참가자들로 하여금 어떤 날은 녹음한 것을 사용하지 않고 공식 명상 실습을 시도해 보도록 한다. 집중을 잘 못하는 사람들에게는 이 연습이 어려울 것이다. 다양한 부정적인 생각과 이미지가 떠오르고, 그 중 많은 부분은 흔히 매우 비판적이며 반응적이다. 이런 예에서, 이러한 어려움이 생각과 어떻게 혼동되는지를 살펴보자. 첫째로, 이와 대조적으로, 전 주까지는 명상이 잘되었는데 지금은 잘 안되어 참가자가 크게 실망할 수도 있고, 두 번째는 '잘'하지 못하면 그렇게 하는 것이 전혀 쓸모가 없다는 생각이 일어날 수도 있다.

P: 저는 끔찍한, 정말 끔찍한 한 주를 보냈어요. 명상을 전혀 할 수 없었고, 책도 머리에 들어오지 않았어요. 그전 몇 주 동안은 아주 잘되었어요. 정말로 집중을 잘했어요. 그런데 지금은 전혀 어떤 것에도 집중을 할 수가 없어요.

I: 무슨 일이 있었나요?

P: 저도 정말 모르겠어요. 저는 외로움 때문이라고 생각해요. 정말 바빴지만 전에는 시간을 냈었어요. 저는 명상을 정말 즐겼기 때문에 일부러라도 시간을 냈었어요. 내 시간이니까요.

I: 맞아요, 하지만 정작 명상이 가장 필요한 때에는 놓쳐 버리셨군요?

P: 네, 직장에서 일하면서 여러 번 시도해 봤지만, 잘 안되었어요. 전 집중할 수가 없어요. 생각이 끊임없이 돌아가고 있었어요.

이 경우, 사실(생각이 끊임없이 돌아가는 것)이 해석('전 할 수 없어요.'를 의미한다)과 혼합되었다. 지도자는 하나를 선택할 수 있다. 지도자는 사실/해석 문제를 지적하거나 실제로 어떤 연습이 필요한지를 설명할 수 있을 것이다. 지도자는 후자를 선택했다.

"괜찮아요. 정말 중요한 건, 특히 이럴 때는 반드시 앉아서 명상을 해야 하고, '잘해야 된다.'라고 생각하지 않는 것입니다. 그런 상황에서 연습하는 것이 쉽지는 않겠지만 단지 일정한 시간 동안 앉아서 마음을 살펴보는 것이 아무것도 하지 않는 것보다 훨씬 바람직한 일입니다. 오히려 이때가 연습하기에는 가장 좋은 시점입니다. 지나고 나서 잘 돌이켜 보면, 평화롭고 고요할 때 시간을 내어 명상하는 것보다 사소한 것이라도 머릿속에 온갖 것을 떠올리며 앉아 있던 때가 더 가치 있다는 것을 알게 될 겁니다."

나중에 지도자는 생각들과 사실이 뒤섞이는 방식에 대해 다시 토의할 기회를 가졌다.

"실습을 하면서 마음이 여기저기 떠돌아다니면 화가 나고 좌절감을 느끼는 우리 자신을 발견하게 됩니다. 생각과 감정은 마치 거대한 폭포와 같고 마치 자신은 폭포수의 힘에 의해 내팽개친 것 같은 느낌을 받을 것입니다. 이때에 최선의 방법은 그 폭포수 뒤에 설 수 있는지 없는지를 보는 것입니다. 충분히 느낄 수 있는 좌절감을 포함해서 지금 일어나는 생각이나 느낌을 살펴보세요. 그 생각과 감정들은 당신을 스쳐 지나가 폭포수처럼 떨어질 것입니다. 그 생각과 감정들은 당신과 아주 가까이 있습니다. 당신은 그런 생각과 감정의 힘을 느낄 수 있지만 그것들은 당신이 아닙니다."

이러한 모든 점이 회기 초반부에 했던 정좌 명상과 가정실습 과제에 대해 토의하는 과정에서 나타날 수 있다. 참가자들은 낮 시간 동안 정기적으로, 그리고 힘든 상황이 발생할 때마다 3분 호흡 공간을 실습했다. 이것은 부정적인 생각들을 포함해서 힘든 상황을 다루는 데 있어서 지속적으로 중요한 토대가 될 것이고, 나중에 다시 그것을 반복할 것이다. 지금부터는, 이 회기의 중요한 주제인 생각과 관계를 맺는 대안적인 방법들을 설명하기 위해 다른 방법을 탐색해 보기로 하자.

맥락, 기분, 생각이 대안적인 관점을 보는 것을 막을 때

저자들의 동료 중 한 명인 Isabel Hargreaves는 다음과 같이 기분과 생각을 연결시키는 연습을 고안했는데, 이것은 참가자들에게 감정이 특정한 상황에서 우리가 어떻게 생각하는지를 결정할 수 있는 몇 가지 방법을 보여 주는 것이다(Isabel Hargreaves의 허락을 받아 여기에서 각색해 놓았다). 지도자는 각 사람에게 시나리오가 적힌 종이 한 장을 나눠 준다. 참가자들은 처음에는 [시나리오 1]을 이용해서, 다음에는 [시나리오 2]를 이용해서 자신들이 생각하는 바를 써내려 간다.

> [시나리오 1]에는
> "당신은 직장에서 동료와 다퉈서 기분이 좋지 않습니다. 잠시 후에 당신은 사무실에서 또 다른 직장 동료를 만났는데, 그 동료는 '지금 바빠서 시간을 낼 수 없다.'고 얘기하면서 쏜살같이 지나가 버립니다. 이때 어떤 생각이 드십니까?"

> [시나리오 2]에는
> "당신과 직장 동료가 일을 잘해서 방금 칭찬을 받았기 때문에 당신은 지금 기분이 좋습니다. 잠시 후에 당신은 사무실에서 다른 직장 동료를 만났는데, 그 동료는 '지금은 바빠서 시간을 낼 수 없다.'고 얘기하면서 쏜살같이 지나가 버립니다. 이때 어떤 생각이 드십니까?"

다음의 토의에서, 집단원들은 각각의 설명에 대한 생각과 느낌을 비교한다. 이 연습은 단순히 한 시나리오에서는 매우 긍정적으로 해석되고 다른 시나리오에서는 부정적으로 해석되는 것을 말하려는 것은 아니라는 점을 주목하라. 첫 번째 상황에서는 동료가 서둘러 지나간 것에 거절당한 느낌을 받고 상처를 받았다는 생각과 연합될 수 있을 것이고, 반면 두 번째 시나리오에서는 그 동료에게 무슨 일이 있는지 호기심을 가지거나 염려하는 생각을 떠올리거나 아니면 그 동료가 질투하고 있다고 생각할 수 있다. 예를 들어, 다음과 같다.

P: 첫 번째 경우에, '왜 동료가 나에게 말을 하지 않았을까?'라는 생각이 머릿속에 계속 남아 있을 수도 있고, 한편으로는 다른 생각 없이 그냥 받아들일 수도 있을 것입니다.

I: 그러니까 정확히 똑같은 객관적인 상황(그 동료가 걸음을 멈추지 않고 그냥 지나가 버리는 것)을 겪었지만, 우리 중 적어도 몇 명은 그 상황에 대한 생각의 틀이 너무나도 다른 해석과 다른 종류의 감정을 불러일으킬 수 있습니다. 어떤 것이 그런 차이를 만들었다고 생각하지 않기 때문에 이 점은 매우 분명합니다.

마음의 틀

생각은 신빙성을 지니기 때문에 우리는 그것을 믿는 경향이 있다. 그러나 생각은 추론의 껍질에 둘러싸인 현실의 씨앗을 품고 있는 정신적인 사건이라는 것을 기억하라. 하지만 우리는 동일한 상황에 대해 서로 다른 해석을 할 수 있는 능력을 가지고 있다. 따라서 상황에 대한 다양한 해석이 그때의 마음의 틀에 의해 결정된다면, 부정적인 마음의 틀에서는 그러한 마음의 틀이 만들어 내는 해석에 사로잡히고 기분은 계속 나빠지게 될 것이다.

따라서 첫 번째 단계는 전적으로 생각과 사실 사이의 이러한 차이점을 철저하게 인식하는 것이다. 명상의 한 가지 부분은 이러한 차이를 인식하기 위한 것이다. 우리는 생각을 알아차림의 장(field of awareness)에서 일어나서 지나가는 사건으로 알아차린다. 우리는 그 내용과 '감정적인 부하'에 주목하고 주의를 다시 호흡으로 되돌아오게 한다. 이때 가급적 생각의 흐름에 사로잡히지 않는 게 필요하다. "아, 또 다른 생각이 떠올랐구나. 그렇다면 부드럽지만 확실하게 다시 호흡으로 돌아와야지."라고 말하는 것이다.

여기서 중요한 점은 사건에 대한 해석은 단순히 실제로 거기에 무슨 일이 있었는지 그 이상을 반영한다는 것이다. 마음속에 떠오르는 생각이 우리가 느끼는 방식에 어떤 영향을 미치는지 이미 살펴보았지만, 여기서 새로운 부분은 그 순간의 기분에 의해서 생각이 결정된다는 것이다.

> 감정은 생각을 '낳는다'.
> 우리가 생각하는 것은 생각할 때의 기분에 의해 결정된다.

'생각이 사실은 아니다.'라는 개념은 우울에서 회복된 사람과 여전히 우울한 사람에게도 똑같이 적용된다. 방금 전에 일어났던 일에 근거해서 같은 사건이 어떻게 다르게 해석될 수 있는지에 대해 토의를 하게 되면 우리의 생각이 사실이라고 말해 줄 수 있는 진실은 하나도 없다는 것을 알 수 있다. 이 연습은 생각이란 우리의 과거와 최근의 감정 상태를 포함하여, 여러 가지 다른 영향들을 반영하는 해석이라는 사실을 알려 준다. 생각이 강력하다고 해서 그것이 사실이 되는 것은 아니다.

이 회기의 메시지는 생각-해석과 우리의 기분 사이의 연결에 관한 2회기와 4회기의 메시지를 기반으로 한다. 그렇다면 이번 회기는 무엇을 추가하고 있는가? 첫째, '존은 학교에 가는 길이었다.'는 예시문에서 보았듯이, 세상에서 일어나는 일들을 시시각각 처리하다 보면 해석이 너무 빨리 이루어지기 때문에 우리는 이러한 해석이 상황에 대한 반응에 영향을 미치는 것을 알아차리지 못한다. 둘째, 이 회기는 기분이 생각을 일으키는 방식에 초점을 두고 있다. 최근에 일어난 일이나 과거 사건을 일깨워 주는 어떤 것이 만들어 내는 감정은 생각과 해석을 결정하는 전체 마음의 틀을 결정지을 수 있다. 셋째, 이 회기에서 왜 생각을 정신적인 사건으로 보기 어려운가를 설명하고 있다. 생각은 맥락과 느낌에서 나오기 때문에, 우리에게 진짜처럼 보인다. 그것은 맥락에 의해 위장되기 때문에 잘 보이지 않는다.

그렇다면 첫 번째 단계는 무엇인가

참가자들은 머릿속에 떠오르는 생각이 자신을 앞지를 때, 즉시 무언가를 할 수 있다고 느낄 필요가 있다. 그러므로 우리는 호흡을 하는 것이(얼마나 짧은지는 상관없이) 첫 번째 단계라는 것을 항상 강조한다. 자동조종에서 벗어나서 호흡에 주의를 기울이기 전에 일어나는 생각-감정-신체감각의 전체 '꾸러미'를 알아차리면, 그 사람은 상황을 개인적으로 받아들이지 않고 지금 이 순간에 자신에게 무슨 일이 일어나고 있는지 더 잘 알 수 있게 된다. 생각이 압도적으로 밀려올 때, 짧게라도 호흡하는 것이 항상 첫 번째 단계이다. 이렇게 자각하게 되면 어떻게 대응할지 다양한 선택에 대한 분별력을 갖게 된다. 마음에 새겨 두어야 할 한 가지 이미지는 호흡은 문과 비슷하다는 것이다. 문을 열게 되면 어느 곳으로 가야 할지 선택할 수밖에 없는 여러 개의 복도가 드러나기 마련이다. 5회기에서 우리는 반복적인 생각과 감정을 동반하는 신체감각에 마음을 열기 위해서, 어려운 생각이 몸에 어떤 영향을 미쳤는지를 알기 위해 호흡 공간으로 초대할 방법을 모색하였다. 다음 회기에서 우리는 사람들이 호흡에 이어 어떻게 행동을 취할 것인지를 살펴볼 것이고, 여기에서는 생각을 어떻게 다룰 것인가에 중점을 둔다. 선택을 할 수 있다는 것을 인식하는 것이 중요하다. 하지만 메시지는 여전하다. 첫 단계로 호흡 공간에 집중하라.

그래서 부정적인 생각이 들 때, 호흡 공간을 하고 난 다음에 참가자가 생각 자체에 집중하고자 한다면, 그다음에 무엇을 해야 할지 수많은 선택사항이 있다. 첫째, 참가자들은 강한 감정적인 부하를 일으키는 생각의 기차, 즉 연속적인 생각을 인식하게끔 인지치료자들이 개발한 도구를 사용할 수도 있다.[96] 참가자들이 스스로 시도할 수 있도록 하기 위해 참가자용 유인물에는 다음과 같은 것들을 포함시켰다.

① 생각을 따라가야 한다는 느낌을 갖는 대신 알아차림의 장에서 생각이 들어오고 나가는 것을 그냥 지켜볼 것
② 떠오르는 모든 생각, 특히 부정적인 생각을 사실이 아닌 정신적 사건으로 볼 것. 이러한 정신적 '사건'은 종종 강한 감정과 관련이 있다. 그래서 마치 그것이 사실인 것처럼 생각하게끔 하는 유혹을 느낄 수 있다. 그러나 어느 정도가 사실인지 결정하는 것은 당신에게 달려 있고 그것을 어떻게 처리할 것인지 역시 당신에게 달려 있다.
③ 자신의 생각을 종이에 적어 보라. 이렇게 하면 생각을 덜 감정적이고, 덜 압도적인 방식으로 볼 수 있게 된다. 또한 생각을 한 다음 그것을 적을 때까지 잠깐 멈춰 있는 동안 더 넓은 시각을 가지는 순간을 스스로에게 줄 수 있다.
④ 자비심을 가지고, 생각을 유발하는 감정에 초점을 두면서 다음과 같은 질문을 해 본다. '지금 여기에 어떤 감정이 있는가?' '어떤 감정들이 이런 생각들을 불러일으키고 있는가?' '이것은 무엇인가?' '두려움?' '외로움?' '분노?' '슬픔?' '어떤 신체감각이 있는가?' '어떻게 지금 나를 잘 돌볼 수 있을까?'

시간이 지나면서 참가자들은 생각을 그 자체의 활동으로 보기 시작하고 그것이 언제 일어났는지 그냥 주목하게 된다. 이렇게 되면 사고 과정이 전개되는 것이 그대로 드러나게 되며, 참가자가 그 내용에 빠져서 길을 잃지 않고 그 생각이 무엇을 말해 주려고 하는지 알게 해 줄 것이다. 참가자들이 이런 방법으로 그들의 생각과 경험을 연관시킬 수 있다면, 그 생각들을 행동으로 옮기고 싶어 하는 것인지, 아니면 그냥 내버려 둘지를 선택하는 것이 가능하게 된다.

여기서 중요한 것은 만약 이런 식으로 혼잣말을 인식할 수 있다면 자신이 무엇

을 원하는지 선택하기가 더 쉬워진다는 것이다. 만약 눈사태같이 밀려오는 생각을 알아차렸을 때, 호흡을 한다면, 그다음에 우리가 할 수 있는 것이 많이 있다는 것을 알 수 있다. 여기에는 혼잣말을 관찰하고 써내려 가는 것뿐만 아니라 가능한 한 부드러운 태도를 가지고 그 뒤에 있는 감정들을 의식하는 것도 포함된다. '이것들을 다른 방식으로 볼 수도 있을 거야.'

결국, 생각과 감각에 신중하게 주의를 기울이면 문제를 다른 시각에서 볼 수 있게 되어 스트레스를 덜 받을 수 있다. 예를 들면, 일하면서 직장 상사에게 야단을 맞았을 때, 불안정하고 방어적인 태도로 대하기보다는 마음챙김을 하게 되면 말하기 전에 초기 반응이 어떤지를 지켜볼 수 있고 그러고 나면 더 의식적으로 그리고 더 효과적으로 말할 수 있을 것이다.

중요한 점은 그렇지 않은 것도 있겠지만 모든 생각은 정신적 사건들이라는 것이다.

'생각과 다른 방식으로 관계를 맺는다.'는 것이 단순히 생각에 응수하는 것은 아니다

많은 사람이 부정적인 사고를 처리하는 첫 번째 단계로 호흡을 사용하는 것이 매우 도움이 된다고 말한다. 그러나 우리는 주의해야만 하는데, 생각과 대항해서 싸우는 것을 강화시키기 위해 호흡을 사용하는 것과 생각을 다른 관점에서 보는 것은 미묘하지만 중요한 차이가 있다. 첫 번째 경우와 같이 부정적인 생각에 대해 단순히 더 현명한 답을 찾으려고 노력하는 것은 큰 절망만을 남겨 줄 수 있다.

다음의 대화에서 우선 이 사람이 부정적인 사고에 '응수하다가' 어떻게 생각을 그저 생각으로 알아차리는 것으로 옮겨 가는지 주목하라. 특히 '응수하기' 양식을 사용할 때의 위험을 주목하라. 이렇게 되면 너무 쉽게 자기 비난으로 빠지게 되지만, '생각을 그저 생각으로 보는' 양식은 다른 분위기를 가져온다.

P: 시작부터 그날 별로 좋지 않을 것 같다는 예감이 들어요.

I: 눈을 뜨는 순간부터 그런가요?

P: 글쎄요……. 시작은 좋은데, 하루가 지나가면서 점차로 나빠지는 것 같아요. 어떤 날은 아침부터 기분이 나쁘죠. 가끔 내가 해야 할 일을 할 수 없다는 생각에 좌절되기도 해요. 그럴 때 그것은 내 잘못이 아니라는 것을 자신에게 상기시켜 주면 그 다음날이나 다음 몇 시간은 도움이 돼요.

I: 그렇게 생각하면서 당신이 가지고 있는 생각의 일부분에 도전하시는군요.

P: 네. 호흡도 제가 사용하는 것 중 하나예요. 다른 사람들이 상처 주려고 한 말이 아닌데 그것이 갑자기 상처가 되기도 하죠. 그들이 상처를 주려는 의도를 가진 것이 아니니까 그것들을 마음으로 받아들여서는 안 돼요. 2주 전에 어떤 사람이 나에게 말했던 것이 갑자기 생각났어요. '그 사람은 이러이러한 의미로 말했을 거야.' '그 사람은 왜 그런 말을 했을까?' 그런 생각을 하면 내 마음은 이리저리 날뛰기 시작하는 거죠.

I: 그렇게 사소한 일들이 막 떠오르시는군요?

P: 사실, 멍청하죠. 알아요. 머릿속에서 그런 생각들을 계속 떠올리는 것은 의미가 없어요. 그런데 그렇게 하고 있는 거죠.

이 시점에서 이 사람은 자신을 침착하게 하기 위해서 호흡을 이용하고 있다. 부정적인 생각과 협상을 하려는 노력이 분명하게 나타나고 있고, "멍청하죠." 또는 "그런 생각들을 계속 떠올리는 것은 의미가 없어요."라는 말 속에서 자기 비난을 하고 있다는 것이 명백해진다. 하지만 나중에는 호흡이 이 사람을 수업의 다른 내용들과 연결시켜 주었다는 것이 보다 분명해진다.

P: 저는 또한 그 말을 생각했어요. '생각이 사실은 아니다.' 이 말을 직감적으로 이해하게 되었어요……. '생각이 사실은 아니다.' 그리고 '그것들이 사실이라고 할지라도.' 나는 이것이 정말 좋다고 생각했어요(웃음). 왜냐하면 만약 머릿속에서 맴도는 무언가가 있을 때 이렇게 말할 수 있을 거예요. "그건 사실이 아니야. 이것이 진실이지. 지금 너는 이 방에 있고, 너를 둘러싸고 있는 것들이 얼마나 좋은지 보란 말야." 그러면 다른 생각들이 떠오릅니다. "하지만 그 사람은 정말 그렇게 말했어. 그건 실제로 일어난 일이야." 그러면 난 이렇게 말을 합니다. "그게 사실이라 할지라도."(웃음). 그다음 호흡을 했고,

부정적인 것들이 사라진 것을 알았어요."

재발 신호를 확인하기

3장에서 살펴보았듯이, 사람들이 여러 번 우울한 경험을 하고 나면 그 과정은 점점 더 자동적으로 일어나게 된다. 우울은 매우 빠른 속도로 일어나고 외부 자극 없이 점차 심해지기도 한다. 이 때문에 기분이 안정되어 있는 동안 우울증이 재발할 것 같은 몸과 마음의 신호나 변화를 미리 확인 하는 것이 중요하다. 이러한 신호들을 미리 알아차림으로써, 참가자들은 그동안 연습했던 기법들을 더 잘 사용할 수 있는 기회를 갖게 된다. '재발 신호'로 불리는 이러한 신호는 각자 다르게 나타난다.

우울증이 재발할 수도 있지만 이때 그것을 처리하거나 다루기 위한 방법을 배우고 있다는 것을 주목하라. 마음챙김 수업을 하게 되면 결코 슬픈 감정을 다시는 느끼지 않을 것이라고 단정 짓는 것은 잘못된 것이다. 이 수업은 우울증이 나타날 때 우울증이 일어나는 영역을 표시하면서 자신을 더 잘 돌보고 두려움을 덜 느끼면서 항해할 수 있는 방법을 배우기 위한 것이다.

이 책의 초판에서는 7회기가 되어서야 경고 신호를 소개했다. 이 프로그램을 계속 가르치면서 일찍 소개할수록 더 좋다고 결론을 내렸다. 6회기에서, 생각과 생각을 '정신적인 사건'으로 인식하는 방법에 대한 토의를 통해서, 우울증의 중요한 경고 신호인 부정적인 생각을(그리고 아무리 들러붙는 것이라도) 어떻게 사용할 수 있을지에 대해서도 토론하였다. 부정적인 생각은 우울증 재발로 이어질 수 있는 오래된, 도움이 되지 않는 사고 패턴으로 되돌아가는 경향성을 알려 주는 신호일 것이다.

소집단이나 둘씩 짝을 지어 수업시간에 적절하게 연습하면서 재발 신호를 검토한다. 일단 마치게 되면 우울감이 다시 일어날 때의 특별한 경고 신호에 대해서 칠판에 다음과 같이 목록을 적는다. 다음은 한 수업의 사례이다.

- 부정적인 생각과 감정이 들 때-들러붙어서, 떨쳐 버리기 어렵다는 것을 알게 됨.
- 자기 자신과 타인에게 짜증이 날 때

- 사회 활동에서 철수될 때—그냥 '사람들을 만나고 싶지 않음.'
- 수면 습관이 변했을 때
- 식습관이 변했을 때
- 쉽게 지칠 때
- 운동을 포기할 때
- 해야 할 일을 처리하려 하지 않을 때(우편물을 열어 보거나 세금을 내는 것 등)

사람들마다 우울증 재발이나 악화가 임박했다는 것을 알려 줄 수 있는 기분 악화와 같은 징후는 독특하다. 이것이 '신호(signature)'라고 불리는 이유이다. 이러한 신호에 너무 예민해지지 않고 자각을 하는 것이 중요하다. 그러나 이러한 변화를 알아차리는 것만으로는 충분하지 않다. 기분이 좋을 때는 쉽게 목록을 정할 수 있지만 기분이 나빠지기 시작하면 재발 경고에 주의를 기울이는 것이 소용없다고 생각할지도 모른다. 우울증 '영역'의 한 부분은 절망감이라는 것을 기억하라. 절망감에 빠지게 되면 이러한 실습이 가치가 없다는 느낌이 들고 '출발점으로 되돌아가고 있다.'는 느낌이 들게 한다. 이런 이유 때문에 참가자들에게 자신을 돌볼 수 있도록 현재의 의도를 잘 살리고, 그들의 계획에 다른 사람을 포함시키도록 격려한다. 스스로 다음 두 가지 질문을 해 볼 필요가 있다. '과거에 무엇이 우울한 감정을 알아차리고 주목하는 것을 방해했었는가?(예: 밀쳐 버리기, 부인하기, 주의 산만, 자가 처방으로 술에 의존하는 것, 논쟁, 가족이나 동료들을 비난하는 것)' 그리고 '재발 신호를 탐색하기 위한 초기 경고 시스템에 다른 가족 구성원을 어떻게 포함시킬 수 있는가?' 불행감과 우울감을 현명하게 다루기-I(6회기-유인물 4) 작업을 한다. 참가자는 수업에서 그것을 시작하고 집에서 끝낼 수 있다.

미래를 준비하며

이 회기의 마지막이 되면 이제 두 번의 수업만이 남아 있다. 이 시점에서 참가자들은 일상 속에서 연습할 수 있는 자신들만의 방법을 모색해 보는 시간을 가져야 한다. 개인 실습을 위한 최소한의 구조를 만들어 주기 위해 벨소리 간격이 있는 오디오뿐만 아니라 10분 및 20분의 정좌 명상 실습 오디오를 제공한다. 참가자들은 자신에게 맞는 것을 골라서 하루에 40분씩 연습을 할 것이다.

여기에 들어 있는 함축적인 메시지는 이렇듯 다양한 수단을 탐색할 기회를 제공함으로써 마음챙김 명상이 장기간의 연습으로 자리 잡게 하는 것이다. 마음챙김은 그 사람에게 '잘못된 것'은 무엇이든지 '치료'할 수 있는 단기치료라기보다는 삶의 한 방식이다. 사람들이 자신의 일상적인 삶 속에 공식 실습을 통합시켜 이를 닦고 목욕을 하는 것과 같이 일상적인 일로 자리 잡게 되면 될수록 8주 프로그램 동안 시작되었던 변화가 더 쉽게 나타날 것이다. 결국 중요한 것은 어떤 실습을 했고 얼마나 오랫동안 했는지가 아니라 실습의 '생활화'이다. 어떤 사람들은 '만약 하루에 40분씩 지속하지 않는다면 나는 잘 해내지 못할 거야.'라는 메시지로 알아들을지 모른다. 이것은 우리가 의도하는 바가 아니다. 그러나 우리는 미래에 대해 명확하게 하는 것이 중요하다고 더욱더 확신한다. '행위' 양식이 아닌 '존재' 양식을 연습할 수 있도록 매일매일 시간을 비워 놓게 되면 이것은 자신에게 줄 수 있는 가장 유용한 선물이 될 것이다. 우리가 그날의 모든 순간에 마음을 챙기기를 원한다면, 오로지 마음을 챙기는 실습을 할 수 있는 그날의 몇몇 순간을 찾아보는 것이 유용하다. 이 순간은 우리 안에서 가장 깊고 좋은 것을 만나고 풍성하게 할 수 있는 시간을 의미한다.

6회기-유인물 1

6회기 요약: 생각이 사실은 아니다

'이렇게 해라, 저렇게 말해라, 기억하라, 계획하라, 고민해라, 판단하라.' 등 뜻하지 않은 생각에 우리가 얼마나 많은 힘을 쏟고 있는지를 알면 놀랍기 그지 없다. 그것들은 우리를 아주 미치게 만들 가능성이 있으며, 종종 그렇게 되기도 한다!

–Joseph Goldstein[89]

우리가 하는 생각은 우리가 어떤 것을 느끼고 있고 무엇을 하고 있는지에 대해 아주 강력하게 영향을 미칠 수 있다. 흔히 이런 생각들은 완전히 자동적으로 발생하고 계속해서 마음속에 떠오른다. 마음속에 지나가는 생각과 이미지들을 반복적으로 자각하고 주의를 호흡과 현재로 되돌리면서 내려놓게 되면 생각과 이미지에 대한 거리와 조망을 얻게 된다. 이것은 상황에 대해 생각하는 또 다른 방법이 있을지도 모른다는 것을 깨닫게 해 주고, 자동적으로 '마음에 떠오르는' 오래된 사고패턴의 폭정(tyranny)으로부터 우리를 자유롭게 해 준다. 결국 모든 생각은 단지 정신적 사건이고, 생각들이 사실은 아니고 우리 자신이 생각이 아니라는 것을 '뼛속' 깊이 깨닫게 되는 것이 가장 중요한 점이다.

생각과 심상들은 종종 마음속 깊이에서 무엇이 일어나고 있는지를 알려 준다. 우리는 그러한 생각과 심상들을 포착해서 여러 다른 시각으로 그것들을 바라볼 수 있으며, 우리가 가지고 있는 '상위 10가지'의 상습적이고 자동적이며 도움이 되지 않는 사고패턴에 익숙해짐으로써 아주 쉽게 저조한 기분상태로 이끌리게 되는 과정들을 이해할 수 있게 된다.

특히 '이렇게 해 봤자 소용없어.' 혹은 '효과가 없을 텐데 성가시게 이걸 왜 하지?'와 같이 연습을 막고 방해하는 생각을 인식하는 것이 중요하다. 이와 같이 비관적이고 무기력한 사고패턴은 우울한 기분상태에서 나타나는 가장 특징적인 속성들 중의 하나이며, 이러한 상태에서 벗어나기 위한 유용한 행동을 취하는 것을 방해하는 중요한 요소 중 하나이기도 하다. '부정적 사고'와 같은 생각들을 깨닫고 자신이 느끼는 방식을 변화시킬 수 있는 능숙한 방법을 적용하려는 노력을 자동적으로 포기하지 않는 것이 특히 중요하다.

생각에서 행동이 나온다. 행동에서 모든 종류의 결과가 나온다. 어떤 생각에 투자할 것인가? 우리의 위대한 임무는 그것들을 명확히 보는 것이다. 그러면 우리는 어떤 일을 할지, 어떤 일을 하지 않을지 선택할 수 있다.

–Joseph Goldstein[89]

6회기-유인물 2

생각을 달리 볼 수 있는 방법

여기에서는 생각을 다룰 수 있는 몇 가지 방법이 제시된다.

1. 생각을 따라가야 된다는 느낌을 갖지 말고 단지 생각이 들어오고 나가는 것을 지켜보라.

2. 생각을 불러일으키는 감정을 알아차리는 것이 가능한지 살펴보라. 생각이 일어나는 맥락은 단지 연쇄적인 사건들에서 하나의 연결고리에 불과하다.

3. 생각을 사실이라기보다는 정신적 사건으로 바라보라. 이러한 정신적 사건은 가끔씩 다른 감정과 함께 일어날 수도 있다. 그것을 사실인 것처럼 생각하고 싶은 유혹을 느낄 것이다. 그러나 그 생각이 사실인지 아닌지 결정하는 것은 당신에게 달려 있고 그것을 어떻게 처리할 것인지 역시 당신에게 달려 있다.

4. 생각을 종이에 적어 보라. 이것은 생각들을 덜 감정적이고, 덜 압도적인 방식으로 볼 수 있게 해 준다. 또한 생각을 하고 나서 적어 내려가기까지 잠깐 멈추게 되면 그것에 다르게 대응할 시간을 가질 수 있다.

5. 특히 다루기 어려운 생각의 경우, 정좌 명상의 일부로 균형 있고 열려 있는 마음 상태에서 의도적으로 다르게 보는 것이 도움이 될 것이다. 당신의 '현명한 마음'이 최선을 다하여, 균형을 찾게끔 하고, 일어나는 감정에 이름을 붙이고, 호기심을 가지도록 하라. 즉, '아, 여기 슬픔이 있구나.' '여기에 우울증의 목소리가 있구나.' '여기 익숙하고 귀에 거슬리는 목소리가 있네.' 생각과 함께 취할 수 있는 주된 자세는 부드러운 관심과 호기심이다.

부분적으로 Fennell에 기초하였음.[96]

6회기-유인물 3

우울증 재발 방지

우울증이 재발할 수도 있다는 경고 신호는 무엇인가?(예: 화를 잘 내고, 사회적 접촉이 줄었다. 단지 '사람들을 만나고 싶지 않아요.' 수면 습관의 변화, 식습관의 변화, 쉽게 지침, 운동 포기하기, 우편물 개봉, 고지서 납부, 마감시한 미루기와 같이 일처리를 하고 싶지 않음.)

조기경보 시스템을 설정하라.—다음 기록지에 주의해야 할 변화를 기록해 보라(편안하게 느껴진다면, 우울증 신호를 잘 알아차릴 수 있고 그것에 반응하기보다는 잘 대응할 수 있게끔 협조해 줄 수 있고 당신의 삶을 나눌 수 있는 누군가를 포함시켜 보라).

6회기-유인물 4

불행감과 우울감을 현명하게 다루기-I
분명하게 보기(우울증의 첫 번째 신호를 알아차리기)

이 기록지는 우울증이 나타날 때 어떤 일이 일어나는지 자각을 증진시키기 위한 것이다. 여기서 목표는 신중하고 호기심을 가지고 기분이 떨어지기 시작했다는 것을 알려 주는 생각, 감정, 신체감각, 행동 패턴을 탐색하는 것이다.

우울증을 유발하는 요인은 무엇인가?

- 외부(일어나는 일) 또는 내부(예: 생각, 감정, 기억, 관심사) 유발 요인이 있다.
- 큰 유발 요인뿐만 아니라 작은 유발 요인도 주목하라. 때로는 아주 사소한 것처럼 보이는 것이 우울한 감정의 소용돌이를 일으킬 수 있다.

처음 기분이 우울해질 때 어떤 생각이 떠오르는가?

어떤 감정이 일어나는가?

몸에는 어떤 일이 일어나는가?

무엇을 하고 있는가? 또는 무엇을 하고 싶은가?

당신이 알아차리지 못하고 있는 사이에 우울로 가라앉게 하는 사고 습관이나 행동이 있는가?(예를 들면, 반추하기, 고통스러운 생각과 감정을 억누르거나 외면하거나, 받아들이고 탐색하기 보다는 고군분투하기 등)

6회기-유인물 5

6회기 이후 일주일간의 가정실습 과제

1. 매일 40분씩(예를 들면, 20분+20분) 새로운 명상이나 이전의 명상들(오디오 트랙 4, 10, 13) 중에서 선택해서 연습하라. 당신의 반응을 가정실습 기록지에 기록하라.

2. 3분 호흡 공간
   - 규칙적으로: 미리 시간을 정해 놓고, 하루 3번 연습하라.
   - 가정실습 기록지에 있는 R에 동그라미를 치면서 매번 기록하라.
   - 느낀 점/어려움을 기록해 보라.

3. 3분 호흡 공간
   - 반응적으로(오디오 트랙 9), ([5회기-유인물 2]를 참조해서 수시로 연습하라.)
   - 불쾌한 감정을 느낄 때마다 실습하라.
   - 가정실습 기록지에 해당되는 날의 ×에 동그라미를 쳐 가면서 해라.
   - 느낀 점/어려움을 기록해 보라.
   - 만일 호흡을 한 후에도 여전히 부정적인 생각이 든다면 이러한 생각들에 대해 다른 관점을 취하기 위해서 [6회기-유인물 2]에 나와 있는 내용을 참조하라

4. 수업에서 제시한 불행감과 우울감을 현명하게 다루기-I을 완성하라. 원한다면 가족과 친구들을 포함시키라. 그들이 당신의 기분이 가라앉을 때 조기경고 신호를 알아차릴 수 있다.

6회기-유인물 6

가정실습 기록지-6회기

이름: ____________________

당신이 매 시간마다 연습한 것을 가정실습 기록지에 기록하라. 또한 과제하면서 떠오르는 것들을 기록하라. 그것을 다음 수업에서 말할 수 있도록 하라.

날짜/요일	연습(예/아니요)	의견
수요일 날짜 ______	어떤 명상을 할 것인가? R R R X X X X X X X X X X X X	
목요일 날짜 ______	어떤 명상을 할 것인가? R R R X X X X X X X X X X X X	
금요일 날짜 ______	어떤 명상을 할 것인가? R R R X X X X X X X X X X X X	
토요일 날짜 ______	어떤 명상을 할 것인가? R R R X X X X X X X X X X X X	
일요일 날짜 ______	어떤 명상을 할 것인가? R R R X X X X X X X X X X X X	

월요일 날짜 _____	어떤 명상을 할 것인가? R R R X X X X X X X X X X X X	
화요일 날짜 _____	어떤 명상을 할 것인가? R R R X X X X X X X X X X X X	
수요일 날짜 _____	어떤 명상을 할 것인가? R R R X X X X X X X X X X X X	

6회기-유인물 7

생각에서 뒤로 물러서기

생각은 오직 생각에 불과할 뿐 '내 자신'도 아니고, '현실'도 아니라는 것을 알게 되면 생각에서 벗어나 무한한 해방감을 맛보게 될 것이다. 예를 들어, 당신이 '오늘 중에 몇 가지 일만큼은 반드시 해야 한다.'고 생각하고 있다고 하자. 그런데 당신은 그것이 단지 그렇게 해야 한다는 생각일 뿐이라는 것을 알지 못한 채, 마치 그렇게 하는 것이 '당연한 것'처럼 행동한다. 따라서 당신은 오늘 그 일들을 반드시 해야 하는 것이라 믿고 이런 믿음이 자신의 현실이 되어 순간순간 그러한 현실에 따라 살게 되는 것이다.

피터는 심장발작을 경험한 후 다음 발작을 예방하고자 하는 환자였다. 그는 어느 날 밤 10시경에 도로 위에서 전조등을 켠 채 세차를 하고 있었다. 그런데 갑자기 '지금 내가 이것을 해야 할 이유가 없지 않은가?'라는 생각이 떠올랐다. 해야만 한다고 '생각'한 모든 일을 그날 중으로 해치워야 한다고 생각한다면 밤중에 세차하는 것은 불가피한 일이다. 한밤중에 세차를 하고 있는 자신을 보고서 그는 '오늘 해야만 된다.'는 마음에 지나치게 사로잡혀 있어서 그러한 신념을 당연한 것으로 여기고 더 이상 의문을 제기하지 않았음을 알게 되었다.

만약 당신도 이와 비슷한 행동을 하고 있다면 피터처럼 그 이유도 알지 못한 채 마냥 쫓기고, 긴장하고, 불안할 것이다. 만약 명상 도중 이것저것 오늘 중에 해야 할 일이 생각났다면 당신은 그 생각에 주의를 기울이거나 아니면 단순히 생각이 마음속에 일어났기 때문에 명상을 그만두고 일어나서 그 일을 먼저 할지도 모른다. 그러나 만약 그 생각이 마음속에서 일어나는 하나의 생각에 불과하다는 것을 의식하게 된다면 명상을 걷어치우고 일어나는 어리석은 짓을 하지 않을 것이다.

한편, 하나의 생각이 떠올랐을 때 한 발짝 뒤로 물러나서 그 생각을 자세히 살펴보면 일의 우선순위를 알 수 있고 정말 해야 할 일이 무엇인지 명확하게 선택할 수 있게 된다. 또 이렇게 하면 하루 중 언제쯤 그 일을 그만두어야 하는지도 알 수 있게 된다. 이처럼 당신의 생각을 오직 '생각'에 불과하다는 단순한 인식을 해 나가게 되면 왜곡된 현실에서 벗어나서 자신의 인생에 대해 선견지명을 가지게 되고 삶을 더 쉽게 관리할 수 있다는 느낌을 가질 수 있을 것이다.

이처럼 명상 실습을 함에 따라 마음을 일방적으로 지배하는 생각이라는 폭군으로부터 자유롭게 될 수 있다. 매일 일정 시간 아무것도 하지 않는 상태로 호흡의 드나듦이나 몸과 마음의 활동만을 관찰하고 있으면 날이 갈수록 고요함과 마음챙김 능력이 길러진다. 마음이 안정감을 얻고 생각의 내용에 끌려가지 않으면 집중하거나 고요해질 수 있는 능력이 저절로 강화된다. 한 가지 생각이 일어날 때마다 그 생각은 단순한 생각에 불과할 뿐이라고 알아차리고 생각의 내용은 마음에 새겨 두되 그 생각의 강도나 그 내용의 정확성 따위에는 끌려가지 않고 가만히 놓아 버린 다음 호흡이나 신체감각에 의식을 되돌리면 마음챙김 능력은 더욱 강화된다. 이렇게 하면 우리 자신을 더 잘 알 수 있고, 되고 싶은 자기의 모습보다는 있는 그대로의 자신을 더 잘 받아들일 수 있게 된다.

* Jon Kabat-Zinn[67]에서 발췌. 1990년도 저작권은 Random House가 가지고 있음. Random House의 지국인 Dell Publishing의 허락을 받아 인용. Segal, Williams, and Teasdale(2013)에서 발췌. 저작권은 Guilford Press가 가지고 있음. 이 유인물의 복사본은 이 책을 산 사람만이 개인적인 목적으로 사용 가능하다(자세한 내용은 저작권 부분을 참조하라). 구매자는 이 유인물을 다음에서 확대하여 내려받을 수 있다. www.guilford.com/MBCT_materials

6회기–유인물 8

연상의 기차

마음속에 일어나는 생각의 정도는 우리의 삶에 만연되어 있다. 의식적으로나 무의식적으로, 우리는 삶의 대부분의 시간을 생각하는 데 소비한다. 그러나 명상은 종잡을 수 없는 생각이나 심사숙고가 아닌 다른 과정이다. 명상은 생각이 아니기 때문에, 지속적으로 조용히 관찰하는 과정을 통해 새로운 방법으로 이해할 수 있게 된다.

우리는 생각을 판단하거나 생각에 대항하여 싸울 필요가 없다. 오히려 일단 일어나는 생각들을 자각하면, 그 생각들을 따를 필요가 없다는 것을 알게 된다.

생각에 빠져 자신을 잃어버릴 때 동일시는 강해진다. 이럴 때 생각은 마음을 휩쓸어 버리고, 우리는 순식간에 거기에 빠져서 너무나 멀리 와 있게 된다. 우리는 타고 있다는 것조차 알지 못하고 목적지도 모른 채 연상의 기차에 올라탄다. 한참을 가고 나서야 깨어나서 자신이 생각을 하고 있고 생각의 기차에 타고 있었다는 것을 알게 될지도 모른다. 그리고 기차에서 내렸을 때는 이미 우리가 탔던 곳과는 다른 정신적 분위기에 놓이게 될지도 모른다.

마음속에 생각이 떠오르는 것을 직접 바라보기 위해 지금 바로 잠시 시간을 가져 보라. 연습하면서 눈을 감고 텅 빈 스크린을 보면서 영화 속에 자신이 앉아 있다고 상상해 보라. 그냥 마음속에 생각이 일어나기를 기다려 보라. 당신은 생각이 일어나기를 기다리는 것 말고는 하는 것이 없기에 매우 빨리 생각을 자각할 수 있을 것이다. 정확히 그 생각들은 무엇인가? 무슨 일이 일어나고 있는가? 생각은 우리가 거기에 빠졌을 때는 실제처럼 느껴지는 마술과 같지만, 주시하게 되면 곧 사라져 버린다.

그러나 우리에게 영향을 미치는 강한 생각들은 어떠한가? 지켜보고, 또 지켜보고, 계속 지켜보고 있다가 갑자기 생각 속에 파묻혀져서 자기 자신은 없어진다. 그것은 도대체 무엇인가? 우리를 계속해서 사로잡아서 생각이 마치 그저 지나가는 빈 현상이라는 것을 잊어버리게 하는 마음 상태 혹은 특별한 종류의 생각은 무엇인가?

우리가 전혀 알아차리지 못한 채 그렇게 초대받지 않은 생각들에 얼마나 많은 힘을 실어주고 있는지 관찰하게 되면 놀라울 정도이다. '이것을 해 봐, 저것을 말해 봐, 기억해 봐, 계획을 세워, 고민해 봐, 판단해 봐.' 이런 것들이 우리를 거의 미치게 할 수도 있고 가끔 실제로 그렇게 되기도 한다!

우리가 가지고 있는 생각의 종류와 그러한 생각이 우리 삶에 미치는 영향은 사건을 어떻게 이해하느냐에 달려 있다. 만약 생각이 떠오르고 지나가는 것을 그냥 바라볼 수 있는 분명하고도 강력한 여유를 갖는다면, 어떤 종류의 생각이 마음속에 있든지 간에 문제가 되지 않는다. 우리는 생각을 있는 그대로 그냥 지나가는 것으로 바라볼 수 있다.

생각으로부터 행동이 일어난다. 행동으로부터 모든 종류의 결과가 나오게 된다. 어떤 생각에 우리가 투자를 해야 할까? 우리가 해야 할 일은 그것들을 명확하게 바라봐서 어떤 생각에 행동을 취해야 하고 어떤 것은 그냥 있는 그대로 두어야 하는지를 선택하는 것이다.

15

마음챙김 실습의 날

8주간의 MBSR 프로그램이 우울증 재발 방지에 얼마나 도움이 될 수 있을지 살펴보기 위해 이 프로젝트를 시작했을 당시인 1993년에는 포함시키지 못했지만 우리는 이 프로그램의 또 다른 중요한 요소를 잘 인지하고 있었다. 그것은 바로 환자들에게 침묵 가운데 명상을 실습할 기회를 제공하는 6회기와 7회기 사이의 마음챙김의 날이다. 프로젝트를 지원해 주던 후원자들은 무작위 시행(randomized trial)에서 경제성(다른 치료법과 비교할 때, 참가자와 지도자에게 소요되는 추가 시간의 직접 비용 및 '기회비용')의 문제를 면밀히 검토하도록 요구하였다. 이는 그 프로그램에 소요되는 시간과 비용을 최소화해야 한다는 것을 의미했고, 그래서 우리는 마음챙김 실습의 날을 MBCT 1판에는 포함시키지 않았다. 그러나 지난 10년 동안 종일 실습이 포함되었을 때와 그렇지 않았을 때의 MBCT 프로그램을 가르치면서 우리는 종일 실습이 효과가 크다는 증거를 자주 목격하였다. 게다가 이전에 이 프로그램을 이수한 모든 사람에게도 종일 실습 기회가 열려 있다는 사실은 경제성 논란을 잠재워 줄 수 있었다. 이런 식으로 참가자에게 건강을 유지하고 실습을 강화할 수 있는 기회를 제공해서 이것이 우울증 재발을 막을 수 있다면 의료비를 낮추는 것으로 이어질 수 있다(그러나 적극적인 통제 집단을 사용한 임상 시행에서는 프로그램별로 치료자와 접촉 시간의 비교 가능성이 통제되어야 하므로 일부 임상 시행 설계에서는 종일 실습을 포함할 수 없다).

여섯 번째 회기가 끝날 때까지 환자들은 모든 공식 마음챙김 명상을 수행하였기 때문에, 일반적으로 MBSR에서 처럼 6회기와 7회기 사이에 종일 명상 실습이 계획되어 있다. 종일 수련에서는 침묵 수련회에서 하듯이 이미 익숙한 실습을 되살리면서 다시 경험하는 것이 어떤지 살펴볼 수 있다([그림 15-1] 참조). 마음챙김의 날은 흔히 주말에 이루어지기 때문에, 평상시 돌아다니고 일을 하던 것을 의식적으로 미뤄두고 오전 중반부터 오후 늦게까지 한 순간 한 순간 집중할 수 있다. 환자들은 하루 종일 더우면 옷을 벗을 수 있고 추우면 옷을 더 껴입을 수 있도록 편안한 옷을 여러 벌 겹쳐 입고 오는 것이 좋다. 야외에서 걷기 명상을 하고 비가 오거나 쌀쌀할 경우를 대비해 음료수, 비옷 또는 따뜻한 재킷을 포함한 점심식사를 가져오는 것이 좋다. 수업과 마찬가지로 매트, 쿠션 및 의자가 제공되지만 환자들은 종일 편안하게 지내는 데 필요한 모든 것을 가져온다. 여기에는 베개, 담요 또는 요가 매트가 포함될 수 있다.

9:45~10:00	도착
10:00~10:05	침묵 속에서 5분간 앉아 있기
10:05~10:20	환영, 소개, 기본 규칙
10:20~10:50	정좌 명상: 호흡, 몸, 소리, 생각, 선택 없는 알아차림
10:50~11:30	마음챙김 스트레칭
11:30~12:00	바디스캔
12:00~12:05	점심시간 지침: 먹기, 시식, 씹기, 삼키는 것, 천천히 넘어가는 것에 초점을 맞추고 알아차리기
12:05~1:05	점심식사: 밖이든 안이든 스스로 걷고 싶은 대로 마음을 챙기면서 걷기
1:05~1:20	짧은 정좌 명상
1:20~1:50	걷기 명상
1:50~2:20	산 명상
2:20~2:40	마음챙김 스트레칭
2:40~3:00	조용한 정좌 명상이나 호흡확장 공간
3:00~3:30	짝을 지어 하루 경험을 되돌아보기
3:30~4:30	대규모 집단 토의

[그림 15-1] 마음챙김 날의 일정 예시

사람들이 도착하면 지도자는 종을 울리고 몇 분 동안 조용히 앉아 있도록 한다. 사람들은 간략하게 서로 자신을 소개할 수 있다. 그다음에 지도자는 집단원을 환영하고 그날의 기본 규칙에 관하여 설명한다. 이러한 기본 규칙은 외적인 상호작용의 필요성을 없애고 참가자들이 마음챙김 명상을 좀 더 깊이 있게 할 수 있게끔 이 시간을 단순화하기 위한 것이다. 실습을 할 때 지도자는 참가자들에게 하루 종일 말하기와 고의적인 시선 접촉을 삼가라고 요청한다. 실습을 하는 동안에 다양한 신체적·정서적 반응이 발생하는 것은 드문 일이 아니기 때문에 이 규칙은 참가자가 자신의 에너지를 사용하여 존재하는 모든 것을 관찰하도록 돕는다. 지도자는 실습이 시작될 때와 끝날 때를(원하면 시계를 치워 두게 한다) 알리기 위해 종소리를 울린다고 설명한다. 그리고 누군가가 어려움을 겪고 있거나 지도자에게 뭔가 말할 필요가 있는 경우에는 주저하지 말고 말할 수 있다고 미리 말해 준다.

실습의 선택과 순서는 상황에 따라 달라질 수 있다. 여기에 우리가 흔히 사용하는 일정표가 있다. 첫 번째 실습은 호흡, 몸, 소리, 생각, 선택없는 알아차림에 초점을 맞추는 30분 동안의 정좌 명상이다. 참가자들은 호흡과 같은 특정한 알아차림 대상에 주의를 집중하는 것에서 보다 수용적인 알아차림으로 이동한다. 매 순간 경험하는 것은 무엇이든 알아차림의 대상과 초점이 될 수 있다. 이것은 40분간의 움직임 명상으로 이어지고, 천천히 그리고 부드럽게 지도를 받으며 항상 사람들이 자신의 몸에 주의를 기울일 수 있는 공간을 남겨 준다. 점심식사 직전에는 바디스캔이 배치된다. 이는 참가자들이 활동적인 스트레칭, 마음챙김 움직임과 휴식중인 몸을 마음챙김 하는 것 사이의 차이점을 알아차릴 수 있는 기회를 준다.

점심시간에는 환자들은 자신이 하고 싶은 대로 하면서 침묵을 계속 유지하여야 한다. 지도자는 환자들이 천천히 음식을 먹고 호기심을 갖고 씹고 맛보고 삼키는 것을 할 때 음식을 먹는 경험에서 어떤 일이 일어나는지 탐색하도록 한다. 상황에 따라 참가자들은 교실에서 식사를 하거나 외출할 수 있다. 그리고 점심식사가 끝나면, 돌아올 시간이 될 때까지 근처에서 걷기 명상을 할 수도 있다. 외출을 원하는 참가자의 경우 시계를 가져가서 점심시간 활용에 대하여 스스로 책임을 지게 한다.

점심 식사 후에는 참가자들의 활력이 떨어지기 쉽기 때문에, 짧은 정좌 명상 후에 방해받지 않고 앞뒤로 걸을 수 있는 10개 정도의 보행 길을 정해서 걷기 명상을 실시한다(4회기-유인물 2 참조). 다시 한 번 걷기 행동을 천천히 하면서 한쪽 다리에서 다른 쪽 다리로 체중을 옮기고, 발바닥을 들어 올리고, 발꿈치를 내려 놓고, 움직이는 몸의 느낌에서 오는 감각을 최대한 느껴 보게 한다. 걷기 명상을 하면서 걷는 것은 그냥 걷는 것에 불과하고 계속 걷기 위해 아무런 생각이 필요하지 않다는 것을 알아차릴 수 있다. 이것은 우리가 흔히 당연하게 여기는 어떤 것에 대한 순간순간의 알아차림 능력을 기를 수 있는 기회가 된다.

산 명상[66]은 그 날의 마지막 새로운 공식 명상이 될 것이다. 사람들이 땅에 안정적으로 연결되어 있고 하늘로 올라가는 자세로 정좌 명상을 실행하는 것을 돕기 위해 산 이미지를 상상하게 한다. 산 명상은 또한 우리가 마음을 지켜보면 고통스러운 감각이나 혼란스러운 생각, 감정이 마치 변화무쌍한 '날씨'와 같지만 그럼에도 불구하고 땅에 굳건하게 자리를 잡고 있는 산과 같이 안정적인 느낌을 구현한다. 산 명상에 이어서 집단은 스트레칭 명상을 계속하고 침묵 명상의 끝과 토의 사이에 잠시 멈추고 침묵 속에 앉아 있는 시간(혹은 안내는 최소한으로 하면서 호흡 확장 공간을 갖게 한다)을 갖는다.

그다음에는 참가자들이 짝을 지어서 서로 그날에 대한 반응을 차례로 공유하면서 토의를 한다. 역할을 바꾸기 전에 한 사람은 말하는 사람이, 다른 한 사람은 듣는 사람이 된다. 방의 에너지가 너무 빨리 소진되는 것을 막기 위해, 참가자들은 서로 말하고 듣는 동안 부드럽게 말하고 속삭이듯 이야기한다. 그리고 다시 집단 전체가 모여서 하루 경험을 공유하고 실습이 생활속에서 어떻게 되어 가는지 자연스럽게 이야기하는 시간을 갖는다.

MBCT가 끝난 후의 중요한 질문

단기 치료와 마찬가지로 일부 환자에게는 MBCT 프로그램이 너무 빨리 끝나는 느낌이 들기 때문에, 지도자는 후속 집단이나 만남에 대한 요청을 받는 경우가 많다. 이는 집단에서 받았던 전반적인 지지와 8주 동안 공유했던 여정에 대한 느낌을 내려놓는 것을 감안할 때 이해할 수 있는 반응이다. 그러나 이것은 또 다른 현실, 즉 다른 사람들과 함께 실습하기를 원했던 이전의 MBCT 참가자들이 이용할 수 있는 장소가 거의 없다는 점을 시사한다. 이 때문에 마음챙김의 날이 열릴 때, 이전 수업에 참가했던 사람들을 적극적인 MBCT 집단의 참가자들과 함께 초대한다. 이 프로그램을 경험했던 다른 사람들을 환영한다는 아이디어는 몇 시간 동안의 공동 실습을 함께하면서 공동체와 연결될 수 있다는 메시지를 줄 수 있다.

후속 프로그램의 또 다른 선택으로 MBCT 집단 종료일 이후 1년 이상 시간을 두고 2~4개의 추가 수업을 개설하였다. 이것은 무작위 시행에서는 일반적으로 행해지는 것이며, 지역 실습에서는 그렇지 않은 경우가 많다. 추가 회기들은 전형적인 MBCT 수업과 유사하며, 환자들은 시간을 배분해서 마음챙김을 실습하기도 하고 과정이 끝난 후 우울증 재발을 방지하기 위해 겪었던 도전과 발견에 대해 토의하기도 한다. 많은 환자가 자신이 배운 기술을 새롭게 하고 다른 사람들과 공유하는 이러한 형식의 후속 모임이 도움이 된다는 사실을 알았다([그림 15-2] 참조). 후속 회기를 몇 번 제공할지 처음부터 설명하는 것이 중요하다. 물론 이 후속 수업은 보통 원래 수업 구성원들에게만 제공되기 때문에 이전의 더 많은 MBCT 참가자들의 경우에는 해결책이 아닐 수도 있다.

범위가 덜 제한적인 세 번째 선택은 실습은 강조되지만 토의 시간은 줄인 정규적인(매주 또는 매월) 정좌 명상 집단을 개설하는 것이다. 한 가지 형태는 1시간 중에서 마음챙김 움직임에 20분, 정좌 명상에 25분, 토의에 15분을 할애하는 것이다. 일주일에 한 번 옥스퍼드 마음챙김 센터에서 운영되는 또 다른 모임 형식은 지도자가 30~40분간 실습을 안내하고 '따라잡기'를 위한 다과회와 40분간의 침묵 실습으로 이루어진 초저녁(오후 6시 15분) 집단이다. 항상 참석하는 사람들도 있고, 첫 번째 또는 두 번째 단계에서 그만두는 사람들도 있다. 이러한 유형의 집단은 이전 MBCT 프로그램의 모든 '수료생'에게 개방될 수 있고 연중 계속하여 운영되며 참가자들 스스로 조직한다는 이점이 있다. 또한 참가자들은 종일 수행이나 정좌 명상 집단을 운영하는 다른 센터에 대한 정보를 얻을 수 있어 감사해한다.

마지막으로, 몇몇 프로그램에서는 8회기의 마지막에 지도자가 각 참가자에게 '우울증 극복을 위한 마음챙김 여정'으로 『우울증 극복을 위한 마음챙김의 길(The Mindful Way through the Depression)』[76]이라는 책을 나눠 준다. 이 책에는 Jon Kabat-Zinn이 이끄는 명상이 들어 있어서 참가자는 자신을 안내하는 다른 목소리를 경험할 수 있다. 그리고 8회기 수업이 끝날 무렵 참가자들은 책의 어느 부분을 펴든지 공통적인 패턴이나 친숙한 가르침을 알아차리게 될 것이다. 수업을 통해서 참가자들은 혼자가 아니며, 자신만의 결함이라고 생각했던 것이 사실은 많은 사람에게서도 흔히 볼 수 있는 것이며, 책에서도 이와 같이 말하고 있다는 것을 알게 된다. 이것은 그 자체로 엄청난 해방감을 주는 통찰일 수 있다. 수업과 책은 거기서 멈추지 않는다. 그러한 통찰력과 이해력을 실습과 연관시켜 주어 용기를 가지고 깊은 고통을 향해 나아가도록 하고, 고통을 악화시킬 수 있는 마음의 패턴을 명확하게 보도록 하며, 우리의 삶을 보다 충만하게 해 주는 따뜻한 관심과 자비심을 경험하도록 해 준다.

0:00	환영
	실습
	정좌 명상: 숨, 신체, 소리, 생각. 정좌 명상 끝에 시를 읽는 선택
0:35	간단한 실습 검토
0:45	가정실습 검토
	짝 → 큰 집단
	과정이 끝난 후 실습에 대한 경험은 무엇인가?
	무엇을 알아차렸나?
1:05	실행 계획 검토(명상 → 회복, 검토)
	짝 → 큰 집단
	우울할 때, 어려운 상황이 있었는가?
	어떻게 반응했는가?
	무엇을 배웠나?
	실행 계획에 어떤 것을 포함시키고 싶은가?
1:25	비공식적인 잡담과 다과
1:45	정좌 및 마침

[그림 15-2] MBCT 후속 모임의 일정 예

16

어떻게 하면 나 자신을 잘 보살필 수 있을까: 7회기

전형적인 평일 근무 시간에 무엇을 하는지 잠시 시간을 내서 생각해 보라. 만약 당신이 겉보기에 비슷한 것을 하면서 하루의 대부분을 보낸다면, 하루 일과에 대해 동료와 대화하기, 이메일 전송하기, 커피 만들기, 서류정리, 문서작성, 점심식사 등의 작은 부분으로 나누어 보라. 저녁과 주말은 어떤가? 그때는 어떤 종류의 일을 하고 있는가? 마음의 눈으로 혹은 종이에 목록을 작성해 보라. 당신의 기분을 좋게 하고, 에너지를 주며, 자양분을 주는 것은 무엇인가? 당신의 기분을 망치거나 에너지를 고갈시키는 것은 무엇인가?

이 실습은 우리의 활동과 기분 사이의 밀접한 관계를 식별하는 데 도움이 된다. 활동을 잘 활용하는 것은 우울증에 대한 인지행동 접근의 핵심 측면이다. 이제 그것을 MBCT로 엮어 낼 때이다.

우울증을 다룰 때 행동을 취하는 것의 중요성

우울증 재발을 방지할 목적으로 프로그램을 개발하는 연구에 착수했을 때, 첫 번째 생각은 인지행동치료에 대한 견해를 유지하면서 발전시켜 나가는 것이었다. 재발 방지용 치료적 접근을 위한 계획 단계에서 중요한 것은 사람들에게 임박한 재발의 초기 신호를 어떻게 알아차릴지를 가르치고, 그다음은 기분이 점점 더 나빠지는 것을 피할 수 있는 행동을 하도록 촉진시키는 것이었다. 알다시피 결국 우리가 채택한 프로그램은 인지행동치료 요소를 덜 포함하고, 대신에 마음챙김에 기초한 접근 속으로 통합되었다.

그러나 처음부터 인지치료는 재발 위험을 줄여 주는 많은 요소를 가지고 있다는 사실을 간과하지 않으려고 했다. 인지행동치료(CBT)는 경험적이고 행동에 초점을 둔 접근이며, 최근 행동 활성화(behavioral activation: BA)[98]에 관한 연구는 행동 요소가 CBT의 중요한 요소라는 것을 보여 주고 있다. 이런 접근법에서는 환자들이 일상생활에서 사고패턴뿐만 아니라 활동패턴을 더 잘 알아차리도록 북돋아 주기 위해서 숙제를 내주기도 한다(그들의 활동 중 우울감을 지속시키는 것이 무엇인지, 기분을 개선하기 위해서 하지 않는 것은 무엇인지). 일상적인 활동을 점검하는 법을 배우게 되면 자신의 삶이 통제력을 벗어나는 것을 쉽게 알아차릴 수 있다.

> 행동을 점검하면 우울감을 지속시키는 것은 무엇인지, 기분을 개선하기 위해서 하지 않는 것은 무엇인지 우리의 생활 패턴을 더 잘 알아차리게 된다.

그러나 CBT와 BA는 활동들을 점검하는 데 그치지 않고 활동을 계획하기도 한다. '행동을 취하기'라는 주제는 부정적인 기분이나 피로를 막고 부정적인 생각, 태도, 신념에 대한 현실성을 검증하는 방법으로 CBT 내용 전반에 포함되어 있다. 우리는 MBCT에도 이러한 요소를 포함시키는 것이 중요하다고 생각했다. 때때로 우울 증상이 압도하면서 위협할 때 어떤 활동이 도움이 되는지를 탐색을 해 볼 필요가 있다.[99] 이러한 행동 실험은 활동량을 증가할 필요가 있고 활동의 질이 변화될 필요가 있다는 것을 나타낸다.

[자료 16-1]

7회기 주제와 교육과정

주제

우울한 기분에 직면했을 때 자신을 돌보기 위해 능숙한 행동을 취하기

의도적인 숙련된 행동으로 우울한 기분을 좋게 할 수 있다. 우리는 개인적인 경고신호 패턴을 알아차리는 법을 배움으로써 우울한 기분에 보다 신속하고 효과적으로 대응할 수 있다. 호흡 공간을 마련한 후, 우리는 즐거움이나 숙달된 느낌을 주거나, 명상에 집중할 수 있도록 분명한 초점을 제공하는 행동들을 통해 자신을 돌본다.

의제

- 30~40분 정좌 명상 -호흡과 몸에 대한 알아차림: 생각, 감정 또는 신체감각이 발생할 때마다 반응을 통해 우리의 경험과 어떻게 관련되는지 알아차린다. 특히 실습을 할 때 어려움이 생기면, 몸에 미치는 영향과 반응을 기록한다.
- 실습 검토
- 가정실습 과제 검토(짧은 명상과 호흡하기를 포함)
- 활동과 기분이 연결되어 있다는 것을 탐색하기 위한 연습(7회기-유인물 3 참조)
- 기분이 압도되는 위협을 느낄 때 즐거움과 숙달감을 주는 활동을 잘 계획하기
  - 자양분을 주는 혹은 고갈시키는 활동을 재조정하기
  - 즐거움과 숙달감을 주는 활동에 대한 목록 만들기
- 마음챙김 활동을 선택하기 전에 첫 번째 단계로 3분 호흡 공간
- 재발 위협을 다루기 위한 행동 확인하기(7회기-유인물 4)
- 3분 동안 호흡을 하거나 걷기 명상
- 7회기 참가자용 유인물 나누어 주기
- 과제 내주기:
  - 모든 다른 형태의 연습 중에서 규칙적으로 할 의도가 있는 것을 선택하라.
  - 3분 호흡 공간-규칙적으로(하루에 3번)
  - 3분 호흡 공간-반응적으로(불쾌한 감정을 알아챌 때마다)
  - 우울한 기분에 직면할 때 사용할 수 있는 행동 계획을 계발해라.

계획 및 준비물

- 개인적인 준비물 외에 활동과 기분의 연결고리, 재발 징후, 행동 계획 연습을 할 수 있도록 칠판 또는 화이트보드, 수성펜을 가지고 오는 것을 기억해라. 또한 Mary Oliver의 시 〈어느 여름날〉을 읽을 것을 권한다.

참가자 유인물

[7회기-유인물 1] 7회기 요약: 어떻게 하면 나 자신을 잘 돌볼 수 있을까?
[7회기-유인물 2] 우울한 기분에 압도될 때
[7회기-유인물 3] 탈진 깔때기
[7회기-유인물 4] 불행감과 우울감을 현명하게 다루기-II
[7회기-유인물 5] 7회기 이후 일주일간의 가정실습 과제
[7회기-유인물 6] 가정실습 기록지-7회기

자신을 돌보기

재발 위험요소가 있는 징후를 알아채고 조치를 취하는 데 있어서 중요한 장애물이 무엇인지 참가자가 알도록 하는 것이 중요하다. 재발 신호를 알아차리고 행동을 취하려고 계획해도 점진적으로 자신을 돌보는 것을 배우거나 순간적인 경험의 질을 가치 있게 여기지 않는다면 참가자들에게 실제로 일어나고 있는 일에 영향을 미칠 수 없다[이와 관련하여, 우리는 이 회기 동안 Mary Oliver의 시 〈어느 여름날〉을 읽었다([자료 16-2] 참조)]. 참가자들은 특히 기분이 저조할 때는 자신들이 왜 휴식을 취하거나 즐길 수 있는 활동을 할 수 없는지 101가지 이유를 발견할지도 모른다. 이런 상황에 대해서 CBT에서는 어떻게 접근하는지 떠올려 보자. CBT의 독창적인 점은 어떤 일이 일어나도록 계획하기 전에 그 사람이 뭔가를 하고 싶은 생각이 들 때까지 기다려 주지 않는다는 것이다. 대신에 CBT에서는 우울하지 않는 것과 관련된 행동과 활동들을 확인하고, 그다음에는 그것이 일상적인 일이 될 수 있도록 환자들과 협력적으로 작업을 한다.

[자료 16-2]

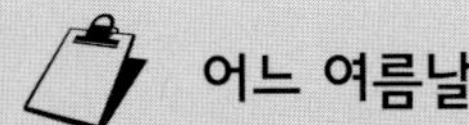

어느 여름날

누가 세상을 만들었는가?
누가 저 백조와 저 흑곰을 만들었는가?
누가 저 메뚜기를 만들었는가?
바로 이 메뚜기……
풀밭에 나와 있는 저 메뚜기
내 손 위에서 설탕을 먹고 있는 이 메뚜기
턱을 위아래가 아니라 앞뒤로 움직이고 있는.
저 커다랗고 많은 것이 담겨 있는 눈으로 주변을 응시하고 있는
이제 창백한 팔을 들어 올려서 얼굴 구석구석을 씻어 낸다.
이제 날개를 펴고 멀리멀리 날아오르고 있다.
나는 기도가 무엇인지 잘 알지 못한다.
그러나 나는 안다. 어떻게 주의를 기울여야 하는지.
그리고 풀밭에서
어떻게 넘어지는지, 풀밭에서 어떻게 무릎을 꿇는지,
어떻게 하면 한가롭게 노니는지를
어떻게 하면 은총을 받는지, 어떻게 이 벌판을 산책하는지,
이게 바로 내가 하루 종일 하고 있는 것이다.
나에게 말해 다오. 이 밖에 내가 또 무엇을 할 수 있단 말인가?
결국 모든 것은 너무 빨리 죽지 않는가?
나에게 말해 다오. 하나밖에 없는 거칠고 소중한 삶에서
당신이 하려고 하는 것이 무엇인지를.

---

* Mary Oliver의 『등대(light house)』.[100] 1990년도 저작권은 Mary Oliver가 가지고 있음. Beacon Press Boston의 허락을 받아 재인용. Charlotte Sheedy Literary Agency, Inc.의 허가를 받아 증쇄.

> 우리는 보통 실제로 어떤 일을 하기 전에, 그 일을 하고 싶은 마음이 생길 때까지 기다릴 수 있다. 우울한 경우에는 어떤 것을 하고 싶다는 생각이 들기 전에 뭔가를 해야 한다. 즉, 우울할 때에는 실제로 그 일을 하고 싶은 마음이 들 때까지 기다리지 않고 어쨌든 뭔가 하는 것이 중요하다. 다시 말하면 그 활동을 하면서 무엇을 알아낼 수 있을 있을지 실험하는 마음으로 그 일을 일단 시작해 보는 것이 좋다.

중요한 것은, 인지치료자들은 우울증이 인간의 동기 과정과 반대가 된다는 것을 알고 있다는 점이다. 대개 우리는 실제로 어떤 일을 하기 전에, 그 일을 하고 싶은 마음이 생길 때까지 기다릴 수 있다. 우울한 경우에는 어떤 것을 하고 싶다는 생각이 들기 전에 뭔가를 해야 한다. 게다가 우울증에서 나타나는 피로는 활동을 못하게끔 만든다. 우울하지 않을 때 피곤은 휴식이 필요하다는 것을 의미하며, 휴식은 기분을 상쾌하게 해 준다. 반면, 우울할 때는 쉬는 것 자체가 피곤함을 더 가중시킬 수도 있다. 우울증에 나타나는 피로는 정상적인 피곤함이 아니다. 우울증에 동반되는 피로감은 휴식보다는 잠깐만이라도 활동을 증가시키는 것을 필요로 한다. 당신의 기분과 생각이 그렇게 해도 소용이 없다고 말할지라도 우울할 때 자신을 돌볼 수 있으려면 '경기에 남아있거나' 활동에 계속 참여해야 한다.

> 우울증에 나타나는 피로는 정상적인 피곤함이 아니다. 우울증에 동반되는 피로감은 휴식보다는 잠깐만이라도 활동을 증가시키는 것을 필요로 한다.

MBCT가 우울증 삽화 사이에 있는 사람들을 위해 개발되었기 때문에, 참가자들은 기분이 편안한 상태에 있을 때, 우울했을 때와 현재의 태도를 구분할 수 있다면 자신을 보호하는 것이 어떤 것이라는 메시지를 이해할 수 있을 것이다. 그럼에도 불구하고 참가자들은 자신을 위한 시간을 내는 것을 꺼리는데, 실제로 이런 현상은 우리들에게도 해당된다.

안나의 이야기

안나(Anna)는 낮에는 비서로 일하지만 아이스 스케이트에 열광적이어서 밤에는 여러 가지 수업을 받고 있다. 특히 같이 수업을 듣는 동료와 시합하는 것을 즐겼고 이번 주말에도 게임이 예정되어 있었다. 안나는 회사에서 많은 스트레스를 받았지만 일을 더 잘 해낼 수 있다고 스스로 말해 왔다. 스케이트 수업을 위해 옷을 입으면서 안나는 문득 자신이 능력 있는 스케이트 선수도 아니고 시합에서 좋은 성적을 낼 가능성도 거의 없다는 것을 깨달았다.

예전에도 이런 생각들이 그녀를 압도한 적이 있었고, 자신을 위한 시간을 가지는 것은 분에 넘친다는 생각 때문에 지난 몇 년 동안 즐거운 활동들을 포기했었다. 특히 업무에 대한 압박감을 받으면 안나는 대부분의 시간을 회사에서 잡무를 하면서 보내야 한다고 생각했다.

이번에 안나는 자신의 기분이 저조한 것을 깨닫고 잠시 호흡하는 시간을 가지기로 결심했다. 그러자 자신의 마음 안에 무엇이 있는지에 대해서 알게 되었고, 그다음에는 호흡에 집중을 하게 되었다. 마침내 그녀는 몸 전체로 주의를 넓혀 나갔고, 이것이 자신의 생각과 감정에 영향을 미칠 수 있다는 것을 깨달았다. 안나는 이렇게 함으로써, 한 걸음 물러서서 자신이 경험하고 있는 것에 대해 보다 큰 그림을 그리면서 볼 수 있었다. 그녀는 시합에 대해서 가지고 있는 자신의 생각이 좁았고 잘해야 한다는 생각에만 초점이 맞추어져 있다는 것을 알았다. 또한 자신이 가지고 있었던 의심의 일부는 일에 대한 갈등의 감정에서 온 것이지 자신이 즐겼던 스케이트에 대한 것은 아니라는 것을 알았다.

호흡 공간은 안나에게 자신이 가지고 있는 비판적인 생각의 일부에 대해 대안적인 관점을 가질 수 있게 해 주었다. 비록 의심스러운 생각들이 여전히 남아 있긴 했지만, 어쨌든 시합에 참여할 수 있었다. 안나는 자신에게 일어난 일에 대해 보다 넓은 관점을 가지면서 이 순간에 자신이 해야 할 일은 경기에 참여해서 최선을 다하는 것이라는 것을 분명히 알 수 있었다. 이렇게 하자 더욱 열의와 헌신하는 마음을 가지고 경기에 참여할 수 있게 되었다.

그 후로 호흡 공간은 안나에게 단지 잠깐의 휴식을 주는 것이 아니라는 것이 분명해졌다. 호흡하기는 규칙적인 공식 명상으로 이어졌고 일상생활에서 중요하고 새로운 일과가 되었다. 짧은 호흡 훈련을 하고 좀 더 길게 공식 정좌 명상과 수업에 참여하면서 그녀가 발견했던 '더 넓은 관점'을 상황에 적용할 수 있게 되었다. 그녀는 특히 주변에서 일어나는 모든 것에 대해서 '선택없는 알아차림(choiceless awareness)'을 하면서 호흡과 공식 명상인 정좌 명상을 조화롭게 혼합하는 것이 유용한 방법이라는 것을 알았다. 선택 없는 알아차림은 마치 호흡처럼 순간순간에 경험하는 것은 무엇이든지 주의 대상과 초점이 될 수 있다는 것을 의미한다. 여기서 과제는 일어나는 모든 대상에 대해 판단하지 않고, 있는 그대로 주의를 쏟는 것을 말한다. 예를 들어, 안나는 단순한 소리를 듣는 것과 같은 순간순간의 경험에 얼마나 많은 의미가 연결되어 있는지 알고서 놀랐다. 그녀는 이러한 소리들이 정서적인 뉘앙스를 전달하리라고는 전혀 예상하지 못했었다. 그러나 이런 식으로 듣게 되자 분노와 긴장감 같은 감정을 더 잘 인식할 수 있었다. 또한 예전에는 미처 인식하지 못했지만 긴장하면 거의 반사 수준으로 신체 부위가 죄어들고 긴장되는 것에 대해서도 이제는 더 잘 알아챌 수 있게 되었다.

경험하고 있는 감정들에 '마음을 열고' 그 감정에 대해 '부드럽게' 반응하라는 가르침을 받으면서 안나는 이전에 했던 것보다 더 오랫동안 느껴지는 감각에 머무를 수 있게 되었다. 여기서 지도자가 가져야 할 중요한 태도는 관찰한 사실에 대한 그녀의 호기심을 북돋아 주고 경험을 더 넓은 관점에서 볼 수 있도록 해 주는 것이다. 그녀는 지도자의 질문이 곧 자기 자신의 질문이 됨을 알아차렸다. 이런 생각과 감정이 그녀의 주의를 끌고 있는가? 이런 경험에서 그녀는 무엇을 알게 되었는가? 그것은 얼마나 오랫동안 지속되는가? 그것이 변화할 것인가 아니면 같은 상태로 유지될 것인가? 자신이 경험한 것과 나란히 일어나고 있는 생각을 인식하고 있는가? 어떻게 그것이 사라지게 되는가? 그녀는 이제 이러한 모든 공식 실습을 활용할 수 있게 되었고 순간순간 일어나고 있는 것을 좀 더 자각하게 됨으로써 매 상황에서 존재할 수 있게 되었다. 시합을 준비할 때 안나는 잠시 호흡을 하는 것이 도움이 된다는 것을 경험했는데, 그 이유는 그것이 규칙적인 공식 실습의 대체물이나 동떨어진 임시변통이라기보다는 실습의 나머지 부분과 연결시켜 주었기 때문이었다.

안나의 경험은 중요한 문제를 제기하고 있다. 즉, 어려운 생각, 감정 및 감각에 '열려 있게' 되면 오래되고 비생산적인 방식으로 생각하는 취약한 상황을 더 분명하게 알아차리게 해 준다는 것이었다. 또한 그녀는 재발 신호를 식별하기 시작했다. 그러나 이 모든 것보다 안나는 저조한 기분이 정말로 그녀에게 자양분을 주는 활동에 참여하는 능력에 영향을 미친다는 것을 알았다. 이야기의 시작 부분에서 나온 다음의 설명을 주목해 보라. '지난 몇 년간 여러 번 안나는 즐거운 활동을 포기했다. 왜냐하면 자신을 위해 시간을 내는 것은 일종의 자기 방종이라고 생각했기 때문이다. 특히 직장에서 일에 대한 압력이 강하면, 안나는 회사를 위해 추가적인 일을 하면서 나머지 시간을 보내야 한다고 느꼈다.'

안나만 그런 건 아니다. 우울증은 사람을 고갈시키며, 보통 아침에 일어나서 하루 동안 지내는 데 필요한 생명 에너지를 빼앗아 간다. 더 나쁜 것은, 평소에 즐겨왔던 것에서도 즐거움에 대한 기대감을 앗아 간다는 것이다. 그러한 즐거움을 생각하는 것조차도 혐오스럽게 느껴지기까지 한다. 안나는 호흡 공간을 실습했고 이후 그녀는 행동을 취하는 것이 가장 중요한 것이라는 것을 알았다. 하고 싶은 마음이 들지 않는 어떤 것이라도 그 순간 해볼 용기를 단순히 가지는 것이 그녀의 몸과 마음이 필요로 하는 것이었다.

활동과 기분의 관련성을 알아채기

이 주제를 소개하기 위해서, 회기의 시작 부분에서 정좌 명상을 하고 실습과 가정실습에 대한 질문을 한 후, 우리는 참가자들에게 이 장의 실습을 하게 하였다. 침묵 속에서 성찰하고, 그 다음에 하루 일과에서 전형적으로 하는 것들을 적어 보게 한다.

활동 목록이 완성되었을 때, 참가자들은 일상생활에서 자양분을 주는 활동 N과 삶에서 날마다 에너지를 고갈시키고 소모시키는 활동 D로 분류한다.

그런 다음, 각 참가자는 N 활동과 D 활동 간의 균형을 살펴볼 수 있다. 예를 들면, 때때로 어떤 참가자들은 활동이 자양분을 주는지 또는 고갈시키는지 여부가 기분이나 다른 외부 상황에 달려 있다고 느낀다. 이런 경우 지도자는 참가자들에게 '그것이 어디에 달려 있나요?'라는 질문을 하면서 독려하고 '자양분을 주기'에서 '소진시키기'로, 또는 그 반대로 동일한 활동을 변화시키는 요인이 무엇인지 호기심을 갖는다.

그다음에 짝을 짓거나 소집단을 만들어서 참가자들에게 다음의 질문에 답하게 한다.

> "자양분을 주는 활동에 대해서: 긍정적인 것들을 할 수 있는 시간을 더 많이 내고, 더 잘 알아차리기 위해서 어떤 것을 변화시켜야 하는가?"
>
> "소진시키거나 고갈시키는 활동에 대해서: 이러한 것들을 덜 하기 위해서 어떻게 해야 하는가?"

수업에서 실습을 할 때 흔히 나타나는 하나의 주제는 자양분을 주는 것보다 고갈시키는 활동을 더 많이 인식하는 것이다.

> "잠에서 깨어나면 항상 반쯤 죽은 것처럼 느껴져요. 침대에서 나 자신을 끌어 내는 것은 정말 끔찍해요."

> "저는 아이들을 학교에 데려가기 위해 허겁지겁 서두르다 보면 기분이 몹시 나빠져요. 그리고는 완전히 고갈되는 기분이 들지요. 하지만 때로는 직장에서 아침 회의가 없을 때는 좀 여유가 생겨요. 그러면 우리는 더 많은 이야기를 나눌 수 있고 그러면 그 활동이 훨씬 자양분을 주는 일이 되지요."

이것을 수업 시간에 사용하는 또 다른 방법은 탈진 깔때기에 대해 이야기하는 것이다(7회기-유인물 3 참조).

기분이 변화할 때 행동 취하기

그다음 단계로 우리는 참가자들이 직접 경험을 통해 어떤 활동이 가장 도움이 될지 알아보고 난 뒤 좋지 않은 기분이 들 무렵에 대응할 수 있는 도구가 될 수 있는 그런 활동들을 찾아보고, 우울증을 유발하는 저조한 기분을 느낄 때 이런 기분을 더 잘 다루는 방법을 찾아내도록 격려한다. 우울한 기분이 들 때 대처할 수 있는 도구를 갖게 되면 참가자들이 우울한 기분 영역의 일부분인 '왜 매사가 귀찮지?'와 같은 부정적인 생각에 직면했을 때 활용할 수 있다.

혼자서 또는 짝을 지어서 작업하면서, 이미 행동과 기분 사이에 관계가 있다는 것을 알고 있기 때문에, 참가자들은 우울한 기분을 다루기 위해 그들이 하고 있는 것이나 행동하는 방식을 바꾸는 방법을 고려하는 단계로 넘어간다. 먼저, 어떻게 해야 하는지 에서 시작한 다음 무엇을 할 것인지 순서대로 옮겨 간다.

일상생활을 능숙하게 다루기

사람들이 좋아하는 방향으로 변화를 추구할 때, 예를 들어 자신에게 더 많은 시간을 할애하려고 할 때, 우울증의 흔한 주제는 죄책감과 결합된 절망감이다.

> "직장에 가야 하는 것처럼 삶에는 선택할 수 없는 것들이 너무 많다."
>
> "대부분의 사람은 자신만을 위한 시간을 내는 것에 익숙하지 않다."
>
> "다른 사람들이나 일에 대한 의무를 다했을 때만 내 자신을 위해서 뭔가 좋은 일을 할 수 있어."
>
> "엄마 노릇, 직장 여성, 아내 역할 그리고 주부 역할을 균형 있게 하려고 애 쓰고 있는데, 도대체 어디에서 나 자신을 위한 시간을 찾을 수 있단 말인가?"
>
> "부모님이 나이가 많아서 돌봐 드려야 돼. 이런 상황에서 나 자신부터 생각하는 것은 잘못된 거야."

이런 말들은 우리 모두 이런 저런 일에 내몰리고 있음을 잘 묘사해 주고 있다. 그러나 우리가 알아차려야 할 또 다른 측면이 있다. 앞에 열거한 생각들은 아주 일반적이며, 이외에는 달리 생각할 여지가 없는 것처럼 보이기도 한다. 우리는 지금 여기에서 어려움에 처해 있다. 뭔가 다르게 되기를 바라지만, 변하지 않을 것이라는 생각을 하고 있다면 곧 난관에 부딪히게 된다. 그러나 만약에 무슨 일이 일어나는지 잘 알아차리고 바쁜 일상 중에서 주의를 잘 집중하려면, 건포도 명상을 시작하면 된다. 일이 너무 눈코 뜰 사이 없이 바빠서 자신을 돌볼 여지가 없다고 해도 '잠시 여유를 찾는 것'이 가능하지 않을까? 어떤 행동을 취하는 것은 당신 주변에 일어나고 있는 것을 단순히 알아차리는 것에서 시작할 수 있다.

병원에서 바쁘게 일하는 간호사인 재키(Jackie)의 사례를 보면, 그녀는 한 가지 일이 끝나면 줄줄이 다른 일을 해야 해서 '발을 붙이고 있을 수 없을 정도로 정신이 없는' 하루를 보낸다. 재키는 휴식 시간을 갖거나 명상을 할 시간을 거의 낼 수 없다. 그러나 바쁜 와중에도 더 주의를 집중하기 시작했다. 그녀는 가장 바쁜 시간에서조차도 작은 여유를 가질 수 있다는 것을 깨달았다. 예컨대, 환자의 검사 결과를 알아보기 위해 다른 부서 사람에게 전화를 걸 때가 그때이다. 그녀가 다른 부서에 여러 번 전화를 해도 전화를 받지 않는다. 해야 할 일은 많은데, 전화를 걸었을 때 다른 부서 사람이 전화를 받기를 바라면서 기다리는 일은 하루 일과 중에 가장 좌절스러운 일 중의 하나였다.

이때 재키는 멈출 수 있게 되었다. 여기서 그녀는 서두르지 않고 30초 동안 잠시 멈추었다. 이것은 바쁜 일과 중에서 그녀가 할 수 있는 침묵의 순간이었다. 전화응답이 없는 시간을 한 발자국 멈춰 서서 호흡 훈련을 할 수 있는 기회로 활용하기 시작한 것이다.

점차로 다른 많은 경우에도, 예를 들어 약 카트를 밀면서 복도를 천천히 지나가거나 환자의 가족을 보기 위해서 병동 저쪽 끝으로 걸어갈 때 잠깐 뒤로 물러날 수 있는 시간을 갖게 되었다. 이전에는 명상 연습은 점심 휴식 시간이나 화장실에 갔을 때 가장 하기 좋다고 생각했지만 요즈음 그녀는 하루의 일과 중에 '잠시 비는 시간', 즉 그날의 나머지 활동을 위해 생각, 감정 그리고 행동을 바꿀 수 있는 시간을 낼 수 있다는 것을 알았다.

이런 식으로 해서 경험을 회피하거나 도망가기보다는 오히려 '다가가는' 방법을 찾아냈다. 바로 이것이 우리가 각 참가자들에게 바랐던 것이다. 즉, 자신에 대한 기대나 신념뿐만 아니라, 일상적인 삶에서 어려운 측면을 버티면서 그것에 더 가깝게 다가가는 것이다. 결국, 이것이 우리가 지난 6주 동안 신체감각과 감정 그리고 생각에 대해 실습해 온 것들이다. 영역에 대한 지도를 그리면서, 호흡 명상을 하면서 무슨 일이 일어나고 있는지 명확하게 보게 되면 이제 행동을 취할 시간이 올 수 있다.

행동 바꾸기: 숙달감과 즐거움에 초점을 맞추어

슬픈 기분이 들 때 기분을 고양시켜 주는 두 가지 활동이 있다. 첫 번째는 즐거움을 주는 것이다. 그렇지만 사람들이 우울해지면, 예전처럼 친구들과 식사를 하거나 오랫동안 목욕을 하거나, 디저트를 먹거나 무언가를 사는 것과 같이 즐거움을 느꼈던 활동들에서 다시 즐거움을 찾기란 어려운 일이다.

우울한 기분을 좋게 하는 두 번째 활동은 숙달감을 주는 것이다. 이러한 활동은 성취감을 주고 '일을 하고 있다는' 느낌을 갖게 함으로써 참가자들을 성장시켜 준다. 또 다른 활동으로는 편지를 쓰거나 세금용지에 수입을 기입하거나 채소 가게를 쇼핑하는 것 또는 잔디를 깎는 것도 있다. 이것들은 본질적으로 즐거운 일이 아닐 수도 있지만 세상의 많은 일이 그 일을 한 후에는 달라진다는 것을 주목하라.

- 목록을 확장하기

따라서 저조한 기분을 다루기 위해 할 수 있는 활동을 고려하면서, 참가자들은 자신의 일일 활동 목록을 살펴보고 즐거움을 주는 것과, 숙달감을 주는 것, 이 두 가지 모두를 증가시킬 수 있는 더 많은 활동을 할 수 있는지 생각해 본다. 참가자들의 경험에서 나온 예들을 살펴보는 것은 흥미로울 것이다. 많은 사람은 비디오를 보거나, 친구랑 전화 통화를 하는 것과 같은 활동이 너무 사소하다고 생각하기도 한다. 참가자들은 자신의 에너지를 고갈시키거나 성장하게 만드는 활동 목록에 이런 것들을 넣기에는 너무 하찮다고 생각할지 모른다. 여기서 지도자의 지침은 그 활동이 사소할 지라도 생산적인 활동 목록을 확장시켜 즐거움을 주는 활동에는 P를, 숙달감을 주는 활동에는 M을 기입하도록 한다.

- 일상생활에서는 이것을 어떻게 사용할 수 있을까

다음 단계는 참가자들이 앞으로 해야 하는 활동을 선택하는 것이다. 참가자들이 태만하게 활동을 그만두지 않게끔(작은 단계로 활동을 쪼개는 것을 포함해서).

호흡 공간: 행동 단계를 추가하기

호흡 공간의 핵심은 세 가지 단계를 포함한다. ① 몸과 마음에 무슨 일이 일어나는지 인식하는 것, ② 호흡에 주의를 집중하는 것, ③ 몸으로 주의를 확장시키는 것이다. 지난 회기에서 우리는 호흡을 하면서 고통스럽게 하는 생각과 다른 방식으로 관계를 맺는 방법을 배웠다. 이제는 호흡을 알아차린 후에 대안적으로 어떤 행동을 선택할 수 있는지 탐색하려고 한다. 기분이 저조할 때, 첫 번째 단계는 항상 호흡으로 주의를 돌리는 것이다.

그리고 다음에 해야 할 것을 선택하라. 이것은 몸(5회기, 13장 참조) 혹은 생각(6회기, 14장 참조)에 초점을 맞추거나 또는 7회기 후에 마음챙김 행동을하는 것 등이 있다.

여기에는 일반적인 메시지와 구체적인 메시지가 있는데, 일반적인 메시지는 매 순간에 더 잘 존재하고, 실제로 그 순간에 필요한 것이 무엇인지 마음을 챙겨 결정하게 되면 기분을 더 잘 알아차릴 수 있게 되고, 기민해지고, 기분을 조절할 수 있는 활동을 할 수 있게 된다는 것이다. 구체적인 메시지는 우울한 기분을 간과하지 말고 다음에 무엇을 해야 할지 선택하라는 것이다. 간단히 표현하자면, 기분이 저조할 때는 잠시 호흡을 하고 다음에 해야 할 행동을 선택하라. 생각이 떠오를 때 그 생각에 머무르거나 또는 행동을 취하라. 우울할 때는 이와 같이 구체적인 지침이 필요하다.

우리는 참가자들이 호흡을 하면서 확장된 알아차림과 재연결된 후에 어떻게 몇 가지 숙달된 행동을 취할 수 있는지 알려 주는 힌트(7회기-유인물 3)를 포함시켰다. 우울한 기분을 다룰 때 즐거움을 주거나 숙달감을 주는 활동을 하는 것이 도움이 되기는 하지만, 기분이 저조할 때 즐겁고 숙련된 활동을 하기란 특히 어려운 일이다. 유인물에는 수업 외에 가족 구성원이나 파트너와 함께 공유하고 참가자들이 읽을 수 있는 부가적인 자료들이 포함되어 있다. 어떤 행동을 하든 중요한 것은 마음을 챙기면서 행동하는 것이다.

'지금 당장 나에게 필요한 것이 무엇인가?' '지금 당장 나 자신을 잘 돌보기 위해서는 어떤 것을 할 수 있는가?'라고 스스로에게 물어보라. 그리고 전혀 아무것도 하고 싶지 않을 수도 있다는 것, 그러나 무언가를 하는 것은, 아무리 작게 보일지라도, 건강과 행복을 향한 큰 발걸음이 될 수 있다는 것을 알고 이러한 질문들에 답을 해 보라.

기분이 저조해질 때 행동을 하기 위한 몇 가지 정보

어떤 사람들은 다음의 정보가 자신을 위해서 어떤 행동을 할 수 있는지 그리고 어떤 행동은 할 수 없는지에 대한 관점을 유지하는 데 도움이 된다는 것을 알았다.

- 일을 완수한 다음에 어떤 기분이 들지 미리 판단하지 말고 가능한 한 당신이 가장 잘할 수 있는 것 하나를 선택해서 시험적으로 해 보라. 이것을 하는 것이 어떤 식으로든 도움이 될지 안 될지에 대해서는 마음을 열어 두라.
- 활동을 더 작고, 하기 쉬운 단계들로 쪼개 보라. 시간별로(단 몇 분 동안 뭔가를 한 다음 스스로 중지할 수 있도록 한다) 또는 활동별로(큰 일의 한 가지 측면만 하는 것, 책상 전체가 아닌 책상의 한 부분을 치우는 것) 나누어 보라.
- 활동 범위를 고려해 보고 좋아하는 것 몇 가지에만 스스로를 제한하지 말라. 때론 새로운 행동을 시도하는 것만으로도 흥미롭다. '탐색하고' '호기심을 갖는 것'은 종종 '철회하고' '은둔하는' 반응들을 줄여 준다.
- 기적을 기대하지 말라. 당신이 가장 잘할 수 있는 것이 무엇인지 계획을 세워서 행동하려고 노력하라. 새로운 접근법이 모든 것을 극적으로 바꾸어 줄 것이라고 기대하면서 스스로에게 부가적인 압력을 가하는 것은 비현실적일 수 있다. 오히려 이런 활동들은 기분이 변할 때 전반적으로 통제감을 갖도록 하는 데 도움이 될 수 있다. 또한 이러한 활동들은 마음챙김 연습이 당신의 행동에 어떤 영향을 미치는지를 이해하는 데 매우 유용하다.
- 하고 싶은 마음이 들 때까지 기다리지 말라는 말을 기억하라.

악화/재발 위험을 다루기 위한 행동 계획

이 회기의 목표는 참가자들이 우울증 재발 취약성이 증가되는 기간에 어떻게 대응해야 하는지 구체적인 계획을 세우는 지점에 도달하는 것이다. 이를 위한 토대가 마련되었다. 이제, 참가자들은 기록지를 가지고 작업을 한다(7회기-유인물 3 참조). 그런 다음 참가자들은 소집단이나 짝을 지어서 서로 점검하고 구체적인 계획에 대해 토론한다. 실제로 그들이 채택했던 전략이 어떤 것인지 조사한다. 그리고 어떤 장애물이 이러한 행동을 취하지 못하게 하는지와 이에 대응하는 방법을 검토한다.

- 첫 번째 단계는 항상 잠시 호흡을 하는 것이다.
- 두 번째 단계는 과거에 자신이 가장 잘하고 유용하다고 생각했던 연습들 중 하나를 선택한다(예: 마음챙김 녹음 파일을 틀어 놓는 것, 수업에서 배웠던 것을 기억해 내는 것, 도움이 된다고 생각했던 것을 하기, 프로그램 시간 동안 들었던 것이나 읽었던 것 중에서 매료되었던 중요한 메시지를 회상하는 것; 감정이 매우 강렬하다는 것을 스스로 상기시키는 것. 그러나 지금 필요로 하는 것은 그때 실습했던 것과 다르지 않다).
- 세 번째 단계는 과거에 특별히 즐거움이나 숙달감을 주었던 어떤 행동을 하는 것이다. 심지어 지금 당장 하는 것이 소용없어 보여도 더 작은 부분으로 활동을 나누어 보라(예: 과제의 일부분을 하겠다고 결심하는 것, 짧더라도 그렇게 할 수 있는 동안만 활동을 하기로 결정하는 것).

중요한 것은 과거의 재발 경험으로부터 배우는 것이다. 어떤 참가자들은 하고 싶지 않은 기분이 들지라도, 최소한 한 가지를 선택하라는 지침과 함께 행동 목록을 포함하여 자신들에게 편지로 써 본다. 그다음 편지를 봉하고 기분이 우울해지기 시작할 때에 그것을 열어 보게 한다. 참가자들은 이것이 당장에는 이용 가능하지 않지만 힘들게 얻은 지혜이고 자신들에게 도움이 되는 최고의 방법이라고 생각했다.

참가자들은 불시에 우울감이 찾아올 때가 가장 최악이라고 말한다. 예를 들면, 아침에 눈을 떴을 때는 많은 사람에게 매우 취약한 시간이다. 과거에 우울증을 겪지 않은 사람들조차도 아침에 막 일어났을 때에는 몸이 깨어나기까지 시간이 걸리고, 하루 일과를 생각하면 마음이 분주해지기도 하고, 에너지가 미리 소진되는 느낌이 들기 때문에 힘든 시간대인 것은 분명하다. 하물며 우울증을 겪었던 사람들의 경우에는 이른 아침시간에 우울 삽화 증상과 비슷한 기분이 나타날 수 있고 다시 우울증이 시작될 것 같은 큰 두려움이 밀려올 수 있다.

이럴 때 우리는 잠시 호흡하는 시간을 가지라고 그들을 격려한다. 이후에 스스로에게 다음과 같이 물어볼 수도 있다. '지금 당장 나를 위해서 어떻게 하는 것이 가장 좋은가?' '이 순간 나 자신에게 줄 수 있는 최고의 선물은 무엇인가?' 구체적인 질문을 하는 것이 도움이 된다. '이런 기분이 얼마나 지속될지 잘 모른다. 이 기분이 지나갈 때까지 나를 돌볼 수 있는 최고의 방법은 어떤 것인가?' 이런 상황에서 부정적인 사고가 매우 압도적일 수 있기 때문에 참가자들은 이 순간에 마음이 반추 상태로 빠져드는 경향성을 관찰할 기회를 갖게 된다('왜 나는 이런 기분이 들까?' '무엇이 잘못된 걸까?' '이보다 더 나아져야만 해.' '좋은 부모는 아이들을 학교에 보낼 준비를 시킬 때 더 힘이 나야 되는데, 이런 의미에서 보면 나는 나쁜 부모인가?').

대부분의 참가자는 주의를 의도적으로 몸으로 옮기고, 기분이 신체감각에 어떠한 영향을 미치는지에 대해서 '부드럽고 호기심을 가지고' 관찰하는 데 많은 시간을 할애하는 것이 매우 유용하다고 말한다. 그러고 나면 참가자들은 다음에 무엇을 해야 할지 의도적으로 선택하는 것이 더 쉬워진다는 것을 알게 되었다.

여기서 우리가 말하고자 하는 것은 일이 힘들게 느껴질 때, 당신이 해야 할 일은 '매 순간을 가능한 잘 다루기 위해서는' 실제로 매 순간에 초점을 두어야 한다는 것이다. 만약 어떤 사람이 힘든 순간을 다루는 태도를 1%만 바꾸어도, 다음에 중요한 변화가 나타난다. 왜냐하면 그것은 다음 순간에 영향을 미치고, 그다음 다음 순간에도 영향을 미치기 때문이다. 결국 작은 변화가 큰 변화를 가져오게 하는 것이다.

가정실습을 이용해서 마지막 수업을 준비하기

이것이 마지막으로 내줄 수 있는 숙제가 될 수 있다는 것을 고려해 볼 때 참가자들이 자신만의 훈련을 계속적으로 계발하는 것이 중요하다(규칙적인 실습의 중요성을 상기시키기 위해서 8회기에 다시 이 주제로 돌아갈 것이다). 우리는 재발 예방을 위한 구체적인 계획을 세우기 위해서 이번 회기와 다음 회기 사이에 얼마간의 시간을 갖도록 하였다.

우리는 참가자들에게 이전에 연습했었던 모든 유형의 공식 마음챙김 연습과 참가자들이 매주 규칙적으로 하려고 마음먹은 실습의 형태를 선택해서 다음 몇 주 동안 혹은 첫 번째 추수 모임 때까지 길거나 짧거나 상관없이 매일 하도록 한다. 선택을 하고 나면 그 주 동안 매일 실습을 해서 가정실습 기록지에 반응들을 기록하게 한다.

참가자들에게 3분 동안 호흡하는 것 외에도, 불쾌한 생각과 감정을 느낄 때마다 행동 단계를 어떻게 추가할지에 대해서 지침을 준다(상세한 내용을 보려면 참가자용 유인물을 참조).

마지막으로, 재발을 탐색할 때 가족구성원들을 포함시키는 방법에 대해서는 유인물에 지침이 나와 있다. 우리는 참가자들에게 그들 자신이나 친구 또는 가족이 조기 경고 신호를 깨달았을 때 대처할 수 있는 틀로 사용할 수 있는 행동계획을 적어 보도록 과제를 내주었다. 이 과제는 재발 신호가 나타날 때 마음의 틀로 쓸 수 있게끔 해 줄 것이다(예: 당신이 아마도 이 아이디어를 좋아하지 않을지 모르지만, 그럼에도 불구하고 당신이 ……하는 것이 중요하다). 예를 들어, 걷기 명상, 움직임 명상, 바디스캔 또는 마음챙김 명상을 할 수도 있다. 스스로 수업 시간에 무엇을 했는지 기억하기, 그때 도움이 되었던 것을 기억하기, 호흡을 하면서 몸에 초점을 맞추고, 생각을 검토하고 행동을 고려해 보기(필요하다면, 적절하게 단순한 단계로 쪼개어도 된다), '보다 지혜로운' 마음과 '다시 연결시킬 수 있는' 어떤 것을 읽어 보기 등을 할 수 있다. 다음의 마지막 수업에서 지도자는 이러한 아이디어를 검토해 보는 것이 중요하다.

7회기-유인물 1

7회기 요약: 어떻게 하면 나 자신을 잘 돌볼 수 있을까?

매 순간, 매 시간 그리고 매년 실제로 우리가 어떻게 보내고 있는지는 전반적인 안녕감과 우울증을 능숙하게 다루는 능력에 매우 강력한 영향을 미칠 수 있다. 다음의 질문을 자신에게 해 볼 필요가 있다.

1. 내가 하는 활동 중에서 나에게 자양분을 주고 그냥 존재하는 것 이상으로 살아 있다는 느낌을 증가시키는 것은 무엇인가?(자양분을 주는 N 활동)
2. 내가 하는 활동 중에서 나의 에너지를 고갈시키는 것은 무엇이며, 살아 있다는 느낌을 감소시키고 그냥 존재한다는 느낌 또는 더 나쁜 기분이 들게 하는 것은 무엇인가?(소진시키는 D 활동)
3. 내 삶에서 바꿀 수 없는 어떤 부분이 있다는 것을 받아들이라. 내가 의식적으로 자양분을 주는 활동에 시간과 노력을 많이 들이고, 소진시키는 활동에 시간과 노력을 적게 들일 것을 선택할 수 있는가?

순간순간에 더 실제적으로 존재하고 그러한 순간에 정말로 필요한 것이 무엇인지 마음을 챙겨서 결정하게 되면 우리가 느끼는 기분을 더 잘 인식하고, 더 주의를 기울이고, 조절할 수 있는 활동을 할 수 있다.

이것은 일상생활의 규칙적인 패턴과 우울증으로 이끄는 저조한 기분 주기를 다루는 데 적용될 수 있다. 우리는 나빠지는 기분 주기에 대처하는 도구로 생산적인 활동과 하루하루의 경험을 이용할 수 있다. 이러한 도구를 이용할 수 있다는 것은 우울한 기분의 한 부분인 '왜 매사가 귀찮을까?'와 같은 부정적인 사고에 직면했을 때 견디어 낼 수 있다는 것을 의미한다.

예를 들어, 당신의 몸과 정신적인 건강을 보호하기 위한 가장 간단한 방법 중의 하나는 매일 신체 활동을 하는 것이다. 최소한 하루에 한 번씩 10분 동안 활기차게 걷는 것 등이다. 만약 시간이 있다면 마음챙김 스트레칭과 요가, 수영, 조깅과 같은 다른 형태의 운동을 해 보라. 일단 규칙적으로 운동을 하는 것이 일상적인 일이 되면 우울한 기분이 일어날 때 쉽게 활용할 수 있는 활동이 될 수 있다.

호흡 공간은 불쾌한 감정이 일어날 때 그것을 해소하기 위한 활동을 하게끔 상기시켜 준다.

★ 호흡 공간을 이용하기: 행동 단계

호흡을 하면서 확장된 자각과 새롭게 재연결되면 고려 중인 어떤 행동을 취하는 것이 적합하다고 느낄지도 모른다. 우울한 감정을 다룰 때 다음의 활동들은 특히 도움이 될 것이다.

1. 어떤 것이든 즐거운 것을 하라.
2. 만족감이나 숙달감을 줄 수 있는 어떤 활동을 하라.
3. 마음을 챙기면서 행동하라.

당신 자신에게 물어보라. 지금 당장 나에게 무엇이 필요한가? 내 자신을 잘 돌볼 수 있는 방법은 무엇인가?

다음의 어떤 것을 시도해 보라.

1. 어떤 것이든 즐거운 것을 하라

당신의 몸을 친절하게 대하라. 뜨거운 목욕을 즐겨라. 낮잠을 자라. 죄책감을 느끼지 않고 좋아하는 음식을 먹으라. 당신이 좋아하는 뜨거운 음료를 마시라. 당신이 좋아하는 화장품이나 매니큐어를 바르라.

즐거운 활동을 시작해라: 산책을 가라(애완견 혹은 친구와 함께), 친구를 만나라, 당신이 좋아하는 취미활동을 하라, 원예활동을 하라, 운동을 하라, 친구와 전화를 하라, 당신이 좋아하는 누군가와 시간을 보내라, 요리를 하라, 쇼핑을 가라, 재미있거나 기분을 좋게 하는 TV를 보라, 당신에게 즐거움을 주는 독서를 하라, 당신에게 좋은 느낌을 주는 음악을 들으라.

2. 숙달감, 만족감, 성취감 또는 통제감을 느낄 수 있는 어떤 활동을 하라

집안을 청소하라, 찬장이나 서랍장을 비우라, 편지 쓰기에 열중하라, 어떤 일을 하라, 세금을 지불하라, 당신이 연기해 왔던 어떤 일을 하라, 운동을 하라(특히 일의 일부나 하나의 과제 혹은 과제의 일부를 완성할 때마다 당신 스스로를 축하해 주고 과제를 더 작은 단계로 쪼개어 한 번에 한 단계씩 해 나가는 것이 중요하다).

3. 마음을 챙겨 행동하라

당신이 지금 하고 있는 것에 그냥 모든 초점을 맞추라. 당신이 머무르는 매 순간에 있어 보라. 현재에 당신의 마음을 두라(예: 지금 내가 계단 아래로 내려간다……. 지금 내 손 아래에는 난간이 있는 것처럼 느껴진다……. 지금 나는 부엌 안으로 걷고 있다……. 지금 나는 불을 켰다……). 또 다른 것을 할 때 당신의 호흡을 알아차리라, 당신이 걸을 때 바닥에 발이 닿는

것을 알아차리라.

★ 기억해 두기

1. 행동을 하나의 실험으로 생각하고 수행하려는 노력을 하라. 그 행동을 한 다음 어떤 느낌이 들지 미리 편견을 갖지 말라. 어떤 식으로든 도움이 될지 안 될지에 대해 마음을 열어 두라.

2. 활동의 범위를 생각해 보고 좋아하는 몇 가지 활동에만 스스로를 제한하지 말라. 가끔 새로운 행동을 시도하는 것은 그 자체로도 흥미로울 수 있다. '탐색하는 것'과 '호기심을 갖는 것'은 종종 '철회하는 것'과 '은둔하는' 반응들을 줄여 준다.

3. 기적을 기대하지 말라. 당신이 가장 잘할 수 있는 것이 무엇인지 계획을 세워서 행동하라. 기적이 당신의 상황을 극적으로 바꾸어 줄 것을 기대하면서 스스로에게 또 다른 압력을 가하는 것은 현실적이지 않다. 오히려 이런 활동들은 당신의 기분이 수시로 변화할 때 전반적으로 통제감을 느끼도록 도와줄 것이다.

7회기-유인물 2

우울한 기분에 압도될 때

때때로 당신은 우울한 기분이 갑자기 나타나는 것을 발견할 것이다. 예를 들어, 아침에 눈을 떴을 때, 무기력한 생각들과 함께 매우 지치거나 나른함을 느껴 본 적이 있을 것이다.

우울한 기분이 갑자기 일어날 때, 당신 자신에게 이렇게 말해 보는 것이 도움이 될지도 모른다. "단지 나는 지금 우울할 뿐이지 이 기분에 계속 빠져 있어야 하는 건 아니야."

이처럼 갑자기 우울해지면 부정적인 사고방식이 유발된다.

만약, 당신이 과거에 우울했다면, 특히 파괴적일 수 있는 오랜 사고 습관이 야기될 수 있다. 즉, 전적인 과잉 일반화, 이런 기분이 영원히 갈 것이라는 예측 그리고 '원점으로 되돌아가기' 사고 등이다. 당신에게 일어나고 있는 것을 이런 방식으로 이해하게 되면 어떤 행동을 취할 수 있는 능력을 손상시킬 수 있다.

이러한 증상을 가지고 있다고 해서 그것이 오랫동안 지속될 필요가 있거나 이미 본격적인 우울 삽화 안에 있다는 것을 의미하는 것은 아니다.

당신 자신에게 물어보라. "이렇게 저조한 기분을 극복하고 나 자신을 돌볼 수 있으려면 어떻게 해야 할까?"

잠시 정신을 가다듬고 호흡에 집중해 보는 것이 도움이 된다. 호흡에 집중하게 되면 더 넓은 관점에서 상황을 볼 수 있게 도와줄 것이다. 이렇게 넓은 관점을 취하게 되면 오래된 사고 습관과 당신이 어떤 행동을 능숙하게 취할 수 있는지에 대해서 알아차리게 해 준다.

7회기-유인물 3

탈진 깔때기

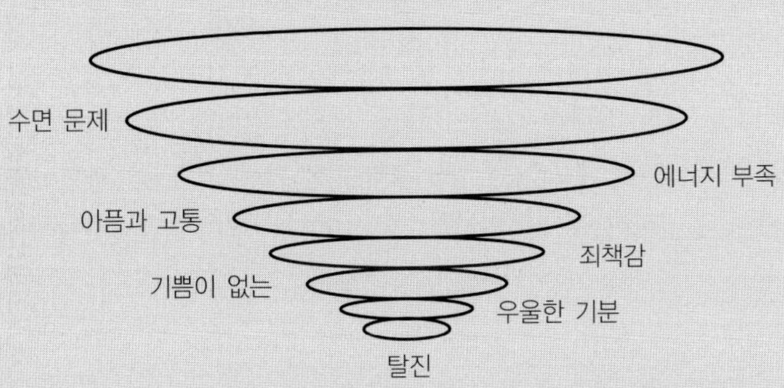

이 그림에서 원이 좁아지는 부분은 우리가 좋아하지만 '선택사항'이 되는 어떤 것을 포기할 때 우리 삶이 좁아지는 것을 의미한다. 결과적으로 우리는 스스로에게 자양분을 주는 활동을 그만두고, 자원을 고갈시키는 일이나 다른 스트레스 요인만 남겨두게 된다. Marie Asberg 교수에 의하면 계속 하향곡선을 그리는 사람들은 가장 양심적인 노동자들일 수도 있고, 자신감 수준이 직장에서의 수행 능력에 의존하는 사람들(게으른 사람이 아니라, 종종 최고의 근로자로 평가받는 사람들)일수도 있다고 한다. 이 도형은 한 참가자의 깔때기가 좁아지고 점점 탈진하면서 경험하게 되는 '증상'이 연속적으로 쌓여 가는 것을 보여 준다.

7회기-유인물 4

불행감과 우울감을 현명하게 다루기-II
현명하게 대응하기(우울증의 첫 징후를 알아차릴 때 자신을 보살피기)

6회기-유인물 4에서, 기분이 하향 곡선을 그리게 하는 원인을 적었고 기분이 나빠지고 있다는 징후(예: 생각, 감정, 신체감각)로 여겨지는 것들을 적었다. 이 유인물에서는 이런 상황에 있을 때 능숙하게 대응할 수 있는 방법을 생각해 본다. 지난 과정의 유인물을 다시 검토하면서 당신이 한 것이 무엇이었는지 그리고 도움이 될 만한 뭔가를 발견했는지 확인하는 것이 도움이 될 것이다.

과거에 우울증을 겪었을 때 뭔가 도움이 되었는지 알아차렸는가?

우울감의 고통에 대한 능숙한 대응은 무엇인가? 생각과 감정의 혼란에 대해 뭔가를 덧붙이지 않으면서 어떻게 대응(수업에서 배운 것을 포함하여)할 수 있었나?

이렇게 힘들고 고통스러운 시기에 어떻게 자신을 가장 잘 돌볼 수 있었나(당신을 달래 줄 수 있는 것들, 자양분을 줄 수 있는 활동들, 연락할 수 있는 사람들, 고통에 현명하게 대응하기 위해 할 수 있는 작은 일 등)?

★ 행동 계획

이제 자신 혹은 친구/가족들이 우울증 조기경고 신호를 알아채면, 그것에 대응할 수 있는 기본 틀이 될 만한 행동 계획을 적어 보라(그때 가지고 있는 마음의 틀을 다룬다는 것을 기억하라. 예를 들어, "당신이 이런 생각에 대해 관심이 많지 않다는 것을 알고 있지만 그럼에도 불구하고, 당신이 ______ 하는 것은 매우 중요하다.”). 예를 들어, 움직임 명상, 바디스캔 또는 정좌 명상 기록을 할 수 있다. 수업 시간에 배웠던 것을 기억하면 도움이 될 것이다. 자주 호흡 공간을 이용해서 그때 드는 생각을 검토하고 행동을 고려해보라. 당신을 '더 현명한' 마음과 '다시 연결시켜 줄' 무엇인가를 읽으라 등이다.

어려움을 겪을 때 필요한 것은 이 수업 과정에 걸쳐 이미 여러 번 연습한 것과 다를 바 없음을 상기하는 것이 도움이 될 것이다.

7회기-유인물 5

7회기 이후 일주일간의 가정실습 과제

1. 당신이 이전에 실습했었던 모든 유형의 마음챙김 공식 실습 중에서 규칙적으로 해 보려고 했던 실습을 한 가지 정해서 다음 5주 동안 매일 해 보라. 이번 주에 실습해 보고 가정실습 기록지에 반응들을 기록하라.

2. 기분이 당신을 압도할 때를 대비하여 행동계획(불행감과 우울감을 현명하게 다루기-II, 7회기-유인물 4)을 수립하라. 이 계획에 다른 사람들, 가족 또는 친구들을 자유롭게 포함시키라.

3. 3분 호흡 공간-앞서 당신이 정한 시간에, 규칙적으로 하루 3번씩 연습해 보라. 가정실습 기록지의 R에 동그라미를 치면서 각 시간마다 기록하라. 하고 싶은 말이나 어려움을 기록하라.

4. 3분 호흡 공간-행동과 함께 대응적인 추가 행동(오디오 트랙 9): 불쾌한 생각이나 감정을 느낄 때마다 연습하라. 가정실습 기록지에 해당 날짜에 ×에 동그라미를 쳐 가면서 하라. 하고 싶은 말이나 어려움을 기록하라.

7회기-유인물 6

가정실습 기록지-7 회기

이름: ____________________

실습을 할 때마다 가정실습 기록지에 기록하십시오. 또한 과제에서 나오는 것을 메모해 두어 다음 모임에서 그것에 관해 이야기할 수 있습니다.

날짜/요일	연습(예/아니요)	의견
수요일 날짜 ______	어떤 공식 명상 실습을 선택하였는가? 계획된-R R R 대응적인-X X X X X X X X X X X X	
목요일 날짜 ______	어떤 공식 명상 실습을 선택하였는가? 계획된-R R R 대응적인-X X X X X X X X X X X X	
금요일 날짜 ______	어떤 공식 명상 실습을 선택하였는가? 계획된-R R R 대응적인-X X X X X X X X X X X X	
토요일 날짜 ______	어떤 공식 명상 실습을 선택하였는가? 계획된-R R R 대응적인-X X X X X X X X X X X X	
일요일 날짜 ______	어떤 공식 명상 실습을 선택하였는가? 계획된-R R R 대응적인-X X X X X X X X X X X X	

월요일 날짜 _____	어떤 공식 명상 실습을 선택하였는가? 계획된-R R R 대응적인-X X X X X X X X X X X X	
화요일 날짜 _____	어떤 공식 명상 실습을 선택하였는가? 계획된-R R R 대응적인-X X X X X X X X X X X X	
수요일 날짜 _____	어떤 공식 명상 실습을 선택하였는가? 계획된-R R R 대응적인-X X X X X X X X X X X X	

R: 3분 호흡하기-정상 버전, X: 3분 호흡하기-대응적인 버전

17

새로운 학습을 유지하고 확장하기: 8회기

MBCT 과정 전반에 퍼져 있는 중심적인 생각을 한데 모을 수 있는 방법이 있다면 무엇일까? 아마도 그것은 재발과 관련된 자동적 사고가 일어날 때 능숙하게 반응할 수 있는 방법이 있다는 것이다. 이런 방법들은 다루어야 할 문제가 있다는 것을 부인하지 않는다. 그러나 이 방법들은 사람들에게 선택의 여지가 많다는 것을 상기시켜 주며, 그 선택 중 하나는 우울증을 일으키는 것이 무엇이든지 간에 우울증 자체에 아주 다른 방식으로 직면하게 해 준다. 그 문제에 대해 골몰히 생각하거나, '왜 하필이면 나야?' '도대체 왜 이렇게 우울한 거지?'와 같이 대답할 수 없는 질문을 던지거나, 실패에 대한 생각이 계속 순환 고리를 이루며 맴돌게 하는 대신 다른 가능성이 있다는 것을 알게 된다.

여기서 과제는 호흡을 하면서 우리가 알아차리게 되는 모든 것, 즉 생각, 감정, 충동, 또는 감각을 현재 순간에 고정시키고, 보다 넓게 자각하면서 붙잡는 것이다. 이전에도 살펴보았듯이, 우리가 무엇을 발견할 수 있을지 결코 모른다. 머지않아 사람들은 이러한 것을 이해할 수 있게 될 것이고, 다음의 사실, 즉 마음은 그들이 생각하는 것보다 훨씬 더 지혜로운 방법으로 일상의 일들을 처리하는 방법을 가지고 있다는 것을 깊이 이해하게 될 것이다. 이러한 처리과정이 다른 것들로부터 방해받지 않고 일어날 것이라는 사실을 믿게 되면 마음의 문제해결 양식을 더 이상 사용하는 것이 어렵게 된다.

> 마음은 우리가 생각하는 것보다 훨씬 더 지혜로운 방법으로 일상의 일들을 처리하는 방법을 가지고 있다.

컴퓨터로 비유를 하는 것이 도움이 될 수 있을 것이다. 많은 사람은 워드 프로세서나 계좌를 추적하는 것과 같이 비교적 간단히 일을 하기 위해서 컴퓨터를 산다. 오늘날 우리는 보통의 책상용 PC가 가진 능력의 대부분을 거의 사용하지 않고 있다. 우리의 마음이 때때로 이와 유사하다고 상상해 보라. 우리의 마음-몸 체계('내장된 대컴퓨터')에는 살아오면서 축적된 어려움과 문제를 처리하도록 도와주는 정보처리기를 갖고 있다. 이렇게 하는 이유는 이전에 했던 것보다 더 지혜롭고 자연스러운 방법으로 처리할 수 있기 때문이다. 이와 같이 다양한 마음의 양식은 삶의 분주함이 종종 그것을 불투명하게 할지라도 항상 이용 가능하다.

이러한 추론이 유용하다고 생각하든 그렇지 않든 간에 모든 상황이 행동을 필요로 하거나 변화를 위한 노력을 요하는 것은 아니다. 감정의 영역에서 일어나는 일들은 흔히 논리적으로 되지 않는다. 삶의 어떤 영역에서는 우리가 힘들게 노력하면 할수록 더 많이 얻을 수 있다. 그러나 이런 규칙은 원치 않는 감정을 다루거나 우리에게 중요한 어떤 측면을 다룰 때는 좀처럼 적용되지 않는다.

역설적일지도 모르지만 불쾌한 감정을 밀어제치거나 억누르려 하면 실제로는 불쾌한 감정을 유지시키는 결과밖에 되지 않는다. 이것은 우리가 기대하는 것이 아니지만 사실이다. 경험을 회피하거나 제쳐 둘 때, 더 넓은 맥락에서 문제를 이해하는 것은 한계에 부딪힐 수밖에 없다. 그러나 슬프고 불안한 감정을 받아들이게 되면, 순간 그것은 이미 다른 것이 된다. 우리가 느끼는 감정을 확실하게 받아들이는 것은 그 감정을 인정하는 것이며, 그 감정에 패배당하거나 포기하는 것을 의미하지는 않는다. 우리가 느끼는 감정을 수용함으로써 이것이 단지 시작점이라고 자신에게 말할 수 있게 된다. 이렇게 되면 보다 더 나은 상태에서 실제로 무엇을 할 것인지 결정할 수 있게 된다.

> 불쾌한 감정을 밀어제치거나 억누르려 하면 실제로는 불쾌한 감정을 유지시키는 결과밖에 되지 않는다.

물론 어떤 과정을 택해야 할지 결정하는 능력은—변화를 위해 무엇을 하든 그렇지 않든 혹은 지금 벌어진 상황을 받아들이는 것은—주어진 상황에서 필요한 것을 순간적으로 알아차리는 것은 말할 것도 없고 많은 것에 의존한다. 지혜란 가끔 행동하지 않는 것을 의미하기도 한다.

우리가 처한 상황이 정말로 힘들거나 혼란스러울 수도 있다. 만약 그렇다면 그 상황을 잘 살펴보면서 어려움이나 혼란감과 '함께 있는 것'이 필요할지도 모른다. '함께 있는 것'은 이를 악물고 참는 것이 아니다. 오히려, 어려움을 분명하게 볼 수 있게 하고, 어려움 그 자체를 탐색하고 어려움에 대한 우리의 반응을 부드럽게 그리고 자비심을 가지고 탐색하는 것을 말한다. 이렇게 살펴보는 것은 불확실감을 불러일으키고 약간의 불안을 가져올 수 있다. 그러나 만약 우리가 지금 당장의 불확실성을 견딜 수 없어 행동하고 싶은 유혹을 뿌리치면서 '알지 못하는' 경험을 기꺼이 할 수 있다면, 상황을 좀 더 명확하게 볼 수 있는 기회를 가질 수 있다.

> 우리 자신이 어떤 기분인지를 알 수 있도록 허용함으로써, 자신에게 이것이 시작점이라는 것을 상기시킨다. 이렇게 되면 보다 더 나은 상태에서 실제로 무엇을 할 것인지 결정할 수 있게 된다.

만약 의식적으로 혼란과 불확실함을 경험한다면 혼란 그 자체는 우리에게 명확함을 가져다줄 수 있다. 그리고 만약 우리가 충동적으로 행동하려는 마음의 경향성, 즉 혼란감에 수반되는 고통에 대해 어떤 식으로 행동하려는 경향성에 제동을 걸 필요가 있다면 항상 호흡으로 되돌아갈 수 있다.

한 바퀴 빙 돌아오기

한 바퀴 빙 돌아서 제자리로 왔다는 느낌을 주기 위해 이 마지막 회기를 공식 수

[자료 17-1]

8회기 주제와 교육과정

주제

새로운 생활 방식을 계획하기. 마음을 챙기고 돌보는 존재 양식을 유지하고 확장시키려면 명확한 의도와 계획이 필요하다. 규칙적인 마음챙김 실습에 대한 의도를 개인적으로 중요한 가치 또는 자신을 돌보는 긍정적인 이유와 연결시키는 것이 도움이 된다.

의제

- 바디스캔 실습
- 간단한 실습 검토
- 가정실습 검토(초기 경고 시스템과 활동 계획을 포함해서).
- 전체과정 검토: 무엇을 배워 왔는지-짝을 지어서, 다음에는 전체 집단과 함께 토의하기
- 프로그램에 대해 개인적으로 생각해 볼 수 있도록 참가자들에게 질문지를 배부한다.
- 공식, 비공식 명상 실습 중에서 지난 7주 동안 개발해 온 훈련을 가장 잘 유지할 수 있는 방법에 대해 토의하기
- 계획을 검토하고 토의, 실습을 계속 유지할 수 있도록 긍정적인 동기와 연결시키기
- 8회기 참가자용 유인물 배포
- 종결 명상(대리석, 돌 혹은 구슬) 혹은 또는 참가자들이 서로 잘 되기 바라는 마음으로 마무리하기

계획 및 준비물

- 개인적인 준비물 외에 8회기 질문지를 가져오는 것을 기억하라. 실습을 계속 유지할 수 있는 방법과 재발방지 계획을 기록할 수 있도록 칠판이나 화이트보드를 준비하라. 또한 프로그램의 끝을 표시하기 위해서 각 참가자들을 위한 추억거리를 준비하라.

참가자 유인물

[8회기-유인물 1] 8회기 요약: 새로운 학습을 유지하고 확장하기
[8회기-유인물 2] 일상생활에서의 마음챙김

행인 바디스캔부터 시작한다. 두 번째로, 우리는 참가자들에게 7회기에서 실행하기 시작한 재발방지 행동계획과 주중 가정실습을 살펴볼 시간을 준다. 셋째, 참가자들은 프로그램 전체 진행 과정에서 경험한 것을 회상하는데, 계획된 실습을 하면서 뒤를 되돌아보며 생각하는 시간을 갖는다. 지난 회기들은 모두 자연스럽게 끝과 헤어짐이라는 생각을 하게 만드는 반면, 8회기는 끝을 위한 시작이라기보다 시작을 위한 끝에 더 가깝다. 이제 필요한 것은 시간제한이나 마감시간이 없기 때문에 Jon Kabat-Zinn이 말한 것처럼 '진정한 8회기'는 우리 삶의 나머지 부분이다.

참가자들이 바디스캔을 통해 자신의 경험을 이야기할 수 있는 약간의 시간을 남겨 두면서 전체적인 질의는 하지 않는다. 수업이 끝날 때 바디스캔에 대한 참가자들의 반응을 듣는 것은 흥미로운 일이다. 주의를 어떻게 훈련하고 길들이는가에 대해 확장된 의식을 가지게 되면, 바디스캔은 지난 8주 전에 했던 것과는 다른 방식으로 경험될 수 있다. 이 말은 참가자들이 모두 바디스캔에 빠져 있다는 것을 의미하지는 않는다. 사실, 바디스캔이 지루하거나 지겹다고 생각한 사람들은 여전히 그렇다고 보고할 수 있다. 하지만 새로운 사실은 바디스캔이 여전히 지겹다고 생각하는 사람들조차도 그것 때문에 괴롭다는 느낌을 덜 갖는다는 것이다. 그들은 자신의 마음상태와 다르게 관계 맺는 것을 배웠다. 사람들은 부정적인 경험조차도 자신들이 경험한 것이라면 지루함이나 지겨움과 함께 있는 법을 배울 수 있다는 사실을 잘 알게 된다. 어떤 사람들은 수업에서 바디스캔이 그들에게 매우 도움이 되었다고 기억하고, 과제로 바디스캔을 해 볼 기회를 주었을 때 어떤 형태로든지 기억을 되살렸다. 8회기에서 참가자들에게 수업시간에 다시 바디스캔을 할 수 있는 기회를 주게 되면 지난 7주에 걸쳐서 연습한 것을 확인할 수 있다.

재발 방지 행동 계획

그렇다면 참가자들이 하는 재발 예방 행동들에는 어떤 것이 있는가? 이것은 7회기에 논의했었는데, 참가자들은 과제를 하는 동안 몇 가지 행동 계획표를 작성하였다. 조기 경고 시스템을 가지고 몇 가지 유용한 행동 목록을 적어 보면 필요한 시기에 이것을 끄집어낼 수 있을 것이다. 참가자들은 이전 경험을 기초로 많은 아이디어를 토의했는데, 상당 부분이 지난번 마지막으로 우울했을 때에는 갖고 있지 않았던 행동 계획이었다.

40대 중반의 여성인 제니퍼(Jennifer)는 '우울증의 영역'에 대해 더 잘 이해할 수 있게 해 주는 수업, 특히 기분이 날마다 어떻게 바뀔 수 있는지에 대해 중점적으로 말했다. 변화하는 기분에 잘 대응하기 위해 제니퍼는 즐거움을 주거나 숙달감을 주는 활동들, 그녀가 '나의 항우울 활동 목록(My Antidepressant Activity List)'이라고 불렀던 것을 생각해 냈다. 그리고 필요할 때 꺼내 보기 위해 파일로 정리를 했다. 이 목록에는 지도자가 그녀에게 "비록 이런 것을 좋아하지는 않더라도, 최소한 한 가지를 선택해서 어떻게든 해 보세요."라고 말한 것과 함께 참가자들의 유인물에 나온 내용도 포함되어 있었다.

- 오늘 그냥 즐길 수 있는 어떤 것을 해 보라.
  - 친구에게 전화하기
  - 재미있는 비디오 빌려 보기
  - 편안하고 뜨거운 목욕을 하면서 편히 쉬기
  - 낮잠 자기
  - 죄책감을 느끼지 않고 좋아하는 음식 먹기
  - 좋아하는 따뜻한 음료 마시기
  - 산책하기(강아지나 친구와 함께)
  - 친구네 집 가기
  - 좋아하는 취미생활 하기
  - 좋아하는 사람과 함께 시간 보내기
  - 저녁 요리하기
  - 쇼핑하기
  - 텔레비전에서 기분을 좋게 하거나 재미있는 프로 보기
  - 즐거움을 주는 책을 읽기
  - 좋아하는 음악 듣기

- 숙달감과 만족감 성취감 또는 통제감을 주는 활동을 하라.
  - 집의 한 부분 청소하기(20분 이내)
  - 찬장이나 서랍 정리하기
  - 그동안 못 썼던 편지 쓰기
  - 세금 내기
  - 정원 가꾸기
  - 미루어 두었던 일하기
  - 운동하기
- 큰일들을 작게 나누어서 하고(예를 들어, 10분 동안만 그 일을 하기) 마친 후에 자신을 칭찬해 주라.

많은 생각이 머릿속에 떠오를 수 있다. 중요한 것은 이러한 생각들을 초기 경고 체계와 나란히 연계해서 사용할 수 있어야 하고, 결국은 이 과정에서 미리 어떤 것을 하도록 강조하는 것이다. 생각을 하는 것만으로는 충분하지 않다는 것을 기억하라. 그 생각을 행동으로 옮기는 것이(아무리 사소해도) 중요하다.

뒤돌아보면서

실습에 따른 피드백에 이어 우리는 사람들이 지난 시간을 돌이켜 생각해 볼 수 있는 시간을 주었다. 지시문은 혼자 혹은 짝을 이루어서 여러 질문들을 되돌아보는 시간을 갖게 해 준다.

> "당신은 처음에 왜 왔는가? 당신이 기대하는 것은 무엇이었으며, 왜 여기에 계속 있었는가?"
> "당신이 원하거나 희망했던 것은 무엇이었는가?"
> "여기에 와서 무엇을 얻었는가? 당신은 무엇을 배웠는가?"
> "당신이 지불한 비용은 무엇이었나?"
> "프로그램을 지속하는 데 있어서 큰 장애물은 무엇이었나?"

"어떤 전략이 옴짝달싹할 수 없는 상황에 빠지지 않게 도와주었는가?"

이런 연습 외에 참가자들은 프로그램에 대한 개인적인 의견을 쓰는 시간을 갖는다. 참가자들에게 평가할 수 있는 간단한 질문지에 프로그램이 얼마나 중요했는가를 적게 한다(1: 전혀 중요하지 않다, 10: 매우 중요하다). 그런 다음 빈칸을 비워 두고, "당신이 이 점수를 준 이유에 대해서 설명해 보세요."라는 질문을 한 후 적어 보게 한다.

프로그램 후에 이런 소감문을 읽었을 때, 참가자들의 경험에 공통성이 있다는 데 놀라지 않을 수 없다. 참가자들의 경험에서 공통점은 마음챙김 훈련이 대체로 어려웠지만 수용할 만한 가치가 있는 도전이라고 반복적으로 말했다는 것이다.

"좀 더 여유를 가지고 현존할 수 있는, 특히 순간에 머무를 수 있는 여지를 나 자신에게 줄 수 있는 방법을 배우는 기회였던 것 같아요. 내 안에 안전한 장소가 있다는 것을 알았어요. 내 안의 안전한 장소는 다른 사람으로부터 어떤 방해나 비난을 받지 않고 내가 머무를 수 있도록 해 주는 곳입니다.

그리고 규칙적으로 내부의 안전한 곳에 우선순위를 두게 되면 더 많은 피해를 초래하기 전에 부정적인 생각을 완화시키도록 도움을 주었습니다."

"이 프로그램은 내가 이미 우울증에 대해 알고 있었던 어떠한 것들을 반복해서 확인시켜 주었습니다. 그러나 그것이 무엇인지 알고 있는 사람들과 같이 이 과정을 함께 경험할 수 있어서 더욱 효과적이었어요."

"좋은 것도 있고 그렇지 않은 것도 있었죠. 나 자신에 대해 배우고 나의 모든 생각과 감정을 받아들일 수 있게 해 주는 엄청난 시작이었습니다. 호흡을 하는 것은 예상외로 나에게 큰 보상을 주었던 것 같아요."

"내적인 힘을 발견하게 되었어요."

"이제 기분이 처지거나 우울해지기 시작할 때에 쓸 수 있는 책략을 갖게 되었어요."

"이번 과정은 과거에 불안하고 우울했었던 것에 대한 수치심을 없애 주는 시간이었고, 나 자신을 더욱더 많이 수용할 수 있게 되었어요."

"고요하고 집중할 수 있는 내면의 공간으로 움직일 수 있는 한 가지 방법을 발견했어요."

"우울감과 불안감은 나를 매우 불행하게 만들었어요……. 이제는 정말로 즐길 수 있게 되었고 지금 이 순간에 현존할 수 있게 되었어요……. 이 순간이야말로 내가 살아야만 하는 유일한 시간이라는 것을 깨달았고, 그러니까 미래나 지나간 과거의 실패를 끊임없이 걱정하는 대신에 더 침착하고 고요하게 지금 이 순간을 받아들일 수 있게 되었어요. 이렇게 하니까 나를 우울하게 만드는 것이 무엇인지를 깨닫게 되었고, 우울증 재발을 완화시킬 수 있는 요인들이 어떤 것인지 희망적으로 알아차릴 수 있게 되었어요."

"마음챙김 명상은 처음에 우려했던 대로 여러 가지 이상한 감정들을 불러일으키기도 했지만 지금은 그것이 그냥 감정일 뿐이라는 사실을 깨닫게 되었습니다. 이러한 감정은 살아오면서 수년간 억압해 왔던 것이었고, 진정으로 내 삶을 살기 위해서는 억압되어 있던 감정을 느껴야 한다는 사실을 알았어요. 때로는 또다시 낙담할지도 모르지만 내 삶에 대한 전체적인 관점이 변하게 되었어요."

이 소감문은 8회기 동안에 느꼈던 경험에 대한 즉각적인 반응을 나타내며, 지도자가 옆에 있을 때 참가자들이 적었던 내용이다. 대개 이러한 상황에서 참가자들은 좋은 점을 더 많이 보고하고 어려웠던 점은 더 적게 보고할 수 있다. 따라서 프로그램이 종결하고 나서 몇 달 후에 참가자들의 반응을 들어보는 것은 흥미로운 일이었다. 동료인 Oliver Mason은 이들을 다시 면담하면서 그동안의 MBCT 회기를 돌아보며 어떤 참가자가 했던 이야기를 듣게 되었다. 우리는 참가자가 공식 명상 실습을 했던 초기 경험에 대해 Oliver Mason에게 이야기한 첫 번째 부분을 여기에 발췌하였다.

P: 나는 몸을 이완시키기 위해서 매일 바디스캔을 했어요. 너무 이완되기도 했지만 우울할 때 보통 사람들은 몸을 이완하거나 잠을 푹 자거나 우울한 기분에서 회복하기가 어려운데, 이런 점에서 바디스캔은 많은 이점을 가지고 있

어요. 우리 모두 내면에 항상 지나치게 돌아가는 모터를 가지고 있어요. 그렇기 때문에 긴장을 깊이 이완시켜 주는 것은 과거에도 그렇고 지금도 꽤 가치가 있어요. 그러나 실습 나머지 부분들에 대해서는 결국 내가 하기로 했던 것을 했을 뿐입니다.

I: 그러면 전체 과정을 제시한 대로 잘하셨는데, 하면서 발견한 점이나 놀라운 점은 어떤 것이 있었나요?

P: 전체적으로 가장 중요한 것은 가끔 마음속에 무엇이 지나가는데, 이것은 단지 정신적 현상이라는 것입니다. 이것들은 단지 생각일 뿐이지 사실은 아니며 어떤 것을 따라야 할지 선택할 수 있는 힘이 내 자신에게 있다는 것을 알았습니다. 하지만 이렇게 하는 것이 거저 얻어지는 것은 아닙니다. 도움이 된다고 생각한 것은 마음속에 지나가는 무기력한 종류의 생각들에게 희생당하지 않아야 한다는 것이었어요. 어떤 생각은 무시할 수도 있고, 또 다른 어떤 생각들은 더 자세히 살펴볼 수도 있고, 이러한 생각이 왜 그렇게 더 자주 그리고 더 집요하게 나타나는지에 대해서도 살펴볼 수 있게 되었습니다.

참가자는 지금 어떻게 그의 생각이나 감정에 대해 더 폭넓고 탈중심화되는 관점을 가질 수 있는지에 대해 계속 설명했다.

I: 그리고 당신은 그 문제에 그렇게 가까이 있지 않았어요. 그렇죠? 문제는 거기 있지만 문제와 거리를 둘 수 있었지요?

P: 정확히 맞습니다. 문제는 그냥 일어나는 것이 아닙니다. 문제가 당신에게 일어나는 것을 볼 수 있어요. 여기에는 아주 큰 차이가 있어요. 그리고 기분이 저조할 때, 가장 큰 도전이 온다는 것을 항상 느낍니다. 왜냐하면 바로 그때에 명상을 하기가 훨씬 더 어렵기 때문이죠. 저는 이럴 때일수록 명상을 하고 싶은 마음이 내키지 않더라도 오히려 명상을 해야 할 필요가 더 크다고 봅니다. 기분이 좋을 때에는 공식 명상을 하고자 하는 마음이 그렇게 크지는 않아요. 그러나 일이 잘 안 될 때에 명상을 하는 것이 중요합니다. 왜냐하면 알다시피 기분이 내려가기 시작할 때 잊어버리기 쉬운 명상 프로그램의 내용, 그 뒤에 있는 전체적인 흐름과 다시 연결시켜 주기 때문이죠.

7회기에 토의했던 문제, 즉 사람들은 어떻게 재발 신호를 알아차리는가에 대해 물어보았다.

I: 당신은 우울해지기 시작할 때 어떻게 알아채죠?

P: 내 경우에는 우울해지기 시작할 때 게을러지고, 잠을 잘 못 자고, 밤에 자주 깨어납니다. 그리고 뭔가 무의미하고 무력해지는 느낌이 듭니다. 심각하지는 않지만 사기가 저하되고 움직임이 둔해지거나 전반적으로 약해지는 느낌이 듭니다.

I: 그렇게 되면 그 즉시 명상을 하나요?

P: 즉시 명상을 하지는 않아요. 적어도 늘 그렇지는 않아요. 확실히 어떤 것을 하기는 합니다. 그렇지만 늘 그것을 지키지는 않아요. 항상 그렇게 신속하게 반응하는 것은 아니에요. 그러나 프로그램을 하기 전에는 우울한 기분에 내내 끌려 다녔었어요. 그런 기분에 끌려 다녔는데 그러면 지탱하거나 기댈 것이 없다고 느끼고, 절망감을 느끼고 약을 먹는 것 외에 다른 방법이 없다고 느꼈었지요.

I: 최소한 어떤 것을 할 수 있겠다는 느낌이 든다는 말인가요?

P: 예. 우울증을 치료해 준다는 보장은 못하지만 마음챙김 명상은 우울증을 다루는 하나의 전략이고, 무슨 일이 일어나고 있는지 통제할 수 있게 해 줍니다. 저는 이것이 가장 핵심이라고 생각합니다.

이 참가자는 자신이 느끼는 우울증에 대해 예전과 다르게 느끼는 것 같았다. 자신에게 다가오고 있는 우울증 신호가 무엇인지 알아채고 그것들을 즉각적인 신호로 감지하게 됨으로써 선택의 여지가 있다는 것을 알게 되었다. 기분이 우울해졌을 때 그는 프로그램에서 한 것을 얼마나 쉽게 잘 잊어버리는지 알고 있지만, 실습을 통해 전체 프로그램과 연결시킬 수 있었다. 기본적으로 생각에 대한 관계가 바뀌었다. "마음속에 무엇이 지나가든지 간에 단지 정신적 현상입니다. 이러한 생각들은 단지 생각일 뿐이지 사실이 아닙니다. 그러고 나면 다음에 어떻게 해야 할지 선택할 수 있어요." 그는 자신의 생각과 기분에 대해서 열심히 알아보려고 하는 것 같았다. 결국 그는 미래에 대한 환상이나 우울증이 치유될 것이라는 환상을 가지지 않았다.

프로그램이 끝난 몇 달 후에도 그는 자신이 경험한 것을 통해 심각한 우울증을 일으키지 않고도 힘든 사건들을 다룰 수 있다고 느꼈다. 프로그램이 주요 우울증에 대한 재발을 예방할 수 있게 되었던 것이다. 그의 경험은 프로그램이 끝난 뒤에도 적극적으로 실습을 지속하는 방법과 앞으로 기분이 처질 때 능숙하게 문제를 다룰 수 있는 방법에 대한 중요한 문제를 제기했다.

앞을 내다보기

매주 하던 수업이 종료된 다음 참가자들이 지속적으로 실습하는 방법을 찾는 것은 도전거리이다. 따라서 어떤 유형의 연습을 하려고 마음먹었는지에 대해 나누는 시간을 마련하는 것이 중요하다. 왜냐하면 많은 선택이 있을 수 있고, 계획은 아주 다양하기 때문이다. 때때로 우리는 칠판에 적혀 있었던 목록들이 유용하다는 것을 발견할 때도 있다. 어떤 참가자들은 규칙적으로 매일 30분씩 실습을 계속할 것이라고 말하고, 또 다른 참가자들은 규칙적으로 요가와 정좌 명상을 번갈아 가면서 할 것이라고 말한다. 대체로 참가자들은 프로그램 과정 동안에 해 왔던 실습을 같은 수준으로 유지할 수 있을지 확신이 서지 않는다고 말한다. 대신 매일 호흡하는 것을 목표로 하고, 그다음으로 실습을 새롭게 하고 싶을 때나 주말에는 좀 더 공식 실습을 계획한다. 또 어떤 참가자는 6회기 때 배부한 다양한 명상 중 하나가 특히 도움이 되었다고 하는데, 또 다른 사람들에게는 벨 소리만을 담고 있는 오디오 트랙을 사용해서 지도자의 지침이 없이도 자리에 앉아 명상을 할 수 있는 충분한 체계를 만들기도 한다. 어떤 것을 계획하든지 간에 중요한 것은 그것이 현실적이어야 한다는 것이다.

때때로, 의문점이 생기기도 한다. 만약 충분히 오랫동안 앉아 있기만 한다면 주말에만 앉아서 명상하는 것도 괜찮은가? 지도자가 세심하게 어떤 선택이나 지침을 주는 것이 중요하다. 물론 선택은 참가자에게 달려 있지만 규칙적으로, 매일, 간단히 실습하는 경험은 가끔씩 실습을 길게 하는 것보다 나을 수 있다. 실습을 '매일' 하는 것과(어떤 종류와는 상관없이) 연속성을 갖고 동기와 추진력을 유지하는 것이 중요하다. 마음을 챙겨 우리의 경험과 관계를 맺는 것은 우울한 마음이 지니고 있는 속성이 아니기 때문에 경험과 다시 연결시키기 위해서는 가능한 많은 도움을 필요로 한다. 사람들은 좋아하는 테이프나 특별한 인용문 또는 어떤 암시든지 자신에게 스스로 줄 수 있는 지지를 필요로 한다. 이것은 외국어를 배우는 것과 같다. 외국어는 매일 규칙적으로 말하고 공부하면 더 잘할 수 있게 된다.

지도자들이 이러한 주제에 많은 시간을 쏟는 중요한 이유 중 하나는 스트레스가 예기치 못하게 일어나기 때문이다. 아무도 언제, 어떻게 우울해질지 알지 못한다. 그러나 우리는 인지치료와 MBCT/MBSR 연구에서 치료 효과를 보인 사람들은 과제를 해 온 사람들이었다는 것을 알 수 있었다. 만약 사람들이 연습을 새롭게 하거나 매일, 매주 연습한다면, 가끔씩 연습하는 것보다는 더 효과적일 것이다. 도구를 매끄럽게 손질해 놓으면 결국 실제로 도구가 필요할 때 바로 사용할 수 있다. 이것은, 예를 들어 참가자가 호흡 공간 실습을 규칙적으로 하겠다고 결심했다면 그날 겪을 수 있는 어려움과 스트레스에 대응해야 할 때 규칙적인 시간에 하루에 한 번이나 두 번 호흡할 시간을 갖는 것이 가장 좋다는 것을 의미한다.

훈련이 계속될 수 있도록 지원하기 위해 대부분의 명상센터에서는 8주 수업에 참여한 사람들을 대상으로 다양한 후속 수업과 수련회를 제공한다. 각 수업마다 몇 번의 후속 모임이 있고, 그런 동창 모임에 참여할 수 없는 사람들에게 지도자는 상황이 어떻게 진행되고 있는지 알아보기 위해 연락하기도 한다. 많은 MBCT 프로그램은 이제 6회기와 7회기 사이에 침묵 속에서 실습을 하는 날을 포함시키고 있고 이전 프로그램을 마친 모든 사람을 초청한다. 다른 센터에는 정기적인 정좌 명상 집단이 있다.

실습을 지속해야 할 이유를 스스로 찾을 것

경험상 이러한 해결책이 얼마나 효과적이든지 간에 그것을 하려고 하는 긍정적인 동기와 연결시키지 않는다면 아무 소용이 없다. 그러므로 우리는 각 참가자에게 계속해서 연습하고 재발방지 전략을 세워야 하는 좋은 이유를 생각하게 하는 것이 도움이 된다는 것을 알았다. 계속해서 실습하는 것을 그들이 아주 중요하게 생각하는 어떤 것과 연결시키는 것이다.

그러므로 우리는 참가자들에게 간단한 명상/묵상 실습으로, 작은 돌이 깊은 우물 아래로 떨어지듯이 다음과 같은 질문이 마음속으로 떠오르게 할 수 있다.

> "이 실습이 나에게 도움을 줄 수 있는 내 인생에서 가장 중요한 것은(가장 가치 있는 것)은 무엇인가?"

침묵의 시간이 지나면 답이 떠오르게 되고 돌이 더 떨어지게 내버려 둬도 된다. 마침내 돌이 우물 바닥에 떨어진다. 지금 어떤 대답이 떠오르는가?

짧은(2분 또는 3분) 실습 후에, 참가자는 우리가 준 카드에 일어난 모든 것을 기록한다. 이 훈련은 그들 자신을 위한 것이다. 일부 참가자는 무슨 일이 있었는지 말하고 싶어 하지만 모든 사람과 그것을 공유할 필요는 없다.

MBSR 수업에 참여했던, 조앤(Joanne)은 자신이 아이들을 위해서 더 많은 시간을 내게 되었고, 그들에게 좀 더 필요한 존재가 되었으며, 더 즐겁게 지낼 수 있게 되었다는 것을 알았다. 이것은 프로그램 초반에 공식 실습을 하게 되면 아이들이나 남편과 함께 보낼 수 있는 시간이 줄어들어 사이가 멀어질 것이라고 많은 걱정을 했었던 것과는 사뭇 다른 아이러니한 결과였다. 그녀는 아이들에게 필요한 존재가 되고 싶은 바람과 매일 연습을 지속하는 계획을 연결시킬 수 있었다.

기본적으로 실습을 지속하고 재발방지 전략을 제대로 실행하는 데에는 한 가지 핵심적인 이유가 있다. "내 자신을 돌볼 수 있기 때문이죠." 물론, 자신을 돌보는 것은 우울증에서는 문제가 되는 부분이다. 조앤이 발견한 것은 무엇이었을까?

Wales의 말에서 'trugaredd'라는 단어가 있는데 이것은 '사랑하다'라는 뜻의 Caru라는 단어에서부터 나왔다. 하지만 이 말은 상냥함과 무한한 애정의 의미를 가지고 있기 때문에 '자비(mercy)' 혹은 '자애(lovingkindness)'라고 번역되기도 하며 자기 자신과 타인에 대한 자비심과 밀접한 관련이 있다. 이 말은 우리가 설명한 마음챙김 수업의 핵심적인 특징들과 정확히 관련이 있고 지도자가 프로그램내에서 구현하고, 참가자들이 '자기 것으로 만들게 되는' 것이다(8장 참조).

우울증은 trugaredd와 반대가 된다. 우울하게 되면 대신 자기비판, 자기모독, 자기혐오의 태도를 경험한다. 우울증은 자신에게 자애롭게 대하고자 하는 동기를 손상시키고, 다른 사람들과 어울릴 수 있는 능력도 손상시킨다. 마음챙김 접근은 사람들이 자애로운 눈길로 자신 그리고 주변 세계와 연결될 수 있는 또 다른 길을 탐색하게 해 준다. 자애(trugaredd)는 한 방향으로만 작용하지 않는다. 조앤이 발견한 것은 놀랍게도 스스로를 돌본다면 다른 사람에게 더 많은 시간적 여유를 낼 수 있다는 것이었다. 자신에 대한 더 큰 자비심은 다른 사람들에 대한 더 큰 자비심을 불러일으켰다. 참가자의 경험이 이러한 변화에 대한 증거가 되었을 뿐만 아니라, 연구 결과도 이 사실을 뒷받침한다.

이런 것들이 불가능한 목표 같아 보이지만 그렇다고 해서 목표를 위해 고군분투하라는 의미는 아니다. 대신 매 순간마다 '우리가 어디에 있는가'를 더 잘 알아차릴 수 있는 방법을 계속 탐색하고, '행위' 양식에 머물러 있기보다 단계적으로 '존재' 양식으로 들어가는 방법을 탐색하려는 의도를 갖는 것에 대해 말하는 것이다. 이는 하루 종일 마음챙김을 실습하는 것을 의미한다. 그렇다면 어떻게 하면 좋을지 다음에 Larry Rosenberg가 준 정보[95]를 제시하였다.

① 가능할 때, 한 번에 하나씩 하라.
② 당신이 하고 있는 것에 충분히 집중하라.
③ 당신이 하고 있는 것에서 마음이 벗어나 있다면 다시 마음을 되돌리라.
④ 3단계를 아주 많이 반복하라.
⑤ 주의가 산만해지는 것을 살펴보라.

의도하지 않은 혜택

우리가 놀랍다고 생각한 것은 회기에서 특별한 '의제'가 없어도 프로그램이 참가자에게 뜻깊은 영향을 줄 수 있다는 것이다. 특히 마음챙김 실습은 일상생활과 연관시켜 배울 수 있고 의외의 방식으로 일반화시키고 보다 넓은 관점을 갖도록 하는 것 같다. 마음챙김 실습 후의 달라진 점을 회상하는 또 다른 사람의 설명을 잘 들어보자. 우선 그 사람은 매일 평범한 일상생활을 잘 다룰 수 있게 되었고, 자신의 인생에서 아버지가 돌아가신 어려운 시기를 잘 이겨 낼 수 있었다고 하였다.

P: 오늘 아침이 적절한 예가 되겠군요. 보통 때처럼 오늘도 아침에 할 일이 많았어요. 월요일 아침이고, 쓰레기통을 내놔야 했고, 이런 일을 할 시간이 30분밖에는 없었어요. 맙소사, 갑자기 아무것도 할 수 없을 것 같았어요. 마음이 완전 과부하에 걸린 듯했어요. 그리고 생각을 했어요. '기다리자.' 마음속에 마치 스위치가 있는 것처럼, 그리고 '잠깐 멈추고 기다리자. 정신 차리고 작은 것부터 시작하자.' 마치 자동 교정 같았죠. 마음을 수렁에 빠트리고 앞에 있는 많은 것을 하려고 애를 쓰면서 나 자신을 과부하시키는 대신 한 걸음 물러서서 거기서 마음을 붙드는 능력이 생긴 거예요. 말하자면, 해야 할 것을 구분해서 한 가지씩 하는 거예요. 그렇게 해야 하는 거라고 생각한 거죠. 그렇게 하면 내내 집중을 할 수 있어요. 왜냐하면 마음에 무엇이 있든지 간에 그것에 의해 쉽게 압도되기 때문이죠.

I: 그 능력은 침체기간에도 여전한가요?

P: 네, 그렇습니다. 어떻게 해서 그런지 잘 모릅니다. 아주 강력하지만 너무 간단해요. 그리고 마음챙김이나 명상을 통해 그 지점까지 가서 무슨 일이 일어나든 그것을 붙잡고 거기에 머무르는 겁니다. 예를 들어, 만약 작년에 아버지를 잃었을 때처럼 우울해지면 매우 슬퍼집니다. 슬픔 속에서 명상을 시작했고, 실제로 슬픔이 올라오는 것을 느꼈고, 슬픔이 표출될 수 있도록 했어요. 왜냐하면 내가 가진 문제 중에 하나는 감정들을 너무 억누르는 것이기 때문이에요. 결국 나는 아버지를 잃은 것 때문에 불행해진 것을 느낄 수 있었고, 조용히 앉아서 슬픔을 표출시키면서 울 수 있었어요. 전에는 울 수도 없었고 단지 고통만 있었어요. 앉아서 그대로 있어 보고, 올라오는 것을 지켜보다 보니 슬픔을 느낄 수 있었어요. 그것은 매우 가치 있는 슬픔이었고, 솔직하고, 순수한 것이었어요. 이제 돌아가신 아버지를 생각할 때 상실감과 슬픔은 덜 느끼고 아버지에 대한 존경심을 좀 더 느낄 수 있게 되었어요. 아버지를 여전히 그리워하긴 하지만 그것은 다른 문제입니다.

여기에서 무슨 일이 일어났는지 주목해 보라. 프로그램에서 우리는 과거의 상실이나 사별에 대한 반응 혹은 강한 감정을 극복하는 것을 어렵게 만드는 상처받기 쉬운 태도를 다룬 적은 없었다.

그러나 그의 경험은 기본적인 어떤 것을 바꿔 주었다. 시작할 때, 우리는 그 순간에는 괜찮지만 우울증에 취약한 사람들에게 사용할 수 있는 접근법을 개발하려고 했던 것을 떠올려 보자. 우리는 마음챙김을 탐구해 보기로 했었는데, 그 이유는 마음챙김이 일상생활에서 순간순간의 사건을 이용해서 좀 더 심각한 감정과 힘든 사건에 대응하는 데 도움이 되는 것들을 배울 수 있는 방법을 알려 주는 것 같았기 때문이다. 이 참가자의 경험은 마음챙김 접근법이 그렇게 실행될 수 있다는 것을 보여 준다. 아까 살펴보았던 참가자의 말처럼, MBCT는 그의 생활에서 일어나는 사건들을 효과적으로 다루게 해 주어 주요 우울증 재발을 방지하는 것으로 보였다. 앞에서 언급한 참가자의 말이 단지 동떨어진 사례가 아니라는 것을 확신할 정도로 충분히 많은 참가자에게도 이런 '예방적' 효과가 유사하게 일어나고 있는지 여부는 여전히 의문으로 남아 있다. 이것은 우리가 전체 프로그램의 효과에 대해 통계적인 평가를 할 때까지는 답할 수 없는 문제이다. 이에 대해서는 14장에서 다룰 것이다.

수업 마치기

마지막 수업을 어떻게 끝내야 하는가? 그냥 "잘 가요. 행운을 빕니다."라고 말하는 것은 좀 약해 보인다. 사람들은 당연히 서로를 기억하기를 바라고 잘되기를 바란다. 원래 우리는 공깃돌이나, 돌, 구슬 같은 작은 기념품을 준비했다. 그리고 첫 시간에 건포도를 관찰했듯이 대상을 관찰하는 방법으로 짧은 명상을 하면서 수업을 이끌었다. 그 물건들은 MBCT 프로그램에 참여했었다는 것, 그리고 지난 8주간 했던 힘든 작업들과 이 경험을 함께 했던 사람들을 기억나게 해 줄 것이다. 수업을 끝내는 여러 가지 방법이 있다. 어떤 수업*에서는 왼쪽에 있는 사람부터 시작하여 한 참가자에게서 다음 참가자로 차례로 시선을 옮기면서, 호흡을 하면서 각 참가자들이 잘되기를 바라면서, 반 전체 참가자들을 모두 둘러보면서 끝낸다.

수업을 끝내는 다양한 방식이 있지만 모든 방법은 참가자들로 하여금 그동안의

* 옥스퍼드에서는 참가자들에게 이 마지막 회기에서 『우울증 극복을 위한 마음챙김의 길』[76]이라는 책을 선물로 준다. 그래서 모든 사람이 미래에 자신을 지탱할 수 있는—MBCT 과정에서 주어지는 유인물뿐만 아니라 새로운 음성 안내와 각 실습을 설명하는 새로운 형태의 단어들—것을 가지게 된다.

과정들을 지속해 나가고, 자신의 손상된 측면과 나란히 살아갈 수 있는 방법을 발견하도록 상기시키는 내용과, 자신의 약함에 대해 좀 더 부드럽고 세심하게 반응할 수 있게 하는 내용을 포함하고 있다.

8회기-유인물 1

8회기 요약: 새로운 학습을 유지하고 확장하기

이전에 프로그램처럼 형성된 '자동적' 반응을 즉각적으로 없애기보다는 자각, 수용, 상황에 대해 마음을 챙겨 반응하는 것이 유용하다는 것은 이 과정 전체를 통해 반복되는 주제이다.

수용(acceptance)은 참가자의 내면세계와 외부 세계를 변화시키는 데 필요한 숙련된 형태의 행위를 위한 발판이 될 수 있다. 하지만 변화시키기 어렵거나 실제로 변화가 불가능한 상황이나 감정들이 있다. 이런 경우, 그것을 계속 밀고 나가거나, 불가능한 문제를 해결하려고 노력하거나, 상황을 받아들이지 않아 '벽에 머리를 부딪치는 것'처럼 자신을 지치게 만들고, 실제로도 우울감과 무력감을 가중시키는 위험이 도사리고 있다. 이런 상황에서, 의식적으로 마음을 챙겨 통제력을 행사하려고 하지 않고 상황을 가능하면 온화한 태도로 그리고 있는 그대로 받아들이면서 결정을 하게 되면 여전히 긍지와 통제감을 유지할 수 있다. 행동을 하지 않겠다고 선택하는 것은 반복되는 실패 후에 통제하려는 시도를 어쩔 수 없이 포기하는 것보다는 우울감을 덜 유발시킨다.

소위 '평화를 구하는 기도'에서 처럼 우리가 바꿀 수 없는 것들을 차분하게 받아들이는 미덕, 바뀌어야 하는 것을 바꾸는 용기 그리고 그 두 가지를 구별할 수 있는 지혜를 필요로 한다.

우리는 어디에서 이런 미덕, 용기, 지혜를 찾을 것인가? 어떤 수준에서 우리는 이미 이런 특성들을 가지고 있다. 우리의 과제는 이런 것들을 알아차리고(그것을 현실로 만들고) 우리의 길을 매 순간 유념해서 알아차리는 것이다.

★ 미래

우리가 다시 만날 날까지 규칙적으로 실습할 수 있는 계획을 지금 세우라. 그리고 이 기간 동안 당신이 할 수 있을 만큼 최선을 다해 지속시켜 나가라. 당신이 가지고 있는 어려움을 적어서 다음 시간에 우리가 그것에 대해 이야기할 수 있도록 하라.

또한 규칙적인 호흡 명상 실습을 하게 되면 하루에도 몇 번이나 '자신을 점검할 수' 있다. 어려움이나 스트레스 또는 불행할 때 첫 번째 반응으로 호흡을 계속하라.

8회기-유인물 2

일상생활에서의 마음챙김

- 아침에 처음 눈을 떴을 때, 침대에서 나오기 전에, 당신의 호흡에 집중하라. 다섯 번 정도 집중해서 호흡을 관찰하라.
- 당신의 자세의 변화에 주목하라. 누웠다가 앉을 때, 일어설 때, 걸을 때 당신의 몸과 마음이 어떻게 느끼는지 알아차리라. 한 자세에서 다음 자세로 변화를 줄 때 순간순간을 주목하라.
- 전화 벨소리, 기차가 지나가는 소리, 웃음소리, 차 경적 소리, 바람 소리, 문 닫는 소리를 들을 때마다 그 소리를 마음챙김을 할 수 있는 자극으로 사용하라. 실제로 듣고, 머물러 보고 자각하라.
- 하루 동안, 몇몇 순간 호흡에 집중하라. 다섯 번 정도 집중해서 호흡을 관찰하라.
- 무엇을 먹고 마실 때, 시간을 갖고 호흡을 하라. 음식을 보면서 그것이 자랄 때 영양을 받은 것들이라는 것을 깨달아 보자. 햇빛과 비, 지구, 농부, 트럭운전사를 당신의 음식에서 볼 수 있는가? 음식을 먹을 때 건강을 위해 먹는다고 생각하면서 의식적으로 주목하라. 음식을 보고, 냄새 맡고, 맛을 보고, 씹고, 삼키는 것을 자각하라.
- 걸을 때나 서 있을 때 몸을 주목하라. 자세에 주목하는 시간을 가져 보라. 발과 연결되어 있는 땅에 주의를 기울여 보라. 걸으면서 얼굴, 팔, 다리에 있는 공기를 느껴 보라. 당신은 서두르고 있는가?
- 듣고 말하는 것을 자각하라. 동의하거나 반대하지 않고, 좋아하거나 싫어하지 않고, 혹은 당신 차례가 되었을 때 무엇을 말하겠다는 계획 없이 들을 수 있는가? 말할 때 과장하거나 비하하지 않고 말하고자 하는 바를 제대로 말할 수 있는가? 몸과 마음이 어떻게 느끼는지 알 수 있는가?
- 줄을 서서 기다릴 때, 그 시간을 서 있는 것과 숨 쉬는 것을 알아차리는 시간으로 사용하라. 발이 바닥에 닿는 것을 느끼고 몸이 어떤지 느껴 보라. 배가 나오고 들어가는 것에 집중해 보라. 당신은 조바심이 나는가?
- 하루 동안 당신 몸에서 긴장되어 있는 부분을 의식하라. 그 부분에 숨을 들이쉬고, 내쉴 때 긴장이 나가는 것처럼 상상해 보라. 몸에 긴장이 쌓인 곳이 어딘가? 예를 들자면, 목, 어깨, 위, 턱 등이 긴장되어 있는가? 가능하다면 하루에 한 번 스트레칭이나 요가를 하라.
- 이를 닦고, 씻고, 머리를 빗고, 신발을 신고, 일을 하는 것 등과 같이 일상적인 활동에 주목하고 각 행동에 마음을 챙기라.

- 저녁에 잠을 자러 가기 전에 호흡에 집중할 수 있는 시간을 가지라. 다섯 번 정도 마음챙김 호흡을 관찰하라.

* 매사추세츠 의료센터의 스트레스 감소 클리닉의 명상 교사인 Madeline Klyne으로부터(개인적인 연락을 통해) 허락을 받아 발췌. Segal, Williams, and Teasdale(2013)에서 발췌. 저작권은 Guilford Press가 가지고 있음. 이 유인물의 복사본은 이 책을 산 사람만이 개인적인 목적으로 사용 가능하다(자세한 내용은 저작권 부분을 참조하라). 구매자는 이 유인물을 다음에서 확대하여 내려받을 수 있다. www.guilford.com/MBCT_materials

18

반복: MBCT 프로그램의 핵심인 3분 호흡 공간 명상

1990년대 초반에 MBCT가 처음 개발될 당시 우리는 마음챙김 명상 실습의 원래 특성을 훼손시키지 않으면서도 프로그램에 포함시켜야 하는 실습의 이론적 근거를 명확하게 하는 데 많은 주의를 기울였다. 결국, 우리는 간결하고 인지적으로 초점을 맞춘 예방 치료 프로그램을 만들기 위해 참가자들에게 표준적인 프로그램 구성요소들과는 다른 어떤 것을 하도록 요청했다. 우리는 CBT에서 가져온 실습을 포함시키고자 했는데, 그것은 우울증에 효과가 있다는 강력한 증거가 있을 뿐만 아니라 치료 회기를 벗어나서도 지속적으로 실행을 강조하는 것이 새로운 치료법의 접근방식과 완전히 일치했기 때문이다. MBCT에서 공식 마음챙김 명상이 핵심적이긴 했지만, 우리는 그것들을 종착점으로 보지 않고 오히려 참가자들이 일상생활에서 부딪치는 진짜 도전에 대처할 수게 도와줄 수 있는 주의 배치, 호기심, 친절함 그리고 안정화와 관련된 여러 유형의 기술들을 위한 훈련 토대로 보았다. 인지치료는 항상 새로운 학습이 반복적으로 실행되어야 할 필요성을 강조했고 특히 정서적으로 어려운 상황에 있을 때 더 그랬다. 반복하는 것은 새롭게 배운 것을 다질 수 있는 방법이며 인지치료(CT) 문헌에 따르면 회기 사이에 숙제를 하는 것이 더 좋은 치료 결과와 관련이 있다는 많은 증거가 있다. MBCT 집단 구성원들에게 동일한 기회를 제공하기 위해, 우리는 3분짜리 호흡 공간 명상(3MBS)을 개발하였다. 이제 여러분은 다른 형태로 되어 있는 3MBS를 접하게 되었으므로 잠시 멈추고 이 간단한 실습과 전체 프로그램에서 이것이 어떤 역할을 하는지 살펴보자. 그렇게 함으로써, 우리는 MBCT 프로그램의 많은 일반적인 주제와 전략을 다시 한 번 상기할 수 있다.

3분 호흡 공간을 위한 일반 도식

3MBS는 참가자의 일상생활에서 더 긴 공식 정좌 명상으로 이끌어 주기 위해 고안된 작은 명상이다. 3분 호흡 공간은 어려운 상황과 감정을 다루는 첫 번째 단계로 사용될 수 있다. 여러 가지 면에서, 3MBS는 MBCT에서 핵심적이다. 왜냐하면 3분 호흡 공간은 참가자들로 하여금 가장 필요한 시기에 존재 양식으로 빠르고 효과적으로 전환시켜 주고 회기별로 프로그램의 각 단계에서 더 긴 공식적인 정좌 명상과 교육적 구성요소들에서 일어나는 학습을 포괄하기 때문이다.

3MBS에서 가르치는 기법은 두 가지 유형의 주의에 의도적이고 유연하게 관여하게 해 준다. 하나는 열려 있는, 넓은 각도의 주의이고, 다른 하나는 초점을 맞추는, 좁은 각도의 주의를 의미한다. 실습을 준비하기 위해서, 자동조종 장치에서 '깨어나는' 느낌과 순간적으로 일어나는 것에 의도적으로 주의를 돌릴 수 있도록 자세를 알아차리고 조절하도록 안내한다. 실습은 세 단계로 이루어진 일련의 과정을 따른다. 1단계에서는 특히 현재 경험을 인식하고 인정하는 알아차림에 중점을 둔다. 2단계는 특정 신체 부위에서 호흡 감각에 주의를 기울임으로써 주의를 모으는 것을 강조한다. 3단계는 존재하는 모든 범위의 경험에 마음을 열고, 호흡의 특별한 감각을 닻으로 사용하여 신체 전반으로 알아차림을 확장하는 것이다. 여기서 유용한 은유는 3MBS에서 주의 이동이 마치 모래시계의 길을 따르는 것과 같다는 것이다. 모래시계는 넓은 입구에서 시작하여 좁은 목으로 이동하고 넓은 바닥에서 다시 한번 퍼진다. 안내로 제공되는 지시문은 비교적 짤막하게 해서 각 단계에서 참가자들이 일정시간을 보내게 해 준다. 새로 시작하는 지도자들은 3MBS를 지시할 때 긴 실습에서 차용한 다른 지시사항을 자기도 모르게 추가할 수 있다. 그러나 호흡 공

간의 핵심은 직접성과 단순성이다. 참가자들이 3MBS를 그들 하루의 일상으로 통합할 준비를 하면서, 실제로 언제 3MBS를 실시할 수 있을지 수업 시간에 토의할 수 있도록 약간의 시간을 할애하는 것이 도움이 될 수 있다. 한 가지 방법은 하루의 특정한 활동(예: 모닝커피, 식사 전후 또는 자녀를 학교에 데려다주기 또는 컴퓨터에 앉기)에 실습 시간을 고정시키는 것이다.

열린 마음과 호기심이 무엇보다 중요한 실습을 제시할 때 '지시적'이면서도 단순한 이 3단계 구조는 필수적이다. 이렇게 간단한 실습이 가진 위험은 위기 상황에 있을 때 이것을 단순히 타임아웃으로 여기고 행위 양식에서 존재 양식으로 마음의 양식에 변화를 주지 않을 수 있다는 것이다. 3MBS를 안내할 때, 의도된 것, 즉 어떤 순간 일어나는 일에 대해 의도적으로 자세를 변화시키는 것을 주의 깊은 목표로 삼는다면 도움이 된다. 3MBS를 소개하는 초기 단계에서 지도자는 세 단계를 명확하고 정밀하게 안내해야 한다. 심지어 1단계, 2단계, 3단계로 이름을 붙여 참가자들이 진행 과정의 어디쯤에 있는지 매우 명확하게 알 수 있도록 해야 한다.

보다 구체적으로, '호흡 공간 명상'이라는 용어는 일차적인 주의 초점이 호흡이라는 것을 의미하지만, 호흡은 실습의 중간 단계까지는 제시되지 않는다. 언급했듯이, 몸에서 의도적인 자세 변화가 있을 때까지 실습이 시작되지 않는다. 특히 정신을 또렷하게 하고 깨어 있으라는 지시에 따라서 앉아서 자세를 잘 알아차리게 될 때까지 실습이 시작되지 않는다. 서거나 앉아서 몸의 위치를 간단하게 바꾸는 것의 효과는 경험에 대한 우리의 태도를 알려 주는 내적 메시지라는 점에서 중요할 수 있다. 그런 다음에 1단계가 시작되는데, 이것은 생각, 감정, 신체감각에서 일어나는 일을 알아차리라는 초대이며 그것들을 있는 그대로 있도록 허용하도록 하는 것이다. 2단계는 호흡 감각에 주의를 좁히는 것이다. 따라서 이 간단한 실습에서조차, 멈추고, 준비하고, 마음을 열고, 인식하게 한 다음 호흡에 집중해서 알아차리게 하는 식으로 진행되면서 자동조종 상태에서 어떻게 빠져나올 수 있는지를 알려준다.

실행하는 방법을 논의하는 것 외에도 3MBS의 의도에 대해 명확하게 하는 것도 중요하다. 특히 이 명상은 어느 정도의 노력이 필요하기 때문에, 명상을 통해 효과를 얻으려는 것이 자연스럽게 보일 수 있다. 그러나 모든 명상 실습과 마찬가지로, 우리가 그것에 대해 너무 목표 지향적이 되면, 존재 양식에서 행위 양식으로 되돌아가서 새로운 학습을 할 수 있는 기회가 줄어들 것이다. 수업 중간에 3MBS를 실시하는 지도자는 이러한 의도를 보여 주는 시연을 한다. 예를 들어, 지도자는 특히 수업이 긴 토론으로 이어지거나 강한 감정이나 반응이 나타날 때 다른 방식 혹은 관점을 소개할 수 있다. 특정한 치료 효과를 요구하지 않으면서도 3MBS를 가르침으로 유연하게 통합할 수 있는 방법을 보게 되면 참가자들 역시 각자의 삶에서 3MBS를 적용할 수 있는 유용한 모델링을 경험할 수 있다.

마지막으로 참가자들이 실습에 필요한 정확한 시간적인 양에 대해 걱정하지 않도록 격려하는 것이 도움이 된다. 처음에는 3분 동안 실습하지만 나중에는 몇 번의 호흡이 필요할 때가 있다. 불쾌한 감정이나 감각이 존재하는 많은 상황에서 다양하게 3MBS를 사용할 수 있다.

마음챙김 기반 인지치료 프로그램의 핵심인 3분 호흡 공간

3MBS가 사용되는 방식은 8주간의 프로그램 전반에 걸쳐 다듬어지게 된다.

- 하루 3번 사전에 프로그램화된 횟수(3회기 이후)

사전에 프로그램화된 호흡하기 패턴은 8주간 프로그램의 나머지 부분에서 계속되며 다음과 같이 보완된다.

- 불쾌한 감정을 느낄 때마다 '대응하는' 호흡 공간 명상하기(4회기 이후-다시 진입)
- 몸을 통해 '어려움에 마음을 연다는' 느낌을 가지며, 불쾌한 감정을 느낄 때마다 '대응하는' 호흡 공간 명상하기(5회기 이후-신체의 문)
- 생각에 대한 폭넓은 관점을 갖기 전에 '첫 단계'로서 '대응하는' 호흡 공간 명상하기(6회기 이후-생각의 문).
- 불쾌한 감정이나 생각을 알아차릴 때 마다 행동 명상을 취하기 전에 '대응하

는' '첫 단계'로 호흡 공간 명상하기(7회기 이후-행동의 문)

이 프로그램을 통해 참가자들은 3MBS가 불쾌한 감정을 보다 주의 깊게 알아차리고 대응하게 하는 첫 단계로 생각하게 된다. 여기서 도움이 되는 이미지는 3분 호흡 공간을 "우리 마음속의 더운 곳, 차갑고 비좁은 곳, '행위- 추진'의 장소에서 더 가볍고, 더 시원하고, 더 수용 가능한 공간"으로 넘어갈 수 있는 문으로 보는 것이다. 한 순간 마음의 본질은 다음 순간의 생각, 감정 및 행동에 영향을 주기 때문에, 3MBS는 다음 순간 새로운 방식으로 다가가는 것을 용이하게 해 준다. 일단 우리가 문을 열어 마음속의 다른 공간과 연결되면 많은 다른 문이 보인다. 각각의 문은 자동적인 성향에 갇히거나, 어려운 생각에 이끌리거나, 어떻게 하면 자신을 가장 잘 돌볼 것인가를 결정할 때, 더욱 주의 깊게 대응할 수 있는 다른 선택거리를 우리에게 제공해 준다. 가능한 '문'에 대해서 자세히 살펴보자.

재진입

때로는 호흡 공간 명상의 세 번째 단계를 완료한 후 가장 간단한 선택은 그것이 완료된 것으로 간주하는 것이다. 이를 통해 우리는 호흡 공간 명상을 하게 했던 원래의 상황에 정신적으로 재진입할 수 있게 되지만 이제 새로운 마음의 양식으로 들어갈 수 있다. 불쾌한 감정, 생각 또는 감각이 여전히 존재할 수 있으나, 좀 더 넓은 관점을 통한 존재 양식으로 이것들을 대면하면 모든 것을 변화시킬 수 있다. 재진입으로 우리는 이러한 경험에 직접 접근할 수 있게 되고, 불이 났을 때 부채질을 해 주는 터널 비전과 자동 반응을 피하게 되어 다음 단계가 무엇인지 명확하게 할 수 있다. 재진입의 개념은 사건 전후의 명확한 시간적 순서를 보여 주는 반면, 지도자들은 또한 참가자들에게 3MBS를 하기에 결코 너무 늦은 것은 아니라고 말해 줄 수 있다. 비록 역설적으로 그것이 사실일지라도! 이런 경우에 재진입은 사건이 끝났을 때 어떤 일이 일어나는 지를 보여 주는데, 심지어 그때 3MBS를 하는 것도 의미가 있다. 왜냐하면 훈련을 하다 보면 이것이 하나의 방향성이 되고 현재 순간의 자각이 필요한 시기에 기꺼이 이 연습을 끄집어낼 수 있을 것이기 때문에 3MBS는 그 자체가 숙련된 선택이 될 수 있다.

신체의 문

우리가 자주 직면하는 어려움은 부정적인 감정과 관련 있기 때문에, 첫 호흡 공간 명상이 끝나면 여전히 존재하는 감정에 대해 더 탐구하고 싶을 것이다. 지금까지 계속 배워 왔듯이, 강한 감정을 가지고 있을 때, 혐오감이나 그것에 대한 저항은 종종 긴장감, 얽매임 또는 압박감 같은 신체감각으로 인식된다. 이러한 현상들에 지혜롭게 대처하기 위해, 우리는 몸에서 느끼고 있는 것에 주의를 돌릴 수 있다. 우리는 신체 부위에서 느껴지는 감각에 마음을 열고 친절한 주의를 기울이고, 바디스캔에서 배운 틀로 돌아오는 것으로 시작할 수 있다. 주의를 기울이기 위해서 들이쉬는 숨을 사용하여 그 부분에 숨을 불어넣을 수 있다. 그리고 숨을 내쉴 때 그 부분으로 숨을 내쉴 수 있다. 때로는 단순히 저항에 대한 알아차림('원하는 것이 아님') 자체가 이러한 감각의 강도를 변화시킬 수 있다. 감정을 향해 다가갈 수 있는 또 다른 선택은 그것들이 지속적이거나 간헐적이고, 강하거나 약하고, 날카롭거나 둔하다는 것을 가볍게 알아차리면서, 우리의 관심을 불편한 영역으로 더 직접적으로 이동시키고 감각 자체의 특성을 탐색하는 데 시간을 할애하는 것이다. 감정이 너무 강렬해지면, '가장자리를 움직이는' 전략으로 전환하는 것이 좋다. 즉, 강한 감각의 안으로 곧바로 들어가지 않고, 가장자리를 향하여 주의를 이동시키고, 감각의 크기와 모양을 느끼고, 그 감각에서 벗어나 우리가 선택한 감각에 이르도록 주의를 이동시킬 수 있다. 이렇게 해서 우리는 경험으로 '되돌리는' 태도를 계속 유지할 수 있고 거기에 '빠져들지' 않아도 된다. 감정이 압도적으로 되면, 항상 호흡이나 발바닥과 같은 다른 안정적인 곳 혹은 중립적인 초점으로 우리의 주의를 언제나 자비롭게 옮길 수 있다. 어떤 접근 방식을 사용하든, 신체의 문을 통해 탐색하면서 극도로 불쾌한 경험을 더 '허용하는' 능력을 기르게 해 준다.

생각의 문

3MBS의 첫 번째 단계에서 알아차림이 확장되면서 판단적이거나 비판적인 생각이 우리의 경험에서 가장 두드러진 특징이 되는데, 이것은 고통스럽긴 하지만, 익숙하거나 반복적으로 우리 자신에게 말해 왔던 방식이다. 우리가 3MBS를 끝냈을

때, 이러한 사고패턴이 여전히 존재한다면, 생각과 다르게 관계를 맺는 의식적인 선택을 함으로써 생각의 문을 통해 그것들과 협력할 수 있다. 이것을 수행하기 위한 몇 가지 방법에는 생각을 종이에 기록하는 것도 포함한다. 마음속에서 오락가락하는 생각을 관찰하고 그 생각들이 사실이 아니라 정신적 사건으로 바라보고, 특정한 기분 상태(예: 불안, 슬픔, 외로움 또는 피로)에서 나타나는지 확인하고, 그 생각들이 '위장된' 어떤 것이라 하더라도, 익숙한 마음의 패턴 중 하나인지 주의 깊게 살펴본다. 피곤하고 지쳤을 때 이런 생각들이 떠올랐는지, 성급한 결론을 내리거나 아마도 흑백논리로 생각하고 있는 것은 아닌지 자신에게 부드럽게 물어볼 수도 있다.

생각의 문을 사용함으로써, 혼란스러운 생각과 평소와는 다르게 그리고 창조적으로 관계 맺을 수 있는 많은 접근법이 있다는 것을 재빨리 인식할 수 있다. 이러한 전략의 대부분은 참가자들이 사전에 마음챙김 명상에 참여하는 과정에서 나올 수 있는데, 이 모든 것이 '우리는 우리의 생각이 아니고, 생각은 사실이 아니다.'라는 핵심 메시지를 강화시켜 준다. 시간이 지나면서 이러한 통찰은 생각의 지배적인 요소를 약화시켜 주고, 부정적인 생각에 정신적 에너지를 빼앗기기보다는 그 생각들이 우리 마음속에 보다 자유롭게 움직일 수 있도록 해 준다.

숙련된 행동의 문

마지막으로 사용할 수 있는 선택사항은 3MBS를 완료한 후에 숙련된 행동의 문을 여는 것이다. 적극적으로 된다는 것은 3단계에서 불쾌한 경험에 맞닥뜨릴 때 열린 마음과 수용의 태도를 보완해 준다. 이 문을 통해 탐색하다 보면 때로는 '인정하는 것'이 자신을 돌보는 유일한 첫 단계라는 것을 알게 된다. 그러나 어떤 행동 유형이 요구되는가? 고맙게도, 3MBS을 하다 보면 더 넓은 통찰력이 생겨 참가자가 당면한 문제에 대한 더 좁은 시각이 아닌 더 큰 알아차림을 바탕으로 이런 결정을 내리도록 도울 수 있다. 대부분, 필요한 것은 우리 자신을 돌보거나 자신에게 친절을 베풀어 주는 활동들이다.

저조한 기분은 일을 즐기거나 삶의 욕구에 부응할 수 있는 능력을 약화시킬 수 있으므로, 두 종류의 활동이 우리 자신을 돌보는 데 도움이 된다. 호흡 공간 명상 후에, 집에 가는 길에 특별한 커피를 사거나, 친구와 식사를 함께하거나, 기분을 좋아지게 하는 음악을 듣는 것과 같이 우리에게 한때 기쁨과 즐거움을 주었을 만한 어떤 것을 선택할 수 있다. 또는 숙달감이나 만족감을 뒷받침해 주고 뭔가 일을 하고 있는 것처럼 느끼게 해 주는 어떤 것을 할 수도 있다. 어떤 행동도 고려할 필요가 없을 정도로 사소한 것은 없다. 숙달감을 주는 행동목록에 들어갈 수 있는 청구서 지불하기, 카풀해서 운전하기, 세탁하기, 자동차 세차하기 등의 행동은 우리의 행동이 세상에 영향을 미치는 것을 느끼게 해 주는 수많은 방법 중 하나이다. 숙련된 행동이 가진 장점 중 하나는 우리가 그것을 하고 싶을 때까지 기다릴 필요가 없다는 것이다. 사실 우리는 어떤 행동을 하고 싶을 때까지 기다릴 수 없다. 단순히 시험삼아 어떤 행동을 하는 것만으로도 참가자의 정서적인 상태가 동기화되지 않았거나 위축되어 있는 바로 그때 그 상황에서 벗어나서 정서적 차원을 취하게 해준다.

활동의 크기를 넘어서 뭔가에 관여하는 것을 강조하고, 결과의 크기를 넘어서 자기를 돌보려는 의도를 강조함으로써, 숙련된 행동의 문은 프로그램 과정이든 그 이후에든 호흡 공간 실습의 의도를 요약해 준다. 즉, 우리가 생각과 감정의 오래된 패턴을 직면할 때 자기 연민과 더 좋은 선택을 구체화할 수 있는 중요한 기회를 제공해 준다.

3부
평가와 보급

19

마음챙김 기반 인지치료가 효과가 있는가

중동 지역의 교훈서에 등장하는 현명한 바보, Mulla Nasrudin은 집 주변에서 한 움큼의 빵 부스러기를 던지고 있었다. 어리벙벙한 구경꾼이 그에게 무엇을 하고 있냐고 묻자 "호랑이들이 가까이 오지 못하게 하고 있어요."라고 그가 대답했다. "하지만 이 부근에는 분명히 호랑이가 없는 걸." 하고 구경꾼이 대답했다. 물라는 알고 있다는 듯이 얼굴이 환해지면서 말했다. "맞아요. 그러니까 효과가 있는 거죠. 그렇죠?"

이 이야기가 의미하는 것처럼 어떤 원하지 않는 사건을 예방하기 위한 활동이 단순히 그 사건이 일어나지 않았기 때문에 효과가 있다고는 말할 수 없다. 그 일은 어쨌든 절대로 일어나지 않았을지도 모른다. 그렇다면 향후 우울증이 재발하는 것을 예방하기 위한 MBCT 프로그램을 개발했을 때 이 프로그램이 바라는 효과를 가져왔는지 여부를 어떻게 확인할 수 있을까? 예컨대, 단순히 회복된 우울증 환자 집단을 대상으로 프로그램을 실시한 다음 그 다음해에 얼마나 많은 사람이 재발했는지를 세는 것만으로는 알 수 있는 것이 별로 없다. 만약에 재발한 사람이 거의 없었다고 해도 어떤 방식으로든 분명히 재발은 일어난 것이다. 만약에 재발이 많았다고 해도, 프로그램에 참여하지 않았을 때보다는 적었을 것이다.

당신이 예상하는 것처럼 이 문제에 직면하고 있는 사람들이 우리가 처음은 아니다. 운이 좋게도 심리치료의 효과성, 더 일반적으로 임상적인 개입의 유용성에 대한 평가와 관련해서 정교한 방법론이 개발되어 왔다. 이 방법론의 핵심은 동전 던지기와 같은 무선화 절차이다.

무선 통제 시행의 검증력

임상적인 개입의 효과를 평가하기 위한 방법으로 20세기의 임상 및 지역사회 의학에서 가장 중요한 발달들 중 하나는 무선 통제 시행(randomized controlled trial: RCT)이다. RCT를 통해 두 치료의 효과를 비교할 때 어떤 환자들이 받는 특정한 치료(A 또는 B)는 동전 던지기(또는 같은 방법으로 컴퓨터를 사용한 무선화 배열)로 결정된다. 즉, 뒷면이 나오면 그 환자들은 치료 A를 받고, 앞면이 나오면 그 환자들은 치료 B를 받는다. 그러고 나서 환자들은 자신에게 할당된 치료를 받는다(환자들은 이런 방식으로 치료가 결정된다는 것에 미리 동의한다). 이어서 모든 환자는 임상적인 상태를 측정하기 위해서 평가를 받고, 얼마나 건강한지 또는 얼마나 많이 호전되었는지를 반영하는 점수가 매겨진다. 그다음에 치료 A와 치료 B로 호전된 수치들이 평가된다. 우연에 의해 기대할 수 있는 수준의 차이를 알면, 이미 알려져 있는 신뢰 수준으로 A가 B보다 더 낫거나, B가 A보다 더 낫거나, 또는 A와 B 사이의 차이가 우연에 의해서 기대될 수 있었던 것보다 더 크지 않다고 말하는 것이 가능하다. 더 많은 환자가 연구에 포함될수록 우리는 A와 B 간에 나타난 차이의 크기가 단순히 우연에 의한 것이 아니라는 결론을 내리기가 쉬워진다. 이와 마찬가지로, 연구에 참여한 환자의 수가 많을수록 더 적은 수의 환자들을 대상으로 연구했다면 우연에 의한 것으로 돌릴 수도 있었던 치료법 간의 작지만 중요한 차이를 확신할 수 있게 된다.

의학 분야에서 새로운 약을 평가할 때에는, 새로 개발된 약물과 생김새, 맛은 같지만 화학적으로 활성화되는 성분이 없는 위약과 새로운 약물을 RCT를 통해 비교한다. 만약에 RCT에서 새로운 약을 먹은 환자들이 위약을 먹은 환자들보다 더 많이 개선되었다면, 우리는 활성화되는 약의 화학적 성분들이 그 효과에 기여했다는 것에 대해서 확신을 할 수 있다. 물론, 이런 종류의 임상 시행에서는 환자가 호전된 정도를 평가하는 사람은 대상 환자들이 무슨 종류의 치료(A 또는 B)를 받았었는지를 알지 못하도록 하는 것이 필수적이다. 두 치료의 효과에 대한 임상가의 평가는 의식적인 또는 무의식적인 신념에 의해서 편향될 수 있다. 만약에 평가 담당자가 어떤 치료의 효과성에 재정적 또는 개인적인 투자를 하고 있다면, 예를 들어, 평가자가 그 치료법의 개발에 수년을 투자했다면, 이것은 분명히 문제가 될 수 있다. 이 같은 이유 때문에 RCT에서는 치료 조건을 모르는 검사자가 평가하도록 되어 있다. 즉, 평가자들이 환자들이 실제로 받은 치료의 종류를 알게 되는 것을 피하기 위한 부단한 노력이 있어야 한다.

무선 통제 시행과 마음챙김 기반 인지치료

간단하지만 효과적인 RCT 방법을 통해서, 단순히 그 일이 발생하지 않았기 때문에 어떤 행위가 원치 않는 결과를 예방하는 데 효과적이라는 잘못된 신념인, Nasrudin의 오류를 극복할 수 있다. 회복된 우울증 환자들을 MBCT 프로그램이나 다른 비교 조건 하나에 무선적으로 할당하고, 그 두 개 집단에서 얼마나 많은 사람이 재발하는가를 살펴보는 추적 연구를 통해 효과적인 프로그램을 만들어 내려는 우리의 노력이 성과가 있었는지 여부를 알 수 있다.

그러나 무엇이 비교 조건이 되어야 하는가? 사실, RCT에서 적절한 비교 조건을 선택하는 것은 특정 시기에 특정 분야의 지식 상태에 따라 다르다. 우리가 MBCT에 대한 첫 번째 RCT를 계획했을 때 우울증에서 회복한 후에 환자에게 제공된 어떤 심리적인 개입이 이후의 재발률을 줄일 수 있었다는 발표된 증거가 없었다. 이 때문에 비교 집단을 선택하기가 더 쉬웠다. 가장 중요한 첫 번째 단계는 환자들이 일반적으로 받게 되는 치료들보다 MBCT가 더 좋은 결과를 낼 수 있는지의 여부를 살펴보는 것이다. 그래서 우리는 환자들을 단순히 일반적인 치료를 받는 집단에 무선적으로 할당하거나 MBCT 프로그램에 참여하는 RCT를 설계하기로 결정하였다.

그렇다면 MBCT를 평가하기 위한 전략을 통해 우리는 실제로 무엇을 하였고, 또 무엇을 발견하였을까?

MBCT의 첫 번째 임상 시행

우리가 했던 임상 시행(Teasdale과 그 동료들이 상세하게 보고한[103])의 목적은 다음의 질문에 대답하는 것이었다. 주요 우울증에서 회복된 환자들이 일반적으로 받게 되는 치료와 비교했을 때, MBCT가 환자들의 재발률을 줄일 수 있는가? 처음에 우리는 만일 이 질문에 대한 결정적인 대답을 얻으려면 어떻게 해서든지 많은 환자를 연구해야만 한다고 계산하였다. 구체적으로 통계적인 검증력을 고려해 보았을 때, 만일 MBCT를 통해 재발률을 50%에서 28%로 줄일 수 있으려면, 즉 차이를 보여 주려면, 또한 그 차이가 난다는 것을 80% 우연 수준으로 확신하기를 원한다면, 적어도 120명의 환자들이 두 가지 치료를 완수할 수 있어야 된다고 추정했다. 치료를 완수하기 전에 일부 환자들이 불가피하게 중단하는 것을 고려해 볼 때, 실제로 임상 시행에서는 더 많은 인원이 필요하다고 생각했다. 충분한 인원을 확보하기 위한 유일한 방법은 우리들 각자 일하고 있던 세 곳의 센터, 즉 토론토, 북웨일즈, 케임브리지에서 환자들에게 MBCT를 적용하고 그 결과들을 공동으로 발표하는 것이라고 결론을 지었다.

• 우리가 한 것은 무엇이었나

MBCT를 평가하기 위해서 우리는 세 곳 이상의 센터에서 이전에 주요 우울증 삽화를 경험했지만 최근 3개월 동안 보통 사람들이 일상에서 흔히 겪을 수 있는 정도의 우울감조차 경험하고 있지 않은 회복된 145명의 환자들을 모집하였다. 이 환자들은 무선적으로 2개의 조건 중 하나에 할당되었다. 첫 번째 조건(treatment as usual)의 환자들은 도움이 필요할 때 가정의와 같은 다른 치료자로부터 치료적 도움을 구하는 등 일반적으로 받게 되는 치료를 지속하였다. 두 번째 조건의 환자들은 MBCT 프로그램에 8회기 동안 참여하였다. 임상 시행에 들어오기 위해서, 환자들은 이전에 최소한 두 번의 주요 우울증 삽화를 가지고 있어야만 했다(사실, 77%가 3번 이상 에피소드를 경험하였다). 모든 환자는 이전에 항우울제 치료를 한 적이 있었지만 실험에 들어오기 전 최소한 3개월 동안 약을 끊었다.

연구 결과를 설명하기 전에 임상적 실험 방법론의 한 측면에 대해서 좀 더 설명하고자 한다. 임상 실험에서는 치료자를 무선적으로 한 가지 또는 다른 치료에 할당하기 전에 임상적으로 흥미로운 결과와 관련이 있는 몇 가지 기저선 변인들을 가지고 환자들을 범주화하는 것이 관례이다. '계층화'라고 알려져 있는 이 절차를 사용하는 이유는 두 치료 집단에 있는 환자들이 그들이 받은 치료와 상관없이 좋거나 나쁜 결과와 관련이 있을 것이라고 알려져 있는 비교할 만한 개인적 특성이 있는지 확인하기 위한 것이다. 우울증에 대한 과학적인 연구 보고서에서 확인된 두 가지 요인들, 즉 ① 마지막 우울증 삽화가 얼마나 최근에 일어났는가? 그리고 ② 이전에 얼마나 많은 주요 우울 삽화를 경험하였는가(두 번 vs. 세 번 이상)를 기준으로 층화 표집을 하기로 결정하였다.

• 우리가 발견한 것은 무엇인가

우리의 흥미를 가장 끈 연구 결과는 환자들이 기저선 평가 이후 60주 내에 우울증 재발이 야기되었는지 여부였다. 관례대로 우선 이런 임상 시행에 대한 주요 통계 분석을 수행하기 전에 비교되는 치료 효과가 계층화로 만들어진 다른 집단(계층)에 있는 환자들과 같은지를 확인했다. 분석 결과, 일상적인 치료와 비교했을 때 MBCT는 이전에 단지 두 번의 삽화를 가진 환자들에서는 세 번 이상의 이전 삽화를 가진 환자들만큼 효과적이지 않다는 것을 발견하였다. 이 두 집단 사이에서 일상적인 치료와 비교했을 때 MBCT가 재발률을 줄인 범위에 있어서 통계적으로 유의미한 차이가 있었다. 세 번 이상의 삽화를 가진 환자들(전체 표본의 77%) 집단에서 MBCT는 일상적인 치료와 비교했을 때 유의미하게 재발률을 감소시켰다. 단지 두 번의 삽화를 가진 환자들(전체 표본의 23%) 집단에서는 일상적인 치료를 받은 환자들과 MBCT를 받은 환자들 사이에서 재발률의 차이가 없었다. 즉, MBCT의 유익한 효과는 우울증 삽화를 더 많이 겪은 환자들에게서만 나타났다. 무선화 전에 이 변수에 대해 계층표집을 했다는 사실은 매우 중요했지만, 이러한 결과는 예상하지 못한 것이었다. 이는 결과 패턴이 2차 사후 검증(post hoc test)이 아닌 1차 분석의 일부로 보고될 수 있다는 것을 의미한다. 우리는 이 흥미로운 연구 결과에 대해서 가능한 설명들을 다음에 적어 놓았다. 지금부터는 우리가 연구한 표집에서 상당수를 차지하는 세 번 이상의 삽화를 가진 환자들에게 초점을 맞출 것이다([그림 19-1] 참조).

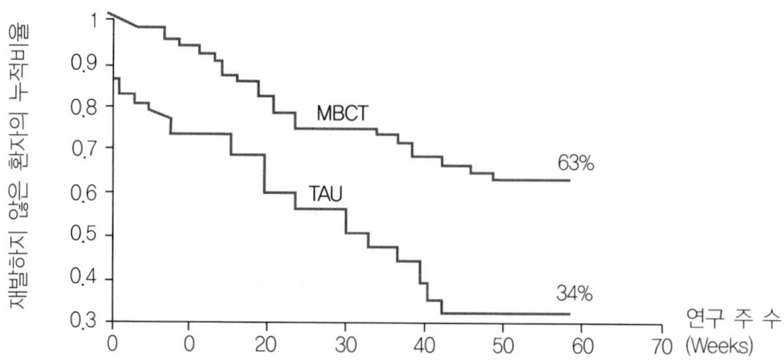

[그림 19-1] 과거 세 번 이상 우울삽화가 있었던 환자 중 일반적인 치료(treatment as usual)와 마음챙김 기반 인지치료(MBCT)로 치료받은 주요우울장애 환자들의 재발률을 비교하는 생존곡선

단순히 일반적으로 받아 왔던 치료를 지속하였던 환자들은 총 60주의 연구기간 동안 63%의 재발률을 보였다. 반면에 MBCT를 받은 환자들은 34%의 재발률을 보였다. 우연에 의해서 이런 차이를 얻었을 가능성(만약 실제로 차이가 없을 때)은 1/200보다 적었다. 환자들이 보통 받는 치료에다 MBCT를 더하게 되면 재발 위험을 거의 반으로 줄이는 효과를 갖는다. 더구나, MBCT 집단 환자들의 경우 항우울제 사용에서의 차이는 MBCT 효과를 설명해 주지 못했다. 연구 기간 중 어느 때에 항우울제를 사용한 환자의 비율은 실제로는 일반적인 치료를 받는 환자집단보다 MBCT 집단에서 더 적었다.

이 조사결과는 매우 고무적이다. 이 결과의 의미를 고려해 볼 때, MBCT는 과거에 우울했었지만 MBCT 프로그램을 시작할 당시 비교적 잘 지내고 있던 환자들을 위해 특별히 고안되었다는 사실을 기억하는 것이 중요하다. 특히 급성 우울증을 겪고 있는 환자들에게 MBCT를 적용하는 것을 지지하기 위해서는 이 연구 결과를 조심스럽게 해석할 필요가 있었다. 그 당시에 MBCT가 급성 우울증 집단에 적용할 수 있음을 지지하는 증거는 없었다(비록 아래에 치료에 저항적인 환자나 부분적으로 관해된 환자에게는 흥미로운 효과가 있기는 하지만). 실제로 우리는 급성 우울증 시기에 나타나는 주의 집중 곤란과 강렬한 부정적 사고와 같은 요인들은 환자들이 프로그램의 핵심인 주의 집중 기술을 훈련하는 것을 어렵게 할 수 있기 때문에 MBCT가 효과적이지 않을 수 있다고 추측했다.

요약하면, 이전에 세 번 이상의 우울증 삽화를 가진 환자들을 위해서는 우울증 재발 위험을 줄이기 위한 새롭고 비용 효과성이 큰 방법을 개발하려는 초기 목표를 달성한 것처럼 보였다. 하지만 MBCT가 왜 이전에 단지 두 번의 우울 삽화를 가진 환자들에게는 그다지 효과적이지 못했나?

1998년 Helen Ma는 John Teasdale과 함께 연구하기 위해 케임브리지의 인지 및 뇌 과학 연구팀(Cognition and Brain Sciences Unit)에 왔다. 이로써 케임브리지 팀은 더 연구할 수 있는 좋은 기회를 갖게 되었다. 다음 단계는 어떤 연구여야 할까? MBCT의 필수 구성요소를 조사하기 위해 해체 연구(dismantling study)를 할 수 있었다. 연구자들은 MBCT 효과가 참가자 자신의 실습에 얼마나 의존하는지 보기 위해 가정실습 과제가 있는 MBCT와 그렇지 않은 MBCT를 가지고 비교를 하였다.

결국, 그들은 2000년에 Teasdale과 동료들 연구의 '절차적 반복 검증'을 수행하기 위한 아주 간단하고 중요한 일을 하기로 마음먹었다. 서둘러 연구하고 싶은 유혹을 뿌리치고, 2000년의 연구와 동일한 참가기준을 충족시킨 75명의 환자에 대한 연구[104]는 그 자체로 획기적인 연구가 되었다. 왜일까? 그 결과가 2000년의 연구 결과와 정확하게 같기 때문이다. 이번에는 시행에 참가하기 전에 3회 이상 우울삽화를 겪었던 환자는 MBCT 없이(즉, TAU만 한 경우) 78%의 비율로 재발하였다. 대조적으로 MBCT를 실시한 사람들은 36%만이 재발하였다.[104]

그러나 한 번 더 연구를 했을 때, 이전에 두 번의 삽화만 있는 사람들에게는 그러한 효과가 관찰되지 않았고, 첫 번째 연구 시행 결과와 함께 검토해보면, 단지 두 번의 이전 삽화가 있는 환자에게는 마음챙김이 해로울 수도 있는 것처럼 보였다. 따라서 이 새로운 연구 시행이 이에 대한 답을 하는 데 도움이 될 수 있을지에 대한 의문은 실제로 매우 절박한 일이었다. 왜 세 번 이상의 이전 삽화를 겪은 사람과 두 번의 삽화만 겪은 사람들에게는 매우 다른 결과가 나타나는가? 그것은 실제로 과거에 얼마나 많은 삽화를 가지고 있는지가 중요하다는 것인지, 아니면 이러한 데이터가 또 다른 더 중요한 변수를 숨기고 있다는 것인가?

- 이전에 두 번의 우울증 삽화를 가진 환자들에게는 MBCT가 왜 효과가 없었나

첫 번째 시행에서, 우리는 MBCT가 세 번 이상의 삽화를 가지고 있는 환자들에게 더 효과적일 것이라고 기대하지는 않았다. 그때는 이 연구 결과들에 대해서 그럴듯

한 설명을 할 수 있기는 하지만 좀 더 검증하고 탐색해 봐야 할 육감 정도라는 것을 인정할 수밖에 없었다. 그리고 어쨌든 하나의 시행에서만 이 패턴을 발견했기 때문에, 그 패턴이 어떤 연구에서 가끔 발생하는 '일회성' 패턴인지, 결코 다시는 발생하지 않는 것인지가 명확하지 않았다. 따라서 두 번째 시행의 가장 중요한 결과는 가장 오랜 우울증 기록이 있는 사람들이 가장 많은 혜택을 얻었고 두 번의 삽화만 가진 사람들은 MBCT를 수행하는 것이 그다지 좋지 않았고 약간 악화되었을 수 있다는 연구 결과를 정확하게 다시 보여 줬다는 사실이다.

연구 결과들은 MBCT에 대한 이론적 배경의 관점에서 볼 때 특별히 흥미가 있다.[54, 57] 2장에서 설명한 것처럼 MBCT 프로그램은 슬픈 기분에 의해 재활성화되는 특정 우울 사고패턴이 재발할 만한 요인들을 줄이고자 고안되었다. 슬픔과 연관된 사고패턴은 우울한 상태와 각각의 우울 삽화들 속에 들어 있는 특징적인 부정적 사고 양상이 반복적으로 연합되면서 야기된다고 가정하였다. 삽화가 반복되면서 우울한 기분과 특정 사고패턴의 연합이 강화되면 재발 과정이 점점 더 자율적 혹은 자동적으로(autonomous or automatic) 되어, 실제로 증상이 다시 나타나기까지 점점 시간이 덜 걸리게 된다. 이 관점은 우울증 삽화가 증가하게 되면 재발을 일으킬 때 환경적인 스트레스는 점차로 덜 중요한 역할을 한다는 Post와 Kendler과 동료들의 관찰에 의해서 지지되었다.[34, 105]

이런 연구 결과들은 MBCT에 대한 우리의 연구에서 ① 세 번 이상의 과거 삽화를 가진 환자들에게 더 재발 위험이 높은 것은 대개 슬픈 기분에 의해 야기되는 우울 사고 양상들의 재활성화를 포함하는 자동적인 재발 과정에 따른 것이고, ② MBCT의 예방 효과는 특히 잠정적인 악화/재발의 시기에 슬픈 기분이 야기하는 우울증 사고의 재활성화 과정을 와해시키면서 나타날 수 있다는 것을 제안한다.

이 분석에서, 단지 두 번의 과거 우울증 삽화를 가진 환자들의 재발은 보다 자율적인, 재발 관련 과정(역기능적 사고패턴의 오래된 습관이 악화)이 활성화되는 것과 상관있기보다는 실업, 가족의 사망이나 심각한 질병, 또는 관계에서의 좌절과 같은 주요 생활 사건의 발생과 더 연관이 있을 수 있다. 생활 사건과 환자의 재발 사이의 이러한 관계는 이제 조심스럽게 측정되었는데, 이에 대해 Ma와 Teasdale이 연구 작업을 하였다.[104] 우선, 그들은 세 번 이상의 우울증 삽화를 경험한 환자들이 두 번의 삽화를 경험한 환자들과 우울증을 경험한 적이 없는 환자들보다 더 많은 횟수의 불리한 초기 인생 경험을 했다는 것을 발견했다. 이와는 달리, 보고된 부정적인 초기 경험의 비율이 단 두 번의 삽화를 경험한 환자와 한 번도 우울증 경험이 없었던 환자 간에는 차이가 없었다. 게다가 이전에 두 번의 삽화만을 경험한 환자들은 심각한 스트레스 요인이 없는 어린 시절과 사춘기를 보냈지만, 연구 중에 재발했을 때는 심각한 생활 사건에 훨씬 더 영향을 받는 것 같았다. 이와 대조적으로, 이전에 세 번 이상의 우울 삽화를 경험한 사람들의 재발은 더 자율적이었다. 증상이 '갑자기 나타났다'.

이와 같은 결과는 이전에 두 번의 삽화와 세 번 이상의 삽화 간에 차이가 난 이유는 이 환자들이 두 가지 다른 '인구 집단'을 대표한다는 것을 강력히 시사했다. 즉, 그들은 다른 유형의 우울증으로 고통을 받고 있었다. 이것은 삽화의 수가 다른 더 중요한 변수의 지표가 된다는 것을 의미한다. 우울증이 자율적으로 나타나는지 아니면 주요 생활 사건에 뒤이어 나오는지 여부가 중요하다는 것이다. 다시 말하면, '두 번만'이라는 것과 '세 번 이상'이라는 것은 단순히 동일한 우울증이라는 '궤적' 안의 다른 지점에 있는 환자를 반영하지는 않는다.

이것이 왜 그렇게 중요한가? 첫째, 심각한 인생의 사건 직후에 우울증을 겪고 있는 사람들을 돕기 위한 첫 번째 접근 방법으로 MBCT를 제공하는 것에 대해 신중할 필요가 있다는 점이다. 물론 수년간 명상을 해 오던 환자들은 명상이 언제 도움이 될지, 언제 마음을 편하게 하는지를 잘 알기 때문에, 비극이 닥치는 때에도 실습이 도움이 될 수 있다. 그러나 우리가 보는 환자들은 이전에 명상을 해 보지 않았기 때문에, 향후 인생에서 이러한 심각한 인생 사건에 대한 반응으로 우울증이 나타날 때 그들을 어떻게 도와줄 수 있을지는 여전히 중요한 의문으로 남아 있다. 둘째, 사춘기 또는 초기 성인기에 시작되어 20년의 우울증 병력이 있는 것으로 판명되고 MBCT에 오기 전에 세 번 이상의 우울증 삽화가 있는 사람들에게 미치는 영향 때문에 이 연구 결과가 중요할 수 있다. 이와 같은 결과는 MBCT가 조기에 우울증이 발병한 사람들이나 세 번의 삽화를 경험하기 전이라 하더라도 매우 취약한 집단에 속한 징후를 보이는 청소년에게 유용할 수 있다는 가능성을 제기한다. 이것은 향후 연구를 위한 중요한 우선순위가 된다.

마음챙김 기반 인지치료의 후속 임상 시행

지금까지 우리는 MBCT 효과와 그것이 누구에게 가장 효과적인가에 대한 신뢰할 수 있는 연구 결과를 얻었다. 그러나 또 다른 문제가 있었다. 이러한 결과는 치료개발자인 우리가 했던 연구에서만 이루어졌다는 점이다. 미국의 기준에 따르면 어떤 치료법이 '효과가 있는' 것으로 판명되어도 다른 누군가의 손에 이 치료법이 어떻게 적용될 것인지를 알기 전까지는 효과에 대한 최고 기준을 충족시키지 못한다. 스위스에서 시행된 한 번의 임상 시행 연구[106]에서는 모호한 결과가 나왔다. 이 연구에서는 우울증 삽화를 세 번 이상 경험했던 환자만을 모집했는데 MBCT는 TAU에 비해 19주까지 재발을 유의하게 지연시켰지만, MBCT와 TAU의 12개월에 걸친 결과 간에는 전반적으로 차이를 거의 보이지 않았다. 벨기에 겐트에서 시행된 또 다른 시행[107]은 명확했다. 또한 이전 삽화를 세 번 이상 경험한 환자들만 모집했으며 MBCT가 우울증 재발을 12개월 동안 68%에서 30%로 감소시킨 것으로 나타났다. 4건의 연구 시행이 있었는데, 그 중 두 건은 치료개발자들과는 무관하게 실시되었다. MBCT는 재발성 우울 병력이 있는 환자에게 강력한 접근법으로 보여질 수 있었다.

벨기에에서 이루어진 연구 시행은 다른 점에서 흥미로웠다. 처음으로 환자들이 항우울제를 복용하는 동안에 시행에 참가할 수 있도록 허용되었고, 각 집단의 환자 중 3/4은 연구 시행 초기에 약물을 복용하고 있었다. 그러나 연구 결과는 약물을 복용하지 않은 사람들을 대상으로 한 이전 결과들을 반복검증해 주었다. 이는 중요한 연구 결과인데, 환자가 MBCT와 약물복용 중 하나를 선택할 필요가 없다는, 즉 둘 다 동시에 이용할 수 있다는 사실을 보여 주었다. 그러나 이 연구는 MBCT가 항우울제만 복용하는 것에 비해 얼마나 효과가 있는지 조사하기 위한 것은 아니었다. 이것은 다른 연구 설계가 필요하며 다행스럽게도 영국과 캐나다에서 각각 하나씩 해서 두 연구가 이 문제를 연구하고 있었다. 연구는 이제 보다 적극적이고 강력한 비교집단—지속적으로 항우울제 약물요법을 사용하는 집단—에 대한 MBCT 접근법을 비교해야 하는 시점에 와 있었다.

항우울제 치료와 비교할 때 마음챙김 기반 인지치료는 얼마나 안전한가

1980년대 초반과 마찬가지로 우울증에 대한 인지행동 치료의 신뢰성은 항우울제 치료와의 일대일 비교를 통해 입증되었으며, MBCT의 진정한 임상적 가치를 입증하기 위해서는 관해된 환자에게 제공되는 현재의 표준 치료 기준에 비해 얼마나 효과가 있는지를 살펴보아야 한다. 회복기간에 항우울제 치료를 계속하여 우울증 재발을 예방하는 치료는 재발위험을 30~40%[22]로 감소시키며, 임상 진료 지침으로 높은 지지를 받는 동시에 의사들이 가장 널리 사용하는 전략이기도 하다. Exeter 대학교의 Willem Kuyken과 그의 동료들[108]은 우울증 환자에 대한 연구에서 이 두 치료법을 최초로 비교 연구하였다. 환자 모두는 항우울제로 6개월 이상 치료받았으며 현재는 관해 또는 부분 관해 상태에 있었다. 약물 복용을 중단한 후에 환자에게 어떤 일이 일어났는지 연구하기 위해, 그들은 MBCT 과정을 시작한 지 6개월 이내에 약물치료를 중단할 것이라는 조건으로 무작위로 MBCT를 받도록 한 집단을 배정하였고, 반면에 다른 집단에게는 15개월 동안 계속 약을 먹도록 요청했다. MBCT 집단의 75%가 항우울제 복용을 완전히 중단했음에도 불구하고, 15개월간의 추적조사에서 재발률은 약물치료(60%)와 MBCT(47%) 간에 큰 차이가 없었다. 이 중요한 연구 결과는 MBCT가 우울증 재발을 예방하기 위해 현재 선택할 수 있는 치료만큼 효과적일 수 있음을 시사한다. 더욱 인상적인 것은, MBCT가 남아 있는 우울증상과 정신병 합병증을 줄여 주고 삶의 질을 향상시키는 데 있어서 약물치료보다 훨씬 효과적이었다는 점이다. 두 집단 간에 평균 연간비용에는 차이가 없었다.

이 문제에 대한 또 다른 접근법은 항우울제와 MBCT가 순차적으로 사용될 때 어떤 일이 일어나는지 연구하는 것인데, 환자가 급성 우울증상에 대해 약물치료 효과를 보고 난 다음 재발방지를 위해 약물 복용을 중단하고 MBCT를 받는 것이다. 환자들이 증상이 없이 잘 지내게 되면 약물 복용을 중단하게 하는 것은 실제로 대부분의 병원에서 일어나는 일이다. 부작용에 대한 부담이나 약을 수년간 먹을 수 없어서 40%의 환자들은 치료를 너무 빨리 끝낸다.[36] MBCT가 이러한 차이를 메우고 이들 환자들에게 추가적인 혜택을 줄 수 있을까? Segal과 동료들[109]은 우선 160명의 우울증 환자들을 약물로만 치료하고 나서 겨우 차도를 보인 84명의 환자들을 세 실험 집단 중 하나에 무작위로 배정함으로써 직접적으로 이 문제를 해결하였다. 첫 번째 집단에서는 환자들이 약물치료를 중단하고 MBCT를 받았다. 두 번째 집단의 환자들은 약물치료를 중단하고 급성기에 받았던 약물과 동일하지만 화학적으로 비활성인 위약을 받았다. 세 번째 집단의 환자들은 18개월 동안 계속 약물을 투여받았다. 이 연구에서 새로운 점은 연구자가 순차적으로 약리학적 및 심리치료법을 사용하는 것과 장기간 동일한 치료, 즉 항우울제를 유지하는 것의 효과를 비교할 수 있다는 점이었다.

Segal과 동료들[109]은 연구에서 급성 우울증 환자들을 모집하고 치료했기 때문에, 증상 개선의 질, 즉 약물이 우울 증상을 얼마나 통제하는지가 환자들이 계속해서 받은 예방치료 유형과 상호작용 하는지 여부를 조사할 수 있었다.[110] 다시 말하면, 치료의 첫 단계에서 일어난 일이 두 번째 단계에 어떤 영향을 주는지를 알 수 있었다. 실제로 이런 결과가 발견되었다. 급성 우울증 기간에 주기적인 혼란증상을 경험했지만 여전히 잘 지내는 환자의 경우(불안정한 관해를 보인 환자들) 약물치료를 중단하고 MBCT를 받는 것이 악화나 재발 위험(28%)을 현저히 낮추었으며, 약물치료만 계속한 그룹(27%)과도 다르지 않았다. 이와 대조적으로 현재의 약물을 중단

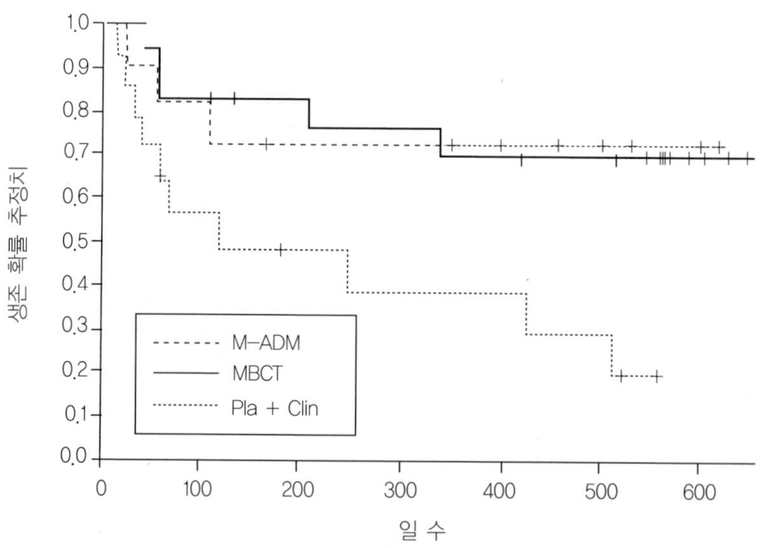

[그림 19-2] 유지/추수 기간 동안 재발 없이 생존한 불안정한 관해자들의 누적 효과. M-ADM: 유지 항우울 단독 치료, Pla + Clin: 플라세보와 임상관리

하고 위약을 투여한 불안정한 환자들은 재발가능성이 매우 높았다(71%, [그림 19-2] 참조).

반응이 좋고 관해 상태가 안정된 환자의 경우, 우울증상이 일시적으로 상승되지 않았고, 세 집단 모두 유사한 예방효과(40~50% 범위)를 보였다.

이러한 연구 결과에 대한 현실적인 시사점은 대단히 중요하다. 상당수의 환자가 항우울제 유지 치료를 꺼리거나 견뎌 내지 못하기 때문이다. 우리는 이제 그들에게 MBCT가 우울증 재발에서 동일한 보호막을 제공할 수 있다는 사실을 알았다. 약리학적 및 심리적 개입을 순차적으로 한다는 아이디어는 여전히 새롭지만, 더 많은 환자를 치료하고 더 오랜 기간 동안 환자를 보호하는 데 도움이 된다는 사실은 이런 방법을 더 많이 채택해야 한다는 것을 시사해 준다.

메타 분석, 마음챙김 기반 인지치료와 우울증의 재발 방지

잘 지내고 싶은 방법을 찾는 우울증 환자들은 어떤 치료 과정을 계속할 것인지 또는 중단해야 하는지 종종 이분법적인 결정을 내려야만 한다. 본보기로 무선 시행 연구를 살펴보는 것은 그다지 유익하지 않은데, 그 이유는 이런 연구들은 대개 다양한 영역의 관심사를 다루기 위해 고안된 연구이기 때문이다. 이 딜레마에 대한 한 가지 해결책은 여러 연구 결과를 특정 치료 효과를 반영하는 단일 수치로 요약하는 통계를 사용하는 것이다. 만일 연구자가 비슷한 임상 결과를 보고한다면, 예를 들어 같은 질문지를 사용해서 우울 점수를 매기거나 임상 면접을 통해 증상 개선을 평정한다면 계산이 더 쉽게 이루어진다.

이 책의 초판을 쓸 때 우리가 직면한 문제는 이러한 유형의 광범위한 개관을 가능하게 하는 연구가 너무 적었다는 것이다. MBCT 연구 편수가 증가하면서 이제 이런 연구가 가능해졌다. '메타 분석'은 여러 임상시행 결과의 가중평균을 산출하는 통계절차에 붙여진 이름이다. '효과의 크기'라고 하는 이 지표에서는 작은 효과 크기는 치료를 받는 것에서 거의 이익을 얻지 못하는 것을 의미하며, 큰 효과 크기는 치료적 개입을 받으면 효과가 증가한다는 것을 의미한다. 메타 분석은 치료 효과에 대한 수치적 지표를 제공하기 때문에, 연구자의 결론이 주로 주관적인 근거에 기초하는 다른 유형의 임상 증거 평가에 비해 점점 선호되고 있다.

덴마크 오르후스에 있는 한 집단의 메타 분석인, 593명의 환자를 대상으로 실시한 6건의 무작위 시행결과에 따르면, MBCT와 비활동 통제군을 비교할 때 일반적인 치료와 비교하여 재발 위험이 35% 감소했고, 과거 세 번 이상 우울증 삽화를 가진 환자의 경우 감소율은 44%였다.[111] 그들은 또한 MBCT와 항우울제 치료 모두 재발 위험을 비슷한 수준으로 감소시킨다고 보고했다. 두 번째 메타 분석에서 Hoffman과 동료들[112]은 다른 시각으로 이 문제에 접근했다. 그들은 다양한 정신건강 상태에 대해 마음챙김을 기초로 한 치료를 받은 1,140명의 환자들에 대해 재발 여부와 상관없이 불안과 우울 증상의 감소를 조사했다. 마음챙김 훈련을 특징으로 하는 MBCT 치료법은 불안증상에는 0.97, 우울증상에는 0.95라는 큰 효과의 크기를 보였다. 마음챙김 실습을 일반적인 생활 기술로 학습하도록 장려하는 틀에서 기대할 수 있듯이 연구자들은 또한 환자가 더 이상 치료를 받지 못하게 된 시점 이후에도 이러한 치료효과가 유지된다는 것을 발견하였다.[97]

아마도 MBCT에 대한 가장 강력한 승인은 영국국립보건 임상 연구소(NICE)에서 제공한 것인데, 이 기관은 국립 보건 서비스를 이용하는 환자에게 증거 기반 의료 지침을 제공하는 독립적인 국가기관이다. 이 기관에서는 특정한 의학적 또는 정신질환에 대한 경험적 및 임상적 연구에 대한 엄격한 검토를 통해 지침이 공식화하고, 여기서 나온 치료 권장 사항에는 최대로 지지하는 치료법에서부터 가장 덜 지지하는 치료법까지 순위를 매긴다. 단극성 우울증에 대한 NICE의 지침에 따르면 2004년부터 MBCT를 우울증의 재발 및 재발방지에 효과적인 방법으로 지속적으로 승인해 주었고 이로써 MBCT는 포괄적인 우울증 치료[9]를 위해 환자들이 자유롭게 이용할 수 있는 추가적인 자원을 제공할 수 있게 되었다.

우울증 재발을 넘어서서 마음챙김 기반 인지치료를 확장하기

마침내 우울증 재발 방지를 위한 MBCT 효과가 강력하게 입증되어 다른 심리적 어려움을 위한 틀에도 적용할 수 있게 되었다. 우리가 예상할 수 있듯이, 이러한 접근법들 대부분에서 MBCT의 8회기 구성요소들은 치료 목표가 되는 특정 장애와 관련 있는 내용으로 활용될 수 있도록 수정되었다. 적용 가능성이 높은 예로는 어린이를 위한 MBCT[113, 114] 물질 남용에 대한 마음챙김 기초한 재발 방지,[115] 우울증에 걸릴 위험이 있는 임산부를 위한 MBCT,[116] 건강염려증을 위한 MBCT,[117] 만성피로증후군,[118] 이명,[119] 청각 환각,[120] 불면증,[121] 사회 공포증,[122] 일반 불안장애,[123] 공황장애[124] 및 1차 진료에서 발견되는 우울증[125]에 대한 MBCT, 암 환자를 위한 MBCT[126, 127] 등이 있다. 보다 일반적으로 MBCT는 긍정적인 감정을 증가시키고 부정적인 감정을 감소시키고,[128, 129] 삶의 목표를 명확히 하며,[130] 실험적으로 유도된 공포와 불안의 적응적인 조절[131]을 증가시키는 것으로 나타났다.

기분장애의 영역으로 돌아가서 MBCT가 치료에 저항적이거나 만성 우울증에 사용될 수 있는지 여부를 알아내는 데 관심이 커지고 있다. 두 개의 통제되지 않는 연구[132, 133]와 두 개의 RCT[134, 135]에서 나온 긍정적인 연구 결과는 이 분야가 앞으로 더 연구할 가치가 있는 영역임을 시사한다. 비슷한 맥락에서, 기분안정제를 복용 중인 양극성 장애 환자[136, 139]에게 MBCT를 적용하여 불안을 줄여 주고 실행기능을 향상시켜 주는 효과를 통해 도움을 줄 가능성이 있다. 조만간 이러한 모든 유망한 추세에 대해 지속적인 효과를 입증할 수 있는 충분한 새로운 데이터를 확보해야 할 것이다.

20

마음챙김 기반 인지치료의 효과성

MBCT 프로그램이 우울증의 악화/재발률을 현저하게 감소시킬 수 있다는 많은 연구 증거가 앞으로 이 프로그램이 임상 장면에 적용되고 보급될 것이라는 사실을 뒷받침하고 있다. 그러나 이 프로그램이 효과적이라는 것을 입증하는 실제적인 요인에 대해서 우리는 무엇을 알고 있는가? 사람들이 실제로 이 프로그램에서 도움을 받았다고 말할 수 있는 것은 무엇인가? 한 가지 지표는 가장 직접적인 출처, 즉 마지막 MBCT 수업에서 수집한 환자들의 의견에서 나왔다. 프로그램에 참여한 환자들은 마지막 수업에서 자신에게 가장 도움이 된 것이 무엇인지 말한다. 두 명의 환자는 다음과 같이 표현하였다. “이제 저는 언제 ‘열차 잔해(train wreck)’와 같은 생각 영역으로 들어갈지 알아차릴 수 있게 되었고 그 생각들로부터 제 자신을 분리할 수 있게 되었어요.” 그리고 “내 생각과 신체 반응을 더 잘 알아차릴 수 있는 전략을 배웠습니다. 비록 자동적인 반응을 멈출 수는 없겠지만, 이제는 그것을 더 잘 알아차리고 나 자신을 되찾고 다시 ‘리셋(reset)’할 수 있게 되었어요.” 어려운 감정 다루기도 환자의 피드백에서 흔히 나타나는 또 다른 주제이다. “이제는 기분이 얼마나 좋은지 나쁜지 구분할 수 있어요. 그리고 내가 기분이 나빠도 해결할 수 있는 방법을 찾아낼 수 있다는 자신감을 발견했기 때문에 그런 감정이 일어나도 두려워하지 않게 되었어요." 환자들은 또한 MBCT가 자신들의 경험과 더 친절하게 관계를 맺을 수 있는 능력을 개발할 수 있도록 해 준다는 점을 강조한다. "이 프로그램은 내게 삶의 내면과 외부 상황에 대한 수용과 자비심이라는 중요한 성품을 계발시키도록 도와주었어요……. 이 프로그램에 참여하기 전에는 이러한 성품을 가지고 있지 않았어요……."

우리는 참가자들의 이런 소감문으로부터 얼마나 많은 것을 얻을 수 있을까? 임상가로서 참가자들의 생각을 아는 것이 기쁘기는 하지만, 이런 이야기들은 모두 프로그램이 끝날 무렵에 모아졌고 그 때는 아마도 이들이 프로그램 지도자를 기쁘게 하기 위해 무언가를 말했을 수 있다. 그렇기 때문에 이러한 정보를 지도자와는 별개로 수집하는 체계적인 방법이 필요하다. 이런 목적으로 수행된 한 연구는 Allen과 동료들[140]에 의해 이루어졌는데, 그들은 프로그램이 끝난 후 1년 동안 Kuyken과 동료들[108]의 임상 시행에 참여한 환자들을 인터뷰하였다. 그 연구 결과는 MBCT 유용성에 대해 드물지만 장기적인 관점을 제공해 주고 있다. 실습을 되돌아보면서 환자들은 우울증 재발을 유발하는 요인을 더 잘 감지하고, 우울 증상이 위협하면 스스로에게 활력을 주고 관계의 질을 향상시킬 수 있다고 보고했다. 예를 들어, 환자들은 경미한 우울 증상의 신체적·인지적 신호를 알아차리는 능력이 예전보다 높아진 것을 주목하였다. 그리고 저조한 기분이 나타나면 의도적으로 정원을 가꾸거나 개를 데리고 산책하거나 3분간 호흡 공간 명상과 같은 중립적인 혹은 긍정적인 활동에 참여하게 되었다고 보고하였다. 대인관계 면에서 환자들은 친구들이나 가족과 더 가까워졌다고 느꼈고, 다른 사람들의 고통에 대해서도 공감 능력이 증가하였다고 보고하였다. MBCT의 이론적 근거와 특히 관련이 있는 것으로는 구체적으로는 시간이 지남에 따라 환자들은 ① 생각을 생각으로, ② 우울증을 '내가 아닌 것'으로 보게 됨으로써 우울증을 보다 객관화 할 수 있다고 설명하였다. MBCT 프로그램에 참여하면서 우울증을 겪었던 다른 사람들을 알게 되고 그들의 경험에 대해 이야기하는 것을 들을 수 있었던 기회 덕분에, 환자들은 증상이 정서 장애의 일부일 뿐이고("그냥 내가 미쳐 가고 있다고 생각했었습니다. 그런데 얼마나 많은 다른 사람들이 거기에서 나와 똑같은 생각을 하고 있는지 알고 놀랐습니다.") 그것이 그들이 어떤 사람인지를 판단할 만한 것은 아니라는 사실을 더 쉽게 받아들였다("당신의 생각이 당신이 진짜 누구인지를 반영하지 않는다는 것을 깨닫는 것이 정말로 중요합니다."). 이와 같이 참가자들은 새로운 관점에서 우울 증상에 접근하게 되면서 생각 자체의 내용을 판단하거나 그 생각에 너무 지나치게 빠져들지 않는 것이 예전보다 더 수월해졌다. "당신은 이런 측면을 가지고 있다는 것을 알아차리게 되었고……. 그리고 우리는 그것들을 생각이라고 부른다는 것을……. 나는 그것이 정말로 도움이 되었다고 생각합니다."

이 연구에서 참가자들이 보고한 변화의 범위가 매우 인상적이긴 했지만 우리는 또한 그런 질적인 설명이 냉철한 우리 동료들을 설득시키지는 못할 것이라는 것을 알고 있었다. 그들은 이러한 보고서에 의존하여 'MBCT에서 배운 중요한 것이 무엇입니까?'라는 질문에 답하는 것이 충분하지 않다고 여길 것이다. 결국 이러한 연구 자료들은 통제되지 않았고 어떤 것이 평가 되고 있는지를 인식하지 못하거나 전혀 모르는 참가자들로부터는 결코 수집될 수 없다. 이런 피드백이 MBCT의 중요한 요소를 반영했다기보다는 환자가 단지 열정적이라고 느꼈던 부분이나 열심히 했던 MBCT 요소들만을 반영한 것은 아닌지 우리가 어떻게 알 수 있을까? MBCT 효과 기제에 대한 과학적인 설명을 하기 위해서 해결해야 할 과제는 이러한 변화들 중에서 어느 것이 신뢰할 만하고 MBCT에 수반된 것인지 판단하는 것이다.

마음챙김 기반 인지치료에서 변화의 과정이란 무엇인가

참가자들의 개별적인 기록과 보다 공식적인 자기보고 설문을 사용한 연구 결과에 따르면 심리적 기능의 중요한 변화가 8주간의 수업에서 발생한다는 사실이 밝혀졌다. 참가자들이 스스로 보고한 변화로는 우울증, 불안, 반추, 불면증, 긴장감의 감소, 그리고 마음챙김, 자비심, 집중력, 탄력성, 낙천주의 및 삶의 질의 향상이 포함되었다.[141] MBCT 피험자의 경우 대조군에 비해 과잉 일반화 기억(overgeneral memory)이 감소하는 인지적 변화도 발생하였다. 이것은 과도한 기억이 우울증 발병에 대한 취약성을 증가시키고 우울 증상의 지속성과 관련이 있다는 점에서 잠정적으로 중요하다.[142-144] 하지만 의문점은 여전히 남아 있다. 사람들이 MBCT를 할 때 변화하는 것들 중에서 어느 것이 우울증 재발감소 효과를 설명하고 근거가 되는 중요한 변수인가?

이 요인들 중에서 어느 것이 우울증 재발을 막는 데 도움이 되는지 이해하려고 하면 복잡한 문제가 발생할 수 있다. 특히 많은 변수가 변경되는 경우에는 더욱 그렇다. 왜 이것이 문제인가? 한 가지 이유는 일어나는 모든 변화 중에서 중요한 요소를 구별할 수 없게 되면 앞으로 MBCT를 정교화시키거나 가르치는 방법을 조금 더 다듬고, 새로운 인구 집단에 적용하는 것을 제한시킬 수 있기 때문이다. 조사가 어떻게 진행되는지 더 잘 이해하기 위해 조사자는 '매개 분석'이라고 알려진 통계적 접근 방식을 사용하였다.

예를 들어, MBCT가 반추를 감소시킨다는 사실을 알아보자. 반추 수준이 높을수록 우울증 재발 가능성이 높아지는 것으로 알려져 있기 때문에 이 변수의 감소는 MBCT 예방효과를 설명하는 결정적인 변화일 수도 있고 아닐 수도 있다. 아마도 반추의 감소는 환자가 좀 더 마음을 챙기게 되고, 이러한 변화가 실제로 환자들을 보호할 수 있다는 것을 의미한다. 기술적 정의의 관점에서, 어떤 변수가 매개요인으로 간주하기 위해서는 두 가지 조건이 충족되어야한다. 그것은 통제 조건보다 MBCT 조건에서 더 큰 변화를 보여 주어야 하고, 결과 변수에서 치료 효과의 대부분을 설명해야 한다. 반추로 돌아가서, 우리는 반추의 감소가 대조군에 비해 MBCT 환자에서 더 큰지 여부를 시험 한 다음, 이러한 반추점수의 감소가 MBCT와 대조군 간의 비교에서 통계적으로 제거될 때 재발율에 어떤 현상이 일어나는지 조사하였다. 만일 MBCT에 참가한 환자들의 보호 효과가 감소하거나 더 이상 통제 집단의 그것과 다르지 않다면, 회복된 우울증 환자의 반추를 줄이는 데 MBCT가 작용한다는 확고한 근거가 될 것이다. MBCT 결과 변수가 변하지 않았다면, MBCT를 받은 후에 반추 점수가 변할 수 있지만, 중요한 매개 역할을 하지는 않는다고 결론을 내릴 수 있다.

MBCT의 매개 변수에 대한 최초의 포괄적인 조사는 Kuyken과 동료들[145]에 의해 수행되었다. 그들은 다양한 이론적 변수의 변화가 MBCT의 우울증 증상 감소를 매개하는지 알아보기 위해 15개월의 추적검사를 통해 실시한 2008년의 연구로부터 그 결과를 도출해 냈다. 특히 두 가지 방법이 눈에 띈다. 첫째, 마음챙김 기술에 관한 켄터키 검사(Kentucky Inventory of Mindfulness Skills)[146]를 사용하여 마음챙김의 네 가지 측면을 평가하였다. ① 관찰하기: '나는 사물의 냄새와 향기를 인지한다.', ② 묘사하기: '내가 몹시 화가 났을 때라도 나는 그것을 단어로 표현할 수 있는 방법을 찾을 수 있다.', ③ 알아차림 상태로 행동하기: '내가 뭔가를 할 때, 단지 내가 하고 있는 일에만 집중하고 다른 것은 아무것도 하지 않는다.', ④ 판단 없이 수용하기: '나의 감정이 생각과 행동에 어떻게 영향을 미치는지 주의를 기울인다.'이다. 둘째, Kuyken과 동료들은 Kristen Neff가 개발한 '나는 감정적인 고통을 느낄 때면 나 자신을 사랑하려고 노력한다.' '나는 나 자신의 결점과 부적절함에 대해 관대하다.'와 같은 척도를 사용하여 자기연민을 평가하였다.

Kuyken과 동료들의 결과[145]에 따르면 유지 항우울제 치료를 받고 있는 대조군에서 비슷한 기간에 걸쳐 나타난 변화와 비교해 볼 때, 8주간 MBCT에서 마음챙김과 자기-자비 모두에서 더 큰 증가를 보였다. 더구나, 마음챙김과 자기-자비의 향상은 13개월 후, 치료 및 배경 증상의 영향을 고려하고도 우울증 수준을 유의하게 예측하였다. 이러한 연구 결과의 강점은 매우 강력하다는 점이다. 즉, 그것들은 MBCT 개발의 기초가 되는 이론적 모델에 의해 예측이 가능하며 통계적으로도 견고하다. 마음챙김이나 자기-자비 점수가 향상되지 않은 환자들의 우울증상 비율이 높다는 사실은 8주간의 MBCT 프로그램 효과에서 마음챙김과 자기-자비의 본질적인 역할에 대한 강력한 증거가 된다. 게다가, 연구 결과는 이를 시행하는 지도자에게 직접적으로 시사하는 바가 크다. 마음챙김 능력, 마음의 존재 양식, 가르쳐야 할 '내용'들과 같은 MBCT의 가장 중요한 목표는 이제 견고한 경험적 근거를 가지게 되었고, 마음챙김 훈련을 어떻게 가르칠지 '방법론'의 결정적인 측면이자 가장 중요한 자비심의 구현 또한 양적인 연구 자료에 의해 뒷받침이 되었다.

그러나 Kuyken과 동료들의 연구[145] 결과에는 훨씬 더 놀라운 측면이 있었다. 1999년과 2006년에 Zindel Segal과 동료들의 우울증에 대한 취약성에 대한 초기 연구에서 사용된 것과 비슷한 기분 도전 실험에 참여할 것을 그들의 환자들에게 요청하였다.[53, 54] 그들은 MBCT 과정을 마친 후 MBCT 집단을 평가하고, 동일한 시점에서 약물치료 집단을 평가했다. 모든 사람이 슬픈 음악을 듣고 과거의 슬픈 개인적 사건을 회상하도록 하는 것을 포함해서 슬픈 기분을 느끼도록 유도했다. 기분 유도 전후에, 참가자들의 역기능적 태도를 평가하였다. Segal과 동료들은(1999년과 2006년에) 기분변화에 대한 도전 후에 이 설문지 점수가 크게 증가할수록(즉, '항상 행복해야 한다.'와 같은 환자가 많을수록) 환자가 미래에 우울증의 재발을 경험할 확률이 더 높다는 사실을 발견하였다는 것을 기억해 보라.

Kuyken과 동료들의 결과는 아주 흥미로웠다. 그들은 이 실험에서 '나쁘게' 반응한(역기능적 태도에서 큰 증가를 보인) 지속적인 약물치료 집단의 환자들이 다음 해에 다시 우울증을 겪을 가능성이 훨씬 더 높다는 것을 보여 주었다. 이와 대조적으로, MBCT 집단에서는 동등하거나 더 높은 수준의 반응성은 전혀 예측력을 갖지 못하였다. 이와 같은 결과는 MBCT 집단에 참여한 환자들의 경우 일차적인 반응성이 감소되지 않았어도 그 영향이 감소되어 본격적인 우울증 재발로 이어지지 않도록 하는 무엇인가를 배웠다는 것을 시사한다. 그렇다면 어떤 것을 배웠기 때문에 이런 긍정적인 효과가 나타났을까? 연구 자료는 [그림 20-1]에서와 같이 분명하다. 자기-자비 점수의 변화가 클수록 예방 효과가 커진다.

기분 도전 실험에서 동등하거나 더 큰 수준의 반응성을 경험할지라도 자신에 대한 자기-자비를 터득한 사람들은 향후 우울증 발작으로부터 가장 보호받을 가능성이 높은 사람들이었다.

Beiling과 동료들의 두 번째 매개 분석[148]은 처음에 항우울제로 치료를 받았던 우울증 환자들에게 유사한 그룹의 변수를 시험하였다. 그런 다음, 일단 건강해지면, Segal과 동료들[109]이 한 연구 시행의 부분으로 MBCT, 유지 약물치료 또는 위약을 받도록 할당했다. 그들은 마음챙김을 측정하는 것 외에도 경험 질문지(Experiences Questionnaire),[149] 즉 '메타 인지적 알아차림' 척도를 작성하였다. 이 척도는 자신의 이야기에 끌리지 않고 생각과 감정을 관찰할 수 있는 능력을 측정하는 것이다. 이 척도의 샘플 항목에는 '나는 불쾌한 감정에 함몰되지 않고도 불쾌한 감정을 관찰할 수 있다.' 그리고 '나는 실제로 내가 내 생각이 아니라는 것을 알 수 있다.'와 같은 문항이 들어 있다. 연구 결과 MBCT의 환자들이 8주의 프로그램에 걸쳐 마음챙김 및 메타 인지 기술이 향상된 것으로 나타났지만, 항우울제 또는 위약을 복용하는 환자들은 그렇지 않았다는 것을 보여 주었다. 매개 분석 결과와 일치하는 이러한 변화는 또한 6개월 후의 더 낮은 우울 점수와도 관련이 있었다.

두 가지 연구 결과에 대해 흥미로운 점은 우울증 재발방지에 대해 똑같이 효과적인 두 가지 접근법을 기술하고 있다는 점이다. 항우울제 치료의 기초가 되는 기제가 대부분 약리학적이지만, 마음챙김과 자기-자비의 증가 그리고 부정적인 영향에 압도되지 않고[150, 151] 그것을 인정하는 것은 MBCT에서 환자들이 더 많이 채택할 수 있는 기법이며 이는 우울증 재발을 예방할 수 있도록 하는 중요한 원동력이 되었

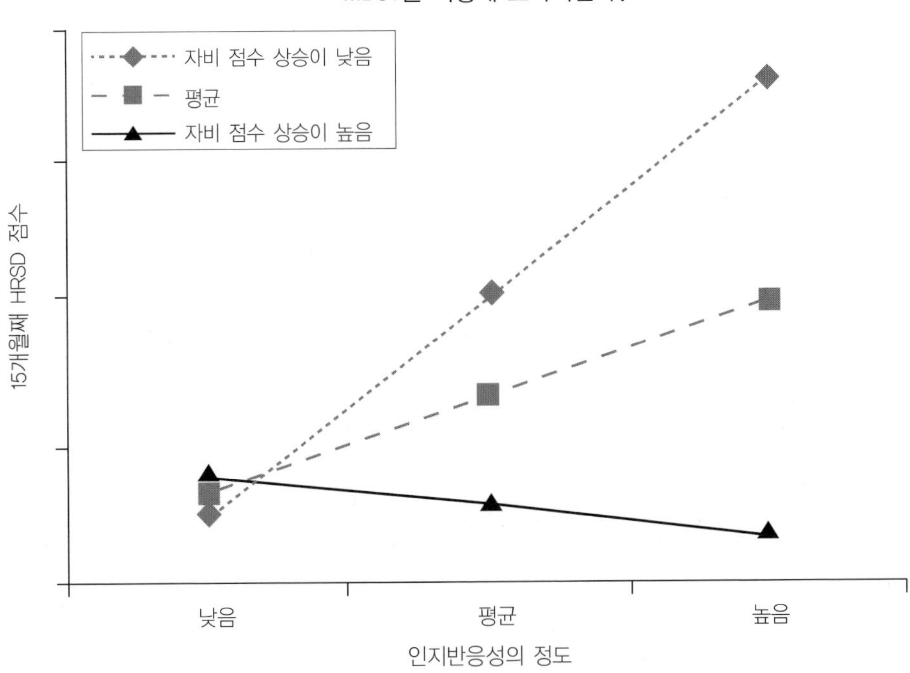

[그림 20-1] MBCT 동안 자비심의 변화는 우울증에 대한 인지적 반응의 영향을 감소시킨다.

주. HRSD, 우울증에 대한 해밀턴 평정 척도.

다. MBCT 프로그램 동안에 정서 및 인지 처리능력의 향상 말해 주는 질적인 설명과 함께 고려할 때, 참가자들이 심리적으로 자신에게 어떤 변화가 일어났는지 스스로 알아챈 것들과 이 연구 결과가 서로 일치하였다.

마음챙김 실습은 어떻게 뇌에 영향을 주는가

수십 년 전, 뇌 과학의 지배적인 견해는 우리의 주관적인 경험은 개별적인 기능에 특화된 뇌 영역 또는 네트워크에서의 활동의 산물이라는 것이었다. 이 관계는 일방향적인 것처럼 보였다.—편도체가 흥분되면 우리는 갑자기 공포에 사로잡힌다. 그 반대가 사실일 수 있는지, 정신 훈련이 뇌 회로들을 다시 연결시킬 수 있는지를 묻는 것은 종종 뇌의 작동을 근본적으로 오해하는 것으로 여겨졌다. 하지만 최근 들어, 지속적으로 하는 특정 형태의 정신 훈련이 뇌 활동을 변화시킬 수 있다는 개념, 즉 '신경가소성(neuroplasticity)'이 신경과학분야에서 확고한 위치를 차지하고 있다. 이제 연구자들은 이것이 일어나는지 여부가 아니라, 어떻게 일어나는지를 관심을 갖고 있다.

마음챙김 명상 실습과 관련된 신경변화를 조사한 첫 번째 연구들 중의 하나로 Davidson과 동료들[152]은 뇌파검사(EEG)를 사용하여 8주간의 MBSR과정 전후의 뇌파 패턴을 평가하였다. 이 연구의 배경은 오른쪽의 전두엽 뇌영역에 비해 왼쪽 뇌에서 더 큰 활동이 일어나는데, 이것은 긍정적 정서 스타일과 관련이 있다는 것이다. 긍정적 정서 스타일은 회피 혹은 부정적 감정에 비해 접근 혹은 긍정적 감정을 더 많이 보이는 정서적 반응성에 대한 개인적인 설정점(set point)이다. 반대 패턴은 부정적인 정서의 표지자이다. 감정 조절을 돕고 심지어 행복을 느낄 수 있는 역량을 증가시키는 마음챙김 명상은 정서적 스타일에 대한 생물학적 측정에 어떤 영향을 미치는가? 연구 참가자들은 임상적인 문제가 있지는 않았지만, 중간 규모의 생명공학 회사에서 근무하면서 웰니스 프로그램의 일환으로 참가하였다. 연구 결과에 따르면 8주 동안의 마음챙김 실습자들은 실습을 하지 않은 대조군 참가자들과 비교할 때 좌뇌의 비대칭 활성화 수준이 증가한 것으로 나타났는데, 이는 6개월 후에도 지속적인 긍정적인 감정의 변화를 암시하는 패턴을 보여 주었고, 중요한 것은 참가자들이 기분 도전 과정을 겪었을 때에도 그대로 유지되었다. 즉, MBSR을 마친 후에 참가자들은 슬픔을 경험한다고 해도 그 슬픔은 이전보다 훨씬 더 일시적으로 나타났다가 사라졌고 마음은 더 '열린' 상태를 유지할 수 있었다.

Barnhofer와 그의 동료[153]가 이 연구 결과를 반복검증한 연구에서는 이전에 자살충동 병력이 있는 22명의 우울증 환자들이 무작위로 MBCT 또는 일반적인 치료를 받았다. 모든 환자는 연구 시작 단계에서는 상태가 양호했지만 재발위험이 높았다. EEG 결과는 두 그룹 모두 사전치료 과정에서 상대적인 좌, 우측 전두엽 활성화 정도가 동일하였지만, 8주 이상의 기간 동안에는 일반적인 치료 집단은 이 지수에서 유의미한 감소를 보인 반면 MBCT 환자는 사전치료 수준을 유지하였다. 연구자들은 정서 장애를 가진 환자들의 경우, 일반 치료와 비교할 때 마음챙김 명상이 긍정적인 감정의 조절을 지시하는 두뇌 영역의 균형 잡힌 활성화를 기저선과 같은 수준으로 유지시킬 수 있다고 설명하였다.

이 두 연구 결과는 정신 훈련이 뇌를 변화시킬 수 있을 뿐만 아니라 감정조절과 밀접한 관련이 있는 과정으로까지 확장될 수 있다는 것을 보여 준다. 기분장애가 있는 환자라면 이러한 영역에서 새로운 신경학습의 가능성은 매우 중요하다고 볼 수 있다.

마음을 훈련시키고 두뇌를 바꾸라

뇌파활동을 측정하는 것은 어떤 신경 영역이 마음챙김 명상에 관여하는지에 대한 중요한 단서를 제공하지만, 이 접근방식은 분석수준이 너무 광범위하기 때문에 제한적이다. 뇌파기록은 뇌의 왼쪽, 오른쪽, 정면 또는 뒤쪽에 미치는 영향을 정확히 지적할 수 있지만 특정한 뇌 구조를 세부적으로 파악하는 것은 더 어렵다. 신경영상(neuroimaging)의 출현으로 마음챙김 명상과 관련된 신경변화에 대해 뇌 구조의 크기 증가를 측정하는 것이나 특정 작업을 수행하는 동안 두뇌영역이 어느 정도 활동적인지를 측정하는 것과 같은 다양한 방식으로 탐지할 수 있게 되었다. Sara Lazar와 그녀의 동료들은 자기공명영상(MRI)에서 얻을 수 있는 고화질의 뇌 영상을 활용하여 바로 이 문제를 조사하였다.

Lazar와 동료들[154]은 명상 실습을 할 때 사용되는 주의력 및 감각 처리 기능을 제어하는 뇌 영역, 특히 전전두엽 피질(prefrontal cortex)과 우측 앞뇌섬(anterior insula)은 명상을 하지 않는 사람보다 명상하는 사람에게서 훨씬 더 두꺼웠다고 보고했다. 이 놀라운 발견은 명상을 할 때 사용하는 뇌 영역의 크기 증가는 규칙적인 실습과 관련이 있음을 시사했다. 이것이 새로운 뇌 세포의 성장, 증가된 시냅스의 연결, 또는 수상돌기의 확장으로 인한 것이었는지는 아직 확실하지 않지만 원리는 확립되었다. 그들은 또한 이 영역에서 두께의 정도가 누군가가 실습을 했는지 안했는지 여부와 같은 단순한 이분법적인 특성뿐만이 아니라 더 많은 양의 명상 경험과 관련이 있다는 것을 발견했다. 이것은 훈련 효과에 대한 더 강력한 증거가 된다.

마음챙김 훈련의 신경효과를 보여 주는 또 다른 중요한 연구 결과는 Hölzel과 동료들[155]이 한 것에서 나타났다. 8주간의 MBSR 프로그램 전후에 명상 경험이 없었던 환자들을 조사하였다. 그리고 대기자 명단 대조집단과 비교하였다. 그녀는 이 비교적 짧은 기간 동안에도 왼쪽 해마, 후부 대상피질 및 측두-두정엽 접합부, 자기관련 처리, 정서적 학습 및 기억을 지시하는 뇌 영역들에서 피질이 두꺼워지는 것을 발견하였다. 이것은 MBCT와 MBSR에서 실시하는 여러 가지 종류의 마음챙김 명상을 통해 사람들이 뇌 구조를 변화시키는 기법을 배우고 있다는 사실을 보여 주는 가장 강력한 증거 중 하나이다.

마음챙김 명상을 통해 신경연결을 다시 할 수 있게 하거나 뇌 영역의 크기를 늘릴 수 있다는 전망은 흥미진진한 발전이었고, 이 책의 초판이 출판되었을 당시에는 분명하지 않은 분야였다. 앞으로 이러한 연구 결과가 어떻게 MBCT를 최적화할 수 있을지 도와줄 수 있을 것이고 MBCT 프로그램에 참석한 환자는 신경 재구성을 자극하고 재발위험을 효과적으로 줄이는 방식으로 부정적인 감정을 사용하는 방법을 배울 수 있을 것이다. 이 가능성에 접근하기 위해서 우리는 사람들이 슬픔을 느끼고 마음챙김을 연습할 때 뇌에서 무슨 일이 일어나는지 알아야 한다.

마음챙김과 슬픔의 신경학적 표현

MBCT에서는 마음챙김 훈련을 통해 환자가 슬픔에 대해 순간적으로 느끼는 주관적 경험과 슬프다는 것이 무엇을 의미하는지 개념적으로 분석하는 것을 구분할 수 있다는 것을 반복적으로 강조한다. 환자가 스스로 이것을 경험하도록 돕는 것이 MBCT의 핵심적 가르침 중 하나이기 때문에, 신경 용어로 특성화할 수 있다면, 더 활동적인 하나 혹은 다른 양식의 표지자로 기능하는 특정 뇌 영역을 밝힐 수 있다. 그러나 어떻게 스캐너안에서 이 두 가지 양식을 조사할 수 있을까?

Norman Farb와 그의 동료들[156]은 기능적 MRI(사람이 정신적 업무에 종사하는 동안 두뇌 활동을 측정하는 MRI)를 사용하여, 참가자들의 뇌가 스캔되고 있는 동안에 자기를 설명하는 형용사에 대해 여러 가지 질문을 하도록 훈련시켰다. Watkins와 Teasdale[157]이 이전 연구에서 한 설문은 이야기/분석적 방식('이것은 나에 관하여 무엇을 말하는가?' '좋은가 또는 나쁜가?') 또는 경험적/구체적 방식을 반영하였다('순간 순간 무엇이 일어나는가?' 또는 '나는 내 몸에서 무엇을 알아차리고 있는가?'). 일단 참가자들이 훈련을 받으면, 마음챙김 훈련이 이 두 가지 방식과 상호작용하는 방법을 검사할 수 있었고, 각각 이 독특한 신경신호(neural signature)를 가졌는지 여부를 확인할 수 있었다. 두 집단을 조사했는데, 첫 번째 그룹은 MBSR 프로그램에 등록하기 직전에, 두 번째 그룹은 프로그램을 완료한 후에 조사하였다.

연구 결과 마음챙김 훈련을 받은 참가자들의 경우 내측 전전두엽 피질(medial prefrontal cortex)에서 현저한 감소가 있었고(자기와 관련된 자료 분석에 연결되는-무엇에 대해 생각하는), 섬(insula, 직접적 · 순간적인 감각 경험), 이차 체성감각 피질, 하두정소엽(inferior parietal lobule)과 같은 외측 전전두엽 피질(lateral prefrontal cortex) 및 내장신체 영역을 구성하는 오른쪽 편측 네트워크의 활성화가 증가되었다. 이 뇌 영역들 간의 연결성의 강도에 대한 분석을 한 결과 마음챙김 훈련을 받지 않은 사람들에게서는 오른쪽 섬과 내측 전전두엽 피질 간의 강한 결합이 나타났다면 마음챙김 프로그램을 완료한 사람들에서는 '결합되지 않는' 특징을 보여 주었다. 명상을 배우기 전에는 이런 영역들이 서로 연결되어 있었다는 사실은 자기에 관한 생각을 하지 않고서는 순간적인 신체 경험에 집중하는 것이 매우 어렵다는 것을 암시한다. 그러나 마음챙김 훈련 후에, 이런 뇌 부위의 연결이 느슨해지면서 이제는 자신에 대한 '이야기'를 자동적으로 활성화시키지 않고도 신체 경험에 주의를 유지할 수 있게 되었다. 이 연구 자료는 매우 중요하다. 이런 연구 결과들은 습관적으로는 서로 결합되지만 마음챙김 훈련에 의해 분리될 수 있는 두 가지 형태의 자기 인식, 즉 서술적인 양식과 경험적인 양식 간의 근본적인 신경 분리 개념을 지지하는 최초의 자료들이다.

마음챙김 훈련은 서술적 처리와 경험적 처리 양식 간의 대비를 극명하게 보여 주고, 반응성의 감소를 가져오기 때문에 MBCT와 같은 예방 치료와 관련된 또 다른 질문은 슬픔을 느끼고 있을 때 환자들이 이런 차이를 배울 수 있느냐 여부이다.

Farb와 동료들[158]은 MBSR을 곧 시작하려고 하거나 최근에 완료한 환자들의 뇌가 스캔되고 있는 동안에 슬프고 중립적인 영화 장면을 보게 해서 이 문제를 직접 탐구하였다. 모든 참가자에게 슬픈 감정 유발은 언어 및 개념적 처리 중추뿐만 아니라 전두엽 피질 중앙의 뒷부분, 앞부분의 활성화와 관련이 있었다. 이들 뇌 영역은 재평가의 특징인 분석적 사고유형과 자기초점을 유도한다. 또한 감정과 관련된 신체감각에 대한 정보를 전달하는 영역인 체성감각 피질과 오른쪽 섬(insula)에서도 낮은 활성도가 발견되었다. 그러나 마음챙김 훈련 효과를 조사했을 때, 8주 프로그램을 마친 집단은 훈련을 받지 않은 사람들보다 슬픈 감정 유발에 따른 신경반응이 덜 민감하다는 것을 보여 주었다. 패턴이 바뀌었다. 즉, 자기 초점을 유도하는 전두엽 영역은 덜 활성화되었고 이제는 섬(insula)에서 훨씬 더 많은 활동이 나타났다.

앞에서 살펴본 것처럼, 슬픔을 경험하는 동안 몸에서 무슨 일이 일어나고 있는지 알아차리고, 감정이 일어날 때 감정에 대한 생각에 사로잡히지 않고 그저 지켜볼 수 있도록 하는 것이 MBSR과 MBCT 프로그램 동안에 실행되는 핵심 기법이다. 사람들이 일상생활에서 스트레스 요인이나 좌절 때문에 분석적인(반추적) 쪽으로 너무 강하게 기울어졌을 때, 마음챙김 훈련은 분석적(반추적) 그리고 신체에 기반한 감정 표현 둘 다를 지원하는 신경망 사이의 균형을 회복시키는 데 도움을 줄 수 있다.

요약하자면, 뇌 과학에서 배울 수 있는 것을 과대평가하고 싶지는 않지만, 지금까지 펼쳐져 있는 이야기에 놀라운 일관성이 있다는 것을 강조하고 싶다. MBCT에서 어떤 것이 효과적이었는지 참가자들이 말했던 것을 시작점으로 해서 우리는 질적인 인터뷰와 양적 방법을 통해 조사하면서, 주의 깊은 알아차림과 자비로운 행동의 주제가 똑같이 유효하다는 것을 발견하였다. 이론상 중요하다고 하는 바로 그 요소들에서 변화가 있었다. 이것을 기반으로 뇌 영상 자료는 이야기(narrative) 양식에서 경험 양식에 이르기까지 프로그램에서 가르치는 핵심적인 변화가 신경학적으로 구분이 가능하며, 슬픈 생각과 느낌이 있을 때에도 마음챙김 훈련이 이러한 변화를 가능하게 해 준다는 것을 밝혀 주었다. 미래의 연구자들이 당연히 MBCT의 다른 중요한 효과 기제를 발견하게 되겠지만, 현재까지 여러 연구에서 발견된 것들을 종합해 보면 MBCT 프로그램에 녹아 있고 구체화되어 있는 더 상위 개념의 가르침의 요점에 대해 놀라울 정도의 임상적 지지를 해 주고 있다.

21

프로그램에서 나와서 임상으로 들어가기: 마음챙김 기반 인지치료 지도자 및 환자들을 위한 지원

고통을 줄이고 편안한 마음을 증진시키기 위한 방법으로 마음챙김 훈련을 인지치료의 측면과 통합하는 것에 관심이 있다면 활용할 수 있는 다양한 자원이 있다. 이 책의 초판이 출판되었을 때에는 그렇지 않았지만, 최근에 마음챙김이 폭넓게 받아들여지면서 이 주제에 더욱 쉽게 접근할 수 있게 되었다. 여기에, 마음챙김 접근에 대해 추가적으로 탐색할 수 있는 몇 가지 제안들을 제시하고자 한다.

지도자로서 자신의 마음챙김 실습을 시작하기

MBCT의 핵심 메시지는 이 작업을 수행하기 위해 치료자 스스로 마음챙김을 연습해야 한다는 것이다. 그럼에도 불구하고 이 원칙은 심리치료계의 논쟁을 불러일으켰다. 이는 아마도 명상훈련이 심리치료자들을 위한 표준 교과과정에 포함되지 않았기 때문일 것이다.

개인적인 실습에 착수하기 전에, 마음챙김에 대해 더 많이 알고 싶고 시도해 보고 싶다면, 얻을 수 있는 훌륭한 정보 출처들이 여기에 있다. Jon Kabat-Zinn[66]

이 저술한 『당신이 어디에 가든, 거기에 당신이 있다(Wherever You Go, There You Are)』는 일상의 경험에 마음챙김 정신을 불어넣는 것에 대해 멋지게 전달하는 놀라운 책이다. 마음챙김 명상을 임상에 적용하는 것과 가장 직접적으로 관련이 있는 통찰 명상에 대해 보다 자세히 설명하고 있는 또 다른 훌륭한 책은 Joseph Goldstein과 Jack Kornfeld가 쓴 『지혜의 마음을 찾아서: 통찰 명상의 길(Seeking the Heart of Wisdom: The Path of Insight Mediation)』이다.

다른 한편으로, 아마도 당신은 바로 뛰어들어 실제로 마음챙김 훈련을 경험할 준비가 되었을 수 있다. 가장 좋은 방법은 숙련된 명상 지도자를 직접 만나서 배우는 것이다(그 사람을 어떻게 찾을지에 대한 자세한 내용은 나중에 살펴보자). 그러나 우선 www.guilford.com/MBCT _materials에서 다운로드할 수 있는 명상을 유도하는 지시문을 사용해서 '스스로 하기'를 해 볼 수 있다. 이것들은 정기적인 실습을 안내해 줄 뿐 아니라 프로그램에서 환자들이 사용할 수 있는 실습을 직접 뽑을 수도 있다(기타 자료는 http://oxfordmindfulnessorg/learn/resources 참조).

이상적으로는 숙련된 명상 선생님과 개인적인 만남을 통해 명상을 배울 수 있다. 많은 다양한 형태의 명상이 있다. 그러므로 잠정적으로 MBCT의 지도자로서 자기 자신을 준비한다는 관점에서, MBCT 프로그램 정신과 양립할 수 있는 전통을 가진 지도자를 선택하는 것이 중요하다. 사실 이렇게 하려면 서양화된 통찰 명상 전통과 관련된 센터에서 제공하는 교육들을 두루 탐색해 보는 것이 좋다. 이 센터들에 대한 정보는 다음에서 얻을 수 있다. North America: Insight Mediation Society in Barre, Massachusetts(www.dharma.org) 또는 Spirit Rock, in Woodacre, California(www.spiritrock.org), Europe, Gaia House, in Devon, England(www.gaiahouse.co.uk) 그리고 Australia, the Australian insight meditation network(www.dharma.org.au).

마음챙김 기반 인지치료 지도자들을 위한 훈련 지침

마음챙김을 임상적으로 적용하는 데 관심이 있는 치료자 또는 상담자들에게 현재 MBCT 훈련 기회를 특징적으로 말하자면, 역량은 아직 미비하지만 계속 성장하고 있다는 것이다. 옥스퍼드 대학교와 엑서터 대학교에서는 MBCT 석사 학위를 취득하는 대학원 과정을 개설하고 있다. 뱅고 대학교에서는 MBSR과 MBCT 두 개 과정에 초점을 맞춘 마음챙김 석사학위를 수여한다. 이러한 영국의 모든 프로그램은 전문가에게 2~3년에 걸쳐 파트타임으로 진행되며 실증적 자료를 기반으로 MBCT의 경험적이고 교훈적인 요소를 모두 다루고 있다.

특히 북미 지역에 거주하는 지도자의 경우, 보다 가능성이 있는 시나리오는 자신이 MBCT 임상 워크숍, 치료자를 위한 묵언 마음챙김 수행에 참여하여 훈련 중인 MBCT 지도자에게 슈퍼비전을 요청하거나 동료 슈퍼바이저 집단을 시작할 수 있

기분장애를 다루기 위해 MBCT를 가르치기 위한 최소한의 요건들이 있다.

1. 매일 공식, 비공식 명상 실습을 통해 개인적인 마음챙김 실습에 전념하기
2. 정서장애 치료에 대한 체계적이고 증거 기반 치료법을 포함한 임상실습 및 정신건강 훈련의 전문적 자격요건 갖추기(예: CBT, 대인관계 심리치료, 행동 활성화)
3. 집단 및 개인에 대한 교육, 치료 또는 기타 돌보는 경험을 포함하여 마음챙김에 기초한 접근법이 제공될 집단과 개인에 대한 지식과 경험
4. 최소 12개월 동안, 심층적이고, 엄격하며, 마음챙김에 기초한 교사 연수 프로그램 또는 슈퍼비전 과정을 수료('슈퍼비전 과정'으로는 핵심 실습과 교육과정을 가르치는 이론적·실용적인 측면에 대한 워크숍에 참석할 뿐만 아니라 세 개의 8주 과정에, 첫 번째는 참가자로, 두 번째는 훈련생으로, 세 번째는 공동 지도자로 참석할 수 있다.)
5. 자신의 직업에서 규정한 윤리적 행위의 틀을 지속적으로 고수하는 것
6. 경험이 많은 마음챙김 훈련 교사들과 함께하는 지속적인 동료 슈퍼비전 과정에 참여하기. 이 과정은 비디오 기록을 통하거나, 가르치는 회기에 감독자가 참여하거나, 또는 예정된 피드백 회기를 포함하는 공동의 가르침을 통해서 마음챙김에 기초한 숙련된 지도자들로부터 주기적인 피드백을 받는 것이 포함된다.

지속적인 전문성 계발을 위해 다음 사항을 권장한다.

1. 명상 교사가 이끄는 숙박형 마음챙김 명상 정진 프로그램에 참여하기
2. 경험을 공유하고 협력적으로 학습하기 위한 수단으로 만들어지고 유지되는 마음챙김 기초 동료 슈퍼비전을 지속하기
3. 마음챙김에 기초한 접근법을 위해 현재 증거 기반 최신 자료들과 보조를 맞출 수 있도록 마음챙김 기반 접근법을 진행하는 데 필요한 기술과 이해를 북돋아 줄 수 있는 추가 훈련에 참여하기

[그림 21-1] 마음챙김 기반 인지치료를 가르치기 위한 훈련 지침

다. 이것들은 모두 유용한 경험이지만, 당신이 그 과정에서 얼마나 성장할 수 있는지를 보려면 로드맵을 갖는 것이 유용할 수 있다. 그러므로 우리는 기분장애에 대한 MBCT를 가르치는 데 필요한 최소한의 요구조건이라고 여겨지는 것들을 열거하고자 한다([그림 21-1] 참조). 우리의 의도는 지도자가 MBCT 순응도와 역량을 높일 수 있도록 교육경험을 모듈화하여 지속적인 전문교육을 받도록 도와주는 것이다. 두 번째 동기는 마음챙김 명상 경험이 별로 없는 사람들이 책을 읽고 나서 바로 MBCT 수업을 진행할 수 있는 능력이 있다고 느낄 수 있는 상황을 피하기 위해서이다([그림 21-1] 참조).

환자들을 지원하기

우리는 환자들이 8주 동안 프로그램을 진행하면서 사용할 수 있는 『MBCT 워크북(The Mindful Way Workbook)』[160]을 개발했다(치료자의 유무에 관계없이 프로그램 외부에서도 사용할 수 있지만). 각 회기의 내용을 설명하는 것과 함께 여러 가지 연습에 대한 이론적 근거와 실습을 위한 유용한 힌트가 환자들에게 제공된다. 여기에는 8주 동안 프로그램에서 다루는 유인물, 가정실습 과제 기록지, 시, CD 그리고 그밖에 다른 콘텐츠 등을 단일한 출처로 사용하도록 고안된 필수 자료들이 들어 있다.

걱정, 불행감과 같이 비교적 가볍지만 도처에 만연해 있는 정신 상태를 다루기 위해 마음챙김 실습이 어떻게 확장될 수 있는지 관심있는 사람이라면 『우울증 극복을 위한 마음챙김의 길(The Mindful Way through Depression)』[76]은 매우 도움이 될 수 있다. Jon Kabat- Zinn이 이야기한 7가지 안내 명상을 제공하며 일반적으로 MBCT 수업에서 제공되는 것보다 광범위한 사례를 제공한다. MBCT 원칙과 실습에 대한 지속적인 의지를 강화하기 위해, 많은 센터가 마지막 집단 회기에서 이 책을 환자들에게 제공한다. Mark Williams와 Danny Penman이 저술한 『마음챙김: 광란의 세계에서 평화를 찾기 위한 실질적인 안내서(Mindfulness: A Practical Guide to Finding Peace in a Frantic World)』는 더 짧은 명상 실습을 맛보고 싶은 사람들이 MBCT 전체 프로그램을 통해 더 깊이 탐구하고 싶은지 여부를 확인하기 위한 또 다른 선택이다. 여기에는 Mark Williams의 해설이 포함되어 있다(www.franticworld.

com 및 www.oxfordmindfulness.org 참조).

『우울증 극복을 위한 마음챙김의 길(The Mindful Way through Depression)』[76]과 유사한 형식을 사용한 『불안 극복을 위한 마음챙김의 길(The Mindful Way through Anxiety)』[162]은 두려움과 불안에 시달리는 사람들에게 어떻게 전통적인 노출기법과 주의력훈련을 통합해서 이들을 더 완벽하게 생활할 수 있도록 도와줄 수 있을지 배우고 싶어 하는 사람들을 위해 만들어졌다. 뿐만 아니라, 『자기-자비를 향한 마음챙김의 길(The Mindful Path to Self-Compassion)』[163]은 마음챙김을 계발하고 어려움에 대한 자비로운 반응을 통해 자기 비난, 판단 및 완벽주의를 다루는 데 유용한 지침을 제공한다.

에필로그

이제 이 판의 마지막 단계에 이르렀다. 우리의 목표는 우리가 한 이전의 연구들과 다른 임상연구들이 어떻게 해서 우울증이 전 세계적인 문제로 대두되었고 새로운 접근이 필요하다는 사실을 깨닫게 했는지 이야기를 하는 것이다. 우리는 Jon Kabat Zinn이 매사추세츠 대학교에서 개발한 마음챙김 접근방식에 대해 어떻게 생각하고 있는지 설명하였고 MBCT 개발을 안내하기 위해 심리학으로 돌아가야 했다. 그래서 여기에서 우리는 마음챙김을 구현할 수 있는 임상교육과 함께 연구에서 나온 새로운 이해를 섞어서 짠 태피스트리(tapestry)를 제공했다.

우리가 했던 경험의 결과로 쓰여진 이 책이 당신의 여정을 위한 지침과 격려가 되고 지도를 제공할 수 있기를 바란다. MBCT를 가르치고 싶다면 또는 어떤 맥락에서든지 주의 깊게 가르치고 싶다면, 당신은 몇 번이고 다음 두 가지 필수적인 기초를 반복해서 가르칠 필요가 있다는 것을 알게 될 것이다. 그 두 가지는 매일의 명상 실습으로부터 배우기와 심리학적 접근의 경험에 기반을 둔 배우기이다.

앞으로 이 자료를 활용하여 MBCT를 이해하고 실습하며 개인적인 참여를 통해 도움을 구하는 사람들을 안내할 수 있기를 바란다. 그래서 당신은 그들이 친절하고 자비로운 행동을 할 수 게 하기 위해 어떻게 그들 자신의 강력한 내적 자원을 이끌어 낼 수 있는지 보여 줄 수 있을 것이다. 시간이 지나면 당신의 가르침을 통해 수업에 참여한 사람들은 이 프로그램의 막강한 힘을 알게 될 것이다. 그들이 반추적 생각 고리에서 빠져나오거나 경고 신호에 응답할 수 있게 하는 것 외에도, 이 실습이 삶의 질과 경험을 순간순간 확장시키고, 과거의 두려움이나 우울함에 기초한 것이 아니라, 그들이 지금까지 상상해 왔던 것보다 더 큰 용기와 자비심과 기쁨으로 일상생활의 '완전한 재앙'을 받아들임으로써 완전히 새로운 삶의 방식을 찾도록 도울 수 있다는 것을 깊이 이해하게 될 것이다.

이 두 번째 판을 끝내면서, 우리는 수업과 연구 조사를 이끌면서 이 특별한 여행에서 만났던 많은 참가자에게 경의를 표한다. 알고 있든 모르든 간에, 그들은 우리의 스승이자 안내자들이었으며, 그들의 경험이 이 분야의 발전에 도움이 되었다. 그들의 용기를 통해 우리가 우울증을 이해하는 방식과 우울증으로 고통받는 사람들에게 도움을 줄 수 있는 방식은 결코 이전과 같지는 않을 것이다.

참고문헌

1. Lepine JP, Gastpar M, Mendlewicz J, Tylee A. Depression in the community: The first pan-European study DEPRES. *International Clinical Psychopharmacology* 1997; 12: 19–29.

2. Parikh SV, Wasylenki D, Goering P, Wong J. Mood disorders: Rural/urban differences in prevalence, health care utilization and disability in Ontario. *Journal of Affective Disorders* 1996; 38: 57–65.

3. Weissman MM, Bruce LM, Leaf PJ. Affective disorders. In Robins LN, Regier DA, eds. *Psychiatric disorders in America: The Epidemiologic Catchment Area study.* New York: Free Press, 1990: 53–80.

4. Kessler RC, Berglund P, Demler O, Jin R, Koretz D, Merikangas KR, Rush AJ, Walters EE, Wang PS. The epidemiology of major depressive disorder: Results from the National Comorbidity Survey Replication (NCS-R). *Journal of the American Medical Association* 2003; 289: 3095–3105.

5. Hasin DS, Goodwin RD, Stinson FS, Grant BF. Epidemiology of major depressive disorder: Results from the National Epidemiologic Survey on Alcoholism and Related Conditions. *Archives of General Psychiatry* 2005; 62: 1097–1106.

6. Keller MB, Lavori PW, Mueller TI, Coryell W, Hirschfeld RMA, Shea MT. Time to recovery, chronicity and levels of psychopathology in major depression. *Archives of General Psychiatry* 1992; 49: 809–816.

7. Sargeant JK, Bruce ML, Florio LP, Weissman MM. Factors associated with 1-year outcome for major depression in the community. *Archives of General Psychiatry* 1990; 47: 519–526.

8. Boyd JH, Burke JD, Gruneberg E, Holzer CE III, Rae DS, George LK, Karno M, Stoltzman R, McEvoy L, Nestadt G. Exclusion criteria of DSM-

III: A study of co-occurrence of hierarchy-free syndromes. *Archives of General Psychiatry* 1984; 41: 983-959.

9. National Institute for Health and Clinical Excellence. *Depression: The treatment and management of depression in adults.* NICE guidance, Clinical Guidelines CG90, 2009.

10. Wells KB, Sturm R, Sherbourne CD, Meredith LS. *Caring for depression.* Boston: Harvard University Press, 1996.

11. Broadhead WE, Blazer DG, George LK, Tse CK. Depression, disability days and days lost from work in a prospective epidemiological survey. *Journal of the American Medical Association* 1990; 264: 2524-2528.

12. Adler DA, McLaughlin TJ, Rogers WH, Chang H, Lapitsky L, Lerner D. Job performance deficits due to depression. *American Journal of Psychiatry* 2006; 163: 1569-1576.

13. Murray CL, Lopez AD. *The global burden of disease: A comprehensive assessment of mortality and disability from disease, injuries and risk factors in 1990 and projected to 2020.* Boston: Harvard University Press, 1998.

14. Nathan KI, Musselman DL, Schatzberg AF, Nemeroff CB. Biology of mood disorders. In Nemeroff CB, ed. *The American Psychiatric Press textbook of psychopharmacology.* Washington, DC: American Psychiatric Press, 1995: 439-478.

15. Healy D. *The antidepressant era.* Cambridge, MA: Harvard University Press, 1997.

16. Fournier JC, DeRubeis RJ, Hollon SD, Dimidjian S, Amsterdam JD, Shelton RC, Fawcett J. Antidepressant drug effects and depression severity: A patient-level meta-analysis. *Journal of the American Medical Association* 2010; 303: 47-53.

17. Fava GA, Offidani E. *The mechanisms of tolerance in antidepressant action. Progress in Neuro-Psychopharmacology and Biological Psychiatry* 2011; 35: 1593-1602.

18. Lewinsohn PM, Antonuccio DO, Steinmetz JL, Teri L. *The Coping with Depression course: A psychoeducational intervention for unipolar depression.* Eugene, OR: Castalia Press, 1984.

19. Becker RE, Heimberg RG, Bellack AS. *Social skills training treatment for depression.* Elmsford, NY: Pergamon Press, 1987.

20. Beck AT, Rush AJ, Shaw BF, Emery G. *Cognitive therapy of depression.*

New York: Guilford Press, 1979.

21. Klerman GL, Weissman MM, Rounsaville BJ, Chevron E. *Interpersonal psychotherapy of depression*. New York: Basic Books, 1984.

22. Hollon SD, Stewart M, Strunk, D. Enduring effects for cognitive behavior therapy in the treatment of depression and anxiety. *Annual Review of Psychology* 2006; 57: 285-315.

23. Keller MB, Lavori PW, Lewis CE, Klerman GL. Predictors of relapse in major depressive disorder. *Journal of the American Medical Association* 1983; 250: 3299-3304.

24. Kessler RC, Demler O, Frank RG, Olfson M, Pincus HA, Walters EE, Wang P, Wells KB, Zaslavsky AM. Prevalence and treatment of mental disorders, 1990 to 2003. *New England Journal of Medicine* 2005; 352: 2515-2523.

25. Judd LL. The clinical course of unipolar major depressive disorders. *Archives of General Psychiatry* 1997; 54: 989-991.

26. Kupfer DJ. Long-term treatment of depression. *Journal of Clinical Psychiatry* 1991;52 Suppl: 28-34.

27. Coryell W, Endicott J, Keller MB. Outcome of patients with chronic affective disorder: A five year follow up. *American Journal of Psychiatry* 1990; 147: 1627-1633.

28. American Psychiatric Association. *Diagnostic and statistical manual of mental disorders* (4th ed., text rev.). Washington, DC: American Psychiatric Publishing, 2000.

29. Glen AI, Johnson AL, Shepherd M. Continuation therapy with lithium and amitriptyline in unipolar depressive illness: A randomized, double blind, controlled trial. *Psychological Medicine* 1984; 14: 37-50.

30. Frank E, Prien RF, Jarrett RB, Keller MB, Kupfer DJ, Lavori PW, Rush AJ, Weissman MM. Conceptualization and rationale for consensus definitions of terms in major depressive disorder. *Archives of General Psychiatry* 1991; 48: 851-855.

31. Gelenberg A, Freeman M, Markowitz J, Rosenbaum J, Thase M, Trivedi M, Van Rhoads R. *Practice guideline for the assessment and treatment of major depressive disorder* (3rd ed.). Washington, DC: American Psychiatric Publishing, 2006.

32. Hollon SD, DeRubeis RJ, Shelton RC, Amsterdam JD, Salomon RM, O'Reardon JP, Lovett ML, Young PR, Haman KL, Freeman BB, Gallop

R. Prevention of relapse following cognitive therapy vs medications in moderate to severe depression. *Archives of General Psychiatry* 2005; 62: 417-422.

33. Rush AJ, Trivedi MH, Wisniewski SR, Nierenberg AA, Stewart JW, Warden D, Niederehe G, Thase ME, Lavori PW, Lebowitz BD, McGrath PJ, Rosenbaum JF, Sackeim HA, Kupfer DJ, Luther J, Fava M. Acute and longer-term outcomes in depressed outpatients requiring one or several treatment steps: A STAR*D report. *American Journal of Psychiatry* 2006; 163: 1905-1917.

34. Post RM. Transduction of psychosocial stress into the neurobiology of recurrent affective disorder. *American Journal of Psychiatry* 1992; 149: 999-1010.

35. Lin EH, Von Korff M, Katon W, Bush T, Simon GE, Walker E, Robinson P. The role of the primary care physician in patients' adherence to antidepressant therapy. *Medical Care* 1995; 33: 67-74.

36. Lewis E, Marcus SC, Olfson M, Druss BG, Pincus HA. Patients' early discontinuation of antidepressant prescriptions. *Psychiatric Services* 2004; 55: 494.

37. Reuters/Health. Few patients satisfied with antidepressants, 1999. Available at www.reuters.com.

38. Frank E, Kupfer DJ, Perel JM, Cornes C, Jarrett DB, Mallinger AG, Thas ME, McEachran AB, Grochocinski VJ. Three year outcomes for maintenance therapies in recurrent depression. *Archives of General Psychiatry* 1990; 47: 1093-1099.

39. Blackburn IM, Eunson KM, Bishop S. A two-year naturalistic follow-up of depressed patients treated with cognitive therapy, pharmacotherapy, and a combination of both. *Journal of Affective Disorders* 1986; 10: 67-75.

40. Evans MD, Hollon SD, DeRubeis J, Piasecki JM, Grove WM, Tuason VB. Differential relapse following cognitive therapy and pharmacotherapy for depression. *Archives of General Psychiatry* 1992; 49: 802-808.

41. Shea MT, Elkin I, Imber S, Sotsky SM, Watkins JT, Collins JF, Pilkonis PA, Beckham E, Glass DR, Dolan RT, et al. Course of depressive symptoms over follow up: Findings from the NIMH Treatment of Depression Collaborative Research Program. *Archives of General Psychiatry* 1992; 49: 782-787.

42. Simons A, Murphy G, Levine J, Wetzel R. Cognitive therapy and pharmacotherapy for depression: Sustained improvement over one year.

Archives of General Psychiatry 1986; 43: 43-50.

43. Vittengl JR, Clark LA, Dunn TW, Jarrett RB. Reducing relapse and recurrence in unipolar depression: A comparative meta-analysis of cognitive-behavioral therapy's effects. *Journal of Consulting and Clinical Psychology* 2007; 75: 475-488.

44. Beck AT. *Cognitive therapy and the emotional disorders.* New York: International Universities Press, 1976.

45. Kovacs MB, Beck AT. Maladaptive cognitive structures in depression. *American Journal of Psychiatry* 1978; 135: 525-533.

46. Weissman M, Beck AT. *Development and validation of the Dysfunctional Attitude Scale.* Paper presented at the meeting of the Association for Advancement of Behavior Therapy, Chicago, 1978.

47. Ingram RE, Atchley RA, Segal ZV. *Vulnerability to depression: From cognitive neuroscience to prevention and treatment.* New York: Guilford Press, 2011.

48. Teasdale JD. Negative thinking in depression: Cause, effect or reciprocal relationship? *Advances in Behaviour Research and Therapy* 1983; 5: 3-25.

49. Teasdale JD. Cognitive vulnerability to persistent depression. *Cognition and Emotion* 1988; 2: 247-274.

50. Segal ZV, Ingram RE. Mood priming and construct activation in tests of cognitive vulnerability to unipolar depression. *Clinical Psychology Review* 1994; 14: 663-695.

51. Miranda J, Persons JB. Dysfunctional attitudes are mood state dependent. *Journal of Abnormal Psychology* 1988; 97: 76-79.

52. Miranda J, Persons JB, Byers C. Endorsement of dysfunctional beliefs depends on current mood state. *Journal of Abnormal Psychology* 1990; 99: 237-241.

53. Segal ZV, Gemar MC, Williams S. Differential cognitive response to a mood challenge following successful cognitive therapy or pharmacotherapy for unipolar depression. *Journal of Abnormal Psychology* 1999; 108: 3-10.

54. Segal ZV, Kennedy S, Gemar M, Hood K, Pedersen R, Buis T. Cognitive reactivity to sad mood provocation and the prediction of depressive relapse. *Archives of General Psychiatry* 2006; 63: 749-755.

55. Kendler KS, Thornton LM, Gardner CO. Stressful life events and previous

episodes in the etiology of major depression in women: An evaluation of the "kindling" hypothesis. *American Journal of Psychiatry* 2000; 157: 1243-1251.

56. Segal ZV, Williams JMG, Teasdale JD, Gemar MC. A cognitive science perspective on kindling and episode sensitization in recurrent affective disorder. *Psychological Medicine* 1996; 26: 371-380.

57. Nolen-Hoeksema S, Morrow J. A prospective study of depression and posttraumatic stress symptoms after a natural disaster: The 1989 Loma Prieta earthquake. *Journal of Personality and Social Psychology* 1991; 61: 115-121.

58. Treynor W, Gonzalez R, Nolen-Hoeksema, S. Rumination reconsidered: A psychometric analysis. *Cognitive Therapy and Research* 2003; 27: 247-259.

59. Lyubomirsky S, Nolen-Hoeksema S. Effects of self-focused rumination on negative thinking and interpersonal problem solving. *Journal of Personality and Social Psychology* 1995; 69: 176-190.

60. Teasdale JD, Segal ZV, Williams JMG. How does cognitive therapy prevent relapse and why should attentional control (mindfulness) training help? *Behaviour Research and Therapy* 1995; 33: 225-239.

61. Barber JP, DeRubeis, R. On second thought: Where the action is in cognitive therapy. *Cognitive Therapy and Research* 1989; 13: 441-457.

62. Simons AD, Garfield S, Murphy G. The process of change in cognitive therapy and pharmacotherapy for depression. *Archives of General Psychiatry* 1984; 49: 45-51.

63. Ingram RE, Hollon SD. Cognitive therapy for depression from an information processing perspective. In Ingram RE, ed. *Information processing approaches to clinical psychology*. Orlando, FL: Academic Press, 1986: 261-284.

64. Teasdale JD. The impact of experimental research on clinical practice. In Emmelkamp PMG, Everaerd WTAM, Kraaimmaat F, van Son MJM, eds. *Advances in theory and practice in behaviour therapy*. Amsterdam: Swets & Zeitlinger, 1988: 1-18.

65. Linehan MM, Armstrong HE, Suarez A, Allmon D, Heard H. Cognitive-behavioral treatment of chronically parasuicidal borderline patients. *Archives of General Psychiatry* 1991; 48: 1060-1064.

66. Kabat-Zinn J. *Wherever you go, there you are: Mindfulness meditation in everyday life*. New York: Hyperion, 1994.

67. Kabat-Zinn J. *Full castastrophe living: Using the wisdom of your body and mind to face stress, pain, and illness.* New York: Dell, 1990.

68. Kabat-Zinn J, Lipworth L, Burney R, Sellers W. Four-year follow-up of a meditation-based program for self-regulation of chronic pain: Treatment outcomes and compliance. *Clinical Journal of Pain* 1986; 2: 159-173.

69. Kabat-Zinn J, Massion AO, Kristeller J, Peterson LG, Fletcher KE, Pbert L, Lenderking WR, Santorelli SF. Effectiveness of a meditation-based stress reduction program in the treatment of anxiety disorders. *American Journal of Psychiatry* 1992; 149: 936-943.

70. Miller J, Fletcher K, Kabat-Zinn J. Three year follow-up and clinical implications of a mindfulness-based stress reduction intervention in the treatment of anxiety disorders. *General Hospital Psychiatry* 1995; 17: 192-200.

71. McLean P, Hakstian A. Clinical depression: Relative efficacy of outpatient treatments. *Journal of Consulting and Clinical Psychology* 1979; 47: 818-836.

72. Öst L-G. Efficacy of the third wave of behavioral therapies: A systematic review and meta-analysis. *Behaviour Research and Therapy* 2008; 46: 296-321.

73. Watzlawick P, Fisch R, Weakland J. *Change: Principles of problem formation and problem resolution.* New York: Norton, 1974.

74. Linehan MM. *Cognitive-behavioral treatment of borderline personality disorder.* New York: Guilford Press, 1993.

75. Wegner D. Ironic processes of mental control. *Psychological Review* 1994; 101: 34-52.

76. Williams JMG, Teasdale JD, Segal ZV, Kabat-Zinn J. *The mindful way through depression: Freeing yourself from chronic unhappiness.* New York: Guilford Press, 2007.

77. Miller WR, Rose GS. Toward a theory of motivational interviewing. *American Psychologist* 2009; 64: 527-537.

78. Crane C, Williams JMG. *Factors associated with attrition from mindfulness based cognitive therapy for suicidal depression. Mindfulness* 2010; 1: 10-20.

79. Feldman C. *The Buddhist path to simplicity.* London: Thorsons, 2001.

80. Salzberg S. Mindfulness and loving kindness. *Contemporary Buddhism* 2011; 12: 177-182.

81. Feldman C, Kuyken W. Compassion in the landscape of suffering. *Contemporary Buddhism* 2011; 12: 143-155.

82. Kabat-Zinn J. *Coming to our senses*. New York: Hyperion, 2006.

83. Barnhofer T, Chittka T, Nightingale H, Visser C, Crane C. State effects of two forms of meditation on prefrontal EEG asymmetry in previously depressed individuals. *Mindfulness* 2010; 1: 21-27.

84. Germer CK. *The mindful path to self compassion: Freeing yourself from destructive thoughts and emotions*. New York: Guilford Press, 2009.

85. Friedman RS, Förster J. Implicit affective cues and attentional tuning: An integrative review. *Psychological Bulletin* 2010; 136: 875-893.

86. Hayes SC, Wilson KG, Gifford EV, Follette VM, Strosahl K. Experimental avoidance and behavioral disorders: A functional dimensional approach to diagnosis and treatment. *Journal of Consulting and Clinical Psychology* 1996; 64: 1152-1168.

87. Oliver M. *Dream work*. Boston: Grove/Atlantic, 1986.

88. Hollon SD, Kendall P. Cognitive self-statements in depression: Development of an Automatic Thoughts Questionnaire. *Cognitive Therapy and Research* 1980; 4: 383-395.

89. Goldstein J. *Insight meditation: The practice of freedom*. Boston: Shambhala, 1994.

90. Crane R. *Mindfulness-based cognitive therapy*. London: Routledge, 2009.

91. Kolb DA. *Experiential learning: Experience as a source of learning and development*. Englewood Cliffs, NJ: Prentice Hall, 1984.

92. Padesky C. *Socratic questioning: Changing minds or guiding discovery?* London: European Congress of Behavioural and Cognitive Therapies, 1993.

93. Santorelli S. *Heal thyself: Lessons on mindfulness in medicine*. New York: Bell Tower, 1999.

94. Barks C, Moyne J. *The essential Rumi*. San Francisco: Harper, 1997.

95. Rosenberg L. *Breath by breath*. Boston: Shambhala, 1998.

96. Fennell M. Depression. In Hawton K, Salkovskis P, Kirk J, Clark D, eds. *Cognitive behaviour therapy for psychiatric problems*. Oxford, UK: Oxford University Press, 1989: 169-234.

97. Mathew KL, Whitney HS, Kenny MA, Denson LA. The long-term effects of mindfulness-based cognitive therapy as a relapse prevention treatment for major depressive disorder. *Behavioural and Cognitive Psychotherapy* 2010; 38: 561-576.

98. Dobson KS, Hollon SD, Dimidjian S, Schmaling KB, Kohlenberg RJ, Gallop RJ, Rizvi SL, Gollan JK, Dunner DL, Jacobson NS. Randomized trial of behavioral activation, cognitive therapy, and antidepressant medication in the prevention of relapse and recurrence in major depression. *Journal of Consulting and Clinical Psychology* 2008; 76(3): 468-477.

99. Bennett-Levy J, Butler G, Fennell M, Hackmann A, Meuller M, Westbrook, D. *Oxford guide to behavioural experiments in cognitive therapy.* Oxford, UK: Oxford University Press, 2004.

100. Oliver M. *House of light.* Boston: Beacon Press, 1990.

101. Carmody J, Baer RA. Relationships between mindfulness practice and levels of mindfulness, medical and psychological symptoms and well-being in a mindfulness-based stress reduction program. *Journal of Behavioral Medicine* 2008; 31: 23-33.

102. Mausbach BT, Moore R, Roesch S, Cardenas V, Patterson TL. The relationship between homework compliance and therapy outcomes: An updated meta-analysis. *Cognitive Therapy and Research* 2010; 34: 429-438.

103. Teasdale JD, Segal ZV, Williams JMG, Ridgeway V, Soulsby J, Lau M. Prevention of relapse/recurrence in major depression by mindfulness-based cognitive therapy. *Journal of Consulting and Clinical Psychology* 2000; 68: 615-623.

104. Ma SH, Teasdale JD. Mindfulness-based cognitive therapy for depression: Replication and exploration of differential relapse prevention effects. *Journal of Consulting and Clinical Psychology* 2004; 72: 31-40.

105. Kendler KS, Thornton LM, Gardner CO. Stressful life events and previous episodes in the etiology of major depression in women: An evaluation of the "kindling" hypothesis. *American Journal of Psychiatry* 2000; 157: 1243-1251.

106. Bondolfi G, Jermann F, der Linden MV, Gex-Fabry M, Bizzini L, Rouget BW, Myers-Arrazola L, Gonzalez C, Segal Z, Aubry JM, Bertschy G. Depression relapse prophylaxis with mindfulness-based cognitive therapy: Replication and extension in the Swiss health care system. *Journal of Affective Disorders* 2010; 122: 224-231.

107. Godfrin KA, van Heeringen C. The effects of mindfulness-based cognitive therapy on recurrence of depressive episodes, mental health and quality of life: A randomized controlled study. *Behaviour Research and Therapy* 2010; 48: 738-746.

108. Kuyken W, Byford S, Taylor RS, Watkins E, Holden E, White K, Barrett B, Byng R, Evans A, Mullan E, Teasdale JD. Mindfulness-based cognitive therapy to prevent relapse in recurrent depression. *Journal of Consulting and Clinical Psychology* 2008; 76: 966-978.

109. Segal ZV, Bieling P, Young T, MacQueen G, Cooke R, Martin L, Bloch R, mindfulness-based cognitive therapy, or placebo, for relapse prophylaxis in recurrent depression. *Archives of General Psychiatry* 2010; 67: 1256-1264.

110. Jarrett RB, Kraft D, Doyle J, Foster BM, Eaves GG, Silver PC. Preventing recurrent depression using cognitive therapy with and without a continuation phase. *Archives of General Psychiatry* 2001; 58: 381-388.

111. Piet J, Hougaard E. The effect of mindfulness-based cognitive therapy for prevention of relapse in recurrent major depressive disorder: A systematic review and meta-analysis. *Clinical Psychology Review* 2011; 31: 1032-1040.

112. Hofmann SG, Sawyer AT, Witt AA, Oh D. The effect of mindfulness-based therapy on anxiety and depression: A meta-analytic review. *Journal of Consulting and Clinical Psychology* 2010; 78: 169-183.

113. Semple R, Lee J. *Mindfulness-based cognitive therapy for anxious children*. Oakland, CA: New Harbinger, 2011.

114. Bogels S, Hoogstad B, van Dun L, de Schutter S, Restifo K. Mindfulness training for adolescents with externalizing disorders and their parents. *Behavioural and Cognitive Psychotherapy* 2008, 36: 193-209.

115. Bowen S, Chawla N, Marlatt GA. *Mindfulness-based relapse prevention for addictive behaviors: A clinician's guide*. New York: Guilford Press, 2011.

116. Dimidjian S, Goodman SH. Nonpharmacological interventions and prevention strategies for depression during pregnancy and the postpartum. *Clinical Obstetrics and Gynecology* 2009; 52: 498-515.

117. McManus F, Muse K, Surawy, C, Williams JMG. A randomized clinical trial of mindfulness-based cognitive therapy vs. unrestricted services for health anxiety. *Journal of Consulting and Clinical Psychology* in press.

118. Rimes K, Wingrove J. Mindfulness-based cognitive therapy for people

with chronic fatigue syndrome still experiencing excessive fatigue after cognitive behaviour therapy: A pilot randomized study. *Clinical Psychology and Psychotherapy* in press.

119. Philippot P, Nef F, Clauw L, Romrée M, Segal Z. A randomized controlled trial of mindfulness-based cognitive therapy for treating tinnitus. *Clinical Psychology and Psychotherapy* in press.

120. Chadwick P, Hughes S, Russell D, Russell I, Dagnan D. Mindfulness groups for distressing voices and paranoia: A replication and randomized feasibility trial. *Behavioural and Cognitive Psychotherapy* 2009; 37: 403-412.

121. Britton WB, Haynes PL, Fridel KW, Bootzin RR. Polysomnographic and subjective profiles of sleep continuity before and after mindfulness-based cognitive therapy in partially remitted depression. *Psychosomatic Medicine* 2010; 72: 539-548.

122. Piet J, Hougaard E, Hecksher MS, Rosenberg NK. A randomized pilot study of mindfulness-based cognitive therapy and group cognitive-behavioral therapy for young adults with social phobia. *Scandinavian Journal of Psychology* 2010; 51: 403-410.

123. Craigie MA, Rees CS, Marsh A, Nathan P. Mindfulness-based cognitive therapy for generalized anxiety disorder: A preliminary evaluation. *Behavioural and Cognitive Psychotherapy* 2008; 36: 553-568.

124. Kim B, Lee S-H, Kim YW, Choi TK, Yook K, Suh SY, Cho SJ, Yook K-H. Effectiveness of a mindfulness-based cognitive therapy program as an adjunct to pharmacotherapy in patients with panic disorder. *Journal of Anxiety Disorders* 2010; 24: 590-595.

125. Shawyer F, Meadows GN, Judd F, Martin PR, Segal Z, Piterman L. The DARE study of relapse prevention in depression: Design for a phase 1/2 translational randomised controlled trial involving mindfulness-based cognitive therapy and supported self monitoring. *BMC Psychiatry* 2012; 12: 3.

126. Foley E, Baillie A, Huxter M, Price M, Sinclair E. Mindfulness-based cognitive therapy for individuals whose lives have been affected by cancer: A randomized controlled trial. *Journal of Consulting and Clinical Psychology* 2010; 78: 72-79.

127. Bartley T. *Mindfulness-based cognitive therapy for cancer.* Hoboken, NJ: Wiley-Blackwell, 2011.

128. Schroevers MJ, Brandsma R. Is learning mindfulness associated with

improved affect after mindfulness-based cognitive therapy? *British Journal of Psychology* 2010; 101: 95-107.

129. Geschwind N, Peeters F, Drukker M, van Os J, Wichers M. Mindfulness training increases momentary positive emotions and reward experience in adults vulnerable to depression: A randomized controlled trial. *Journal of Consulting and Clinical Psychology* 2011; 79: 618-628.

130. Crane C, Winder R, Hargus E, Amarasinghe M, Barnhofer T. Effects of mindfulness-based cognitive therapy on specificity of life goals. *Cognitive Therapy and Research* 2012; 36: 182-189.

131. Arch J, Craske, M. Mechanisms of mindfulness: Emotion regulation following a focused breathing induction. *Behaviour Research and Therapy* 2006; 44: 1849-1858.

132. Kenny M, Williams M. Treatment-resistant depressed patients show a good response to mindfulness-based cognitive therapy. *Behaviour Research and Therapy* 2007; 45: 617-625.

133. Eisendrath SJ, Delucchi K, Bitner R, Fenimore P, Smit M, McLane M. Mindfulness-based cognitive therapy for treatment-resistant depression: A pilot study. *Psychotherapy and Psychosomatics* 2008; 77: 319-320.

134. Barnhofer T, Crane C, Hargus E, Amarasinghe M, Winder, R Williams JMG. Mindfulness-based cognitive therapy as a treatment for chronic depression: A preliminary study. *Behaviour Research and Therapy* 2009; 47: 366-373.

135. van Aalderen J, Donders A, Giommi F, Spinhoven P, Barendregt H, Speckens A. The efficacy of mindfulness-based cognitive therapy in recurrent depressed patients with and without a current depressive episode: A randomized controlled trial. *Psychological Medicine* 2011; 3: 1-13.

136. Williams JMG, Alatiq Y, Crane C, Barnhofer T, Fennell MJV, Duggan DS, Hepburn S, Goodwin GM. Mindfulness-based cognitive therapy (MBCT) in bipolar disorder: Preliminary evaluation of immediate effects on between-episode functioning. *Journal of Affective Disorders* 2008; 107: 275-279.

137. Stange P, Eisner LR, Hölzel B, Peckham A, Dougherty D, Rauch SL, Nierenberg A, Lazar S, Deckersbach T. Mindfulness-based cognitive therapy for bipolar disorder: Effects on cognitive functioning. *Journal of Psychiatric Practice* 2011; 17: 410-419.

138. Weber B, Jermann F, Gex-Fabry M, Nallet A, Bondolfi G, & Aubry JM.

Mindfulness-based cognitive therapy for bipolar disorder: A feasibility trial. *European Psychiatry* 2010; 25: 334-337.

139. Miklowitz DJ, Alatiq Y, Goodwin GM, Geddes JR, Fennell MJV, Dimidjian S, Hauser M, Williams JMG. A pilot study of a mindfulness-based cognitive therapy for bipolar disorder. *International Journal of Cognitive Therapy* 2009; 4: 373-382.

140. Allen M, Bromley A, Kuyken W, Sonnenberg SJ. Participants' experiences of mindfulness-based cognitive therapy: "It changed me in just about every way possible." *Behavioural and Cognitive Psychotherapy* 2009; 37: 413-430.

141. Dimidjian S, Segal Z. The clinical science of mindfulness training: Patient outcomes and change mechanisms. *American Psychologist* in press.

142. Williams JMG, Teasdale J, Segal Z, Soulsby J. Mindfulness-based cognitive therapy reduces overgeneral autobiographical memory in formerly depressed patients. *Journal of Abnormal Psychology* 2000; 109: 150-155.

143. Hargus E, Crane C, Barnhofer T, Williams JM. Effects of mindfulness on meta-awareness and specificity of describing prodromal symptoms in suicidal depression. *Emotion* 2010; 10: 34-42.

144. Heeren A, Van Broeck N, Philippot P. The effects of mindfulness on executive processes and autobiographical memory specificity. *Behaviour Research and Therapy* 2010; 47: 403-409.

145. Kuyken W, Watkins E, Holden E, White K, Taylor RS, Byford S, Evans A, Radford S, Teasdale JD, Dalgleish T. How does mindfulness-based cognitive therapy work? *Behaviour Research and Therapy* 2010; 48: 1105-1112.

146. Baer RA, Smith GT, Allen KB. Assessment of mindfulness by self-report: The Kentucky Inventory of Mindfulness Skills. *Assessment* 2004, 11: 191-206.

147. Neff K. The development and validation of a scale to measure self-compassion. *Self and Identity* 2003; 2: 223-250.

148. Beiling P, Hawley L, Corcoran K, Bloch R, Levitan R, Young T, MacQueen G, Segal Z. Mediators of treatment efficacy in mindfulness-based cognitive therapy, antidepressant pharmacotherapy, or placebo for prevention of depressive relapse. *Journal of Consulting and Clinical Psychology* 2012; 80: 365-372.

149. Fresco DM, Moore MT, van Dulmen MH, Segal ZV, Ma SH, Teasdale

JD, Williams JM. Initial psychometric properties of the Experiences Questionnaire: Validation of a self-report measure of decentering. *Behavior Therapy* 2007; 38: 234-246.

150. Leary MR, Tate EB, Adams CE, Allen AB, Hancock J. Self-compassion and reactions to unpleasant self-relevant events: The implications of treating oneself kindly. *Journal of Personality and Social Psychology* 2007; 92: 887-904.

151. Raes F, DeWulf D, Van Heeringen C, Williams JMG. Mindfulness and reduced cognitive reactivity to sad mood: Evidence from a correlational study and a non-randomized waiting list controlled study. *Behaviour Research and Therapy* 2009; 47: 623-627.

152. Davidson RJ, Kabat-Zinn J, Schumacher J, Rosenkranz M, Muller D, Santorelli SF, Urbanowski F, Harrington A, Bonus K, Sheridan JF. Alterations in brain and immune function produced by mindfulness meditation. *Psychosomatic Medicine* 2003; 65: 564-570.

153. Barnhofer T, Duggan D, Crane C, Hepburn S, Fennell MJ, Williams JM. Effects of meditation on frontal alpha-asymmetry in previously suicidal individuals. *NeuroReport* 2007; 18: 709-712.

154. Lazar SW, Kerr C, Wasserman RH, Gray JR, Greve D, Treadway MT, McGarvey M, Quinn BT, Dusek JA, Benson H, Rauch SL, Moore CI, Fischl B. Meditation experience is associated with increased cortical thickness. *NeuroReport* 2005; 16: 1893-1897.

155. Hölzel BK, Carmody J, Vangel M, Congleton C, Yerramsetti SM, Gard T, Lazar SW. Mindfulness practice leads to increases in regional brain gray matter density. *Psychiatry Research: Neuroimaging* 2011; 191: 36-42.

156. Farb NAS, Segal ZV, Mayberg H, Bean J, McKeon D, Fatima Z, Anderson AK. Attending to the present: Mindfulness meditation reveals distinct neural modes of self-reference. *Social Cognitive and Affective Neuroscience* 2007; 2: 313-322.

157. Watkins E, Teasdale JD. Rumination and overgeneral memory in depression: Effects of self-focus and analytic thinking. *Journal of Abnormal Psychology* 2001; 110: 353-357.

158. Farb NAS, Anderson AK, Mayberg H, Bean J, McKeon D, Segal ZV. Minding emotions: Mindfulness training alters the neural expression of sadness. *Emotion* 2010; 10: 25-33.

159. Goldstein J, Kornfeld J. *Seeking the heart of wisdom: The path of insight meditation*. Boston: Shambhala, 1987.

160. Teasdale JD, Williams JMG, Segal, ZV. *The mindfulness-based cognitive therapy workbook.* New York: Guilford Press. Manuscript in preparation.

161. Williams JMG, Penman D. *Mindfulness: A practical guide to finding peace in a frantic world.* London: Piatkus Books, 2011.

162. Orsillo SM, Roemer L. *The mindful way through anxiety: Break free from chronic worry and reclaim your life.* New York: Guilford Press, 2011.

163. Germer CK. *The mindful path to self-compassion: Freeing yourself from destructive thoughts and emotions.* New York: Guilford Press, 2009.

찾아보기

인명

내용

저자 소개

Zindel Segal, PhD

캐나다 토론토 대학교의 심리학과 교수로 재직 중이다. 또한 심리학과의 심리 임상 과학대학원 프로그램의 임상교육 담당 책임자이기도 하다. 저서로는 『인지치료의 대인관계 과정(Interpersonal Process in Cognitive Therapy)』(1990), 『우울증 극복을 위한 마음챙김의 길(The Mindful Way through Depression)』(2007), 『우울증에 대한 취약성(Vulnerability to Depression』(2011), 그리고 『마음챙김의 길 워크북(The Mindful Way Workbook)』(2014)이 있다. 인지치료학회의 창립 연구원이며 정신의학 및 정신건강에 있어 마음챙김 명상에 근거한 임상치료의 관련성을 옹호한다.

Mark Williams, DPhil

옥스퍼드 대학교의 임상심리학과 교수이며 Wellcome Principal Research Fellow이다. 또한 옥스퍼드 대학교 정신의학과의 옥스퍼드 마음챙김 센터 소장이다. 저서로는 『우울증의 심리학적 치료(The Psychological Treatment of Depression)』(1992), 『인지 심리학 및 정서적 장애(Cognitive Psychology and Emotional Disorders)』(1997), 『자살 및 자살 시도(Suicide and Attempted Suicide)』(2002), 『우울증 극복을 위한 마음챙김의 길(The Mindful Way through Depression)』(2007), 『마음챙김: 광란의 세계에서 평화를 찾아서(Mindfulness: Finding Peace in a Frantic World』(2011), 그리고 『마음챙김의 길 워크북(The Mindful Way Workbook)』(2014)이 있다. 인지치료학회의 창립 연구원이며 의학 학술원, 영국 학술원 및 심리과학 협회의 연구원이다.

John Teasdale, PhD

영국 케임브리지에 있는 영국 의학 연구위원회의 인지 및 뇌 과학 단원과 특별 과학 회원이다. 저서로는 『영향, 인지 및 변화(Affect, Cognition and Change)』(1993), 『우울증 극복을 위한 마음챙김의 길(The Mindful Way through Depression)』(2007) 및 『마음챙김의 길 워크북(The Mindful Way Workbook)』(2014)이 있다. 인지치료학회의 창립 연구원이며 영국 의료 과학 아카데미 연구원이다. 또한 미국심리학회 12분과(임상심리학회)의 탁월한과학자상을 수상했다. 은퇴한 이래로 통찰력이 있는 명상을 국제적으로 가르쳐 왔다.

역자 소개

이우경(Lee Wookyeong)
가톨릭대학교 심리학 석사(임상심리학 전공)
이화여자대학교 심리학 박사(발달심리학 전공)
전 용인정신병원 임상심리과장
현 서울사이버대학교 상담심리학과 교수

〈자격증〉
임상심리전문가(한국임상심리학회)
정신보건임상심리사 1급(보건복지부)

〈주요 저서〉
SCT 문장완성검사의 이해와 활용(인싸이트, 2018)
DSM-5에 의한 최신 이상심리학(학지사, 2016)
아버지의 딸: 가깝고도 먼 사이, 아버지와 딸의 관계심리학(휴, 2015)
여성심리학(공저, 학지사, 2015)
심리 평가의 최신 흐름(공저, 학지사, 2012)
마음을 챙기면 엄마노릇이 편해진다: 스트레스 덜 받으며 사춘기 아이와 함께 사는 법 (팜파스, 2011)
정서 중심적 부부 치료: 이론과 실제(공저, 학지사, 2008)
만성정신분열병 환자들을 위한 인지행동재활훈련과 정서관리훈련(공저, 학지사, 2004)
사이코드라마의 이론과 적용(공저, 학지사, 2004) 외 다수

〈주요 역서〉
인간의 발달(공역, 학지사, 2015)
사랑중독(학지사, 2010)
로샤 검사에 대한 정신분석적 접근(공역, 학지사, 2003) 외 다수

이미옥(Lee Miok)
영남대학교 영어영문학과 졸업
서울사이버대학교 상담심리대학원 상담심리학 석사 졸업
현 서울사이버대학교 분당심리상담센터 상담팀장

〈자격증〉
청소년상담사, 임상심리사, 진로상담전문가, 심리상담사 1급(청소년상담학회)

우울증 재발 방지를 위한

마음챙김 기반 인지치료

Mindfulness-Based Cognitive Therapy for Depression, 2nd ed.

2018년 8월 20일 1판 1쇄 인쇄
2018년 8월 30일 1판 1쇄 발행

지은이 • Zindel Segal · Mark Williams · John Teasdale
옮긴이 • 이우경 · 이미옥
펴낸이 • 김진환
펴낸곳 • (주) 학지사
04031 서울특별시 마포구 양화로 15길 20 마인드월드빌딩
대표전화 • 02)330-5114 팩스 • 02)324-2345
등록번호 • 제313-2006-000265호

홈페이지 • http://www.hakjisa.co.kr
페이스북 • https://www.facebook.com/hakjisa

ISBN 978-89-997-1599-0 93180

정가 22,000원

역자와의 협약으로 인지는 생략합니다.
파본은 구입처에서 교환해 드립니다.

이 도서의 국립중앙도서관 출판시도서목록(CIP)은 서지정보유통지원시스템 홈페이지(http://seoji.nl.go.kr)와 국가자료공동목록시스템(http://www.nl.go.kr/kolisnet)에서 이용하실 수 있습니다.
(CIP 제어번호: CIP2018024051)